Uni-Taschenbücher 1641

UTB FÜR WISSEN SCHAFT

Eine Arbeitsgemeinschaft der Verlage

Wilhelm Fink Verlag München
Gustav Fischer Verlag Jena und Stuttgart
Francke Verlag Tübingen
Paul Haupt Verlag Bern und Stuttgart
Hüthig Verlagsgemeinschaft
Decker & Müller GmbH Heidelberg
Leske Verlag + Budrich GmbH Opladen
J.C.B. Mohr (Paul Siebeck) Tübingen
Quelle & Meyer Heidelberg · Wiesbaden
Ernst Reinhardt Verlag München und Basel
F. K. Schattauer Verlag Stuttgart · New York
Ferdinand Schöningh Verlag Paderborn · München · Wien · Zürich
Eugen Ulmer Verlag Stuttgart
Vandenhoeck & Ruprecht in Göttingen und Zürich

Adolf von Harnack

Dogmengeschichte

J. C. B. Mohr (Paul Siebeck) Tübingen

Adolf von Harnack (1851–1930): geboren in Dorpat (Estland); 1873 Promotion, 1874 Habilitation in Leipzig für Kirchengeschichte; 1876 ao. Professor in Leipzig; 1879 o. Professor in Gießen, 1886 in Marburg, 1888–1921 in Berlin; Mitglied der Preußischen Akademie der Wissenschaften (seit 1890), Generaldirektor der Preußischen Staatsbibliothek in Berlin (1905–1921); 1914 in den erblichen Adelsstand erhoben; gestorben in Heidelberg.

1. Auflage 1889/1891
2. Auflage 1893
3. Auflage 1898
4. Auflage 1905
5. Auflage 1914
6. Auflage 1922
7. Auflage 1931 (unveränderter Nachdruck der 6. Auflage)
8. Auflage 1991 (unveränderter Nachdruck der 7. Auflage)

Die Deutsche Bibliothek – CIP-Einheitsaufnahme

Harnack, Adolf von:
Dogmengeschichte / Adolf von Harnack. – 8. Aufl.,
(unveränd. Nachdr. der 7. Aufl.).
– Tübingen: Mohr, 1991
(UTB für Wissenschaft: Uni-Taschenbücher; 1641)
ISBN 3-16-145776-5

NE: UTB für Wissenschaft/Uni-Taschenbücher

Druck: Presse-Druck, Augsburg;
Einbandgestaltung: Alfred Krugmann, Stuttgart

Sr. Exzellenz

dem Herrn Staatsminister Dr. Schmidt-Ott

dem Freund, Patron und Haushalter
der deutschen Wissenschaft

in Dankbarkeit

der Verfasser

Aus dem Vorwort zur zweiten Auflage.

Auf Grund meines Lehrbuchs der Dogmengeschichte ist dieser Abriß ausgearbeitet worden und schließt sich, eine Umstellung (im I. Teil 1. Buch ist Kap. 6 nach Kap. 3 gestellt) abgerechnet, enge an jenes Werk an. Mir lag es daran, den inneren Gang der Entwickelung zu zeichnen, alles auszuscheiden, was die Einsicht in ihn erschwert, und eine Darstellung zu geben, die im Zusammenhang gelesen werden kann. Von einem Grundriß der Dogmengeschichte, der dieser Aufgabe genügt, verspreche ich mir am meisten; denn in unserer Disziplin kommt alles darauf an, Verständnis zu erwecken. Es ist aber eine alte Erfahrung, daß solche Leitfäden, die nicht gelesen, sondern nur studiert werden können, in der Regel auch nicht studiert, sondern nur zum Nachschlagen benutzt werden. Ich wünsche, daß die Hörer dogmengeschichtlicher Vorlesungen diese Blätter in die Hand nehmen, und daß die Geförderten sie bei der Repetition gebrauchen. Vielleicht aber leisten sie auch über diesen nächsten Zweck hinaus denen einen Dienst, die sich, ohne Theologen zu sein, über den Gang einer der kompliziertesten geschichtlichen Entwickelungen in Kürze belehren wollen. Die Kenntnis der wichtigsten Tatsachen der Kirchengeschichte setzen sie allerdings voraus. Für diese hat jetzt Karl Müller in seinem „Grundriß" das trefflichste Studentenbuch geschaffen, aus dem auch die alten Studenten viel lernen können.

Vorwort zur vierten Auflage.

„Dogmengeschichte" ist kein Titel, unter welchem man die Entstehung des Dogmas vollständig und zweckmäßig zu schildern vermag; denn das werdende Dogma läßt sich aus dem Ganzen, in welchem es wurde, nicht herausbrechen. Indessen auch für die Entwickelung des gestalteten Dogmas gilt, daß man es von der Geschichte der Frömmigkeit, des Kultus, der Verfassung, der Wissenschaft usw. nicht wirklich trennen kann. „Dogmengeschichte" bleibt also ein mehr oder weniger willkürlicher Ausschnitt aus der christlichen Religionsgeschichte. Man hat an dieser Dogmengeschichte getadelt, daß sie im Grunde nur eine Geschichte des altkirchlichen Dogmas ist; allein erstlich steht es jedem frei, es anders zu machen, sodann gewährt eben jene Beschränkung den Vorteil, den universalgeschichtlichen Zusammenhang mehr berücksichtigen zu können, als das bei der Identifizierung der Dogmengeschichte mit der Geschichte der christlichen Spekulation oder der

Geschichte „des christlichen Bewußtseins" möglich ist. Daher bin ich dem Entwurfe, wie ich ihn vor zwanzig Jahren in meinem Lehrbuche vorgelegt habe, treu geblieben, wenn ich auch die Fessel, welche er auferlegt, stärker empfinde als damals. Der Historiker, der statt einfach Geschichte zu schreiben, eine einzelne, sei es auch noch so kräftige Linie der Geschichte verfolgt, verurteilt sich selbst zu einem Gang auf dem Drahtseil, während unter ihm der breite feste Boden liegt. Doch daran ist nun einmal nichts zu ändern; ich habe wenigstens versucht, das Seil möglichst niedrig zu spannen, und mich auch nicht gescheut, streckenweise auf fester Erde, d. h. auf dem Boden der Kirchengeschichte, zu gehen. Den sehr zahlreichen neueren Forschungen bin ich gefolgt und bin ihnen für viele Förderung dankbar.

Vorwort zur fünften Auflage.

Von den drei neueren „Grundrissen" der Dogmengeschichte (Bonwetsch, Loofs, Seeberg), deren jeder seine besonderen Vorzüge hat — Wiegand hat bisher nur den ersten Teil eines Grundrisses veröffentlicht —, unterscheidet sich der vorliegende durch stärkere Verarbeitung und Verknüpfung des gebotenen Stoffs. Diese seine Eigenart habe ich festgehalten und mich daher bei der erneuten Durcharbeitung darauf beschränkt, auf Grund der vierten Auflage meines Lehrbuchs der Dogmengeschichte (1909/10) und den zahlreichen einschlagenden Untersuchungen der letzten Jahre den gegenwärtigen Stand der dogmengeschichtlichen Wissenschaft zum Ausdruck zu bringen.

Vorwort zur sechsten Auflage.

Die fünfte Auflage erschien kurz vor Ausbruch des Weltkriegs; diese sechste erscheint, während der „Friede", den der Krieg entfesselt hat, noch immer wütet. Allen, die in den acht schweren Jahren dieses Buch gelesen haben, sei mein Dank und Gruß gebracht. Sie bezeugen an ihrem Teile, daß das Interesse für Geschichte und Dogmengeschichte trotz aller Ablenkungen und aller „Neuorientierung" nicht ausgestorben ist. Die neue Auflage habe ich zu verbessern gesucht; aber im Ausland wird neben dem mir freundlichst zugänglich Gemachten noch manches erschienen sein, was nicht zu meiner Kenntnis gekommen ist.

Berlin, den 31. Mai 1922.

v. Harnack.

Inhaltsverzeichnis.

Zweiter Teil.

Die Entwicklung des kirchlichen Dogmas.

Erstes Buch.

Die Entwicklungsgeschichte des Dogmas als Lehre von dem Gottmenschen auf dem Grunde der natürlichen Theologie.

Abkürzungen.

JDTh.	=	Jahrbücher für deutsche Theologie.
RE[3].	=	Real-Encyklopädie für protestantische Theologie u. Kirche, herausg. von HAUCK, 3. Aufl.
SBBA.	=	Sitzungsberichte der Berliner Akademie d. Wissenschaften.
ThQuSchr.	=	Theologische Quartalschrift.
ZKG.	=	Zeitschrift für Kirchengeschichte.
ZThK.	=	Zeitschrift für Theologie und Kirche, herausgegeben von JGOTTSCHICK.
ZDTh.	=	Zeitschrift für die deutsche Theologie.
ZhTh.	=	Zeitschrift für die historische Theologie.
ZwTh.	=	Zeitschrift für wissenschaftliche Theologie, herausg. von AHILGENFELD.

Prolegomena zur Disziplin der Dogmengeschichte.

§ 1. Begriff und Aufgabe der Dogmengeschichte.

ARitschl, Ueber die Methode der älteren Dogmengeschichte in JDTh., 1871, S. 191 ff. — ASabatier, Die christlichen Dogmen, ihr Wesen und ihre Entwicklung (deutsch von Schwalb, 1890). — GKrüger, Was heißt und zu welchem Ende studiert man Dogmengeschichte? 1895 (dazu: Art. „Dogmengeschichte" in „Religion in Geschichte und Gegenwart" Bd. II, 1910). — JRambert, La formation du dogme d'après l'histoire des dogmes de M. Harnack, 1896. — CStange, Das Dogma und seine Beurteilung in der neueren Dogmengeschichte, 1898. — ThKolde, Dogma und Dogmengeschichte. (Neue Kirchl. Ztschr. Bd. 19), 1908. — FHaase, Begriff und Aufgabe der Dogmengeschichte, 1911. — OScheel, Stillstand und Neubildung in der protest. DGschreibung (Theol. Rundschau, 1911, 14. Jahrg., Heft 2 und 3).

1. Die Religion ist eine praktische Angelegenheit des Menschen, denn es handelt sich in ihr um die Seligkeit und um Kräfte zu einem heiligen Leben. Aber in allen Religionen sind diese Kräfte gebunden entweder an einen bestimmten Glauben oder an einen bestimmten Kultus, die auf göttliche Offenbarung zurückgeführt werden. Das Christentum ist die Religion, in welcher die Kraft zu einem seligen und heiligen Leben gebunden ist an den Glauben an Gott als den Vater Jesu Christi. Sofern dieser Gott als der allmächtige Herr Himmels und der Erde geglaubt wird, schließt die christliche Religion eine bestimmte Erkenntnis Gottes, der Welt und des Weltzweckes ein; sofern sie aber lehrt, daß Gott nur in Jesus Christus vollkommen erkannt werden kann, ist sie von geschichtlichem Wissen nicht zu trennen.

2. Der Trieb, in Glaubenssätzen den Inhalt der Religion zusammenzufassen, ist dem Christentum somit ebenso wesentlich wie das Bestreben, diese Sätze in bezug auf die Welterkenntnis und die Geschichte als die Wahrheit zu erweisen. Dazu stellt der universale und überweltliche Charakter der christlichen Religion ihren Bekennern die Aufgabe, einen Ausdruck für sie zu gewinnen, der von den Schwankungen der Natur- und Geschichtserkenntnis nicht betroffen wird, resp. sich gegen jede mögliche Erkenntnis zu behaupten vermag. Das Problem, welches hier entsteht, läßt aber keine vollkommene Lösung zu; denn alle Erkenntnisse sind bedingt, die Religion aber will ihr Unbedingtes auch in der Sphäre der Erkenntnis zum Ausdruck bringen. Dennoch läßt sich, wie die Geschichte lehrt und jeder denkende Christ bezeugt, das Problem nicht zum Schweigen bringen, und eben deshalb sind die Stufen der Lösungsversuche von Wert.

3. Der bisher eindrucksvollste Lösungsversuch ist der, den der Katholizismus gemacht hat und den die Reformationskirchen, wenn auch mit sehr großen Vorbehalten übernommen haben. Es wurde hier der Ursprung einer Reihe christlicher und vorchristlicher Schriften, sowie mündlicher Ueberlieferungen als göttlich angenommen; es wurden aus ihnen begrifflich formulierte, für eine wissenschaftlich-apologetische Behandlung ausgeprägte, unter sich zusammenhängende Glaubensätze abstrahiert, die die Erkenntnis Gottes, der Welt und der Heilsveranstaltungen Gottes zu ihrem Inhalt haben und auf die Beseligung der Menschen abzielen. Dieser Komplex (Dogmen) wurde nun als der Inbegriff des Christentums proklamiert, dessen gläubige Anerkennung von jedem mündigen Gliede der Kirche gefordert werden müsse und zugleich die Vorbedingung der von der Religion in Aussicht gestellten Seligkeit sei. Mit diesem Inbegriff nahm die christliche Gemeinschaft — deren Charakter als „katholische Kirche“ ganz wesentlich durch diese Art der Auffassung des Christentums bezeichnet ist — eine bestimmte, vermeintlich unerschütterliche Stellung zu der Welterkenntnis und Geschichte ein, brachte ihren religiösen Glauben an Gott und Christus zum Ausdruck und gab, indem sie alle ihre Glieder an die Glaubenssätze band,

doch dem denkenden Teile derselben einen Stoff, der der weiteren Ausführung in unbegrenztem Maße fähig ist. So entstand das dogmatische Christentum.

4. Aufgabe der Dogmengeschichte ist es, 1, die Entstehung dieses dogmatischen Christentums zu ermitteln, 2. die Entwicklung desselben zu beschreiben. Die Grenze zwischen dieser und jener ist natürlich relativ.

5. Die Entstehungsgeschichte des dogmatischen Christentums erscheint vollendet, wo zuerst ein begrifflich formulierter und mit den Mitteln der Wissenschaft ausgeprägter Glaubenssatz zum articulus constitutivus ecclesiae erhoben und als solcher allgemein in der Kirche durchgesetzt worden ist. Das ist aber um die Wende des 3. zum 4. Jahrhundert geschehen, als sich die Logoschristologie vollkommen durchsetzte und mit ihr der Gottesbegriff, dessen Funktion sie ist. Die Entwicklung des Dogmas ist in abstracto unbegrenzt, in concreto aber geschlossen; denn a) die griechische Kirche erklärt, daß ihr Dogmensystem seit der Beendigung des Bilderstreits vollendet sei; b) die römisch-katholische Kirche läßt zwar die Möglichkeit der Formulierung neuer Dogmen (jedoch nur im Sinne fortschreitender Verdeutlichung des ein- für allemal gegebenen „depositum fidei“) offen, aber sie hat schon im Tridentinum und noch mehr im Vaticanum ihr Dogma wesentlich aus kirchenpolitischen Gründen und als eine Rechtsordnung ausgebildet, die vor allem Gehorsam, erst in zweiter Linie bewußten Glauben verlangt; sie hat damit die ursprünglichen Motive des dogmatischen Christentums verschoben und neue eingeführt, die die alten zu ersticken drohen; c) die evangelischen Kirchen haben einerseits einen großen Teil der Formulierungen des dogmatischen Christentums übernommen und suchen sie, wie die katholischen Kirchen, aus den heiligen Schriften zu begründen; aber sie haben andererseits die Autorität der heiligen Schriften anders gefaßt, die Ueberlieferung als untrügliche Quelle der Glaubenslehren abgetan, die Bedeutung der empirischen Kirche für das Dogma in Abrede gestellt und vor allem eine Auffassung der christlichen Religion versucht, die direkt auf den „reinen Verstand des Wortes Gottes

(nicht des Bibelbuchstabens, sondern des Evangeliums in der Bibel)" zurückgeht. Damit ist im Prinzip die alte dogmatische Auffassung des Christentums abgetan, während doch im einzelnen eine feste Stellung zu ihr nicht gefunden ist und Reaktionen sich gleich anfangs eingestellt haben und noch fortdauern. („Prinzipiell sowohl als tatsächlich steht in den protestantischen Kirchen die Revision der Dogmen immer auf der Tagesordnung": SABATIER.) Deshalb ist es angezeigt, die Geschichte der protestantischen Glaubenslehre aus der Dogmengeschichte auszuschließen und innerhalb unserer Disziplin nur die Position der Reformatoren und der reformatorischen Kirchen, aus der sich die komplizierte spätere Entwicklung ergibt, darzulegen. Somit kann die Dogmengeschichte als eine relativ abgeschlossene Disziplin behandelt werden.

6. Die Behauptung der Kirchen, daß die Dogmen lediglich die Darlegung der christlichen Offenbarung selbst seien, weil aus den heiligen Schriften gefolgert, wird von der geschichtlichen Forschung nicht bestätigt. Vielmehr ergibt diese, daß das dogmatische Christentum (die Dogmen) in seiner Konzeption und seinem Ausbau ein Werk des griechischen Geistes auf dem Boden des Evangeliums ist (Marcell von Ancyra: *Τὸ δόγματος ὄνομα τῆς ἀνθρωπίνης ἔχεται βουλῆς τε καὶ γνώμης*). Die begrifflichen Mittel, durch die man sich in der antiken Zeit das Evangelium verständlich zu machen und zu versichern versucht hat, sind mit dem Inhalt desselben verschmolzen worden. So ist das Dogma entstanden, an dessen Bildung allerdings auch noch andere Faktoren (vor allem die Ausdeutung der kultischen Verehrung [das Dogma folgt häufig der praktisch-religiösen Entwicklung, bestimmt sie also nicht oder erst nachträglich]; einzelne Sprüche der heiligen Schrift; Nötigungen, der volkstümlichen und abergläubischen Frömmigkeit gerecht zu werden; kirchenpolitische und klerikale Motive; logische Konsequenzmacherei usw.) beteiligt gewesen sind, so jedoch, daß das Bestreben, den Grundgedanken des christlichen Heils zu erfassen, zu explizieren und anzuwenden, wenigstens in der älteren Zeit die Oberhand behalten hat.

7. Wie sich die Auffassung des Dogmas, sofern es die reine Darlegung des Evangeliums sein soll, als eine Illu-

sion darstellt, so zerstört die geschichtliche Forschung auch die andere Illusion der Kirchen, daß das Dogma in ihnen stets dasselbe gewesen, daher lediglich expliziert worden sei, und daß die kirchliche Theologie niemals eine andere Aufgabe gehabt habe, als das immer gleiche Dogma auszuführen und die von außen eindringenden Irrlehren zu widerlegen. Sie zeigt vielmehr, daß die Theologie das Dogma gebildet hat, daß aber die Kirche nachträglich die Arbeit der Theologen stets verdecken mußte und diese somit in eine schlimme Lage versetzt wurden. Im günstigsten Fall wurde ihre produktive Arbeit als Reproduktion bezeichnet, und sie selbst wurden um ihr bestes Verdienst gebracht. In der Regel fielen sie aber im Fortgang der Geschichte unter das Gericht der fortschreitenden dogmatischen Formulierungen, deren Grund sie selbst gelegt hatten, und sowohl ganze Generationen von Theologen als die hervorragenden Häupter derselben sind nachträglich von dem weiter entwickelten Dogma betroffen und für häretisch oder doch für verdächtig erklärt worden. Das Dogma hat stets im Fortgang der Geschichte seine eigenen Väter verschlungen.

8. Obwohl das dogmatische Christentum im Laufe der Entwicklung seinen ursprünglichen Stil und Charakter als ein Werk des Geistes der untergehenden Antike auf dem Boden des Evangeliums nie eingebüßt hat (Stil der griechischen Apologeten und des Origenes), so hat es doch erstens durch Augustin, sodann durch Luther eine tiefgreifende Umbildung erfahren. Beide, der letztere in noch höherem Maße als Augustin, haben eine neue, aber durch den Individualismus und andere Momente dem Kern des Evangeliums näher kommende Grundauffassung vom Christentum, hauptsächlich vom Paulinismus bestimmt, geltend gemacht. Aber Augustin hat eine Revision des überkommenen Dogmas kaum versucht, vielmehr Altes und Neues nebeneinandergestellt, Luther sie zwar versucht, aber nicht zu Ende geführt. Die Christlichkeit des Dogmas hat durch beide gewonnen; aber das überlieferte Dogmensystem hat an Stringenz eingebüßt — im Protestantismus so sehr, daß man, wie oben bemerkt, gut tut, die symbolmäßige Lehre der protestantischen Kirchen nicht mehr als bloße Abwandlung des alten Dogmas zu betrachten.

9. Ein Verständnis des dogmengeschichtlichen Prozesses kann nicht erworben werden, wenn man die einzelnen Lehren isoliert und für sich verfolgt (spezielle Dogmengeschichte), nachdem man im voraus die Epochen theologisch charakterisiert hat (allgemeine Dogmengeschichte). Es gilt vielmehr, das „Allgemeine" und „Spezielle" für jede Periode in Eins zu setzen, die Perioden für sich zu behandeln und, soweit es möglich, das einzelne als aus den Grundauffassungen und -motiven abgeleitet zu erweisen. Es lassen sich aber nicht mehr als vier Hauptabschnitte abgrenzen, nämlich I die Entstehung des Dogmas, II a die Entwicklung des Dogmas nach Maßgabe seiner ursprünglichen Konzeption (Orientalische Entwicklung vom arianischen bis zum Bilder-Streit), II b die abendländische Entwicklung des Dogmas unter dem Einfluß des Christentums Augustins und der Politik des römischen Stuhls, II c der dreifache Ausgang des Dogmas (in den Reformationskirchen — im tridentischen Katholizismus — in der Kritik der Aufklärung resp. des Sozinianismus).

10. Indem die Dogmengeschichte den Prozeß der Entstehung und Entwicklung des Dogmas darlegt, bietet sie das geeignetste Mittel, um die Kirche von dem dogmatischen Christentum zu befreien und den unaufhaltsamen Prozeß der Emanzipation, der mit Augustin — ohne daß er es wußte — begonnen hat, zu beschleunigen. Aber sie zeugt auch von der Einheit des christlichen Glaubens im Laufe seiner Geschichte, sofern sie nachweist, daß die zentrale Bedeutung der Person Jesu Christi und die Grundgedanken des Evangeliums niemals verloren gegangen sind und allen Anläufen getrotzt haben.

Methodologisches; (1) Auch bei der dogmengeschichtlichen Beurteilung der christlichen Religion, für welche ihr Charakter als Erlösungsreligion in erster Linie in Betracht kommt, darf nie vergessen werden, daß das Evangelium Kenntnis Gottes als des Vaters ist und die Reichsgemeinschaft an das Tun des göttlichen Willens knüpft.

(2) Die These, daß das Dogma die Sprache der Religion ist (Sabatier), ist nur z. T. richtig; die eigentliche Sprache dieser Religion ist das Bekenntnis, das Gebet und die Tat; das Dogma ist eine abgenötigte Sprache.

(3) Die Anschauung, die Dogmen seien Symbole, löst, konsequent durchgeführt, die positive Religion (auf einem mühsamen Umwege) auf. Sie entspricht auch nicht dem Bewußtsein derer, die das Dogma gebaut haben, und der Voraussetzung desselben, sich auf Tatsachen zu gründen. Richtig aber ist, daß ein verborgenes symbolisches Element den Dogmen

anhaftet und selbst Existenzialsätze mißverstanden werden können, wenn man ganz von ihm absieht.

(4) Die alte Frage nach dem „Eigenen“ (oder „Neuen“) und dem „Entlehnten“ in der christlichen Religion ist nicht durch äußerliche Vergleichung der Religionen zu beantworten. Das „Eigene“ der christlichen Religion ist Jesus Christus, sein Gottesbewußtsein, seine Kraft, sein Tod und Leben. Ferner kommt das „Eigene“ dieser Religion in ihrer Assimilationskraft (und ihrer mächtigen Exklusive), ihrer Produktionskraft und ihrer Organisationskraft zum Ausdruck. Was aber das „Entlehnte“ betrifft — und nichts Gedankenmäßiges und Formuliertes ist ohne Entlehnungen zustande gekommen —, so hat man zu unterscheiden, ob Tatsachen (wirkliche oder vermeintliche) und konkrete Dinge aufgenommen sind oder Gedanken, ferner ob das Rezipierte in realistischer Form aufgenommen ist oder als Idee oder als Gegenstand unverstandener Pietät oder als Symbol oder als ästhetische Arabeske und zur Belebung der religiösen Phantasie. Endlich ist zu untersuchen, wohin das Entlehnte gestellt worden ist, ob in das Zentrum oder in die Peripherie, ob in das Dogma oder in den Kultus oder in den religiösen Unterhaltungsstoff oder in die Religion „zweiter Ordnung“ (die Superstitio), die nie gefehlt hat. Ebenso ist der allmähliche Aufstieg der angeeigneten Stücke aus dem Bereich des Willkürlichen und Unverbindlichen in den Bereich des Offiziellen, aus der Peripherie in das Zentrum, zu beobachten. Werden diese und ähnliche Untersuchungen beiseite gelassen, so richtet die religionsgeschichtliche Vergleichung nur Unfug an und verdunkelt statt zu erhellen. Vor allem ist auch stets zu erforschen, welchen Sinn und welche Geltung das aus den fremden Religionen Entlehnte damals in ihnen selbst gehabt hat. Sie waren ja fast sämtlich in den ersten Jahrhunderten unserer Zeitrechnung bereits längst „superstitiones“ geworden, hatten sich durch nachträgliche Vergeistigung und durch Austausch aufs gründlichste transformiert (Synkretismus) und waren z. T. nur in modernen bzw. gelehrten Repristinationen noch lebendig. Endlich ist daran zu erinnern, daß in der Geschichte unter gleichen oder ähnlichen Bedingungen Gleiches entsteht, und man daher häufig ganz umsonst fragt, wo das direkte Vorbild zu suchen ist, das hier eingewirkt hat. Was aber die G e d a n k e n betrifft, die innerhalb einer höheren Religion begegnen, so hat man zwischen solchen, die aus ihr entwickelt, und solchen, die von ihr entbunden sind, zu unterscheiden. Dazu kommen noch solche, die einfach an sie herangebracht worden sind.

§ 2. Geschichte der Dogmengeschichte.

Die Geschichte der Dogmengeschichte beginnt erst im 18. Jahrhundert mit Mosheim, Walch, Ernesti, Lessing und Semler, da der Katholizismus überhaupt nicht zu einer kritischen Darstellung dieser Disziplin befähigt ist — so gelehrte Bücher auch einzelne katholische Theologen (Baronius, Bellarmin, Petavius, Thomassin, Kuhn, Schwane, Bach usw.) geschrieben haben —, und da die protestantischen Kirchen bis zum 18. Jahrhundert konfessionell befangen geblieben sind, so wichtige Ansätze zu einer kritischen Dogmengeschichtsschreibung im Reformations-Zeitalter, z. T. auf Grund der Arbeiten kritisch gerichteter Humanisten (L. VALLA, ERASMUS usw.), nachweisbar sind (LUTHER, OEKOLAMPAD, MELANCHTHON, FLACIUS, HYPERIUS, CHEMNITZ). Aber ohne das gelehrte Material, welches die Benediktiner und andere Kongregationen einerseits, die Protestanten CASAUBONUS, VOSSIUS, PEARSONUS, DALLÄUS, SPANHEIM, GRABE, BASNAGE, usw. andererseits vorgelegt haben, und ohne den mächtigen Anstoß, den der Pietismus gegeben (GOTTFRIED ARNOLD), wäre die Arbeit des 18. Jahrhunderts nicht denkbar. Der Rationalismus entzog der Dogmengeschichte das kirchliche Interesse und übergab sie der kritischen Bearbeitung, in welcher ihre „Finsternis“ teils mit der Lampe nüchterner Verständigkeit, teils mit der Fackel universalhistorischer Betrachtung erhellt wurde (Erste Dogmengeschichte von LANGE 1796, vorher Arbeiten von SEMLER, RÖSLER, LÖFFLER usw., sodann Dogmengeschichten von MÜNSCHER, Handb. 4 Bde. 1797 f., vortreffliches Lehrbuch 1. Aufl. 1811, 3. Aufl. 1832 f., MÜNTER 2 Bde. 1802 f., STÄUDLIN, 1800 resp. 1822, AUGUSTI, 1805 resp. 1835, GIESELER, hrsg. v. Redepenning 2 Bde. 1855). Die geschätzten Lehrbücher von BAUMGARTEN-CRUSIUS, 1832 resp. 1840, 1846. und MEIER, 1840 resp. 1854, bezeichnen den Uebergang zu der Gruppe von Lehrbüchern, in denen ein inneres Verständnis des dogmengeschichtlichen Prozesses gewonnen werden sollte, nach welchem schon LESSING getrachtet hatte und welches HERDER, SCHLEIERMACHER und die romantische Schule einerseits, HEGEL und SCHELLING andererseits vorbereitet haben. Epochemachend sind FCHRBAURS Werke (Lehrbuch, 1847 resp. 1867, Vorl. 3. T. 1865 f.), in denen der dogmengeschichtliche Prozeß, freilich einseitig erfaßt, mit dem Gedanken gleichsam nacherlebt ist (vgl. auch DFSTRAUSS, Glaubenslehre 2 Bde. 1840 f., PHKMARHEINEKE, 1849, ADORNER, Grundriß 1899). Vom Schleiermacherschen Standpunkte aus ANEANDER (2. T. 1857) und KRHAGENBACH (1840 resp. 1867 [ed. BENRATH 1888]). Hegel und Schleiermacher zu verbinden strebte JDORNER (Entw.-Gesch. d. L. v. d. Person Christi, 1839 resp. 1845—53). Vom konfessionell lutherischen Standpunkt THFDKLIEFOTH (Einl. i. d. DG. 1839), GTHOmasius (2 Bde. 1874 f. resp. 1887 f. hrsg. v. NBonwetsch und RSeeberg), HSchmid (1859 resp. 1887 hrsg. v. AHauck) und — mit Vorbehalten — KFAKahnis (Der Kirchenglaube, 1864). Einen bedeutenden Fortschritt bezeichnete die DG. von FNitzsch (1. Bd. 1870). Mein „Lehrbuch der DG." (3 Bde., 4. Aufl. 1909 ff., 3. Aufl. 1894 ff., 2. Aufl. 1888 ff., 1. Aufl. 1886 ff.), dem sich dieser Grundriß (1. Aufl. 1889—91) anschließt, hat das dogmengeschichtliche Studium belebt; denn außer den bereits genannten Werken sind seitdem erschienen FLoofs, Leitfaden zum Studium der DG 1889 (in der 4. Aufl. [1906] ein stoffreiches, ausgezeichnetes Lehrbuch), dazu Grundriß (1907) als Manuskript gedruckt, RSeeberg, Lehrbuch der DG. 1895—98 (in der 2. Aufl. 4 Bde. [1908—20] ein umfangreiches und namentlich für die MAliche DG. sehr wertvolles Werk; Grundriß der DG., 4. Aufl. 1919), GKrüger, Das Dogma v. d. Dreieinigkeit und Gottmenschheit, 1905, KDunkmann, Gesch. des Christentums als Religion der Versöhnung und Erlösung, 1907, NBonwetsch, Grundriß der DG., 2. Aufl. 1919, FWiegand DG. der alten Kirche, 1912, PFisher, Hist. of Christ. Doctrine, 1896, HRinn-JJüngst Dogmengesch. Lesebuch, 1910. Speziell für das richtige Verständnis der Entstehung des Dogmas sind die Arbeiten von Rothe, Ritschl, Renan, Overbeck, v. Engelhardt, Hatch, CWeizsäcker, SRéville, HHoltzmann, Pleiderer, Wernle, JWeiss, WWrede, OHoltzmann, Bousset, Weinel, v. Dobschütz, Windisch, MDibelius und PWendland wertvoll; vergl. auch die einschlagenden Artikel in der RE³. Für den ganzen Verlauf der DG. ist das Werk von ETroeltsch, Die Soziallehren der christlichen Kirchen und Gruppen, 1912, zu vergleichen, welches neue Gesichtspunkte bietet. ORitschl (DG. des Protestantismus, bisher 2 Bde. 1908 ff.) hat die Aufgabe unternommen, die Lehrgeschichte des Protestantismus als eigene Disziplin aufs gründlichste darzustellen (s. vor ihm Planck, Gesch. der Entstehung, der Veränderungen und der Bildung unseres protest. Lehrbegriffs, 6 Bde., 1781 ff.) In bezug auf die katholische Literatur ist auf Schwane, DG. 3 Bde. 1862 ff., JTixeront, Hist. des Dogmes, 3 Bde. 1905 ff. und namentlich auf PBatiffol, L'Eglise naissante et le Catholicisme, 3. éd., 1909 (dazu Harnack,

ThLZeit. 1909, 16. Jan.) zu verweisen. Russisch: ASPASSKIJ, Gesch. der dogm. Bewegungen in der Epoche der ökumenischen Konzile I, 1906.

Die embryonalen Anfänge des DG, und das, was man „NTliche Theologie“ nennt, fallen zusammen und werden nur durch den Schulbetrieb, der für die „NTliche Theologie“ mit Recht eine besondere Ausführlichkeit verlangt, künstlich auseinandergehalten. Die „religionsgeschichtliche Methode“ in der Erforschung des Urchristentums, dem 18. Jahrhundert nicht unbekannt, durch den Panlogismus Hegels und die konfessionelle Reaktion zeitweise verdrängt, in meinem Lehrbuch auf die Hauptprobleme angewandt, wird im Peripherischen zuverlässigere Früchte bringen als bisher, wenn sie gegen sich selbst kritischer wird und die Hauptlinie nicht übersieht.

Die Voraussetzungen der Dogmengeschichte.

§ 3. Einleitendes.

1. Das Evangelium ist erschienen, „als die Zeit erfüllt war“ — das Evangelium ist Jesus Christus: in diesen Sätzen ist gegeben, daß das Evangelium die Vollendung einer universalen Entwicklung ist, daß es aber seine Kraft an einem persönlichen Leben hat.

Jesus Christus hat nicht „aufgelöst“, sondern „erfüllt“. Er hat ein neues Leben vor Gott und in Gott erzeugt, aber innerhalb des Judentums und auf Grund des A. T., dessen verborgene Schätze er heraufgeführt hat. Man kann nachweisen, daß alles Hohe und Spirituelle, was in den Propheten und Psalmen zu finden ist und was in der damaligen Entwicklung der griechischen Ethik gewonnen war, in dem schlichten Evangelium bejaht ist; aber seine Kraft hat es hier erhalten, weil es in einer Person Leben und Tat geworden ist, deren Größe auch darin bestand, daß sie irdische Verhältnisse nicht umgestaltet und keine statutarischen Bestimmungen für die Zukunft getroffen, sich überhaupt in die Zeit nicht verstrickt hat.

2. Zwei Menschenalter später ist zwar nicht eine einheitliche Kirche vorhanden, wohl aber im weiten römischen Reiche zerstreute und konföderierte Gemeinschaften von Christusgläubigen (Kirchen), die vornehmlich aus geborenen Heiden zusammengesetzt sind, die jüdische Nation und ihre Religionsübungen abfällig beurteilen, das A. T. für sich mit

Beschlag belegt haben, sich als ein „neues Volk“, zugleich aber als die älteste Schöpfung Gottes wissen und auf allen Gebieten des Lebens und Denkens bestimmte heilige Formen auszuprägen im Begriff sind. Die Existenz dieser konföderierten heidenchristlichen Gemeinschaften, die Gott ihren Vater und Jesus Christus ihren Herrn heißen und verehren, ist die Vorbedingung der Entstehung des dogmatischen Christentums.

Die Bildung dieser Kirchen, hat schon im apostolischen Zeitalter begonnen, und ihre Eigenart ist negativ durch die Loslösung des Evangeliums von der jüdischen Kirche bezeichnet. Während im Islam das arabische Volk jahrhundertelang der Stamm der neuen Religion geblieben ist, ist die erstaunlichste Tatsache in der Geschichte des Evangeliums die, daß es sehr rasch von dem mütterlichen Boden in die große Welt übergetreten ist und seinen universalen Charakter nicht nur durch eine Umbildung der jüdischen Religion, sondern auch durch die Entfaltung zu einer Weltreligion auf griechisch-römischem Boden und mit den Mitteln griechischer Erlebnisse und Erkenntnisse zum Ausdruck gebracht hat. Das Evangelium wird Weltreligion, indem es als eine Botschaft an die ganze Menschheit erkannt, Griechen und Barbaren verkündet und demgemäß an die geistige und politische Kultur des römischen Weltreiches angeknüpft wird.

3. Da das Evangelium ursprünglich in den jüdischen Formen heimisch war und auch nur Juden verkündet worden ist, so liegt in diesem Uebertritt, der sich teils allmählich und ohne Erschütterungen, teils in einer gewaltigen Krisis vollzogen hat, die folgenschwerste Tatsache vor. Vom Standpunkt der Kirchen- und Dogmengeschichte ist daher die kurze Geschichte des Evangeliums im Rahmen des palästinensischen Judentums eine paläontologische Epoche. Dennoch bleibt sie die klassische Epoche, nicht nur um des Stifters und der ursprünglichen Zeugen willen, sondern ebensosehr deshalb, weil ein jüdischer Christ (Paulus) das Evangelium als eine Gotteskraft, die da Juden und Griechen selig macht — als die Religion der Erlösung durch Jesus Christus —, erkannt, mit Bewußtsein die jüdische nationale Religion ab-

gestreift und Christus als das Ende des Gesetzes verkündet hat. Ihm sind andere jüdische Christen, sogar persönliche Jünger Jesu, gefolgt (s. auch das 4. Ev. u. d. Hebräerbrief).

Im tiefsten Grunde liegt aber doch keine Kluft zwischen jener älteren kurzen Epoche und der Folgezeit, da die Person Jesu Christi von Anfang an als das eigentliche neue Erlebnis empfunden worden ist, und da das Evangelium seiner Natur nach universalistisch ist. Allein das Mittel, durch welches Paulus und andere ihm Gleichgesinnte den Universalismus des Evangeliums ans Licht gestellt haben — der Nachweis, daß die alttestamentliche Religionsstufe durch den Tod und die Auferweckung Jesu überwunden sei —, fand wenig Verständnis, und dementsprechend kann die Art und Weise, in der sich die Heidenchristen im Evangelium heimisch machten, aus der Predigt des Paulus nur zum Teil legitimiert werden. Sofern wir nun im N. T. wesentlich Bücher besitzen, in denen das Evangelium so tief durchdacht ist, daß es als Ueberwindung der alttestamentlichen Religion geschätzt wird, und die zugleich von dem griechischen Geiste nicht im tiefsten berührt sind, hebt sich diese Literatur von aller folgenden kräftig ab.

4. Die werdende Heidenkirche hat, trotz der Bedeutung des Paulus für sie, die Krisis nicht verstanden und nacherlebt, aus der die paulinische Fassung des Evangeliums geflossen ist. In die jüdische Propaganda, in der das A. T. längst entschränkt und vergeistigt worden war, eintretend und sie sich allmählich unterwerfend, hat die Heidenkirche das Problem, das die Vereinigung des A. T. und des Evangeliums bot, nur selten empfunden, da man sich durch das bequeme Mittel der allegorischen Interpretation vom Buchstaben des Gesetzes befreite, den Geist desselben aber nicht völlig überwand, vielmehr wesentlich nur das Nationale von sich wies. Durch die feindliche Gewalt der Juden und bald auch der Heiden sowie durch das eigene Kraftgefühl veranlaßt, ein „Volk“ für sich zu bilden, entnahm man die Formen des Denkens und Lebens selbstverständlich der Welt, in der man lebte, alles Polytheistische, Unsittliche und Niedrige abwehrend. So entstanden die neuen Bildungen, die bei aller Neuheit sich doch als verwandt mit den alten palästinensischen Gemeinden erweisen, sofern man 1. dort wie hier das

A. T. als Offenbarungsurkunde anerkannte, und sofern 2. der strenge geistige Monotheismus, 3. die religiöse Verehrung Jesu Christi als des Herrn und Erlösers und die Grundzüge der Verkündigung von ihm, 4. das Bewußtsein, in einem lebendigen und unmittelbaren Verkehr mit Gott durch die Gaben des Geistes zu stehen, 5. das pessimistische Urteil über die Welt und die tiefe innere Erschütterung in bezug auf Sünde und Tod, und 6. die Hoffnung auf das nahe Weltende und die ernsten Ueberzeugungen von der Verantwortlichkeit jeder Menschenseele und von der Vergeltung dieselben gewesen sind. Auch haben die ältesten heidenchristlichen Kirchen von den jüdischen und den hellenistisch-jüdischen Gemeinden bereits einen bedeutenden Schatz geprägter Formen und Formeln (dogmatische, kultische, katechetische und genossenschaftliche) sowie literarisch-religiösen Stoff (Apokalypsen!) durch Paulus und andere Missionare erhalten und übernommen. Dazu kommt endlich noch, daß auch die älteste juden-christliche Verkündigung, ja das Evangelium selbst, den geheimen Stempel der geistigen Epoche tragen, aus der sie stammen — der hellenistischen Zeit, in der die Nationen ihre Güter austauschten, die Religionen sich wandelten und die Ideen von dem Werte und der Verantwortlichkeit jeder Menschenseele, von der Notwendigkeit stärkster sittlicher Anspannung und von der Erlösung sich verbreiteten, so daß das Hellenische, welches bald so mächtig in die Kirche einströmte, doch kein absolut Fremdes mehr war.

5. Die Dogmengeschichte hat es nur mit der Heidenkirche zu tun — die Geschichte der Theologie freilich beginnt mit Paulus —, aber um die Grundlagen der Lehrbildung der Heidenkirche geschichtlich zu verstehen, hat sie nach dem bisher Erörterten folgendes als Voraussetzungen in Betracht zu ziehen: 1. Das Evangelium Jesu Christi, 2. die gemeinsame Verkündigung von Jesus Christus in der ersten Generation seiner Gläubigen, 3. die damalige Auslegung des A. T., die jüdischen Zukunftshoffnungen und Spekulationen, 4. die religiösen Auffassungen und die Religionsphilosophie der hellenistischen Juden, 5. die religiösen Dispositionen der

Griechen und Römer in den beiden ersten Jahrhunderten und die damalige griechisch-römische Religionsphilosophie.

Das Evangelium, wie es Jesus verkündet hat, bleibt für die Dogmengeschichte stets im Hintergrund. Sie knüpft an die Verkündigung der ersten Generation und an das christlich verstandene A. T. an.

§ 4. Das Evangelium Jesu Christi nach seinem Selbstzeugnis.

Leben Jesu von FStrauss, TKeim, BWeiss. — PWSchmidt, Die Geschichte Jesu, 1899. — HWendt, Der Inhalt der Lehre Jesu, 1890. — AJülicher, Gleichnisreden Jesu, 2 Bde., 1899. — OHoltzmann, War Jesus Ekstatiker? 1903. — ASchweitzer, Die psychiatrische Beurteilung Jesu, 1913. — JWeiss, Die Predigt Jesu vom Reiche Gottes, 2. Aufl., 1900. — WWrede, Das Messiasgeheimnis, 1901. — ASchweitzer, Gesch. der Leben-Jesu-Forschung, 2. Aufl., 1913. — Die Biblischen Theologien (HHoltzmann, 2. Aufl., 1911; HWeinel, 3. Aufl., 1921; PFeine, 3. Aufl., 1919). — AHarnack, Das Wesen des Christentums, 1. Aufl., 1900. — Eduard Meyer, Ursprung und Anfänge des Christentums, bisher 2 Bde., 1921.

Das Evangelium in seinem Kerne ist die Botschaft von der nunmehr sich sichtbar verwirklichenden Herrschaft des allmächtigen und heiligen Gottes, des Vaters und des Richters. In dem Wirken Jesu ist sie angebrochen; „die Blinden sehen, die Lahmen gehen usw.“ In dieser Herrschaft, die die Berufenen und dem Rufe folgenden zu Bürgern eines himmlischen Reiches macht und sich in dem demnächst anbrechenden Aeon verwirklichen wird, ist das Leben der Gotteskinder, ob sie gleich die Welt und das irdische Leben verlieren, sichergestellt, während die, welche die Welt gewinnen und ihr Leben erhalten wollen, dem Richter verfallen, der in die Hölle verdammt. Diese Herschaft Gottes legt, indem sie über alle Zeremonien und Satzungen hinwegschreitet, den Menschen ein Gesetz auf, ein altes und doch ein neues, nämlich das der ungeteilten Liebe zu Gott und dem Nächsten. In dieser Liebe, wo sie die Gesinnung in ihrem tiefsten Grunde beherrscht, stellt sich die bessere Gerechtigkeit dar, die der Vollkommenheit Gottes entspricht. Der Weg, sie zu erlangen, ist die Sinnesänderung, d. h. die Selbstverleugnung, die Demut vor Gott und das herzliche Vertrauen zu ihm. In der Demut und dem Vertrauen auf Gott ist die Anerkennung der eigenen Unwürdigkeit enthalten. Das Evangelium ruft aber eben die Sünder, die also gesinnt sind, in das Reich Gottes, indem es ihnen die Vergebung der Sünden und die Sättigung mit Gerechtigkeit zusagt. — In den drei Momenten aber, in denen sich das Evangelium darstellt (Gottesherrschaft, der man sich getrost befehlen kann, bessere Gerechtigkeit [Gebot der Liebe] und Sündenvergebung), ist es untrennbar verknüpft mit Jesus Christus. Denn indem Jesus Christus diese Botschaft verkündigt, ruft er die Menschen zu sich selber. In ihm ist die Botschaft Wort und Tat; sie ist seine Speise und darum sein persönliches Leben geworden, und in dieses sein Leben zieht er alle anderen hinein. Er ist der Sohn, der den Vater kennt und zu erkennen gibt. An ihm sollen sie wahrnehmen, wie freundlich der Herr ist; an ihm sollen sie die Macht und Herrschaft Gottes über die Welt empfinden und dieses Trostes gewiß werden; ihm, dem Demütigen und Sanftmütigen, sollen sie nachfolgen, und indem er, der Heilige und Reine, die Sünder zu sich ruft, sollen sie die Gewißheit erhalten, daß Gott durch ihn Sünde vergibt und als Vater über seinen Kindern waltet.

Diesen Zusammenhang seines Evangeliums mit seiner Person hat Jesus in Worten keineswegs in den Vordergrund geschoben, sie aber deutlich bezeugt und seine Jünger erleben lassen. Er nannte sich zunächst den Lehrer und Meister, daneben aber auch den „Gesandten“ (s. v. Harnack, „Ich bin gekommen“, i. d. Ztschr. f. Theol. u. Kirche 1912 S. 1 ff.) und erhielt von ihnen dann das überraschende Bekenntnis, daß er der Herr und Messias sei. Indem er es, selbst zu diesem Bekenntnis innerlich geführt, annahm, hat er am Ende seiner Wirksamkeit seiner bleibenden Bedeutung für sie und für sein Volk einen verständlichen Ausdruck gegeben[1], und er hat ihnen am Ende seines Lebens in feierlicher Stunde gesagt, daß sein Tod, wie auch sein Leben, ein unvergänglicher Dienst sei, den er den „Vielen“ leiste zur Vergebung der Sünden. Damit hat er sich aus der Reihe aller übrigen herausgestellt, ob sie schon seine Brüder werden sollen; er hat eine einzigartige Bedeutung in Anspruch ge-

[1] Der Messias ist selbstverständlich auch der „Herr“. Spekulationen darüber, wie frühe und wo zuerst in den Gemeinden Jesus der „Herr“ genannt worden ist, sind daher überflüssig.

nommen; denn er hat seinen Tod, wie alles Leiden, als ein Lösegeld und als einen Sieg gedeutet, als die Ueberwindung der Welt und als den Uebergang zu seiner Herrlichkeit, und er hat sich mächtig erwiesen, in den Seinen wirklich die Ueberzeugung zu erwecken, daß er lebe und über Tote und Lebendige Herr sei.

Die christliche Religion steht auf diesem Glauben an Jesus Christus, d. h. im Hinblick auf ihn, diese geschichtliche Person, ist es dem Gläubigen gewiß, daß Gott Himmel und Erde regiert, und daß Gott der Richter auch der Vater und Erlöser ist. Die christliche Religion ist die Religion, welche die Menschen von aller Gesetzlichkeit befreit, die aber zugleich die höchsten sittlichen Anforderungen — das Einfachste und Schwerste — vorhält und den Widerspruch aufdeckt, in dem jeder Mensch sich zu ihnen befindet. Aber sie schafft die Erlösung aus solcher Not, indem sie den Menschen zu dem gnädigen Gott führt, ihn in seine Hände beschließt und das Leben jedes einzelnen Jüngers hineinzieht in das unerschöpfliche und selige Leben Jesu Christi, der die Welt überwunden und die Sünder zu sich gerufen hat.

1. Der eigentümliche Charakter der christlichen Religion, wie sie sich von Anfang an darstellt, ist dadurch bedingt, daß jede Beziehung auf Gott zugleich eine Beziehung auf Jesus Christus ist und umgekehrt. In diesem Sinn ist die Person Christi Mittelpunkt der Religion, resp. unabtrennbar mit dem Inhalt der Frömmigkeit als der gewissen Zuversicht auf Gott verbunden. Eine solche Verbindung bringt nicht, wie man gemeint hat, ein fremdes Stück in das reine Wesen der Religion. Dieses fordert vielmehr eine solche; denn die „Ehrfurcht vor Personen, die innere Beugung vor der Erscheinung sittlicher Kraft und Güte, ist die Wurzel aller wahrhaftigen Religion" (WHerrmann). Die christliche Religion weiß und nennt aber nur einen Namen, vor dem sie sich beugt. Hierin ruht ihr positiver Charakter; in allem übrigen — als Frömmigkeit — ist sie durch ihre streng geistige und innerliche Haltung keine positive Einzelreligion neben anderen, sondern die Religion selbst.

2. In der Predigt Christi sind die ruhenden Elemente, wie sie in vollkommenster Weise im „Vater Unser" und in einigen Teilen der „Bergpredigt" (keine bloße „Interims-Ethik") zusammengefaßt sind und ihren kürzesten Ausdruck in der Erkenntnis Gottes als des Vaters haben, eingebettet in die Verkündigung vom Reiche Gottes (das Evangelium ist als eine apokalyptisch-eschatologische Botschaft und Bewegung in die Welt eingetreten). Diese Verkündigung umschloß ein impulsives, zündendes, die Welt preisgebendes Element. Hiermit war

eine Spannung von Quietismus und Ekstase, Beschaulichkeit und tätiger Kraft, Unterordnung unter die Vorsehung Gottes und stürmischem Kampf gegen die Welt gegeben, die in der ganzen Geschichte der Kirche bis heute nachwirkt. Die Dogmengeschichte ist hauptsächlich auf dem ruhenden Elemente begründet. Die impulsiven Elemente haben in der Kirchengeschichte gewechselt (Eschatologie, Weltflucht, bohrendes und vernichtendes Sündenbewußtsein, Erwählungsbewußtsein) und sind in stetem Fluß. Angesichts der sichersten Sprüche Jesu kann ein Zweifel darüber nicht walten, daß das einzige Ziel der Religion darin besteht, daß der Mensch seinen Gott finde, erkenne, ihm sich ergebe und seinen Willen tue. Die Koeffizienten, ob jüdische Religion oder nicht, ob Askese oder Weintrinken, ob Weltflucht oder Weltherrschaft, ob kindliche Aufgeschlossenheit oder schonungsloses und verzweifeltes Selbstgericht, sind letztlich gleichgültig; die christliche Religion duldet als Voraussetzungen alle diese Gegensätze, indem sie sie umklammert und als individuelle in die Einheit ihres Geistes aufgehen läßt. Diejenigen, welche stoßweise die Christenheit aus diesen Gegensätzen heraus beunruhigen und eine Art von „Disposition", sei es auch das verzweifelte Selbstgericht, als unumgänglich für Alle fordern, entfernen sich, ihre subjektiven Gotteserfahrungen als Gesetz aufrichtend, von der universalen und keuschen Seelsorge, wie sie Jesus geübt, und von der Zuversicht zu Gott, wie er sie gepredigt hat. Aber andererseits — Jesus lehrte, daß ein Reicher (ihrer gibt es viele Spielarten) schwerlich ins Himmelreich kommen werde, und er hat in der Regel den Verzicht auf die „Welt" gefordert.

3. Die Frage, ob Außerjüdisches (Hellenisches, Gnostisches oder gar Jndisches) direkt auf die Predigt Jesu eingewirkt hat, ist zu verneinen; denn die bisher angeführten Parallelen sind z. T. keine Parallelen, zum andern Teil eben nur Parallelen. Daß im Spätjudentum, dessen Luft Jesus geatmet hat, allerlei steckte, was dem Judentum noch im Zeitalter des Prophetismus fremd war, ist aber andrerseits gewiß. In der Dämonologie und in der Eschatologie Jesu sind diese Elemente nachweisbar und auch in den Ausdrucksmitteln seines messianischen Bewußtseins. — Die andere Frage, ob Außerjüdisches bez. Mythisches in die synoptische Überlieferung gekommen ist, ist nicht ganz zu verneinen; doch wird auch hier das Spätjudentum die Vermittlung ausschließlich gebildet haben (die Hypothesen, die eine unbekannte heidnische bez. gnostische Kultgemeinschaft erst konstruieren, um sie dann für die Quelle zu erklären, sind ebenso abzulehnen, wie die anderen, welche evangelische Erzählungen aus den Kultmythen bekannter Religionen direkt abzuleiten versuchen). Übrigens ist das Material in den synoptischen Evn., welches zu „religionsgeschichtlichen" Vergleichungen im Sinne der Abhängigkeit auffordert, schmal. So ist z. B. die Verklärungsgeschichte sicher kein Mythus, sondern wirkliche Vision; auch die Versuchungsgeschichte kann nur bedingt als Mythus gelten, und das Abendmahl hat ursprünglich schwerlich mit den Mythen und Kulthandlungen zu tun, die sehr bald an dasselbe herangerückt wurden. Die religiöse Terminologie der synoptischen Evangelien ist teils original teils aus der Septuaginta zu erklären; ob bei Lukas leichter Einfluß hellenischer Terminologie anzuerkennen ist, ist kontrovers.

§ 5. Die gemeinsame Verkündigung von Jesus Christus in der ersten Generation seiner Gläubigen.

CWeizsäcker, Apostolisches Zeitalter, 2. Aufl., 1892. — ERenan, Histoire des origines du Christianisme T. II—IV. — OPfleiderer, Das Urchristentum, 2 Bde., 2. Aufl., 1902. — PWernle, Die Anfänge unserer Religion, 2. Aufl., 1904. — HWeinel, Paulus, 1904. — WWrede, Paulus, 1905.— EvDobschütz, Probleme des apostolischen Zeitalters, 1904 (dazu Sakramente und Symbol im Urchristentum i. Stud. u. Krit. 1905, H 1). — Ders., Die urchristlichen Gemeinden, 1902. — GHeinrici, Das Urchristentum, 1902. — WHeitmüller, Taufe und Abendmahl bei Paulus, 1903. — ASeeberg, Der Katechismus der Urchristenheit, 1903. — HHoltzmann, Sakramentliches im N. T. (Archiv f. Religionswiss., 1904, S. 58 ff.). — JKaftan, Jesus und Paulus, 1906. — GMachen, The origin of Paul's Religion, New York, 1921. — HWindisch, Taufe und Sünde im ältesten Christentum, 1908. — ADeissmann, Paulus 1911. — WBousset, Kyrios Christos, 2. Aufl., 1921. — JWeiss, Das Urchristentum, 1913. — S. die Einleitung in das N. T. und die Bibl. Theologien, s. zu § 4. — WWrede, Über Aufgabe und Methode der sog. neutestamentlichen Theologie, 1897.— Eduard Mejer., s. § 4.

Man hatte Jesus Christus erlebt und in ihm den Messias gefunden. Schon in den zwei Menschenaltern nach ihm ist alles von ihm ausgesagt worden, was Menschen überhaupt auszusagen vermögen, weil man ihn mit und neben Gott verehrte[1]. Indem man ihn als den Auferstandenen wußte, pries man ihn als den zur Rechten Gottes sitzenden Herrn der Welt und der Geschichte, als den Weg, die Wahrheit und das Leben, als den Fürsten des Lebens die lebendige Kraft und das Gesetz für ein neues Dasein, als den Überwinder des Todes und den König eines demnächst anbrechenden neuen Reiches. Doch lassen sich gemeinsame Grundzüge der Verkündigung feststellen, so sehr individuelle Empfindung, besondere Erfahrung, Schriftgelehrsamkeit, phantastischer Trieb und sich herandrängende religiöse Zeitvorstellungen von Anfang an das Bekenntnis zu ihm mannigfaltig gestaltet haben.

[1] Für diese Verehrung bzw. Anbetung ist die anerkannte Messianität Jesu die entscheidende Wurzel, so daß man nach anderen nicht zu suchen braucht. Die Heidenkirche, welche die Messianität nicht verstand, nahm doch die anbetende Verehrung ohne Schwanken an („Unser Herr“ bez. „Unser Gott“), die geborenen Heiden nach ihren religiösen Voraussetzungen gewiß selten eine Schwierigkeit gemacht hat, wenn das Evangelium ihr Gewissen getroffen hatte (anders wenn sie als Ungläubige vor der Forderung standen, einen jüngst gekreuzigten Menschen anzubeten). Bei der gedankenmäßigen Anknüpfung und Zurechtlegung waren sie zunächst ungehemmt.

1. Der Inhalt des Glaubens der Jünger und die gemeinsame Verkündigung, welche sie auf Grund der Gewißheit der Auferweckung Jesu, verband läßt sich in die Sätze zusammenfassen: Jesus ist der von den Propheten verheißene Messias — er wird demnächst wiederkommen und das Reich sichtbar aufrichten —; wer an ihn glaubt und sich voll und ganz in den Dienst dieses Glaubens stellt, darf der Gnade Gottes und des Anteils an der zukünftigen Herrlichkeit gewiß sein. Eine neue Gemeinde der Christusgläubigen, die Jesus als ihren Herrn verehrten, bildete sich so innerhalb des israelitischen Volkes. Diese neue Gemeinde („Kirche“ schon in Palästina gegenüber der Synagoge) wußte sich als das wahre Israel der messianischen Zeit und lebte deshalb mit allen ihren Denken und Fühlen in der Zukunft. Somit konnten auch für die Zeit der Wiederkunft Christi alle apokalyptisch-jüdischen Hoffnungen in Kraft bleiben. Eine Gewähr aber für die Erfüllung derselben besaß die neue Gemeinde in dem Opfertode und der Auferweckung Christi sowie in den mancherlei Manifestationen des Geistes, die sich an ihren Gliedern bei dem Eintritt in die Gemeinde — mit demselben scheint von Anfang an ein Taufakt verbunden gewesen zu sein — und in den Zusammenkünften zeigten. Der Besitz des Geistes verbürgte es den einzelnen, daß sie nicht nur „Jünger“, sondern berufene „Heilige“ und als solche Priester und Könige Gottes seien. Der Glaube an den Gott Israels wurde zum Glauben an Gott den Vater; zu ihm trat der Glaube an Jesus, den Christ und den Sohn Gottes, sowie das Zeugnis von der Gabe des heiligen Geistes, d. h. des Geistes Gottes und Christi. Auf Grund dieses Glaubens lebte man in der Furcht des Richters und im Vertrauen auf den Gott, der die Erlösung der Seinen bereits begonnen hat (Ueberwindung der Dämonen und der Werke des Teufels, Vergebung der Sünden, volle Erkenntnis Gottes, Kraft aus der Höhe, Unterpfand des Geistes, Adoption zu Kindern Gottes).

2. Die Verkündigung von Jesus dem Christ ruhte zunächst ganz auf dem A. T., hatte aber an der Erhöhung Jesu durch die Auferstehung von den Toten ihren Ausgangspunkt. Der Nachweis, daß das ganze A. T. auf ihn abziele, und daß seine Person, seine Taten und sein Geschick die

wirkliche und wörtliche Erfüllung der alttestamentlichen Verheißungen sei, war das vornehmste Interesse der Gläubigen, sofern sie sich nicht ganz den Zukunftshoffnungen hingaben. Dieser Nachweis diente zunächst nicht dazu, den Sinn und Wert des messianischen Werkes deutlicher zu machen — dessen schien es nicht zu bedürfen —, sondern dazu, die Messianität Jesu zu erweisen. Indessen gab das A. T., wie es damals verstanden wurde, Anlaß dazu, bei der Bestimmung der Person und Würde Christi den Rahmen des Gedankens der in Israel vollendeten Theokratie zu erweitern. Ferner veranlaßte der Glaube an die Erhöhung Jesu zur Rechten Gottes, sich auch die Anfänge seiner Existenz dementsprechend zu denken. Weiter warf die Tatsache der erfolgreichen Heidenbekehrung ein neues Licht auf den Umfang seines Werkes, d. h. auf seine Bedeutung für die ganze Menschheit. Endlich forderte das Selbstzeugnis Jesu dazu auf, sein einzigartiges Verhältnis zu Gott dem Vater zu erwägen. An diesen vier Punkten setzte schon im apostolischen Zeitalter die Spekulation ein und brachte es zu neuen Aussagen über die Person und die Würde Christi, deren Kern die gewisse Zuversicht gewesen ist, daß in Jesus Christus Gott selbst offenbar geworden ist, in dem Sohne erfaßt und ergriffen wird, und in dem Geiste Christi sich als Prinzip eines neuen Lebens zu eigen gibt. In dieser Verkündigung von Jesus als d e m C h r i s t u s, d e m S o h n e (der geschichtliche Christus ist der Sohn) und dem H e r r n, ging die Verkündigung des Evangeliums geradezu auf, indem das *τηρεῖν πάντα ὅσα ἐνετείλατο ὁ Ἰησοῦς* daneben wie ein Selbstverständliches empfunden wurde und das Nachdenken nicht besonders anregte. Daß hierdurch eine für die Zukunft bedenkliche Verschiebung veranlaßt werden mußte, liegt auf der Hand; denn wenn auch alles auf den Anschluß an die Person Jesu ankommt — nur Leben erzeugt Leben —, so geschieht dieser nach Jesu Sinn und Meinung durch die Gesinnung und T a t. „Liebet ihr mich, so haltet meine Gebote.“ Das Vorwiegen des theoretisch-kontemplativen Elements, bald durch die Apologetik und Polemik noch verstärkt, bedroht den Ernst der Religion.

3. Auf Grund ausdrücklicher Worte Jesu und im Bewußtsein des Besitzes des Geistes war man der Sündenvergebung, der Gerechtigkeit vor Gott, der vollen Erkenntnis des gött-

lichen Willens und der Berufung in das zukünftige Reich als eines **gegenwärtigen** Besitzes gewiß. In der Beschaffung dieser Güter erkannten sicher nicht wenige den Erfolg der ersten Ankunft des Messias, d. h. sein Werk, und führten speziell die Sündenvergebung auf den Tod Christi, das ewige Leben auf seine Auferstehung zurück. Allein man stellte keine Theorien auf über das Verhältnis der Güter des Evangeliums zur Geschichte Christi. Paulus ist der erste gewesen, der auf Grund des Todes und der Auferstehung Christi eine Theologie als Auseinandersetzung mit der alttestamentlichen Religion entwickelt und das Erlebte als eine neue Religion auf dem Grunde der alten dargestellt hat.

4. Diese Theologie hatte ihren Gegensatz an der Gesetzesgerechtigkeit des Pharisäismus resp. an der offiziellen alttestamentlichen Religion. Indem sie eben deshalb z. T. aus dieser ihre Form erhielt, war doch ihre Kraft die Gewißheit des neuen Lebens im Geist, welches der Auferstandene bot, der durch seinen Tod die Welt des Fleisches und der Sünde tatsächlich und wirklich gebrochen hat. In dem Gedanken, daß die Gerechtigkeit aus dem Glauben an den Gott kommt, der Jesum auferweckt und der dem alten Bunde, der Sündenherrschaft und dem Gesetz auf gesetzlichem Wege im Kreuzestode Christi ein Ende gemacht hat, riß Paulus das Evangelium von seinem mütterlichen Boden los. Er gab ihm zugleich in der Christusspekulation, in dem Mysterium der Menschwerdung, in den Sakramenten der Taufe und des Abendmahls, welche die Erlösung aneignen und versichern, und in der Ausführung des Gegensatzes von Fleisch und Geist eine den Hellenen verständliche Ausprägung, so wenig diese imstande waren, die spezielle Form der Auseinandersetzung mit dem Gesetz sich anzueignen. Durch Paulus, den ersten Theologen, wurden die Fragen nach dem absoluten Erlösungscharakter der christlichen Religion, nach dem Gesetz (in Theorie und Praxis) und nach den Prinzipien der Missionstätigkeit innerhalb der Christengemeinde brennend. Während er die Freiheit vom Gesetz verkündete und die Heiden taufte, ihnen verwehrend, Juden zu werden, leiteten andere nun erst in bewußter Weise die Gerechtigkeit der Christgläubigen auch von dem pünktlichen Halten des Gesetzes ab und verwarfen den Paulus als Apotsel und als Christen. Allein gerade die hervorragendsten

Jünger Jesu ließen sich, gewiß auch durch die Erfolge des Paulus bestimmt, überzeugen und gestanden den Heiden das Recht zu, Christen zu sein, ohne Juden zu werden. Diese sicher bezeugte Tatsache ist der stärkste Beweis dafür, daß Jesus in seinen persönlichen Jüngern einen Glauben an ihn erweckt hat, der ihnen teurer war als alle väterlichen Überlieferungen. Doch gab es unter den Judenchristen, welche die paulinische Mission anerkannten, verschiedene Schattierungen je nach der Stellung, die man im Leben und Verkehr zu den Heidenchristen einnehmen zu müssen meinte.

Der Gegensatz, wie ihn Baur zwischen Paulus und den Uraposteln konstruiert hat, ist hinfällig; aber die Unterschiede zwischen der von diesen und Jakobus gebildeten Jerusalemischen Gemeinde und den Paulinischen muß doch in vielen Stücken bedeutend gewesen sein. In bezug auf den Kirchenbegriff hat ihn KHoll (SBBA 1921, S. 920 ff.) herausgearbeitet; ob nicht zu scharf, ist noch zu untersuchen.

Indessen, so gewiß Paulus seinen Kampf für die ganze Christenheit gekämpft hat, so gewiß hat sich doch die Umwandelung der ursprünglichen Formen in universale auch neben seiner Tätigkeit vollzogen (Beweis: die römische Gemeinde); seine Beweismittel waren nicht leicht verständlich und standen nicht selten in einem schwer begreiflichen Kontrast zu seinen letzten Zielen. Das Judentum der Diaspora hatte längst um sich einen Hof halbbürtiger griechischer Brüder, für welche die partikularen und nationalen Formen der alttestamentlichen Religion kaum bestanden (s. § 7). Ferner hatte dieses Judentum selbst für Juden die alte Religion zu einer universalen und geistigen umzuschaffen begonnen, ohne ihre Formen abzustreifen, die vielmehr als bedeutungsvolle Ordnungen und Symbole (Mysterien) galten. Indem das Evangelium hier ergriffen wurde, führte es einfach und fast augenblicklich den Prozeß der Vergeistigung der alten Religion zu Ende und streifte die alten Formen als Hüllen ab, sie z. T. sofort durch neue ersetzend (z. B. die Beschneidung ist die Beschneidung des Herzens, zugleich auch die Taufe; der Sabbat ist das herrliche Reich Christi usw.). Die äußere Scheidung von der Synagoge ist freilich auch hier ein Beweis von der Kraft und dem Selbstbewußtsein des Neuen. Sie vollzog sich rasch infolge des Hasses der altgläubigen Juden; Paulus wirkte ein, und die Zerstörung Jerusalems beseitigte vollends unklare Verhältnisse, die noch übrig geblieben waren.

1. In den Gemeinden hatte, nahezu von Anfang an, das Wort „Evangelium“ einen doppelten Sinn: es war die frohe Botschaft vom Reiche Gottes, und es war die Verkündigung von dem gekreuzigten und auferstandenen Christus. Dieser doppelte Sinn, in welchem die ganze innere Spannung der Geschichte der christlichen Religion steckt, ist bestehen geblieben. S. AHarnack, Entst. u. Entw. der Kirchenverfassung, 1910 S. 199 ff.; „Evangelium, Geschichte des Begriffs in der ältesten Kirche“; dazu: „Aus Wissenschaft und Leben“ Bd. II, 1911, S. 211 ff.: „Das doppelte Evangelium im N. T.“

2. Schon aus den palästinensischen Gemeinden sind die zwei binitarischen Bekenntnisformeln (Gott und Christus, bez. der Vater und der Sohn, und Gott und der Geist), wahrscheinlich auch schon die trinitarische zu den heidenchristlichen Gemeinden gekommen. Die letztere ist nichts anderes als eine Kombination der beiden binitarischen; jede andere Erklärung verbietet sich und führt auf Abwege; s. AHarnack, Das Grundbekenntnis der Kirche; eine Unters. über den Urspr. der trinitar. Formel, i. d. oben genannten Werk, 1910, S. 187 ff. Ebenso gehört zu dem Überlieferten die Verkündigung, daß Jesus für unsere Sünden gestorben ist (s. I Kor. 15, 3). Eine vollständige kritische Zusammenstellung der Lehren, Formeln und Einrichtungen, welche die heidenchristlichen Gemeinden vom Judenchristentum (dem jerusalemischen und dem hellenistischen) nachweisbar erhalten haben, ist eine noch ungelöste Aufgabe; aber sie muß mit größerer Behutsamkeit in Angriff genommen werden, als dies bisher geschehen ist, und man darf hier auch nicht zu tief bohren wollen, weil sonst der Bohrer ins Leere gerät.

3. Paulus war seiner religiösen und theologischen Bildung nach ein Schüler des Gamaliel und Pharisäer (dies ist bei allen Untersuchungen über seine Religion als Obersatz streng festzuhalten), Hellenische Einflüsse, die er schon in Tarsus erhalten hat, können nur vermutet werden. Daß er solche als Missionar in der Griechenwelt von der Philosophie und Mysterienreligionen her erfahren hat, ist an sich wahrscheinlich und kann an einigen Punkten (Benutzung der stoischen natürlichen Theologie, Sakramentstheologie) nachgewiesen werden. Aber seine Pneumalehre *πνευματικός, ψυχικός*, etc. auch *γνῶσις* etc.) kann aus der Septuaginta und dem Spätjudentum ausreichend erklärt werden. Seine Erlösungslehre wurzelt in dem Kerygma von dem sündentilgenden Tode und der Auferstehung Christi und in der eigenen Erfahrung von dem lebendigen Herrn, der als Gottesgeist ihn ergriffen hat und die Kindschaft und ewiges Leben bringt. Die Ausführung ist von pharisäisch-theologischen Gedanken abhängig, vielleicht auch von Mysterientheologie, die letztlich auch auf Persisches zurückgehen mag.

4. Man kann ohne Mühe Paulus so darstellen, daß er als der zweite Stifter des Christentums, ja eigentlich als der Stifter überhaupt erscheint. Indessen ist einer solchen Darstellung entgegenzuhalten: (1) Neben Paulus sind noch andere gewesen, welche ähnlich wie er empfunden und gedacht und die Person und das Werk Jesu als des menschgewordenen Gottessohns im Sinne der Erlösung in den Mittelpunkt gerückt haben, (auch die Heidenmission ist vor ihm öfter in Angriff genommen worden). (2) Das Erlebnis der Auferweckung Jesu kann nur als Folge eines un-

vergleichlichen Eindrucks seiner Person verstanden werden und es mußte der Gewißheit der Auferweckung eine christozentrische Überzeugung notwendig folgen, (3) Jesus selbst hat durch sein Selbstzeugnis — zuletzt auch durch die Rezeption der Messiaswürde — jene Schätzung seiner Person und seines Geschicks vorbereitet. (4) In der Verkündigung Jesu fehlt der Hinweis auf die Sündenvergebung und zugleich die Aufforderung, sich ihm anzuschließen, nicht, welche eine Wurzel für die Erlösungsvorstellungen des Paulus u. a. bilden. Wenn man den Augenpunkt für die Würdigung Jesu und des Paulus hoch genug nimmt, erkennt man, daß Paulus Jesus verstanden und sein Werk fortgesetzt hat. Paulus ist dabei nach Röm 8, I Kor 13 und ähnlichen Stellen zu beurteilen.

5. Streng universalistisch und geistig, der Religion, nicht nur dem Buchstaben, des A. T. übergeordnet ist das Evangelium auch im Hebräerbrief und in den johanneischen Schriften gefaßt. Auch in diesen ist es Christuslehre, und der Kern ist die Erlösung durch Christus, die im Glauben und durch Sakramente angeeignet wird. Das Christusbild des 4. Ev. erscheint wie eine Synthese des synoptischen und des Paulinismus und ist doch aus einem Guß. Der Hellenismus hat an ihm einen gewissen, aber geringen Anteil, und nicht als metaphysisches System, sondern als Denkweise und Ordnung der Begriffe und als sakramentale, wenn auch immer wieder durch Glauben und Erkennen als solche aufgelöste Mystik. Doch ist auch hier die Unterscheidung dessen, was griechisch ist, nicht leicht. Den Logosbegriff scheint der Verf. nur aufgenommen zu haben, um den Logos als den Sohn Gottes Jesus Christus zu enthüllen (s. AHarnack, Über das Verhältnis des Prologs des 4. Ev. z. ganzen Werk, i. ZThK, 2. Bd. 3. Heft). Derselbe Verfasser, der die „Abschiedsreden" verfaßt hat, hat sich für das Wunder von Kana (und zwar, wie es scheint, in realistischer Auffassung) begeistert! Dieses Nebeneinander muß man studieren, um zu wissen, nicht nur, was damals möglich gewesen ist, sondern was als das Wichtigste und Herrlichste galt (die Brücke liegt in Joh. 6). Der 4. Ev., obgleich noch ganz mit der Abwehr jüdischer Einwürfe beschäftigt und von wirklichen Eindrücken Jesu erfüllt, ist der sublimste Vertreter eines gewissen Synkretismus, zu dessen Erklärung man aber vergeblich nach einer bestimmten vorchristlichen Kultusweisheit suchen wird. Das mystische Sakramentale erscheint wie bei Paulus durch Glauben und Erkenntnis völlig umgebildet und rein symbolisch (daher ist es a priori unwahrscheinlich, daß schon auf dieser Stufe orientalische oder griechische Mysterien eingewirkt haben), aber umgekehrt scheint dann wieder das Innerliche und Helle hinter dem mystischen Realismus zu verschwinden. Letztlich handelt es sich aber doch um den Glauben, die Erkenntnis und eine *λογικὴ λατρεία*.

§ 6 Die damalige Auslegung des Alten Testaments und die jüdischen Zukunftshoffnungen in ihrer Bedeutung für die ältesten Ausprägungen der christlichen Verkündigung.

ESchürer, Geschichte des jüdischen Volkes im Zeitalter Jesu Christi, 4. Aufl. 3 Bde, 1909 ff. — FWeber, System der altsynagogalen paläst. Theologie, 1880, 2. Aufl. 1897. — GFMoore, Christian Writers on Judaism, im The Harvard Theol. Rev. XIV, 3, 1921; Ders., Intermediaries in Jewish Theol., a. a. O. XV, 1, 1922. — AKuenen, Volksreligion und Weltreligion, 1883. — JWellhausen, Abriß der Geschichte Israels und Judas (Skizzen und Vorarbeiten, 1887, 5. Aufl. 1904). — EKautzsch, Die Apokryphen und Pseudepigraphen des A. T. übers. u. herausgeg., 1899 f. — GDalman, Die Worte Jesu usw., 1898. — AHarnack, Judentum und Judenchristentum in Justins Dialog mit Tryphon, i. d. Texten und Unters. Bd. 39, 1, 1913. — WBousset, Die Religion des Judentums im neutestamentlichen Zeitalter, 2. Aufl. 1906. — PVolz, Jüd. Eschatologie von Daniel bis Akiba, 1903. — LDiestel, Geschichte des A. T. in der christlichen Kirche, 1869.

1. In der christlichen Gemeinde blieb die alte Schulexegese, vor allem die unhistorische Lokalmethode in der Auslegung des A. T., sowie die Allegoristik und Haggada noch wirksam; denn ein heiliger Text — und als solcher galt das A. T. — fordert immer dazu auf, bei der Erklärung von seiner geschichtlichen Bedingtheit abzusehen und ihn nach dem jeweiligen Bedürfnis auszulegen. Besonders wo es sich um den Nachweis der Erfüllung der Weissagung, d. h. der Messianität Jesu handelte, übte die herkömmliche Betrachtungsweise ihren Einfluß sowohl auf die Auslegung des A. T. als auf die Vorstellungen von der Person, dem Geschick und den Taten Jesu. Sie gab, unter dem Eindruck der Geschichte Jesu, vielen alttestamentlichen Stellen einen ihnen fremden Sinn und bereicherte andererseits das Leben Jesu mit neuen Tatsachen, zugleich das Interesse auf Einzelheiten lenkend, die häufig unwirklich, selten hervorragend wichtig gewesen sind.

2. Die jüdisch-apokalyptische Literatur, wie sie namentlich seit der Zeit des Antiochus Epiphanes in Blüte stand, ist aus den Kreisen der ersten Bekenner des Evangeliums nicht verbannt, sondern vielmehr — da das Evangelium die Form einer eschatologischen Botschaft hatte — in ihnen festgehalten, als Verdeutlichung der Verheißungen Jesu eifrig gelesen und sogar fortgeführt worden. Erscheint auch ihr Inhalt modifiziert und die Ungewißheit über die Person des zum Gerichte erscheinenden Messias gehoben, so sind doch die sinnlich-irdischen Hoffnungen keineswegs zurückgedrängt, vielmehr für die zweite Ankunft des Messias Jesus in Kraft erhalten worden. Bunte Bilder erfüllten die Phantasie, drohten die schlichten und ernsten Sprüche von dem Gericht, das jeder einzelnen Seele gewiß ist, zu verdunkeln und zogen manche Bekenner des Evangeliums in ein unruhiges Treiben und in

den Abscheu vor dem Staat hinein. Infolge hiervon mußte die Reproduktion der eschatologischen Reden Jesu unsicher werden, ja selbst ganz Fremdes wurde ihnen beigemischt, und die wahren Ziele der christlichen Lebensführung und Hoffnung drohten schwankend zu werden und sich zu verwirren.

3. Durch die apokalyptische Literatur, die z. T. unter fremden (babylonischen, persischen, griechischen etc.) Einflüssen stand, ferner durch die kunstmäßige Exegese und Haggada bürgerte sich eine Fülle von Mythologien (s. besonders die Engellehren) und Begriffsdichtungen in den christlichen Gemeinden ein und wurde legitimiert. Am wichtigsten wurden für die Folgezeit die Spekulationen über den Messias, die man teils den Auslegungen des A. T. und den Apokalypsen entnahm, teils selbständig ausbildete nach Methoden, deren Recht niemand bestritt und deren Anwendung den Glauben sicherzustellen schien. Schon längst hatte man in der jüdischen Religion allem Sein und Geschehen in dem Wissen Gottes eine Existenz verliehen, diese Vorstellung aber natürlich nur auf Wertvolles wirklich angewendet. Das fortschreitende religiöse Denken hatte vor allem auch die Individuen, namentlich die hervorragenden, in diese Spekulation, welche lediglich Gott verherrlichen sollte, hineingezogen, und so wurde auch dem Messias Präexistenz beigelegt, allein eine solche, kraft welcher er in seiner irdischen Erscheinung bei Gott weilt[1]. Dagegen wurzelten die hellenischen Präexistenzvorstellungen in der Unterscheidung von Gott und der Materie, Geist und Fleisch. Nach ihnen präexistiert der Geist, und die sinnliche Natur ist nur eine Hülle, die er annimmt.

[1] Augenscheinlich gab es im Judentum im 1. Jahrhundert sowohl die Vorstellung, der Messias werde „ein Mensch aus Menschen" sein, als auch die andere, er werde ein himmlisches Wesen sein; aber unvereinbar waren beide für die damalige Denkweise nicht. Die Verschmelzung geschah durch Adam-Spekulationen und durch die eigentümliche Ausbeutung der Begriffe „vorher erkannt" und „erschienen". Auch der Tempel im Himmel und der Tempel auf Erden sind unter einer gewissen Betrachtung eine Zweiheit und doch wiederum eine Einheit. Daß im Judentum seit dem 2. Jahrhundert die „höhere" Christologie ganz zurückgetreten ist (s. Justin, Dial. c. Tryph.), erklärt sich aus der Abstoßung der Apokalypsen und ist vielleicht auch eine Folge der Auseinandersetzung mit dem Christentum.

Hier war der Boden für Ideen von der Menschwerdung, der Annahme einer zweiten Natur usw. gegeben. Im Zeitalter Christi wirkten diese hellenischen Vorstellungen auf die jüdischen ein, und so verbreitet waren beide, daß auch die hervorragendsten christlichen Lehrer sie übernahmen. Die religiösen Überzeugungen (s. § 5, 2), daß 1. die Stiftung des Gottesreiches auf Erden und die Stellung Jesu als des vollkommenen Mittlers von Ewigkeit her in dem Heilsplan Gottes als oberster Zweckgedanke begründet sei, daß 2. der erhöhte Christus in eine ihm gebührende, gottgleiche Herrscherstellung eingerückt sei, daß 3. in Jesus Gott selbst offenbar geworden sei und daß er daher alle alttestamentlichen Mittler, ja selbst alle Engelmächte überrage — diese Überzeugungen wurden, nicht ohne Einfluß der hellenischen Denkweise, so fixiert, daß Jesus präexistiert habe resp. daß in ihm ein himmlisches, Gott gleichartiges Wesen, welches älter ist als die Welt, ja ihr schöpferisches Prinzip, erschienen sei und Fleisch angenommen habe. Die religiöse Wurzel dieser Spekulation liegt in Sätzen wie I Pet 1_{20}, ihre Ausgestaltungen waren sehr verschieden, je nach dem Bildungsgrad und der Vertrautheit mit der apokalyptischen Theologie oder der hellenistischen Religionsphilosophie, in der Zwischenwesen (vor allem der Logos) eine große Rolle spielten. Nur der vierte Evangelist hat es mit voller Klarheit erkannt, daß der vorweltliche Christus als *ϑεὸς ὢν ἐν ἀρχῇ πρὸς τὸν ϑεόν* gesetzt werden müsse, um den Inhalt und die Bedeutung der in Christus geschehenen Offenbarung Gottes nicht zu gefährden. Übrigens haben in weiten Kreisen auch solche Auffassungen geherrscht, welche in einer Geistesmitteilung bei der Taufe die Ausrüstung des Menschen Jesus (s. die Genealogien, die Variante zu Lc 3_{22}, den Beginn des Markus-Evangeliums) zu seinem Amte erkannten oder auf Grund von Jes 7 in einer wunderbaren Geburt (aus der Jungfrau) den Keim seines einzigartigen Wesens gesetzt fanden. (Das Aufkommen und die Verbreitung dieser Vorstellung ist uns ganz dunkel; Paulus scheint sie nicht zu kennen; im Lukas-Evangelium ist sie wahrscheinlich interpoliert; am Anfang des 2. Jahrhunderts ist sie bereits allgemein gewesen). Andererseits ist es von hoher Bedeutung, daß alle Lehrer, welche das Neue des Christentums als Religion erkannten, Christus Präexistenz beigelegt haben.

Zusatz. Die Verweisung auf den Weissagungsbeweis. auf die damalige Auslegung des A. T., auf die Apokalyptik und die gültigen Methoden der Spekulation, auf außerjüdische Einflüsse (die aber schon in das Judentum eingedrungen waren) vermag nicht alle neuen Momente zu erklären, die sich in der Ausprägung der christlichen Verkündigung schon sehr frühe finden. Die ältesten Gemeinden waren enthusiastisch, hatten Propheten in ihrer Mitte usw. Unter solchen Bedingungen werden in der Geschichte stets Tatsachen geradezu produziert (z. B. als besonders wichtige die Himmel- und Höllenfahrt Christi — auch im Zusammenhang mit dem Weissagungsbeweis und unter Anlehnung an jüdisch-gnostische Mythologumena). Es ist nachträglich nicht möglich, die direkten Veranlassungen zu solchen Produktionen stets pünktlich oder überhaupt nachzuweisen, die erst durch die Schöpfung des neutestamentlichen Kanons ihr übrigens nicht einmal vollkommenes Ende erlangt haben, resp. nun durch begriffliche Mythologumena ersetzt wurden. Gunkel (Zum religionsgeschichtlichen Verständnis des N. T., 1903), Bousset u. a. erklären eine Reihe von Problemen hier „religionsgeschichtlich“, verlieren sich dabei aber mehrfach ins Dunkle, appellieren an erst zu konstruierende Vorstufen und lehnen öfters naheliegende, einfache Erklärungen ab. Die chronische Schwäche der deutschen philologisch-historischen Methode (die Kehrseite ihrer Stärke), Fragen zu beantworten, für welche die Quellen nicht ausreichen, Thesen zu beweisen, die keinen Beweis zulassen, durch willkürliche Kombinationen neue Zusammenhänge zu schaffen und Nicht aufzulösendes und Ungefüges für unecht zu erklären — ist auch in die urchristlichen Forschungen (die sach- und literarkritischen) eingedrungen und bedroht sie nicht weniger mit Zersetzung wie einst die Tendenzkritik der Baurschen Schule.

4. Das Judentum war im Zeitalter Jesu und der Apostel längst keine eindeutige Erscheinung mehr. Was man Zersetzung des Judentums nennt, ist aber, wenn auch nicht durchweg, Entschränkung, Bereicherung, religiöse Aufklärung oder Vergeistigung gewesen. Nicht nur das hellenistische Judentum, sondern auch das palästinensische befand sich auf dem Wege der Entwicklung zu einer Weltreligion. Hervorgehoben seien in Hinblick auf das Christentum folgende Momente: 1. der Tempel- und Opferdienst war nicht nur durch schlechte Priester diskreditiert: die Religion selbst war über ihn hinausgewachsen, 2. der Gottesbegriff war universeller und geistiger geworden; die landläufige Vorstellung vom jüdischen „Deismus“ ist zu verbannen, 3. theologische Spekulationen (Sünde und Gnade, allgemeine und persönliche Sünde, Prädestination, Vorsehung usw.) waren aufgetaucht oder wichtiger geworden und in weitere Kreise gedrungen, 4. neben der gesetzlichen Kleinmeisterei und der moralischen Kasuistik stellten sich auch Versuche einer energischen Konzentration des Gesetzes

auf seine Hauptsumme ein (der „Legalismus" deckt das religiöse Judentum im Zeitalter Christi und der Apostel durchaus nicht), 5. die Züge des zukünftigen messianischen Reichs wurden vergeistigt und versittlicht, 6. der Glaube an ein individuelles Fortleben nach dem Tode (Himmel und Hölle für den einzelnen) wurde bestimmter und drang tiefer ein, 7. qualitative Unterscheidungen im A. T. wurden von einigen gemacht.

Die Kenntnisse der neueren christlichen Autoren (Weber, Bousset, Baldensperger, JWeiss, auch Schürer), die Religion und Ethik des Judentums unsres Zeitalters betreffend, hat Moore (s. o.) einer scharfen Kritik unterzogen, zugleich auch nachweisend, wie parteiisch-apologetisch ihr Standpunkt ist und wie notwendig es ist, daß sie von den jüdischen Gelehrten und von Dalman (auch von Strack) lernen. So lange aber der Stand der Kenntnisse der christlichen Theologen hier ein so unvollkommener ist, sind alle „religionsgeschichtlichen" Untersuchungen, die sofort nach Griechenland, Babylonien und Persien ausschweifen oder vorchristliche persische Vorstufen konstruieren, mit einem Fragezeichen zu versehen. — Wie über die sog. jüdischen „Mittelwesen" (Mamre, Schekinah, Metatron) zu urteilen ist, hat Moore im zweiten Artikel gezeigt. Von letzterem bemerkt er: „As if the cabalistic myths were not fantastic enough, Christian theologians have added to them their own, at first to claim him for their Christology, latterly to discredit Judaism with him."

§ 7. Die religiösen Auffassungen und die Religionsphilosophie der hellenistischen Juden in ihrer Bedeutung für die Umprägung des Evangeliums.

EShürer a. a. O. u. i. d. Sitz.-Ber. d. K. Preuß. Akad. d. Wiss., 1897, S. 200 ff., WBousset, a. a. O. — KSiegfried, Philo von Alexandrien, 1875. — HWindisch, Die Frömmigkeit Philos, 1909. — PWendlands Philo-Ausgabe und Studien. — ChBigg, The Christian Platonists of Alexandria, 1886. — MFriedländer, Geschichte der jüdischen Apologetik, 1903; Ders., Die vorchristliche jüdische Gnosis, 1898. — Die Untersuchungen von JFreudenthal (Hellenistische Studien) und JBernays. — WBousset, Hauptprobleme der Gnosis, 1907; derselbe, Jud.-Christl. Schulbetrieb in Alex. und Rom, 1915.

1. Aus den Resten der jüdisch-alexandrinischen Literatur (erinnert sei auch an die Sibyllen sowie an Josephus) und aus der großen Propaganda des Judentums in der griechisch-römischen Welt ist zu schließen, daß es in der Diaspora ein Judentum gab, für dessen Bewußtsein der Kultus und das Zeremonialgesetz hinter die bildlose monotheistische Gottesverehrung, die Tugendlehren und den Glauben an eine künftige jenseitige Vergeltung ganz zurücktraten. Selbst die Beschneidung wurde von den bekehrten Juden nicht durchgängig mehr verlangt: man begnügte sich auch mit dem Reinigungsbade.

Die jüdische Religion scheint hier umgesetzt in eine allgemein menschliche Moral und in eine monotheistische Kosmologie. Deshalb ist auch der Gedanke der Theokratie sowie die messianische Hoffnung verblaßt. Die letztere fehlte zwar nicht; aber die Prophetien wurden hauptsächlich für den Altersbeweis des jüdischen Monotheismus verwertet, und der Zukunftsgedanke erschöpfte sich in der Erwartung des Untergangs des römischen Reichs, des Weltbrandes und — was das Wichtigste war — der allgemeinen Vergeltung. Das spezifisch Jüdische erhielt sich in der unbedingten Hochschätzung des A. T., welches als Quelle aller Weisheit (auch der griechischen Philosophie und der Wahrheitsmomente der nichtjüdischen Religionen) betrachtet wurde. Viele Aufgeklärte hielten auch das Gesetz, seiner symbolischen Bedeutung wegen, pünktlich. Diese Juden und die von ihnen bekehrten Griechen bildeten ein neues Judentum auf der Wurzel des alten. Es hat den Boden für die Christianisierung der Griechen sowie für die Entstehung einer großen gesetzesfreien Heidenkirche im Reiche bereitet; es hat sich unter dem Einfluß der griechischen Kultur zu einer Art von Weltbürgertum mit monotheistischem Hintergrund entwickelt. Als Religion hat es die nationalen Formen abgestreift oder verdünnt und sich als die vollkommenste Ausprägung jener „natürlichen" Religion produziert, welche die Stoa entdeckt hatte Aber in dem Maße wurde es auch moralistischer und verlor einen Teil der religiösen Kräftigkeit, welche die Propheten und Psalmisten besessen hatten. Die innige Verknüpfung des Judentums mit der hellenistischen Religionsphilosophie bedeutet den größten Fortschritt in der Religions- und Kulturgeschichte; aber sie brachte es nicht zu kräftigen religiösen Bildungen. Ihre Schöpfungen sind in das „Christentum" übergegangen.

2. Die jüdisch-alexandrinische Religionsphilosophie hat ihren bedeutendsten Vertreter in Philo — dem vollkommenen Griechen und dem überzeugten Juden, der die religiöse Philosophie des Zeitalters in der Richtung auf den Neuplatonismus fortgebildet[1] und eine christliche Theologie, die mit der Philo-

[1] Seine Originalität darf nicht an dem Einfluß gemessen werden, den er ausgeübt hat: die Transformierung des Platonismus durch Steigerung und die Kombination mit dem Stoizismus war schon vor ihm vollzogen (Posidonius).

sophie zu rivalisieren vermochte, vorbereitet hat. Philo ist Platoniker und Stoiker, zugleich aber Offenbarungsphilosoph; er versetzte das letzte Ziel in das Unvernünftige (die über aller natürlichen Erkenntnis liegende Gotteserkenntnis) und daher die höchste Kraft in die göttliche Mitteilung. Andererseits sah er, ein erklärter Dualist (Gott = Geist = das Gute; die Materie = das Nichtige, das Böse), im menschlichen Geist ein Göttliches und überbrückte den Gegensatz von Gott und dem kreatürlichen Geist, von Natur und Geschichte durch den persönlich-unpersönlichen Logos (der Logos ist weltwirksame Kraft Gottes, Geschöpf Gottes, Stellvertreter Gottes, Zusammenfassung aller in der Welt sich ausgestaltenden λόγοι, Ideen), aus dem er die Religion und die Welt erklärte, deren Stoff ihm freilich das gänzlich Nichtige und Böse blieb. Seine ethischen Anweisungen, die in der durch Gott selbst herbeizuführenden, in der Erkenntnis sich vermittelnden Einheit mit Gott gipfeln, haben im Prinzip einen streng asketischen Charakter, so sehr er die positiven Tugenden als relative zu schätzen wußte. Die Tugend ist Befreiung von der Sinnlichkeit, und sie vollendet sich in dem Berührtsein von der Gottheit. Dieses Berührtsein liegt über aller Erkenntnis, die aber als der Weg hochgeschätzt wird. Das Denken über die Welt ist bei Philo von dem Bedürfnis nach einer Seligkeit und einem Frieden abhängig, der höher ist als alle Vernunft. Man darf urteilen, daß Philo deshalb der erste gewesen ist, der als predigender Philosoph diesem Bedürfnis einen so kräftigen Ausdruck gegeben hat, weil er nicht nur ein Grieche, sondern auch ein im A. T. lebender Jude war, in dessen Gesichtskreis freilich die Synthese des Messias und des Logos noch nicht gelegen hat.

3. Die praktischen Grundgedanken der alexandrinischen Religions-Philosophie müssen — in verschiedener Stärke — sehr frühe in judenchristlichen Kreisen der Diaspora, und durch sie auch in heidenchristlichen, Eingang gefunden haben, oder vielmehr dort war der Boden bereitet, wo diese Gedanken verbreitet waren. Seit dem Anfang des 2. Jahrhunderts ist dann auch die Philosophie Philos selbst, speziell die Logoslehre als Ausdruck der Einheit von Religion, Natur und Geschichte, und vor allem seine hermeneutischen Grundsätze, bei christlichen Lehrern wirksam geworden.

Die Systeme Valentins und Origenes' setzen das System Philos voraus. Der feine Dualismus und die Kunst der Allegoristik („die biblische Alchemie") wurden auch bei den Gelehrten der Kirche heimisch: den geistigen Sinn der heiligen Texte zu finden, teils neben dem buchstäblichen, teils mit Ausschluß desselben, wurde die Losung für die wissenschaftliche christliche Theologie, die überhaupt nur auf diesem Grunde möglich war, da sie (ohne doch relative Maßstäbe zu kennen, deren Anwendung allein die Lösung der Aufgabe ermöglicht hätte) den ungeheuren und disparaten Stoff des A.T. mit dem Evangelium und beides mit der religiösen und wissenschaftlichen Kultur der Griechen zu einer Einheit zu verbinden strebte. Hier war Philo der Meister; denn er hat zuerst im größten Umfang den neuen Wein in alte Schläuche gegossen — ein Verfahren, in seiner letzten Absicht berechtigt; denn die Geschichte ist eine Einheit; aber in kleinmeisterlicher Ausführung eine Quelle der Täuschungen, der Unwahrhaftigkeit und schließlich der totalen Verblendung.

4. Man kann bereits die alexandrinische Religionsphilosophie „jüdischen Gnostizismus" nennen; aber neben diesem Gnostizismus gab es noch manche gnostisch-jüdische Spielarten. Sie sind auch noch nicht erschöpft, wenn man die Essener (und Therapeuten) nennt oder sich der Samaritaner und der aus ihnen hervorgegangenen Religionsstiftung des Simon Magus erinnert. Aus jüdischen Quellen (den Apokalypsen und späteren jüdischen Schriften), aus dem Kolosserbrief, aus der Erscheinung der Elkesaiten usw., aus den Pseudoklementinen läßt sich auf einen vielgestalteten jüdischen Gnostizismus im 1. Jahrhundert schließen, der mehr von asiatischen kultischen Spekulationen und Mythologumenen als von griechischen beeinflußt gewesen ist. Indessen ist unsere Kenntnis desselben ganz trümmerhaft. Daß er in irgendeiner seiner Formen auf den Hauptstamm der Christenheit am Anfang eingewirkt hat, so daß gemeinchristliche Erscheinungen in Kultus, Lehre, Verfassung etc. von hier aus zu erklären wären, ist eine bisher durch nichts zu begründende Hypothese. Das „Unerklärliche" gewisser uralter Erscheinungen (wie z. B. der Taufe und des Abendmahls als Sakramente) darf nicht auf irgendeine, lediglich zu postulierende jüdische (oder gar heidnische) Sekte zurückgeführt werden, sondern ist durch den Rekurs auf die

allgemeine Stufe, auf der sich die Religionsentwicklung im Orient als einheitliche damals befand, genügend erklärt.

In den Texten u. Unters., Bd. 42, 3, 1918, habe ich „die Terminologie der Wiedergeburt und verwandter Erlebnisse in der ältesten Kirche“ zusammengestellt (1. *ὡς τὰ παιδία, νήπιοι* — 2. *ἀνακαινίζεσθαι, ἀνανεοῦσθαι, ἀναπλάσσεσθαι, μεταμορφοῦσθαι* — 3. *ἐκλογή, υἱοθεσία, ἐλευθερία* — 4. *φίλοι (γνώριμοι, οἰκεῖοι) τοῦ θεοῦ (Χριστοῦ), ἀδελφοὶ Χριστοῦ* — 5. *κτίζεσθαι, καινὴ κτίσις, παλιγγενεσία, ἀναγεννᾶσθαι, γεννᾶσθαι ἐκ τοῦ θεοῦ, υἱοὶ (τέκνα) θεοῦ, σπέρμα τοῦ θεοῦ.* — 6. *δῶρον τοῦ πνεύματος, τὸ χρῖσμα ἀπὸ τοῦ θεοῦ, πνευματικοί, πνευματοφόροι, χριστοφόροι, θεοφόροι, ἐν Χριστῷ εἶναι.* — 7. *ἐπιστήμη, γνῶσις, ἀλήθεια, φῶς, φωτίζεσθαι, ζωὴ αἰώνιος, ἀθανασία, ζωοποιεῖσθαι, θεοποιεῖσθαι, χριστοποιεῖσθαι, Χριστοί, αἱ νύμφαι τοῦ Χριστοῦ.* — 8. *ὁ καινὸς ἄνθρωπος, ὁ ἔσω ἄνθρ., ὁ τέλειος ἄνθρ., ὁ τοῦ θεοῦ ἄνθρ., ὁ πνευματικὸς ἄνθρ., ὁ ἄνθρ., ὁ πόρρω τῆς ἀνθρωπότητος*). Es ergibt sich, daß bereits um den Anfg. des 2. Jahrh. so ziemlich alle termini technici gebraucht worden sind, die damals in den höheren Mysterienkulten usw. kurrent waren, daß aber keine Gruppe besonders bevorzugt und christlich-terminologisch im strengen Sinn geworden ist. Daraus folgt mit Evidenz, daß hier nicht Abhängigkeit von bestimmten Mysterien vorliegt, sondern daß dieses Material bereits in die allgemeine religiöse Literatur übergegangen und allgemein zugänglich war. Es haben also die Untersuchungen über die Entstehung und den ursprünglichen Sinn dieser Termini für die Erforschung der christlichen Religionsentwicklung so gut wie keine Bedeutung. Wichtiger ist es, die spezifisch christlichen Termini zu verfolgen, wie *πίστις, μετάνοια, ἀγάπη* usw.; vgl. AHarnack, Sanftmut, Huld und Demut in der alten Kirche, i. d. Festschrift für Kaftan, 1920.

§ 8. Die religiösen Dispositionen der Griechen und Römer in den beiden ersten Jahrhunderten und die damalige griechisch-römische Religionsphilosophie.

GBoissier, La réligion Romaine d'Auguste aux Antonins, 2 Bde., 1874. — JRéville, La réligion à Rome sous les Sévères, 1886 (deutsch von GKrüger, 1888). — GFriedländer, Darstellungen aus der Sittengeschichte Roms in der Zeit von August bis zum Ausgang der Antonine, 3. Bd. 5. Aufl. — EMarquard, Römische Staatsverwaltung, 3. Bd., 1878. — Leop Schmidt, Die Ethik der alten Griechen, 2 Bde., 1882. — MHeinze, Die Lehre vom Logos, 1872. — AAall, Geschichte der Logosidee, 2 Bd., 1896/99. — FCumont, Texte et monuments relatifs aux mystères de Mithra, 2 Bde., 1899 ff.; Ders., Die Mysterien des Mithra, deutsch von GGehrich, 1903; Ders., Die orientalischen Religionen im römischen Heidentum, 1910. — RHirzel, Untersuchungen zu Cicero's philosophischen Schriften, 3 Tle., 1877 ff. — EHatch, The influence of Greek ideas and usages upon the Christian church, 1890 (deutsch von EPreuschen, 1892.) — GAnrich, Das antike Mysterienwesen, 1894. — GWobbermin, Religionsgeschichtliche Studien, 1896. — RReitzenstein, Poimandres, 1904; — Ders., Die hellenistischen Mysterienreligionen nach ihren Grundgedanken und Wirkungen, 1910, 2. Aufl., 1920. — Ders., Das iranische Erlösungsmysterium, 1921; — Ders., Die Göttin Psyche in der hellenist. u. frühchristl. Literatur i. d. Sitzungsber. d. Heidelberger Akad. d. Wiss., 1917 (R. konstruiert jetzt den Synkretismus und die frühchristliche Entwicklung iranozentrisch, z. T. auf Grund sehr später Quellen). — ENorden, Agnostos Theos, 1913. — Guiraud, Les assemblées provinciales dans l'empire Romain, 1887. — Krascheninnikoff, Die Einführung des provinzialen Kaiserkultus im römischen Westen (Philolog. Bd. 53 S. 147 ff.). — OHirschfeld, Zur Geschichte des römischen Kaiserkultus (Sitz.-Ber. d. K. Preuß. Akad. d. W., 1888, 19. Juli). — Büchner, De neocoria, 1888. — ENorden, Die antike Kunstprosa, 2 Bde., 1898. Die Lehrbücher der Geschichte der Philosophie von EZeller, JEErdmann, FUeberweg, LStrümpell, WWindelband, HvArnim u. a., der Geschichte der griechischen und römischen Religion von CRobert, PStengel, GWissowa u. a. und die religions-geschichtl. Monographien über Wasser, Licht, Siegel, Sonne und Schwärze, Fisch usw. — Vor allem: PWendland, Die hellenistisch-römische Kultur in ihren Beziehungen zu Judentum und Christentum, 2. Aufl., 1912. — AHarnack, Geschichte der Mission usw. in den ersten Jahrhunderten, 3. Aufl., 1915.

1. Nachdem im Zeitalter des Cicero und Augustus die Volksreligion und der religiöse Sinn überhaupt in den Kreisen der Gebildeten fast ganz abhanden gekommen schienen, ist seit dem Ausgang des 1. Jahrhunderts in der griechisch-römischen Welt eine Wiederbelebung des religiösen Sinns bemerkbar, welche alle Schichten der Gesellschaft erfaßte und sich namentlich seit der Mitte des 2. Jahrhunderts von Dezennium zu Dezennium gesteigert zu haben scheint. Parallel mit ihr gingen die nicht erfolglosen Versuche, die alten nationalen Kulte, religiösen Gebräuche, Orakelstätten usw. zu restaurieren. Indessen kamen die neuen religiösen Bedürfnisse der Zeit in diesen Versuchen, die z. T. von oben und künstlich gemacht wurden, weder kräftig noch ungetrübt zum Ausdruck. Sie suchten sich vielmehr, entsprechend den gänzlich geänderten Zeitverhältnissen (Völkermischung und Verkehr — Verfall der alten republikanischen Ordnungen, Gliederungen und Stände — Monarchie und Absolutismus — soziale Krisen und Pauperismus — Einfluß der Philosophie auf Religion, Sittlichkeit und Recht — Weltbürgertum und Menschenrecht — Eindringen orientalischer Kulte — Welterkenntnis und -überdruß), neue Formen der Befriedigung. Aus dem Verfall der politischen Kulte und dem Synkretismus entwickelte sich unter dem Einfluß der Philosophie die Disposition für den Monotheismus. Religion und individuelle Sittlichkeit wurden enger verknüpft. Vergeistigung

der Kulte, Veredelung des Menschen, Idee der sittlichen Persönlichkeit, des Gewissens und der Reinheit, Buße und Entsühnung wurden von Wichtigkeit, innere Verbindung mit der Gottheit, Sehnsucht nach Offenbarung (Askese und geheimnisvolle Riten als Mittel der Aneignung des Göttlichen), Sehnsucht nach leidlosem, ewigem Leben im Jenseits (Vergottung); das irdische Leben als Scheinleben (ἐγκράτεια und ἀνάστασις). Trat im 2. Jahrhundert der moralistische Zug stärker hervor, so im 3. mehr und mehr der religiöse — die Sehnsucht nach Leben und die Aufmerksamkeit auf die Sünde als Schuld. Dabei war der Polytheismus nicht überwunden, sondern nur auf eine zweite Stufe geschoben, auf dieser aber so lebendig wie je zuvor. Das numen supremum offenbart seine Fülle in tausend Gestaltungen (Untergöttern), die aufwärts (Vergötterung, Kaiserkult, „dominus ac deus noster") und abwärts (Manifestationen in der Natur und in der Geschichte) steigen. Die Seele selbst ist ein überirdisches Wesen; das Ideal des vollkommenen Menschen und des Führers (des Erlösers vom Tode und der Sünde) wird entwickelt und gesucht. Das Neue blieb aber teilweise verdeckt durch die alten Kultusformen, die der Staat und die Pietät stützten und restaurierten; es tastete unsicher nach Ausdrucksformen umher, und der Weise, der Skeptiker, der Fromme und der Patriot kapitulierten mit der alten kultischen Überlieferung.

In meiner Gesch. der Mission und Ausbreitung des Christentums, 3. Aufl., Bd. 1 S. 20 — 35 sind die äußeren und die inneren Bedingungen im römischen Reiche für die universale Ausbreitung der christlichen Religion übersichtlich zusammengestellt und die Grundzüge des religiösen Synkretismus, die eine gewisse Einheit bilden, nachgewiesen.

2. Hohe Bedeutung für die Entwickelung eines Neuen auf religiösem Gebiet kam dem Assoziationswesen einerseits, der Schöpfung des monarchischen römischen Weltstaats andererseits zu. In beiden entsteht die weltbürgerliche Gesinnung, die doch über sich selbst hinausweist, dort dazu die Praxis der sozialen Hilfeleistung, hier die Vereinigung der Menschheit unter einem Haupte und die Neutralisierung der Nationen. Die Kirche hat Stück für Stück den großen Apparat des römischen Weltstaates sich angeeignet, wohl auch in seiner Verfassung das Abbild der göttlichen Oekonomie gesehen.

3. Vielleicht der entscheidendste Faktor in dem Umschwung der religiös-sittlichen Stimmungen ist die Philosophie gewesen, die in fast allen ihren Schulen erst die Ethik, dann die Religion mehr und mehr in den Vordergrund gerückt und vertieft hat. Vom Boden des Stoizismus aus haben Posidonius, Seneca, Epiktet und M. Aurel, vom Platonismus aus Männer wie Plutarch eine ethische Anschauung gewonnen, welche im Prinzip unklar (Erkenntnis, Resignation, Gottvertrauen), doch im einzelnen einer Steigerung kaum mehr fähig ist. Gemeinsam ist ihnen allen die Wertschätzung der S e e l e. Eine religiöse Stimmung, die Sehnsucht nach göttlicher Hilfe, nach Erlösung und einem jenseitigen Leben tritt bei einzelnen deutlich hervor, am deutlichsten bei den Neuplatonikern und ihren Vorläufern im 2. Jahrhundert (vorgebildet bei Philo). Merkmale dieser Denkweise sind die dualistische Entgegensetzung des Göttlichen und Irdischen, der abstrakte Gottesbegriff, die Behauptung der Unerkennbarkeit Gottes, die Skepzis in bezug auf die sinnliche Erfahrung und das Mißtrauen in bezug auf die Kräfte des Verstandes bei hoher Bereitschaft, die Dinge zu erforschen und den Ertrag der bisherigen wissenschaftlichen Arbeit zu verwerten, ferner die Forderung der Befreiung von der Sinnlichkeit durch Askese, das Autoritätsbedürfnis, der Glaube an höhere Offenbarungen und die Verschmelzung von Religion, Wissenschaft und Mythologie. Bereits begann man die religiöse Phantasie im Reiche der Philosophie zu legitimieren, indem man auf die Mythen als die Vehikel der tiefsten Weisheit zurückgriff (Romantik). Die theosophische Philosophie, die sich so vorbereitete, ist vom Standpunkt der Naturwissenschaft und Aufklärung vielfach ein Rückschritt (doch nicht in jeder Beziehung, z. B. ist die neuplatonische Psychologie viel besser als die stoische); aber sie war der Ausdruck für tiefere religiöse Bedürfnisse und wertvolle Selbsterkenntnis. Das Innenleben mit seinen Ahnungen, Hoffnungen und Wünschen wird nun vollständig der Ausgangspunkt des Denkens über die Welt. Die Gedanken der göttlichen gnädigen Vorsehung, der Zusammengehörigkeit aller Menschen, der allgemeinen Bruderliebe, der bereitwilligen Vergebung des Unrechts, der nachsichtigen Geduld, der Einsicht in die eigenen Schwächen, des Schauers vor der Sünde — freilich noch mit manchem Schatten behaftet — sind nicht minder ein Erwerb

der praktischen Philosophie der Griechen für weite Kreise geworden, wie die Ueberzeugung von der inhärenten Sündhaftigkeit, von der Erlösungsbedürftigkeit und dem Werte einer Menschenseele, die nur in Gott ihre Ruhe findet. Aber man besaß keine sichere Offenbarung, keine umfassende und befriedigende religiöse Gemeinschaft, keinen kräftigen religiösen Genius und keine Betrachtung der Geschichte, welche an die Stelle der nicht mehr wertvollen politischen Geschichte treten konnte; man besaß keine Gewißheit, und man kam aus dem Schwanken zwischen Gottesfurcht und Naturvergötterung nicht heraus. Die Kraft fehlte, welche Macht über die Menschen besaß, welche die Götzen stützte und das Alte abtat. Dennoch hat sich mit dieser Philosophie, dem Höchsten, was das Zeitalter bot, das Evangelium verbündet, und die Stadien der kirchlichen Dogmengeschichte in den fünf ersten Jahrhunderten entsprechen den Stadien der hellenischen Religionsphilosophie in demselben Zeitraum.

1. Studien über Begriff und Umfang der Worte „θεός“ und „θεοποίησις“ in den ersten drei Jahrhunderten sind besonders lehrreich, um die Mannigfaltigkeit und Elastizität der religiösen Ueberlieferungen, Gefühle und Spekulationen kennen zu lernen.

2. Die römische Religion vermochte dem Christentum schlechterdings nichts zu bieten; aber ihre formalen Begriffe der Tradition, der Sukzession, der Legalität und Disziplin, die übrigens im ganzen römischen Wesen lebten, sind von Wichtigkeit geworden.

3. Bis auf weiteres (und vielleicht für immer) ist es nicht möglich, den religiösen, unzweifelhaft eine gewisse Einheit bildenden Synkretismus des 1.—3. Jahrh. auf seine kausalen Faktoren (babylonische, persische, jüdische, vorderasiatische, ägyptische, orphische, griechisch-philosophische usw.) reinlich, sicher und aufklärend zurückzuführen, da schon seine Zerlegung behufs der Untersuchung schwierig ist, da sekundäre und tertiäre Quellen herangezogen werden müssen, deren geschichtliche Stellung kontrovers ist, da auf jeder Linie große interne Entwicklungen stattgefunden haben und es sich oft schwer feststellen läßt, mit welchem Stadium man es hier zu tun hat, da eine Entscheidung, ob man φιλοσοφία, γνῶσις oder dumpfen Aberglauben vor sich hat, oft nicht getroffen werden kann, und da endlich spontanen und analogen Bildungen unter gleichen Bedingungen ein sehr großer Spielraum offen zu halten ist. Fruchtbarer wird der Fleiß auf die religionsgeschichtlichen Erscheinungen dieser Epoche angewandt, wenn er jede einzelne in ihrer Eigenart und in der Einheit ihrer Teilerscheinungen zu würdigen sich bestrebt.

4. Keine einzelne Religion im Reiche — auch nicht die Isis- oder die Mithrasreligion — war eine wirkliche und gefährliche Rivalin der

Christentums (ihre gefährlichste Rivalin wäre die jüdische Religion geblieben, wenn diese sich nicht infolge innerer Entwicklungen seit der Mitte des 2. Jahrh. selbst verengt hätte und durch die Zerstörung des Tempels und des jüdischen Volkstums niedergeschlagen worden wäre). Die einzelnen Religionen kamen im Kampfe nur als Teile einer Gesamtmacht in Betracht. Diese heidnische religiöse Gesamtmacht hatte ihre Pole am Kaiserkult einerseits (politische Religion), an der romantisch idealistischen Philosophie andererseits, und ihre Stärke an der Geschichte, nämlich an der griechisch-römischen Kultur. Die letztere konnte das Christentum natürlich nicht überwinden, sondern mußte sich irgendwie ihr einzufügen suchen. Auch mit der Philosophie konnte sie paktieren, wenn auch ein paar unübersteigliche Schranken bestehen blieben. Mehr und mehr ist die „neuplatonische" Philosophie, obgleich ein halber Bundesgenosse, der eigentliche Gegner der Kirche geworden, weil sich in ihr die letzte Phase des Hellenismus, d. h. der griechischen Kultur überhaupt, darstellte. Sie wird heute in ihrem Einfluß (schon auf die frühchristliche Entwicklung) gegenüber der Mysterienweisheit unterschätzt

5. Fast alle Elemente, deren Zusammenwirken wir Katholizismus nennen, waren im apostolischen Zeitalter schon vorhanden, man mag an welches Hauptstück immer denken (auch läßt sich der Gnostizismus einerseits, Irenäus andrerseits auf Paulinisches z. T. zurückführen). Aber der Katholizismus selbst war doch noch nicht da; denn die feste Struktur fehlte noch überall, in der Lehre sowohl wie in der Kultuspraxis, in der Ordnung des Ganzen und in der Disziplin. Auch die sichere Exklusive fehlte noch, und, obgleich es Autoritäten genug gab — die priesterliche Autorität. Den sog. orthodoxen Protestantismus aber darf man überhaupt nicht über den Katholizismus hinweg mit dem Urchristentum konfrontieren, da er als kirchliche Erscheinung sich nicht von der Folie des Katholizismus loslösen läßt. Wohl aber läßt der freie Protestantismus eine Vergleichung mit dem Kern der Verkündigung Jesu und mit dem Paulinismus als religiöser Ethik zu.

Als Einleitung zum Studium der Dogmengeschichte ist, abgesehen von der oben verzeichneten Literatur und dem Studium der Septuaginta und des N. T., die Lektüre folgender Schriften besonders zu empfehlen: Die Apokalypse des Esra (= 4. Buch Esra, hrsg. von Violet, deutsche Uebersetzung von Gunkel), Die Psalmen Salomo's (a. a. O.), die Pirke Aboth (hrsg. von HStrack, 1882), Die sibyllinischen Orakel (hrsg. von Geffcken, 1902), Die Fragmente des Posidonius (Reinhard), Schriften Ciceros, Philos (besonders seine Erklärungen zur Genesis), Senecas, Plutarchs, Epiktets und Marc Aurels, resp. EZellers Philosophie der Griechen, Bd. III. 1. 2. (3. Aufl. 1880 f.).

Erster Teil.

Die Entstehung des kirchlichen Dogmas.

Erstes Buch.

Die Vorbereitung.

Erstes Kapitel.

Geschichtliche Orientierung.

§ 9.

PWernle, s. § 5. — FOverbeck, Ueber die Anfänge der patristi schen Literatur (Hist. Ztschr. N. F. XII S. 517 ff.). — AHarnack, Mission s. § 8. — RSohm, Kirchenrecht I, 1892; Ders., Wesen und Ursprung des Katholizismus (Abh. d. Phil. Hist. Klasse d. K. Sächs. Gesellsch. d. Wiss., Bd. 27, H. 3, 1909; dazu AHarnack, Entst. u. Entw. d. Kirchenverfassung und des Kirchenrechts, 1910 (S. 121 ff.: „Urchristentum und Katholizismus), vgl desselb. Einleitung zur Monographie über Marcion, 1921, S. 1 ff.

Das 1. Jahrhundert des Bestehens heidenchristlicher Gemeinden ist charakterisiert 1. durch das rapide Zurücktreten des Judenchristentums, 2. durch den religiösen Enthusiasmus (den „Geist", speziell das charismatische Lehrertum; auch die Gnostiker waren fast sämtlich Enthusiasten), 3. durch die Kräftigkeit der Zukunftshoffnungen (Chiliasmus), 4. durch strenge Sittlichkeit nach Maßgabe der Herrngebote, 5. durch ein der Substanz nach festes religiöses und religionsgeschichtliches Kerygma, aber zugleich durch die Mannigfaltigkeit und Freiheit der Ausprägungen des Glaubens auf Grund sicherer Sakramente, fester, aber deutbarer Formeln und einer stets bereicherten Ueberlieferung, 6. durch das Fehlen einer fest umgrenzten, in ihrer Anwendung sicheren, äußeren Autorität in den Gemeinden (Autoritäten sind das A. T., die „Lehre des

Herrn" in apostolischer Ueberlieferung und der lebendig wirkende, sich z. T. sinnenfällig bezeugende heilige Geist), 7. durch das Fehlen einer politischen Verbindung der einzelnen Gemeinden untereinander (jede Ekklesia ist ein in sich geschlossenes Abbild und eine Auswirkung der ganzen himmlischen Kirche) und durch eine feste, aber dem Individuum noch Spielraum lassende Gemeinde-Organisation, 8. durch eine eigenartige, mit den höchsten Ansprüchen auftretende, auch Tatsachen produzierende Schriftstellerei, 9. durch die Reproduktion einzelner Sprüche und Ausführungen apostolischer Lehrer bei unsicherem Verständnis für dieselben, 10. durch das Aufkommen von Richtungen, die den vom Ursprung her begonnenen Prozeß der Verschmelzung des Evangeliums mit den geistigen und religiösen Interessen der Zeit (mit dem Hellenischen) in jeder Hinsicht zu beschleunigen trachteten, sowie durch Unternehmungen, das Evangelium von seinem Ursprung loszulösen und ihm ganz fremde Voraussetzungen unterzuschieben. Zu letzterem gehört vor allem die (hellenische) Vorstellung, daß die Erkenntnis nicht eine (charismatische) Zugabe zum Glauben sei, sondern daß sie mit dem Wesen des Glaubens selbst zusammenfalle oder ihn als eine untere Stufe hinter sich lasse, ja abstoße.

Die Gedankenbildung der Christenheit ist durch die polaren Bestrebungen beherrscht, einerseits alles, was als Heiliges autoritativ oder innerlich empfunden wurde, zu konservieren und in einen gewissen lockeren Zusammenhang zu bringen (den ganzen Inhalt des A. T., die dasselbe begleitende spätjüdische Apokalypsenliteratur, die Geschichte und Worte Christi, das apostolische Erbe in Schrift und Ueberlieferung, die jüdischen Theologumena, soweit sie nicht national gefärbt waren, einen gewissen Teil der philosophischen natürlichen Theologie, usw.), andrerseits diesem Synkretismus gegenüber bez. aus ihm heraus eine eindeutige Glaubenslehre mit mehr oder weniger bestimmten Exklusiven zu gewinnen. Ersteres ist „katholisch", letzteres kann man „Paulinisch" nennen, sofern Paulus der Erste gewesen ist, der die Aufgabe, eine Einheit zu schaffen, empfunden hat. Auf seiner Seite standen zunächst solche, die die kirchliche Ueberlieferung bei ihrem Bestreben verletzt haben — Marcion und, so paradox es scheinen mag, die Gnostiker. Auf kirchlicher Seite empfindet zuerst Irenäus die Aufgabe wieder. Origenes ist der große Theologe gewesen, der bei voller Aufrechterhaltung des christlichen Synkretismus eine eindeutige Glaubenslehre und eine eindeutige Glaubenserkenntnis schaffen wollte, vgl. die Einleitung zu meinem Werk über Marcion (1921).

Zweites Kapitel.

Das allen Christen Gemeinsame und die Auseinandersetzung mit dem Judentum.

§ 10.

Für die große Mehrzahl der Christen war ein Gemeinsames vorhanden, wie neben anderem die Tatsache beweist, daß die Ausscheidung des Gnostizismus nur allmählich erfolgt ist. Die Ueberzeugung, den höchsten Gott zu kennen, das Bewußtsein, ihm verantwortlich zu sein, das Vertrauen auf Christus und sein Erlösungswerk (mitgeteilt durch die Taufe), die sichere Hoffnung auf ein ewiges Leben, die kraftvolle Erhebung über die Welt — diese Elemente bildeten die Grundstimmung. Justins Definition des Christentums (bei Euseb., h. e. IV, 17, 10): *τὸ διδασκάλιον τῆς θείας ἀρετῆς* ist gewiß von jedem Christen gebilligt worden, und ebenso spricht der Verfasser der Paulus-Akten die allgemeine Auffassung aus, wenn er (c. 5, 7) *τὸν τοῦ Χριστοῦ λόγον* gleichsetzt dem *λόγος θεοῦ περὶ ἐγκρατείας καί ἀναστάσεως*. Im einzelnen darf hier folgendes genannt werden:

1. Das Evangelium ist die sichere, weil auf Offenbarung beruhende, Kundgebung des höchsten Gottes, deren gläubige Aufnahme das Heil verbürgt;

2. Der wesentliche Inhalt dieser Kundgebung ist der geistige Monotheismus, die Botschaft von der Auferstehung und dem ewigen Leben, sowie die Predigt von der sittlichen Reinheit und Enthaltung auf Grund der Buße zu Gott und einer einmal gewährten vollkommenen Entsühnung (Taufe) im Hinblick auf die Vergeltung des Guten und Bösen;

3. Vermittelt ist diese Kundgebung durch Jesus Christus, welcher der „in der letzten Zeit" gesandte Heiland ist und mit Gott selbst in einer besonderen, einzigartigen Verbindung steht (vgl. das in ältester Zeit viel gebrauchte und vieldeutige *παῖς θεοῦ*.) Er ist der Erlöser (*σωτήρ*), weil er die volle Erkenntnis Gottes und das Geschenk des ewigen Lebens gebracht hat (*γνῶσις* und *ζωή*, resp. *γνῶσις τῆς ζωῆς*, als Ausdruck für die Summa des Evangeliums; s. die Abendmahlsgebete in der Didache c. 9 und 10: *εὐχαριστοῦμέν σοι, πάτερ ἡμῶν, ὑπὲρ τῆς ζωῆς καὶ γνώσεως ἧς ἐγνώρισας ἡμῖν διὰ Ἰησοῦ παιδός σου*). Er ist aber ferner das höchste Vorbild

aller sittlichen Tugend, Gesetzgeber und Gesetz für das vollkommene Leben, dazu Besieger der Dämonen und Weltrichter;

4. Die Tugend ist die Enthaltung (als Verzicht auf die Güter dieser Welt, in der der Christ ein Fremdling ist und deren Untergang er erwartet), sodann auch die brüderliche Liebe. (In unzweifelhafter Abweichung von den Sprüchen Christi tritt für die Reflexion in den ältesten heidenchristlichen Gemeinden die Bruderliebe hinter der asketischen Tugendübung zurück; Celsus [bei Orig. c. Cels. V, 59 sq.] hat nicht den Ruf: „Liebet die Brüder" aus aller Christen Munde gehört, sondern „Mir ist die Welt gekreuzigt und ich der Welt");

5. Die Botschaft Christi ist erwählten Männern, den Aposteln, resp. einem Apostel übertragen; in ihrer Predigt stellt sich die Predigt Christi selbst dar. Außerdem waltet in den „Heiligen" der Geist Gottes mit seinen Gaben, der zudem noch besondere „Propheten und Lehrer" erweckt, welche Mitteilungen zur Erbauung der anderen erhalten und deren Anweisungen Gehorsam zu leisten ist;

6. Der christliche Gottesdienst ist ein geistiger Opferdienst ohne Zeremonien und statutarische Regeln; die heiligen Handlungen und Weihen, die mit dem Kultus verbunden sind, haben ihren Wert darin, daß geistige Güter mitgeteilt werden (Didache 10: *ἡμῖν δὲ ἐχαρίσω, δέσποτα, πνευματικὴν τροφὴν καὶ ποτὸν καὶ ζωὴν αἰώνιον διὰ τοῦ παιδός σου*).

7. Die durch Geschlecht, Alter, Bildung, Nation zwischen den Menschen gezogenen Schranken fallen für die Christen als Christen weg; die christliche Gemeinde beruht auf göttlicher Auswahl und ist organisiert durch die Geistesgaben; über die Begründung der Auswahl waren die Meinungen geteilt;

8. Da das Christentum die allein wahre Religion und keine nationale Religion ist, vielmehr der ganzen Menschheit resp. ihrem Kerne gilt, so folgt, daß es mit dem jüdischen Volk und dessen derzeitigem Kultus nichts gemeinsam haben kann. Das jüdische Volk hat mindestens zur Zeit kein Gnadenverhältnis zu dem Gott, dessen Offenbarer Jesus gewesen ist; ob es früher ein solches besessen hat, ist zweifelhaft (vgl. hier. z. B. die gleichartige und doch so ganz verschiedene Stellung Marcions, des Valentinschülers Ptolemäus,

des Verfassers des Barnabasbriefs, des Aristides und des Justin), gewiß aber ist, daß es jetzt von Gott verworfen ist, und daß alle Gottesoffenbarungen, sofern solche vor Christus überhaupt stattgefunden haben (die Mehrzahl nahm solche an und betrachtete das A. T. als heilige Urkunde), lediglich auf die Berufung des „neuen Volkes" abzielten und die Offenbarung Gottes durch seinen Sohn vorbereiten sollten.

Drittes Kapitel.

Der Gemeinglaube in den großen Kirchen und die Anfänge der Erkenntnis in dem zum Katholizismus sich entwickelnden Heidenchristentum.

§ 11.

Die Schriften der sog. apost. Väter (Ausgabe von GEBHARDT, HARNACK und ZAHN, 1876 ff.); Die Lehre der zwölf Apostel = Didache (Ausgabe von AHARNACK, 1884, kleine Ausgabe 1886), Die Fragmente des Kerygmas Petri und anderer verlorener uralter Schriften (s. AHILGENFELD, Nov. Testam. extra can. recept. fasc. 4. edit. II, 1884), Rückschlüsse aus den Werken der Apologeten des 2. Jahrhunderts, aus Irenäus und Clemens Alex. Auch die Fragmente der Gnostiker können mit Vorsicht herbeigezogen werden, andererseits die paulinischen Briefe, besonders der I. und II. Kor. (s. GHEINRICI, Kommentar II S. 557 ff. und den Komm. v. JWEISS z. I. Kor.) — ARITSCHL, Entstehung der altkatholischen Kirche, 2. Aufl. 1857. — MvENGELHARDT, Das Christentum Justin's, 1878. — OPFLEIDERER, Das Urchristentum, 2. Aufl. 1902. — GHEINRICI, Das Urchristentum, 1902. — EvDOBSCHÜTZ, Die urchristl. Gemeind., 1902. — HWEINEL, Die Wirkungen des Geistes und der Geister im nachapostolischen Zeitalter, 1899. — PWERNLE, s. § 5. — FLOOFS, Art. „Christologie" in RE³, der auch in späteren Partien zu vergleichen ist. — ATITIUS, Die NTliche Lehre v. d. Seligkeit, Bd. 4, 1900. — JBORNEMANN, Die Taufe Christi durch Johannes, 1896. Monographien über die apostolischen Väter: Zu I Clemens: RLIPSIUS, JBLIGHTFOOT [genauester Kommentar], WWREDE, AHARNACK, SBBA 1909; zu II Clemens: AHARNACK in ZKG I, 1877; zu Barnabas: JMÜLLER, JWEISS, PHHÄUSER, LADEUZE; zu Hermas: THZAHN, EHÜCKSTADT, ALINK, SPITTA; zu Ignatius und Polykarp; JBLIGHTFOOT [vorzüglicher Kommentar], THZAHN, EvdGOLTZ.

Zum Symb. apost.: AHARNACK i. RE.³ und bei LHAHN, Bibliothek der Symbole³, 1897, FKATTENBUSCH, Das apostolische Symbol, 2Bde., 1894, 1900, AHARNACK, Geschichte der altchristlichen Literatur I, 1. 2., II, 1. 2., 1893—1904. — GKRÜGER, Geschichte der altchristlichen Literatur, 1895. — OBARDENHEWER, Geschichte der altkirchlichen Literatur, I. Bd., 2. Aufl., 1913. — EHENNECKE, Die Apokryphen des N. T., deutsch mit Kommentar, 2 Bde., 1903 f.; hier in der 2. Aufl. auch ausführliche Kommentare zu den Apost. Vätern (von KNOPF, BAUER, WINDISCH, usw.). — RKNOPF, Das Nachapostolische Zeitalter, 1905. — EPREUSCHEN, Antilegomena, 2. Aufl., 1905. — AvUngern-Sternberg, Der ATliche Schriftbeweis „de Christo“ und „de evangelio“ in der alten Kirche, 1913. — EGoodspeed, Index patristicus (vollst. Index z. d. App. VV.), 1907.

1. Die Gemeinden und die Kirche. Sowohl dem Umfange als der Bedeutung nach bildeten den Stamm der Christenheit die in geordneten Gemeinden stehenden Bekenner des Evangeliums, die das A. T. als die göttliche Offenbarungsurkunde anerkannten, die evangelische Ueberlieferung als eine öffentliche Botschaft für alle schätzten und ohne bewußte Umdeutung rein und treu festhalten wollten. Jede Gemeinde sollte durch die Kräftigkeit des Glaubens, die Gewißheit der Hoffnung, die heilige Ordnung des Lebens, sowie durch Liebe und Frieden eine Auswirkung der einen heiligen Kirche Gottes sein, die im Himmel ist und deren Glieder auf Erden zerstreut sind; sie sollte ferner durch Reinheit des Wandels und tatkräftigen Brudersinn den „Auswärtigen“, d. h. der fremden Welt, ein Muster sein. In der „Apostellehre“ (z. T. auch in der Apologie des Aristides) tritt uns der Interessenkreis der noch nicht philosophisch beeinflußten Gemeinden deutlich entgegen. Sie fühlten sich als Fremdlinge auf Erden, als das „dritte Geschlecht“ neben Juden und Heiden, harrten auf die Wiederkunft Christi, schärften ein heiliges Leben ein („Zwei Wege“, Abhängigkeit der Sittenregeln von der jüdisch-alexandrinischen Gnomik und der Bergpredigt) und wußten sich, ohne gemeinsame politische Verbindung, als zu der neuen und doch uralten Schöpfung gehörig, d. h. zu der Kirche, der wahren Eva, der Genossin des himmlischen Christus (Tertull., Apolog. 39 [archäistische Formel]: *corpus sumus de conscientia religionis et disciplinae unitate et spei foedere.* II Clem. 14: *ποιοῦντες τὸ θέλημα τοῦ πατρὸς ἡμῶν ἐσόμεθα ἐκ τῆς ἐκκλησίας τῆς πρώτης τῆς πνευματικῆς, τῆς πρὸ ἡλίου καὶ σελήνης ἐκτισμένης . . . ἐκκλησία ζῶσα σῶμά ἐστι Χριστοῦ· λέγει γὰρ ἡ γραφή· ἐποίησεν ὁ θεὸς τὸν ἄνθρωπον ἄρσεν καὶ θῆλυ· τὸ ἄρσεν ἐστὶν ὁ Χριστός· τὸ θῆλυ ἡ ἐκκλησία.* Aehnliches findet sich bei Hermas: um der Kirche willen ist die Welt geschaffen; die Kirche aber ist eine transzendente, geistige Größe; sofern man ihr angehört, ist man eigentlich gar nicht mehr im Diesseits. Valentin bei Clemens Alex., Strom. V, 6, 25 [unpolitische Formel]: *ὁ λαὸς ὁ τοῦ ἠγαπημένου ὁ φιλούμενος καὶ φιλῶν αὐτόν*).

2. Die Grundlagen des Glaubens, d. h. des Bekenntnisses zu dem einen Gott (Hermas, Mand. 1 formuliert nur das monotheistische Bekenntnis) und zu Jesus als dem von Gott gesandten *σωτὴρ καὶ ἀρχηγὸς τῆς ἀφθαρσίας* (resp. auch zu dem Heiligen Geist), bildeten das christlich gedeutete A. T. samt den Apokalypsen und die fortwährend noch bereicherten Überlieferungen von Christus (ethische und eschatologische Herrnworte einerseits, Verkündigung der Geschichte Jesu andererseits). Der Weissagungsbeweis war die Theologie. Daneben wurden schon frühe kurze Bekenntnisformeln für den Kultus und die Verkündigung bzw. die Katechese, namentlich christologische zusammengestellt (*ἡ παράδοσις, ὁ παραδοθεὶς λόγος, ὁ κανὼν τῆς παραδόσεως, τὸ κήρυγμα, ἡ διδαχή, ἡ πίστις, ὁ κανὼν τῆς πίστεως* etc.). Die römische Gemeinde hat höchstwahrscheinlich kurz vor oder um 150 folgendes Bekenntnis bei der Taufe gebraucht: *πιστεύω εἰς θεὸν πατέρα παντοκράτορα· καὶ εἰς Χριστὸν Ἰησοῦν, υἱὸν αὐτοῦ τὸν μονογενῆ, τὸν κύριον ἡμῶν, τὸν γεννηθέντα ἐκ πνεύματος ἁγίου καὶ Μαρίας τῆς παρθένου, τὸν ἐπὶ Ποντίου Πιλάτου σταυρωθέντα καὶ ταφέντα, τῇ τρίτῃ ἡμέρᾳ ἀναστάντα ἐκ νεκρῶν, ἀναβάντα εἰς τοὺς οὐρανούς, καθήμενον ἐν δεξιᾷ τοῦ πατρός, ὅθεν ἔρχεται κρῖναι ζῶντας καὶ νεκρούς· καὶ εἰς πνεῦμα ἅγιον, ἁγίαν ἐκκλησίαν, ἄφεσιν ἁμαρτιῶν, σαρκὸς ἀνάστασιν.* Dieses Bekenntnis ruht auf einem noch ursprünglicheren, das 3 × 3 korrespondierende Glaubensobjekte (ohne den christologischen, erst später eingerückten Abschnitt) enthielt: *θεός, πατήρ, παντοκράτωρ — Χριστὸς Ἰησοῦς, υἱὸς αὐτοῦ ὁ μονογενής, ὁ κύριος ἡμῶν — Πνεῦμα ἅγιον, ἁγία ἐκκλησία, σαρκὸς ἀναστάσις.* Diese Erkenntnis ist von KHOLL, AHARNACK und HLIETZMANN herausgearbeitet worden (s. die Abh. des Letzteren in d. Festschrift f. AHARNACK, 1921). Neben diesem gab es ein verwandtes Bekenntnis im Orient, dessen ursprünglicher Wortlaut aber nicht mehr sicher ermittelt werden kann (s. Ignatius, Justin, u. a. Eine eigentümliche Anschauung hat jüngst RSEEBERG [Z. Gesch. d. Entst. d. apost. Symb., i. d. ZKG, N. F., Bd. 3, 1922] begründet, die der Nachprüfung bedarf). Alle Ueberlieferungen von Christus, im A. T. (dem Urevangelium) geweissagt, wurden auf das einstimmige Zeugnis der Zwölfapostel zurückgeführt (*διδαχὴ κυρίου διὰ τῶν ιβʹ ἀποστόλων*). Die Entstehung

dieser Instanz, in der die Anfänge des katholischen Traditionsbegriffes gegeben sind, ist geschichtlich dunkel und beruht mindestens z. T. auf einem priori. Neben ihr steht, zunächst ohne Verbindung, Paulus mit seinen Briefen, die fleißig gelesen worden sind. Das „einstimmige Zeugnis" der Apostel und die Lehre Jesu wurden fast vollkommen identifiziert — diese Identifizierung, der die richtige Erkenntnis zugrundeliegt, daß das apostolische Zeugnis die Predigt Jesu ergänzt und daher nicht zu missen ist, legte den Grund zu den bedenklichsten Entwickelungen der Folgezeit.

Die Annahme, daß das römische Symbol aus Kleinasien stammt, oder daß ihm gleich alte oder ältere streng formulirte Symbolformen zur Seite stehen (Loofs), läßt sich nicht sicher widerlegen, aber noch weniger erweisen. Erweisen läßt sich nur, daß der christologische Abschnitt des römischen Symbols auf alte Formeln zurückgeht bzw. zahlreiche alte Parallelen überall in der Kirche hat. — Die Annahme, daß das römische Symbol aus dem Kampf gegen Marcion stammt (McGiffert, GKrüger), scheitert an der Tatsache, daß es nichts spezifisch Anti-Marcionitisches enthält (nicht einmal, daß Gott durch die Propheten geredet hat, wird gesagt), vielmehr erst durch (allerdings folgerichtige) Deutungen gegen Marcion nutzbar gemacht werden kann. Wie eine Glaubensformel lauten müßte, wenn sie mit polemischer Absicht gegen den Gnostizismus und Marcion entworfen wäre, kann man aus den regulae fidei des Irenäus und Tertullian lernen. — ASeeberg (Der Katechismus der Urchristenheit, 1903) hat beweisen wollen, daß es schon im apostolischen Zeitalter einen Katechismus (dogmatisch und ethisch) gegeben hat, nach dem Paulus und die anderen Missionare unterrichtet haben. Durch Zusammenstellung alles dessen, was in N. T. und in der nachapostolischen Literatur formelhaften Charakter hat, und durch den Nachweis, daß dies ein Ganzes bildet, soll die These erhärtet werden. Sie scheitert aber an den Tatsachen, daß jene Zeit auf solch einen Katechismus gar nicht verfallen konnte, daß er deutlicher hervortreten müßte, wenn er existiert hätte, und daß er niemals untergegangen wäre.

Daß Lukas „die Praxeis der Apostel" als zweiten Teil an das Evangelienbuch herangerückt hat, weil der Geist Christi in den Aposteln wlrksam war, ist der Anfang der heiligen apostolischen Tradition.

3. Die Hauptstücke des Christentums waren 1. der Glaube an Gott, den δεσπότης, und an den Sohn auf Grund des Weissagungsbeweises und der apostolisch bezeugten Herrnlehre, 2. die Disziplin nach Maßgabe der Herrnworte, 3. die Taufe als das Sakrament, durch welches die Sündenvergebung und die Berufung zur Erlösung dem einzelnen zuteil wird, 4. das gemeinsame im Abendmahl kulminierende Gebetsopfer und die heilige Speise, welche als sinnlich-über-

sinnliche Gabe die Erkenntnis mehrt und das ewige Leben geheimnisvoll mitteilt, 5. die sichere Hoffnung auf das nahe, herrliche Reich Christi. Die Glaubenserkenntnisse waren sehr mannigfaltig; noch gab es keine geschlossene Glaubenslehre; Phantasie, Spekulation und geistreiche Deutung des A. T. hatten den weitesten Spielraum; denn den Geist sollte man nicht dämpfen. Barnabas (ep. 16, 9) unterscheidet noch ausdrücklich (wie Paulus) zwischen dem *λόγος τοῦ θεοῦ τῆς πίστεως* (der eigentlichen *διδαχή*) und der *σοφία, σύνεσις, ἐπιστήμη, γνῶσις* (ähnlich Hermas). In den kultischen Gebeten kam zum Ausdruck, was die Gemeinde an ihrem Gott und Christus besaß, und die Aufgabe, die Welt in Hoffnung auf das Jenseits preiszugeben, erschien als die praktische Seite des Glaubens selbst. Die Auffassungen vom Heil gruppierten sich um zwei Mittelpunkte, die selbst nur lose miteinander verbunden waren, und von denen der eine mehr die Stimmung der Phantasie, der andere die Gedanken bestimmt hat. Einerseits nämlich galt als das Heil das bevorstehende herrliche Reich Christi, das eine Freudenzeit für die Gerechten auf Erden heraufführen werde (selbst die sinnlichen jüdischen Vorstellungen wurden aus den Apokalypsen übernommen: Chiliasmus, daher Interesse an der Auferstehung des Fleisches. Andererseits erscheint das Heil in der sicheren und vollständigen Erkenntnis Gottes (und der Welt) gegenüber dem Irrtum des Heidentums gegeben, und diese Erkenntnis schließt zugleich die gläubige Hoffnung (*πίστις*) auf das Geschenk des Lebens und alle denkbaren Güter in sich (von hier aus fällt ein schwächerer Akzent auf die Auferstehung des Fleisches). Von diesen Gütern besitzt die Gemeinde die Sündenvergebung und Gerechtigkeit schon jetzt, sofern sie eine Gemeinde der Heiligen ist (auch die Dämonen werden von den Gläubigen bereits überwunden, herrschen aber noch in der Welt). Aber beide Güter scheinen in ihrem Werte durch eine moralistische Betrachtung gefährdet, nach der das ewige Leben doch auch der Lohn und die Vergeltung für ein wesentlich aus eigener Kraft zu leistendes, vollkommen sittliches Leben ist. Zwar ist der Gedanke wirksam, daß die Sündlosigkeit auf einer sittlichen Neuschöpfung (Wiedergeburt) beruht, die in der Taufe zustande kommt (s. besonders Barnabas); aber er ist überall in Gefahr, von dem andern verdrängt zu werden, nach welchem es neben der aufgeschlossenen Erkenntnis und dem für die Zukunft zugesicherten (geheimnisvoll bereits applizierten) ewigen Leben ein weiteres Heilsgut nicht gibt, vielmehr nur eine Summe von Verpflichtungen, in denen sich das Evangelium als das neue Gesetz (der asketischen Heiligkeit und der Liebe) darstellt. Die Christianisierung des A. T. leistete dieser griechischen Auffassung Vorschub. Zwar war noch ein Sinn dafür vorhanden, daß das Evangelium, auch sofern es *νόμος* ist, ein geschenktes Heil umfasse (*νόμος ἄνευ ζυγοῦ ἀνάγκης*, Barnabas — *νόμος τῆς ἐλευθερίας*, Jakobus — Christus selbst das Gesetz, Hermas); aber diese Vorstellung ist stets unsicher gewesen und allmählich abhanden gekommen. Die Ausprägung des Evangeliums in den Begriffen *γνῶσις* (Gott und Welt), *ἐπαγγελία* (ewiges Leben), *νόμος* (sittliche Verpflichtung), erschien ebenso deutlich wie erschöpfend, und in jeder Beziehung sollte dabei die *πίστις* gewahrt bleiben, die sich sowohl in der Erkenntnis, als in der Hoffnung, als in dem Gehorsam darstellt, im Grunde aber nur *πίστις τῆς κλήσεως* ist, ein Vorläufiges, da das Heilsgut (sowohl die *βασιλεία τοῦ θεοῦ* als die volle Erkenntnis und *ἀφθαρσία*) in die Zukunft fällt.

In der Hoffnung auf die *βασιλεία* ist das Heil als in einer Gemeinschaft sich verwirklichend vorgestellt, dagegen erscheint es bei der moralistisch-gnostischen Betrachtung als ein individuelles, und Lohn und Strafe werden koordiniert gedacht. Die moralistische Betrachtung der Sünde, Sündenvergebung und Gerechtigkeit tritt bei Clemens, Barnabas und Polykarp hinter paulinischen Formeln zurück; aber die Unsicherheit, mit der diese reproduziert werden (s. bes. I Clem. 10 sq. u. sonst), zeigt, daß sie nicht eigentlich verstanden sind. Bei Hermas und II Clemens ist Ursache der Sündenvergebung nach der Taufe die spontan zu leistende *μετάνοια*. Die weitverbreitete Vorstellung, daß Getauften schwere Sünden innerhalb der Kirche nicht vergeben werden können (oder doch nur auf Grund einer besonderen göttlichen Erlaubnis), leichte Sünden aber nachsichtig übersehen bez. durch Gebet, Fasten und Almosen getilgt werden, zeigt den vollen Übergang zu einem Moralismus, der indes durch den apokalyptischen Enthusiasmus noch verdeckt war.

4. Das A. T. als Quelle der Glaubenserkenntnis diente 1. zur Entwickelung der monotheistischen Kosmologie, 2. zur Darlegung des Weissagungsbeweises (er und die Kosmologie bilden zusammen die „Theologie") und des Alters des Christentums („älter als die Welt"), 3. zur Fundamentierung (per analogiam, noch nicht per legem) aller kirchlichen Gedanken, Riten und Anordnungen, die man nötig hatte, 4. zu wirklicher Vertiefung des Glaubenslebens (Psalmen und prophetische Stücke), 5. zur Widerlegung des Judentums als Nation, d. h. zum Nachweise, daß dieses Volk von Gott verworfen sei, entweder nie einen Bund mit ihm gehabt habe (Barnabas) oder nur einen Zornbund oder den Bund verloren habe, daß es das A. T. nie verstanden habe und deshalb aus dem Besitze desselben geworfen sei, wenn es je im Besitze gewesen ist (die Stellung der Großkirche zum jüdischen Volk und seiner Geschichte scheint ursprünglich ebenso verschieden gewesen zu sein, wie die Stellung der Gnostiker zum A. T.). Ansätze zu Korrekturen und Bereicherungen des A. T. im christlichen Sinn haben ursprünglich nicht gefehlt; sie sind durch die Schöpfung des N. T. überflüssig geworden. Dieses hat dann den Wortlaut des A. T. geschützt.

5. Die Glaubenserkenntnis war vor allem Erkenntnis Gottes als des Einzigen, des Überweltlichen, des Geistigen und Allmächtigen: Gott ist der Schöpfer und Regierer der Welt und deshalb der Herr (Hermas, Mand. I: *πρῶτον πάντων πίστευσον, ὅτι εἷς ἐστιν θεός.* Er hat die Welt *ἐκ τοῦ μὴ ὄντος* geschaffen). Aber wie er die Welt als ein schönes, geordnetes Ganze (freudige monotheistische Naturbetrachtung mit der Weltflucht kontrastierend) um der Menschen willen geschaffen hat, so ist er auch zugleich der Gott der Güte und der Erlösung (*θεὸς σωτήρ*), und erst in der Erkenntnis der Identität des Schöpfer- und Erlöser-Gottes vollendet sich der Glaube an Gott als den Vater. Erlösung aber war notwendig, weil die Menschheit und die Welt gleich im Anfang unter die Herrschaft böser Dämonen geraten ist. Eine allgemein gültige Theorie über den Ursprung dieser Herrschaft war keineswegs vorhanden; aber gewiß und allgemein war die Überzeugung, daß der gegenwärtige Weltbestand und Weltlauf nicht Gottes, sondern des Teufels sei.

Doch ließ der Glaube an den allmächtigen Schöpfer und die Hoffnung auf die Verklärung der Erde den theoretischen Dualismus nicht aufkommen, während der praktische die Stimmung beherrschte. Die Welt ist gut und ist Gottes, aber der Weltlauf ist des Teufels. So wechselte man zwischen der Betrachtung der Welt als eines schönen planvollen Ganzen und zwischen den Eindrücken der Schlechtigkeit des Weltlaufes, der Gemeinheit alles Sinnlichen und der Herrschaft der Dämonen in der Welt. Wie die Predigt Christi selbst, so umschloß auch das Christentum der ältesten Kirche ruhende (Erkenntnis Gottes, Ergebung in den Weltlauf, Demut, Geduld) und impulsive Elemente (Chiliasmus; Feindschaft gegen den Staat; aggressive Weltflucht und Askese). Jene gaben in der Regel den Kurs, diese den Dampf; indessen wurde der Kurs doch auch stark durch die impulsiven Elemente beeinflußt.

6. Der Glaube an Jesus Christus als den Erlöser war mit dem Glauben an Gott, den Erlöser, aufs engste zusammengeschlossen. Jesus ist *κύριος* und *σωτήρ* wie Gott, und häufig brauchte man diese Worte, ohne anzugeben, ob man ihn oder Gott selbst meine; denn in dem Offenbarer und angebeteten Vermittler des Heils (Jesus) stellt sich der Urheber (Gott) selbst dar (Heilswille und Heilsoffenbarung decken sich); doch richtete man die Gebete in der Regel an Gott durch Christus. Diese Bezeichnung Jesu („Christus") wurde freilich zu einem bloßen Namen, da man für die Bedeutung des „Messias" überhaupt kein Verständnis hatte. Also mußten die Heidenchristen die Würde Jesu durch andere Mittel zum Ausdruck bringen; allein in der eschatologischen Gedankenreihe besaß man doch wertvolle Reminiszenzen an die ursprüngliche Auffassung der Person Jesu. In dem Bekenntnis, daß Gott Jesum erwählt resp. bereitet habe, daß er der „Engel" (der Verf. der ep. ad Diognetum und die Apoc. Zephanjae lehnen diesen Ausdruck ab) und „Knecht" bez. das Hauskind (*παῖς*) Gottes sei, daß er die Menschen richten werde, und in ähnlichen Ausdrücken kamen noch Aussagen über Jesus zum Ausdruck, die der Grundvorstellung entstammen, daß er der von Gott berufene und mit einem Amt betraute Christ sei. Daneben war eine überkommene, doch allmählich zurücktretende Bezeichnung „der Lehrer".

Überkommen und ohne Schwanken festgehalten war aber auch die Bezeichnung „Gottessohn“ (nicht „Menschensohn“). Aus ihr ergab sich unmittelbar, daß Jesus in die Sphäre Gottes gehöre, und daß man über ihn denken müsse „*ὡς περὶ θεοῦ*“ (II Clem. I: „*Christo quasi deo*“: Die Christen bei Plinius, ep.). In dieser Formulierung ist in klassischer Weise die indirekte theologia Christi, über die kein Schwanken bestand, ausgedrückt. Man muß aber über Jesus denken wie über Gott, 1. weil er der von Gott erhöhte Herr und Richter ist, 2. weil er Erkenntnis und Leben gebracht hat und die Menschen aus der Dämonenherrschaft, aus Irrtum und Sünde herausführt, resp. führen wird. So ist er *σωτήρ, κύριος, θεὸς ἡμῶν, θεός μου, dei filius ac deus, dominus ac deus*, aber nicht *ὁ θεός* (starke Polemik gegen diesen Ausdruck Clem. Hom. XVI, 15 sq.). Er ist „unsere Hoffnung“, „unser Glaube“, der Hohepriester unserer Gebete, unser Leben.

Auf diesem Grunde gab es sehr verschiedene Auffassungen von dem Wesen Jesu, welche sämtlich eine gewisse Analogie zu den griechischen „Theologien“, den naiven und den philosophischen, aufweisen, aber noch keine allgemein gültige Lehren. Zwei Haupttypen lassen sich hier unterscheiden[1]: Jesus galt als der Mensch, den Gott sich erwählt, in dem der Geist Gottes (die Gottheit selbst) gewohnt hat, und der nach seiner Bewährung von Gott adoptiert und in eine Herrscherstellung eingesetzt worden ist (adoptianische Christologie), oder Jesus galt als ein himmlisches Geistwesen (resp. das höchste himmlische

---

[1]) Die Einwendungen, die FLOOFS (RE.[3] 3. Bd. S. 23 ff.) erhoben hat (s. auch RSEEBERG, Grundriß S. 6), treffen weniger die Unterscheidung selbst, als das naheliegende Mißverständnis des ersten Haupttypus. Auch die adoptianische Christologie ist insofern eine „pneumatische“, als der Christo innewohnende „Geist“ nach ihr das Entscheidende ist; auch sie bietet keine „natürliche“ Vorstellung, sondern eine streng übernatürliche. Daß die Frage, was das Personbildende in Christus gewesen sei, anachronistisch ist, kann nicht zugestanden werden; sie ist es nur nicht in streng disjunktivem Sinn, weil z. B. Hermas auch in dem göttlichen *πνεῦμα*, welches jeder Gottesmensch empfängt, eine psychologische Größe sieht. Unterscheidet man nicht — für die alte Heidenkirche (für die älteste Zeit s. Matthäus und Lukas; anders Markus?) — zwischen einer adoptianischen und einer Hypostasen-Christologie, so erscheint die Christologie des Hermas, der Aloger, der beiden Theodotus usw. als eine Neuerung, was sie nicht gewesen sein kann.

Geistwesen nach Gott, der „zweite" Gott, der aber eine Einheit mit Gott bildet), welches älter ist als die Welt (*πάσης κτίσεως προγενέστερος*, Hermas, Barnabas usw.), Fleisch angenommen hat und nach Vollendung seines Werkes auf Erden wieder in den Himmel zurückgekehrt ist (pneumatische oder besser Hypostasen-Christologie; hier war der Übergang zur Logos-Christologie einfach). Diese beiden verschiedenen Christologien (der von Gott von Anfang an vorgesehene, berufene, mit dem Geist ausgerüstete, im Gehorsam sich bewährende und deshalb zu göttlicher Herrscherstellung erhobene Mensch und das in Menschengestalt erschienene göttliche Wesen) rückten sich aber in dem Momente sehr nahe, wo man den in den Menschen Jesus eingepflanzten Geist Gottes als den präexistenten Sohn Gottes faßte (Hermas), und wo man andererseits den Titel „Gottes Sohn" für jenes (in seiner Präexistens mehr oder weniger unbestimmte) pneumatische Wesen erst von der (wunderbaren) Zeugung ins Fleisch ableitete — beides aber war die Regel. Trotz dieser Übergangsformen lassen sich aber doch die beiden Christologien deutlich unterscheiden: für die eine ist die Erwählung (Wertlegen auf den wunderbaren Vorgang bei der Taufe) und das „zum Gott werden", für die andere ein naiver Doketismus charakteristisch; denn eine Zwei-Naturen-Lehre gab es noch nicht (entweder schien die Gottheit als eine Gabe oder das menschliche Fleisch als zeitweilige Hülle, die über die Gottheit gezogen ist). — Die Formel, Jesus sei purer Mensch (*ψιλὸς ἄνθρωπος*) gewesen, galt unzweifelhaft von Anfang an und allezeit als anstößig; ebenso die Leugnung des „*ἐν σαρκί*"; nicht mit derselben Sicherheit aber wurden Formeln verworfen, welche die Person Jesu einfach mit der Gottheit identifizieren (naiver Modalismus; „er hat sich in einen Menschen verwandelt", so die Apoc. Zephan.). Allein eine förmliche Theorie der Identität von Gott und Jesus scheint es in weiteren kirchlichen Kreisen nicht gegeben zu haben (Justin hat sie ausdrücklich verworfen); die Annahme der Existenz mindestens eines himmlischen, ewigen Geisteswesens neben Gott war durch die alttestamentlichen Schriften, wie man sie verstand, schlechthin gefordert, so daß auch solche dieselbe anerkennen mußten, die für die Christologie auf jenes himmlische Wesen zu reflektieren keinen Grund hatten (Hermas: der Heilige Geist ist der natürliche Sohn Gottes, Jesus, mit dem sich der Geist verbunden hat, ist der adoptierte).

Die Hypostasen-Christologie ist überall dort zu finden, wo man sich mit dem A. T. eingehend beschäftigte und der Glaube an Christus als den vollkommenen Offenbarer Gottes im Vordergrund stand, d. h. bei *allen* bedeutenden und gebildeteren christlichen Schriftstellern (nicht bei Hermas, wohl aber bei Clemens, Barnabas, Ignatius, dem Verf. des Kerygma Petri usw.). Weil sie durch die damalige Auslegung des A. T. geradezu gefordert schien, weil sie allein es gestattete, Schöpfung und Erlösung enge zusammenzuschließen, weil sie den Beweis lieferte, daß die Welt und die Religion auf demselben göttlichen Grunde ruhen, weil die geschätztesten Schriften der christlichen Urzeit sie vertraten, weil sie endlich Raum bot, um die Spekulationen vom Logos einzufügen (diese Bezeichnung bei Ignat., ad. Magn. 8, 2, in dem Kerygma Petri, in den alten Johannes-Akten, bei den Apologeten; der Verf. der Alterc. Jasonis et Papisci faßt Genes. 1, 1 ἐν ἀρχῇ = ἐν υἱῷ. Celsus bei Orig. II, 31: „Die Christen behaupten, der Sohn Gottes sei zugleich dessen leibhaftiges Wort.“ In den Johanneischen Schriften findet sich keine *Logosspekulation*, sondern der geläufige Ausdruck wird aufgegriffen, um zu zeigen, daß er in dem erschienenen Jesus Christus seine Wahrheit hat; Ignatius ad Eph. 3, ad Rom. 8 hat die schönen Formeln gebildet, Christus sei ἡ γνώμη τοῦ πατρός, bzw. τὸ ἀψευδὲς στόμα τοῦ πατρός) — so gehörte dieser Christologie die Zukunft. Die adoptianische Christologie aber erwies sich als unzureichend gegenüber jeder Reflexion auf das Verhältnis der Religion zum Kosmos, zur Menschheit und zu ihrer Geschichte, sowie zum A. T. So haben denn auch die Vertreter der Hypostasen-Christologie diese nicht als ein schwankendes Theologumenon vertreten; vielmehr zeigen ihre Ausführungen (Clemens, Ignatius, Barnabas, Justin), daß sie sich ein Christentum ohne den Glauben an das besondere göttliche Geistwesen Christus nicht zu denken vermögen. Dagegen wird in den uns erhaltenen liturgischen Stücken und Gebeten die Präexistenz wenig berücksichtigt; es genügt, daß Jesus der παῖς θεοῦ und der anzubetende κύριος ist.

Neben die binitarische Formel (Gott und „der Gesandte", Gott und Christus, Vater und Sohn) die die älteste ist, einer Erklärung nicht bedarf und sich noch lange in der Geschichte verfolgen läßt (besonders beachtet von Loofs, DG, und Macholtz, Spuren binitarischer Denkweise im Abendland seit Tertullian, 1902), trat schon in Palästina und im apostolischen Zeitalter die trinitarische mit dem „heiligen Geist" (Matth., Paulus, I Clem. 58 und sonst, Did. 7, Ignat. ad Ephes. 9 etc.: Gott, Jesus Christus, der Heilige Geist; Gott, das Wort Gottes, der Geist [die Weisheit]; Vater, Sohn und Heiliger Geist), die als Nebenform auch die Dreiheit „Gott, Christus, Kirche" bietet (bzw. Ansätze zur Quaternität; aber daß „spiritus = ecclesia" ist, weiß noch Tertullian). Die Hinzufügung des Heiligen Geistes zu Gott und Christus als die in den Gläubigen gegenwärtige Gotteskraft stammt aus den Erlebnissen der Gemeinde (von Act. 2 an) und legitimiert sie gegenüber dem altgläubigen Judentum als das wahre Israel. Außerchristliche Einflüsse anzunehmen, um die Formel zu erklären, ist unnötig und unstatthaft (s. o. § 5); wohl aber mag das Stehenbleiben bei der Dreizahl (die Glieder sind nicht gleichwertig; der Geist kommt zunächst als Gabe in Betracht nnd eine abstrakte Personen-Spekulation ist nicht wirksam gewesen) durch die Rücksicht auf die Bedeutung dieser geschlossenen Zahl mit bestimmt gewesen sein. Offenb. Joh. 1, 4f. findet man noch die Dreiheit: Gott der Vater, die 7 Geister, Jesus Christus, bei Justin (Apol. I, 6) die Vierheit: Vater, Sohn, das Heer der Engel, der Heil. Geist.

Die Vorstellungen vom Werk Christi (Christus als Lehrer: Beschaffung der Erkenntnis, Aufstellung des neuen Gesetzes; Christus als Heiland: Beschaffung des Lebens, Dämonenbesiegung, Vergebung der in der Zeit des Irrtums begangenen Sünden) wurden von den einen der Überlieferung gemäß (Benutzung paulinischer Briefe) an den Tod und die Auferstehung geknüpft (im *αἷμα τοῦ κυρίου* liegt nach I Clemens und Ignatius die *λύτρωσις*, s. auch die Offenbarung Joh., den Polykarpbrief und Barnabas), von den anderen ohne deutliche Verbindung mit diesen Tatsachen behauptet. Selbständige Reflexionen über den Zusammenhang des Heilswerks Christi mit den im Kerygma verkündeten Tatsachen findet man kaum irgendwo: doch wirkte die Vorstellung von dem freiwillig übernommenen Leiden, vom Kreuze und vom Blute Jesu in weiten Kreisen wie ein heiliges Mysterium, in dem die tiefste Weisheit und Kraft des Evangeliums beschlossen sei (Ignatius), wenn auch Kreuzestod und Sündenvergebung keineswegs überall in eine Verbindung gesetzt wurden (am wenigsten weiß davon Hermas, der sich Sim. V, 6, 2 mit dem Satze begnügt: *Καὶ αὐτὸς τὰς ἁμαρτίας αὐτῶν ἐκαθάρισε πολλὰ κοπιάσας καὶ πολλοὺς κόπους ἠντληκώς*). Die Eigentümlichkeit und Einzigkeit des Werkes des geschichtlichen Christus wurde zudem durch die Annahme bedroht, Christus sei bereits im A. T. Offenbarer Gottes gewesen.

Was die Tatsachen der Geschichte Jesu betrifft, die wirklichen und die geglaubten, so gab ihnen die fortgesetzte Wiederholung im Unterricht und der Angriff der Häretiker eine große Bedeutung. Zu der wunderbaren Geburt, dem Tode, der Auferstehung, der Erhöhung und der Wiederkunft trat jetzt erst bestimmt die Himmelfahrt am 40. Tage und — unbestimmter — die Niederfahrt in das Totenreich hinzu, während die Taufgeschichte mehr und mehr zurücktrat. Die Tatsächlichkeit dieser Stücke wurde mit Nachdruck behauptet; aber „Dogmen" waren sie noch nicht; denn weder waren sie mit der Auffassung vom Heilsgut in eine unlösliche Verbindung gesetzt, noch waren sie in ihrem Umfang sichergestellt, noch waren der Phantasie in der Ausmalung und Auffassung Schranken gezogen.

7. Daß die Gottesverehrung (s. bes. die letzten Kapitel der 1. Apol. Justins und die Didache) eine rein geistige sein müsse ohne Zeremonien, stand fest (Kerygma Petri: *Καινῶς τὸν θεὸν διὰ τοῦ Χριστοῦ σεβόμεθα*). Aller Gottesdienst galt als geistiges Opfer (des Dankes), begleitet von Fasten und Taten barmherziger Liebe. Als Opfer im engsten Sinn galt das Herrnmahl (Eucharistie), und alles, was mit ihm in Zusammenhang gesetzt wurde (z. B. die Armenunterstützung), wurde in die Opferidee einbezogen. Von hier aus erhielt trotz der prinzipiellen Geistigkeit Statutarisches doch einen weiten Spielraum. Unter der Betrachtung des Symbolischen (das zugleich ein geheimnisvoll Effektives ist), wurden die den Hellenen unentbehrlichen „Mysterien" etabliert. Die Taufe im Namen des Vaters, Sohnes und Geistes galt als das Mysterium, durch welches die Erlösung appliziert

wird und die Sünden der Blindheit völlig beseitigt werden (Kreuzestod und Taufe verbunden bei Barnabas und Melito), welches aber darüber hinaus nur Verpflichtungen auferlegt (dies tritt besonders stark im II. Clemensbrief hervor; Todsünden nach der Taufe galten als unvergebbar. doch wurde Gott die Verzeihung vorbehalten, der sie hier und da auch schon auf Erden durch Inspirierte vollzieht. Die Idee und Praxis einer einmaligen „zweiten Buße", aus der Not geboren, verbreitete sich indes doch und wurde durch das prophetische Buch des Hermas begründet, das dadurch zu hohem Ansehen kam, aber auch Widerspruch hervorrief[1])). Die Taufe hieß *σφραγίς* und *φωτισμός* (wahrscheinlich anfangs keine Kindertaufe); die prompte Verbindung der Taufe mit der Ausrüstung mit dem Heiligen Geist wurde unsicher. Das Abendmahl galt als *φάρμακον ἀθανασίας* (Ignatius, Eph. 20), als geheimnisvolle, reale Mitteilung der Gnosis und des Lebens (s. die Abendmahlsgebete in der Didache; die Sündenvergebung ist hier nicht erwähnt, auch nicht in Joh. 6); es war zugleich Gemeindemahl und Opfermahlzeit; Gebrauch des Wassers statt Weins war nicht ausgeschlossen (Texte und Unters. VII, 2). Realistisches und Symbolisches verschwammen in ihm, ebenso wie die Ideen der Gabe und der Opferleistung. Hellenische Vorstellungen drangen hier frühe ein (s. Ignatius, Justin. Apol. I Schluß, EHatch, The influence etc. p. 19sq., JWFHöfling, Die Lehre der ältesten Kirche vom Opfer, 1851; die Arbeiten von Anrich und Wobbermin s. o. § 8; dazu über das Abendmahl noch eine umfangreiche Spezialliteratur seit Eichhorns Untersuchung (1898), bes. GPWetter, Altchrist. Liturgien: das christl. Mysterium, 1921.

Die Verfassungszustände der Gemeinden übten bis ca. 150 keinen Einfluß auf die Glaubensvorstellungen aus. Doch war in der Hochschätzung der Apostel Propheten und Lehrer die Grundlage für spätere Entwicklungen gegeben; ferner behauptet schon Ignatius, daß die Stellung zum

[1]) Hermas selbst hat nicht generell für alle Zeiten eine zweite Buße verkündigt, sondern er hat verkündet, daß jetzt vor dem demnächst hereinbrechenden Endgericht Gott die Bußmöglichkeit noch einmal gewähre. Da aber das Ende nicht kam, so verstand man ihn generell.

Bischof entscheidend sei für die Stellung zu Gott und Christus, und andere Lehrer schärfen ein, daß man in allem den „Alten“, den Apostelschülern, folgen müsse. Nicht unbedenkliche Parallelen mit den Verfassungs- und Kultusordnungen des A. T. sind in der Heidenkirche sehr frühe gezogen worden.

Diese Übersicht zeigt, daß die entscheidenden Prämissen für die Entwicklung der katholischen Glaubenslehre schon vor der Mitte des 2. Jahrhunderts und vor dem brennenden Kampf mit dem Gnostizismus vorhanden gewesen sind.

Die Urkunden, die uns aus dem 1. Jahrhundert der Heidenkirche erhalten sind, sind dogmengeschichtlich sehr verschieden. In der Didache besitzen wir einen Katechismus für das christliche Leben, wahrscheinlich abhängig von einem jüdisch-griechischen Katechismus, das spezifisch Christliche in den Gebeten und der Kirchenordnung zum Ausdruck bringend. Der Barnabasbrief, wahrscheinlich alexandrinischen Ursprungs, lehrt die richtige (christliche) Deutung des A. T., verwirft die wörtliche Deutung und das Judentum als teuflisch und folgt in der Christologie (Person und Werk) wesentlich dem Paulus. Dieselbe Christologie vertritt das kraftvolle, umsichtige und nüchterne römische Gemeindeschreiben (I. Clemensbrief), das auch sonst paulinische Reminiszenzen (Versöhnung und Rechtfertigung) enthält, sie aber in eine moralistische Denkweise einstellt. Diese ist klassisch repräsentiert durch den Hirten des Hermas und den II. Clemensbrief, in denen außerdem das eschatologische Element stark hervortritt. Die Christologie Jenes ist verworren adoptianisch; der Verf. des II. Clemensbr. hat keine einstimmige Christologie, sondern folgt verschiedenen Motiven. Die Theologie des Ignatius ist insofern die vorgeschrittenste, als er, Gnostiker bekämpfend, Heilstatsachen in den Vordergrund rückt und seine Gnosis nicht sowohl auf das A. T. als auf die Geschichte Christi richtet. Er versucht es, Jesus Christus κατὰ πνεῦμα und κατὰ σάρκα zum Mittelpunkt des Christentums zu machen, und in dem αἷμα θεοῦ liegt für ihn die Erlösung. In diesem Sinne ist seine Theologie und Sprache der des Paulus und des 4. Evangelisten verwandt (besonders auffallend ist die Verwandtschaft mit Ephes.), christozentrisch und hebt sich stark von der seiner Zeitgenossen ab. Seine Geistesverwandten sind Melito und Irenäus, deren Vorläufer er ist. Er verhält sich zu ihnen wie später Methodius zur klassischen orthodoxen Theologie des 4. und 5. Jahrhunderts. Diese Parallele trifft nicht nur formal zu; es ist vielmehr eine und dieselbe Geistesrichtung, die von Ignatius über Melito, Irenäus, Methodius, Athanasius, Gregor von Nyssa (hier aber mit Origenistischem vermischt) zu Cyrill von Alexandrien geht. Ihr Charakteristisches besteht darin, daß nicht nur die Person Christi als des Gottmenschen Mittelpunkt und Sphäre der Theologie bildet, sondern daß auch alle Hauptstücke seiner Geschichte Mysterien der Welterlösung sind, s. ad. Ephes. 19. Ignatius aber ist auch dadurch ausgezeichnet, daß man aus seinen Briefen hinter allem Enthusiastischen, Abrupten und wiederum liturgisch Formelhaften ein wahrhaftiges Christuspathos heraushört. Er ist von Christus ergriffen; vgl. ad Rom. 6: ἐκεῖνον ζητῶ, τὸν ὑπὲρ ἡμῶν ἀποθανόντα, ἐκεῖνον θέλω, τὸν δι' ἡμᾶς ἀναστάντα. Als Probe seiner theologischen Sprache und seines Glaubens s. ad. Smyrn. 1: ἐνόησα ὑμᾶς κατηρτισμένους ἐν ἀκινήτῳ πίστει, ὥσπερ καθηλωμένους ἐν τῷ σταυρῷ τοῦ κυρίου Ἰησοῦ Χριστοῦ σαρκί τε καὶ πνεύματι καὶ ἡδρασμένους ἐν ἀγάπῃ ἐν τῷ αἵματι Χριστοῦ, πεπληροφορημένους εἰς τὸν κύριον ἡμῶν, ἀληθῶς ὄντα ἐκ γένους Δαβὶδ κατὰ σάρκα, υἱὸν θεοῦ κατὰ θέλημα καὶ δύναμιν θεοῦ, γεγενημένον ἀληθῶς ἐκ παρθένου, βεβαπτισμένον ὑπὸ Ἰωάννου, ἵνα πληρωθῇ πᾶσα δικαιοσύνη ὑπ' αὐτοῦ, ἀληθῶς ἐπὶ Ποντίου Πιλάτου καὶ Ἡρώδου τετράρχου καθηλωμένον ὑπὲρ ἡμῶν ἐν σαρκί — ἀφ' οὗ καρποῦ ἡμεῖς, ἀπὸ τοῦ θεομακαρίτου αὐτοῦ πάθους —, ἵνα ἄρῃ σύσσημον εἰς τοὺς αἰῶνας διὰ τῆς ἀναστάσεως εἰς τοὺς ἁγίους καὶ πιστοὺς αὐτοῦ εἴτε ἐν Ἰουδαίοις εἴτε ἐν ἔθνεσιν ἐν ἑνὶ σώματι τῆς ἐκκλησίας αὐτοῦ. Der Brief des Polykarp ist charakteristisch durch seine Abhängigkeit von älteren christlichen Schriftstücken (I Pet., I Clem., Paulusbriefen, I Joh.), somit durch seine konservative Haltung in bezug auf die wertvollsten Traditionen. Das große Fragment der Apokalypse Petri ist in bezug auf die Ausgestaltung der christlichen Gerichts- und Seligkeitshoffnungen in ihrem Verhältnis zu den antiken von größter Bedeutung. Das Kerygma Petri bezeichnet den Übergang aus der urchristlichen Schriftstellerei in die apologetische (Christus als νόμος und λόγος). Die Oden Salomos, mystisch durchtränkt, sind nicht häretisch, müssen aber einem mystischen Konventikel angehören, der seitab von der Hauptentwicklung gestanden hat (abschließende Ausgabe von RHarris u. AMingana, 2 Bde., 1916. 1920). Den Versuch, eine besondere kleinasiatische Christologie nachzuweisen und sie als Brunnenstube der tiefsten christologischen Gedanken zu betrachten, s. bei FLoofs, RE.[3] 3. Bd. S. 29ff. Ob man diese Christologie geographisch fixieren darf, ist fraglich. Richtig ist, daß Kleinasien (neben und mit Rom) das Zentrum der Christenheit im 2. Jahrhundert gewesen ist (Aegypten stand für sich).

Schriften, wie die von CSchmidt jüngst herausgegebenen „Gespräche Jesu mit seinen Jüngern nach der Auferstehung" (Texte u. Unters., Bd. 43, 1919), die Acta Pauli, die Acta Petri Vercell. und anderes, was für ganz- oder halbgnostisch mit Unrecht gehalten wird, machen es uns deutlich, daß es bis zum Ende des 2. Jahrhunderts neben dem Hauptast der heidenchristlichen Entwicklung von Clemens Romanus bis Irenäus und Tertullian mehrere Nebenäste gegeben hat, die aber allmählich abstarben. So wichtig es ist, auch auf diese in der Kirchengeschichte zu achten, so geringe Bedeutung haben sie für die Dogmengeschichte.

Viertes Kapitel.

Die Judenchristen und ihre Ausscheidung.

§ 12.

Hauptquellen sind verstreute Angaben des Justin, Irenäus, Origenes, Eusebius, Epiphanius und Hieronymus, ferner die pseudoclementinischen Schriften. Literatur: Fast alle Hauptschriften der Baurschen Schule gehören hierher (zuletzt noch AHILGENFELD, Judentum und Juden-Christentum, 1886, und Ztschr. f. wiss. Theol. Bd. 48 S. 21 ff.) und die große Gegenschrift von ARITSCHL, Entstehung der altkatholischen Kirche[2], 1857. — THZAHN, Geschichte des neutestamentlichen Kanons II S. 668 ff. — AHARNACK, Chronologie, Bd. 2 S. 518 ff.; ders. in d. Texten u. Untess. Bd. 39, 1, 1913. — HWAITZ, Pseudoclementinen in den Texten und Untersuchungen, Bd. 25. H. 4. — ASCHMIDTKE, Judenchristl. Evv., a. a. O. Bd. 37, 1. — HOENNICKE, Das Judenchristentum im 1. u. 2. Jahrh., 1908. — WBRANDT, Elchasai, 1912.

1. Das ursprüngliche Christentum ist seiner Erscheinung nach christliches Judentum gewesen, die Schöpfung einer universalen Religion auf dem Boden der alttestamentlichen; daher behielt es auch, soweit es nicht hellenisiert wurde — und das ist niemals völlig geschehen —, die jüdischen Züge seines Ursprungs bei, vor allem das A. T. als Offenbarungsurkunde. Demgemäß ist jede Art der Ausbeutung des A. T. christlich, welche, von dem Gedanken ausgehend, die Christenheit sei das wahre Israel, das A. T. auf die christlichen Einrichtungen und Lehren bezieht, einerlei ob dabei eine mehr realistische oder spiritualistische Auslegung befolgt wird. Die Frage nach den Prinzipien der Auslegung ist so lange ein innerkirchliches Problem, als der jüdischen Nation als solcher kein Vorrang eingeräumt und die Abschaffung der jüdischen Zeremonien und des Gesetzes behauptet wird. Daher ist die Beziehung „Judenchristentum“ ausschließlich für solche Christen zu verwenden, welche im ganzen Umfang oder in irgendwelchem Maße, sei es auch in einem Minimum, die nationalen und politischen Formen des Judentums und die Beobachtung des mosaischen Gesetzes ohne Umdeutung als für das Christentum, mindestens für das Christentum geborener Juden, wesentlich festhielten oder diese Formen zwar verwarfen, aber doch eine Prärogative des jüdischen Volkes auch im Christentum annahmen; sehr richtig Clem. Rom. Hom. XI, 16: *ἐὰν ὁ ἀλλόφυλος τὸν νόμον πράξῃ, Ἰουδαῖός ἐστιν, μὴ πράξας δὲ Ἕλλην.* (Keine Judenchristen sind z. B. Papias trotz des Chiliasmus, der Verf. der Didache trotz der Uebertragung der alttestamentlichen Priesterrechte auf die christlichen Propheten, Hermas, trotz der fehlenden altgriechischen Philosophie, die adoptianischen Christologen trotz der Verwerfung des Logos, wohl aber Paulus, s. Rm 11 und die Apostelgesch.).

Die stärkere Ausbeutung des A. T. zugunsten der katholischen Kultus-, Lehr- und Verfassungsordnung ist so wenig ein Zeichen fortschreitenden Judenchristentums in der großen Kirche, daß sie vielmehr der fortschreitenden Hellenisierung parallel geht und durch sie hervorgerufen ist. Die Formel „das neue Gesetz" in der katholischen Kirche ist nicht judaistisch, sondern antijudaistisch, ließ aber freilich Raum, in steigendem Maße alttestamentliche Gebote in die Kirche einzuschleppen.

2. Das Judenchristentum, einst ein mächtiger Gegner des Paulus, ist durch die Predigt dieses Apostels und anderer Lehrer, sowie durch die eingeborene Kraft des Evangeliums überwunden worden. Durch den definitiven Fall Jerusalems wurde diese Ueberwindung, die der universalistischen Stimmung des Zeitalters entgegenkam, besiegelt. Seitdem ist es kein Faktor in der Kirchengeschichte mehr gewesen, während das Judentum ein solcher geblieben ist (Einfluß des Judentums auf die Kirchen des äußersten Orients und des Südens im 4. und 5. Jahrhundert). Aber Judenchristen (Ebioniten, Nazaräer) erhielten sich in bescheidener Anzahl lange, und unter ihnen dauerten die Unterschiede fort, die sich schon im apostolischen Zeitalter ausgebildet hatten. Von der großen Kirche ursprünglich nicht durch „Lehren", sondern durch die Grundsätze des sozialen kirchlichen Lebens, der Sitte und der Missionspraxis geschieden, waren unter ihnen selbst folgende Punkte kontrovers: 1. ob die Gesetzesbeobachtung eine oder die entscheidende Bedingung für den Empfang des messianischen Heiles sei, 2. ob sie auch von den im Heidentum geborenen Christen zu fordern sei, um sie als Christen anerkennen zu können, 3. ob und inwieweit man Gemeinschaft mit Heidenchristen, die das Gesetz nicht halten, pflegen dürfe, 4. ob Paulus ein erwählter Diener Christi oder ein gottverhaßter Eindringling gewesen sei, 5. ob Jesus ein Sohn Josephs gewesen oder vom Heiligen Geist wunderbar gezeugt worden sei. Demgemäß gab es Schattierungen innerhalb des Judenchristentums (nicht zwei streng geschiedene Parteien, jedoch zwei Gruppen, eine altgläubige und eine fortschreitende, „gnostischen" Einflüssen zugängliche, s. unt. sub. 3). Literarisch scheinen die von den Juden verstoßenen altgläubigen Judenchristen (Hieronymus

nennt sie Semijudaei und Semichristiani, die zwischen zwei Feuern stünden) wenig tätig gewesen zu sein; ihr Evangelium war das den Synoptikern verwandte Hebräerevangelium (Zeugnisse über sie resp. über ihr Evangelium bei Justin, Origenes, Eusebius, Hieronymus, Epiphanius). Noch Justin hielt die liberalen Judenchristen, welche nur für ihre Person das Gesetz beobachteten und sich zu den Heidenchristen freundlich stellten, für christliche Brüder. Noch trennte kein christologisches Bekenntnis, kein N. T., und auch in den eschatologischen Erwartungen konnten sich Heiden- und Judenchristen noch verständigen. Aber je mehr sich das Judenchristentum aus der großen Welt zurückzog und je fester sich die katholische Kirche in Lehre und Verfassung zusammenschloß (dazu Schöpfung des N. T.) und ihre Logoschristologie ausbildete, um so fremder, häretischer erschien das Judenchristentum, das man sogar seit Irenäus dort, wo man es aus eigener Anschauung nicht kannte, mit dem Gnostizismus in eine Reihe stellte. Doch haben sich einige orientalische Väter ein besseres Urteil bewahrt.

3. Das Judentum (s. o. § 6 u. 7) war im 1. Jahrhundert ein sehr kompliziertes, von fremden Einflüssen bestimmtes Gebilde (hellenistisches Judentum, Samaritaner, „Sekten“). Demgemäß gab es schon frühe auch „gnostische“ Judenchristen (Irrlehrer zu Kolossä, s. auch die Pastoralbriefe — andererseits Simon Magus, Menander), welche angelologische Spekulationen (sie sind übrigens auch den Pharisäern und Apokalyptikern nicht fremd) in das Christentum einschleppten, kosmologische Erkenntnisse und Mythen verwerteten, durch beides den Gottesbegriff sublimierten, aber auch der Materie gegenüber verengten, das Gesetz halbierten, korrigierten oder umdeuteten (Verwerfung der blutigen Opfer) und zu einer eigentümlichen Askese und zu Kultusmysterien anleiteten. (Ihr Evangelium, das sie nach Matthäus nannten, ist vom Hebräerevangelium zu unterscheiden; Fragmente bei Epiphanius). Sie haben sich bis tief in die byzantinische Zeit erhalten. Einen besonderen Zweig dieses Judenchristentums lernt man aus den Pseudoclementinen kennen. Hier, d. h. in den zugrunde liegenden „Kerygmen des Petrus“, ist der Versuch gemacht, den Gedanken, daß das Evangelium die Wiederherstellung des reinen Mosaismus sei, mit den

Mitteln des stoischen Rationalismus einerseits, der orientalischen mythologischen Kosmologie andererseits apologetisch zu befestigen. Die sich widersprechenden Vorstellungen des stoischen Naturalismus und einer durch Propheten vermittelten positiven Offenbarung sollen in der Idee von dem einen Propheten, der von Adam ab in verschiedenen Gestalten aufgetreten ist, vereinigt werden. Das Evangelium gilt als die Wiederherstellung der Ur- und Universalreligion, die der aller partikularen Bestimmungen (Beschneidung, Opfergesetze) entkleidete Mosaismus ist. (Stärkste Betonung des strengen Monotheismus; Bekämpfung der theologia Christi). Christus ist der eine wahre Prophet, der, wie es scheint, auch mit dem Uradam identifiziert wurde. Der stoische Gedanke der *λόγοι* ist übernommen, aber durch eine dualistisch gefaßte Aeonenspekulation, in der die alte semitische Grundlage durchschimmert (männlich-weiblich; Neutralisation der ethischen Gegensätze in Gott dem Erhabenen), ersetzt. Platonische Elemente sind schwerlich nachweisbar. Stark ausgeprägt ist aber neben der apologetischen Tendenz die polemische. Dieselbe richtet sich in der Form einer Bestreitung des Simon Magus gegen alle Formen des heidenchristlichen Gnostizismus (auch gegen Marcion) und wohl auch gegen Paulus. Die Polemik und die Mittel, welche dabei gebraucht werden, zeigen, daß die katholische Kirche bereits existierte. Daher sind die Kerygmen schwerlich älter als ± 200 (einen geschichtlichen Fingerzeig für die Zeit bietet die Gestalt des Ebioniten Symmachus am Ende des 2. Jahrhunderts, namentlich nach dem, was Victorinus Rhetor von seiner Lehre berichtet). Weiter aber ist nahezu gewiß, daß der Verf. des Clemens-Romans und sodann die letzten Redaktoren[1] gar nicht Judenchristen gewesen sind, sondern katholische Christen, indessen nicht Schüler des Irenäus oder Origenes. Sie haben, wie es scheint, arglos

[1] Schema:

Judenchristlich gnostische	Katholisch antignostische
Κηρύγματα Πέτρου (± 200)	*Πράξεις Πέτρου* (± 200)

Der Clemens-Roman (zwischen 225 und 300, vielleicht um 260)

Die Homilien	Die Rekognitionen

Anfang des 4. Jahrhunderts, vielleicht noch später.

die judenchristliche Quelle verwertet, ohne den Pferdefuß zu gewahren. In den Homilien. wie sie uns vorliegen, sind die antipolytheistischen, antimythologischen, antidämonischen, moralisch-asketischen, rationalistischen Reden des Petrus und der anderen die Hauptsache; die Bekämpfung des Simon Magus ist nur Staffage. Eine dem Verf. der Kerygmen verwandte Gruppe bilden die Elkesaiten (in Syrien, Vorstoß nach Rom durch Alcibiades am Anfang des 3. Jahrhunderts). Es sind das solche Judenchristen, in deren Kreisen die alttestamentliche Religion durch Naturspekulationen (altbabylonische Religion) völlig zersetzt war, die zwar die Idee des Prophetismus resp. Jesu als des Propheten festhielten, aber einem neuen Propheten folgten, der auf Grund eines neuen Offenbarungsbuches die Religion durch Buß- und Kultusordnungen (Waschungen) erst vollendet habe. Eine Reihe von Zügen an diesem eigentlich nicht mehr christlichen Judenchristentum (Quellen: Hippolyt, Origenes, Epiphanius), nämlich der strenge Monotheismus, die partielle Kritik am A. T., die Verwerfung der blutigen Opfer, das Verbot des Weingenusses, die häufigen Waschungen, die Konnivenz in bezug auf die Ehe, die Verkümmerung der messianischen Idee zur Vorstellung vom Propheten, der Fortfall der Versöhnungsidee und, wie es scheint, auch des Reichsgedankens, die hohe Schätzung selbst noch der Verwandten des Propheten — finden sich in dem Islam wieder, der nicht ohne Beeinflussung seitens dieses „Judenchristentums", mit welchem wohl die Zabier (s. AJHWBrandt, Die mandäische Religion, 1889) verwandt sind, entstanden ist. — Die große Kirche hat sich wenig um diese Erscheinung gekümmert.

Fünftes Kapitel.

Die Versuche der Gnostiker, eine apostolische Glaubenslehre und eine christliche Theologie zu schaffen, oder: die akute Verweltlichung des Christentums.

§ 13.

Quellen: Die Schriften des Justin, des Irenäus und sämtlicher altkatholischen Väter, dazu Epiphanius und Theodoret. Fragmente gesammelt von AHilgenfeld, Ketzergeschichte, 1884. Ein kleiner Teil der apokr. Apostelgeschichten; über die Petrusakten s. CSchmidt i. d. Texten u. Unters. Bd. 24, 1, 1903. — Quellenuntersuchungen von Volkmar, Hil-

GENFELD, LIPSIUS, HARNACK, DE FAYE u. a. Darstellungen von ANEANDER, Gnostische Systeme, 1818, FCHBAUR, Gnosis, 1835, RLIPSIUS, Gnostizismus, 1860, GKOFFMANE, Die Gnosis nach ihrer Tendenz und Organisation, 1881, GKRÜGER, Gnostizismus in RE.³, WMÖLLER, Kosmologie in der griechischen Kirche, 1860, GHEINRICI, Valentinianische Gnosis, 1871, WBOUSSET, Hauptprobleme der Gnosis, 1907 (vgl. auch sein Werk über „Kyrios Christos"²); s. ERENAN, Histoire des origines du christianisme T. V—VII. — CSCHMIDT (über die in koptischer Sprache erhaltenen gnostischen Originalwerke) in den Texten und Untersuchungen zur altchristlichen Literatur-Geschichte Bd. VIII, 1. 2. S. auch das gnostische Buch Pistis Sophia (hrsg. v. PETERMANN u. SCHWARTZE, 1853, v. CSCHMIDT, 1905, hier auch die Bücher Jeû) und dazu AHARNACK in den Texten und Untersuchungen VII, 2. — WANZ, Zur Frage nach dem Ursprung des Gnostizismus (Texte u. Unters. XV Bd. 4. H.) — RLIECHTENHAN, Die Offenbarung im Gnostizismus, 1901. — EDEFAYE, Introduction à l'étude du Gnosticisme, 1893; DERS., Gnostiques et Gnosticisme. Étude critique des documents, 1913 (z. T. gegen BOUSSET). — AHARNACK, Der Brief des Ptolemäus an die Flora (SBBA 1902. 15. Mai). — CSCHMIDT, Plotins Stellung zum Gnostizismus und kirchlichen Christentum (Texte u. Unters. Bd. 20 H. 4, 1900). S. auch die § 7 u. 8 gegebene Lit. — WBRANDT, Mandäische Schriften, 1893. — MLIDZBARSKI, D. Johannesbuch der Mandäer, 2 Bde, 1905 f. Die Untersuchungen von RREITZENSTEIN.

1. Der Gnostizismus ist eine Erscheinungsform der großen synkretistischen Bewegung des 1. und 2. Jahrhunderts, die eine Folge des Austausches der nationalen Religionen, der Verschmelzung von Orient und Okzident und des Einflusses der Mysteriosophie und Philosophie auf die Religionen ist. Es handelte sich um den sicheren Zugang zur Gottheit und um die Gewinnung einer Weltreligion, für welche die Menschen nicht als Bürger, sondern nach Maßgabe ihrer religiösen und intellektuellen Anlage und Fähigkeiten in Betracht kommen. Als Weltreligion wurde das Evangelium erkannt, indes nur insofern, als es sich von der alttestamentlichen Religion und dem A. T. trennen (s. Paulus) und auf orientalische, durch das Griechentum bereits hindurchgegangene Kultusweisheit und Mysterienpraxis aufpfropfen ließ; hier kommen namentlich die altbabylonische, persische und vorderasiatische in Betracht; die ägyptische hat für den christlichen Gnostizismus wenig Bedeutung gehabt. Das Mittel, diese künstlichen Verbindungen herbeizuführen, war die allegorische Methode, wie sie griechische Religionsphilosophen längst geübt hatten. Die Möglichkeit für das Aufkommen des christlichen Gnostizismus lag darin, daß die christlichen Gemeinden im Reiche in das Erbe der jüdischen

Propaganda eingetreten waren, in der bereits eine weitgehende Spiritualisierung der alttestamentlichen Religion stattgefunden hatte, in der das intellektuelle Interesse an der Religion entfesselt war und die bereits starke Einflüsse seitens fremder Religionen (babylonische, persische, s. die jüdischen Apokalypsen) erlebt hatte. Ferner aber machte das Evangelium Christi resp. Christus einen so überwältigenden Eindruck, daß man den mächtigsten Antrieb erhielt, das Höchste, was man besaß, ihm unterzuordnen, wobei dann, wie so häufig, das „*victus victori legem dat*" zu seinem Rechte kam. Endlich verhieß die christliche Predigt von Anfang an eine Gnosis der Weisheit Gottes (jedoch nicht allen: Unterschied von Kindern am Verständnis und von Vollkommenen), speziell die des Paulus eine antinomistische, und die Gemeinden im Reich faßten die christliche Weisheit als *λογικὴ λατρεία* nach Maßgabe ihres griechischen Verständnisses, verbanden das Geheimnisvolle mit einer wunderbaren Offenheit, das Geistige mit bedeutungsvollen effektiven Riten und forderten durch ihre Organisation und ihr „philosophisches Leben" dazu auf, hier das Ideal verwirklicht zu finden, das der hellenische religiöse Geist damals suchte, nämlich eine Gemeinschaft, die auf Grund göttlicher Offenbarung im Besitze der höchsten Erkenntnis ist und deshalb das heiligste Leben führt, und welche diese Erkenntnis nicht durch Diskurse, sondern durch geheimnisvolle, wirkungskräftige Weihen und durch geoffenbarte Lehrsätze übermittelt.

2. Hiermit ist bereits gesagt, daß sich im Gnostizimus — in erster Linie ist hier immer an Valentin und seine Schule zu denken — der akute Verlauf eines Prozesses darstellt, der in der Kirche schon früher begonnen und im katholischen System eine langsame und bedingte Entwicklung erfahren hat. Die Gnostiker sind — dogmengeschichtlich betrachtet; die Betrachtung ist nicht erschöpfend — die T h e o l o g e n des 1. Jahrhunderts gewesen; sie haben (neben Marcion, s. § 14) zuerst das Christentum in ein System von Lehren (Dogmen) verwandelt; sie haben zuerst die Tradition (Berufung auf diese, freilich auch auf eine Geheimtradition, war die Regel; die gnostischen Schulhäupter wollten nicht Religionsstifter sein) und urchristliche Schriften systematisch bearbeitet; sie haben das Christentum als die absolute Reli-

gion darzustellen unternommen und es deshalb den anderen Religionen, auch der alttestamentlichen (nicht nur dem Judentum), bestimmt entgegengesetzt; aber die absolute Religion, die sie an Christus anknüpften, war ihnen, inhaltlich betrachtet, identisch mit dem Ergebnis einer Religionsphilosophie, für die die Unterlage einer Offenbarung nun gefunden war: so sind sie diejenigen Christen, die es versucht haben, in schnellem Vorgehen das Christentum für die hellenische Kultur und diese für jenes zu erobern, und sie haben dabei das A. T. preisgegeben, um sich die Schließung des Bundes zwischen beiden Mächten zu erleichtern. Das Christentum wird hier eine mysteriöse Theosophie (geoffenbarte Metaphysik und Geschichtsphilosophie), durchwaltet von neuplatonischem Geist und paulinischen Ideen, gebaut aus den Bausteinen alter Kultusweisheit, angeeignet durch Mysterien und erleuchtete Erkenntnis, abgegrenzt durch kühne, z. T. treffende Kritik gegen die alttestamentliche Religion und den dürftigen Gemeindeglauben (s. hier besonders den Brief des Valentinianers Ptolemäus an die Flora). Mithin hat man in den hervorragenden gnostischen Schulen die semitisch-kosmologischen Grundlagen, die hellenisch-philosophische Denkweise und die Anerkennung der Welterlösung durch Christus zu konstatieren. Ferner hat man die drei Elemente zu beachten, das spekulativ-philosophische, das kultisch-mystische und das dualistisch-asketische. Die Verbindung, in der diese Elemente auftreten — um der Verbindung mit der Gottheit, der Reinigung und des göttlichen Lebens teilhaftig zu werden —, die Umsetzung der ethischen Probleme in kosmologische, endlich die Anschauung, daß die Geschichte Fortsetzung der Naturgeschichte ist, speziell die Erlösung der letzte Akt in einem Drama, dessen Ursprung in der Gottheit selbst liegt und dessen Verwicklung die Welt ist — alles dieses ist dem Gnostizismus nicht eigentümlich, sondern ist eine Stufe der allgemeinen Entwicklung, der philonischen vielfach verwandt und die neuplatonische und katholische antizipierend.

Aus der groben Mythologie irgendeiner orientalischen Religion wurde durch Umsetzung der konkreten Gestalten in spekulative und sittliche Ideen, wie „Abgrund", „Schweigen",

„Logos“, „Weisheit“, „Leben“ (oft sind auch die semitischen Namen beibehalten), eine Mythologie von Begriffen geschaffen, indem man das gegenseitige Verhältnis und die Zahl dieser Begriffe nach der Angabe der alten heidnischen Vorlage bestimmte, aber alles an biblische Geschichten und Sprüche anzulehnen strebte. So entstand ein philosophisches dramatisches Gedicht, dem platonischen ähnlich, aber ungleich komplizierter und darum phantastischer, in dem gewaltige Mächte, das Geistige und Gute mit dem Materiellen und Schlechten, in eine unheilvolle Verbindung gesetzt erscheinen, aus der aber schließlich das Geistige, unterstützt durch die stammverwandten Mächte, die zu erhaben sind, um je in das Gemeine herabgezogen zu werden, doch wieder befreit wird. Das unwandelbare, unveränderliche Gute ist die Gottheit mitsamt der Fülle ihrer Ausstrahlungen, das in das Materielle zeitweilig herabgezogene Gute und Himmlische ist der menschliche Geist, die erhabene Macht, die ihn befreit, ist Christus. Die evangelische Geschichte ist nicht die Geschichte Christi, sondern eine Sammlung allegorischer Darstellungen der großen Gott-Welt-Geschichte. Christus hat in Wahrheit keine Geschichte; seine Erscheinung in dieser Welt der Mischung und Verwirrung ist seine Tat, und die Aufklärung des Geistes über sich selber ist die aus dieser Tat entspringende Wirkung. Diese Aufklärung selbst ist das Leben. Aber sie ist abhängig von der Askese und von der Hingabe an jene von Christus gestifteten Mysterien, in denen man in Gemeinschaft mit einem praesens numen tritt, und die in geheimnisvoller Weise den Prozeß der Entsinnlichung des Geistes befördern. Die Entsinnlichung soll auch aktiv geübt werden. Enthaltung ist daher die Losung. So ist also das Christentum die spekulative Philosophie, die den Geist erlöst (*γνῶσις σωτηρίας*), indem sie ihn aufklärt, ihn weiht und zur richtigen Lebensführung anleitet. Die Gnosis ist frei von dem rationalistischen Interesse der Stoa. Die Mächte, die dem Geist Kraft und Leben verleihen, walten im Übervernünftigen. Dorthin führt nur eine auf Offenbarung ruhende, mit *μυσταγωγία* verbundene *μάθησις* (nicht exakte Philosophie). Die Grundlehren sind daher folgende: 1. die über alles Denken erhabene, bestimmungslose und unendliche Natur des göttlichen Urwesens (Elastizität des Monotheismus: das Eine Göttliche als sich zum Vielen auswirkende Kraft), 2. die dem göttlichen Wesen entgegengesetzte böse (nicht seiende) Materie, 3. die Fülle göttlicher Potenzen (Aeonen), die, teils als Kräfte, teils als reale Ideen, teils als relativ selbständige Wesen gedacht, in der Form von Abstufungen die Entfaltung und Offenbarung der Gottheit darstellen, aber zugleich den Übergang des Oberen in das Untere und die Rückkehr der entfremdeten Geister ermöglichen sollen[1], 4. der Kosmos als eine Mischung der Materie mit göttlichen Funken, entstanden aus einem Herabsinken dieser in jene, resp. aus dem verwerflichen oder doch von der Gottheit bloß geduldeten Unternehmen eines untergeordneten Geistes, daher der Demiurg ein böses oder mittleres oder schwaches, aber reuiges Wesen; demgemäß ist das Beste in der Welt die Sehnsucht, 5. die Befreiung der geistigen Elemente aus ihrer Vereinigung mit der Materie oder die Ausscheidung des Guten aus der Welt der Sinnlichkeit durch den Christusgeist, der in heiligen Weihen (gnostische Sakramente kennen wir am besten aus den Mitteilungen des Irenäus über die Marcianer und aus der Pistis Sophia), Erkenntnis und Aske wirksam ist und durch diese stufenweise die Seelen reinigt und zum Aufstieg in immer höhere Sphären kräftigt (Lehre vom Abstieg = Kosmologie; Lehre vom Aufstieg = Erlösung und Ethik) — so entsteht der vollkommene Gnostiker, der weltfreie, seiner selbst mächtige Geist, der in Gott lebt und sich für die Ewigkeit bereitet. Die anderen Menschen sind Hyliker. Doch unterscheiden hervorragende Lehrer (Schule Valentins) zwischen Hylikern und Psychikern, letztere die Gesetzesmenschen, die von Gesetz und Glauben leben, für die der Gemeindeglaube gut genug resp. notwendig ist. Der Schwerpunkt der gnostischen Systeme ruhte nicht in ihren wechselnden, uns auch nur unsicher bekannten Details, sondern in ihrem Ziel und ihren Grundvoraussetzungen. Die höchsten Spekulationen wurden zuletzt und augenscheinlich nicht

---

[1] In bezug auf einige gnostische Systeme (vielleicht auf alle?) muß man die große Anzahl der Aeonen gleichsam wie Differentiale verstehen: sie sollen durch eine stetige absteigende Reihe den Übergang zu von Plus zu Minus ermöglichen. Da reichen freilich 365 noch nicht, aber der Trieb, die Zahl zu steigern, erklärt sich so.

allen mitgeteilt; den Stufengang der Unterweisung kann man aus dem Brief des Ptolemäus an die Flora erschließen.

3. Die Erscheinungsformen des Gnostizismus waren so bunt wie möglich: Gemeinden, Asketenvereine, Mysterienkulte, geschlossene Schulen (im Schatten der großen Kirche oder außerhalb derselben), zwanglose Erbauungsvereine, Unterhaltungen durch christliche Schwindler und betrogene Betrüger, Versuche neuer Religionsstiftungen nach dem Muster und unter dem Einfluß der christlichen. Propheten und Prophetinnen haben nicht gefehlt, ja sie spielten eine große Rolle; bezeugt sind sie für die Basilidianer, für Apelles und für die Marcianer. Auch die Frauen traten hervor; so die Karpokratianerin Marcellina, Philumene in der Sekte des Apelles u. a. Bedeutende gnostische Vereine waren Konventikel, die sich möglichst lange innerhalb der Gemeinden zu halten suchten. Von den Valentinianern schreibt Tertullian (adv. Valent. 1): „*Valentiniani, frequentissimum plane collegium inter haereticos, nihil magis curant quam occultare quod praedicant. custodiae officium conscientiae officium est . . . si bona fide quaeras, concreto vultu, suspenso supercilio, Altum est, aiunt; si subtiliter temptes, per ambiguitates bilingues communem fidem affirmant*". Irenäus III, 4, 2 über Cerdo: *Κέρδων εἰς τὴν ἐκκλησίαν ἐλθὼν καὶ ἐξομολούμενος, οὕτως διετέλεσε, ποτὲ μὲν λαθροδιδασκαλῶν, ποτὲ δὲ πάλιν ἐξομολογούμενος, ποτὲ δὲ ἐλεγχόμενος ἐφ' οἷς ἐδίδασκε κακῶς καὶ ἀφιστάμενος τῆς τῶν ἀδελφῶν συνοδίας.*

Einzelne Gnostiker standen auf der Höhe wissenschaftlicher Erkenntnis und religiösen Schwungs. Hier sind besonders Valentin und seine Hauptschüler zu nennen (Herakleon und Ptolemäus). Valentin ragt hervor durch die Kraft religiöser Phantasie und des Geistes — das haben auch die KVV. anerkannt —. Herakleon durch sein exegetisch-theologisches Vermögen (Reste eines Kommentars zum Johannesevangelium bei Origenes), Ptolemäus durch seine Kritik am A. T. und seinen treffenden Blick für die S t u f e n religiöser Entwickelung und das Relative (s. seinen Brief an die Flora). Als Probe der Sprache Valentins diene ein Stück aus einer Homilie (bei Clemens, Strom. IV, 13, 89): *Ἀπ' ἀρχῆς ἀθάνατοί ἐστε καὶ τέκνα ζωῆς ἐστὲ αἰωνίας, καὶ τὸν θάνατον ἠθέλετε μερίσασθαι εἰς ἑαυτούς, ἵνα δαπανήσητε αὐτὸν καὶ ἀναλώσητε, καὶ ἀποθάνῃ ὁ θάνατος ἐν ὑμῖν καὶ δι' ὑμῶν. ὅταν γὰρ τὸν μὲν κόσμον λύητε, αὐτοὶ δὲ μὴ καταλύησθε, κυριεύετε τῆς κτίσεως καὶ τῆς φθορᾶς ἁπάσης*, als Probe seiner Gedanken der Satz (Hippol., Philos., VI, 29): *ἐπεὶ ὁ θεὸς ἦν γόνιμος, ἔδοξεν αὐτῷ ποτὲ τὸ κάλλιστον καὶ τελεώτατον, ὃ εἶχεν ἐν αὐτῷ, γεννῆσαι καὶ προαγαγεῖν· φιλέρημος γὰρ οὐκ ἦν. ἀγάπη γάρ, φησίν, ἦν ὅλος, ἡ δὲ ἀγάπη οὐκ ἔστιν ἀγάπη, ἐὰν μὴ ᾖ τὸ ἀγαπώμενον.* Das erinnert an Augustin. Von Ptolemäus rührt der Satz her (ep. ad Floram 4): *αἱ εἰκόνες καὶ τὰ σύμβολα παραστατικὰ ὄντα ἑτέρων πραγμάτων καλῶς ἐγίνοντο, μέχρι μὴ παρῆν ἡ ἀλήθεια. παρούσης δὲ τῆς ἀληθείας τὰ τῆς ἀληθείας δεῖ ποιεῖν, οὐ τὰ τῆς εἰκόνος.* Das könnte Clemens Alex. geschrieben haben. Hinter Valentin und seiner Schule tritt Basilides zurück[1]. Doch nennen die KVV., wenn sie die bedeutendsten Gnostiker zusammenfassen wollen, gewöhnlich Simon Magus, Basilides, Valentin, Marcion (auch Apelles). Daneben sprechen sie von einer unbestimmten älteren Gruppe, die sie Gnostiker *κατ' ἐξοχήν* nennen. Gemeint sind die ursprünglich syrischen, aber auch nach Aegypten und ins Reich ausgewanderten „ophitischen" („naassenischen" etc.) Häretiker — eine bunte Gruppe, die uns durch Epiphanius, namentlich aber durch die in koptischer Sprache erhaltenen gnostischen Originalschriften teilweise gut bekannt ist. Doch gehören diese Originalschriften größtenteils der 2. Hälfte des 3. Jahrhunderts an und zeigen einen durch die Fülle von wilden Spekulationen, Formeln und Riten überlasteten späteren Gnostizismus. Indessen wird gerade an diesen Denkmälern deutlich, daß der Gnostizismus den Katholizismus als Ritualsystem antizipiert hat.

Das Verhältnis zum Gemeinchristlichen und zu den Gemeinden war sehr verschieden. Der „Gnostizismus" reichte einerseits bis in das Herz der Gemeinden und bis in die

[1] Sein System, wie es Hippolyt in den Philosophumena schildert, scheint mir eine spätere Bildung eines Schülers des Basilides zu sein. Es ist ausgezeichnet durch zwei Eigentümlichkeiten, (1) durch die nicht mehr zu überbietende Abstraktion in bezug auf den Gottesbegriff (VII, 21: *Οὐκ ὢν θεὸς ἐποίησε κόσμον οὐκ ὄντα ἐξ οὐκ ὄντων*), (2) durch die Vorstellung von der Erlösung als dem Hereinbrechen einer großen *ἀγνοία*, welche die Geister auf jeder Stufe von der Kenntnis von allem, was über ihnen ist, befreit und dadurch beruhigt. Wenn das keine Parodie ist, ist es Verzweiflung an der *γνῶσις*.

Studierstuben kirchlicher Theologen, sofern doketische und dualistisch-asketische Neigungen weit verbreitet waren und die Umdeutung des Kerygmas vielfach geübt wurde; andererseits gab es „gnostische" Vereinigungen, die sich separierten, ja die die Gemeindeverbände verabscheuten. Für die Dogmengeschichte kommt der rechte Flügel des Gnostizismus und der eigentliche Stamm, die großen gnostischen Schulsekten (Basilidianer, Valentinianer) besonders in Betracht. Letztere wollten eine höhere Ordnung von Christen über den geduldeten Gemeinchristen, den Psychikern, darstellen. Mit ihnen ist hauptsächlich gekämpft worden, und sie waren die Theologen, von denen man gelernt hat, die zuerst Lehrbücher der Dogmatik und Ethik, sowie Kommentare und wissenschaftliche und exegetische Abhandlungen geschrieben, kurz die technische christlich-theologische Literatur begründet und die Bearbeitung der christlichen Tradition begonnen haben. Die Ausscheidung dieser Gnostiker und des rechten Flügels (Enkratiten, „Doketen", Tatian, Bardesanes — seine von Valentin beeinflußte, den Marcionitismus bekämpfende Lehre war in Edessa eine Zeitlang geduldet, ja anerkannt) konnte nur langsam gelingen und ist eine Folge der Konsolidierung der Gemeinden zur katholischen Kirche, die durch die gnostische Bewegung mit hervorgerufen worden ist.

Der Ursprung des Gnostizismus ist aus den allgemeinen Bedingungen, unter denen die christliche Predigt auf dem Boden des römischen Weltreichs stand, und aus ihrer Anziehungskraft als sichere Botschaft von der Erkenntnis, dem Leben (und der Enthaltung), angeschlossen an eine göttliche Person, die auf Erden erschienen ist, hinreichend erklärt. Die Kirchenväter machen neben den Dämonen bald das vielgespaltene Judentum, bald den samaritanischen Messias Simon (desssen Existenz und hohe geschichtliche Bedeutung nicht geleugnet werden kann: er ist [wie Menander] eine Parallele zu Christus; aber der Simonismus wurde auch zum Gnostizismus), bald die griechischen Philosophen, zuletzt auch den Ungehorsam wider das kirchliche Amt für den Ursprung verantwortlich. In alledem liegt eine particula veri, wie leicht zu zeigen; speziell hat der zum christlichen Gnostizismus führende Synkretismus unzweifelhaft auf samaritanisch-syrischem Boden einerseits, auf alexandrinischem andererseits seine Hauptquartiere gehabt: allein es ist nicht zu übersehen, daß überall im Reiche die Bedingungen zu spontanen Bildungen vorhanden gewesen sind. Eben deshalb läßt sich eine Entwickelungsgeschichte des Gnostizismus nicht schreiben, selbst wenn wir mehr von den einzelnen Bildungen und ihrer genetischen Geschichte wüßten, als wir wissen. Man kann nur zwischen judenchristlichen und heidenchristlichen Gnostikern unterscheiden, letztere nach ihrer größeren oder geringeren Entfernung vom gemein Christlichen, die sich namentlich in der Schätzung des A. T. und des Demiurgen ausspricht, gruppieren und außerdem die Züge aufsuchen, in denen uns in unbefangen gelesenen christlichen Schriften „Gnostisches" entgegentritt (so in „apokryphen" Evangelien — Petrusevangelium und Ägypterevangelium — und Apostelgeschichten, wie in den Johannesakten, vgl. ferner besonders die Reste der Hypotyposen des Clemens Alex.: der Doketismus ist ebensowenig ausschließliches Merkmal des häretischen Gnostizismus wie die strengste Askese). Daß die vielarmige Bewegung, in, der der orientalisierte Hellenismus mit allen seinen guten und schlimmen Kräften sich das Evangelium anzupassen suchte, allmählich christlicher resp. kirchlicher geworden ist, liegt in der Natur der Sache. Deshalb aber darf man doch nicht für das 2. Jahrhundert die Systeme chronologisch nach dem Maße ihrer Christlichkeit gruppieren, so gewiß die Regel gilt, daß Versuche wie der des Karpokrates, die christliche Lehre in Platonismus, die Kirche in einen platonischen Staat, Christus in einen Genius umzuwandeln, der ältesten Zeit und nicht der späteren angehören.

4. Erscheinen auch die Unterschiede zwischen dem gnostischen Christentum und dem gemein Kirchlichen sowie der späteren kirchlichen Theologie z. T. als fließende, sofern man auch hier das Erkenntnismoment besonders betonte, das Evangelium in ein vollkommenes Wissen um die Welt zu verwandeln sich anschickte, die *πίστις* durch die *γνῶσις* überboten sein ließ, die griechische Philosophie in steigendem Maße verwendete, die Eschatologie einschränkte, doketischen Ansichten Raum ließ und eine strenge Askese schätzte, so war doch 1) zur Zeit der Blüte des Gnostizismus dies alles

in der Großkirche nur in Keimen oder Fragmenten vorhanden, 2) hielt die Großkirche an den im Taufbekenntnis fixierten Tatsachen und an den eschatologischen Erwartungen, ferner am Weltschöpfer als höchstem Gott, an der Einheit Jesu Christi und am A. T. fest und lehnte darum den Dualismus ab, 3) trat sie für die Einheit und Gleichheit des menschlichen Geschlechts ein uud deshalb für die Einheitlichkeit und universale Tendenz des christlichen Heils, und 4) lehnte sie die Einschleppung neuer, namentlich orientalischer Mythologien in die Theologie ab, hierbei von dem altchristlichen Bewußtsein und einer gewissen Verständigkeit geleitet. Dennoch hat die Kirche, indem sie den Gnostizismus bestritt, sehr viel von ihm gelernt. Um welche Hauptsätze es sich gehandelt hat, sei kurz hier angeführt (das beigesetzte „pos." soll besagen, daß die betreffende gnostische These auch von positiver Bedeutung für die Entwickelung der kirchlichen Anschauung und Lehre geworden ist):

(1) Das Christentum, welches die allein wahre und absolute Religion ist, umschließt ein geoffenbartes Lehrsystem (pos.),

(2) die Lehre enthält als Lehre geheimnisvolle Kräfte in sich, die an Weihen (Mysterien) gebunden sind (pos.),

(3) der Offenbarer ist Christus (pos.), aber Christus allein und Christus nur sofern er in Jesus erschienen ist (kein alttestamentlicher Christus). Diese seine Erscheinung ist selbst die Erlösung, die Lehre ist die Verkündigung von derselben und von ihren Voraussetzungen (pos.),

(4) die christliche Lehre ist aus der kritisch untersuchten apostolischen Tradition zu schöpfen; dieselbe liegt in apostolischen Schriften und in einer von den Aposteln stammenden Geheimlehre vor (pos.); als öffentliche ist sie zusammengefaßt in der regula fidei (pos.), als esoterische wird sie von berufenen Lehrern fortgepflanzt,

(5) die Offenbarungsurkunden (apost. Schriften) müssen, eben weil sie solche sind, durch das Mittel der Allegorie bearbeitet werden, um ihnen den tieferen Sinn zu entlocken (pos.),

(6) was die einzelnen Stücke der Regula anlangt, wie die Gnostiker sie faßten, so sind hauptsächlich folgende bemerkenswert:

(a) die Verschiedenheit des höchsten Gottes vom Weltschöpfer und damit die Entgegenstellung von Erlösung und Schöpfung resp. auch die Trennung des Offenbarungs- und Schöpfungsmittlers,

(b) die Trennung des höchsten Gottes vom Gott des A. T. und damit die Verwerfung des A. T., resp. die Behauptung, das das A. T. keine — oder nur in gewissen Teilen — Offenbarungen des höchsten Gottes enthalte,

(c) die Lehre von der Selbständigkeit und Ewigkeit der Materie,

(d) die Behauptung, daß die gegenwärtige Welt aus einem Sündenfall, resp. aus einem widergöttlichen Unternehmen entstanden und daher das Produkt eines bösen oder mittleren oder schwachen Wesens sei,

(e) die Lehre, daß das Böse der Materie inhärent, also eine physikalische Potenz sei, und die Verwerfung der Freiheit,

(f) die Annahme von Aeonen, resp. realen Kräften und himmlischen Personen, in denen sich die Absolutheit der Gottheit entfalte,

(g) die Behauptung, daß Christus eine bisher unbekannte Gottheit verkündet habe,

(h) die Lehre, daß man in Jesus Christus — die Gnostiker sahen in seiner *Person* die Erlösung, aber sie haben die Person auf das physische *Wesen* reduziert — den himmlischen Aeon Christus und die menschliche Erscheinung desselben stark unterscheiden und jeder „*Natur*“ ein „distincte agere“ beilegen müsse, bzw. die Theorie des Doketismus. Von den Gnostikern nahmen die einen, wie Basilides, überhaupt keine wirkliche Vereinigung zwischen Christus und dem Menschen Jesus an, den sie übrigens für einen wirklichen Menschen hielten; vielmehr sei die Vereinigung eine ganz vorübergende gewesen: der Mensch Jesus habe nur eine Zeitlang die gleichgültige Basis für den Aeon Christus gebildet; dieser habe sich bereits vor der Kreuzigung von dem Menschen Jesus wieder getrennt. Die anderen, wie ein Teil der Valentinianer — ihre

Christologie war höchst komplizirt und verschieden und umfaßte eine Mehrzahl von Christus' — und der Marcionschüler Apelles lehrten, daß der Leib Jesu ein himmlisches bzw. ein psychisches Gebilde gewesen und nur scheinbar dem Schoß der Maria entstammt (d. h. nur durch ihn hindurchgegangen) sei. Die Dritten endlich, wie Satornil (ähnlich Marcion) erklärten, daß die ganze sichtbare Erscheinung Christi Phantasma gewesen sei, und stellten konsequent die Geburt Christi in Abrede[1],

(i) die Umsetzung der ἐκκλησία (daß die himmlische Kirche als ein Aeon galt, war keine Neuerung) in das Kollogium der Pneumatiker, die allein die höchste Seligkeit genießen werden, während die Hyliker dem Untergang verfallen und die Psychiker mit ihrer ψιλὴ πίστις nur eine niedere Seligkeit erhalten,

(k) die Verwerfung der gesamten urchristlichen Eschatologie, speziell der Wiederkunft Christi und der Auferstehung des Fleisches; damit verbunden die Behauptung, daß von der Zukunft nur die Befreiung des Geistes von der sinnlichen Hülle zu erwarten sei, während der über sich selbst aufgeklärte und seines Gottes gewisse Geist die Unvergänglichkeit besitze und nur auf die Einführung in das Pleroma warte,

(l) die dualistische Ethik (strenge Askese), die hie und da in Libertinismus umgeschlagen ist.

In dem gefälschten Brief der Korinther an Paulus, der in den Acta Pauli steht, werden folgende gnostische Irrlehren aufgezählt, die augenscheinlich in dem Kampfe als die wichtigsten erschienen: (1) Verwerfung des A. T. (der Propheten), (2) Leugnung, daß Gott allmächtig sei, (3) Leugnung der Auferstehung des Fleisches, (4) Leugnung, daß der Mensch ein Geschöpf Gottes sei, (5) Leugnung, daß Christus im Fleisch gekommen und von Maria geboren sei, (6) Behauptung, die

[1] In der Christologie des Basilides sind die Konsequenzen des nachmaligen Nestorianismus, in der des Valentin (bzw. einiger seiner Schüler) sind die Konsequenzen des Monophysitismus vorgebildet.

Welt sei nicht von Gott, sondern von den Engeln geschaffen (s. AHARNACK in SBBA, 1905, 12. Januar).

Wie stark der Gnostizismus den Katholizismus antizipiert hat, läßt sich namentlich an seiner Christologie und Erlösungslehre, seiner Kultusmagie (Transsubstantiation mit — offenbarem Schwindel bei dem Gnostiker Marcus) und Sakramentslehre, seinen weiblichen himmlischen Mächten sowie an seiner wissenschaftlichen Literatur erweisen. Zahlreiche termini technici der späteren katholischen Dogmatik finden sich schon bei den Gnostikern, so auch *ὁμοούσιος* für das Verhältnis der Aeonen zum Urgott. Auch auf die Pluralität der Sakramente bei einigen Gnostikern (über Taufe und Abendmahl hinaus) muß man den Finger legen (Consolamentum, Geistliches Brautbett, letzte Oelung).

Sakramentsformeln des Marcus (Iren. I, 13f.): *Ἡ πρὸ τῶν ὅλων, ἡ ἀνεννόητος καὶ ἄρρητος Χάρις πληρῶσαι σου τὸν ἔσω ἄνθρωπον καὶ πληθῦναι ἐν σοὶ τὴν γνῶσιν αὐτῆς, ἐγκατασπείρουσα τὸν κόκκον τοῦ σινάπεως εἰς τὴν ἀγαθὴν γῆν. — Μεταδοῦναί σοι θέλω τῆς ἐμῆς Χάριτος, ἐπειδὴ ὁ Πατὴρ τῶν ὅλων τὸν ἄγγελόν σου διαπαντὸς βλέπει πρὸ προσώπου αὐτοῦ· ὁ δὲ τόπος τοῦ μεγέθους ἐν ἡμῖν ἐστι· δεῖ ἡμᾶς ἓν καταστῆσαι. λάμβανε πρῶτον ἀπ᾽ ἐμοῦ καὶ δι᾽ ἐμοῦ τὴν Χάριν. εὐτρέπισον σεαυτὴν ὡς νύμφη ἐκδεχομένη τὸν νυμφίον ἑαυτῆς, ἵνα ἔσῃ ὃ ἐγὼ καὶ ἐγὼ ὃ σύ. καθίδρυσον ἐν τῷ νυμφῶνί σου τὸ σπέρμα τοῦ φωτός. λαβὲ παρ᾽ ἐμοῦ τὸν νυμφίον, καὶ χώρησον αὐτὸν καὶ χωρήθητι ἐν αὐτῷ. ἰδοὺ ἡ Χάρις κατῆλθεν ἐπί σε. ἄνοιξον τὸ στόμα σου καὶ προφήτευσον.*—

Einen kurzen, höchst wertvollen Inbegriff eines gnostischen Systems bietet der naassenische Hymnus (Hippol., Philos. V, 10). Ich glaube ihn also übersetzen zu dürfen: „Urprinzipium aller Dinge, erster Grund des Seins und Lebens ist der Geist — Zweites Wesen ausgegossen von dem ersten Sohn des Geistes, ist das Chaos — Und das Dritte, das von beiden Sein und Bildung hat empfangen, ist die Seele — Und sie gleicht dem scheuen Wilde — Das gehetzt wird auf der Erde — Von dem Tod, der seine Kräfte — Unentwegt an ihr erprobet — Ist sie heut' im Reich des Lichtes — Morgen ist sie schon im Elend — Tief versenkt in Schmerz und Tränen — [Der Freude folgt die Träne — Der Träne folgt der Richter — Dem Richter folgt der Tod] — Und im Labyrinthe irrend — Sucht vergebens sie den Ausweg — Da sprach Jesus: Schau, o Vater, — Auf dies heimgesuchte Wesen — Wie es fern von deinem Hauche — Kummervoll auf Erden irret — Will entfliehen dem bittren Chaos — Aber weiß nicht, wo der Aufstieg — Ihm zum Heile sende, Vater — Mich, daß ich herniedersteige — Mit den Siegeln in den Händen — Die Aeonen all durchschreite — Die Mysterien all eröffne — Götterwesen ihm entschleire — Und des heil'gen Wegs Geheimnis — Gnosis nenn' ich's —, ihm verkünde."

Sechstes Kapitel.

Das Unternehmen Marcions, die alttestamentliche Grundlage des Evangeliums zu beseitigen, die Tradition zu reinigen und auf Grund des paulinischen Evangeliums die Christenheit zu reformieren.

§ 14.

Hauptquellen sind Tertullians Werk gegen Marcion in 5 Büchern, das Panarion des Epiphanius, die Dialoge des Adamantius und das die Sekten bestreitende Werk des Armeniers Esnik (übers. v. JMSchmid, 1900). — ThZahn, Marcion's N. T. in: Gesch. d. neutestamentl. Kanons I S. 585 ff. II S. 409 ff. — AHarnack, Marcion: das Evangelium vom fremden Gott, 1921 (hier auch die ältere Literatur; vgl. die Anzeige von HvSoden, Ztschr. f. KGesch. N. F. Bd. 3, 1922); ders., De Apellis gnosi monarchica, 1874.

Die paradoxeste und gewaltigste Erscheinung im nachapostolischen Zeitalter bildet der Zeitgenosse des Polykarp und Justin, Marcion aus Sinope, mit seiner Kirchenstiftung. Zu den Gnostikern wie Basilides und Valentin darf er trotz der Polemik der KVV. nicht gerechnet werden; denn 1) leitete ihn kein metaphysisches, auch kein apologetisches, sondern ein rein soteriologisches Interesse, 2) legte er darum auf das reine Evangelium und den Glauben (nicht auf die Erkenntnis) allen Nachdruck, 3) verwendete er für seine Auffassung vom Christentum die Philosophie und Mysterienweisheit nicht, 4) war er bestrebt, nicht Schulen von Wissenden zu gründen (keine Geheimlehre), sondern die Gemeinden allerorts, deren Christentum er für gesetzlich (judaisierend) und die freie Gnade verleugnend hielt, nach dem wahren paulinischen Evangelium zu reformieren (kein Unterschied von Pneumatikern und Hylikern: das Evangelium ist für alle. Kein neues Christentum, sondern „recuratio et reformatio adulteratae regulae"). Erst als er damit nicht durchdrang, bildete er von Rom aus seit dem J. 144 eine eigene Kirche, die erste auf einem *ausgeführten* Verständnis des Evangeliums und auf einer *streng geschlossenen* Sammlung christlicher Schriften ruhende kirchliche Gemeinschaft. Völlig hingenommen von der Neuheit, Einzigkeit und Herrlichkeit der Gnade Gottes in Christus, glaubte er die scharfen Antithesen des Paulus (Gesetz und Evangelium, Werke und Glaube, Fleisch und Geist, Sünde und Gerechtigkeit) zum Fundamente der religiösen Betrachtung machen und auf zwei Prinzipien, den gerechten, kleinlichen, mißgünstigen, zornigen und bösartigen Gott des A. T., der mit dem Weltschöpfer identisch ist, und den „fremden" und vor Christus vollkommen unbekannten Gott des Evangeliums, der nur die Liebe und das Erbarmen sei, verteilen zu müssen (Tertull., adv. Marc. I, 19: „*Separatio legis et evangelii proprium et principale opus*"). Dieser schroffe Dualismus — ein Paulinismus ohne Dialektik, A. T. und judenchristliche Geschichtsbetrachtung — ist doch nicht ganz ohne Beeinflussung seitens der syrischen Gnosis (Cerdo) von Marcion ausgestaltet worden. Mit dem ethischen Gegensatz des Erhabenen und Guten einerseits und des Kleinlichen, Gerechten und Harten andererseits verband sich der Gegensatz des Unendlichen, Geistigen, Guten und des Beschränkten, Sinnlichen, Schlechten in einer Weise, die die Probleme wieder ins Kosmologische herabzuziehen drohte. Im einzelnen ist folgendes besonders wichtig:

1. Das A. T. wurde von M. seinem Wortsinn nach mit Ablehnung jeder allegorischen Deutung erklärt und als Offenbarungsbuch des Weltschöpfers und Judengottes anerkannt, aber eben deshalb in schroffen Gegensatz zu dem Evangelium (s. die „Antithesen", ein umfangreiches Werk M's., das in seiner Kirche an die Stelle des A.Ts. treten sollte) gestellt, dessen Inhalt M. lediglich aus Sprüchen Jesu und den paulinischen Briefen ermittelte, nachdem er sie von angeblichen judaistischen Verfälschungen gereinigt. Diese Fälschungen waren seiner Meinung nach sehr alt, da die zwölf Apostel Jesum nicht verstanden, bzw. das richtige Verständnis bald wieder verloren und sein Evangelium nach dem A. T. mißdeutet haben, und da neben ihnen ruchlose judaistische Pseudoapostel als Fälscher am Werk gewesen sind. Paulus, von Christus zum Ersatze berufen, sei der einzige, der eingesehen, daß Jesus einen bisher fremden Gott der Gnade und Liebe im Gegensatz zu Jehova verkündet habe. Als auch seine Predigt verdunkelt worden, habe Gott ihn, Marcion, mit der Wiederherstellung des reinen Evangeliums betraut. In dieser Eigenschaft als Reformator und zweiter Paulus hat er nach seiner (und seiner bald in der ganzen Welt verbreiteten Kirche) Ueberzeugung gewirkt.

2. Der Gottesbegriff und die Christologie Marcions sind denen der Gnostiker insofern ähnlich, als er wie sie im Gegensatz zur Großkirche die Neuheit, Einzigartigkeit und Absolutheit des Christentums zum deutlichsten Ausdruck bringt; M. aber überbietet die Gnostiker noch, sofern ihm Gott nicht nur der unbekannte, sondern vielmehr der f r e m d e ist, und er demgemäß den g a n z e n Menschen als Erzeugnis des Weltschöpfers faßt, also i n d e r N a t u r d e s M e n s c h e n n i c h t s f i n d e t, w a s d e m G o t t d e r L i e b e s t a m m v e r w a n d t i s t. Aber Liebe und Gnade ist nach M. das ganze Wesen der Gottheit; die Erlösung ist die unbegreiflichste Tat göttlichen Erbarmens (im Gnostizismus ist sie in Wahrheit eine Konsequenz der Kosmologie; die Gottheit erlöst den ihr stammverwandten, in die traurigste Zuständlichkeit geratenen Geist), und alles, was der Christ besitzt, verdankt er e i n z i g Christus, der die Erscheinung des guten Gottes selber ist (Modalismus). Er hat durch sein Leiden die, welche an ihn g l a u b e n, dem Weltschöpfer abgekauft und für sich gewonnen. Der strenge Doketismus („Scheinleib", keine Geburt, keine Geschichte Jesu vor seinem Auftreten) aber, den M. lehrte („Im 15. Jahre des Kaisers Tiberius zur Zeit des Pilatus stieg Jesus nach Kapernaum herab und predigte in der Synagoge" — so begann M.'s Evangelium), die Behauptung, daß nur die Seelen der Menschen gerettet werden, der Verzicht auf die Wiederkunft Christi und die harte, bis zum Eheverbot gesteigerte Askese (trotz des Gedankens, daß die Liebe Gottes das neue Leben zu beherrschen habe), sind Beweise dafür, daß M. bis zu einem gewissen Grad den gnostischen Ideen der Zeit gegenüber wehrlos gewesen ist; andererseits zeigen die eschatologischen Gedanken, daß er den Rückgang zur Monarchie des guten Gottes gesucht hat.

3. Die Absicht, klar festzustellen, was christlich ist und wo man es findet, und auf dieser festen Grundlage die Kirche des reinen Evangeliums wiederherzustellen und die Erlösten als die von dem Gott dieser Welt Gehaßten zu sammeln, hat M. veranlaßt, „gereinigte" (s. oben) evangelische Schriften zu einer Sammlung mit normativem Charakter zu vereinigen (Lukasevangelium und 10 paulinische Briefe), bestimmte Grundsätze für ihre Auslegung vorzuschreiben und die Gemeinden in fester, aber freier Organisation durch

eine strenge und eindeutige Lebensordnung zusammenzuschließen. Da er das A. T. verwarf, ebenso jede natürliche Religion, Philosophie, Kultweisheit und Geheimtradition und überall auf Klarheit und Sicherheit drang, so mußte er die Frage, was christlich sei, ausschließlich aus geschichtlichen Urkunden beantworten.

4. Die tiefe Auffassung, daß die in der Natur und Geschichte waltenden Gesetze und der Lauf der bürgerlichen Gerechtigkeit das Widerspiel zu den Taten göttlichen Erbarmens seien, und daß demütiger Glaube, herzliche Liebe und, opferfreudige Askese den eigentlichen Gegensatz zu Tugendstolz, Selbstgerechtigkeit und Leidensscheu bilden — diese Auffassung, die das Christentum Marcions beherrscht und ihn von aller rationalistischen Systematik abgehalten hat, wurde in seiner Kirche in der Folgezeit nicht rein festgehalten. Im Interesse, die Lücken und Widersprüche der Auffassung zu heben, schritten einige Schüler zu einer Drei- und Vierprinzipienlehre, andere zum vulgären Dualismus vor, ohne indes die Grundgedanken des Meisters ganz aufzugeben. Apelles aber, M.'s größter Schüler, kehrte zum Bekenntnis des einen Gottes zurück (der Weltschöpfer ist ein Engel Gottes), ohne im übrigen die Auffassung des Meisters fallen zu lassen, ja wertvolle Andeutungen weiter verfolgend, die M. gegeben hatte. Die KVV. (Rhodon, Tertullian, Origenes) haben ihn nicht verstanden und aufs heftigste bekämpft. In der Soteriologie hat Apelles wahrscheinlich wie M. gelehrt (bei Euseb. h. e. V, 13): *σωθήσεσθαι τοὺς ἐπὶ τὸν ἐσταυρωμένον ἠλπικότας ἀπεφαίνετο, μόνον ἐὰν ἐν ἔργοις ἀγαθοῖς εὑρίσκωνται* (s. auch das Folgende). In bezug auf das A. T. hat er im scharfen Unterschied von M. die These vertreten, daß es großenteils unglaubwürdige, mythische Geschichte enthalte und voll von Widersprüchen sei (s. die Reste seiner „Syllogismen"). M. hatte die Tatsächlichkeit der alttestamentlichen Geschichte anerkannt, aber eben deshalb ihren Urheber für ein eiferndes, bösartig-„gerechtes" Wesen erklärt.

Die KVV. haben M. als den schlimmsten Häretiker bekämpft — von ihrem Standpunkt und in Verteidigung des Vaters, der auch der Schöpfer ist, mit Recht. Besonders in der Auseinandersetzung mit ihm hat sich das nachapostolische Christentum zur altkatholischen Kirche und

Kirchenlehre entwickelt. Gelernt haben die Gegner, vor allem Jrenäus, von ihm: (1) daß man auf die Neuheit des Evangeliums gegenüber dem A. T. achten müsse, (2) daß man die Erlösung in ihrer selbständigen und zentralen Bedeutung, dem Paulus folgend, zu erfassen habe, (3) daß im Gottesbegriff die Liebe in den Mittelpunkt zu rücken und aus ihrer Unterordnung unter die Gerechtigkeit zu befreien sei, (4) daß man die Christenheit nicht oder nicht nur auf deutbare kultische Formeln und auf Religionsphilosophie, sondern auf ein festes, eindeutiges Verständnis des Evangeliums zu gründen habe, (5) daß man eine neue littera scripta neben und über dem A. T. aus bestimmten apostolischen Schriften als Urkunde des Neuen Bundes zu schaffen habe. Gewiß sind die KVV nicht nur bei M., sondern auch bei den Gnostikern, ohne es zu wissen und wahr zu haben, in die Schule gegangen (s. den Schluß des vorigen §), und vielleicht wäre der Gang der Entwicklung der Kirche auch ohne M. und die Gnostiker ein ähnlicher geworden; aber die Gnostiker waren geringere Lehrmeister, und „Mögliches" gilt in der Geschichte nicht.

In der Auffassung der Erlösung, wie sie sich bei Marcion, der Großkirche und den Valentinianern findet, stellen sich die drei möglichen Typen der Erlösung auf dem Grunde des christlichen Gottesbegriffes („Gott ist die Liebe") dar. Nach Marcion muß der Mensch von allem, was er ist und was ihm umgibt, erlöst werden, von der Welt, von dem Gesetz, von der Sünde, von dem eigenen Ich, von der Gerechtigkeit, kurz von dem Natürlichen. Nach der Großkirche muß er von den Dämonen, die in die Welt Gottes eingebrochen sind, und von dem Tode und der Sünde, die sie herbeigeführt haben, erlöst werden. Das „Natürliche" ist nach dieser Auffassung an und für sich gut und wird auch in seiner Güte wiederhergestellt und verklärt. Nach den Valentinianern ist die Erlösung etwas Komplizierteres, weil auch das Objekt nicht eindeutig ist. Es ist eine stufenweis verschiedene Erlösung nötig, da (1) die Menschen verschieden sind und (2) erlösende Prozesse durchmachen müssen. Die Geistesmenschen werden von der Welt in jedem Sinn erlöst und in die reine Sphäre der Gottheit erhoben; denn das „Natürliche" ist für sie ein Fremdes, Ungehöriges. Die rechtschaffenen, aber beschränkten Leute werden von der Sünde und dem Tode erlöst und in eine verklärte Natur erhoben. Dort wie hier ist aber ein Stufengang nötig. Nach Marcion ist Christus erschienen, um die Werke des Weltschöpfers und Gesetzgebers, nach der Großkirche, um die Werke des Teufels zu zerstören. Nach den Valentinianern erweist er sich als mannigfaltig wirkender Erlöser: wo in irgendeinem Sinn Erlösung ist, da ist er tätig; aber seine Haupttätigkeit ist schließlich, die Pneumatiker von der Welt überhaupt zu befreien.

Zweites Buch.

Die Grundlegung.

Erstes Kapitel.

Geschichtliche Orientierung.

§ 15.

ARitschl, Entstehung der altkatholischen Kirche[2], 1857. — ERenan, Origines du Christianisme T. V—VII. — PWernle a. a. O.; Sohm a. a. O. — PBatiffol, L'église naissante, 1909.

1. Das 2. Jahrhundert des Bestehens heidenchristlicher Gemeinden ist charakterisiert durch den siegreichen Kampf gegen Marcion, die Gnostiker und den urchristlichen Enthusiasmus, d. h. durch die Ablehnung der akuten Hellenisierung einerseits und die Unterdrückung der ursprünglichen christlichen Stimmung, Disziplin und z. T. auch der Hoffnung andererseits. Man rettete einen bedeutenden Teil des Urchristentums durch Fixierung der Tradition (den Glauben an den Schöpfer- und Erlösergott); aber man ging nun um so unbefangener auf die Welt und ihre Weisheit ein, da man glaubte, an der apostolischen Schriftensammlung, der apostolischen Glaubensregel, dem apostolischen Amt die sichere Gewähr der Christlichkeit zu besitzen. Man zügelte den Subjektivismus der christlichen Frömmigkeit und schränkte die phantastische Mythenbildung sowie die Aufnahme ganz fremder Stoffe in die Glaubenslehre ein; aber man band den einzelnen an eine heilige Urkunde und an den Priester, indem man ihn dem festgefügten bischöflichen Verbande der einen, heiligen, apostolischen, katholischen Kirche unterwarf, den man als Seligkeitsanstalt mit der Stiftung Christi identifizierte. Man widerlegte endlich die gnostischen Systeme; aber man schuf selbst aus dem Kerygma mit den Begriffen der griechischen Philosophie ein wissenschaftliches Glaubenssystem — ein ausgezeichnetes Mittel, die Kirche der gebildeten Welt zu empfehlen, aber für die Laien ein den Glauben verdunkelndes Geheimnis bez. eine Verdeutlichung des Evangeliums im Sinne der griechischen Religionsphilosophie.

2. Die Aufgabe der Dogmengeschichte für den Zeitraum von ca. 150—300 ist eine doppelte: erstlich hat sie die Ent-

stehung des Katholizismus als Kirche zu beschreiben, d. h. die Entstehung und Entwicklung der apostolisch-katholischen Maßstäbe (Glaubensregel, N. T., kirchliches Amt; Maßstäbe für die Heiligkeit der Kirche), durch welche die Gemeinden zu der einen empirischen Kirche, die doch die apostolische, wahre und heilige sein soll, erwachsen sind. Zweitens hat sie die Entstehung und Entwicklung der wissenschaftlichen Glaubenslehre zu schildern. Sie hat zu zeigen: (a) daß diese an der Peripherie der Kirche zum Zweck der Apologetik entstanden ist, freilich nicht als ein Fremdes, vielmehr im genauesten Zusammenhang mit den Intentionen des ältesten Heidenchristentums (s. Buch I c. 3); (b) daß diese apologetische Theologie die ursprünglich lediglich durch die Offenbarung versicherte monotheistische Kosmologie, Logoslehre und Moraltheologie gewesen ist, sich dann im gnostischen Kampf mit dem Heilsgedanken der antiken Mysterien einerseits, mit dem kirchlichen Kerygma und alttestamentlichen Gedankenreihen andererseits verbunden hat (Irenäus, Hippolyt, Tertullian) und zu einem komplizierten Gebilde (philosophische, kerygmatische, biblische und urchristlich-eschatologische Elemente) geworden ist; (c) daß die altkatholische Theologie durch die Alexandriner zu einem hellenistischen synkretistischen System für katholische Gnostiker umgeschmolzen worden (Vorbild des Philo und Valentin), und daß dann die große Spannung zwischen der wissenschaftlichen Dogmatik und dem traditionellen Glauben deutlich hervorgetreten ist. Diese Spannung hat schon im 3. Jahrhundert ihre Lösung grundlegend so empfangen, daß die Ziele der wissenschaftlichen Dogmatik und ein Teil ihrer Lehren (vor allem die Logoslehre) als der Glaube von der Kirche adoptiert wurden, während man anderes beiseite ließ oder bekämpfte, die realistischen Sätze des Kerygmas gegen spiritualisierende Umsetzung schützte und das Recht der Unterscheidung einer Glaubenslehre für die Denkenden und eines Glaubens für die Unwissenden (so Origenes) prinzipiell in Abrede stellte. Die vier Stufen der Entwicklung des Dogmas (Apologeten, altkatholische Väter, Alexandriner, Methodius nebst Konsorten) entsprechen der fortschreitenden religiösen und philosophischen Entwicklung des Heidentums in jener Zeit: philosophischer Moralismus, Heilsidee (Mysterientheologie und -praxis), Neuplatonismus und reaktionärer Synkretismus. Eben deshalb und weil die zunehmende „médiocrité" der Gemeinden feste Autoritäten und einen höheren geistlichen Stand brauchte, wäre die Entwicklung wahrscheinlich ebenso verlaufen, auch wenn der Kampf mit Marcion und dem Gnostizismus (auch dem Montanismus) nicht eingetreten wäre. Sie hätte sich, so darf man annehmen, nur etwas verzögert. Indessen sind natürlich Gnostizismus und Montanismus nicht zufällig entstanden und haben nicht zufällig die Entwicklung beschleunigt. Der Montanismus ist ja — freilich mit einer unvermeidlichen Neuerung, die ihm tödlich wurde („der Paraklet") — das alte Christentum selbst, und die Wurzeln des Gnostizismus führen ebenfalls bis in das Urchristentum zurück.

I. Fixierung und allmähliche Verweltlichung des Christentums als Kirche.

Zweites Kapitel.

Die Aufstellung der apostolischen Normen für das kirchliche Christentum. Die katholische Kirche.

Quellen: Die Schriften des Irenäus, Hippolyt, Tertullian, erst in zweiter Linie die der nicht römischen altkatholischen Väter; denn in Rom sind die Maßstäbe festgestellt worden. Der Anteil Kleinasiens ist dunkel und kontrovers, aber wahrscheinlich.

Die drei apostolischen Normen (Glaubensregel, N. T., Amt) — s. Iren. III, 1 sq., Tertull. de praescr. 11. 32. 36[1] —

[1] De praescr. 21: „*Constat omnem doctrinam quae cum ecclesiis apostolicis matricibus et originalibus fidei conspiret veritati deputandum, id sine dubio tenentem quod ecclesiae ab apostolis, apostoli a Christo, Christus a deo accepit.*" 36: „*Videamus quid (ecclesia Romana) didicerit, quid docuerit cum Africanis quoque ecclesiis contesserarit. Unum deum dominum novit, creatorem universitatis, et Christum Jesum ex virgine Maria filium dei creatoris, et carnis resurrectionem; legem et prophetas cum evangelicis et apostolicis litteris miscet, inde potat fidem, eam aqua signat, sancto spiritu vestit, eucharistia pascit, martyrium exhortatur, et ita adversus hanc institutionem neminem recipit.*" 32: „*Evolvant ordinem episcoporum suorum, ita per successionem ab initio decurrentem, ut primus ille episcopus aliquem ex apostolis vel apostolicis viris, qui tamen cum apostolis perseveravit, habuerit auctorem et antecessorem.*"

haben sich von Rom aus zwar in den verschiedenen Provinzialkirchen zu verschiedener Zeit, aber, wo sie erschienen, wesentlich gleichzeitig eingebürgert. Sie haben an den kurzen kerygmatischen Bekenntnissen, an der Autorität des *κύριος* und der apostolischen Tradition sowie an den Gemeindeleseschriften, endlich an dem Ansehen der Apostel, Propheten und Lehrer, resp. der „Alten“, der christlichen Heroen (Asketen, Konfessoren) und der Leiter der Einzelgemeinden ihre Vorstufen gehabt.

§ 16. A. Die Umprägung des Taufbekenntnisses zur apostolischen Glaubensregel.

CPCaspari, Quellen zur Geschichte des Taufsymbols, 4 Bde., 1866 ff. — AHarnack in der großen Ausgabe der Patr. Apost. I, 2, 1878. — AHahn, Bibliothek der Symbole und Glaubensregeln³, 1897. — ThZahn, Glaubensregeln und Taufbekenntnis (Skizzen aus dem Leben der alten Kirche, 2. Aufl., 1898, S. 238 ff.). — FKattenbusch, Das apostolische Symbol, 2 Bde., 1894, 1900. — JKunze, Glaubensregel, Heilige Schrift und Taufbekenntnis 1899.

Von alters her gab es in den Gemeinden ein Kerygma von Christus (s. Buch I c. 3 sub 2) und kurze Bekenntnisformeln (z. B. Vater, Sohn und Geist), speziell in der römischen Gemeinde seit ± 150 ein festes Taufbekenntnis. Diese Bekenntnisse waren „der Glaube“, galten als die Quintessenz der apostolischen Verkündigung und wurden daher auf Christus resp. auf Gott selbst, *διὰ τῶν ἀποστόλων* zurückgeführt. Aber als apostolische „Regel des Glaubens“ galt überhaupt alles, was unveräußerlich erschien, z. B. auch das christliche Verständnis des A. T. F i x i e r t als relativ vollständige Glaubensformel war indes außer jenem römischen Symbol (daneben ein orientalisches Symbol?) wahrscheinlich nichts, und die Sittenregeln (*διδαχὴ κυρίου*) standen auf der gleichen Stufe mit jenem Kerygma von Christus. Von Anfang an schärfte man aber im Unterricht, in den Ermahnungen und vor allem bei Bekämpfungen von Irrlehren ein: *ἀπολίπωμεν τὰς κενὰς καὶ ματαίας φροντίδας, καὶ ἔλθωμεν ἐπὶ τὸν εὐκλεῆ καὶ σεμνὸν τῆς παραδόσεως ἡμῶν κανόνα* (I Clem. 7; vgl. Polyc. ep. 2. 7; die Pastoralbriefe, Judasbrief, Ignatiusbriefe, auch Justin). Als die Gefahr des Gnostizismus akut wurde, mußte man notwendig die Erfahrung machen, daß weder Inhalt und Umfang des „überlieferten

Glaubens" („der gesunden Lehre"), noch sein Verständnis gesetzlich gesichert war. Man brauchte aber einen festen äußeren Maßstab, um Lehren wie die von der Verschiedenheit des höchsten Gottes vom Schöpfergott oder wie den Doketismus ablehnen, Verflüchtigungen und Umdeutungen der evangelischen Geschichte zurückweisen und die eigene Auffassung als die apostolische Lehre behaupten zu können — man brauchte ein bestimmt interpretiertes apostolisches Bekenntnis. In dieser Lage hat die Kirche Roms, deren Verfahren uns durch Irenäus und Tertullian bekannt ist (Irenäus ist schwerlich der Urheber desselben), das geschlossene römische Taufbekenntnis als apostolisches in der Weise in Geltung gesetzt, daß sie die jeweilig antignostischen Interpretationen als selbstverständlichen Inhalt desselben proklamierte, das explizierte Bekenntnis als „fides catholica" resp. als Regel der Wahrheit für den Glauben bezeichnete und von seiner Anerkennung die Zugehörigkeit zur Kirche abhängig machte (wie weit Rom im Einvernehmen resp. unter Einwirkung der kleinasiatischen Kirche gehandelt hat, ist noch dunkel und wird vielleicht nie erhellt werden). Dieses Verfahren, durch welches der Schwerpunkt des Christentums verrückt, dieses aber vor völligem Zerfließen bewahrt worden ist, basiert auf zwei unbewiesenen Behauptungen und einer Vertauschung. Nicht bewiesen ist, daß irgendein Bekenntnis dieser Art von den Aposteln stammt und daß die von Aposteln gegründeten Gemeinden deren Lehre stets unverändert bewahrt haben; vertauscht ist das Bekenntnis selbst mit seiner, sei es auch wesentlich richtigen, Explikation. Endlich ist der Schluß von der Uebereinstimmung einer Reihe von Gemeinden (Bischöfen) in der Lehre auf die Existenz einer fides catholica, sofern diese ein festes Lehrgesetz sein soll, ungerechtfertigt. Das Verfahren begründet den katholischen Traditionsbeweis und seine fundamentale Bedeutung bis heute: die Amphibolie, einerseits das Bekenntnis für ein geschlossenes und deutliches auszugeben, andererseits es so elastisch zu halten, daß man die Ablehnung jeder unbequemen Meinung ihm entnehmen kann, ist bis heute für den Katholizismus charakteristisch. Ebenso charakteristisch ist, daß man das Christentum mit einer Glaubenslehre identifiziert, die die meisten Laien nicht verstehen können. Diese werden also herabgedrückt und auf die Autorität verwiesen.

Irenäus schreibt (I, 10): *Ἡ ἐκκλησία, καίπερ καθ' ὅλης τῆς οἰκουμένης ἕως περάτων τῆς γῆς διεσπαρμένη, παρὰ τῶν ἀποστόλων καὶ τῶν ἐκείνων μαθητῶν παραλαβοῦσα τὴν εἰς ἕνα θεὸν πατέρα παντοκράτορα, τὸν πεποιηκότα τὸν οὐρανὸν καὶ τὴν γῆν καὶ τὰς θαλάσσας καὶ πάντα τὰ ἐν αὐτοῖς, πίστιν, καὶ εἰς ἕνα Χριστὸν Ἰησοῦν, τὸν υἱὸν τοῦ θεοῦ, τὸν σαρκωθέντα ὑπὲρ τῆς ἡμετέρας σωτηρίας, καὶ εἰς πνεῦμα ἅγιον, τὸ διὰ τῶν προφητῶν κεκηρυχὸς τὰς οἰκονομίας καὶ τὰς ἐλεύσεις καὶ τὴν ἐκ παρθένου γέννησιν καὶ τὸ πάθος καὶ τὴν ἔγερσιν ἐκ νεκρῶν καὶ τὴν ἔνσαρκον εἰς τοὺς οὐρανοὺς ἀνάληψιν τοῦ ἠγαπημένου Χριστοῦ Ἰησοῦ τοῦ κυρίου ἡμῶν καὶ τὴν ἐκ τῶν οὐρανῶν ἐν τῇ δόξῃ τοῦ πατρὸς παρουσίαν αὐτοῦ ἐπὶ τὸ ἀνακεφαλαιώσασθαι τὰ πάντα καὶ ἀναστῆσαι πᾶσαν σάρκα πάσης ἀνθρωπότητος* . . . Am Schlusse folgt noch die Bestrafung des Bösen in dem ewigen Feuer und das Geschenk der *ἀφθαρσία* für die Reuigen.

Tertullian, mit Rom und mit den Schriften des Irenäus bekannt, hat die Methode weiter ausgebildet. Fand schon Irenäus die wichtigsten gnostischen Lehren durch das Taufbekenntnis widerlegt, während doch nur der kirchliche common sense wider sie sprach, so hat Tertullian, das Bekenntnis noch strenger als Autorität für den Glauben fassend, in der regula bereits die Schöpfung des Universums aus Nichts, die Schöpfungsmittlerschaft des Logos, den Ursprung desselben vor allen Kreaturen, eine bestimmte Theorie über die Menschwerdung, die Predigt einer nova lex und einer nova promissio, schließlich auch schon die trinitarische Ökonomie und die richtige Lehre von den Naturen Christi gefunden (de praescr. 13; de virg. 1; adv. Prax. 2 etc.; an diesen drei Stellen lautet die regula [regula fidei, regula traditionis, *κανὼν τῆς πίστεως, τῆς παραδόσεως*] im einzelnen verschieden; Prax. 2 lautet sie also: „*Unicum quidem deum credimus, sub hac tamen dispensatione quam οἰκονομίαν dicimus ut unici dei sit et filius sermo ipsius, qui ex ipso processerit, per quem omnia facta sunt et sine quo factum est nihil. hunc missum a patre in virginem et ex ea natum, hominem et deum, filium hominis et filium dei et cognominatum Jesum Christum, hunc passum, hunc mortuum et sepultum secundum scripturas et resuscitatum a patre et in caelo resumptum sedere ad dexteram patris, venturum iudicare vivos et mortuos; qui exinde miserit secundum promissionem suam a patre spiritum s. paracletum sanctificatorem fidei eorum qui credunt in patrem et filium et spiritum sanctum. Hanc regulam ab initio evangelii decucurrisse*"). Tertullians „regula" ist eine apostolische lex et doctrina, unverbrüchlich für jeden Christen: Die Zustimmung zu dieser lex entscheidet über den christlichen Charakter des einzelnen. Die christliche Gesinnung und das christliche Leben ist dann ein Zweites, welches erst nach der Unterwerfung unter die regula eintreten kann (damit ist das Wesen der Religion gespalten — die verhängnisvollste Wendung in der Geschichte des Christentums!).

Allein erst im Laufe des dritten Jahrhunderts hat sich dieser katholische Maßstab in der Kirche verbreitet. Clemens Alex. kennt ihn noch nicht (ihm ist der *κανὼν τῆς ἐκκλησίας* die antignostische Interpretation der Heiligen Schrift); dagegen ist ihm Origenes sehr nahe gekommen (s. de princip. praef.), d. h. im Anfang des 3. Jahrhunderts ist die alexandrinische Kirche der römischen gefolgt und allmählich „katholisch" geworden. Noch später folgten die syrischen Kirchen, wie die Grundschrift der apostolischen Konstitutionen beweist, die die „apostolische Glaubensregel" im Sinn des Okzidents noch nicht kennt. Erst am Ende des 3. Jahrhunderts wurde die katholische Kirche auf Grund der gemeinsamen apostolischen lex eine Wirklichkeit und schied sich scharf von den häretischen Parteien; ja abgelegenere Gemeinden mögen erst durch die Nicänum zu einer „apostolischen Glaubenslehre" gekommen sein. Aber auch das Nicänum ist nicht mit einem Schlag überall rezipiert worden.

§ 17. B. Die Prädizierung einer Auswahl kirchlicher Leseschriften als Schriften des N. T. resp. als Sammlung der apostolischen Schriften.

Siehe die Einleitungen in das N. T. von EReuss, HHoltzmann, BWeiss, AJülicher. Dazu ThZahn, Geschichte des neutestamentlichen Kanons, 2 Bde., 1888 ff. — AHarnack, Das N. T. um das Jahr 200, 1889. — Camerlynk, S. Irénée et le Canon du N. T., 1896. — Kutter, Clemens Alexandrinus und das N. T., 1897. — WSanday, Inspiration, 1893. — AHarnack, Beiträge zur Einleitung in das N. T., 6. Teil, 1914 (Die Entstehung des N. Ts. und die wichtigsten Folgen der neuen Schöpfung).

Neben dem Gesetz und den Propheten (*τὰ βιβλία*), der ursprünglich einzigen „littera scripta", war in den Gemeinden das Herrnwort oder kurzweg „ὁ κύριος“ undiskutierbare Instanz. Die Worte und Taten des Herrn („das Evangelium“) waren verzeichnet in mehreren unter sich verwandten und vielfach rezensierten Schriften, die man „Herrnschriften“, ferner — jedoch erst seit der Mitte des 2. Jahrhunderts — „εὐαγγέλια“ (Plur.), vielleicht auch „ἀπομνημονεύματα τῶν ἀποστόλων“ nannte und die mindestens seit ca. 140 öffentlich verlesen wurden (Justin). Die letztgenannte Bezeichnung drückt das Urteil aus, daß alles, was vom Herrn authentisch berichtet und von der Kirche hochgehalten wird, direkt oder indirekt auf die Apostel zurückgeht. Aus der Zahl dieser evangelischen Schriften ragten schon bald nach dem Anfang des 2. Jahrhunderts in einigen Hauptkirchen (zuerst in Kleinasien, dann in Rom und in den von ihnen abhängigen Gemeinden; in Alexandrien auch mindestens seit der 2. Hälfte des 2. Jahrhunderts, bis dahin aber vielleicht daneben das Hebräer- und Ägypterevangelium) vier hervor — unsere jetzigen Evangelien, die aus verschiedenen Hauptgebieten der Christenheit stammten. Die Zusammenstellung der vier Evangelien ist in Kleinasien unter Spannungen und Protesten erfolgt, die fast ganz im Dunkeln liegen. Die aus mehr als einem Grunde so nötige und ursprünglich wohl auch geplante Verarbeitung zu einem Evangelium wurde nicht mehr beliebt (Tatians Diatessaron um 170 fand nur im syrischen Osten Eingang); die Mehrzahl apostolischer Zeugen bot zu große Vorteile (im Kampf gegen Marcions Evangelium und gegen die Gnostiker), überhaupt aber wurde die apostolische Bezeugung fast so wichtig wie der evangelische Inhalt. Neben diesen Schriften wurden Briefe des Apostels Paulus, die frühe gesammelt worden sind, in den Gemeinden resp. von ihren Leitern gelesen, wie die Briefe des Clemens, Barnabas, Ignatius und namentlich des Polykarp bezeugen. Während aber die Evangelien eine direkte Beziehung zum Kerygma und eine Stellung im antimarcionitischen (antignostischen) Traditionsbeweis besaßen (Ignatius, Justin), fehlte eine solche den Paulusbriefen an sich vollständig, da ihr Verf. kein Augenzeuge Jesu gewesen ist. Endlich verehrte man alle schriftlich fixierten Kundgebungen von „Geistesträgern“ (πνευματοφόροι) als inspirierte heilige Schriften, mochten es nun jüdische Apokalypsen mit hochklingendem Namen sein oder Schriften christlicher Propheten und Lehrer. Die γραφή war zunächst das A. T., aber mit „ὁ κύριος λέγει“ (γέγραπται oder einfach λέγει) wurden auch apokalyptische Verse bezeichnet. Gleichwertig aber andersartig war die Instanz: ὁ κύριος λέγει ἐν τῷ εὐαγγελίῳ (Erfüllung der Weissagung — Sittenregeln). In Worten des Apostels Paulus sprachen viele Lehrer gerne, ohne ihnen das gleiche fundamentale Ansehen wie der Schrift und dem Herrnwort zu geben (sind die Paulusbriefe vor ca. 170 öffentlich und regelmäßig in den Gemeinden verlesen worden?). Aber ein Keim zur Entwicklung eines Neuen Testaments als Idee (und auch in seiner Zweiteiligkeit) war von Anfang an dadurch gegeben, daß (1) Die Gleichung „Gott sandte Christus, Christus sandte die Apostel“ („Wer euch höret, höret Mich“) uralt ist, daß (2) Lukas die Apostelgeschichte als zweiten Teil zum Evangelienbuch gestellt hatte, daß (3) die Evv. (bez. das Ev.) ohne apostolische Bezeugung in der Luft zu schweben schienen, daß (4) kapitale Fragen der Lehre und des Lebens nicht aus den Evangelien, wohl aber aus anderen urchristlichen Schriften entschieden werden konnten, und daß vor allem (5) die Idee eines „Neuen Bundes“ sich kräftig geltend machen und zur Idee einer neuen Bundesurkunde (litera scripta) treiben mußte. Indessen ließen alle diese Voraussetzungen noch mehrere andere Lösungen bzw. Ergebnisse zu als das Neue Testament, wie es wirklich in der Kirche geworden ist (s. meine oben an letzter Stelle genannte Untersuchung).

Marcion, der das A. T. und die Urapostel verwarf, Paulus aber als den restitutor des Evangeliums dicht neben Christus stellte, sich selbst eine hohe Mission beilegte und überall auf Klarheit und Festigkeit bedacht war, hat zuerst eine Schriftensammlung, in der Paulus als Lehrer (10 Briefe) gleichwertig neben Christus („gereinigtes“ Lukasev.) stand, aufgestellt und sie an die Stelle des A. Ts. gerückt. Er ist also tatsächlich der Schöpfer des zweiteiligen N. Ts. Neben ihm haben gnostische Schulhäupter Ähnliches getan, sofern sie den Paulusbriefen neben dem Evangelium (z. T. und am Anfang, wie es scheint, exklusiv) das höchste Ansehen verliehen; allein ob sie (Valentin kommt zunächst in Betracht) so frühe und so umrissen ein N. T. aufgestellt haben wie Marcion und ob sie von ihm unbeeinflußt gewesen sind, wissen wir nicht. In der 2. Hälfte des 2. Jahrhunderts ist die Bildung des N. Ts. in den Schulen Valentins der kirchlichen gefolgt, ohne sich ihr vollkommen anzuschließen.

Die Leiter der Gemeinden reichten demgegenüber mit einer Berufung auf die *γραφή* und den *κύριος* nicht mehr aus. Es mußte 1) definitiv und exklusiv bestimmt werden, welche Evangelienschriften (und in welcher Rezension) überhaupt in Betracht kommen; es mußte 2) den Häretikern alles das entzogen und als katholisches Eigentum in Anspruch genommen werden, was man nicht als jung und falsch diskreditieren konnte; es mußte 3) eine solche Sammlung von Schriften hergestellt werden, die den Traditionsbeweis nicht störte, sondern durch ihre Qualitäten zu verstärken geeignet war. Zunächst beschränkte man sich darauf, gegen Marcion die vier Evangelien als die einzig authentischen apostolischen Herrnschriften zu bezeichnen. Sie standen in der Geltung dem A. T. schon so nahe, daß der ungeheure Schritt, ihren Buchstaben heilig zu sprechen, schwerlich als eine Neuerung empfunden wurde, war zudem doch von Anfang an das heilig, was der Herr gesagt hatte. Bei dieser Fixierung verharrten einige Kirchen des Orients bis tief in das 3. Jahrhundert hinein (s. z. B. die Grundschrift der sechs ersten Bücher der apostolischen Konstitutionen); einige orientalische brauchten sogar fort und fort nur das Diatessaron. Nicht eine zweite neue Sammlung wurde beliebt, sondern die vier Evangelien traten zu den *βιβλία* hinzu (*ὁ κύριος διὰ προφητῶν — ὁ κύριος ἐν τῷ εὐαγγελίῳ*); daneben standen die Erzeugnisse pneumatischer Schriftstellerei, indessen mit stets sich mindernder Dignität (montanistischer Kampf).

Aber dort, wo der Kampf gegen die Häresie am heftigsten geführt und die Konsolidierung der Gemeinden auf festen Gesetzen am zielbewußtesten betrieben wurde — in Kleinasien und Rom —, hat man von Marcion beeindruckt, seinem N. T. und den gnostischen Sammlungen (an die eigenen Sammlungen, wie sie für den kirchlichen Gebrauch strukturlos bestanden, sich anlehnend, aber sie sichtend) eine katholisch-apostolische Sammlung entgegengestellt. Man fügte, wie Marcion, die Paulusbriefe (nun aber 13) den vier Evangelien hinzu und zog sie dadurch in den Traditionsbeweis als Autoritäten ersten Ranges hinein, daß man sie durch das Medium eines nun erst in die Sammlung rezipierten Buches, der Apostelgeschichte, dem angeblichen Kerygma der Zwölfapostel beigesellte resp. unterordnete. Der von den Zwölfaposteln in der Apostelgeschichte legitimierte Paulus wurde so zum Zeugen der *διδαχὴ κυρίου διὰ τῶν ιβ' ἀποστόλων* (im katholischen Sinn), d. h. man hatte nun Pflicht und Recht, ihn nach der Apostelgeschichte zu verstehen, die freilich selbst nur faute de mieux in die Sammlung gekommen ist (sie vertritt im Kanon die Stelle einer Schrift, in der die Missionsgeschichte und die Lehre aller zwölf Apostel enthalten sein sollte — aber solch eine Schrift besaß man eben nicht) und eine Tradition decken mußte, die auch über ihren Buchstaben weit hinausging. Die zwei- resp. dreigliederige neue apostolische Sammlung (Evangelium, Apostelgeschichte, Paulusbriefe), nun als das Neue Testament (Melito, Tertullian) dem Alten (Gesetz und Propheten) zu- und bald übergeordnet, schon von Irenäus und Tertullian in Wirksamkeit gesetzt (doch scheinen anfangs noch nur im Gebrauch, nicht in der Theorie Evangelien und Paulusbriefe völlig gleichwertig gewesen zu sein; auch findet sich bei Irenäus der Name N. T. noch nicht, und die Sache selbst ist bei ihm noch im Werden, s. JWerner in Texten und Untersuchungen zur altchristlichen Literaturgeschichte VI, 2), hat sich von Rom aus allmählich in den Kirchen verbreitet und hat, einmal geschaffen, kaum Erschütterungen erfahren. Dagegen hat ein vierter und fünfter Bestandteil noch lange keine geschlossene feste Form gewinnen können. Erstlich suchte man die Apostelgeschichte durch Schriften von Zwölfaposteln zu verstärken. Es war natürlich, daß man solche Schriften zu haben wünschte, und andererseits gab es angesehene Briefe von christlichen Propheten und Lehrern, die sich zur Aufnahme anboten (nicht umgangen werden konnten), aber keine apostolische Autorität (im strengen Sinn) besaßen. So entstand die Gruppe der katholischen Briefe. Ihren Kern bildeten ursprünglich wahrscheinlich der 1. und 2. Johannesbrief und der Brief des Judas (s. das Muratorische Fragment). Angegliedert wurden der 3. Johannesbrief (der mit 1 und 2 denselben Verf. hat) und ein mit den paulinischen Briefen verwandtes, altes Schreiben (des Silas?), das jetzt erst den Namen des Petrus empfing (das wird freilich sehr bestritten). Die übrigen Schriften unter dem Namen des Petrus (Evangelium, Acta, Kerygma, Apokalypse) sind ebenso abgelehnt worden wie eine umfangreiche Schrift: Acta Pauli, und ein halbes Dutzend anderer bedeutend älterer christlicher Schriften. Was hier nicht genannt ist und heute im N. T. steht, ist erst im 3. Jahrhundert anerkannt worden. Zweitens forderten die Apokalypsen, ihrem Ursprung und ihrer Natur nach, Eingang in die neue Sammlung. Allein schon war die Zeit über die Stimmung, aus der sie stammten, hinweggeschritten, ja bekämpfte sie, und die Natur der neuen Sammlung verlangte Apostolisches, nicht Prophetisches, welch letzteres sie vielmehr (seit dem Kampf mit dem Montanismus) ausschloß. So konnten nur die Petrus- und Johannesapokalypse (nicht mehr die Apokalypse des Hermas, die anfangs in Rom kanonisiert gewesen zu sein scheint) in Betracht kommen. Aber auch die erstere fiel rasch dahin aus uns verborgenen Gründen, die letztere ist ὡς διὰ πυρός schließlich für die neue Sammlung gerettet worden.

Ein geschlossenes N. T. hat es noch im 3. Jahrhundert in der Kirche nicht überall gegeben; aber wo eine zweite Sammlung vorhanden war, da brauchte man sie wesentlich wie das A. T. und zeigte keine Bedenken. Auch die unfertige Sammlung leistete ad hoc alles das, was, wie man denken müßte, nur die fertige hätte leisten können. Zu einer Religion des Buches ist aber der Katholizismus nie geworden. Die Herrnworte blieben die Richtschnur für die Gestaltung des Lebens, und die Lehrentwicklung hat allezeit ihren eigenen Weg verfolgt, der von dem N. T. nur sekundär beeinflußt worden ist.

1. Nach dem oben Bemerkten wäre auch ohne den Kampf gegen Marcion und den Gnostizismus eine maßgebende christliche littera scripta, wenn auch später, entstanden (Selbstbewußtsein der Kirche, Bezeugungsnotwendigkeiten des Evangeliums, unvergleichliche Bedeutung der Paulusbriefe, kultische Bedürfnisse usw.); aber wie sie ausgesehen hätte, können wir nicht ahnen.

2. Erwägt man, daß das ursprüngliche kleinasiatisch-römische N. T. über Ms. N. T. hinaus (neben den 4 Evang.) nur noch die 3 Pastoralbriefe, Act., I Pet., Judas, Johannesbriefe, Apok. enthalten hat und daß diese Schriften sämtlich (für Judas läßt es sich nicht streng beweisen) nach Kleinasien gehören oder zu ihm enge Beziehung haben, so ist die

Annahme sehr wahrscheinlich, daß dieses N. T. in Kleinasien entstanden ist auf Grund und als Ergänzung zum N. T. Marcions (aber ebenso wahrscheinlich ist, daß es [= der Homologumenen-Kanon] in enger Verbindung der kleinasiatischen Kirchen mit der römischen publiziert worden ist), dem ja sicher die Idee eines N. Ts. (als littera scripta) und der gleichwertigen Zusammenstellung der Paulusbriefe mit dem Evangelienbuch gebührt.

3. Die weitere Geschichte der Bildung des N. Ts. nach dem Homologumenen-Kanon gehört nicht mehr in die Dogmengeschichte, da neue Ideen hier nicht mehr beteiligt gewesen sind, weil sie unnötig waren. Alexandrien hat das kleinasiatisch-römische N. T. rezipiert (um 200, oder sehr bald darnach), und in der Geschichte des N. Ts. spielt fortan Alexandrien (bzw. Origenes' Urteil) die Hauptrolle.

Folgen: 1. Das N. T. (oder: die apostolische Schriftensammlung) — die durch Sammlung und Ausscheidung hergestellte „apostolische" Schriftensammlung — hat in sich den wertvollsten Teil der Urliteratur vor dem Untergang geschützt; aber es hat alles übrige aus dieser Literatur als Anmaßungen oder Fälschungen oder als Überflüssiges allmählich dem Untergang preisgegeben; 2. das N. T. hat der Abfassung inspirierter Schriften ein Ende gemacht, aber eine kirchlich-profane Literatur erst ermöglicht, ihr zugleich feste Schranken setzend; 3. das N. T. hat den historischen Sinn und den geschichtlichen Ursprung der in ihm enthaltenen Schriften verdunkelt, aber es hat zugleich die Bedingungen geschaffen für ein eingehendes Studium derselben und für ihre Wirksamkeit in der Kirche; 4. das N. T. hat der enthusiastischen Produktion von „Tatsachen" einen Damm entgegengesetzt; aber es hat durch die Forderung, die in ihm enthaltenen Schriften in allen Sätzen für einstimmig, deutlich suffizient und pneumatisch zu halten, die gelehrte, theologische Produktion neuer Tatsachen und Begriffsmythologien zur notwendigen Folge gehabt; 5. das N. T. hat eine Offenbarungszeit abgegrenzt, die apostolische Zeit, und die Apostel auf eine unerreichbare Höhe gestellt und damit der Herabsetzung der christlichen Ideale und Forderungen Vorschub geleistet, aber es hat zugleich die Kenntnis derselben in Kraft erhalten und ist zum Stachel der Gewissen geworden; 6. das N. T. hat das beanstandete kanonische Ansehen des A. T. wirksam geschützt; aber es hat zugleich den Anstoß geboten, die christliche Offenbarung der alttestamentlichen überzuordnen und über die spezifische

Bedeutung jener nachzusinnen; 7. das N. T. hat die verhängnisvolle Identifizierung von Herrnwort und apostolischer Tradition (Apostellehre) befördert; aber es hat durch die Aufnahme der Paulusbriefe den höchsten Ausdruck des Erlösungsbewußtseins als Richtschnur aufgestellt und durch die Kanonisierung des Paulinismus ein segensreiches Ferment in die Kirchengeschichte eingeführt; 8. durch den Anspruch der katholischen Kirche, daß ihr allein beide Testamente gehören, hat sie allen anderen christlichen Gemeinschaften den Rechtstitel genommen; aber indem sie das N. T. zur Norm erhob, hat sie die Rüstkammer geschaffen, der in der Folgezeit die schärfsten Waffen gegen sie selbst entnommen worden sind. — Wiegt man die Vorteile und Nachteile der Schöpfung des N. T. vergleichend ab, so sind die Vorteile bei weitem größer, ja es läßt sich nicht absehen, was aus dem Evangelium und der christlichen Urliteratur ohne das N. T. geworden wäre. Über die beiden Testamente als private Erbauungsbücher s. AHarnack, Über den privaten Gebrauch der h. Schriften in der alten Kirche, 1912.

§ 18. C. Die Umprägung des bischöflichen Amts in der Kirche zu dem apostolischen Amt. Die Geschichte der Umbildung des Begriffs der Kirche.

S. RSohm, Kirchenrecht Bd. 1, 1892. — EHatsch, Die Gesellschaftsverfassung der christlichen Kirchen im Altertum, deutsch v. AHarnack, 1883. — AHarnack, Die Lehre der 12 Apostel, 1884, S. 88 f.; Ders., Entstehung und Entwicklung der Kirchenverfassung und des Kirchenrechts in den zwei ersten Jahrhunderten, 1910.

Der Nachweis, daß die Apostel eine Glaubensregel aufgestellt haben, genügte nicht; man mußte zeigen, daß die Kirche sie treu bewahrt habe und in sich selber eine lebendige Instanz besitze, die gegebenenfalls alle Streitigkeiten entscheide. Ursprünglich verwies man auf die von den Aposteln gestifteten Gemeinden, in denen die wahre Lehre zu erfahren sei, und auf den Zusammenhang mit den Apostelschülern und „Alten“. Allein dieser Hinweis bot keine absolute Sicherheit; daher haben ihn Irenäus und Tertullian, durch die imponierende Entwicklung des Episkopats namentlich in Rom bestimmt und das alte Ansehen der Apostel, Propheten und Lehrer auf die Bischöfe übertragend, so gefaßt, daß der „*ordo episcoporum per successionem ab initio decurrens*“ die

Unversehrtheit des apostolischen Erbes garantiere. Bei beiden schillert diese These noch zwischen einer historischen (die Gemeinden sind die von den Aposteln gestifteten; die Bischöfe sind Schüler der Apostelschüler; daher sind ihre Aussagen zuverlässig) und einer dogmatischen. Doch tritt schon bei Irenäus (IV, 26, 2) die letztere klar hervor: „*episcopi cum episcopatus successione charisma veritatis certum acceperunt*" (an dem auf apostolischer Sukzession beruhenden Amt der Bischöfe — in ihrer Totalität und Einstimmigkeit — haftet das Charisma der Wahrheit der Lehre). Die These ist nur ein dogmatischer Ausdruck für die hohe Stellung, die der Episkopat bereits faktisch erworben hatte; sie sollte übrigens ursprünglich Apostel und Bischöfe keineswegs vollkommen identifizieren, blieb auch in ihrer Anwendung auf den einzelnen Bischof unsicher und ließ noch Raum für die alte Gleichung: *spiritus*, *ecclesia*, *fideles*. Allein Calixt von Rom (s. Tertullian, de pudic.: Hippolyt, Philos. IX) hat das volle apostolische Ansehen und die apostolischen Kompetenzen für sich in Anspruch genommen, während Tertullian dem Bischof nur den locus magisterii, dagegen nicht den Besitz des Heiligen Geistes (zur Sündenvergebung) vindizierte. Im Orient und in Alexandrien ist der apostolische Charakter der Bischöfe erst sehr spät zur Anerkennung gekommen. Wie Ignatius nichts von ihm weiß (der Bischof ist nach ihm der Stellvertreter Gottes in seiner Einzelgemeinde), so auch nicht Clemens Alex., ja noch die Grundschrift der apostolischen Konstitutionen schweigt. Doch begann er sich zur Zeit des Origenes in Alexandrien einzubürgern.

Der Kirchenbegriff wurde durch diese Entwicklung schwer betroffen. Ursprünglich war die Kirche die himmlische Genossin Christi, die Stätte des heiligen Geistes und ihre Christlichkeit ruhte auf dem Besitz des Geistes, dem Glauben an Gott, der Hoffnung und der Disziplin des Lebens wer zur Kirche gehörte, war seiner Seligkeit gewiß (heilige Kirche), und jede Einzelgemeinde galt als irdische Projektion: der einen heiligen Kirche. Dann wurde die Kirche zur sichtbaren Anstalt desselben Glaubensbekenntnisses „*fides* [also auch *ecclesia*] *in regula posita est, habet legem et salutem de observatione legis*", Tertullian); sie ist die Hinterlassenschaft der Apostel, und ihre Christlichkeit ruht auf dem Besitz der wahren apostolischen Lehre (*katholische* Kirche im Sinne der Oekumenizität und der Lehrreinheit; „katholisch“ in diesem Sinn seit dem Ende des 2. Jahrhunderts). Man muß Glied dieser empirischen *einen* apostolischen Kirche sein, um des Heils teilhaftig zu werden, weil nur hier das seligmachende Bekenntnis gegeben ist. Die Kirche hört auf, sichere Gemeinschaft des Heils und der Heiligen zu sein, und wird Bedingung des Heils (s. das folgende Kap.). Dieser Kirchenbegriff (Irenäus, Tertullian, Origenes), in dem sich die Entwicklung der Gemeinden zu der *einen* geschlossenen Kirche darstellt — gewiß eine schöpferische Tat des christlichen Geistes —, ist nicht evangelisch, aber auch nicht hierarchisch; er ist in den katholischen Kirchen nie ganz untergegangen. Aber er ist fast von Anfang an durch den *hierarchischen* Kirchenbegriff beeinflußt worden. Dieser ist bei Irenäus und Tertullian nur erst angedeutet (doch hat ihn der letztere schließlich bekämpft und ist in solcher Bekämpfung sogar auf den ältesten Kirchenbegriff zurückgegangen: spiritus gleich ecclesia, allgemeines Priestertum); ausgebildet worden ist er durch Calixt und andere römische Priester, namentlich aber durch Cyprian, während die Alexandriner den ältesten Kirchenbegriff mit einem mystisch-philosophischen verbunden haben, und Origenes bei aller Hochachtung vor der empirischen Kirche ihre nur relative Bedeutung nie aus den Augen verloren hat.

Calixt und Cyprian haben aus den faktischen Verhältnissen und aus den Nötigungen, welche diese auferlegten, den hierarchischen Kirchenbegriff zuerst gebildet; dieser hat die Theorie zu den Maßnahmen jenes geliefert, ist aber an *einem* Punkt hinter der Legitimierung der Weltlichkeit der Kirche zurückgeblieben, wie sie Calixt entschlossen vollzogen hatte (s. das folgende Kap.). Die Krisen waren im 3. Jahrhundert so groß, daß es — von abgelegenen Gemeinden abgesehen — nirgends mehr genügte, den katholischen Glauben zu bewahren; *man mußte den Bischöfen gehorchen*, um das Kirchenwesen gegen offenkundiges, Heidentum (im Leben), Häresie und Enthusiasmus (die urchristlichen Erinnerungen) zu schützen. Die Idee der einen, bischöflich verfaßten Kirche wurde die oberste und schob die Bedeutung der Glaubenslehre als des Einheitsbandes (faktisch, nicht theoretisch) zurück: die auf den Bischöfen, den Nachfolgern der Apostel, den Stellvertretern Gottes, ruhende Kirche ist um dieses ihres Fundamentes willen selbst die apostolische Hinterlassenschaft. Nach Cyprian (s. seine Briefe und die Schrift „de unitate ecclesiae") ist die Kirche die Heilsanstalt (*„extra quam nulla salus"*) als einheitlich organisierte Konföderation. Sie ruht ganz und gar auf dem Episkopat, der als Fortsetzung des Apostolats, ausgerüstet mit den Gewalten der Apostel, sie trägt. Die Verbindung des einzelnen mit Gott und Christus ist deshalb nur in der Form der Unterordnung unter den Bischof denkbar. Es stellt sich aber das Attribut der Einheit der Kirche (welches gleichbedeutend ist mit dem der Wahrheit, weil die Einheit nur durch die Liebe zustande kommt) primär in der Einheit des Episkopats dar. Dieser ist von seinem Ursprung her ein einheitlicher und ist einheitlich geblieben, sofern die Bischöfe von Gott eingesetzt werden und in brüderlichem Austausch stehen. Also kommen die einzelnen Bischöfe primär nicht als Leiter ihrer besonderen Gemeinden, sondern als die Fundamente der einen Kirche in Betracht (Cyprian: *„ecclesia in episcopo est"*). Daraus folgt weiter, daß den Bischöfen von Apostelkirchen eine besondere Dignität nicht mehr zukommt (alle Bischöfe, da sie Teilhaber eines Amts sind, sind gleich). Indessen besitzt der römische Stuhl deshalb eine besondere Bedeutung, weil er der Stuhl des Apostels ist, dem Christus die apostolischen Gewalten zuerst erteilt hat, um so die Einheit dieser Gewalten und der Kirche deutlich zu zeigen, ferner auch deshalb, weil geschichtlich die Kirche dieses Stuhls die Wurzel und Mutter der einen katholischen Kirche geworden ist. In einer schweren karthaginiensischen Krisis hat sich Cyprian auf Rom aus Not und Klugheit so berufen, als sei die Gemeinschaft mit dieser Kirche (ihrem Bischof) an sich die Gewähr der Wahrheit; allein später hat er, unterstützt von vielen afrikanischen Bischöfen und von Firmilian Cappad., die Ansprüche auf besondere Rechte seitens des römischen Bischofs in bezug auf andere Kirchen bestimmt in Abrede gestellt (Streit mit dem römischen Bischof Stephanus). Endlich, obgleich er die Einheit der Verfassung der Kirche der Einheit der Glaubenslehre übergeordnet hat, ist das Moment der Christlichkeit insofern von ihm gewahrt worden, als er überall ein christliches Verhalten von den Bischöfen verlangte, widrigenfalls sie ipso facto ihr Amt verlören. Also kennt Cyprian noch keinen Charakter indelebilis der Bischöfe, während ihnen bereits Calixt und andere römische Bischöfe einen solchen vindiziert hatten. Eine Folge seiner Theorie war es, daß er Häretiker und Schismatiker streng identifizierte, worin ihm übrigens die Kirche zunächst nicht gefolgt ist. — Die große eine, alle Christen umfassende, bischöfliche Kirche, die er voraussetzte, war eine Fiktion: eine solche einheitliche Konföderation gab es doch in Wirklichkeit nicht (s. das folgende Kapitel); selbst Konstantin hat sie nicht vollständig verwirklichen können.

Drittes Kapitel.

Fortsetzung: Das alte Christentum und die neue Kirche.

Hauptquellen sind die Schriften Tertullian's, das 5. Buch der hist. eccl. des Eusebius und einige Angaben bei Hippolyt, Origenes (Kommentare), Didymus und Hieronymus. Für die novatianische Krisis vgl. den Briefwechsel Cyprian's u. Euseb., h. e. VI fin. — NBonwetsch, Geschichte des Montanismus, 1881. — PdeLabriolle, Les sources de l'hist. du Montanisme, 1913 u. La crise Montaniste, 1913. — AHarnack, Artikel „Lapsi" und „Novatian" in RE.³. — HGVoigt, Eine verschollene Urkunde des antimontanistischen Kampfes, 1891. — VAmundsen, Novatianus og Novatianismen, 1901. — GESteitz, Das römische Bußsakrament, 1854. — ORitschl, Cyprian von Karthago, 1885. — KMüller, Die Bußinstitution in Karthago, ZKG. 16. Bd. S. 1 ff. — FPijper, Geschiedenis der Boete en Biecht in de christelijke Kerk gedurende de 7 eerste Eeuwen, 1891.

§ 19. Der Montanismus und seine allgemeine Einwirkung auf die Kirche.

1. Die Herabsetzung der Ansprüche an das sittliche Leben, das Verblassen der urchristlichen Hoffnungen, die rechtlichen und politischen Formen, durch die sich die Gemeinden gegenüber der Welt und der Häresie sicher stellten, riefen bald nach der Mitte des 2. Jahrhunderts, zuerst in Kleinasien, dann auch in anderen Gebieten der Christenheit eine Reaktion hervor, die die alten Stimmungen und Zustände zu bewahren resp. wiederherzustellen und die Christenheit vor Verweltlichung zu schützen suchte. Ergebnisse dieser Krisis,

der sog. montanistischen und der ihr verwandten, war, daß sich die Kirche nur um so strenger als eine Rechtsgemeinschaft faßte, die ihre Wahrheit an ihren historischen und objektiven Grundlagen habe, daß sie demgemäß dem Attribut der Heiligkeit eine neue Deutung gab, daß sie einen doppelten Stand, einen geistlichen und weltlichen, und eine doppelte Sittlichkeit in ihrer Mitte ausdrücklich legitimierte, und daß sie ihren Charakter als Gemeinschaft des sicheren Heils mit dem anderen, unumgängliche Bedingung für den Heilsempfang und Erziehungsanstalt zu sein, vertauschte. Die Montanisten mußten ausscheiden (gute Dienste hat dabei schon das N. T. getan), ebenso alle Christen, die die Wahrheit der Kirche von einer strengeren Handhabung der Sittenzucht abhängig machten (Novatianer). Die Folge war, daß am Ende des 3. Jahrhunderts zwei große Kirchengemeinschaften den Anspruch erhoben, die wahre katholische Kirche zu sein, nämlich die von Konstantin zur Reichskirche erhobene Konföderation und die mit den Resten des Montanismus verschmolzene novatianische Kirche. Die Anfänge des großen Schismas gehen in Rom bis auf die Zeit des Hippolyt und Calixt zurück; das ältere montanistische Schisma entwickelte sich, von Kleinasien ausgehend, in den Provinzen zwischen 180 und 210.

2. Die montanistische Reaktion hat eine große Entwicklung durchgemacht. Ursprünglich war sie das gewaltsame Unternehmen eines phrygischen christlichen Propheten (Montanus), der, durch Prophetinnen (Maximilla und Priscilla) unterstützt, um d. J. 155 die verheißungsvollen Ausblicke des 4. Evangeliums in der Christenheit zu verwirklichen den Beruf fühlte. Er deutete sie nach der Apokalypse und verkündete, daß in ihm und den beiden Frauen der Paraklet selbst erschienen sei; in diesem komme Christus, ja sogar der allmächtige Gott, zu den Seinen, um sie in alle Wahrheit zu leiten und die Zerstreuten zu einer Herde zusammenzuführen. Demgemäß war es Montanus' höchstes Bestreben, die Christen aus den bürgerlichen Verhältnissen und den Gemeindeverbänden herauszuführen (ähnliche, freilich vorübergehende Bewegungen kennen wir jetzt aus dem Kommentar des Hippolyt zu Daniel) und ein neues, einheitliches Gemeinwesen zu schaffen, das, von der Welt abgeschieden,

sich auf das Herabfahren des oberen Jerusalems bereiten sollte. Der Widerstand, den diese exorbitante prophetische Botschaft bei den Gemeindeleitern fand, und die Verfolgungen unter M. Aurel schärften die ohnehin schon lebhaften eschatologischen Erwartungen und steigerten die Martyriumsucht. Was die Bewegung aber an Eigentümlichkeit einbüßte, sofern die Verwirklichung des Ideals einer Sammlung aller Christen sich nicht oder doch nur auf kurze Zeit und in engen Grenzen durchführen ließ (resp. von den Montanisten selbst bald fallen gelassen wurde), das gewann sie seit ca. 180 reichlich wieder, sofern die Kunde von ihr fortschreitend den ernster Gesinnten Kraft und Mut verlieh, der stets zunehmenden Verweltlichung der Kirche Widerstand zu leisten. In Asien und Phrygien erkannten viele Gemeinden in corpore die göttliche Sendung der Propheten an; in anderen Provinzen bildeten sich Konventikel, in denen die kolportierten Weissagungen der Propheten wie ein Evangelium betrachtet, zugleich aber auch abgestumpft wurden (Sympathien der Konfessoren in Lyon. Der römische Bischof ist nahe daran, die neue Prophetie anzuerkennen). In den montanistischen Gemeinden (ca. ann. 190) handelte es sich aber nicht mehr um eine neue Organisation im strengen Sinn des Worts und um eine radikale Neubildung der christlichen Gesellschaft, vielmehr, wo die Bewegung für uns in ein helles Licht tritt, ist sie bereits gedämpft, wenn auch sehr wirksam. Die Urheber hatten ihrem Enthusiasmus keine Schranken gesetzt; auch waren noch keine festen Schranken für anspruchsvolle Propheten vorhanden: Gott und Christus waren in ihnen erschienen; die Priscilla sah Christus leibhaftig in weiblicher Gestalt; diese Propheten gaben die exzessivsten Verheißungen und sprachen in einem höheren Ton als irgendein Apostel; sie stießen sogar apostolische Anordnungen um; sie stellten, unbekümmert um jegliche Tradition, neue Gebote für das christliche Leben auf; sie schalten auf die große Christenheit; sie hielten sich für die l e t z t e n und deshalb höchsten Propheten, die Träger der Schlußoffenbarung Gottes. Aber nachdem sie vom Schauplatz abgetreten, suchten ihre Anhänger einen Ausgleich mit dem vulgär Christlichen. Sie erkannten die große Kirche an und begehrten ihrerseits Anerkennung. Sie wollten sich an die apostolische regula und das N. T. binden; sie beanstandeten auch die kirchliche Verfassung (die Bischöfe) nicht mehr. Dafür verlangten sie Anerkennung ihrer Propheten, die sie nun als Nachfolger älterer Propheten (prophetische Sukzession) zu empfehlen suchten; die „neue“ Prophetie sei lediglich eine Nachoffenbarung[1], welche sich die frühere, wie die Kirche sie faßt, voraussetze, und diese Nachoffenbarung bezöge sich wesentlich nur — neben der Bestätigung, die sie kirchlichen Lehren im Gegensatz zu gnostischen gebe — auf die brennenden Fragen der christlichen Disziplin, die sie im Sinne einer strengeren Observanz entscheide. Darin lag für ihre Anhänger im Reich die Bedeutung der neuen Prophetie (Schutz gegen die Verweltlichung der Kirche) und deshalb hatten sie ihr Glauben geschenkt. In diesem Glauben, daß in Phrygien der Paraklet für die ganze Kirche Offenbarungen gegeben habe, um eine relativ strengere Lebensordnung zu begründen (Enthaltung von der zweiten Ehe, strengere Fastenordnung, kräftigere Bezeugung der Christlichkeit im Leben des Tages, volle Märtyrerbereitschaft), schlug sich der ursprüngliche Enthusiasmus nieder. Aber dieses Phlegma war eine gewaltige Kraft, da die große Christenheit zwischen 190 und 220 die größten Fortschritte in der Säkularisierung des Evangeliums machte. Der Sieg des Montanismus hätte eine völlige Aenderung im Besitzstand der Kirche und in der Missionspraxis zur Folge gehabt: die Gemeinden wären dezimiert worden. Daher halfen den Montanisten ihre Konzessionen (N. T., apostol. regula, Episkopat) nichts. Die Bischöfe griffen die Form der neuen Prophetie als Neuerung an, verdächtigten den Inhalt derselben, erklärten die alten Zukunftshoffnungen für sinnlich und fleischlich, die sittlichen Forderungen für übertrieben, ceremonialgesetzlich, jüdisch, wider neutestamentliche Stellen verstoßend, ja selbst für heidnisch. Sie hielten den Ansprüchen der Montanisten, authentische Gottesorakel zu bringen, das

[1] Diese Nachoffenbarung soll sich (nach Tertullian) zum Evangelium so verhalten, wie das Gesetz zur Verheißung. Die vier Stufen der Offenbarungsgeschichte, die so entstehen, sind beachtenswert. Die Stufe des Evangeliums (Christus und die Apostel) gilt hier also als perfektibel; aber die Perfektion, welche nunmehr der Paraklet gebracht hat, gilt als definitiv.

neugeschaffene N. T. entgegen, erklärten, daß alles Maßgebende in den Ansprüchen der beiden Testamente enthalten sei, und grenzten so eine Offenbarungsepoche scharf ab, die nur durch das N. T., die apostolische Lehre und das apostolische Amt der Bischöfe in die Gegenwart hineinrage (in diesem Kampfe erst werden die neuen Vorstellungen perfekt, 1. daß das A. T. Prophetisches enthalte, das N. T. nichts Prophetisches, sondern Apostolisches, 2. daß das Apostolische von keinem Christen der Gegenwart erreicht werden könne). Sie begannen endlich zwischen der Sittlichkeit des Klerus und der der Laien zu unterscheiden (so in der Frage der Einehe). Durch dies alles diskreditierten sie das, was einst der ganzen Christenheit teuer gewesen, was sie nun aber nicht mehr brauchen konnte. Indem sie den angeblichen oder wirklichen Mißbrauch ablehnten, setzten sie die Sache selbst mehr und mehr außer Kraft (Chiliasmus, Prophetie, Mündigkeit der Laien, strenge Heiligkeit), ohne sie doch ganz abtun zu können.

Am heftigsten aber trafen die Gegensätze bei der Frage nach der Sündenvergebung aufeinander. Die Montanisten, sonst die Bischöfe anerkennend, wiesen das Recht, sie zu erteilen, allein dem heiligen Geiste (d. h. den Geistesträgern) zu — denn der Geist hafte nicht an der Amtsübertragung — und erkannten kein menschliches Recht der Sündenvergebung an, die vielmehr auf (seltenen) Eingriffen göttlichen Erbarmens beruhe (Montanistischer Prophetenspruch: *„potest ecclesia [spiritus] donare delicta, sed non faciam“).* Sie schieden daher alle Todsünder aus den Gemeinden aus, ihre Seelen Gott befehlend. Die Bischöfe dagegen mußten wider das ältere Prinzip, daß allein die Taufe bzw. eine einmalige Buße die schweren Sünden tilge, sich das Recht der unbegrenzten Schlüsselgewalt, unter Berufung auf ihr apostolisches Amt, vindizieren, um den Bestand der immer unheiligeren Gemeinden gegen die Auflösung zu schützen, die eine Folge der alten Strenge gewesen wäre. Calixt hat zuerst das Recht der Bischöfe, Sünden zu vergeben, in vollstem Umfang in Anspruch genommen und dieses Recht auch auf die schwersten Fleischessünden (s. Tert., de pud. 1) ausgedehnt. Ihm begegnete nicht nur der Montanist Tertullian, sondern in Rom selbst ein sonst hochkirchlicher Gegenbischof (Hippolyt). Die

Montanisten mußten ausscheiden mit ihrer „Teufelsprophetie“, aber sie selbst zogen sich auch freiwillig aus einer Kirche zurück, die „ungeistlich“ (psychisch) geworden sei. Die Bischöfe behaupteten den Besitzstand der Kirche auf Kosten ihrer Christlichkeit. An die Stelle der Christenheit, welche den Geist in ihrer Mitte hat, trat die Kirchenanstalt, welche das N. T. und das geistliche Amt besitzt.

3. Indessen machte die Durchführung des Anspruches der Bischöfe auf das Recht der Sündenvergebung (dagegen z. T. die Gemeinden und die christlichen Heroen, die Konfessoren) und ihre Anwendung auf Todsünder (dagegen die alte Praxis, die alte Vorstellung von der Taufe und von der Kirche) die größten Schwierigkeiten, obgleich die Bischöfe nicht nur der alten früheren Praxis, sondern auch einer weitergehenden Laxheit entgegentraten. Die Anwendung der Sündenvergebung auf Ehebrecher hatte das hippolytische Schisma in Rom zur Folge. Nach der decianischen Verfolgung sah man sich aber genötigt, auch die größte Sünde, den Abfall, für vergebbar zu erklären, zugleich die alte Konzession, daß noch eine Hauptsünde nach der Taufe erlassen werden könne (eine aus dem Hirten des Hermas begründete Praxis), zu erweitern und alle Rechte „geistlicher“ Personen (Konfessoren) abzuschaffen, d. h. die Sündenvergebung an ein regelmäßiges, kasuistisches, bischöfliches Verfahren zu knüpfen (Cornelius v. Rom und Cyprian). Damit erst war der Kirchenbegriff total geändert: die Kirche muß ihrem Wesen nach Reine und Unreine umfassen (wie die Arche Noah); ihre Glieder sind nicht sämtlich Heilige und keineswegs alle der Seligkeit gewiß. Die Kirche ist lediglich kraft ihrer Ausstattung heilig, die sich ganz wesentlich neben der reinen Lehre in dem bischöflichen Amt (Priester und Richter in Gottes Namen) und in den Sakramenten darstellt; sie ist unumgängliche Heilsanstalt, so daß niemand außer ihr selig wird, auch *societas fidei*, aber nicht *fidelium*, vielmehr Erziehungsschule und Kultusanstalt für das Heil. Sie besitzt auch außer der Taufe ein zweites sündentilgendes Mittel, wenigstens in der Praxis; die Theorie aber war noch verlegen und unsicher. Jetzt erst war die Scheidung von Klerus und Laien vollständig als religiöse vollzogen (Tertullian höhnisch: *„ecclesia est numerus episcoporum“*), und römische Bischöfe

legten sogar dem Klerus einen character indelebilis bei (nicht Cyprian). Jetzt erst begannen aber auch die theologischen Spekulationen über das Verhältnis der Kirche als Gemeinschaft der Heiligen zu der empirischen heiligen Kirche, der temperierten, durch die Gnadenmittel korrigierten Verweltlichung der Christenheit. Allein dies alles konnte sich nicht durchsetzen ohne eine große Gegenbewegung, die von Rom (Novatian) ausging und bald alle Provinzialkirchen erfaßte. Novatian verlangte nur ein Minimum, die Unvergebbarkeit der Sünde des Abfalls (auf Erden), sonst sei die Kirche nicht mehr heilig. Aber dieses Minimum hatte dieselbe Bedeutung wie zwei Menschenalter früher die weitergehenden montanistischen Forderungen. Es wurde in ihm ein Rest des alten Kirchenbegriffs lebendig, so seltsam es war, daß eine Gemeinschaft sich lediglich deshalb für rein (Katharer) und wahrhaft evangelisch hielt, weil sie die Abgefallenen (später vielleicht auch andere Todsünder) nicht duldete. Eine zweite katholische, von Spanien bis Kleinasien sich erstreckende Kirche entstand, der aber ihr archäistisches Trümmerstück der alten Disziplin nicht zu einer heiligeren Lebensordnung verhalf, und die sich von der anderen Kirche nicht wesentlich unterschied, obgleich sie die Gnadenspendungen dieser für nichtig erklärte (Praxis der Wiedertaufe).

Mit Weisheit, Vorsicht und relativer Strenge haben die Bischöfe in diesen Krisen die Gemeinden in einen neuen Zustand übergeführt. Wie diese Gemeinden waren, konnten sie nur eine sie bevormundende Bischofskirche brauchen und lernten sich mit Recht als unmündige Schüler und Schafe beurteilen. Zugleich hatte die Kirche nun die Gestalt gewonnen, in der sie eine mächtige Stütze des Staates sein konnte, denn sie disziplinierte und erzog die Massen (die Kirche als Erziehungsanstalt, als die unumgängliche Vorschule für das Heil, als Besitzerin der vorbereitenden, grundlegenden und restituierenden Weihen). Dabei war die Gesellschaft in ihr doch erheblich geordneter als sonst im Reiche, und die Schätze des Evangeliums waren noch immer in ihrer Mitte (Christi Bild, die Gewißheit des ewigen Lebens, die Übung der Barmherzigkeit), wie einst der Monotheismus und die Frömmigkeit der Psalmisten in der harten und fremden Schale der jüdischen Kirche lebendig geblieben sind[1].

§ 20. Umbildung der sakralen Einrichtungen.

1. Das Priestertum. Der Abschluß des alt-katholischen Kirchenbegriffs zeigt sich besonders deutlich in der vollendeten Entwicklung eines priesterlichen Standes. Hierurgische Priester finden sich zuerst bei Gnostikern (Marcianern); in der Kirche sind die Propheten (Didache) und die Gemeindeliturgen (I Clemens) mit den alttestamentlichen Priestern frühe verglichen worden. Für uns zuerst bei Tertullian (de baptis. 17) heißt der Bischof Priester, und seit dieser Zeit entwickelte sich bis ca. 250 der priesterliche Charakter der Bischöfe und Presbyter sehr rasch im Orient wie im Occident, ja so stark war der Einfluß des Heidentums hier, daß auch ein ordo priesterlicher Diener (innerhalb der niederen Weihen) — zuerst im Occident — neben den Diakonen aufkam. Der vollendete Priesterbegriff tritt uns bei Cyprian, den damaligen römischen Bischöfen und in der Grundschrift der apostolischen Konstitutionen entgegen. Die Bischöfe (sekundär auch die Presbyter) galten als Vertreter der Gemeinde Gott gegenüber (sie allein dürfen das Opfer, nämlich das Abendmahl, darbringen) und als Vertreter Gottes der Gemeinde gegenüber (sie allein spenden oder verweigern die göttliche Gnade als Richter an Gottes und Christi Statt; sie sind die Mystagogen, welche die als Weihe dinglicher Art gedachte Gnade verwalten). Für diese Ethnisierung berief man sich in steigendem Maß auf die alttestamentlichen Priester und die gesamte jüdische Kultusordnung. Tor und Tür wurden hier in bezug auf die Rechte und Pflichten der Priester dem Heidentum und Judentum

---

[1] Daß, zunächst in der Form privater Seelsorge, im Orient allmählich an die Stelle der Charismatiker und Heroen in bezug auf die Sündenvergebung die Mönche getreten sind, zeigt KHoll, Enthusiasmus und Bußgewalt beim griechischen Mönchtum S. 229 ff. Die von ihm für die Folgezeit nachgewiesene Spannung von Klerus und Mönchen trifft die Dogmengeschichte nicht, fällt übrigens auch erst in eine spätere Zeit.

geöffnet, nachdem man die Mahnungen des alternden Tertullian, zum allgemeinen Priestertum zurückzukehren, überhört hatte. Zehnten-, Reinheits-, zuletzt (durch Konstantin) auch Sabbatsordnungen (übertragen auf den Sonntag) stellten sich ein.

2. Das Opfer (JWFHöfling, Die Lehre d. ältesten Kirche vom Opfer, 1851; FWieland, Mensa und Confessio, 1906; Ders., Der vorirenäische Opferbegriff, 1909). Priestertum und Opfer bedingen sich. Die Opferidee hatte von Anfang an in der Kirche den weitesten Spielraum (s. B. I. c. 3 Abs. 7); somit mußte der neue Priesterbegriff auf den Opferbegriff einwirken, wenn auch die alte Vorstellung (reine Opfer der Gesinnung, Lobopfer, das ganze Leben ein Opfer) daneben bestehen blieb. Die Einwirkung zeigt sich in zweifacher Hinsicht: 1. innerhalb des christlichen Opferlebens traten die besonderen Akte des Fastens, der freiwilligen Ehelosigkeit, des Martyriums usw immer deutlicher hervor (s. übrigens schon Hermas) und erhielten eine meritorische, ja satisfaktorische Bedeutung (s. Tertullian); vollendet erscheint diese Entwicklung bei Cyprian. Ihm ist es selbstverständlich, daß der Christ, der nicht sündlos bleiben kann, den erzürnten Gott durch Leistungen (satisfaktorische Opfer) zu versöhnen habe. Die Leistungen geben, wo besondere Sünden nicht zu tilgen sind, den Anspruch auf einen besonderen Lohn. Neben den Bußexerzitien sind die Almosen das wichtigste Mittel (Gebet ohne Almosen ist kahl und unfruchtbar). In der Schrift de opere et eleemosynis hat Cyprian eine ausgeführte Theorie, man darf sagen über das Gnadenmittel des Almosens gegeben, welches der Mensch sich selbst bereiten kann und welches Gott akzeptiert. Seit der decianischen Verfolgung dringen die opera et eleemosynae in das Absolutionssystem der Kirche ein und erhalten hier eine feste Stelle: man kann — durch Gottes Nachsicht — selbst den Christenstand durch Leistungen wiedergewinnen. Hätte man sich einfach hiermit begnügt, so wäre der volle Moralismus eingezogen. Daher war es notwendig, den Begriff der gratia dei zu erweitern, und sie nicht, wie bisher, lediglich an das Taufsakrament zu heften. Das ist von Tertullian und Cyprian in ganz unsicherer Weise, durchgreifend erst von Augustin geschehen (Vorbereitung

der abendländischen Rechtfertigungslehre)[1]; 2. änderten sich die Vorstellung vom Opfer im Kultus. Auch hier ist Cyprian epochemachend. Er hat zuerst deutlich das spezifische Opfer, das Abendmahlsopfer, dem spezifischen Priestertum zugeordnet; er hat zuerst die passio domini, ja den sanguis Christi und die dominica hostia als Gegenstand der eucharistischen Darbringung bezeichnet und damit die Vorstellung der priesterlichen Wiederholung des Opfers Christi erreicht (ἡ προσφορὰ τοῦ σώματος καὶ τοῦ αἵματος auch in der apostolischen Kirchenordnung); er hat die Abendmahlsfeier bestimmt unter dem Gesichtspunkt der Inkorporation der Gemeinde und der Einzelnen in Christus gestellt und zuerst in deutlicher Weise bezeugt, daß der Kommemoration der Offerierenden (vivi et defuncti) eine besondere (deprekatorische) Bedeutung beigelegt wurde. Die verstärkte Fürbitte war aber überhaupt der wesentliche Effekt des Abendmahlsopfers für die Feiernden; denn auf die Sündenvergebung im vollen Sinne konnte die Handlung trotz aller Steigerung der Vorstellung und Bereicherung der Zeremonien nicht bezogen werden. Daher blieb die Behauptung, daß die Handlung Wiederholung des Opfers Christi sei, doch eine bloße Behauptung; denn gegen die durch die kultische Praxis nahegelegte Auffassung, daß der Anteil an der Feier entsündige wie die Mysterien der Magna Mater und des Mithras, reagierten die kirchlichen Grundsätze von der Taufe und Buße. Als Opferhandlung ist das Abendmahl niemals zu einer der Taufe ebenbürtigen Handlung geworden; aber für die populäre Vorstellung mußte das feierliche, den antiken Mysterien nachgebildete Ritual die höchste Bedeutung erlangen.

3. Gnadenmittel, Taufe und Eucharistie. Was man seit Augustin Gnadenmittel nannte, hat die Kirche des

---

[1] Vgl. AHarnack, Geschichte der Lehre von der Seligkeit allein durch den Glauben in der alten Kirche ZThK. Bd. 1, 1892, S. 82 ff.). Zu dem hier gesammelten Material sind die Ausführungen über natura und gratia bei den voraugustinischen lateinischen Vätern hinzuzunehmen. Im allgemeinen sind sie, sobald sie die Taufe hinter sich haben, alle Moralisten; aber wer würde z. B. vermuten, daß die Worte: *„Retributione bonitatis ac pietatis paternae remunerat deus in nobis quidquid ipse praestitit et honorat quod ipse perfecit“*, nicht von Augustin, sondern von Cyprian (ep. 76, 4) geschrieben sind!

2. und 3. Jahrhunderts strenggenommen nur in der Taufe besessen: der alten Theorie nach hat der Getaufte nicht neue von Christus gespendete Gnadenmittel zu erwarten, sondern er hat das Gesetz Christi zu erfüllen. Aber in der Praxis besaß man von dem Moment an, wo Todsünder absolviert wurden (und das geschah auf Grund von Anweisungen des Geistes in einzelnen Fällen von Anfang an), in der Absolution ein wirkliches Gnadenmittel, dessen Bedeutung sich mit der Taufe deckte. Die Reflexion auf dieses „Gnadenmittel" blieb aber insofern noch ganz unsicher, als der Gedanke, daß Gott durch den Priester die Sünder absolviere, durch den andern (s. oben) gekreuzt wurde, daß vielmehr die Bußleistungen der Sünder die Vergebung herbeiführen. — Die Vorstellungen von der Taufe (*σφραγίς*, *φωτισμός*) änderten sich nicht wesentlich (JWFHöfling, Sakrament der Taufe, 2 Bde., 1846). Als Erfolg der Taufe wurde allgemein die Sündenvergebung angesehen (eine moralische Betrachtung trat indes auch hier ein: die Sünden der Ungetauften sind die Sünden der Blindheit; also ist es angemessen, daß Gott sie dem Reuigen abnimmt); als Erfolg der Vergebung galt die faktische Sündlosigkeit, die man nun zu bewahren hatte. Häufig wird neben der remissio und der consecutio aeternitatis die absolutio mortis, regeneratio hominis, restitutio ad similitudinem dei, consecutio spiritus sancti genannt („lavacrum regenerationis et sanctificationis"), dazu noch alle möglichen Güter[1]). Die stets zunehmende Bereicherung des Rituals ist z. T. eine Folge der Absicht, jene vorausgesetzten reichen Wirkungen der Taufe zu symbolisieren; z. T. verdankt sie dem Bestreben, das große Mysterium würdig auszustatten, ihren Ursprung. Eine Verselbständigung der einzelnen Akte begann auch schon (Firmelung durch den Bischof, spätestens seit der Mitte des 3. Jahrhunderts). Das Wasser galt als Symbol und Vehikel. Gänzlich im Dunkeln liegt die Einbürgerung der Kindertaufe (z. Z. des Tertullian schon verbreitet, aber von ihm de bapt.

---

[1] Vgl. die wichtige und viel gelesene Stelle bei Cyp. ad Donat. 4: „*Postquam undae genitalis auxilio superioris aevi labe detersa in expiatum pectus ac purum desuper se lumen infudit, postquam caelitus spiritu hausto in novum me hominem nativitas secunda reparavit, mirum in modum protinus confirmare se dubia, patere clausa, lucere tenebrosa, facultatem dare quod prius difficile videbatur, geri posse quod impossibile putabatur etc.*"

18 gemißbilligt, weil er die cunctatio um des pondus der Handlungen willen für angezeigt hielt; von Origenes auf die Apostel zurückgeführt). Die Versuche Einiger, die Taufe zu wiederholen, wurden abgelehnt. — Das Abendmahl galt nicht nur als Opfer, sondern auch als göttliche Gabe (Monographien von JDöllinger 1826, KFAKahnis 1851, LJRückert 1956, PBatiffol, L'Eucharistie, la présence réelle et la transsubstantiation. 5. Aufl., 1913, bes. GPWetter, Das christliche Mysterium, 1921), deren Wirkungen aber nie streng bestimmt worden sind, weil das strenge Schema (Taufgnade, Taufverpflichtung) solche ausschloß. Mitteilung des göttlichen Lebens durch die heilige Speise war die Hauptvorstellung, verbunden mit ganz superstitiösen Phantasien (*φάρμακον ἀθανασίας*): Spirituelles und Physisches flossen ineinander (die Speise als *γνῶσις*-Mitteilung und *ζωή*). Kein Kirchenvater hat hier scharf geschieden: der realistischste wurde zum Spiritualisten und der Spiritualist zum Mystagogen; aber die Sündenvergebung trat zurück. Dem entsprechend gestaltete sich auch die Vorstellung von dem Verhältnisse der sichtbaren Elemente zum Leibe Christi. Ein Problem (ob symbolisch oder realistisch) ist von niemandem empfunden worden: das Symbol ist das wirkungskräftige Geheimnis (Vehikel), und das Geheimnis war ohne Symbol nicht denkbar. Das Fleisch Christi ist selbst „Geist" (an den historischen Leib dachte wohl niemand); aber daß der Geist hier sinnlich wird, war eben das Auszeichnende. Die antignostischen Väter erkannten, daß die geheiligte Speise aus zwei unauflöslich verbundenen Elementen bestehe, einem irdischen und einem himmlischen, und sahen so in dem Sakrament die von den Gnostikern geleugnete Verbindung des Geistigen mit dem Fleisch und die Auferstehung des von dem Blute des Herrn genährten Fleisches gewährleistet (ebenso Tertullian, den man fälschlich zum puren Sympoliker gemacht hat). Justin hat von einer Transformation gesprochen, aber der Empfänger; die Vorstellung von einer Transformation der Elemente begann aber auch bereits. Die Alexandriner sahen hier wie in allem, was die große Kirche tat, das Mysterium hinter dem Mysterium; sie akkommodierten sich an die Handlung, aber sie wollten solche geistliche Christen sein, die sich allezeit vom Logos nähren und ein ewiges Abendmahl feiern. Überall

wurde die Handlung ihrer ursgrünglichen Bestimmung entrückt und gräzisiert nach Form und Inhalt, bei Gebildeten und Ungebildeten (Praxis der Kinderkommunion von Cyprian bezeugt).

Mysterienmagie, Superstition, Autoritätsglaube und Gehorsam einerseits, eine höchst lebendige Vorstellung von der Freiheit, Kraft und Verantwortung des einzelnen im Moralischen andererseits sind die Signatur des katholischen Christentums: im Religiösen autoritativ und superstitiös gebunden, also passiv, im Moralischen frei und auf sich selber angewiesen, also aktiv.

Daß die römische Kirche in diesem Prozeß der Katholisierung der Gemeinden durchweg die Führung gehabt hat, ist eine sicher zu beweisende geschichtliche Tatsache. Die katholische Kirche ist wirklich die römische Kirche. Die „apostolischen" Maßstäbe, die den Katholizismus zum Katholizismus machen, sind römisch und haben sich von Rom aus verbreitet. Damit ist der faktische Primat der römischen Kirche innerhalb des Katholizismus (also auch des römischen Bischofs; s. AHarnack, Chronologie der altchristlichen Literatur, Bd. I 1897 und Lehrbuch der DG., Bd. I⁴ S. 480 ff.) gegeben[1]. Die Frage der Zukunft konnte nur die sein, wieviel davon in das Kirchenrecht aufgenommen und unter den Schutz einer Anordnung Christi gestellt werden sollte. Aber die philosophisch-wissenschaftliche Glaubenslehre, welche sich in derselben Zeit aus

[1] Unter den ältesten Zeugnissen ist das des Irenäus — leider ist das Original nicht erhalten — das wichtigste (III, 3, 1): *„Sed quoniam valde longum est, in hoc tali volumine omnium ecclesiarum enumerare successiones, maximae et antiquissimae et omnibus cognitae, a gloriosissimis duobus apostolis Petro et Paulo Romae fundatae et constitutae ecclesiae eam quam habet ab apostolis traditionem et annuntiatam hominibus fidem, per successiones episcoporum pervenientem usque ad nos indicantes confundimus omnes eos, qui quoquo modo vel per sibiplacentiam malam vel per vanam gloriam vel per caecitatem et malam sententiam praeterquam oportet colligunt. ad hanc enim ecclesiam propter potentiorem principalitatem necesse est omnem convenire ecclesiam, hoc est eos qui sunt undique fideles, in qua semper ab his qui sunt undique* [Text in Ordnung?] *conservata est ea quae est ab apostolis traditio"* (dazu AHarnack, SBBA, 1893 S. 939 ff.). HLietzmann, Petrus u. Paulus in Rom, 1915.

dem Glauben entwickelt hat, ist nicht das Werk der römischen Gemeinde und ihrer Bischöfe.

Über die geographisch-politische Ausgestaltung der Kirche vgl. AHarnack, Geschichte der Mission usw., 3. Aufl. 1915 und KLübeck, Reichseinteilung u. kirchl. Hierarchie des Orients bis zum Ausgang des 4. Jahrhunderts, 1901.

II. Fixierung und allmähliche Gräzisierung des Christentums als Glaubenslehre.

Viertes Kapitel.

Das kirchliche Christentum und die Philosophie. Die Apologeten.

§ 21.

Ausgabe der Apologeten von Otto, 9 Bde.[3], 1876 f. u. z. T. von E Schwartz 1888 f. — Die Apologie des Aristides in Texts and Studies ed. JARobinson Vol. I, 1, 1891, und in der Monographie von RSeeberg, 1894. — AHarnack i. d. Text. u. Unters. I, 1—3, 1882 f. — MvEngelhardt, Christentum Justin's, 1878. — FKühn, Der Octavius des Min. Felix, 1882. — CClemen, Die religiös-philosophische Bedeutung des stoisch-christlichen Eudämonismus in Justin's Apologie, 1898. — PDecharme, La critique des traditions religieuses chez les Grecs des origines au temps de Plutarque 1904. — MFriedländer, Geschichte der jüdischen Apologetik, 1903. — MWehofer, Die Apologie Justin's in literarisch-historischer Beziehung (Röm. Quartalschr., 6. Suppl.-H., 1897). — HWindisch, Die Theodizee der christl. Apologeten, 1906. — JGeffcken, Zwei griechische Apologeten, 1907 [die umfassendste moderne Untersuchung zur gesamten altchristlichen Apologetik].

Schriften wie die Oden Salomons, die Petrusakten, die „Gespräche Jesu mit seinen Jüngern nach der Auferstehung." (Edit. princ. u. Komm. v. CSchmidt, Texte u. Unters. Bd. 43, 1919), Rückschlüsse aus den Werken der Clemens Alex. u. a. zeigen, daß es bis zum Ende des 2. Jahrhunderts neben dem Hauptstamm der Traditions- und Lehrentwicklung Seitenäste innerhalb der großen Kirche gegeben hat, die von ihm mehr oder weniger getrennt waren, eigentümliche Blüten u. Früchte produzierten und mit Unrecht für häretisch gehalten werden. Aber die Dogmengeschichte kann sie nur streifen, da sie für die Entstehung und Entwicklung der kirchlichen Dogmen kaum in Betracht kommen. Doch s. den Exkurs CSchmidt's zur „Höllenfahrt" S. 453 ff. u. a.

1. Die Apologeten (Aristides, Justin, Tatian, Athenagoras, Clemens Alex. [Proteptic.], Theophilus, Tertullian [Apologeticum], Minucius Felix [er schrieb nach Tert.]; nicht

oder nur in kleinen Bruchstücken erhalten sind die Apologien des Quadratus, Melito, Apollinaris, Miltiades; unter Justins Namen steht auch Altes und Wertvolles) wollten in allen Stücken das Christentum der Gemeinden behaupten und vertreten, standen deshalb auf dem Boden des A. T., betonten den Universalismus der christlichen Offenbarung und hielten an der überlieferten Eschatologie fest. Sie lehnten den „Gnostizismus“ ab und sahen in der moralischen Kraft, die der Glaube den Ungebildeten verlieh, einen Hauptbeweis für seine Wahrheit. Aber beflissen, das Christentum den Gebildeten als die höchste und sicherste Philosophie darzulegen und seine Gültigkeit auch außerhalb der religiösen Bedingungen zu erweisen, haben sie die moralisch vernünftige Denkweise, in die die Heidenchristen das Evangelium von Anfang an hineingezogen haben, als die christliche ausgebildet. Sie haben damit das Christentum rational gemacht und es auf eine Formel gebracht, die dem common sense aller ernst Denkenden und Vernünftigen des Zeitalters entsprach. Dabei haben sie in ihren zusammenhängenden Darlegungen den überkommenen positiven Stoff, das A. T. sowie die Geschichte und die Verehrung Christi, fast ausschließlich als die bisher fehlende und mit heißem Bemühen gesuchte Beglaubigung und Versicherung dieser vernünftigen Religion zu benutzen verstanden. In der apologetischen Theologie ist das Christentum als die von Gott selbst herbeigeführte, der ursprünglichen Anlage des Menschen entsprechende religiöse Aufklärung gefaßt und in den schärfsten Gegensatz zu allem Polytheistischen, National-Religiösen und Zeremoniellen gestellt. Mit höchster Energie ist es als die Religion des Geistes, der Freiheit und der absoluten Moral von den Apologeten proklamiert worden. Der positive Stoff des Christentums aber ist fast vollständig in einen großen Beweisapparat verwandelt; nicht die Religion empfängt ihren Inhalt aus geschichtlichen Tatsachen — sie empfängt ihn aus der göttlichen Offenbarung, die sich primär in der anerschaffenen Vernunft und Freiheit des Menschen, sodann in der Verkündigung der Propheten und des göttlichen Lehrers Christus erweist — sondern die geschichtlichen Tatsachen dienen zur Beseitigung der Dämonenherrschaft, ferner zur Beglaubigung der Religion, zu ihrer Verdeutlichung gegenüber ihrer partiellen Verdunkelung und zu ihrer universalen Verbreitung.

Das aber war es, was die meisten suchten. Worin Religion und Moral bestehe, das glaubte man zu wissen; aber daß sie Realitäten sind, daß ihre Belohnungen und Strafen sicher sind, daß die wahre Religion allen Polytheismus und Götzendienst ausschließt, dafür hatte man keine Gewähr. Das Christentum als Bestätigung durch Offenbarung brachte hier Gewißheit. Es verlieh dem höchsten Ertrage der griechischen Philosophie und der Souveränität der theistischen Moral Sieg und Dauer; es gab dieser Philosophie als Welterkenntnis und Moral erst den Mut, sich von der polytheistischen Vergangenheit zu befreien und aus den Kreisen der Gelehrten zu dem Volk hinabzusteigen.

Die Apologeten waren im Gegensatz zu den Gnostikern konservativ, weil sie der spezifisch kirchlichen Überlieferung eigentlich nicht näher treten und sie nicht inhaltlich verständlich machen wollten. Der Weissagungsbeweis, nun aber in seiner äußerlichsten Fassung, verband sie mit der großen Kirche. Die Gnostiker suchten im Evangelium eine neue Religion, die Apologeten ließen sich durch dasselbe ihre religiöse Moral bestätigen. Jene hielten den Erlösungsgedanken fest und ordneten ihm alles unter; diese stellten alles in das Schema einer natürlichen Religion und rückten den Erlösungsgedanken, sofern es sich nicht um Bekämpfung der Dämonen handelte, in die Peripherie. Beide haben das Evangelium hellenisiert; aber nur die Spekulationen der Apologeten wurden sofort legitimiert, weil sie alles auf den Gegensatz gegen den Polytheismus abzweckten, das A. T. und das Kerygma unangetastet ließen und die Freiheit und Verantwortlichkeit aufs schärfste betonten. Apologeten und Gnostiker haben das Werk fortgesetzt, welches die alexandrinischen jüdischen Denker (Philo) in bezug auf die alttestamentliche Religion begonnen haben; aber sie haben sich sozusagen in die Arbeit geteilt: diese haben mehr die platonisch-religiöse, jene die stoisch-rationalistische Seite der Aufgabe bearbeitet. Indessen reinlich konnte die Teilung nicht sein; kein Apologet hat von dem Erlösungsgedanken ganz abgesehen (Befreiung von der Dämonenherrschaft kann nur der Logos bewirken). Mit Irenäus beginnt in der theologischen Arbeit der Kirche wiederum die Vereinigung der beiden Aufgaben; nicht nur der Kampf gegen den Gnostizismus nötigte dazu, sondern der Geist des Zeitalters selbst wandte sich von dem stoischen Moralismus immer mehr dem neuplatonischen Mystizismus zu, unter dessen Hüllen der Trieb nach Religion, nach dem lebendigen Gott, verborgen lag.

2. Das Christentum ist Philosophie und ist Offenbarung: das ist die These aller Apologeten von Aristides bis Minucius Felix. Mit der Behauptung, es sei Philosophie, traten die Apologeten der in den Gemeinden und im heidnischen Publikum verbreiteten Meinung, daß es der Gegensatz zu aller Weltweisheit sei (s. das Zeugnis des Celsus) entgegen; allein sie versöhnten sie durch das freudige Zugeständnis, daß das Christentum supranaturalen Ursprungs sei und als Offenbarung trotz seines vernünftigen Inhalts, nur von einem gotterleuchteten Sinne erfaßt werden könne. In den Grundzügen dieser Auffassung sind alle Apologeten einig. Die stärkste Ausprägung des stoischen Moralismus und Rationalismus findet sich bei Minucius; Justins Schriften (Apologie und Dialog) enthalten die meisten Beziehungen zu dem Gemeindeglauben und zu den Tatsachen der evangelischen Geschichte. Andererseits denken Justin und Athenagoras am günstigsten von der Philosophie und den Philosophen, während in der Folgezeit das Urteil immer härter wird (Theophilus, doch s. schon Tatian), ohne daß sich das Urteil über den philosophischen Inhalt des Christentums ändert. Die gemeinsame Überzeugung läßt sich also zusammenfassen: das Christentum ist Philosophie, weil es einen rationalen Inhalt hat, weil es über die Fragen einen befriedigenden und allgemein verständlichen Aufschluß bringt, um die sich alle wahrhaften Philosophen bemüht haben; aber es ist keine Philosophie, ja eigentlich der konträre Gegensatz zu derselben, sofern es von allem Wähnen und Meinen frei ist und den Polytheismus widerlegt, d. h. aus Offenbarung stammt, also einen supranaturalen, göttlichen Ursprung hat, auf dem schließlich allein die Wahrheit und Gewißheit seiner Lehre beruht. Dieser Gegensatz zur Philosophie zeigt sich vor allem auch in der unphilosophi-

schen Form, in der die christliche Predigt ausgegangen ist. Diese These ließ im einzelnen verschiedene Urteile über das konkrete Verhältnis des Christentums zu der Philosophie zu und forderte die Apologeten zur Bearbeitung des Problems auf, warum denn das Rationale einer Offenbarung bedürfe. Doch lassen sich auch hier noch folgende gemeinsame Überzeugungen feststellen: 1) Das Christentum ist nach den Apologeten Offenbarung, d. h. es ist die göttliche Weisheit, die von alters her durch die Propheten verkündet worden ist und an ihrem Ursprung eine absolute Sicherheit besitzt, die sich in der Erfüllung der Prophetensprüche auch erkennbar darstellt (der Weissagungsbeweis als der einzig sichere Beweis; er hat an sich mit dem Inhalt der Religion nichts zu tun, sondern begleitet sie). Als göttliche Weisheit steht das Christentum allem natürlichen und philosophischen Wissen gegenüber und macht ihm ein Ende. 2) Das Christentum ist die Aufklärung, die dem natürlichen aber verdunkelten Wissen des Menschen entspricht; es umfaßt alle Wahrheitsmomente der Philosophie — es ist darum die Philosophie (*ἡ καθ' ἡμᾶς φιλοσοφία, ἡ βαρβαρικὴ φιλοσοφία*) — und es verhilft dem Menschen dazu, die in ihm angelegte Erkenntnis zu verwirklichen. 3) Offenbarung des vernünftigen war und ist notwendig, weil die Menschheit unter die Herrschaft der Dämonen geraten ist. 4) Die Bemühungen der Philosophen, die richtige Erkenntnis zu ermitteln, waren vergeblich, was sich vor allen Dingen darin zeigt, daß weder der Polytheismus noch die herrschende Unsittlichkeit durch sie gebrochen worden ist. Soweit die Philosophen Wahres gefunden haben, verdanken sie es übrigens den Propheten (so lehrten schon die jüdischen Alexandriner), von denen sie es entlehnt haben; mindestens ist es unsicher, ob sie auch nur Fragmente der Wahrheit durch sporadische Logoswirkungen erkannt haben (Justin behauptet das, s. Apol. I, 5: *οὐ γὰρ μόνον ἐν Ἕλλησι διὰ Σωκράτους ὑπὸ λόγου ἠλέγχθη ταῦτα, ἀλλὰ καὶ ἐν βαρβάροις ὑπ' αὐτοῦ τοῦ λόγου μορφωθέντος καὶ ἀνθρώπου καὶ Ἰησοῦ Χριστοῦ κληθέντος,* dazu aber Apol. II, 10: *Σωκράτει οὐδεὶς ἐπείσθη ὑπὲρ τούτου τοῦ δόγματος ἀποθνήσκειν, Χριστῷ δὲ τῷ καί ὑπὸ Σωκράτους ἀπὸ μέρους γνωσθέντι . . . οὐ φιλόσοφοι οὐδὲ φιλόλογοι μόνον ἐπείσθησαν*); gewiß aber ist, daß manche scheinbare Wahrheiten bei den Philosophen Nachäffungen der Wahrheit durch böse Dämonen sind (auf diese geht der ganze Polytheismus zurück, der teilweise auch Nachäffung christlicher Institutionen ist). 5) Die Anerkennung Christi ist in der Anerkennung der prophetischen Weisheit einfach mit eingeschlossen; einen neuen Inhalt hat die Lehre der Propheten durch Christus nicht empfangen; er hat sie nur der Welt zugänglich gemacht und gekräftigt (Sieg über die Dämonen; Eigentümliches anerkannt von Justin und Tertullian). 6) Die praktische Erprobung des Christentums liegt a) in seiner Faßlichkeit (die Ungebildeten und Weiber werden zu Weisen), b) in der Vertreibung der Dämonen, c) in der Kraft, ein heiliges Leben zu führen. In den Apologeten hat mithin das Christentum die Antike, d. h. den Ertrag der monotheistischen Erkenntnis und Ethik der Griechen, mit Beschlag belegt: *ὅσα παρὰ πᾶσι καλῶς εἴρηται, ἡμῶν τῶν Χριστιανῶν ἐστι* (Justin, Apol. II, 13). Es hat sich selbst bis zu dem Anfang der Welt hinauf datiert. Alles Wahre und Gute, was die Menschheit erlebt, stammt aus göttlicher Offenbarung und ist doch dabei echt menschlich, weil klarer Ausdruck dessen, was der Mensch in seinem Innern findet und wozu er bestimmt ist (Justin, Apol. I, 46: *οἱ μετὰ λόγου βιώσαντες Χριστιανοί εἰσι, κἂν ἄθεοι ἐνομίσθησαν, οἷον ἐν Ἕλλησι μὲν Σωκράτης καὶ Ἡράκλειτος καὶ οἱ ὅμοιοι αὐτοῖς, ἐν βαρβάροις δὲ Ἀβραὰμ κτλ*). Es ist aber zugleich christlich; denn Christentum ist nichts anderes als die Lehre der Offenbarung. Keine zweite Formel kann gedacht werden, in der der Anspruch des Christentums, die Weltreligion zu sein, so kräftig hervortritt (daher auch das Bestreben, den Weltstaat mit der neuen Religion zu versöhnen), keine zweite Formel aber auch, in der der spezifische Inhalt des überlieferten Christentums so durchgreifend naturalisiert ist wie hier. Aber das wahrhaft Epochemachende liegt darin, daß die geistige Kultur der Menschheit nun mit der Religion versöhnt und verbunden erscheint: die Offenbarung ist lediglich äußere, wunderbare Mitteilung (Passivität der Propheten) des Vernünftigen; das Vernünftige aber — die theistische Kosmologie und Moral — wurde als solches und als Gemeinbesitz der Menschheit einfach dogmatisch vorausgesetzt. (Was von der Philosophie gut gesagt worden ist, ist christlich. — Der Beweis für das Christentum aus der Faßlichkeit und der Kraft neben dem Weissagungsbeweis.)

3. Die „Dogmen“ des Christentums — dieser Begriff und der andere, *θεολογία*, ist im technischen Sinn zuerst von den Apologeten angewendet worden — sind die durch die Propheten in den heiligen Schriften geoffenbarten Vernunftwahrheiten, die in Christus zusammengeschlossen sind (*Χριστὸς λόγος καὶ νόμος*) und die Tugend und das ewige Leben zur Folge haben (Gott, Freiheit und Tugend, ewiger Lohn und ewige Strafe resp. das Christentum als monotheistische Kosmologie, als Lehre von der Freiheit und Moral, als Lehre von der Erlösung; doch ist die letztere unsicher ausgeprägt). Die Belehrung wird auf Gott zurückgeführt, die Herstellung eines tugendhaften Lebens (der Gerechtigkeit) hat Gott den Menschen überlassen müssen. Die Propheten und Christus sind also insofern die Quelle der Gerechtigkeit, als sie die göttlichen Lehrer sind. Das Christentum ist zu definieren als die durch Gott selbst neu vermittelte Erkenntnis Gottes und als der tugendhafte Wandel nach dem Vernunftgesetz sowie in der Sehnsucht nach ewigem Leben und in der Gewißheit des Lohnes. Durch Wissen des Wahren und durch Tun des Guten wird der Mensch gerecht, durch Christi Namen und Kraft wird er von den Dämonen befreit; so wird er der höchsten Seligkeit teilhaftig. Das Wissen ruht auf dem Glauben an die göttliche Offenbarung. Die Offenbarung hat insofern auch die Art und Kraft der Erlösung, als das Faktum zweifellos ist, daß sich die Menschheit ohne sie der Herrschaft der Dämonen nicht entwinden kann. Das alles ist griechich gedacht.

a) Die Dogmen, die die Erkenntnis Gottes und der Welt zum Ausdruck bringen, sind von dem Grundgedanken beherrscht, daß der Welt als dem Kreatürlichen, Bedingten und Vergänglichen ein Selbstseiendes, Unveränderliches und Ewiges gegenübersteht, welches die Ursache der Welt ist. Es hat keine der Eigenschaften, welche der Welt zukommen; darum ist es über jeden Namen erhaben und hat in sich keine Unterschiede (die platonischen Aussagen über Gott galten als unübertrefflich gut). Es ist deshalb einzig und Eines, geistig fehlerlos und daher vollkommen; in lauter negativen Prädikaten wird es am zutreffendsten beschrieben; aber es ist doch Ursprung (Ursache) und Fülle alles Seins; es ist Wille und Leben, daher auch gütiger Geber[1]). Drei Thesen stehen den Apologeten in Bezug auf das Verhältnis Gottes zur Welt fest: 1) daß Gott primär als die letzte Ursache zu denken ist, 2) daß das Prinzip des sittlich Guten auch das Prinzip der Welt ist, 3) daß das Prinzip der Welt, d. h. die Gottheit, als das Unsterbliche und Ewige den Gegensatz zu der Welt als dem Vergänglichen bildet. (Also enthalten These 2 und 3 in sich eine Spannung.) Die Dogmen von Gott sind nicht vom Standpunkt der erlösten Gemeinde entworfen, sondern auf Grund der Betrachtung der Welt einerseits, der sittlichen Art des Menschen andererseits, die aber selbst eine Erscheinung im Kosmos ist. Dieser ist überall von Vernunft und Ordnung durchwaltet (Gegensatz zum Gnostizismus); er trägt den Stempel des Logos (als Abbild einer höheren Welt und als Produkt eines vernünftigen Willens). Auch die Materie, die ihm zugrunde liegt, ist nichts Schlechtes, sondern von Gott geschaffen. Dennoch haben die Apologeten Gott nicht zum direkten Urheber der Welt gemacht, sondern die in der Welt wahrnehmbare göttliche Vernunft personifiziert und zwischen Gott und die Welt geschoben. Dies ist nicht in Hinblick auf Christus geschehen oder, um (im gnostischen Sinn) Gott und Welt auseinanderzureißen, sondern die Formel von Logos war in der damaligen Religionsphilosophie längst fertig, und der sublime Gottesbegriff verlangte ein Wesen, welches die Aktualität und das vielseitige Wirken Gottes darstelle, ohne daß die Unveränderlichkeit Gottes Schaden leide (feiner Dualismus: der Logos ist die Hypostase der wirksamen Vernunftskraft, welche es ermöglicht, die Gottheit selbst als ruhendes *ὑπερούσιον* zu denken; er ist sowohl das Offenbarungswort Gottes, das sich auf Erden hörbar und sichtbar kundgebende Göttliche, als die schaffende Vernunft, die sich in ihren Gebilden zum Ausdruck bringt;

---

[1]) Der Gottesbegriff der Apologeten (als Beschreibung des Wesens Gottes abgesehen von der Welt) ist von dem der Gnostiker kaum verschieden, weil der Platonismus hier wie dort die Grundlage bildet. Die Unterschiede beginnen erst, wenn Gott in seinem Verhältnis zur Welt betrachtet wird; denn in der Beurteilung des *κόσμος* liegen die Differenzen.

er ist das Prinzip der Welt und der Offenbarung zugleich; er ist der θεὸς ἕτερος, und zwar der in bezug auf die Ueberweltlichkeit depotenzierte Gott, depotenziert, weil er in das Endliche eingehen kann und eingeht[1]), s. Tertull. adv. Marc. II, 27: „*Igitur quaecunque exigitis deo digna, habebuntur in patre invisibili incongressibilique et placido et, ut ita dixerim, philosophorum deo. quaecunque autem ut indigna reprehenditis deputabuntur in filio et viso et audito et congresso, arbitro patris et ministro*". Das alles ist nicht neu; aber der Logos wird von den Apologeten nicht als ein νοούμενον vorgetragen, sondern als die sicherste Realität). Ueber die Durchführung des Gedankens, daß das Prinzip des Kosmos auch das Prinzip der Offenbarung sei, gehen die meisten nicht hinaus; ihre Abhängigkeit vom Gemeindeglauben bezeugen sie aber durch die undurchsichtige Unterscheidung des Logos und des Heiligen Geistes. Die Geschichte des Logos (s. bes. Tatian, Orat. 5 sq,; Justin, Apol. I, 13. 21. 42; Dial. 56. 61. 128) ist folgende: Gott (μόνος ἀγέννητος, ὁ θεός) ist nie ἄλογος gewesen; er hat stets den Logos in sich gehabt als seine Vernunft und als die Potenz (Idee, Energie) der Welt (also sind trotz aller Negativitäten Gott und Welt doch verstrickt). Behufs der Schöpfung hat Gott den Logos aus sich herausgesetzt (hervorgeschickt, herausspringen lassen), resp. durch einen freien und einfachen Willensakt (ἀπὸ τοῦ πατρὸς θελήσει γεννηθείς) aus seinem Wesen gezeugt. Er ist nun eine selbständige Hypostase (θεὸς ἐκ θεοῦ — ἕτερος ἀριθμῷ οὐ γνώμῃ) und zwar der Sohn Gottes, dessen inneres Wesen (οὐσία) mit dem Gottes identisch ist; er ist nicht von Gott getrennt oder abgeschnitten, auch nicht eine bloße Modalität an Gott, sondern er ist das selbständige Ergebnis der Selbstentfaltung Gottes, welches, obgleich Inbegriff der göttlichen Vernunft, den Vater nicht der Vernunft beraubt hat; er ist Gott und Herr, besitzt die göttliche Natur wesenhaft, obgleich ein Zweiter neben Gott (θεὸς δεύτερος); aber seine Persönlichkeit hat einen Anfang genommen („*fuit tempus, cum patri filius non*

[1]) Bei den Gnostikern und bei Marcion ist dagegen der Christus so nahe, wie es das Denken irgend zuläßt, an Gott selbst herangerückt, und er ist als soteriologisches Prinzip hoch erhaben über dem kosmischen.

fuit": Tertullian; Athenagoras rückt den Logos näher an den Vater heran, aber auf Kosten seiner konkreten Hypostase). Da er somit einen Ursprung hat, der Vater nicht, so ist er ihm gegenüber K r e a t u r, der gezeugte, gemachte, gewordene Gott. Die Subordination liegt nicht in seinem Wesen (sonst wäre der Monotheismus aufgehoben, anders Arius!), sondern in der Origination (*ἔργον πρωτότοκον τοῦ πατρός*, Tatian). Diese ermöglicht es ihm auch, in die Endlichkeit einzugehen als Vernunft, Wort und Tat, während der Vater im Dunkel der Unveränderlichkeit bleibt. Mit dem Hervorgehen des Logos beginnt die Realisation der Weltidee. Er ist der Schöpfer und gewissermaßen das Urbild (das Eine und Geistige in dem Vielen und Sinnlichen) der Welt, die aus dem Nichts ihren Ursprung hat; er waltet in der Welt und ist das vernünftige und gute Prinzip ihrer Entwicklung, wo es nötig, auch der deus ex machina. Von hier aus gesehen, ist die Menschwerdung eigentlich etwas Sekundäres, wenn auch Erstaunliches und Herrliches. Sohnschaft, Offenbarung, zahlreiche Erscheinungen (auch in Menschengestalt) — das alles steht ja schon fest und gehört zur Natur und zum Beruf dieser zweiten Größe nach Gott. Man muß sich vergegenwärtigen, was den Gnostikern und Marcion die als größte Paradoxie gefaßte Erscheinung des Christus auf Erden bedeutete, um zu erkennen, wie sehr der apologetische Unterbau für die Person Jesu Christi diese Person selbst gefährdete und wie stark die Soteriologie in den Hintergrund gedrängt ist.

Zweck der Weltschöpfung ist der Mensch, Zweck der Menschen ist, zu göttlichem Wesen, d. h. zu ewigem, leidlosem Leben durch die anerschaffene Vernunft (Ebenbild Gottes) und Freiheit aufzusteigen. Als geistlich-leibliche Wesen, sind die Menschen weder sterblich noch unsterblich, sondern des Todes und des ewigen Lebens fähig. In den Lehren, daß Gott der absolute Herr der Materie ist, daß das Böse nicht Eigenschaft des Stoffes ist, sondern in der Zeit und aus der freien Entscheidung des Geistes (der Engel) entstanden ist, endlich daß die Welt der Verklärung entgegengeht, erscheint der Dualismus in der Kosmologie im Prinzip überwunden. Doch ist er insofern nicht aufgehoben, als f a k t i s c h das Sinnliche doch als das Böse gilt. Die

Apologeten hielten diese Lehren von Gott, dem Logos, der Welt und dem Menschen für den wesentlichen Inhalt des Christentums (des A. T. und der Predigt Christi). Das triadische Taufbekenntnis findet sich bei den meisten von ihnen, sei's auch nur angedeutet (s. Justin, Apol. I, 13, aber hier auch die Engel. Das Wort τριάς m. W. zuerst bei Theophilus, ad Autol. II, 15).

b) Die Lehren von der Freiheit, Tugend, Gerechtigkeit und dem Lohn sind so gehalten, daß Gott nur als Schöpfer und Richter, nicht, oder doch nicht sicher, als das Prinzip eines neuen Lebens in Betracht kommt (Reminiszenzen bei Justin; übrigens war auch den heidnischen Philosophen die Vorstellung geläufig, daß nichts Gutes und Großes sine afflatu divino geschehe). Die ἀφθαρσία ist Lohn und Geschenk zugleich, geknüpft an das richtige Wissen und die Tugend. Die Tugend ist Weltflucht (der Mensch hat dem Naturhaften zu entsagen), Erhebung über die Sinnlichkeit in jeder Hinsicht (besonders stark von Tatian gefordert) und Liebe (diese aber auch mehr im Sinne des Preisgebens der an sich wertlosen Güter). Das Sittengesetz ist das Gesetz für den vollkommenen erhabenen Geist, der, weil er das vornehmste Wesen auf Erden ist, zu vornehm für sie ist (Tatian hat diesen Gedanken schon in seiner Oratio bis an die Grenze des Dualistischen gesteigert). Der Geist soll von der Erde eilen zu dem Vater des Lichtes; in dem Gleichmut, der Bedürfnislosigkeit, der Reinheit und Güte, die die notwendigen Folgen der rechten Erkenntnis sind, soll zum Ausdruck kommen, daß er die Welt bereits überwunden hat. Der Lasterhafte stirbt den ewigen Tod, der Tugendhafte erhält das ewige Leben (starke Betonung der Idee des Gerichts; Auferstehung des Fleisches der Tugendhaften anerkannt; die Idee der Gerechtigkeit ist über die r e c h t l i c h e Linie nicht hinausgeführt). — Durch den Nachweis, daß dies die christliche Ethik sei, sind die heidnischen Vorwürfe grober Unsittlichkeit ebenso gerichtet wie der Vorwurf des Atheismus und der Asebeia durch den Nachweis der christlichen Gottes- und Logoslehre.

c) Gott ist insofern der Erlöser, als er (obgleich der Kosmos und die Vernunft ausreichende Offenbarungen sind) doch noch direkte wunderbare Mitteilungen der Wahrheit hat ausgehen lassen und durch Christus die Teufel niederschlägt[1]. Da sich die abgefallenen Engel gleich anfangs der Menschen bemächtigen und sie in Sinnlichkeit und Polytheismus verstrickten, hat er die Propheten gesandt, um die verdunkelte Erkenntnis zu erhellen und die Freiheit zu kräftigen. In ihnen wirkte der Logos direkt, und manche Apologeten haben sich in ihren Traktaten mit dem Hinweis auf die heiligen Schriften und den Weissagungsbeweis begnügt. Aber gewiß haben alle, wie Justin, in Jesus Christus die Volloffenbarung des Logos anerkannt, durch den die Weissagung erfüllt und die Wahrheit allen leicht zugänglich gemacht worden sei (Anbetung Christi als des erschienenen, ganzen Logos). Justin hat darüber hinaus die Anbetung eines gekreuzigten „Menschen" eingehend verteidigt und manches aus der Ueberlieferung über Christus beigebracht, was erst wieder bei Irenäus auftaucht. Er hat das Geheimnis der Menschwerdung und des Kreuzestodes stark betont, Wiedergeburt, Taufe, Abendmahl als Gottes Taten und Geschenke an uns hervorgehoben; ja es finden sich bei ihm Ausführungen, in denen der Gang der Geschichte des menschgewordenen Logos als eine Kette heilsgeschichtlicher, die Sündengeschichte des Menschengeschlechts paralysierender und die Menschheit neu gründender Veranstaltungen angedeutet ist. Die deutlichste dieser Stellen (doch s. auch Dial. 100) steht aber nicht in der Apologie oder im Dialog, sondern ist uns von Irenäus aus einer verlorenen Schrift Justin's aufbewahrt (Iren. IV, 6, 2: „*unigenitus filius venit ad nos suum plasma in semetipsum recapitulans*"). Hieraus ergibt sich, daß Justin über eine reichere, wenn auch minder geschlossene, theologische Auffassung verfügte, als in seinen apologetischen Schriften hervortritt. Auch die Fragmente Melitos beweisen, daß man seine Theologie nicht auf die vulgär apologetische Auffassung einschränken darf. Andererseits haben sich Athenagoras und Minucius Felix so ausgesprochen, daß man in ihren Apologien ihr ganzes Christentum (in den Grundzügen) zu erkennen allen Grund hat. „Die Apologeten haben den Grund gelegt zur

[1]) Bei den Apologeten ist der Logos-Christus Erlöser von „Störungen" die in der Welt eingetreten sind, bei den Gnostikern und Marcion erlöst er von der Welt.

Verkehrung des Christentums in eine offenbarte Lehre. Im speziellen hat ihre Christologie die Entwicklung verhängnisvoll beeinflußt. Sie haben, die Uebertragung des Sohnesbegriffs auf den präexistenten Christus als selbstverständlich betrachtend, die Entstehung des christologischen Problems des 4. Jahrhunderts ermöglicht; sie haben den Ausgangspunkt des christologischen Denkens verschoben (von dem historischen Christus weg in die Präexistenz), Jesu Leben der Menschwerdung gegenüber in den Schatten gerückt; sie haben die Christologie mit der Kosmologie verbunden, mit der Soteriologie sie nicht zu verknüpfen vermocht. Ihre Logoslehre ist nicht eine „höhere“ Christologie als üblich war; sie bleibt vielmehr hinter der genuin christlichen Schätzung Christi zurück: nicht Gott offenbart sich in Christus, sondern der Logos, der depotenzierte Gott, ein Gott, der als Gott untergeordnet ist dem höchsten Gott“ (Loofs).

Die dogmengeschichtliche Bedeutung der Apologeten ist natürlich nicht die einzige; als Bestreiter des Polytheismus und als Verteidiger des Christentums gegen die Vorwürfe des Atheismus und grober Unsittlichkeit kommen sie vielmehr zunächst in Betracht. In bezug auf jene Bestreitung haben sie die Kritik aufgenommen, die im Hellenismus selbst bereits seit langer Zeit ihre Vertreter hatte und von den jüdischen Religionsphilosophen Alexandriens fortgeführt worden war.

Fünftes Kapitel.

Die Anfänge einer kirchlich-theologischen Explikation und Bearbeitung der Glaubensregel im Gegensatz zum Gnostizismus unter Voraussetzung des Neuen Testaments (des Paulinismus) und der christlichen Philosopie der Apologeten: Irenäus, Tertullian, Hippolyt, Cyprian, Novatian.

§ 22.

Quellen: Die Werke des Irenäus (s. die Ausgaben von Stieren und von Harvey; die neuentdeckte *Ἐπίδειξις τοῦ ἀποστ. κηρύγματος* i. d. „Texten u. Unters.“ Bd. 31, H. 1, 1907), des Tertullian (Oehler u. Wiener Akademie), des Hippolyt (Ausgabe von Bonwetsch und Achelis Bd. I, Philosophumena von PWendland), des Cyprian (Hartel), des Novatian (Jackson). — Biographien von FrBöhringer, Die Kirche Christi und ihre Zeugen², 1873 ff. — JWerner, Der Paulinismus des Irenäus, 1889. — Molwitz, De *Ἀνακεφαλαιώσεως* in Irenaei theologia potestate, 1874. — JKunze, Gotteslehre des Irenäus, 1891. — EKlebra, Anthropol. des Iren. 1894. — ADufourcq, Irenäus, 1905. — FStoll, Die Lehre des

Iren. v. d. Erlösung u. Heiligung, 1908. — KHOLL, Tert. als Schriftsteller i. d. Jahrbb. 1897. — ENÖLDECHEN, Tertullian, 1890. — AHAUCK, Tert., 1877. — AD'ALÈS, La théologie de Tert., 1905; Ders., La théologie de S. Hippol., 1906. — HWIRTH, Der Verdienstbegriff bei Tertullian, 1892. Ders., Der Verdienstbegriff bei Cyprian, 1901. — JDÖLLINEER, Hippolytus und Kallistus, 1853. — AHARNACK, „Novatian" in der PRE[3]

1. Der in Lyon lebende, mit der Tradition der römischen Kirche vertraute, auf das Zeugnis der „Alten" sich berufende kleinasiatische Lehrer Irenäus (Zusammenhang mit Polykarp) hat in seinem großen antignostischen Werk sowohl die apostolischen Normen der katholischen Kirche aufgestellt, als auch den Versuch der Entwicklung einer kirchlichen Glaubenslehre auf dem Boden des Paulinismus gemacht[1]). Die apologetische Theologie hat er mit einer theologischen Bearbeitung des Taufbekenntnisses in Verbindung zu setzen gesucht; aus den beiden Testamenten entnahm er den Stoff, der ihm nicht nur zur Beglaubigung philosophischer Lehren diente; den Gedanken der realisierten Erlösung stellte er, wie die Gnostiker, in den Mittelpunkt und suchte dabei noch die urchristichen eschatologischen Hoffnungen zum Ausdruck zu bringen. Auf diese Weise entstand ein „Glaube" nicht ohne innere Einheit und Kraft, aber von unbegrenzter Ausdehnung, der der Glaube der Kirche, der Gebildeten und Ungebildeten, sein sollte und sich aus den verschiedensten Elementen — philosophisch-apologetischen, biblischen, christosophischen, gnostisch-antignostischen und sinnlich-phantastischen — zusammensetzte (die Pistis sollte zugleich Gnosis sein und umgekehrt; jedes Bewußtsein, daß rationelle Theologie und fides credenda verschiedene Größen seien, fehlt; alles steht auf einer Fläche; die Spekulation wird mißtrauisch betrachtet und doch nicht abgedankt). Seine Einheit empfing dieses komplizierte Gebilde äußerlich durch die Zurückführung aller Aussagen auf die Glaubensregel und die beiden Testamente, innerlich durch die starke Betonung zweier Grundgedanken: daß der Schöpfergott auch der Erlösergott ist, und daß

[1]) Etwas früher noch als Irenäus schrieb sein Gesinnungsgenosse Melito von Sardes zahlreiche Schriften, die denselben Geist atmeten, uns aber leider nur in kleinen Fragmenten erhalten sind.

Jesus Christus lediglich deshalb der Erlöser ist, weil er der menschgewordene Gott ist (filius dei filius hominis factus). In der Durchführung dieser Gedanken ist Irenäus seinen Schülern, Tertullian und Hippolyt, überlegen. Namentlich der erstere ist ganz unfähig gewesen, die apologetisch-rationalen, die heilsgeschichtlichen und die eschatologischen Gedankenreihen in eine Einheit zu bringen; aber er hat, seiner juristischen Anlage und Bildung gemäß, im einzelnen runde Schemata ausgebildet, die in der Folgezeit höchst wirksam geworden sind (Terminologie des trinitarischen und christologischen Dogmas; Richtung der abendländischen Dogmatik auf das Juristische).

Die Verknüpfung der antiken Heilsidee (Vergottung) mit neutestamentlichen Gedanken (Heilsgeschichte) und mit dem apologetischen Rationalismus ist das Werk des Irenäus. Das Christentum ist ihm reale Erlösung, herbeigeführt von dem Schöpfergott in und durch Jesus Christus. Diese Erlösung ist ihm recapitulatio, d. h. Rückführung des durch Tod und Sünde widernatürlich Getrennten zur lebensvollen Einheit, speziell für den Menschen die Vergottung der menschlichen Natur durch die Gabe der Unvergänglichkeit. Beschafft ist dieses Heil nicht durch den Logos an sich, sondern lediglich durch Jesus Christus und zwar durch Jesus Christus, sofern er Gott war und Mensch wurde. Indem er die Menschheit in sich aufnahm, hat er diese unauflöslich mit der Gottheit verbunden und verschmolzen. Die Menschwerdung („*commixtio et communio dei et hominis*", IV, 20, 4; „*propter immensam suam dilectionem factus est quod sumus nos, uti nos perficeret esse quod et ipse*", V, praef.) ist also neben der Lehre von der Einheit Gottes das Grunddogma. Somit steht der geschichtliche Christus (wie bei den Gnostikern und Marcion) im Mittelpunkt, nicht als der Lehrer (obgleich das rationale Schema vielfach die realistische Erlösungstheorie durchkreuzt), sondern kraft seiner Konstitution als der Gottmensch (Iren. IV, 34, 1: „*Si subit vos huiusmodi sensus, ut dicatis: Quid igitur novi dominus attulit veniens? cognoscite, quoniam omnem novitatem attulit semetipsum afferens*"). Alles übrige in der Heiligen Schrift ist

Vorgeschichte (nicht nur Ziffer im Weissagungsbeweis), und die Geschichte Christi (Kerygma) selbst ist Entfaltung der Menschwerdung (nicht nur Erfüllung der Weissagung). Hatten die Apologeten die Frage „cur deus-homo" im Grunde gar nicht gestellt, so hat sie Irenäus zur fundamentalen erhoben und mit dem berauschenden Satze beantwortet: „damit wir Götter würden" (doch hat er sich nüchterner auch so ausgedrückt: „*ut quod perdideramus in Adam i. e. secundum imaginem et similitudinem esse dei, hoc in Christo Jesu reciperemus*", III, 18, 1). Diese Antwort war deshalb so befriedigend, weil sie 1) ein spezifisches christliches Heilsgut nachwies, 2) der gnostischen Auffassung ebenbürtig war, ja sie durch den Umfang des für die Vergottung in Aussicht genommenen Gebietes übertraf (der ganze Mensch nach Geist, Seele und Leib wird leben), 3) dem eschatologischen Zuge der Christenheit entgegenkam, aber zugleich die Stelle der phantastisch-eschatologischen Erwartungen einnehmen konnte, 4) dem mystisch-neuplatonischen Zuge der Zeit entsprach und ihm die größte Befriedigung gewährte, 5) an die Stelle des schwindenden Intellektualismus (Rationalismus) die zuversichtliche Hoffnung auf eine übernatürliche Verwandlung des menschlichen Wesens setzte, die es befähigen werde, auch das Uebervernünftige sich anzueignen, 6) den überlieferten historischen Aussagen über Christus sowie der ganzen Vorgeschichte ein festes Fundament und ein sicheres Ziel verlieh und die Auffassung einer stufenmäßig sich entfaltenden Geschichte des Heils (*οἰκονομία θεοῦ*) ermöglichte (Aufnahme paulinischer Gedanken, Unterscheidung der beiden Testamente, inneres Interesse am Kerygma). Das Moralistische und Eschatologische wurde nun durch ein wirklich religiöses und christologisches Interesse balanciert: die Vergottung der Menschennatur per adoptionem. „Durch seine Geburt als Mensch verbürgt das ewige Wort Gottes die Erbschaft des Lebens für die, die in der natürlichen Geburt den Tod geerbt haben." Die Durchführung dieses Gedankens ist freilich noch vielfach durch Fremdartiges gekreuzt. Irenäus und seine Schüler haben die akute Hellenisierung durch die Einführung der beiden Testamente, durch die Bekämpfung des Doketismus abgewehrt; sie haben die Kirche wieder gelehrt, daß das Christentum Glaube an Jesus Christus sei:

aber sie haben andererseits die Hellenisierung durch die Verstärkung des superstitiösen Erlösungsbegriffs und die Richtung des Interesses auf die Naturen statt auf die lebendige Person befördert.

2. Gegen die gnostischen Thesen bez. gegen Marcion haben die altkatholischen Väter eingewandt, daß der Dualismus die Allmacht Gottes, also überhaupt den Gottesbegriff, vernichte, daß die Emanationen ein mythologisches Spiel seien und die Einheit der Gottheit gefährden, daß der Versuch, innergöttliche Zustände zu ermitteln, dreist sei, daß die Gnostiker nicht umhin könnten, den letzten Ursprung der Sünde in das Pleroma selbst zu verlegen, daß die Kritik der Konstitution des Kosmos unverschämt sei, derselbe vielmehr der Weisheit und Güte entspreche, daß der Doketismus der Gottheit eine Lüge aufbürde, daß die Freiheit des Menschen eine unleugbare Tatsache sei, daß die Uebel ein notwendiges Zuchtmittel seien, Güte und Gerechtigkeit sich nicht ausschließen usw. Ueberall argumentieren sie dabei *für* den gnostischen Demiurg wider den gnostischen Erlösergott, für den „bekannten" Gott gegen den „unbekannten", für den „heimischen" gegen den „fremden". Sie berufen sich vor allem auf die beiden Testamente, und man hat sie deshalb rühmend „Schrifttheologen" genannt; aber die „Religion der Schrift", wobei die Schrift als inspirierte Urkunde willkürlich gedeutet wird (Irenäus schilt auf die gnostische Exegese des N. T., kommt ihr aber, namentlich in der Auslegung des A. T., sehr nahe), bietet an sich noch keine Garantie für den sicheren Kontakt mit dem Evangelium; denn was kann man nicht alles aus der Schrift heraus- und in sie hineinlesen! Auch ist das Verhältnis von Glaubensregel und Schrift (bald Ueber- bald Unterordnung) nicht zur Klarheit gekommen.

In der *Gotteslehre* wurden die Grundzüge für alle Zukunft festgestellt. Ein Mittelweg zwischen dem Verzicht auf die Erkenntnis und einer vorwitzigen Spekulation wurde beliebt. Bei Irenäus, der das deutliche Bestreben zeigt, den christlichen Gottesbegriff nicht durch metaphysische Spekulationen zu verwirren, finden sich Ansätze, die Liebe, resp. Jesus Christus, als das Erkenntnisprinzip zu fassen (vgl. Johannes und Valentin). Aus der Offenbarung ist Gott zu erkennen, wobei die Erkenntnis aus der Welt bald für genügend, bald für ungenügend erklärt wird: Irenäus, dem Apologeten, genügt sie, Irenäus, dem Christologen, genügt sie nicht. Aber ein *Gott* ohne Schöpfung ist ein Phantom; immer muß das Kosmische dem Religiösen vorangehen. Der *Schöpfergott* ist der Ausgangspunkt, die Blasphemie des Schöpfers ist die höchste Blasphemie. Darum ist auch der apologetische Gottesbegriff wesentlich übernommen (Gott die Negation und die Ursache des Kosmos); aber er ist doch erwärmt, weil für die geschichtliche Offenbarung ein sachliches Interesse vorhanden ist. Speziell wurde gegen Marcion gezeigt, daß uns kein Dieb erlöst hat, sondern unser Vater, und daß die Güte die Gerechtigkeit fordert.

In bezug auf den *Logos* knüpften Tertullian und Hippolyt viel stärker an die apologetische (subordinatianische) Lehre an als Irenäus (der in johanneischer Weise das Göttliche in Christus vollkommen faßt und sogar bis an die Grenze des Modalismus kommt). Sie übernehmen sie vollständig (Tertullian, Apolog. 21); aber sie geben ihr eine bestimmtere Abzweckung auf Jesus Christus (Tertullian, de carne Christi und besonders adv. Prax.). *Tertullian hat in der letztgenannten Schrift die Formeln der späteren Orthodoxie geschaffen, indem er die Begriffe Substanz und Person eingeführt und trotz des ausgeprägtesten Subordinatianismus und einer bloß ökonomischen Fassung der Trinität* (nur innerhalb der Offenbarung gibt es eine Trinität; am Ende der Dinge ist Gott wieder alles in allem) *doch Bestimmungen über das Verhältnis der drei Personen getroffen hat, die auf dem Boden des Nicänums voll anerkannt werden konnten („una substantia, tres personae“).* Die Einheit der Gottheit stellt sich in der una substantia dar. Die dispositio der einen Substanz zu drei Personen (trinitas) hebt die Einheit nicht auf (die Aeonenspekulation ist hier auf die Dreizahl beschränkt). Schon nannte er es Häresie, Gott für eine numerische Einheit zu halten. Aber die Selbstentfaltung (nicht Zerteilung) der Gottheit hat einen Anfang genommen (immer noch ist die Realisation der Weltidee die Ursache der innergöttlichen dispositio); der Logos ist als distinktes Wesen geworden *(„secundus a deo constitutus, perseverans in sua forma“)*; daher ist er wie derivatio, so portio der Gottheit *(„pater tota substantia“)*; deshalb hat er trotz seiner Substanzeinheit (consubstantivus; unius substantiae, ὁμοούσιος) das Moment der Endlichkeit an sich (der Sohn ist nicht der Weltgedanke selbst, wohl aber hat er ihn an sich): er, der Bach, wird schließlich, wenn die Offenbarung ihren Zweck erfüllt hat, in seine Quelle zurückfließen. Diese Auffassung ist an sich noch gar nicht von der griechischer Philosophen über den *νοῦς* (*λόγος*) unterschieden; sie ist ungeeignet, den Glauben an Jesus Christus voll auszuprägen; denn sie ist zu niedrig; sie hat ihre Bedeutung lediglich an der Identifizierung des historischen Christus mit diesem Logos und an der Betonung des „unius substantiae“. Aber entwickelt hat Tertullian diesen Begriff noch nicht — das hat erst Athanasius getan —; er hat die zentrale religiöse Bedeutung desselben noch nicht erkannt. Wie sollte man sie auch erkennen? hinderte doch die übergeordnete Vorstellung von der Subordination des Logos jede konsequente Entfaltung des Homousios. Die Subordination des Logos konnte man aber deshalb nicht aufgeben, weil die Verflechtung mit dem Weltbegriff (also die Depotenzierung seiner göttlichen Natur) zum Wesen des Logos gehörte. Den Heiligen Geist hat Tertullian (abgesehen von seiner Bedeutung als Paraklet) lediglich nach dem Schema der Logoslehre behandelt — ein Fortschritt über die Apologeten —, aber ohne jede Spur eines selbständigen Interesses *(„tertius est spiritus a deo et filio“ „vicaria vis filii“*, dem Sohn untergeordnet, wie dieser dem Vater, aber doch *„unius substantiae“)*. Hippolyt hat die Kreatürlichkeit des Logos noch stärker betont (Philos. X, 33: *εἰ γὰρ θεόν σε ἠθέλησε ποιῆσαι ὁ θεός, ἐδύνατο· ἔχεις τοῦ λόγου τὸ παράδειγμα*), dem Geist aber nicht ein selbständiges Prosopon beigelegt (adv. Noët. 14: *ἕνα θεὸν ἐρῶ, πρόσωπα δὲ δύο, οἰκονομίᾳ δὲ τρίτην τὴν χάριν τοῦ ἁγίου πνεύματος*.

Während Tertullian und Hippolyt den Christus des Kerygmas der fertigen Logoslehre einfach hinzufügen, hat Irenäus seinen Ausgangspunkt bei dem Gott Christus genommen, der Mensch geworden ist. Ihm ist, wie dem 4. Evangelisten „Logos“ mehr ein Prädikat für Christus, als eine Subjekts-Aussage. Von der Erlösungslehre aus sind die Urteile über Christus gewonnen; die apologetische Logoslehre beunruhigte ihn sogar; aber er konnte sie doch nicht los werden, da die Erlösung recapitulatio der Schöpfung ist, und da Joh. 1 $_1$ Christus als den Logos lehrte. Indessen lehnte er jede *προβολή*, Emanation und theologische Spekulationen hier im Prinzip ab. Christus ist der ewige Gottessohn (kein zeitliches Hervorgehen; er ist die e w i g e Selbstoffenbarung des Vaters; es besteht zwischen ihm und Gott keine Scheidung). Allein sosehr er sich bemüht, die Aeonenspekulation aufzugeben — ganz konnte auch er das Göttliche in Christus nicht in der Erlösung anschauen; er mußte ihm auch auf die Schöpfung eine Beziehung geben, und dann lehrte er nicht anders als Justin und Tertullian. Aber überall hat er die Menschwerdung im Auge, deren Subjekt die v o l l e G o t t h e i t sein muß. „Gott hat sich in das Verhältnis des Vaters zum Sohn gesetzt, um nach dessen Bilde den Menschen zu schaffen, der sein Sohn werden sollte.“ Vielleicht war dem Irenäus die Menschwerdung die oberste in der Sohnschaft Christi gesetzte Zweckbestimmung. Ueber den Heiligen Geist hat sich Irenäus ganz unbestimmt ausgedrückt; nicht einmal *τριάς* findet sich bei ihm.

In der Lehre des Irenäus v o n d e r B e s t i m m u n g d e s M e n s c h e n, dem U r s t a n d e, dem F a l l und der S ü n d e treten die disparaten Gedankenreihen (apologetisch-moralistisch, biblisch-realistisch) deutlich hervor, wie sie für die Kirchenlehre charakteristisch geblieben sind. Klar ist nur die erstere entwickelt. Alles Geschaffene, also auch der Mensch, ist anfangs unvollkommen. Die Vollkommenheit konnte nur die Bestimmung (Anlage) des Menschen sein. Die Bestimmung wird durch die freie Entscheidung des Menschen realisiert auf Grund seiner gottgeschenkten Anlage (Ebenbild Gottes). Der jugendliche Mensch strauchelt und verfällt dem Tode; aber sein Fall ist entschuldbar (er ist der Verführte; er ist der Unwissende; er hat praetextu immortalitatis sich verführen lassen) und sogar teleologisch notwendig. Der Ungehorsam ist für die Entwicklung des Menschen förderlich gewesen. Um gewitzigt zu werden, mußte er einsehen, daß der Ungehorsam den Tod wirkt; er mußte den Abstand zwischen Mensch und Gott kennen lernen und den rechten Gebrauch der Freiheit. Um Leben und Tod handelt es sich dabei; die Folge der Sünde ist das eigentlich Fürchterliche. Aber die Güte Gottes hat sich sofort gezeigt, sowohl in der Entfernung vom Baum des Lebens als in der Verhängung des zeitlichen Todes. Der Mensch erreicht seine Bestimmung in dem Moment wieder, wo er sich frei für das Gute entscheidet, und das kann er noch immer. Die Bedeutung der Propheten und Christi reduziert sich hier wie bei den Apologeten auf die Lehre, die die Freiheit kräftigt (ebenso lehrten Tertullian und Hippolyt). — Die zweite Gedankenreihe des Irenäus ist aus der gnostisch-antignostischen Rekapitulationstheorie geflossen und ist durch Paulus beeinflußt. Sie befaßt die ganze Menschheit als den sündigen Adam, der, einmal gefallen, sich selbst nicht helfen kann. Alle haben in Adam Gott beleidigt; durch Eva ist das ganze Geschlecht dem Tod verfallen; die Bestimmung ist eingebüßt, und nur Gott kann helfen, indem er sich wieder zur Gemeinschaft herabläßt und uns nach seinem Wesen wiederherstellt (nicht aus der Freiheit quillt die Seligkeit, sondern aus der Gemeinschaft mit Gott, „*in quantum deus nullius indiget, in tantum homo indiget dei communione*", IV, 14, 1). Christus als der zweite Adam erlöst den ersten Adam *(„Christus libertatem restauravit")*, indem er Schritt für Schritt das in bonum restituiert, was Adam in malum getan hat. (Aus dem Weissagungsbeweis wird hier eine Unheils- und Heilsgeschichte, diese ist das genaue Gegenbild zu jener). Nahezu naturalistisch ist diese religiöse, historisierende Betrachtung ausgeführt. Vor der Konsequenz der Apokatastasis aller einzelnen Menschen hat den Irenäus nur die moralistische Gedankenreihe abgehalten.

Die Idee des Gottmenschen beherrscht diese ganze Ausführung. Die kirchliche Christologie, soweit sie die Einheit der göttlichen und menschlichen Natur in Christus betont, steht heute noch bei Irenäus (Tertullian hat die Notwendigkeit der Einheit nicht so durchschaut). Jesus Christus vere homo vere deus, d. h. 1) er ist wirklich das Wort Gottes, Gott von Art, 2) dieses Wort ist wirklich Mensch geworden, 3) das menschgewordene Wort ist eine unzertrennbare Einheit. Das ist gegen die „Ebioniten" und die Valentinianer durchgeführt, die die Herabkunft eines der vielen Aeonen lehrten. Der Sohn steht in naturhafter, nicht adoptierter Kindschaft (die Jungfrauengeburt ist recapitulatio: Eva und Maria); sein Leib ist substanziell mit dem unsrigen identisch; denn der Doketismus bedroht die Erlösung ebenso wie der „Ebionitismus". Daher mußte Christus auch, um den ganzen Menschen rekapitulieren zu können, ein volles Menschenleben von der Geburt bis zum Greisenalter und zum Tode durchlaufen. Die Einheit zwischen dem Logos und der Menschennatur hat Irenäus „adunitio verbi dei ad plasma" und „communio et commixtio dei et hominis" benannt. Sie ist ihm eine vollkommene; denn er will in der Regel nicht geschieden wissen, was der Mensch und was das Wort getan hat. Dagegen hat Tertullian, von Irenäus abhängig, aber die realistische Erlösungslehre nicht als den Schlüssel des Christentums betrachtend, zwar die Formel „homo deo mixtus" gebraucht, aber das „homo factus" nicht in dem strengen Sinn verstanden. Auch hier hat Tertullian (in der Schrift adv. Prax.) die spätere (chalcedonensische) Terminologie vorbereitet, ja geschaffen (die Ausprägung läßt den Juristen nicht verkennen). Er spricht von den zwei Substanzen Christi (corporalis et spiritualis), von der „conditio duarum substantiarum", die in ihrer Integrität verharren, von dem „duplex status domini, non confusus, sed coniunctus in una persona — deus et homo". Tertullian hat sie ausgebildet, indem er sich bemühte, die Meinung, Gott habe sich verwandelt, abzulehnen (so einige Patripassianer); aber er merkt nicht, obgleich er die alten Formeln „deus crucifixus", „nasci se vult deus" braucht, daß die realistische Erlösung durch die scharfe Unterscheidung der beiden Naturen stärker bedroht wird als durch die Annahme einer Verwandlung. Er behauptet eben nur die Einheit und lehnt es ab, daß Christus „tertium quid" sei. Allein auch Irenäus selbst konnte nicht umhin, den einen Jesus Christus in gnostischer Weise wider seine eigene bessere Absicht zu spalten: 1) gab es nicht wenige Stellen im N. T., die man nur auf die Menschheit Jesu beziehen konnte (nicht auf den Gottmenschen), wenn anders die naturhafte Gottheit nicht Schaden leiden sollte (so z. B. die Herabkunft des Geistes bei der Taufe, das Zittern und Zagen), 2) faßte Irenäus Christus auch so, daß er der neue Adam („perfectus homo") sei, der den Logos besitzt, der bei einzelnen Akten der Geschichte Jesu untätig gewesen sei. Die gnostische Unterscheidung des Jesus patibilis und des Christus *ἀπαθής* ist von Tertullian ausdrücklich, von Irenäus indirekt legitimiert worden. So ist die kirchliche Zweinaturenlehre entstanden. Hippolyt steht zwischen den beiden älteren Lehrern.

Aber die durchschlagende Auffassung des Irenäus bleibt doch die Einheit. Indem Christus geworden ist, was wir sind, hat er als Gottmensch rekapitulierend geleistet, was wir hätten leisten sollen. Christus ist nicht nur „salus et salvator", sondern sein ganzes Leben ist Heilswerk. Von der Empfängnis bis zum Begräbnis ist alles innerlich notwendig. Irenäus ist der Vater „der Theologie der Tatsachen" in der Kirche (Paulus hatte nur auf den Tod und die Auferstehung Gewicht gelegt). Der Einfluß der Gnosis ist unverkennbar, ja er braucht sogar dieselben Ausdrücke wie die Gnostiker, wenn er in der bloßen Erscheinung Jesu Christi als des zweiten Adams einerseits und in der bloßen Erkenntnis dieser Erscheinung andererseits die Erlösung vollzogen sieht (IV, 36, 7: *ἡ γνῶσις τοῦ υἱοῦ τοῦ θεοῦ ἥτις ἦν ἀφθαρσία*). Aber er betont doch die persönliche Leistung. Das Werk Christi hat er unter mannigfaltige Gesichtspunkte gestellt (Rückführung zur Gemeinschaft, Wiederherstellung der Freiheit, Erlösung von Tod und Teufel, Versöhnung Gottes); der beherrschende ist die Beschaffung der *ἀφθαρσία* (Adoption zu göttlichem Leben). Aber wie unsicher ihm noch alles war, verrät er I, 10, 3, wenn er die Frage, warum Gott Fleisch geworden, zu denen rechnet, die den einfältigen Glauben nichts angehen. Dieser also kann sich noch immer mit der Hoffnung der Wiederkunft Christi und der Fleischesauferstehung begnügen. Zwischen dieser Hoffnung und der Vergottungsidee liegt die paulinische Ansicht (Gnosis des Kreuzestodes) in der Mitte; Irenäus hat sich bemüht, auch ihr gerecht zu werden (der Tod Christi ist die wahre Erlösung). Allein den Gedanken der Versöhnung (das Lösegeld ist an den „Abfall"; nicht an den Teufel gezahlt) hat Irenäus nicht erreicht. Innerhalb der Rekapitulationstheorie spricht er die Meinung aus, durch Ungehorsam an dem Holz sei Adam ein Schuldner Gottes geworden und durch Gehorsam am Holz werde Gott versöhnt. Ausführungen über ein stellvertretendes Strafleiden Christi finden sich bei Irenäus nicht; selten ist die Idee des Opfertodes. Sündenvergebung kennt er im vollsten Sinne nicht, sondern nur Aufhebung der Sünde und ihrer Folgen. Die Erlösten werden durch Christus zu einer Einheit zusammengefaßt, zu der wahren Menschheit, der Kirche, deren Haupt er selber ist. Bei Tertullian und Hippolyt finden sich dieselben Gesichtspunkte, nur tritt die mystische (rekapitulierende) Form der Erlösung zurück. Sie wechseln mit Vorliebe zwischen der rationalen und der paulinischen Erlösungsvorstellung („*totum Christiani nominis et pondus et fructus mors Christi*", adv. Marc. III, 8); aber Hippolyt hat der Auffassung von der durch Christus herbeigeführten Vergottung einen klassischen Ausdruck verliehen, dabei das rationale Schema (die Erkenntnis erlöst) doch einflechtend (s. Philosoph. X, 34: *Καὶ ταῦτα* [die Hölle] *μὲν ἐκφεύξῃ θεὸν τὸν ὄντα διδαχθείς, ἕξεις δὲ ἀθάνατον τὸ σῶμα καὶ ἄφθαρτον ἅμα ψυχῇ καὶ βασιλείαν οὐρανῶν ἀπολήψῃ, ὁ ἐν γῇ βιοὺς καὶ ἐπουράνιον βασιλέα ἐπιγνούς, ἔσῃ δὲ ὁμιλητὴς θεοῦ καὶ συγκληρονόμος Χριστοῦ, οὐκ ἐπιθυμίαις ἢ πάθεσι καὶ νόσοις δουλούμενος. γέγονας γὰρ θεός· ὅσα γὰρ ὑπέμεινας πάθη ἄνθρωπος ὤν, ταῦτα ἐδίδου, ὅτι ἄνθρωπος εἶς, ὅσα δὲ παρακολουθεῖ θεῷ, ταῦτα παρέχειν ἐπήγγελται θεός ὅτι ἐθεοποιήθης, ἀθάνατος γεννηθείς. τουτέστι τὸ Γνῶθι σεαυτόν, ἐπιγνοὺς τὸν πεποιηκότα θεόν . . . Χριστὸς γάρ ἐστιν ὁ κατὰ πάντων θεός, ὃς τὴν ἁμαρτίαν ἐξ ἀνθρώπων ἀποπλύνειν προσέταξε . . . οὗ προστάγμασιν ὑπακούσας σεμνοῖς καὶ ἀγαθοῦ ἀγαθὸς γενόμενος μιμητής, ἔσῃ ὅμοιος ὑπ' αὐτοῦ τιμηθείς. οὐ γὰρ πτωχεύει θεὸς καὶ σὲ θεὸν ποιήσας εἰς δόξαν αὐτοῦ*). Schärfer treten bei dem Juristen Tertullian die Begriffe culpa, reatus peccati etc. hervor; er hat auch schon „satisfacere deo", „meritum", „promereri deum", was dann Cyprian präziser ausgeführt hat. Endlich findet sich bei Tertullian das Schema von Christus als dem Bräutigam und der Einzelseele als der Braut, eine verhängnisvolle Modifikation des urchristlichen Schemas von der Kirche als dem Leibe Christi unter Einfluß der hellenischen philosophischen Vorstellung (s. auch die Valentinianer), daß die Gottheit der Eheherr der Seele sei.

Höchst frappiert wird man durch die Eschatologie der altkatholischen Väter; denn sie entspricht weder ihrer rationalen Theologie nach ihrer Mystik, sondern ist noch ganz archäistisch. Aber sie repetieren dieselbe keineswegs notgedrungen (etwa der Gemeinden oder der regula oder der Johannesapokalypse wegen), sondern sie und die lateinischen Väter des 3. und anfangenden 4. Jahrhunderts leben und weben noch ganz und gar in diesen Hoffnungen der ältesten Gemeinden (wie Papias und Justin). Die paulinische Eschatologie empfinden sie als Schwierigkeit, die urchristliche samt dem gröbsten Chiliasmus keineswegs. Das ist der deutlichste Beweis dafür, daß diese Theologen nur mit halber Seele bei ihrer rationalen und mystischen Theologie gewesen sind, die ihnen durch den Kampf gegen die Gnosis aufgenötigt worden ist. Sie haben in der Tat zwei Christus': den wiederkehrenden, den Antichrist besiegenden und das Gericht haltenden Kriegskönig und den Logos, der bald als göttlicher Lehrer, bald als Gottmensch betrachtet wird. Eben diese Komplikation empfahl die neue Kirchenlehre. Die Details der eschatologischen Hoffnungen bei Irenäus (l. V, s. auch Melito), Tertullian und Hippolyt (de antichr.) sind in den Grundzügen ebenso stereotyp, im einzelnen ebenso schwankend wie in der früheren Zeit. Die Johannesapokalypse samt gelehrter Auslegung steht neben Daniel im Vordergrund (6- resp. 7tausend Jahre, heidnische Weltmacht, Antichrist, Sitz in Jerusalem, Kriegszug des wiederkehrenden Christus, Sieg, Auferstehung der Christen, sinnliches Reich der Freuden, allgemeine Auferstehung, Gericht, definitives Ende). Aber seit der montanistischen Krise erhebt sich im Orient eine Gegenbewegung gegen die Zukunftsdramatik (die „Aloger"); die gelehrten Bischöfe des Orients im 3. Jahrhundert, vor allem die Orgenisten, bekämpfen sie und mit ihr sogar die Johannesapokalypse (Dionysius Alex.), finden aber zähe Gegner unter den „simplices et idiotae" (Nepos in Aegypten). Das christliche Volk ließ sich auch im Orient den alten Glauben nur ungern rauben, mußte sich aber allmählich fügen (die Apokalypse verschwindet vielfach im Kanon orientalischer Kirchen). Im Okzident und z. T. im nichtgriechischen Orient bleibt der Chiliasmus ungebrochen.

Es erübrigt noch die Lehre von den beiden Testamenten. Die Schöpfung des N. T. warf ein neues Licht auf das A. T. Dieses galt nun nicht mehr einfach als ein christliches Buch (Barnabas, Justin), aber auch nicht als ein Buch des Judengottes (Marcion), sondern neben der alten Vorstellung, daß es in jeder Zeile christlich sei und auf der Höhe der christlichen Offenbarung stehe, bürgerte sich friedlich die andere, mit ihr unverträgliche ein, daß es eine Vorstufe Christi und des N. T. sei. Diese Betrachtung, in der eine geschichtliche Auffassung aufdämmert, war zuerst von Valentinianern (op. Ptolemaei ad Floram) aufgebracht worden. Man wechselte nun je nach Bedarf: bald soll das A. T. die volle Wahrheit in Gestalt der Weissagung enthalten, bald ist es eine legisdatio in servitutem neben der neuen legisdatio in libertatem, ein alter vergänglicher Bund, der den neuen vorbereitet hat, sein Inhalt die Geschichte der Pädagogie Gottes mit seiner Menschheit, in jedem Stück heilsam und doch vergänglich, zugleich der Schatten des Zukünftigen, typisch. Gegenüber den Angriffen Marcions und der Gnostiker bemühten sich jetzt die Väter (in scharfem Gegensatz z. B. zum Barnabasbrief), die Vortrefflichkeit auch des Zeremonialgesetzes darzulegen. Weissagung, Typus, Pädagogie sind die ausschlaggebenden Gesichtspunkte, und nur wo man durch keinen Gegensatz bestimmt war, gab man zu, daß gewisse alttestamentliche Bestimmungen völlig abgetan seien. In dem allen liegt trotz der Konfusion und der bis heute verharrenden Widersprüche doch ein Fortschritt: man begann im A. T. zu unterscheiden, man kam auf die Idee von Stufen der Wahrheit, von geschichtlichen Bedingungen (Tertullian, de orat. 1: „*quidquid retro fuerat, aut demutatum est per Christum, ut circumcisio, aut suppletum ut reliqua lex, aut impletum ut prophetia, aut perfectum ut fides ipsa*“). Indem man jetzt zwei Testamente annahm, trat die spezifische Bedeutung des christlichen Bundes mehr hervor (Tertullian: „*lex et prophetae usque ad Johannem*“; die Apostel größer als die Propheten); freilich wurde auch der neue Bund als „lex“ behandelt, und deshalb die hoffnungslose Frage erörtert, ob Christus das alte Gesetz erleichtert oder erschwert habe. Die pädagogische Heilsgeschichte, wie Irenäus sie zuerst entworfen und mit dem Weissagungsbeweis verflochten hat, hat einen ungeheuren Eindruck gemacht (ab initio — Moses — Christus); der tertullianische Zusatz (4. Stufe: paracletus als novus legislator, s. o. § 19) hat sich nicht durchgesetzt, ist aber in der Kirchengeschichte immer wieder aufgetaucht, da sich eben Christus und Paulus nicht unter das Schema, neue Gesetzgeber für das kirchliche Leben zu sein, zwingen lassen.

3. Der Ertrag der Arbeit der altkatholischen Väter für die Kirche des 3. Jahrhunderts — im Abendlande hat Novatian die Tertullianische Christologie ausgearbeitet und so das Nicänum und Chalcedonense vorbereitet in seinem Werk de trinitate; Cyprian hat die zu einer Heilsgeschichte entwickelte regula eingebürgert und einen Teil der tertullianischen Formeln weiteren Kreisen zugänglich gemacht — liegt nicht in der Gewinnung einer systematischen Dogmatik, sondern in der Widerlegung Marcions und der Gnosis und in theologischen Fragmenten, nämlich in der antimarcionitisch bzw. antignostisch interpretierten, mit den Hauptsätzen der apologetischen Theologie verknüpften Glaubensregel (s. vor allem Cyprians Schrift „testimonia"; hier bildet die Lehre von den beiden Testamenten, wie Irenäus sie entwickelt, das Grundschema, in das die einzelnen Lehrsätze eingestellt sind. Lehrsätze aus der rationalen Theologie wechseln mit kerygmatischen Fakten; alles wird aber aus den beiden Testamenten bewiesen; Glaube und Theologie sind nicht in Spannung). Um katholischer Christ zu sein, mußte man jetzt vornehmlich folgende Sätze glauben, die in scharfer Abgrenzung zu den Gegenlehren standen und vor allem die Marcionitische Kirche ins Unrecht setzten: 1) die Einheit Gottes, 2) die Identität des höchsten Gottes und des Weltenschöpfers, resp. die Identität des Schöpfungs- und Erlösungsmittlers, 3) die Identität des höchsten Gottes mit dem Gott des A. T. und die Beurteilung des A. T. als des alten Offenbarungsbuchs Gottes, 4) die Schöpfung der Welt aus Nichts, 5) die Einheit des Menschengeschlechts, 6) den Ursprung des Bösen aus der Freiheit und die Unverlierbarkeit der Freiheit, 7) die beiden Testamente (als geschichtliche Epochen und als Bücher), 8) Christus als Gott und Mensch, die Einheit seiner Persönlichkeit, die Naturhaftigkeit seiner Gottheit, die Realität seiner Menschheit, die Wirklichkeit seines Geschicks, 9) die Erlösung und Bundesschließung

durch Christus (Erscheinung und Opfertod) als die neue, abschließende Gnadenerweisung Gottes für alle Menschen, 10) die Auferstehung des ganzen Menschen und seine gottartige Verklärung. Mit diesen Lehren stand aber die Logoslehre im engsten Zusammenhang, ja bildete gewissermaßen das Fundament ihres Inhaltes und ihres Rechtes. Wie die Logoslehre sich in der Breite der Christenheit durchgesetzt hat, soll im 7. Kapitel gezeigt werden. Von ihrer Durchführung hing aber auch die Entscheidung der wichtigsten Frage ab, ob sich die Christen in Hinsicht auf Leben und Glauben noch wie vor alters an den Sprüchen Jesu, an den Wirkungen seines Geistes und an der Hoffnung auf den wiederkehrenden, das Reich gründenden Cristus zu orientieren haben oder an dem Glauben an den Gottmenschen, der die volle Erkenntnis gebracht hat und die Natur des Menschen in göttliche Natur wandelt.

Auf die Entwicklung der griechischen Kirche und Kirchenlehre hat keine einzelne Individualität (weder Irenäus noch Origenes, der nur in virtuoser Weise das Vorhandene zu Bewußtsein und Einheit bringt) durchschlagend eingewirkt — man wird das daraus erklären dürfen, daß der Geist der Hellenismus sich so enge mit dem Christentum verbunden hat, daß ein einzelner nicht durchzudringen vermochte. Im Abendland dagegen blieb die christliche Religion viel länger eine fremde Religion. Daher ist hier die Individualität Tertullians, Cyprians und Augustins wirklich maßgebend geworden. Tertullian hat die lateinische Kirchenlehre und -sprache tatsächlich begründet (vor allem kommt der Sakramentsbegriff hier in Betracht, aber noch sehr viel anderes, z. B. die ganze juristisch-rationale Haltung seiner Theologie und die dogmatischen Schemata), Cyprian das abendländische Kirchenwesen gefestigt. Was aber beide nicht vermocht haben, die vulgäre Christenheit zu brechen und zu verdrängen, das ist Augustin gelungen. Er hat sie gebrochen, und er hat auch der juristisch-dialektisch-rationalen Behandlung der lateinischen Theologie, wie sie Tertullian begründet hat, in der mystisch-paulinisch-neuplatonischen Spekulation ein Gegengewicht gegeben.

Sechstes Kapitel.

Die Umbildung der kirchlichen Ueberlieferung zu einer Religionsphilosophie oder der Ursprung der wissenschaftlichen kirchlichen Theologie und Dogmatik: Clemens und Origenes.

Clemens' Werke (Ausgabe von Stählin). Kommentar zu Strom. T. VII von Hort und Mayor, 1902. — Origenes' Werke (Ausgaben von De la Rue, Lommatzsch und der Berliner Akademie [noch unvollständig]). —

Huëtius, Origeniana, 1668 (s den Abdruck bei Lommatzsch, Th. 21—24). — HEFGuericke, De schola quae Alexandriae floruit catechetica, 1824. — ChBigg, The Christian Platonists of Alex., 1886. — FJWinter, Ethik des Clemens, 1882. — ThZahn, Forschungen, Bd. 3, 1884. — Bratke in den Studien und Kritiken, 1888, S. 647 ff. — EdeFaye, Clém. d'Alex., étude sur les rapports du Christianisme et de la philosophie Grecque, 1898. — GThomasius, Origenes, 1837. — ERRedepenning, Origenes, 1841 f. — EDenis, Philosophie d'Origène, 1884. — Westcott, Origenes, im Dict. of Christ. Biog., Vol. IV. — AHarnack, Origenes, in „Religion in Geschichte und Gegenwart". — WBousset, Jüd. christlicher Schulbetrieb in Alex., 1916.

§ 23. Clemens von Alexandrien.

Die Gnostiker hatten Pistis und Gnosis scharf unterschieden; Irenäus und Tertullian hatten sich nur notgedrungen der Wissenschaft und Spekulation bedient, um sie zu widerlegen, das in den Glauben selbst einrechnend, was sie an theologischer Explizierung bedurften. Im Grunde waren sie mit der Autorität, der Hoffnung und den heiligen Sakramenten und Ordnungen des Lebens zufrieden; sie bauten an einem Gebäude, das sie selbst nicht wollten. Aber seit dem Ende des 2. Jahrhunderts beginnt *in der Kirche* der Trieb nach einer wissenschaftlichen Religion und nach theologischer Wissenschaft sich zu regen (Schulen in Kleinasien, Kappadozien, Edessa, Aelia, Cäsarea, Rom; Aloger, Alexander von Kappadozien, Julius Africanus, Theoktist, theodotianische Schulen). Am stärksten war er in der Stadt der Wissenschaft, Alexandrien, wo das Christentum in das Erbe Philos eingetreten war und wo wahrscheinlich bis gegen Ende des 2. Jahrhunderts eine strenge *Formierung* der Christen auf exklusiven Grundlagen überhaupt nicht stattgefunden hatte. Die alexandrinische Kirche tritt zugleich mit der alexandrinischen christlichen Schule in das Licht der Geschichte (um 190); in dieser wurde die ganze griechische Wissenschaft gelehrt und im Dienst des Evangeliums und der Kirche verwertet. Clemens, der Schüler des Pantänus, hat in seinen Stromateis das erste christlich-kirchliche Werk geliefert, in dem die Religionsphilosophie der Griechen nicht nur apologetischen und polemischen Zwecken dient, *sondern das Mittel ist, um das Christentum dem Denkenden erst zu erschließen* (wie bei Philo und Valentin). Die kirchliche Ueberlieferung ist dem Clemens an sich ein Fremdes; er hat sich ihrer Autorität unterworfen, weil ihm die heiligen Schriften als Offenbarung erschienen; aber er ist sich der Aufgabe bewußt, den Inhalt philosophisch bearbeiten und sich denkend aneignen zu müssen. Die Pistis ist gegeben; sie ist in die Gnosis umzuschmelzen, d. h. eine Lehre ist zu entwickeln, die den wissenschaftlichen Anforderungen an eine philosophische Weltanschauung und Ethik genügt. Die Gnosis widerspricht dem Glauben nicht, stützt und verdeutlicht ihn aber auch nicht nur an einigen Stellen, sondern erhebt ihn in eine höhere Sphäre: aus dem Bereiche der Autorität in die Sphäre des hellen Wissens und der aus der Gottesliebe fließenden inneren geistigen Zustimmung. Verbunden aber sind Pistis und Gnosis dadurch, daß beide ihren Inhalt an den heiligen Schriften haben (doch ist Clemens in praxi nicht so pünktlicher Schrifttheologe wie Origenes). In diese werden die letzten Ziele und der ganze Apparat der idealistischen griechischen Philosophie (beginnt doch um 200 die neuplatonische Philosophie in Alexandrien und steht sofort mit der christlichen teils in friedlichem, teils in polemischem Austausch) hineingedeutet; sie werden zugleich an Jesus Christus und das kirchliche Christentum — soweit es ein solches damals in Alexandrien gab — geheftet. Die apologetische Aufgabe, die sich Justin gestellt hat, ist hier in eine systematisch-theologische verwandelt. Der positive Stoff ist demgemäß nicht in den Weissagungsbeweis geschoben, sondern, wie bei Philo und Valentin, in unendlicher Bemühung in wissenschaftliche Dogmatik umgesetzt.

Der Idee des Logos, welcher Christus ist, hat Clemens, indem er sie zum höchsten Prinzip der religiösen Welterklärung und der Darstellung des Christentums erhob, einen viel reicheren Inhalt gegeben als Justin. Das Christentum ist die Lehre von der Schöpfung, Erziehung und Vollendung des Menschengeschlechts durch den Logos, dessen Werk in dem vollkommenen Gnostiker gipfelt und der sich zweier Hilfsmittel bedient hat, des alttestamentlichen Gesetzes und der griechischen Philosophie (Strom. I, 5, 28 sq.: *πάντων μὲν αἴτιος τῶν καλῶν ὁ θεός, ἀλλὰ τῶν μὲν κατὰ προηγούμενον ὡς τῆς τε διαθήκης τῆς παλαιᾶς καὶ τῆς νέας, τῶν δὲ κατ' ἐπακολούθημα ὡς τῆς φιλοσοφίας. τάχα δὲ καὶ προηγουμένως τοῖς Ἕλλησιν ἐδόθη τότε πρὶν ἢ τὸν κύριον καλέσαι καὶ τοὺς*

Ἕλληνας· ἐπαιδαγώγει γὰρ καὶ αὐτὴ τὸ Ἑλληνικὸν ὡς ὁ νόμος τοὺς Ἑβραίους εἰς Χριστόν). Logos ist überall, wo sich der Mensch über die Naturstufe erhebt (der Logos ist das Sittliche und Vernünftige auf allen Stufen der Entwicklung): aber die authentische Kenntnis von ihm kann nur aus der Offenbarung gewonnen werden. Er ist das Weltgesetz, der Lehrer, oder in Christus der Hierurg, der durch heilige Weihen in die Erkenntnis einführt, schließlich für den Vollkommenen die Brücke zur Einigung mit Gott selbst. Außer den heiligen Schriften ermöglichte es die griechische Kombination von Erkenntnis und zeremoniösen Weihen dem Clemens, das kirchliche Christentum gelten zu lassen. Der kirchliche Gnostiker erhebt sich gleichsam mittelst eines an der Schrift und dem Gemeindechristentum befestigten Ballons zu den göttlichen Sphären; er läßt alles Irdische, Geschichtliche, Statutarische und Autoritative, ja schließlich den Logos selbst hinter sich, indem er in Liebe und Erkenntnis aufstrebt; aber das Seil bleibt unten befestigt, während die Gnostiker es (in bezug auf das Gemeindechristentum) abschnitten. Die Erhebung vollzieht sich in einem geordneten Stufengang (Philo), bei dem die gesamte philosophische Ethik zum Ausdruck kommt, vom verständigen Maßhalten bis zum Exzeß des Bewußtseins und der apathischen Liebe. Auch die kirchliche Tradition kommt zum Ausdruck; aber der wahre Gnostiker soll auf der höheren Stufe die niedere überwinden. Wenn dem Geist die Flügel wachsen, bedarf er keiner Krücken. So wenig es dem Clemens noch gelungen ist, den ungeheuren Stoff seinem Zweckgedanken unterzuordnen, so deutlich ist doch die Absicht. Während Irenäus ganz naiv Disparates vermengt und daher keine religiöse Freiheit gewinnt, ist Clemens zur Freiheit gelangt. Er hat die Aufgabe der zukünftigen Theologie zuerst ins Auge gefaßt: im Anschluß an die geschichtlichen Ueberlieferungen, durch die wir geworden sind, was wir sind, und im Anschluß an die christliche Gemeinschaft, auf die wir angewiesen sind, weil sie die einzige universelle sittlich-religiöse Gemeinschaft ist, an dem Evangelium Freiheit und Selbständigkeit des eigenen Lebens zu gewinnen und dieses Evangelium so darzustellen, daß es als die höchste Kundgebung des Logos erscheint, der sich in jeder Erhebung über die Naturstufe und daher in der ganzen Geschichte der

Menschheit bezeugt hat. Freilich ist bei Clemens die Gefahr vorhanden, daß das Ideal des selbstgenügsamen griechischen Weisen die Stimmung verdrängt, daß der Gläubige von der Gnade Gottes in Christo lebt; aber die Gefahr der Verweltlichung ist in der gebundenen Auffassung des Irenäus, welche Autoritäten in Geltung setzt, die mit dem Evangelium nichts zu tun haben, und Heilstatsachen aufrichtet, die abstumpfen, nur andersartig, aber nicht geringer. Wenn das Evangelium Freiheit und Friede in Gott geben und an ein ewiges Leben im Zusammenschluß mit Christus gewöhnen will, so hat Clemens diesen Sinn verstanden. Es ist wirklich ein Versuch, das Ziel des Evangeliums, reich zu sein in Gott und von ihm Kraft und Leben zu empfangen, mit dem Ideal der platonischen Philosophie (sich als freier Geist über die Welt zu Gott zu erheben) zu verschmelzen und die Anweisungen zu einem seligen Leben dort und hier zu verknüpfen (wie freudig und wie kühn Clemens als Denker gewesen ist, zeigt das fast vermessene Wort Strom. IV, 22, 136: *εἰ γοῦν τις καθ' ὑπόθεσιν προθείη τῷ γνωστικῷ πότερον ἑλέσθαι βούλοιτο τὴν γνῶσιν τοῦ θεοῦ ἢ τὴν σωτηρίαν τὴν αἰωνίαν, εἴη δὲ ταῦτα κεχωρισμένα — παντὸς μᾶλλον ἐν ταυτότητι ὄντα —, οὐδὲ καθ' ὁτιοῦν διστάσας ἕλοιτ' ἂν τὴν γνῶσιν τοῦ θεοῦ*). Aber erst dem Origenes ist es gelungen, dies in Form eines Systems zu tun, in dem skrupulöser Biblizismus und sorgfältige Achtung der Glaubensregel mit der kühnsten Religionsphilosophie verbunden sind. Clemens ist in der Aufgabe stecken geblieben; doch „von ihm rührt die Gesamtanschauung vom Christentum her, die im Orient gilt“ (KHOLL, Enthus. u. Bußgewalt beim griech. Mönchthum S. 226)[1]. Im einzelnen findet sich freilich recht viel Heterodoxes in der Ausführung seines, wie er selbst wußte, gefährlichen Unternehmens, die Religion in Religionsphilosophie umzuschmelzen. Die späteren Kirchenväter haben Doketisches (Jesu Leib ohne oder mit einer wechselnden Materialität, mit Berufung auf die Johannes-Akten) und Dualistisches in seinen Werken mißliebig be-

[1] Daß bei Clemens auch die Grundlagen für die eigentümlich orientalische Entwicklung der Bußgewalt zu finden sind („geistlicher Beruf des Gnostikers bei seinen schwächeren Brüdern“), zeigt HOLL a. a. O. S. 227 ff.

merkt[1]. Ein fest geschlossenes N. T. kannte Clemens noch nicht. Was religiös anregend und gut ist, ist auch inspiriert. Aber die Inspiration hat ihre Stufen. Das A. T. und die 4 Evangelien stehen auf der höchsten Stufe. Neben ihnen und den Paulusbriefen benutzt Clemens sehr viele altchristliche Schriften als Instanzen mit abgestufter Dignität (Clemensbrief, Barnabasbrief, Hermas, Apokalypse Petri, Kerygma Petri, Didache usw.). Wie die Gnostiker, so nahm auch er neben der öffentlichen Tradition noch eine besondere für die Vollkommenen an, s. Hypotyp. bei Euseb. II, 1: *Ἰακώβῳ τῷ δικαίῳ καὶ Ἰωάννῃ καὶ Πέτρῳ μετὰ τὴν ἀνάστασιν παρέδωκεν τὴν γνῶσιν ὁ κύριος, οὗτοι τοῖς λοιποῖς ἀποστόλοις παρέδωκαν, οἱ δὲ λοιποὶ ἀπόστολοι τοῖς ἑβδομήκοντα, ὧν εἷς ἦν καὶ Βαρνάβας*. Clemens steht Marcion ganz fern und Valentin nah.

§ 24. Origenes.

Dogmatisches Hauptwerk *Περὶ ἀρχῶν*, hrsg. von PKoetschau, 1913.

Origenes ist der einflußreichste Theologe der morgenländischen Kirche, der Vater der theologischen Wissenschaft, der Schöpfer der kirchlichen Dogmatik. Was Apologeten, Gnostiker und altkatholische Theologen gelehrt, verbindet er; er hat das Problem und die Probleme erkannt, die historischen und die spekulativen. Er hat mit klarstem Bewußtsein zwischen kirchlichem Glauben und kirchlicher Theologie scharf geschieden, anders zu dem Volke sprechend, anders zu den Wissenden. Sein universaler Geist wollte nirgends auflösen, sondern überall konservieren; er fand — wie Leibniz, dem er auch in der Stimmung verwandt ist — überall Wertvolles und wußte jeder Wahrheit ihre Stelle zu geben, sei es in der Pistis, sei es in der Gnosis; niemand sollte „geärgert“ werden; aber die christliche Wahrheit sollte siegen über die Lehren der griechischen Philosophen, der heterodoxen Gnostiker und des blasphemischen Marcion, über die Superstition der Heiden und Juden und über die dürftigen Vorstellungen christlicher Unitarier. Diese christliche Wahrheit erhielt aber als Gnosis neuplatonisches Gepräge, und zwar

[1] Wahrscheinlich deshalb sind die „Hypotyposen“ des Clemens uns nicht erhalten: sie enthielten noch Bedenklicheres als die Stromateis.

in so hohem Maße, daß ein Porphyrius[1] die kosmologische Theologie des Origenes gutgeheißen und nur die eingemischten „fremden Fabeln" verworfen hat (s. sein Urteil bei Eus., h. e. VI, 19, 7). In umrissener fester Gestalt setzte sich Origenes (s. sein Hauptwerk *περὶ ἀρχῶν*) die Glaubensregel voraus samt den beiden Testamenten: wer sie hat, hat die Wahrheit, die selig macht; aber es gibt eine tiefere, befriedigendere Fassung. Auf ihrer Höhe werden alle Kontraste zu Schattierungen, und in der absoluten Stimmung, die sie gewährt, lernt man relativ urteilen. So ist Origenes rechtgläubiger Traditionalist, strenger biblischer Theologe (nichts soll gelten, was nicht in den Schriften steht), kühner idealistischer Philosoph, der den Inhalt des Glaubens in Ideen umsetzt, die Welt des Innern ausbaut und schließlich nichts gelten läßt, als Gottes- und Selbsterkenntnis in engster Verbindung, die zur Erhebung über die Welt und zur Vergöttlichung führt. Aber Zeno und Plato sollen doch nicht die Führer sein, sondern Christus; denn jene haben weder den Polytheismus überwunden, noch die Wahrheit allgemein zugänglich gemacht, noch eine Lehranweisung gegeben, die es auch den Ungebildeten ermöglicht, um so viel gebessert zu werden, als es ihre Fassungskraft erlaubt. Daß das Christentum beides ist, Religion für den gemeinen Mann ohne Polytheismus (freilich mit Bildern und Zeichen) und Religion für den denkenden Geist, darin erkannte Origenes die Ueberlegenheit dieser Religion über alle Religionen und alle Systeme. Die christliche Religion ist die einzige Religion, die auch in mythischer Form Wahrheit ist. Die Theologie hat sich freilich — wie immer, so auch hier — von den für die positive Religion charakteristischen Merkmalen der äußeren Offenbarung und der Satzungen zu emanzipieren, aber im Christentum tut sie das unter Anweisung und auf Grund derselben heiligen Urkunden, die die positive Religion für die Menge begründen. Die Gnosis neutralisiert alles Empirisch-Geschicht-

[1] Zu Porphyrius s. AHarnack, Kritik des N. T. von einem griech. Philosophen (Texte u. Unters., Bd. 37 H. 4, 1911), ders., Greek and Christian piety at the end of the III. century (im Hibbert Journal, X, p. 65 ff., 1911) und Porphyrius „Gegen die Christen" 15 BB, Zeugnisse, Fragmente und Referate (Abh. der Berliner Akad., 1916).

liche, wenn auch nicht immer in seiner Tatsächlichkeit, so doch durchweg in seinem Werte. Sie sublimiert aus der empirischen Geschichte eine höhere transzendentale Geschichte, die in der Ewigkeit anhebt und hinter der empirischen ruht; aber im Grunde sublimiert sie diese transzendentale noch einmal, und es bleibt nur der unveränderliche Gott und die geschaffene Seele, die von Gott durch und zu Gott aufstrebt, übrig. Am deutlichsten ist das an der Christologie. Hinter dem historischen Christus ruht der ewige Logos; er, der erst als Arzt und Erlöser erscheint, erscheint bei tieferer Betrachtung als der Lehrer — selig die Geförderten, welche des Arztes, des Hirten und des Erlösers nicht mehr bedürfen! in Joh. 1 $_{20}$ ff.: *μακάριοί γε ὅσοι δεόμενοι τοῦ υἱοῦ θεοῦ τοιοῦτοι γεγόνασιν, ὡς μηκέτι αὐτοῦ χρήζειν ἰατροῦ τοὺς κακῶς ἔχοντας θεραπεύοντος, μηδὲ ποιμένος, μηδὲ ἀπολυτρώσεως, ἀλλὰ σοφίας καὶ λόγου· καὶ δικαιοσύνης* — aber auch der Lehrer ist schließlich dem Vollkommenen nicht mehr nötig; er ruht in Gott. So ist hier das kirchliche Christentum als Hülle abgestreift und als Krücke zurückgestellt. Was bei Justin Weissagungsbeweis, bei Irenäus Heilsgeschichte ist, verdampft bei Origenes für den Gnostiker oder ist nur Bild einer unsinnlichen Geschichte. Im letzten Grund fehlt der hochfliegenden, alles umspannenden Ethik doch das Gefühl der Schuld und der Ehrfurcht vor der Majestät Gottes und vor dem Richter. Der Geist fühlt sich hier fast als ein Teil Gottes, nicht nur als sein Ebenbild und Kind, obgleich die Kreatürlichkeit und die Freiheit so stark betont werden

Das System soll streng monistisch sein (das aus dem Nichts erschaffene Materielle hat nur transitorische Bedeutung als Läuterungsort); faktisch wohnt ihm doch ein dualistisches Moment inne. Der beherrschende Gegensatz ist Gott und das Geschaffene. Die Amphibolie liegt in der doppelten Betrachtung des Geistigen (es gehört einerseits als Wesensentfaltung Gottes zu Gott selbst, es steht andererseits als Geschaffenes Gott gegenüber), die in allen neu platonischen Systemen wiederkehrt. Der Pantheismus soll abgewehrt und doch die Ueberweltlichkeit des menschlichen Geistes festgehalten werden. Dieser ist der freie, aber in seinem dunklen Drang sich des rechten Weges wohlbewußte, himmlische Aeon. Göttlicher Ursprung, göttliches Ziel, freie Entscheidung konstituieren sein Wesen. Der Knoten ist aber bereits in dem Moment geschürzt, wo der Geist in die Erscheinung tritt. Also gibt es eine Geschichte vor der Geschichte. Das System hat drei Teile: 1) Gott und seine Entfaltungen, 2) der Abfall des kreatürlichen Geistes und seine Folgen, 3) Erlösung und Wiederherstellung. Daß die Freiheit zum Schein zu werden droht, wenn der Geist sein Ziel erreichen muß, hat Origenes nicht bemerkt. In der Ausführung nimmt er es so ernst mit ihr, daß er selbst die göttliche Allmacht und Allwissenheit beschränkt. Aus der Heiligen Schrift wird das Gott-Welt-Drama angeblich abstrahiert (die Geheimtradition, welche noch bei Clemens eine Rolle spielt, tritt ganz zurück). Wie der Kosmos geistig, psychisch und materiell ist, so besteht auch die Heilige Schrift, diese zweite Offenbarung, aus diesen drei Teilen. Damit ist der Exegese die sichere Methode gegeben; sie hat 1) den Wortsinn zu ermitteln, der aber die Schale ist, 2) den psychisch-moralischen Sinn, 3) den pneumatischen. Hie und da kommt allein dieser pneumatische in Betracht und muß der Wortsinn sogar verworfen werden, wodurch man eben zur Auffindung des tieferen veranlaßt wird. Diese biblische Alchemie hat Origenes mit höchster Virtuosität ausgebildet.

a) Gott ist das Eine, welches dem Vielen gegenüber steht, das auf ihn als die Ursache zurückweist; er ist das schlechthin Seiende und Geistige, das dem bedingt Seienden gegenüber steht. Er ist anders als das Viele, aber die Ordnung, die Unselbständigkeit und die Sehnsucht des Vielen kündet von ihm. Gott als die absolute Kausalität mit Bewußtsein und Wille ist von Origenes lebendiger, sozusagen persönlicher vorgestellt als von den Gnostikern und Neuplatonikern. Aber Gott ist stets als Kausalität, daher nie ohne Offenbarung zu denken. Daß er schafft, gehört zu seinem Wesen, das ja eben in dem Vielen hervortritt. Da aber alle Offenbarung ein Begrenztes sein muß, so läßt Origenes keinen schrankenlosen Begriff der Allwissenheit und Allmacht gelten; Gott kann nur, was er will; er kann nicht was in sich einen Widerspruch hat, also nicht existent werden kann (alle Wunder sind natürlich); er kann sogar nicht das Geschaffene absolut gestalten, weil der Begriff des Geschaffenen eine privatio des Seins in sich schließt; er kann es nur möglichst gut machen; denn niemals geht die Idee ohne Rest in den Stoff auf, der sie zur Darstellung bringt. Auch die Freiheit setzt Gott eine Schranke, die er sich freilich selbst geschaffen hat. So wird die relative Betrachtung auf den Gottesbegriff selbst angewandt. Gott ist Liebe und Güte, die Gerechtigkeit ist eine Erscheinungsform der Güte

Da Gott ewig offenbart, so ist die Welt ewig, aber nicht diese Welt, sondern die Welt der Geister. Mit dieser aber ist Gott durch den Logos verbunden, in dem sich Gott mit Abstreifung der absoluten Apathie noch einmal setzt. Der Logos ist Gott selbst und zugleich das Integral und der Schöpfer des Vielen (Philo), eine besondere Hypostase, wie auch Bewußtsein Gottes und Potenz der Welt. Der Logos ist das vollkommene Ebenbild (*ἀπαράλλακτος εἰκών*) Gottes (*ὁμοούσιος*). Er hat nichts Körperliches an sich, ist darum wahrhafter Gott, aber zweiter Gott (keine mitgeteilte Gottheit, *οὐ κατὰ μετουσίαν, ἀλλὰ κατ' οὐσίαν θεός*). Er ist aus dem Wesen des Vaters von Ewigkeit gezeugt; es gab keine Zeit, wo er nicht war, und fort und fort geht er als besondere Hypostase hervor kraft göttlichen notwendigen Willens aus dem Wesen. Aber eben weil er substantia substantialiter subsistens ist, ist er als solche kein *ἀγέννητον*; er ist ein *αἰτιατόν*, der Vater das *πρῶτον αἴτιον*. So ist er die erste Stufe des Uebergangs des Einen zu dem Vielen; vom Standpunkt Gottes das *κτίσμα ὁμοούσιον*, von unserem Standpunkt der offenbare Gott von Art. Also nur für uns besteht die Gleichartigkeit von Vater und Sohn; seine Unwandelbarkeit ist daher auch nur relativ, weil sie nicht auf Autousie ruht. Ueberall ist bei diesen Spekulationen an den Logos den Schöpfer, nicht an den Logos den Erlöser gedacht. Auch der Heilige Geist — die Glaubensregel nötigte ihn auf — wird als drittes unwandelbares Wesen in die Gottheit gerechnet, als dritte Stufe und Hypostase (*τρεῖς ὑποστάσεις*). Er ist durch den Sohn geworden und verhält sich zu diesem, wie der Sohn zum Vater. Sein Wirkungskreis ist der kleinste, freilich — seltsam genug — der wichtigste. Der Vater ist das Prinzip des Seienden, der Sohn des Vernünftigen, der Geist des Geheiligten. Diese abgestufte Trinität ist Offenbarungstrinität, aber eben deshalb auch immanent und beharrlich, weil Gott niemals ohne die Offenbarung gedacht werden kann. Der Heilige Geist ist der Uebergang zu der Fülle von Geistern und Ideen, die, durch den Sohn geschaffen, in Wahrheit die Entfaltung seiner Fülle sind. Das Charakteristische der geschaffenen Geister im Unterschied von Gott ist das Werden (Fortschritt, *προκοπή*), d. h. die Freiheit (Gegensatz zur häretischen Gnosis). Aber die Freiheit ist doch relativ, d. h. in der übersehbaren Zeit sind sie frei; im Grunde aber herrscht die strenge Notwendigkeit für den geschaffenen Geist, das Ziel zu erreichen. Die Freiheit ist also sub specie aeternitatis notwendige Entwickelung. Aus der Freiheit hat Origenes den wirklichen Kosmos zu verstehen gesucht; denn zu den Geistern gehören auch die Menschengeister; sie sind alle von Ewigkeit geschaffen (Gott ist immer Schöpfer), vom Ursprung her gleich; aber ihre Aufgabe und demgemäß ihre Entwicklung ist verschieden. Sofern sie wandelbare Geister sind, sind sie alle mit einer Art von Körperlichkeit behaftet. In dem Geschaffensein selbst ist für Engel und Menschen schon eine Art Materialität gesetzt. Wie sie sich hätten entwickeln können, darüber hat Origenes nicht spekuliert, sondern nur, wie sie sich entwickelt haben.

b) Sie alle sollen ein beharrliches Wesen erreichen, um dann neuen Schöpfungen Platz zu machen. Aber sie fallen in Trägheit und Ungehorsam (präexistenter Sündenfall). Um sie zu zügeln und zu läutern, ist die Sinnenwelt geschaffen; diese ist also ein Zuchthaus, und die Geister werden durch das Band der Seele in verschiedenartige Körper geschlossen, die gröbsten haben die Teufel, die feinsten die Engel, die Menschen die mittleren, die von Teufeln und Engeln unterstützt und gefährdet werden (Rezeption volkstümlicher Vorstellungen). Das Leben ist eine Aufgabe, ein Kampf unter Gottes Zulassung und Leitung, der mit der Niederlage des Bösen und mit seiner Vernichtung enden soll. So herbe, fast buddhistisch Origenes von der Welt denkt — im Grunde ist er doch Optimist. Der Mensch besteht aus Geist, Seele und Leib (die Unterscheidung von Geist und Seele nach Plato und weil der Geist nicht Prinzip der widergöttlichen Aktion sein kann; die Seele ist so widerspruchsvoll behandelt, wie der Logos: sie ist erkalteter Geist und doch kein Geist; sie soll einerseits den Fall denkbar machen und doch die Vernunftseele in ihrer Integrität schützen). Der Kampf des Menschen besteht in dem Streben der in seiner Konstitution gesetzten Faktoren, die Herrschaft über die Aktionssphäre zu gewinnen. Die Sünde liegt einerseits in dem irdischen Zustande vor (im Grunde müssen alle Sünder sein); andererseits ist sie Produkt der Freiheit, eben deshalb aber überwindlich, wobei Gott hilft. Denn ohne ihn ist nichts Gutes.

c) Aber wir müssen uns selbst helfen; Gott hilft als Lehrer, erst durch das Naturgesetz, dann durch das mosaische Gesetz, dann durch das Evangelium (jedem nach seiner Eigenart und dem Maß seiner Fähigkeit), den Vollkommenen durch das ewige Evangelium, das keine Hüllen und Bilder hat. Die Offenbarung ist eine mannigfaltige, stufenweise Hilfeleistung, welche der seufzenden Kreatur entgegenkommt (sogar die Bedeutung des Volkes Israel ist erkannt). Aber der Logos mußte selbst erscheinen und helfen. Sein Werk mußte so kompliziert sein, wie das Bedürfnis es ist: den einen mußte er wirklich den Sieg über den Tod und die Dämonen zeigen, mußte als „Gottmensch" ein Opfer bringen, das die Sühne der Sünde darstellt, mußte ein Lösegeld zahlen, das der Herrschaft der Teufel ein Ende bereitete — kurz, er mußte eine verständliche Erlösung in „Tatsachen" bringen (Origenes hat zuerst in der Heidenkirche eine Theorie der Versöhnung und Entsühnung; aber man beachte, in welcher Zeit er geschrieben hat). Den anderen aber mußte er als göttlicher Lehrer und Hierurg die Tiefen der Erkenntnis aufschließen und ihnen damit ein neues Lebensprinzip bringen, so daß sie nun an seinem Leben teilhätten und verwebt mit dem göttlichen Wesen selbst göttlich würden. Rückkehr in die Gemeinschaft mit Gott ist hier wie dort das Ziel, dort durch Fakta, auf die man den Glauben richtet, hier durch Erkenntnis und Liebe, die über den Gekreuzigten hinaufstrebend, das ewige Wesen so erfassen, wie es der Logos selbst umfaßt. Die „Tatsachen" sind also nicht, wie bei den Gnostikern, Schein oder indifferente Basis der Wahrheit, sondern sie sind Wahrheit, aber nicht die Wahrheit. So hat er Glauben und Religionsphilosophie versöhnt. Er kann die kosmische Bedeutung des Kreuzestodes preisen, dessen Wirkung alle Geister umfaßt, und überfliegt doch dies Ereignis durch die Spekulation, für die es keine Geschichte gibt.

Hiernach gestaltet sich die Christologie: ihr Charakteristisches ist die Kompliziertheit: der Erlöser ist alles das gewesen, was Christen fromm von ihm denken können. Für den Gnostiker ist er das göttliche Prinzip, der Lehrer, der Erstling, die erkennbare göttliche Vernunft. Der Gnostiker kennt keine „Christologie“: von Christus her hat die vollkommene Einwohnung des Logos in den Menschen ihren Anfang genommen. Also ist hier weder die Gottheit noch die Menschheit Christi eine Frage oder ein Problem. Aber für den unvollendeten Christen ist Christus der Gottmensch, und der Gnostiker hat die Pflicht, das Problem, das diese Aussage bietet, zu lösen und die Lösung nach links und rechts vor Irrtümern zu schützen (gegen Doketismus und „Ebionitismus“). Der Logos konnte sich mit dem Leibe nur durch das Medium einer menschlichen Seele verbinden. Diese Seele war ein nie gefallener reiner Geist, der sich zur Seele bestimmt hatte, um den Absichten der Erlösung zu dienen. Sie war als reine im Grunde stets mit dem Logos verbunden und wurde dann ihrer sittlichen Würdigkeit wegen Mittel für die Menschwerdung des Logos (innigste Verbindung, aber eigentlich nur durch unablässige Willensbewegung von beiden Seiten perfekt; also keine Vermischung). Der Logos bleibt unveränderlich; nur die Seele hungert und leidet, wie sie denn, ebenso wie der Leib, wahrhaft menschlich ist. Aber weil beide rein sind und die Materie an sich qualitätslos ist, war der Leib doch faktisch ganz anders wie unserer (noch doketischer ist Clemens). Der Leib konnte jeden Augenblick so gestaltet sein, wie es die Situation verlangte, um den stärksten Eindruck auf die Verschiedenen zu machen. Auch war der Logos nicht in dem Leib eingeschlossen, sondern wirkte überall wie vorher und verband sich mit allen frommen Seelen. Freilich wurde die Verbindung mit keiner so innig wie mit der Seele Jesu und deshalb auch mit seinem Leibe. Der Logos verklärte und vergöttlichte stufenweise während des irdischen Lebens die Seele und diese den Leib. Die Funktionen und Prädikate des menschgewordenen Logos bilden eine Stufenleiter, in deren Erkenntnis der Gläubige sukzessive fortschreitet. Die Verbindung (*κοινωνία, ἕνωσις, ἀνάκρασις*) wurde so innig, daß die Prädikate von der Heiligen Schrift vertauscht werden. Zuletzt erscheint

Jesus in Geist verwandelt, in die Gottheit aufgenommen, derselbe mit dem Logos. Aber die Verbindung ist im Grunde eine ethische und schließlich keine einzigartige. Alle denkbaren Häresien sind hier gestreift, aber durch Kautelen umgrenzt (Jesus der himmlische Mensch — aber alle Menschen sind himmlisch; die adoptianische Christologie — aber der Logos steht hinter ihr; die Auffassung von zwei Logoi; die gnostische Zerreißung von Jesus und Christus; monophysitische Vermischung; der Doketismus), ausgenommen ist nur der Modalismus. Daß in einer wissenschaftlichen Christologie so viel Raum für die Menschheit gelassen ist, ist das Wichtige: die Idee der Menschwerdung ist aufgenommen.

Die Heilsaneignung ist mit dem allen schon gezeichnet: die Freiheit und der Glaube gehen voran: wie in Christus die menschliche Seele sich stufenweise mit dem Logos verbunden hat, so erhält auch der Mensch Gnade gemäß seinen Fortschritten (neuplatonischer Stufengang der Erkenntnis von der niederen Wissenschaft und den sinnlichen Dingen an; doch tritt Ekstase und Vision zurück; wenig Helldunkles). Ueberall ist ein Ineinander von Freiheit und Erleuchtung nötig, und der kirchliche Glaube bleibt der Ausgangspunkt auch des „theoretischen Lebens", bis es zur freudigen asketischen Beschaulichkeit kommt (Virginität, Isolierung: Origenes ist der Vater des Mönchtums unter den Theologen), in der der Logos der Freund und Bräutigam der Seele ist (Komment. z. Hohenlied), die nun vergottet in Liebe der Gottheit anhängt. Eine Wiedergeburt kennt Crigenes nur als Prozeß; aber bei ihm und Clemens (s. besonders Paedag. I, 6) finden sich in Anschluß an das N. T. Ausführungen (Gott als die Liebe, als der Vater, Wiedergeburt, Adoptio), welche, frei von den Fesseln des Systems, die evangelische Verkündigung in überraschend treffender Weise darlegen. Im höchsten Sinn gibt es keine Gnadenmittel, aber die Symbolsakramente, welche die Mitteilung der Gnade begleiten, sind nicht gleichgültig, sondern höchst wichtig (in Matth. ser. 85: „*Panis iste, quem deus-verbum corpus suum esse fatetur, verbum est nutritorium animarum, verbum de deo-verbo procedens . . . non enim panem illum visibilem, quem tenebat in manibus, corpus suum dicebat, sed verbum, in cuius mysterio fuerat panis ille frangendus*") Das System zahlreicher Vermittler und Interzessoren (Engel, Märtyrer, lebendige Heilige) hat Origenes erst recht in Wirksamkeit gesetzt und ihre Anrufung angeraten; er ist unter den Theologen der Vater der Religion zweiter Ordnung (in bezug auf das Gebet zu Christus ist Origenes sehr zurückhaltend gewesen, s. seine Schrift de orat.). In bezug auf die Kirche hat er zwischen der eigentlichen Kirche (*κυρίως ἐκκλησία*) und dem empirischen Kirchentum unterschieden (s. Augustin). Er war kein Verehrer des letzteren und konnte es nach seinen persönlichen Erfahrungen und seinem religiösen Idealismus nicht sein. Die Hierarchie machte ihm viele Sorge, und er kannte andere und bessere Priester als die kirchlich geweihten. Aber er sah die Notwendigkeit der empirischen Kirchen ein und tröstete sich damit, daß die Kirche in Korinth oder Athen immer noch besser, weil sittlicher usw., sei als die dortigen Stadtgemeinden.

Nach Origenes werden alle Geister in der Form ihres individuellen Lebens schließlich gerettet und verklärt (Apokatastasis), um einer neuen Weltepoche Platz zu machen. Die sinnlich-eschatologischen Erwartungen sind sämtlich verbannt. Der Lehre von der „Auferstehung des Fleisches" hat Origenes sich angeschlossen (Glaubensregel), sie aber so gedeutet, daß ein corpus spirituale auferstehen wird, dem alle Eigenschaften des Sinnlichen, ja auch alle Glieder, die sinnliche Funktionen haben, fehlen werden, und das, wie die Engel und Gestirne, in Lichtglanz strahlen wird. Die Seelen der Entschlafenen kommen sofort ins Paradies (kein Seelenschlaf); die noch nicht geläuterten Seelen in einen neuen Strafzustand (Straffeuer; s. GANRICH, Clemens und Origenes als Begründer der Lehre vom Fegfeuer, Abh. für Holtzmann, 1902), der sie weiter läutern wird (Qualen des Gewissens sind die Hölle). Aber nur so weit rezipiert Origenes die kirchliche Lehre von der Verdammnis; zuletzt werden alle Geister, selbst die Dämonen, geläutert zur Gottheit zurückkehren. Doch ist die Lehre esoterisch: „für den gemeinen Mann genügt es, zu wissen, daß der Sünder bestraft wird".

Dieses System hat die häretisch-gnostischen aus dem Felde geschlagen und in der Folgezeit die kirchliche Theologie des Orients — allerdings unter strengen Restriktionen — beherrscht. Die Kirche konnte auf die Dauer weder alle Lehren des Origenes gutheißen, noch sich bei seiner scharfen Scheidung von Glaube und Glaubens w i s s e n s c h a f t beruhigen. Sie mußte es versuchen, beide doch ineinander zu schieben und auf eine Fläche zu setzen (wie Irenäus).

Siebentes Kapitel.

Der entscheidende Erfolg der theologischen Spekulation auf dem Gebiet der Glaubensregel oder die Präzisierung der kirchlichen Lehrnorm durch die Aufnahme der Logoschristologie.

Quellen: Das Material ist aus der gesamten Literatur von Irenäus bis Athanasius zusammenzubringen; Hauptschriften: Tertull., adv. Prax., Hippol., c. Noetum, Novat., de trinitate, ferner Fragmente der beiden Bischöfe Dionysius (ChLFeltoe, The letters and other remains of Dionys. of Alex., 1904). — AHarnack, „Monarchianismus" in RE³, FLoofs, „Christologie" in RE.³ — JLangen, Geschichte der römischen Kirche, Bd. 1, 1881. — WMacholz, Spuren binitarischer Denkweise im Abendland seit Tertullian, 1902.

Nur die Logoschristologie ließ eine befriedigende Verbindung des Glaubens mit der damaligen Wissenschaft zu, entsprach der Formel, daß Gott Mensch geworden, damit wir Götter würden, und stützte so das Christentum nach außen und nach innen. Aber sie war nicht überall in den Gemeinden um 190 (und später noch) verbreitet, vielmehr teils unbekannt, teils als häretisch-gnostisch (Aufhebung der göttlichen Monarchie, resp. andererseits der Gottheit Christi) gefürchtet; Tert. adv. Prax. 3: „*simplices quique, ne dixerim inprudentes et idiotae, quae maior semper pars credentium est, quoniam et ipsa regula fidei a pluribus diis saeculi ad unicum et verum deum transfert, non intellegentes unicum quidem, sed cum sua οἰκονομία esse credendum, expavescunt ad οἰκονομίαν ... Itaque duos et tres iam iactitant a nobis pvaedicari, se vero unius dei cultores praesumunt . . . monarchiam inquiunt tenemus*"; ähnlich haben sich Hippolyt und Origenes ausgesprochen. Die Einbürgerung der Logoschristologie in den G l a u b e n der Kirche — und zwar als articulus fundamentalis — hat sich nach schweren Kämpfen im Lauf eines Jahrhunderts (bis gegen 300) vollzogen. Sie bedeutete die Umwandlung des Glaubens in eine Glaubens l e h r e mit griechisch-philosophischen Gepräge; sie schob die alten eschatologischen Vorstellungen zurück, ja verdrängte sie; sie setzte hinter den Christus der Geschichte einen begrifflichen Christus, ein Prinzip, und wandelte den geschichtlichen in eine „Erscheinung"; sie wies den Christen auf „Naturen" und auf naturhafte Größen, statt auf die Person und das Sittliche; sie gab dem Glauben der Christen definitiv die Richtung auf die Kontemplation von Ideen und Lehrsätzen und bereitete damit das mönchische Leben einerseits, das bevormundete Christentum der unvollkommenen, tätigen Laien andererseits vor; sie legitimierte hundert Fragen der Metaphysik, der Kosmologie und der Weltwissenschaft als kirchliche und verlangte bei Verlust der Seligkeit eine bestimmte Antwort; sie führte dazu, daß man statt Glauben vielmehr Glauben an den Glauben predigte, und verkümmerte die Religion, indem sie sie scheinbar erweiterte. Aber indem sie den Bund mit der Weltwissenschaft perfekt machte, gestaltete sie das Christentum zur Welt-, freilich auch zur Allerweltsreligion und bereitete die Tat Konstantins vor.

Die Richtungen in der Kirche, die dem philosophischen Christentum und der Logoschristologie wiederstrebten, nennt man monarchianische (so zuerst Tertullian). Der Name ist nicht glücklich gewählt, da viele Monarchianer eine zweite Hypostase (den hl. Geist = Sohn) anerkannten, und nur für die Christologie keinen Gebrauch von ihr machten. Man kann bei den Monarchianern zwei Richtungen unterscheiden (s. die alten Christologien Buch I c. 3 sub 6); die adoptianischen, die das Göttliche in Christus als eine Kraft ansahen und von der menschlichen Person Jesu ausgingen, die vergottet worden sei, und die modalistischen, die Christus für eine Erscheinung Gottes des Vaters hielten. Beide bekämpften die Logoschristologie als „Gnostizismus", die ersteren in ausgesprochenem Interesse für das geschichtliche (synoptische) Christusbild, die letzteren im Interesse der Monarchie und der Gottheit Christi. Beide Richtungen, auch ineinander übergehend, sind katholische gewesen, den Boden der Glaubensregel behauptend (nicht „ebionitisch" oder gnostisch); aber nachdem das N. T. als solches eingebürgert war, wurde ihr Kampf vergeblich; denn wenn sich auch im N. T. Stellen für ihre Thesen fanden, so überwogen doch die Stellen, die die Präexistenz Christi als besondere Hypostase enthielten, und es erschien selbstverständlich, daß überall das „Niedere" in den Aussagen nach dem Höheren"

(Pneumatischen) zu deuten sei (also die Synoptiker nach Johannes). Wahrscheinlich in allen kirchlichen Provinzen hat es „monarchianische“ Kämpfe gegeben; aber wir kennen sie nur teilweise.

§ 25. Die Ausscheidung des dynamistischen Monarchianismus oder des Adoptianismus.

a) Die „Aloger“ in Kleinasien (Spottname, Quellen: Irenäus III, 11, 9; Hippolyt,, ihn ausschreibend Epiphanius, h. 51) waren scharfe Gegner des Gnostizismus und zugleich eine Partei der radikalen antimontanistischen Opposition, die alles Prophetentum in der Kirche verwarf; sie traten zu einer Zeit auf, da es noch kein N. T. gab. Sie kritisierten die johanneischen Schriften historisch und verwarfen sie wegen der Ankündigung des Parakleten und der Apokalyptik, zugleich die Geschichtserzählung des Johannesevangeliums auf Grund der Synoptiker als unrichtig nachweisend. Aber sie tadelten auch den „Doketismus“ des Evangeliums, beanstandeten den Logos, und schlossen, daß die unwahren Schriften von Cerinth stammen müßten (Cerinth war kein judenchristlicher Gnostiker, wie man nach Epiphanius' Bericht hat schließen müssen, sondern ein heidenchristlicher, wie sich aus den ältesten Quellen ergibt). Ihre eigene Christologie war nach der synoptischen gebildet: die wunderbare Geburt, die Herabkunft des Geistes auf Jesus, seine Fortschritte, die Erhöhung durch die Auferstehung konstituieren seine Würde.

b) Dasselbe ist von den römisch-adoptianischen Parteien der Theodotianer zu sagen, die in nachweisberem Zusammenhang mit den „Alogern“ gestanden haben (der Lederarbeiter Theodotus und seine Partei, Theodotus der Wechsler, die Artemoniten). Sie etablierte sich seit ca. 185 in Rom (der ältere Theodot stammte aus Byzanz, ein Mann von ungewöhnlicher Bildung); allein schon Bischof Victor von Rom (um 195) stieß den älteren Theodotus aus der Kirche, weil er Christus für einen *ψιλὸς ἄνϑρωπος* halte — der erste Fall, daß ein auf der Glaubensregel stehender Christ als Irrlehrer gemaßregelt worden ist. Theodotus lehrte wie die „Aloger“ über Christus (*προκοπή* des wunderbar geborenen, in der Taufe ausgerüsteten Menschen Jesus bis zur Erhöhung durch die Auferstehung; Nachdruck auf die sittliche Bewährung), erkannte aber das Johannesevangelium bereits als heilige Schrift an, den Schriftbeweis nach derselben nüchternen, kritischen Methode führend wie jene (Deut 18 $_{15}$, Jer 17 $_{9}$, Jes 53 $_{2}$ f., Mt 12 $_{31}$, Lc 1 $_{35}$, Joh 8 $_{40}$, Act 2 $_{22}$, I Tim 2 $_{5}$). Unter seinem bedeutendsten Schüler, Theodot dem Wechsler, standen die Adoptianer, eifrig mit Kritik der heiligen Texte, empirischer Wissenschaft und Naturkunde (nicht mit Plato) beschäftigt, als Schule neben der Kirche (s. die Schilderung Euseb., h. e. V, 28). Ihr Versuch, eine Kirche zu gründen (Bischof Natalis), scheiterte schnell (z. Z. des Bischofs Zephyrin); sie blieben Offiziere mit einer, wahrscheinlich kleinen, immer mehr zusammenschmelzenden Armee. Aus ihrer These, der Heilige Geist — dessen Hypostase (als ewiger Sohn Gottes, s. Hermas, dessen Christologie sie befolgten) sie zugestanden — stünde höher als Jesus, weil dieser nur adoptierter Gott sei, haben die Gegner eine kapitale Häresie gemacht. Da sie nämlich jenem ewigen Sohn Gottes die Theophanien im A. T. zuschrieben und den Melchisedek für eine Erscheinung des ewigen Sohnes hielten, so nannte man sie Melchisedekianer, die den Melchisedek anbeteten. Von den gelehrten Arbeiten dieser Männer ist nichts auf uns gekommen. Hippolyt berichtet uns, daß einige unter ihnen auch nach der Auferstehung Christum nicht für einen Gott gelten lassen wollten, andere die ϑεοποίησις zugestanden. Offenbar wurde es in dem Streit, daß die Kirche einen Bund mit der Wissenschaft des Aristoteles, Euklid und Galen nicht vertrug, dagegen den Bund mit Plato forderte, und daß die alte Christologie des Hermas — die Adoptianer beriefen sich mit Recht auf diese Ueberlieferung und erklärten die Logoschristologie für eine Neuerung — nicht mehr genügte. Einige Dezennien später ist in Artemon zu Rom noch ein bedeutender adoptianischer Lehrer aufgetreten, von dem indes wenig bekannt ist. Auch er hat das Prädikat „Gott“ für Christus abgelehnt, scheint aber nicht in allen Stücken mit den Theodotianern solidarisch gewesen zu sein. Um 250 war in Rom der Adoptianismus bedeutungslos (Cyprian schweigt; doch s. Novatian, de trinit.); aber im Abendland erhielten sich in den Gemeinden Formeln, wie

„spiritus sanctus = dei filius; caro = Jesus; spiritus sanctus = Christus; spiritus carni mixtus = Jesus Christus", noch geraume Zeit (durch die Lektüre des hochangesehenen Hermas vornehmlich), und lehrreich ist, daß noch Augustin bis kurz vor seiner Bekehrung die adoptianische Christologie für die katholische gehalten hat. Also waren die orthodoxen christologischen Formeln in der abendländischen Laienwelt noch im 4, Jahrhundert wenig bekannt.

c) Aus den Schriften des Origenes erkennt man, daß es auch im Morgenland Adoptianer gegeben hat. Origenes hat sie als irregeleitete, resp. einfältige christliche Brüder behandelt, die der freundlichen Belehrung bedürfen; hatte er doch selbst die adoptianische Ansicht in seiner komplizierten Christologie verwertet (weshalb man ihn später ohne Recht auch mit den Adoptianern zusammengestellt hat; wogegen ihn Pamphilus verteidigte). Den monarchianisch lehrenden und in Arabien und Syrien viele Anhänger gewinnenden Beryll von Bostra (Euseb. VI, 33: *τὸν σωτῆρα καὶ κύριον ἡμῶν μὴ προϋφεστάναι κατ' ἰδίαν οὐσίας περιγραφὴν πρὸ τῆς εἰς ἀνθρώπους ἐπιδημίας, μηδὲ μὲν θεότητα ἰδίαν ἔχειν, ἀλλ' ἐμπολιτευομένην αὐτῷ μόνην τὴν πατρικήν*) hat er von der Wahrheit der Logoschristologie überzeugt[1]. Auch jene ägyptischen Chiliasten, die Dionysius von Alexandrien bekämpft und denen er Belehrungen *περὶ τῆς ἐνδόξου καὶ ἀληθῶς ἐνθέου τοῦ κυρίου ἡμῶν ἐπιφανείας* zu geben für nötig befunden hat, werden dynamistische Vorstellungen gehegt haben. Aber eine große adoptianisehe Aktion im Morgenland hat nur Paul von Samosata, Metropolit von Antiochien, unternommen (Euseb. VII, 27—30; sonstiges Material bei Routh, Rel. Sacr. III [ich halte die Fragmente aus den „Reden an Sabinus" für echt; von Loofs ist eine abschließende Untersuchung über Paul zu erwarten]; PPape, Die Synoden von Antiochien 264—269, 1903), der national-syrische Bischof, der den Griechen und ihrer Wissenschaft wie den Römern und ihrer Kirche entgegentrat. Daß zwei große orientalische Generalkonzilien zu Antiochien gegen ihn resultatlos verliefen und er erst auf dem dritten verdammt und abgesetzt worden ist

[1] Auch die „arabische" Lehre vom zeitweiligen Seelentod (Euseb., h. e. VI, 37) ist antiplatonisch und antimetaphysisch.

(wahrscheinlich 268), ist ein Beweis, wie wenig noch die alexandrinische Dogmatik im Orient eingebürgert war. Paul war ein kundiger Theologe (ungeistlich, eitel, verschlagen, sophistisch, einen Weltmann nennen ihn die Gegner), der die Macht der griechischen (platonischen) Philosophie in der Kirche brechen und die alte Lehre behaupten wollte. Er ist der Kirche nachmals als ein Erzketzer erschienen, als Jude, Ebionit, Nestorianer, Monothelet usw. Seine Auffassung war diese: Gott ist schlechthin einpersönlich zu denken (*ἓν πρόσωπον*). Wohl kann in Gott ein Logos (Sohn), resp. eine Sophia (Geist) unterschieden werden — beide sind übrigens auch zu identifizieren —, aber sie sind Eigenschaften. Gott setzt den Logos von Ewigkeit aus sich heraus, so daß man ihn Sohn nennen kann, aber er bleibt eine unpersönliche Kraft. Er hat in Moses und den Propheten gewirkt, *μᾶλλον καὶ διαφερόντως* in dem von der Jungfrau geborenen Davidsohn. Der Erlöser ist ein Mensch „von unten her“, aber von oben her wirkte in ihn der Logos hinein (Einwohnung mittels einer von außen wirkenden Inspiration, so daß der Logos der „innere Mensch“ des Erlösers wird). Die Gemeinschaft, die so entstanden, ist eine *συνάφεια κατὰ μάθησιν καὶ μετουσίαν*, eine *συνέλευσις* (keine *οὐσία οὐσιωμένη ἐν σώματι*); der Logos (Gotteskraft) hat nicht in Jesus *οὐσιωδῶς* gewohnt, sondern *κατὰ ποιότητα*; daher ist er von ihm als der Größere stets zu unterscheiden. Der Erlöser ist der vom Logos durchwaltete Mensch; aber er besaß in einziger Weise die göttliche Gnade, wie seine Stellung einzigartig ist. Seiner Ausstattung entspricht seine Bewährung. „Zwischen zwei Personen — also auch zwischen Gott und Christus — ist nur Einheit der Gesinnung und des Willens möglich. Solche Einheit kommt nur durch Liebe zustande; aber auch nur das, was aus der Liebe geschieht, hat Wert; das durch „die Natur“ Erreichte ist indifferent. Jesus ist durch die Unveränderlichkeit seiner Liebesgesinnung und seines Willens Gott ähnlich und mit ihm eins geworden, und zwar, indem nicht nur selbst ohne Sünde blieb, sondern auch im Kampf und Mühen die Sünden der Vorväter überwand. Wie er aber fortschritt und beharrte in der Bewährung des Guten, so rüstete ihn auch der Vater mit Macht und Wundertaten aus, in denen Jesus seinen stetigen Willen auf Gott bekundete. So wurde er der Erlöser und trat in eine in Ewigkeit unauflösliche Verbindung mit Gott, weil seine Liebe nicht mehr aufhören kann. Als Siegespreis seiner Liebe hat er den Namen über alle Namen, das Gericht und göttliche Würde erhalten, so daß man ihn „‚den Gott aus der Jungfrau' nennen kann, der er in Gottes Vorherbestimmung und Vorherverkündigung immer gewesen ist" (durch die Gnade und Bewährung ist er zum Gott geworden; die Stufen waren auch hier Geburt, Taufe, Auferweckung). Diese evangelische Christologie, die einzige, in der mit vollem Bewußtsein die religiöse Physik abgelehnt ist, stützte Paul durch Schriftbeweise und widerlegte eifrig die Gegner, namentlich die „alten Ausleger", die Alexandriner. Er schaffte alle Kirchenlieder ab, in denen die wesenhafte Gottheit Christi verkündet war; er wollte von „Substanzen" nichts wissen, sondern hielt sich an die lebendige Person. Seine Lehre wurde von den gebildeten griechischen Bischöfen als im höchsten Maße häretisch betrachtet: er habe das „Geheimnis" verraten. In dem Bekenntnis von sechs Bischöfen gegen ihn ist die physikalische Logoslehre in breiter Ausführung als wichtigster Bestandteil des apostolischen und katholischen Kirchenglaubens dargelegt. Auf der Synode verwarf man auch ausdrücklich das Wort „ὁμοούσιος", wahrscheinlich weil Paul es für den Logos gebraucht hatte, um durch dasselbe Gott samt dem Logos als e i n Subjekt zu bezeichnen. Mit Pauls Absetzung und Removierung (272) war es entschieden, daß kein katholischer Christ mehr die göttliche Physis des Erlösers bezweifeln durfte. Allein Pauls Lehre ist in Antiochien nicht spurlos untergegangen. Lucian und seine berühmte Gelehrtenschule, der Mutterschoß des Arianismus, ist vom Geiste Pauls befruchtet worden. Doch erscheint die Lehre im Arianismus durch Kombination mit dem hypostasierten *λόγος-κτίσμα* schlimm entstellt. Dagegen haben Photin und die großen Antiochener — obgleich die letzteren das Nicänum anerkannten — das Beste, was sie hatten, von Paul gelernt: der sog. Nestorianismus wurzelt in Pauls Lehre (soweit sie nach dem Nicänum noch bestehen konnte), und in ihm ist Paul noch einmal verdammt worden.

Wie lange sich in abgelegenen orientalischen Gemeinden adoptianische Anschauungen erhalten haben, zeigen die im

Anfang des 4. Jahrhunderts geschriebenen Acta Archelai. Was ihr Verfasser, ein Kleriker, über Christus ausgeführt hat, ist Pauls Lehre sehr verwandt. Allein in den großen Zentren der Christenheit war der Adoptianismus um 270 völlig gebrochen.

§ 26. Die Ausscheidung des modalistischen Monarchianismus.

Nicht der Adoptianismus, sondern der Modalismus ist der gefährliche Gegner der Logoschristologie zwischen 180 und 300 gewesen, jene Lehre, nach welcher die Gottheit selbst in Christus inkarniert angeschaut, er selbst als der leibhaftige Gott, der es allein ist, aufgefaßt wurde. Gegen diese Ansicht haben Tertullian, Origenes, Novatian, besonders Hippolyt, am nachdrücklichsten gekämpft („Patripassiani" nennt sie zuerst Tertullian; im Orient wird später „Sabelliani" der gebräuchlichste Ausdruck). Hippolyt sagt, daß zu seiner Zeit die Frage die ganze Kirche bewegt habe (Philos. IX, 6: *μέγιστον τάραχον κατὰ πάντα τὸν κόσμον ἐν πᾶσιν τοῖς πιστοῖς ἐμβάλλουσιν*), und Tertullian und Origenes bezeugen, daß die Masse des christlichen Volkes monarchianisch denke. In Rom war von Victor bis Calixt der Modalismus die offizielle Lehre; unter den Montanisten dachte die eine Hälfte modalistisch; auch die marcionitische Kirche neigte zu dieser Auffassung, und in der katholischen Kirche wurden von alters her viele Formeln gebraucht, die dieser Denkweise Vorschub leisteten, die ja in der Tat dem schlichten unreflektierten Glauben am besten entsprach (*ὁ θεός μου Χριστός*). Aber eine exklusive modalistische *Lehre* hat sich erst im Gegensatz zum Gnostizismus und zur Logoschristologie entwickelt, 1) um den Ditheismus abzuwehren, 2) um die volle Gottheit Christi zu behaupten, 3) um jeden Ansatz zum Gnostizismus abzuschneiden. Jetzt erst suchte man exegetisch als *Lehre* diesen Glauben zu begründen. Wissenschaftliche Theologen traten für ihn ein. Aber mehr als irgendeiner anderen religiösen Vorstellung mußte dieser die Berührung mit dem Denken und der Wissenschaft schädlich sein; sie war der Anfang vom Ende; indessen dauerte der Todeskampf sehr lang. Die *stoische* Philosophie wurde zu Hilfe gerufen mit ihrem Pantheismus und ihren dialektischen Formeln (die Adoptianer stützten sich z. T. auf Aristoteles, s. oben). So bietet die Kontroverse eine Seite, die sie der Kontroverse der Platoniker und gemeinen Stoiker über den Gottesbegriff verwandt erscheinen läßt (ob der λόγος-θεός der letzte Gott ist oder ob hinter ihm noch ein apathisches ὄν als höchster und eigentlicher θεός steht). Die ältesten Vertreter des Modalismus aber haben zugleich ein ausgeprägtes biblisches Interesse gehabt.

a) Auch hier sind Kleinasien und Rom die ersten Schauplätze der Kontroverse gewesen. Dort war es Noët, hier sein Schüler Epigonus (um 200), der den Kleomenes, dann den Sabellius für sich gewann. Gegen sie trat Hippolyt auf; allein die Bischöfe Roms (vor allem Zephyrin) begünstigten die Schule. Calixt (217—222), von Haus aus Modalist, suchte alle Parteien durch eine vermittelnde Formel zu befriedigen und sah sich deshalb genötigt, sowohl den Hippolyt (Gegenbischof) als den Sabellius zu exkommunizieren. Seine Formel scheint wirklich die Mehrzahl beruhigt zu haben. Wie unvollkommen uns das einzelne bekannt ist, zeigt der Umstand, daß Hippolyt über den Modalisten Praxeas in Rom (s. Tertullian) ganz schweigt (ist er mit Epigonus identisch?). Wahrscheinlich ist Praxeas schon vor Epigonus nach Rom gekommen (vielleicht schon unter Eleutherus), hat aber damals keinen Streit erregt. Da er auch nach Karthago gekommen und ein entschiedener Antimontanist war, so braucht Tertullian seinen Namen, um den römischen Modalismus überhaupt (um 210) zu bekämpfen. Sicher ist, daß Victor, der den Theodotus exkommunizierte, dies nicht im Sinne der Logoschristologie, sondern im Sinne des Modalismus getan hat. Doch ist ersichtlich, daß die monarchianischen Auffassungen einander in mancher Hinsicht näher stehen, als jede von ihnen der Logoschristologie. Beide vertraten die heilsgeschichtliche Auffassung der Person Christi gegenüber einer naturgeschichtlichen und gingen vielfach ineinander über (bei Beryll kann man zweifelhaft sein, ob er Adoptianer oder Modalist war; in den Schriften des Origenes lassen nicht wenige Stellen Zweifel, welche Partei er bekämpft; die Eintrachtsformel des Calixt schillert ebenfalls). Die einfachste Form des Modalismus zeigt Noët (s. Hippolyt): Christus ist der Vater selbst, der geboren und gestorben ist. Ist Christus nicht der Vater, so ist er nicht Gott. Neben dem monotheistischen Interesse (die Gegner werden δίθεοι genannt) ist es das Interesse an der vollen Gottheit Christi (φάσκουσιν συνιστᾶν ἕνα θεόν — τί οὖν κακὸν ποιῶ δοξάζων τὸν Χριστόν — Χριστὸς ἦν θεὸς καὶ ἔπασχεν δι' ἡμᾶς αὐτὸς ὢν πατήρ, ἵνα καὶ σῶσαι ἡμᾶς δυνηθῇ). Schriftbeweis war Exod 3_6 20_2 f., Jes 44_6 45_5 $_{14}$f., Bar 3_{36}, Joh 10_{30} 14_8 f., Rm 9_5; das Johannesevangelium war anerkannt; aber Ἰωάννης μὲν λέγει λόγον, ἀλλ' ἄλλως ἀλληγορεῖ. Der Begriff „Logos" wird streng abgelehnt. Spekulativ (stoisch) begründet (bei Kleomenes) wird der Gottesbegriff durch den Gedanken, Gott sei unsichtbar, wenn er will, sichtbar aber, wenn er sich zu sehen gibt; unfaßbar, wenn er nicht gefaßt werden will, faßbar, wenn er sich zu fassen gibt, ungezeugt und gezeugt, unsterblich und sterblich (alte Kirchenformeln, durch den stoischen Gottesbegriff gerechtfertigt). Der Vater, sofern er geruht hat geboren zu werden, ist der Sohn; beide sind also nur nominell unterschieden, aber die Unterscheidung ist auch eine heilsgeschichtliche. Für die Identität beriefen sie sich auch auf die alttestamentlichen Theophanien. Daß sie in stoischer Weise das Moment der Endlichkeit in die Gottheit selbst hineinlegten, ist nicht zu erweisen. Es ist der alte naive Modalismus, der hier zu einer Theorie erhoben ist (übrigens beachte, daß alle nicht philosophischen altchristlichen Schriftsteller nur eine Geburt des Sohnes gekannt haben, die aus der Jungfrau). Die Theorie scheitert daran, daß unzweifelhaft in den Evangelien zwei Subjekte (Vater und Sohn) vorausgesetzt sind. Indessen haben die Modalisten schwerlich je rund behauptet: der Vater hat gelitten; sie sagten, der Sohn, welcher gelitten hat, ist mit dem Vater identisch (Bischof Zephyrin: ἐγὼ οἶδα ἕνα θεὸν Χριστὸν Ἰησοῦν καὶ πλὴν αὐτοῦ ἕτερον οὐδένα γεννητὸν καὶ παθητόν, aber: οὐχ ὁ πατὴρ ἀπέθανεν, ἀλλὰ ὁ υἱός). Komplizierter ist die Lehre des Praxeas und die Formel des Calixt; sie zeigen den Eindruck der Schwierigkeiten: „Logos" ist keine Substanz, sondern nichts anderes als Schall und Wort. Praxeas, in der Tendenz und im Schriftbeweis mit Noët einig, unterscheidet doch schon mehr zwischen Vater und Sohn: Gott hat sich durch Annahme des Fleisches zum Sohn gemacht; das Fleisch macht den Vater zum Sohn, d. h. in der

Person des Erlösers ist das Fleisch (der Mensch, Jesus) der der Sohn, der Geist (Gott, Christus) der Vater (Berufung auf Lc 1 35). Das Geborene ist der Sohn; der Geist (Gott) hat nicht leiden können; sofern er sich ins Fleisch begeben, hat er mitgelitten („*pater compassus est filio*"). Sobald nun die Unterscheidung von caro (filius) und spiritus (pater) streng genommen wird, geht der Modalismus in den Adoptianismus über. Dies ist z. T. bei Calixt geschehen, der in seine Eintrachtsformel den Logos (aber als Bezeichnung auch für den Vater) und ein adoptianisches Element (das hat Hippolyt wohl bemerkt) aufgenommen, faktisch damit aber den römischen Gemeindeglauben zur Logoschristologie und zur physischen Vergottungslehre — seinen alten Freund Sabellius exkommunizierend — übergeführt hat. Doch hat sich der gnostisierende Subordinatianismus Tertullians und Hippolyts in Rom niemals durchsetzen können (Calixts Formel bei Hippol., Philosoph. IX, 12: *τὸν λόγον αὐτὸν εἶναι υἱόν, αὐτὸν καὶ πατέρα* [stoischer *λόγος-θεός*] *καὶ πατέρα ὀνόματι μὲν καλούμενον, ἓν δὲ ὂν τὸ πνεῦμα ἀδιαίρετον· οὐκ ἄλλο εἶναι πατέρα, ἄλλο δὲ υἱόν, ἓν δὲ καὶ τὸ αὐτὸ ὑπάρχειν· καὶ τὰ πάντα γέμειν τοῦ θείου πνεύματος, τά τε ἄνω καὶ κάτω· καὶ εἶναι τὸ ἐν τῇ παρθένῳ σαρκωθὲν πνεῦμα οὐχ ἕτερον παρὰ τὸν πατέρα, ἀλλὰ ἓν καὶ τὸ αὐτό. Καὶ τοῦτο εἶναι τὸ εἰρημένον·* Joh 14 11: *Τὸ μὲν γὰρ βλεπόμενον, ὅπερ ἐστὶν ἄνθρωπος, τοῦτο εἶναι τὸν υἱόν, τὸ δὲ ἐν τῷ υἱῷ χωρηθὲν πνεῦμα τοῦτο εἶναι τὸν πατέρα· οὐ γάρ, φησίν, ἐρῶ δύο θεοὺς πατέρα καὶ υἱόν, ἀλλ' ἕνα. Ὁ γὰρ ἐν αὐτῷ γενόμενος πατὴρ προσλαβόμενος τὴν σάρκα ἐθεοποίησεν ἑνώσας ἑαυτῷ, καὶ ἐποίησεν ἕν, ὡς καλεῖσθαι πατέρα καὶ υἱὸν ἕνα θεόν, καὶ τοῦτο ἓν ὂν πρόσωπον μὴ δύνασθαι εἶναι δύο, καὶ οὕτως τὸν πατέρα συμπεπονθέναι τῷ υἱῷ.* [*οὐ γὰρ θέλει λέγειν τὸν πατέρα πεπονθέναι*]). Sicherlich hat der gelehrte und einflußreiche Novatian (de trinit.) viel dafür getan, daß man im Abendland sich endlich die Logoschristologie gefallen ließ. Um 260 schreibt der römische Bischof Dionysius: *Σαβέλλιος βλασφημεῖ, αὐτὸν τὸν υἱὸν εἶναι λέγων τὸν πατέρα.* Cyprian bezeichnet den Patripassianismus als Pestilenz der Häresie wie den Marcionitismus, und, um ihn auszuschließen, drang selbst in eine Tochterrezension des römischen Symbols (Aquileja) der Zusatz ein: „*credo in deo patre omnipotente, invisibili et impassibili*". Allein einen geeigneten Boden hat die Logoschristologie im Abendland niemals gefunden: man ließ sie gelten, aber viel strenger hielt man — hier war man wirklich interessiert — an dem Glaubenssatz fest: Christus ist voller wahrhaftiger Gott, und es gibt nur einen Gott. Diese Haltung des Abendlandes ist im arianischen Streit von ausschlaggebender Bedeutung geworden: die nicänische Lehre ist nicht als philosophische Spekulation, sondern als wissenschaftlich unvermittelter, symbolmäßiger Glaube ebenso Eigentum der abendländischen Kirche des 3. Jahrhunderts gewesen, wie die chalcedonensische Lehre. Dabei brauchten viele abendländische Lehrer, die von Plato und vom Orient nicht beeinflußt waren, im 3. und 4. Jahrhundert modalistische Formeln ruhig fort, vor allem Commodian. Ueberhaupt zeigt die Theologie der Abendländer bis Augustin eine Mischung von ciceronianischer Moral, massiver urchristlicher Eschatologie, unreflektierter Christologie mit mehr oder weniger latentem Modalismus (ein Gott im strengen Sinn; Christus Gott und Mensch) und praktischer Kirchenpolitik (Bußinstitut), die dem Orient ganz fremd ist (Arnobius, Lactantius, Commodian). Sie sind keine Mystiker, z. T. Gegner des Neuplatonismus. Wie schwer es ihnen gefallen ist, sich in die Spekulationen des Orients zu finden, zeigen noch die energischen, aber unbeholfenen Versuche des Hilarius und die theologische Barbarei des Lucifer. Wohl verständlich ist, daß sich gerade im Abendland der Modalismus als Sekte nicht so lange erhalten hat, wie im Morgenland; er fand eben in der herrschenden Lehrweise, selbst wo der Logos akzeptiert war, eine Unterkunft.

b) Sehr getrübt sind die Berichte über den alten Modalismus im Orient; denn es ist nachmals alles „Sabellianismus" genannt worden, was die ewige und bleibende Hypostase des Sohnes beanstandete (z. B. Marcells Lehre). Auch bemächtigte sich schon im 3. Jahrhundert im Orient die Spekulation der modalistischen These und bildete sie in mannigfaltigen Spielarten aus, und die Berichterstatter (Epiphanius, Athanasius usw.) fügten wohl noch erfundene Formen hinzu. Wie man keine Geschichte der Logoschristologie von Origenes bis Athanasius im Orient schreiben kann — die Quellen sind vernichtet —, so auch keine Geschichte des Modalismus. Fest steht, daß der Kampf im Orient später begonnen hat, aber heftiger und langwieriger gewesen ist und die Ausbildung der origenistischen Christologie in der Richtung auf den Arianismus (also antithetisch) bestimmt hat. Die erste größere Bewegung fand in der Pentapolis statt, nachdem Origenes die „einfältigen“ Modalisten als christliche Brüder bekämpft und Bischöfe (römische) scharf getadelt hatte, die den Unterschied von Vater und Sohn zu einem bloß nominellen machen (die Verurteilung des Origenes zu Rom durch Pontian mag auch in Rücksicht auf seine Christologie erfolgt sein). Vielleicht ist Sabellius selbst von Rom aus am Ende seines Lebens (wieder?) in die Pentapolis gekommen. Er war schon tot, als Dionysius von Alexandrien den dortigen *Sabellianismus* bekämpfte. Dieser unterscheidet sich von dem Noëts durch sorgfältigere theologische Ausführung und durch Berücksichtigung des Heiligen Geistes: an *einem* Wesen haften drei Namen (Vater, Sohn und Geist), sonst wäre der Polytheismus etabliert; die drei Namen sind zugleich drei *Energien*. Das eine Wesen ist *υἱοπάτωρ* zu nennen — eine Bezeichnung für Gottes Wesen selbst. Aber es ist nicht gleichzeitig Vater und Sohn, sondern in drei aufeinanderfolgenden, sich ablösenden Energien (Prosopen), wirksam als Schöpfer und Gesetzgeber, als Erlöser, als Lebendigmacher (durch diese Lehre wurde der Begriff „Prosopon“, „Person“ im Orient diskreditiert). Ob es dem Sabellius möglich gewesen, den Gedanken der strengen Sukzession durchzuführen, wissen wir nicht. Vielleicht hat er doch das Prosopon des Vaters fortwirken lassen (die Sabellianer beriefen sich auf alttestamentliche Schriften, aber auch auf das Aegypter-Evangelium und andere Apokryphen — ein Beweis, daß sich der katholische Kanon in der Pentapolis noch nicht durchgesetzt hatte). Von dem älteren Modalismus unterscheidet sich dieser nicht durch einen stärkeren pantheistischen Zug oder durch eine neue Trinitätslehre (beides ist erst später im 4. Jahrhundert dazu gekommen, wenn nicht von den Berichterstattern eingetragen), sondern durch den Versuch, die Sukzession der Prosopen nachzuweisen, durch die Reflexion auf den Heiligen Geist (s. oben) und durch die formelle Parallelisierung des Prosopon des Vaters mit den beiden anderen Prosopen, die allerdings dazu aufforderte, hinter den Prosopen eine *μονάς-λόγος* anzunehmen (*συστολή* und *πλατυσμός*), die nie sich selbst offenbart, sondern nur in Wirkungen erkannt wird (diese Auffassung sagte Schleiermacher zu, Theol. Zeitschr., 1822, Heft 3). Die Kosmologie ist von Sabellius als eine Parallele zur Soteriologie eingeführt, mit der Bevorzugung des Vaters gebrochen, und damit ist in eigentümlicher Weise die athanasianische, resp. die augustinische Christologie vorbereitet. Das ist die entscheidende Bedeutung des Sabellianismus im Orient. Er hat dort dem *ὁμοούσιος* den Weg gebahnt, denn daß sich Sabellianer dieses Worts bedienten (andererseits auch Paul von Samosata), ist wahrscheinlich. Während innerhalb des Modalismus bisher kein festes Band Kosmologie und Soteriologie verknüpfte, wurde durch den späteren Sabellianismus die Welt- und Heilsgeschichte zu einer Geschichte des sich offenbarenden Gottes; der Modalismus wurde so der Logoschristologie ebenbürtig. In verschiedener Weise haben Marcell und Athanasius versucht, den Grundgedanken des Modalismus mit der Logoschristologie zu versöhnen: jener ist gescheitert, dieser hat gesiegt, indem er aus der Logosidee die Weltidee fast ganz entfernte, d. h. den Logos, wie die Sabellianer den *υἱός*, in das Wesen, ja in die numerische Einheit Gottes zurückführte.

§ 27. Geschichte der orientalischen Theologie bis zum Anfang des 4. Jahrhunderts.

Zunächst hatte der Modalismus die Folge, daß die Schüler des Origenes die Logoschristologie scharf subordinatianisch ausbildeten. Dionysius von Alexandrien ging so weit, daß er in einem Lehrbrief den Sohn einfach als Geschöpf bezeichnete, das sich zum Vater verhalte wie der Weinstock zum Gärtner und wie der Kahn zum Schiffsbaumann (Athanas., de sentent. Dionys.). Er wurde bei seinem römischen gleichnamigen Kollegen verklagt (um 260), dieser erließ ein warnendes Schreiben, in dem er — höchst charakteristisch — den Modalismus als Häresie auf die eine, die in Alexandrien geltende Christologie (gänzlich unverstanden und in rohester Form) als der Dreiprinzipienlehre Marcions verwandte (!!) Dreigötterei auf die andere Seite stellte und, ohne jede Vermittelung, als die Wahrheit die Paradoxie verkündigte, es sei zu glauben an Vater, Sohn und Geist, und diese drei seien gleich eins. Der friedfertige alexandrinische Kollege, nun die andere Seite der origenistischen Christologie hervorkehrend, erklärte, er habe nichts gegen das Wort *ὁμοούσιος*, der Vater sei immer Vater gewesen, der Sohn immer Sohn, und dieser verhalte sich zu jenem wie die Ausstrahlung zum Licht, der Ausfluß zur Quelle, ja er ging noch weiter und erklärte, daß schon in der Benennung „Vater" der Sohn mitgesetzt sei. Allein in dem diplomatischen Schriftstück hatte sich der Bischof doch eine Mentalreservation gestattet, er hätte die neuplatonische Philosophie, d. h. die Wissenschaft abdanken müssen, wenn er jeden *μερισμός* in der Gottheit abgelehnt hätte. Der Streit war ein Vorspiel des arianischen, endete schnell, und sein Ausgang hat die Alexandriner zunächst nicht genötigt, ihre Spekulationen zu beschränken. Auch sonst waren sie eifrig bemüht, den alten einfältigen Glauben in den Gemeinden, wenn er unbequem wurde, durch den philosophischen zu ersetzen (Dionysius wirkt in den ägyptischen Dörfern gegen den Chiliasmus, sein Gegner Nepos, Euseb., h. e. VII, 24. 25), zugleich aber die empiristische Philosophie zu widerlegen (Dionysius' Schrift über die Natur wider die Atomentheorie). Die Logos- und Christuslehre ist von den Vorstehern der Katechetenschule im Geist des Origenes ausgebildet worden (feiner philosophischer Polytheismus); aber aus der umfangreichen Literatur haben wir nur dürftige Fragmente. Pierius, der Origenes junior, hat ausdrücklich Vater und Logos als z w e i *οὐσίαι* und z w e i *φύσεις* bezeichnet und den Heiligen Geist dem Sohne als 3. Usie tief untergeordnet. Er lehrte die Präexistenz der Seelen und bestritt den Wortsinn einiger Schriftstellen als nicht maßgebend. Theognost (z. Z. Diocletians) hat eine umfangreiche, leider untergegangene Dogmatik verfaßt, die, in der Systematik der des Origenes überlegen, die Form gehabt zu haben scheint, die bis heute üblich ist (s. AHarnack, Die Hypotyposen des Theognost in d. Texten und Unters., Bd. 24, H. 3, 1903). Er hat übrigens den Origenismus in der Richtung auf Arius fortgebildet. Ein anderer Origenist, Hierakas, hat einen Mönchsverein gestiftet, einzig in der Ehelosigkeit das Neue in der christlichen Ethik erkannt und, wie es scheint, die substantielle Einheit von Vater und Sohn stärker betont. Jedenfalls hat dies der Bischof von Alexandrien, Petrus, getan († als Märtyrer 311). In ihm lenkt der alexandrinische Bischof wieder in die Haltung jenes Demetrius ein, der den Origenes verdammt hat. Unter welchen Umständen dies geschehen ist, ist unbekannt. Aber aus den Resten der Schriften des Petrus geht hervor, daß er den biblischen Realismus (Schöpfungs- und Sündenfallsgeschichte) an die Stelle des origenistischen Spiritualismus gesetzt und diesen als *μάθημα τῆς Ἑλληνικῆς παιδείας* bezeichnet hat. Allein diese Reaktion war bei Petrus noch keine radikale, er hat nur Spitzen abgestumpft. Es beginnt nun in Alexandrien der Ausgleich zwischen dem realistischen Glauben der Einfältigen und der Glaubenswissenschaft mittelst Abzügen und Zusätzen: was vorschwebte, war ein einheitlicher Glaube, der zugleich kirchlich und wissenschaftlich sein sollte. Allein dafür war die Zeit noch nicht da (s. die Kappadozier); noch herrschte Freiheit in der Theologie, die freilich zur völligen Verweltlichung und philosophischen Versumpfung zu führen drohte. Bereits waren alle Begriffe der Zukunft in Kurs, aber es fehlte ihnen noch das bestimmte Gepräge und der feste Wert[1], ja sie wurden (größtenteils waren sie ja unbiblisch) von vielen als verdächtig angesehen. Den Zustand der Glaubenslehre spiegeln am besten die Werke des Gregorius Thaumaturgus, des begeisterten Origenesschülers, ab, des einflußreichsten Theologen seiner Zeit in Kleinasien. Man erkennt hier, daß selbst den „Wissenschaftlichen" vor dem feinen Polytheismus, den sie einführten, bange wurde, weiter, daß die Christologie ein reines Philosophem geworden war: das Symbol, das Gregor in den Gemeinden als Taufsymbol und für den Unterricht verbreitete und das als geoffenbart galt, hat kaum in einem Satz Anklänge an Biblisches, es ist ein Kompendium der sublimsten Spekulation,

[1] Es lassen sich bei Origenes oder in seiner Schule nachweisen: *μονάς, τριάς, οὐσία, φύσις, ὑποκείμενον, ὑπόστασις, πρόσωπον, περιγραφή, μερίζεσθαι, διαιρεῖν, πλατύνειν, συγκεφαλαιοῦσθαι, κτίζειν, ποιεῖν, γίγνεσθαι, γεννᾶν, ὁμοούσιος, ὅμοιος κατὰ πάντα, ἐκ τῆς οὐσίας τοῦ πατρός, διὰ τοῦ θελήματος, θεὸς ἐκ θεοῦ, φῶς ἐκ φωτός, γεννηθέντα οὐ ποιηθέντα, ἦν ὅτε οὐκ ἦν, οὐκ ἦν ὅτε οὐκ ἦν, ἕτερος κατ' οὐσίαν, ἄτρεπτος, ἀναλλοίωτος, ἀγέννητος, ἀλλότριος, πηγὴ τῆς θεότητος, δύο οὐσίαι, οὐσία οὐσιωμένη, ἐνανθρώπησις, θεάνθρωπος, ἕνωσις οὐσιώδης, ἕνωσις κατὰ μετουσίαν, συνάφεια κατὰ μάθησιν καὶ μετουσίαν, σύγκρασις, ἐνοικεῖν* etc.

nur in den Worten, Vater, Sohn und Geist, an das Evangelium erinnernd. Darin sollte der christliche Glaube sich wiedererkennen! Wie groß war die Gefahr, daß das Christentum im Orient in Philosophie und Mysterien unterging![1]

Kein Wunder, daß doch eine Reaktion sich regte, wenn auch eine zahme. Neben Petrus von Alexandrien traten um 300 hier und dort im Orient Gegner des Origenes auf und nötigten seine Verehrer zur Verteidigung. Der bedeutendste und einflußreichste Gegner ist Methodius (um 300, Ausgaben seiner Schriften von AJahn und von NBonwetsch, ders., Die Theol. des Method., 1903; EBuonaiuti, The ethics and eschatology of Method., in The Harvard Theol. Rev. XIV, 3, 1921). Er war kein Feind des Plato und der Spekulation — im Gegenteil, aber er wollte den biblischen Realismus und die wörtlich verstandene Glaubensregel mit der Wissenschaft ausgleichen — ein neuer Irenäus wollte er einen einheitlichen Glauben, der echt kirchlich und echt wissenschaftlich sei. Also mußten dem Origenismus alle häretischen Spitzen abgebrochen werden, damit er in dieser Gestalt in den Kirchenglauben selbst eininterpretiert werden konnte (spekulativer Realismus; Methodius hat den Irenäus gelesen). Vor allem mußte der Pessimismus des Origenes in bezug auf die Welt (innerhalb der Kosmologie) abgetan werden: die Materie und der Menschenleib sind von Gott gewollt und werden daher verklärt werden und ewig bleiben. Dementsprechend wurde die origenistische Lehre von der ewigen Schöpfung der Geister, von dem präexistenten Fall, von dem Wesen und Zweck der Welt usw. abgetan. Dafür wurde die mystisch-realisti-

[1] Das Symbol Gregors lautet: *Εἷς θεός, πατὴρ λόγου ζῶντος, σοφίας ὑφεστώσης καὶ δυνάμεως καὶ χαρακτῆρος ἀϊδίου, τέλειος τελείου γεννήτωρ, πατὴρ υἱοῦ μονογενοῦς. εἷς κύριος, μόνος ἐκ μόνου, θεὸς ἐκ θεοῦ, χαρακτὴρ καὶ εἰκὼν τῆς θεότητος, λόγος ἐλεργός, σοφία τῆς τῶν ὅλων συστάσεως περιεκτικὴ καὶ δύναμις τῆς ὅλης κτίσεως ποιητική, υἱὸς ἀληθινὸς ἀληθινοῦ πατρός, ἀόρατος ἀοράτου καὶ ἄφθαρτος ἀφθάρτου καὶ ἀθάνατος ἀθανάτου καὶ ἀΐδιος ἀϊδίου. καὶ ἓν πνεῦμα ἅγιον, ἐκ θεοῦ τὴν ὕπαρξιν ἔχον καὶ δι' υἱοῦ πεφηνὸς [δηλαδὴ τοῖς ἀνθρώποις], εἰκὼν τοῦ υἱοῦ, τελείου τελεία, ζωὴ ζώντων αἰτία [πηγὴ ἁγία], ἁγιότης ἁγιασμοῦ χορηγός, ἐν ᾧ φανεροῦται θεὸς ὁ πατὴρ ὁ ἐπὶ πάντων καὶ ἐν πᾶσι, καὶ θεὸς ὁ υἱὸς ὁ διὰ πάντων — τριὰς τέλεια, δόξῃ καὶ ἀϊδιότητι καὶ βασιλείᾳ μὴ μεριζομένη μηδὲ ἀπαλλοτριουμένη. οὔτε κτιστόν τι ἢ δοῦλον ἐν τῇ τριάδι, οὔτε ἐπείσακτον, ὡς πρότερον μὲν οὐχ ὑπάρχον, ὕστερον δὲ ἐπεισελθόν. οὔτε γὰρ ἐνέλιπέ ποτε υἱὸς πατρί, οὔτε υἱῷ πνεῦμα, ἀλλ' ἄτρεπτος καὶ ἀναλλοίωτος ἡ αὐτὴ τριὰς ἀεί.*

sche Lehre des Irenäus von Adam (der Menschheit) wieder eingeführt, aber nur noch mystischer ausgebildet und die Rekapitulationstheorie ihr beigesellt. Die Menschen vor Christus sind Adam gewesen (erlösungsbedürftig, aber Kindeszustand). Durch den 2. Adam verbindet sich der Logos mit uns. Aber Methodius ging noch einen Schritt weiter; die ganze neue Menschheit ist der 2. Adam. Alle sollen Christus werden, indem der Logos sich mit jeder einzelnen Seele so verbindet wie mit Christus (für jede Seele muß sich die Herabkunft des Logos vom Himmel und sein Tod wiederholen — nämlich im Innern). Dies geschieht nicht sowohl durch die Erkenntnis, als vielmehr durch Mystik, Jungfräulichkeit und Askese. Der theoretische Optimismus wird also balanciert durch die in der Jungfräulichkeit ausgesprochene Weltverneinung. Kein Kirchenmann vor Methodius hat die Jungfräulichkeit so geschätzt, so sehr als Mittel der mystischen Vereinigung mit der Gottheit gepriesen, wie er (die Virginität ist das Ziel der Inkarnation). Indem hier der Realismus der Glaubenslehre mit der origenistischen Spekulation verbunden, die Zweiheit von Glaube und Glaubenswissenschaft auf eine Einheit reduziert, der theoretische Optimismus (in bezug auf die sinnliche Welt) mit der praktischen Weltverneinung verknüpft und alles auf die mystische Verbindung mit der Gottheit durch die Virginität abgezweckt ist, ohne daß die objektive Bedeutung Christus' des Erlösers verneint wäre (aber zurückgeschoben ist sie), ist die Dogmatik der Zukunft im Umriß gewonnen.

Was Methodius für die Dogmatik als ausgeführte Lehre getan hat, taten um 300 die Bischöfe für die Glaubensregel, sofern sie die wissenschaftliche Logoslehre in die Unterrichtssymbole einführten, damit die Neutralisierung des Unterschieds von Glaube und wissenschaftlicher Dogmatik beförderten und die Hauptergebnisse der griechischen Spekulation unter den Schutz der a p o s t o l i s c h e n Überlieferung stellten. Die orientalischen Symbole aus dieser Zeit (Symbol von Cäsarea, von Alexandrien, der sechs Bischöfe gegen Paul, des Gregorius Thaumaturgus usw.) geben sich als den undiskutierbaren apostolischen G l a u b e n der Gemeinde und sind doch p h i l o s o p h i s c h e Verarbeitungen der Glaubensregel: die e x e g e t i s c h - s p e k u l a t i v e T h e o l o g i e ist in *den Glauben selbst eingeführt.* Dies ist durch die Logoslehre geschehen; *das Dogma* ist nun gefunden und eingebürgert. Ein Göttliches ist *wesenhaft* auf Erden erschienen, und diese Erscheinung ist der Schlüssel für die Kosmologie und daher auch für die Soteriologie. Doch nur diese Grundthese war in weitesten Kreisen anerkannt. Man konnte sich aber nicht bei ihr beruhigen, solange nicht festgestellt war, *wie sich das auf Erden erschienene Göttliche zu der höchsten Gottheit, welche die Welt geschaffen, verhält.* Ist das auf Erden erschienene Göttliche die Gottheit selber oder ist es eine untergeordnete, zweite Gottheit? Sind wir von Gott selbst zu Gott erlöst, oder stehen wir auch in der christlichen Religion nur in einem kosmischen System, und ist unser Erlöser nur der in der Welt wirksame Untergott?

Zweiter Teil.

Die Entwicklung des kirchlichen Dogmas.

Erstes Buch.

Die Entwicklungsgeschichte des Dogmas als Lehre von dem Gottmenschen auf dem Grunde der natürlichen Theologie.

Erstes Kapitel.

Geschichtliche Orientierung.

§ 28.

CWFWalch, Entwurf einer vollständigen Historie der Ketzereien, 1762 ff. — CJHefele, Konziliengeschichte², Bd. I—IV. — Geschichte des römischen Reiches von Tillemont, Gibbon, und LRanke (Weltgeschichte Bd. IV und V), Seeck. — VSchultze, Geschichte des Untergangs des griechisch-römischen Heidentums, 2 Bde., 1887 f. — JGeffcken, Der Ausgang des griechich-römischen Heidentums, 1920. — GBoissier, La fin du paganisme, 2 Bde., 1891. — IDorner, Entwickelungsgeschichte der Lehre von der Person Christi², 1853. — HSchultz, Die Lehre von der Gottheit Christi, 1881. — FGass, Symbolik der griechischen Kirche, 1872. — FKattenbusch, Lehrbuch der vergleichenden Konfessionskunde, 1. Bd., 1890. — FLoofs, Symbolik, 1. Bd., 1902. — HDenzinger, Ritus Orientalium, 2 Bde., 1863 f. — HGelzer, Abriß der byzantinischen Kaisergeschichte, in Krumbachers Geschichte der byzantinischen Literatur, 2. Aufl., 1897. — OBardenhewer, Gesch. der altkirchl. Literatur, 3. Bd., 1912 (4. Jahrh.). — AHarnack, Der Geist der morgenländ. Kirche im Unterschied von der abendländischen (SBBA 1913, S. 157 ff.). — Derselbe, Die Askese, eine Skizze (in den Reden u. Aufs. „Aus der Friedens- u. Kriegsarbeit", 1916, S. 141 ff.). — EdSchwartz, Kaiser Constantin und die christl. Kirche, 1913, sowie desselben Untersuchungen zu Athanasius (Göttl. Ges. d. Wiss. 1908), den Konzilien (Histor. Ztschr., 3. Folge, 8. B. S. 1 ff.) u. d. Gesch. des 4. Jahrh.

Die christliche Religion hat im 2. und 3. Jahrhundert keinen Kompromiß mit irgendeiner der heidnischen Religionen geschlossen und sich fernab von den zahlreichen Kreuzungen gehalten, in denen unter dem Einfluß der monotheistischen Religionsphilosophie eine neue Religiosität zum Ausdruck kam. Allein der Geist dieser Religiösitat ist in die Kirche eingezogen und hat die ihm entsprechenden Ausdrucksformen in der Lehre und im Kultus hervorgehen lassen. Das Testament der Urchristentums (die heiligen Schriften) und das Testament der Antike (die neuplatonische Spekulation) waren am Ende des 3. Jahrhunderts innig und, wie es schien, untrennbar in den großen Kirchen des Orients verbunden. Durch die Aufnahme der Logoschristologie als des kirchlichen Zentraldogmas war die kirchliche Lehre, auch für die Laien, auf dem Boden des Hellenismus festgebannt. Sie wurde für die große Mehrzahl der Christen dadurch zum Mysterium. Aber eben nach Mysterien suchte man. Nicht die Frische und Klarheit einer Religion zog an, sondern sie mußte etwas Raffiniertes und Kompliziertes haben, ein Bau im Barockstiel sein, um die Menschee zu befriedigen, die damals alle idealistischen Triebe ihrer Natur in der Religion befriedigt sehen wollten. Mit diesem Verlangen verband sich die höchste Pietät gegen alles Überlieferte, wie sie Restaurationsepochen eigen ist. Aber, wie immer, wurde das Alte durch die Konservierung ein Neues und das Neue unter den Schutz des Alten gestellt. Was die Kirche brauchte an Lehr-, Kultus- und Verfassungsordnungen, war „apostolisch" oder stammte angeblich aus den heiligen Schriften. Aber in Wahrheit legitimierte sie in ihrer Mitte die hellenische Spekulation, die superstitiösen Anschauungen und Gebräuche der heidnischen Mysterienkulte und die Institutionen der verfallenden Staatverfassung, denen sie sich anschmiegte und die bei ihr neue Kraft erhielten. In der Theorie monotheistisch, drohte sie in praxi polytheistisch zu werden und dem ganzen Apparat niederer oder verbildeter Religionen Raum zu geben. Aus der Religion der reinen Vernunft und der strengsten Moral, als welche die Apologeten einst das Christentum dargestellt hatten, wurde sie die Religion der kräftigsten Weihen, der geheimnisvollen Mittel und einer sinnenfälligen Heiligkeit. Der Zug, mechanisch entsühnende Weihen (Sakramente) zu erfinden, trat immer stärker hervor und gereichte selbst strengdenkenden Heiden zum Anstoß.

Die Anpassung an die lokalen Kulte, Sitten und Gewohnheiten (man vergleiche, was uns über die Missionsweise des Gregorius Thaumaturgus berichtet ist, nehme die neue christliche Belletristik [Apostel- und Märtyrergeschichten] hinzu und beachte die Nachrichten über die Lokalheiligen, Lokalkulte, Kapellen, Festfeiern usw., die nun beginnen) mußte auf die Dauer zu einer vollkommenen Verweltlichung und zu einer Zersplitterung der Kirche (zu Nationalkirchen) führen: allein zunächst war das Gemeinsame noch stärker als das Trennende. Die Anerkennung derselben Autoritäten und Schematen, die gleichmäßige Hochschätznng derselben sakramentalen Weihen, der Abscheu vor dem groben Polytheismus und der Zug zur Askese um des jenseitigen Lebens willen bildeten neben der gleichartig und streng ausgebildeten bischöflichen Verfassung die gemeinsame Basis der Kirchen. Alle diese Elemente reichten indes nicht aus, die Einheit der Kirchen zu erhalten. Hätte Konstantin nicht ein neues Band um sie geschlungen, indem er sie zur Reichskirche erhob, so wäre die Zersplitterung, die man vom 5. Jahrhundert ab beobachtet, viel früher eingetreten; denn die bischöflich-metropolitane Verfassung barg ein zentrifugales Element in ihrem Innern; die die Religion verstärkende Askese, in der sich alle Ernstdenkenden zusammenfanden, drohte in mancher Hinsicht die geschichtlichen Bedingungen, auf denen die Religion, stand allmählich aufzulösen und die gemeinschaftliche Gottesverehrung zu zerstören. In die Ausprägung der Autoritäten und Lehrformeln schlichen sich mehr und mehr Unterschiede ein, die ihre Einheitlichkeit in Frage stellten.

Nimmt man seinen Standort am Ende des 3. Jahrhunderts, so kann man sich des Eindrucks nicht erwehren, daß das kirchliche Christentum damals von vollkommener Verweltlichung und von äußerer und innerer Auflösung bedroht gewesen ist. Die Gefahr der inneren Auflösung, unmittelbar vor der diokletianischen Verfolgung, hat Eusebius selbst konstatiert (h. e. VIII, 1). Er gesteht — wenigstens von den Kirchen des Orients — ein, daß sie in die Welt zu zerfließen drohten, daß sich das pure Heidentum in dem Leben der Geistlichen und Laien breit machte. Die diokletianische Verfolgung fügte die äußere Gefahr hinzu, und man kann nicht sagen, daß es lediglich die Kraft der Kirche gewesen ist, die die Gefahr siegreich bestanden hat.

Schon damals war die Kirche Bischofs- und Theologenkirche. Allein diejenige Macht, die, wie die Dinge damals lagen, die Eigenart der Religion allein energisch stützen konnte — die Theologie —, war nahe daran, sie aufzulösen und der Welt preiszugeben.

Es ist am Schlusse des ersten Teils geschildert worden, wie in der Kirche die philosophische Theologie zu Siege gekommen ist und ihre Sätze in die Glaubensformeln selbst eingebürgert hat. Der „Ebionitismus" und „Sabellianismus" waren besiegt, das Panier der neuplatonischen Philosophie war aber trotz der Abschüttelung des Gnostizismus aufgepflanzt. Alle Denkenden standen unter dem Einfluß des Origenes. Aber war das System dieses Mannes an sich schon heterodox, so bedrohte die Entwickelung der alexandrinischen Theologie die Kirche mit weiteren Gefahren. Origenes hatte Gnosis und Pistis unvermischt gehalten; er hatte in konservativem Sinn alles Wertvolle einzugliedern und die verschiedenen Faktoren (kosmologische und soteriologische) in eine Art von Gleichgewicht zu bringen verstanden: er hatte seiner Theologie durch strengen Anschluß an die heiligen Texte ein biblisches Gepräge gegeben und durchweg den Schriftbeweis verlangt. Ueberall traten aber hier bei den Epigonen Veränderungen ein: 1. bemühten sich sowohl die Schüler als die Gegner des Origenes, Pistis und Gnosis wieder auf eine Fläche zu setzen, der Glaubensregel Philosophisches hinzuzufügen und von der Gnosis Einiges abzuziehen. Eben dadurch drohte eine Versumpfung und Verwirrung, die Origenes sorgsam abgewehrt hatte: der Glaube selbst wurde den Laien undurchsichtig und unverständlich; 2. die kosmologischen und rein philosophischen Interessen erhielten in der Theologie ein Übergewicht über die soteriologischen. Dementsprechend wurde die Christologie wieder in höherem Grade philosophische Logoslehre (wie bei den Apologeten), und die Idee des kosmischen Gottes als des Untergottes neben dem höchsten Gott bedrohte geradezu den Monotheismus. Schon wurden hier und dort — im Gegensatz zum „Sabellianismus" — Glaubensformeln aufgestellt, in denen von Christus gar nicht die Rede war, sondern lediglich der Logos mit einem Schwall philosophischer Prädikate als der erscheinende aber untergeordnete Gott verherrlicht wurde; schon wurde die Menschwerdung als Aufgang der Sonne gefeiert, die alle Menschen erleuchtet; schon schien man sich der neuplatonischen Idee des einen unnennbaren Wesens und seiner abgestuften mehr oder minder zahlreichen Kräfte, Erscheinungen, Statthalter anpassen zu wollen, indem man alles mit einem üppig aufwuchernden Gewinde philosophischer Kunstausdrücke umzog; 3. trat sogar die heilige Schrift bei diesen Bemühungen, wenn auch nur im Sinne der formalen Instanz, etwas zurück, ohne indes ihre Geltung einzubüßen. Die Theologie, die aus diesen Elementen gebildet war (z. B. Eusebius von Cäsarea ist ihr konservativer, biblisch gerichteter Repräsentant), ließ alles gelten, was sich in den Linien des Origenismus hielt. Ihre Vertreter empfanden sich als die Konservativen, indem sie jede festere Präzisierung der Gotteslehre (Trinitätslehre) und der Lehre von Christus als Neuerungen ablehnten (Widerwille gegen die Präzisierung bisher nicht präzisierter Dogmen hat die Majorität in der Kirche stets beseelt; denn Präzisierung ist Neuerung) und um der Wissenschaft und des »Glaubens“ willen sich lediglich abmühten, die Logoslehre im kosmologischen Sinn auszugestalten und alles Innerliche und Sittliche dem Gedanken der Wahlfreiheit unterzuordnen.

Weder die Gedanken einer heroischen Askese, noch die realistische Mystik im Sinne des Methodius, noch Abzüge an den Heterodoxien des Origenes konnten hier helfen. Die Theologie und mit ihr die Kirche schien rettungslos in die Zeitströmung zu versinken. Aber wie am Anfang des 4. Jahrhunderts ein Mann aufgetreten ist, der die durch inneren Hader und äußere Verfolgung tief bedrohte Kirche gerettet hat — Konstantin, so ist um dieselbe Zeit ein anderer Mann erschienen, der die Kirche vor der völligen Verweltlichung ihrer Glaubensgrundlagen bewahrt hat — Athanasius. Zwar haben Reaktionen gegen die Ausbildung der Logoslehre in der Richtung auf die völlige Entfremdung des Sohnes vom Vater im Orient wahrscheinlich zu keiner Zeit gefehlt; aber erst Athanasius hat (unterstützt vom Abendland, dessen Bischöfe jedoch den Kern der Frage ursprünglich schwerlich erkannt haben) der christlichen Religion auf dem einmal gegebenen Boden der griechischen Spekulation das eigene Gebiet gesichert und alles auf den Gedanken der Erlösung durch Gott selbst, d. h. durch den Gottmenschen, der mit Gott wesenseins ist, zurückgeführt. Nicht um eine Formel war es ihm zu tun, sondern um einen entscheidenden Gedanken des Glaubens, um die Erlösung zu göttlichem Leben durch den Gottmenschen. Einzig auf der Gewißheit, daß das Göttliche, welches in Christus erschienen ist, die Natur der Gottheit selber habe und nur deshalb imstande sei, uns zu göttlichem Leben zu erheben, soll der Glaube seine Kraft, das Leben sein Gesetz und die Theologie ihre Richtung empfangen. Indem Athanasius aber den Glauben an den Gottmenschen, der da allein von Tod und Sünde befreit, an die Spitze stellte, gab er zugleich der praktischen Frömmigkeit, wie sie damals fast ausschließlich in der mönchischen Askese lebte, das höchste Motiv. Er verband den Glauben an die volle Gottheit des Erlösers, welcher die Vergottung der menschlichen Natur verbürgt, aufs engste mit der mönchischen Askese, die auf die Vergottung vorbereitet, und hob diese aus ihrem noch unterirdischen oder doch unsicheren Bereiche in das öffentliche Leben der Kirche. Indem er die Formel vom *λόγος - κτίσμα,* die neuplatonische Lehre von einer absteigenden Trinität, als eine heidnische, das Wesen des Christentums verleugnende bekämpfte, setzte er zugleich ebenso energisch das Mönchtum als Ideal dem Heidentum entgegen. Er ist der Vater der kirchlichen Orthodoxie und der Patron des kirchlichen Mönchtums geworden: nichts Neues hat er gelehrt, neu war nur die Tat, die Energie und Ausschließlichkeit seines Betrachtens und Handelns in einer Zeit, da alles zu zerfließen drohte. Er ist auch kein wissenschaftlicher Theologe im strengsten Sinn gewesen, sondern er ist aus der Theologie in die Frömmigkeit und Kirchenpraxis herabgestiegen und hat das treffende Wort gefunden. Er ehrte die Wissenschaft, auch die des Origenes; aber er entfernte sich von dem verständigen Denken seiner Zeit. Indem er die Prämissen desselben zugestand, fügte er ihnen ein Element bei, das die Spekulation niemals vollständig aufzuarbeiten vermocht hat. Nichts war ihr hier unverständlicher als die Annahme der Wesenseinheit der ruhenden und der wirkenden Gottheit. Athanasius befestigte eine Kluft zwischen dem Logos, an den die Philosophen dachten, und dem Logos, dessen erlösende Kraft er verkündete. Was er von diesem aussagte, indem er das Geheimnis stark und kräftig aussprach und sich keineswegs in neuen Distinktionen gefiel, erschien den Griechen als ein Aergernis und eine Torheit. Aber er scheute diesen Vorwurf nicht, umschrieb vielmehr innerhalb der einmal gegebenen Spekulation dem christlichen Glauben ein eigenes Gebiet und hat so den Weg gefunden, um die völlige Hellenisierung und Verweltlichung des Christentums abzuwehren.

Das „Ὁμοούσιος“ und das Mönchtum haben im 4. Jahrhundert das Christentum davor geschützt, in einen konventionellen Idealismus zu zerfließen. Diese Kraft haben beide Mächte auch noch in den folgenden Jahrhunderten bewährt. Welche sittliche Vertiefung und christliche Verinnerlichung sich im Mönchtum neben einer rohen und äußerlichen Weltflucht zu entwickeln begann — wirklich eine partielle Rückkehr zu urchristlicher Frömmigkeit — hat KHOLL (Enthusiasmus und Bußgewalt im griechischen Mönchtum, 1898) gezeigt.

Die Dogmengeschichte des Orients seit dem Nicänum zeigt zwei verflochtene Entwicklungsreihen. Erstlich wurde die Idee des Gottmenschen unter dem Gesichtspunkt der Erlösung des Menschengeschlechts zu göttlichem Leben — also der Glaube des Athanasius — nach allen Seiten präzisiert (Dogmengeschichte im strengen Sinn des Worts). Zweitens galt es festzustellen, wieviel von dem spekulativen System des Origenes, resp. von der *Ἑλληνικὴ παιδεία,* in der Kirche erträglich sei, anders ausgedrückt: in welchem Maße die heiligen Schriften und die Glaubensregel eine spekulative Umdeutung und Spiritualisierung vertrügen. Die Behandlung beider Probleme war durch hundert Umstände (auch politische) erschwert, vor allem aber deshalb verdunkelt und vergiftet, weil die Kirche eine theologische Arbeit am Dogma niemals vor sich selber zugestehen durfte, und weil zugleich die große Mehrzahl der Christen in der Tat jede zu neuen Formeln führende Arbeit als Abfall von dem Glauben, weil als Neuerung, scheute. Der Schein des „semper idem“ mußte stets aufrecht erhalten werden, da ja die Kirche im

„apostolischen Erbe“ alles fix und fertig besitzt. Die Theologie und die Theologen — gerade die besten — kamen dadurch bei Lebzeiten und nach dem Tode in die schlimmste Lage: bei Lebzeiten galten sie als Neuerer und nach dem Tode, wenn das Dogma über sie hinaus fortgeschritten war, kamen sie oft genug völlig in Mißkredit; denn das präziser ausgebildete Dogma wurde nun der Maßstab, den man selbst an die Theologen der ältesten Zeit anlegte. Zur Ruhe kam die Kirche erst, als die Dogmenbildung aufhörte und neben das fertige Dogma eine scholastisch-mystische Theologie und eine harmlose antiquarisch-exegetische Wissenschaft traten, die beide das Dogma nicht mehr antasteten, sondern es entweder als ein Festgegebenes explizierten oder es, indifferent, beiseite liegen ließen. Damit war endlich erreicht, was die „Konservativen“ stets ersehnt hatten. Aber die lebendige Frömmigkeit hatte unterdes ihre Stellung zum Dogma geändert; sie betrachtete im Grunde den geistigen Glauben nicht mehr als die Sphäre, in der sie lebte, und als ihren ureigenen und frischen Ausdruck, sondern sie rechnete ihn in das kultische System ein und beurteilte ihn als das heilige Erbe des Altertums und als die Vorbedingung um die christlichen Güter genießen zu können.

Perioden der Dogmengeschichte im Orient: Konstantin ermöglichte eine einheitliche Entwicklung der Kirche im Dogma (ökumenische Synoden als forum publicum; an die Stelle der provinzialkirchlichen Symbole tritt ein einheitliches dogmatisches Bekenntnis); allein die Unifizierung der Kirchen wurde, genau genommen, nie perfekt und der nationalkirchliche Partikularismus erstarkte gerade im Gegensatz zum Byzantinismus, wurde aber im Abendland überwunden, weil sich dort das altrömische Reich in die römische Kirche rettete und der Katholizismus der Schutz gegen barbarische und arianische Reiche war. Indem das Morgenland zerfiel und der Islam schließlich die Schöpfung Alexanders des Großen völlig zertrümmerte, Griechen und Semiten scheidend, fielen Abendland und Morgenland immer mehr auseinander. Doch hat bis zum Schluß der dogmenbildenden Periode des Morgenlands das Abendland den regsten, oft entscheidenden Anteil an den dogmatischen Feststellungen genommen.

I. Periode von 318—381 (383). Präzisierung der vollen Gottheit des Erlösers. Athanasius, Konstantin, die Kappadozier, Theodosius. Die Orthodoxie siegt durch die Festigkeit des Athanasius und einiger Abendländer, durch den Gang der Weltbegebenheiten (des Arius, Julian's und Valens' plötzliches Ende, Auftreten des Abendländers Theodosius im Morgenland) und durch das Vermögen der Kappadozier, den Glauben des Athanasius — freilich nicht ohne Abzug — in der origenistischen Wissenschaft unterzubringen.

II. Periode von 383—451. Die selbständige theologische Wissenschaft (Ἑλληνικὴ παιδεία, Origenes) wird bereits heftig bekämpft; angesehene kirchliche Führer geben sie preis und werfen sich mehr und mehr der Gemeinde- und Mönchsorthodoxie in die Arme. Ueber das christologische Dogma erheben sich zwischen Antiochien und Alexandrien die heftigsten Streitigkeiten, hinter denen sich die politische Machtfrage verbirgt. Die korrekte Lehre siegt zu Ephesus 449; allein mit der Tyrannis der alexandrinischen Patriarchen verbunden, muß sie das Geschick der letzteren teilen, über die der Kaiser und der Staat triumphieren. Dem Kaiser bleibt nichts übrig, als die abendländische Formel als die orthodoxe zu proklamieren (das Chalcedonense), die zunächst dem Orient fremd ist und nicht ohne Grund als häretisch empfunden wird.

III. Periode von 451—553. Aufruhr und Schisma im Orient des Chalcedonense wegen; der Monophysitismus ist in lebendigster Bewegung, die „Orthodoxie" zunächst ratlos. Der spekulative Platonismus allein vermochte das Dogma nicht zu retten; neben ihn trat auch in der allgemeinen Wissenschaft die aristotelische Dialektik und Scholastik, die sich als Retter in der Not erwies, dazu eine Mysteriosophie, die aus jeder Formel und jedem Ritus etwas zu machen verstand. Diesen Mächten gelingt es, sich die aufgenötigte Formel zurechtzulegen (Leontius von Byzanz, der Areopagite). Justinian, überall abschließend, kodifiziert das Dogma ebenso wie das Recht und schließt nicht nur die Schule von

Athen, sondern auch die von Alexandrien und Antiochien. Origenes und die antiochenischen Theologen werden verdammt. Als theologische Wissenschaft bleibt nur eine Wissenschaft zweiter Ordnung übrig—die Scholastik und die Kultusmystik, diese freilich im letzten Grunde wie im Ziele nicht ganz orthodox, äußerlich aber korrekt. Die Kirche reagiert nicht; denn sie hat stets Ruhe gewollt, und die Frömmigkeit hatte sich längst in das Mönchtum und die Mysterien (den Kultus) geworfen[1].

IV. Periode von 553—680. Der monotheletische Streit, im Grunde teils Nachspiel, teils Wiederholung des alten Streits, weniger aus der Ueberzeugung als aus der Politik und Diplomatie geboren. Auch hier muß schließlich das Abendland mit einer blutlosen Formel helfen.

V. Periode von 726—842. Im Grunde zeigen die Kämpfe dieser Periode (Bilderstreit) bereits, daß die Dogmengeschichte zu Ende ist; aber gekämpft wurde um das, was sich als praktischer Ertrag der Dogmengeschichte herausgestellt hatte, um das Recht, an tausend sinnlichen Dingen (vor allem an den Bildern) die Vergottung, die Ineinsbildung von Himmlischem und Irdischem, wahrnehmen und verehren zu dürfen. Dabei tritt hier am Schluß das, was in der ganzen Dogmengeschichte als ein untergeordneter Faktor e r s c h e i n t, es aber nicht ist, deutlich hervor — der Streit des Staats (des Kaisers) und der Kirche (der Bischöfe und Mönche) um die Herrschaft; für die Kirche ist die Gestaltung des Dogmas und Kultus von höchster Bedeutung. Der Staat muß schließlich die Einführung einer Staatsreligion preisgeben, aber für dieses Zugeständnis bleibt er der Sieger im Lande und in der Kirche. Die Kirche behält ihren Kultus und damit die ihr eigentümliche praktische Fruktifizierung des Dogmas; aber sie wird definitiv unselbständig, Stütze, Spielball, unter Umständen freilich auch Palladium des Staats und der Nation.

---

[1] Von Polykarp heißt es in seiner romanhaften Vita per Pionium (saec. IV): *ἑρμηνεῦσαί τε ἱκανὸς μυστήρια, ἃ τοῖς πολλοῖς ἦν ἀπόκρυφα, οὕτω φανερῶς αὐτὰ ἐξετίθετο ὥστε τοὺς ἀκούοντας μαρτυρεῖν, ὅτι οὐ μόνον ἀκούουσιν ἀ λ λ ὰ κ α ὶ ὁ ρ ῶ σ ι ν α ὐ τ ά.*

Zweites Kapitel.

Die Grundauffassung vom Heil und der allgemeine Aufriß der Glaubenslehre.

§ 29.

WHerrmann, Gregorii Nyss. sententiae de salute adipisc., 1875. — HSchultz, Lehre von der Gottheit Christi, 1881. — ARitschl, Die christliche Lehre von der Rechtfertigung und Versöhnung², Bd. I S. 3 ff. — FKattenbusch (s. § 28). — KBornhäuser, Die Vergottungslehre des Athanasius und Johannes Damascenus (Beitr. z. Förderung christl. Theol. VII, 2, 1903. dazu Theol. Lit.-Ztg. 1903 No. 17). — BAufhauser, Die Heilslehre des H. Gregor v. Nyssa, 1910.

1. Aus den dogmatischen Kämpfen vom 4. bis 7. Jahrhundert geht hervor, daß man damals um die Christologie mit dem Bewußtsein gekämpft hat, in ihr sei das Wesen der christlichen Religion selbst enthalten. Alles übrige wurde nur in schwankenden Ausprägungen behauptet und hatte daher nicht den Wert einer dogmatischen Aussage im strengsten Sinn des Worts. Hieraus ergibt sich aber für die Orthodoxie folgende Grundauffassung vom Heil: das im Christentum dargereichte Heil besteht in der Erlösung des Menschengeschlechts von dem Zustande der Vergänglichkeit und der mit ihr gesetzten Sünde, Blindheit und Verknechtung zu göttlichem Leben (d. h. Vergottung einerseits, seliger Genuß Gottes andererseits), die sich in der Menschwerdung des Sohnes Gottes bereits vollzogen hat und der Menschheit durch die unauflösliche Verbindung mit ihm zugute kommt; das Christentum ist die Religion, die vom Tode, Knechtschaft und Sünde befreit und den Menschen zum Anteil am göttlichen Leben und Wesen per adoptionem führt. Die Erlösung wird also als die Aufhebung des natürlichen Zustandes durch eine wunderbare Umbildung aufgefaßt (Vergottung ist der Zentralgedanke); das religiöse Heilsgut wird von dem sittlich Guten, wie es dem Menschen zu tun möglich ist, bestimmt unterschieden, und demgemäß bleibt der Versöhnungsgedanke rudimentär; für den gegenwärtigen Zustand wird nur ein vorläufiger Heilsbesitz (Berufung, Erkenntnis Gottes und des Heils, Sieg über die Dämonen, unterstützende Mitteilungen Gottes, Genuß der Mysterien) vorausgesetzt. Demgemäß ist das Grundbekenntnis das des

Irenäus: „Wir werden göttlich um seinetwillen, da auch er unsertwegen Mensch geworden.“ Dieses Bekenntnis, richtig durchdacht, fordert zwei Hauptdogmen, nicht mehr und nicht weniger: „Christus ist θεὸς ὁμοούσιος“; dieser θεὸς ὁμοούσιος hat die ganze Menschennatur in sein Wesen aufgenommen und mit sich in Eins gebildet.

Blicken die griechischen Väter auf den einzelnen, konkreten Menschen und seine gegenwärtige Lebensbewegung, so tritt die innerliche Seite der Sache (Lebensgemeinschaft mit Gott, Heiligung, wohl auch Wiedergeburt) hervor, zumal wenn sie biblische Texte vor sich haben. Aber wenn sie den einzelnen als Teil der Menschheit ins Auge fassen, so ist alles dramatisch, mystisch, magisch: die Kräfte wirken mit unfehlbarer Sicherheit, und die Umwandlung ins Göttliche, in die Unsterblichkeit, ist das Ergebnis.

Allein diese Dogmen haben sich erst nach schweren Kämpfen durchgesetzt; sie haben niemals eine völlig reine Ausprägung erlangt, und sie haben die exklusive Herrschaft, die sie fordern, nicht vollständig erreicht. Die Gründe dafür sind folgende: 1) die Formulierungen, die man bedurfte, hatten als neue den Geist der Kirche gegen sich, dem auch die beste Neuerung verdächtig war; 2) die reine Ausprägung des Glaubens ist zu allen Zeiten die schwierigste Aufgabe; damals aber wurde sie besonders durch apologetische, aber auch durch andere fremde Erwägungen gehemmt; 3) die orthodoxen Formulierungen stritten mit jedweder Philosophie; sie gereichten dem geschulten Denken zum Anstoß; es dauerte aber lange, bis man in dem Unverständlichen das Charakteristische des Heiligen und Göttlichen erkannte; 4) die Auffassung von dem durch den Gottmenschen beschafften Heil war dem Schema der „natürlichen Theologie“ (resp. dem Moralismus) beigegeben, resp. auf dasselbe aufgepfropft; die natürliche Theologie suchte fort und fort das Dogma aufzuarbeiten und sich konform zu gestalten: 5) die mystische Erlösungslehre und ihre neuen Formeln hatten kaum ein rundes, deutliches Schriftwort für sich und stritten mit dem evangelischen Bilde Jesu Christi; neutestamentliche Gedanken und Reminiszenzen, überhaupt biblische Theologumena der verschiedensten Art haben das werdende und das gewordene Dogma stets umspült und die exklusive Herrschaft desselben verhindert; 6) das eigenartige Schema der abendländischen Christologie hat störend in die morgenländische Dogmengeschichte eingegriffen. Auf sich gestellt, hätte das Morgenland den Monophysitismus legitimieren müssen; die Evangelien, das Abendland und die Kaiser haben es daran gehindert. Eine inkorrekte Formel siegte, aber sie erhielt eine korrekte Auslegung; umgekehrt hat am Ende des 4. Jahrhunderts die korrekte Formel des Athanasius gesiegt, aber in einer durch die Weltwissenschaft der Kappadozier beeinflußten Auslegung. Beide Abschlüsse hatten die weltgeschichtliche Folge, daß die orthodoxe Kirche mit der biblischen Theologie und mit der Wissenschaft (der Scholastik) in Kontakt geblieben ist.

2. Da die Lehre vom Heil streng in dem Schema des mystisch-realistischen Erlösungsgedankens gehalten wurde, so war sie an sich gegen das Sittliche indifferent; aber man war allerseits gewiß, daß das Christentum auch die höchste Sittlichkeit umfasse. Demgemäß wurde das Heilsgut nur dem sittlich-guten Menschen zugesprochen, das Sittlich-Gute aber als Produkt der freien Selbstbetätigung des Menschen und als die von ihm zu erfüllende Bedingung der Beseligung gefaßt, wobei Gott als unterstützend gedacht wurde (dies gilt von der positiven Sittlichkeit; die negative, die Askese, galt als die direkte Disposition für die Vergottung). Die dogmatische Ausprägung der christlichen Religion wurde also balanziert durch den Gedanken der Wahlfreiheit (s. schon Clem. Alex., Protrep. 1, 7: *τὸ εὖ ζῆν ἐδίδαξεν ἐπιφανεὶς ὡς διδάσκαλος, ἵνα τὸ ἀεὶ ζῆν ὕστερον ὡς θεὸς χορηγήσῃ*), und dieser ist nur der kürzeste Ausdruck für die gesamte natürliche Theologie, die die Kirche aus der antiken Philosophie übernommen und als die selbstverständliche Voraussetzung ihrer spezifischen Lehre behandelt hat, für die sie auf ein allgemeines Verständnis rechnete. Mithin bewegt sich das griechische Christentum zwischen zwei Polen, die lediglich einander zugeordnet sind. Dogmen im strengen Sinn gibt es nur innerhalb der Erlösungslehre (also nur in der Religionslehre im strengen Sinn des Worts); auf der andern Seite (natürliche Religion und Sittlichkeit) sind nur sichere (weil vernünftige, „angeborene") Voraussetzungen und verschiedene Auffassungen (sofern im einzelnen Sondermeinungen hier nicht unerträglich sind) vorhanden. Allein da die griechische natürliche Theologie an nicht wenigen

Punkten mit dem Buchstaben und dem Geist der heiligen Schriften und mit der Glaubensregel in Konflikt stand (wie vor allem die Theologie des Origenes beweist), so mußten auch hier Probleme entstehen, die in steigendem Maße im einzelnen zugunsten des biblischen Realismus und des Bibelbuchstabens wider die Vernunft und die idealistische Betrachtung gelöst wurden, wenn auch im ganzen das rationalistisch-moralistische Schema unversehrt blieb (s. die Dogmatik des Joh. Damascenus; Sophronius v. Jerus.: *θεωθῶμεν θείαις μεταβολαῖς καὶ μιμήσεσιν*). Eine ganz untergeordnete Rolle spielte neben der Erlösungsmystik, dem Rationalismus und Biblizismus die urchristliche Eschatologie; doch ist der sich steigernde Biblizismus allmählich auch ihr zugut gekommen (vgl. die Geschichte der Apokalypse in der griechischen Kirche); man fing wieder an, apokalyptische Bilder der Dogmatik beizulegen, die indes ohne wesentliche Wirkung blieben. Auch das Wertvolle der alten Eschatologie, die Aussicht auf das Gericht, hat in der offiziellen griechischen Theologie niemals die Rolle gespielt, die diesem wichtigen Stücke zukommt. Trotz der Ablehnung der origenistischen Eschatologie blieb in der griechischen Dogmatik ein verborgener Rest der Auffassung der Geschichte als einer Evolution zurück.

3. Als Ergebnis dieser Betrachtung ergibt sich, daß man nach der Erörterung der Autoritäten und Erkenntnisquellen (A) die natürliche Theologie als Voraussetzung der Erlösungslehre zu behandeln hat; diese aber zerfällt in die Lehre von Gott und vom Menschen. Sodann ist (B) die Erlösungslehre selbst in ihrer geschichtlichen Entwicklung als Trinitätslehre und Christologie darzustellen. Den Beschluß bildet (C) die Lehre von den Mysterien, in denen sich schon im Diesseits die zukünftige Vergottung des Endlichen darstellt und genossen werden kann. Anzufügen ist eine Skizze der Entstehungsgeschichte des orthodoxen Systems.

Zusatz: Erst durch den Aristotelismus ist die griechische Kirche nach Origenes wieder zu einem freilich keineswegs einheitlichen dogmatischen System gelangt (Leontius, J. Damascenus). Die Kenntnis der griechischen Dogmengeschichte ist, abgesehen von den Synodalakten und -beschlüssen zu schöpfen 1) aus den zahlreichen Werken über die

Menschwerdung des Sohnes Gottes, 2) aus den katechetischen Schriften, 3) aus den apologetischen Traktaten, 4) aus den Monographien über das Sechstagewerk und ähnlichen Arbeiten, sowie aus den exegetischen Werken, 5) aus den Monographien über die Virginität, das Mönchtum, die Vollkommenheit, die Tugenden und die Auferstehung, 6) aus den Monographien über die Mysterien, den Kultus und das Priestertum, 7) aus den Predigten. Bei der Benutzung dieser Quellen ist neben anderem auch das zu berücksichtigen, daß die Väter häufig *διαλεκτικῶς* geschrieben haben, und daß die offizielle Literatur (Synodalliteratur) in steigendem Maße von Fälschungen wimmelt und von bewußter Unwahrheit und Ungerechtigkeit durchtränkt ist.

Drittes Kapitel.

Die Erkenntnisquellen und Autoritäten oder die Schrift, die Tradition und die Kirche.

[Mit Berücksichtigung des Abendlandes.]

S. die Einleitungen in d. A. T. u. N. T. — JLJacobi, Die kirchliche Lehre von der Tradition und heiligen Schrift, 1. Abth. 1847. — HHoltzmann, Kanon und Tradition, 1859. — Söder, Der Begriff der Katholizität der Kirche, 1881. — RSeeberg, Studien zur Geschichte des Begriffs der Katholizität, 1885. — HReuter, Augustinische Studien, 1888. — FKattenbusch a. a. O.

Der Umfang und die Geltung der katholischen Autoritäten war bereits am Anfang des 4. Jahrhunderts wesentlich festgestellt, wenn auch nicht ihr gegenseitiges Verhältnis und die Art ihrer Ausbeutung. Dem großen Gegensatz zwischen der freieren Theologie und dem puren Traditionalismus lag auch eine verschiedene Fassung der Autoritäten zugrunde; aber zu einer Auseinandersetzung ist es nie gekommen. Wandelungen haben in der Zeit zwischen Eusebius und Joh. Damascenus stattgefunden, dem gesteigerten Traditionalismus folgend; aber niemand hat eine Inventarisierung unternommen — ein Beweis, daß beachtenswerte Gegner der Methode, den jeweiligen Zustand in der Kirche für den traditionellen (apostolischen) auszugeben, gefehlt haben (nur die Sekten protestierten und reagierten).

§ 30. Die Heilige Schrift.

Die Heilige Schrift hatte eine einzigartige Autorität. Sich auf sie allein zu stellen, war im Grunde nicht unkatholisch; den Schriftbeweis durfte man stets verlangen. Aber ein ganz sicheres Einverständnis war nicht einmal über den Umfang der Heiligen Schrift vorhanden (s. die antiochenische Schule mit ihrer Kritik am Kanon). Was das A. T. betrifft, so galt in der Theorie lange Zeit nur der hebräische Kanon im Orient als maßgebend, aber in praxi galten doch auch die zugesetzten Schriften der LXX, die man mit abschrieb. Erst im 17. Jahrhundert ist durch römischen Einfluß eine Gleichstellung der kanonischen und deuterokanonischen Schriften im Orient erfolgt, jedoch nicht in Form einer offiziellen Erklärung. Im Okzident siegte die unkritische Ansicht des Augustin über die kritische des Hieronymus (Synoden zu Hippo 393 und Karthago 397), die nur leise noch nachwirkte. Zu dem alexandrinischen Kanon traten übrigens hier auch Apokalypsen wie Hermas und Esra, freilich nicht überall. Das N. T. anlangend, so hat Eusebius einem höchst unsicheren Zustand ein freilich nur relatives Ende bereitet. Bei den drei Kategorien von Büchern, die er annahm, konnte man sich auch nicht beruhigen, und alte provinzialkirchliche Bestimmungen wirkten besonders im Osten nach. Doch herrschte seit der Mitte des 4. Jahrhunderts — von den syrischen Kirchen und der armenischen abgesehen — im Orient ein wesentliches Einverständnis über das N. T. Nur die Johannesapokalypse blieb noch lange in einigen Kirchenprovinzen ausgeschlossen; kleine Schwankungen fehlten nicht. Wie das Abendland zum Jakob.-, 2. Petr.-, 3. Johannesbrief gekommen ist, deren Dignität man der alexandrinischen Kirche (der Schöpferin des Kanons von 26 [27] BB; der Festbrief des Athanasius v. J. 367) verdankt, ist dunkel; nur die Zeit der Rezeption ist bekannt (die Autorität des Athanasius wird hier wohl wirksam gewesen sein). Den Hebräerbrief hat es durch die berühmten Mittelsmänner im 4. Jahrhundert erhalten. Augustins Ansicht über den Umfang des N. T. ist für das ganze Abendland maßgebend geworden. Indessen ist auch hier ein jeden Zweifel ausschließendes kirchliches Urteil vor dem Tridentinum nicht erfolgt.

Alle Prädikate der heiligen Schriften verschwanden hinter dem ihrer Göttlichkeit (sie sind Werke des Heiligen Geistes); Inspiration im höchsten Sinne wurde jetzt auf sie beschränkt. Aus der Inspiration ergab sich die Forderung der pneumatischen (allegorischen) Exegese, sowie die der Konformierung des Inhalts der Texte sowohl unter sich als mit der Dogmatik. Allein der Buchstabe sollte doch auch heilig sein und das Heiligste enthalten (gegen Origenes): mirakelsüchtige Laien und Kritiker (Antiochener) traten für den Buchstaben ein und für die Geschichte. Eine sichere Methode fehlte: die pneumatische Exegese der Alexandriner, die historisch-kritische, den Typus suchende der Antiochener, die buchstäbelnde realistische barbarischer Mönche und handfester Theologen (Epiphanius) standen sich gegenüber. Sehr allmählich bildete sich in bezug auf die wichtigsten Schriftstellen und -anschauungen im Orient ein Kompromiß heraus: die origenistische und noch mehr die antiochenische Exegese wurden zurückgedrängt, aber nicht überwunden, die buchstäbelnd-realistische, durch mystische Einfälle schmackhaft gemacht, drängte sich vor (s. Joh. Damascenus und dessen Auslegung von Gen 1—3). Das Abendland hat die pneumatisch-wissenschaftliche Methode der Kappadozier durch Hilarius, Ambrosius, Hieronymus und Rufin kennen gelernt. Vorher und nachher herrschte Systemlosigkeit: Achtung vor dem Buchstaben (der Kommentar des Ambrosiaster) ging neben allegorischen Einfällen und chiliastischen Interessen einher. Hieronymus war zu feige, um seine Zeitgenossen die besseren Erkenntnisse zu lehren, die er besaß, und Augustin hat zwar von den Griechen gelernt, aber sich nicht über sie erhoben, ja sie als Exeget nicht erreicht. Er hat die Schrifttheologie mit ihrem schwankenden drei- und vierfachen Sinn in dem Abendland eingebürgert, vor allem aber den strengen Biblizismus, obgleich er selbst wußte, daß die religiöse Wahrheit eine Bestimmtheit der Gesinnung ist, zu der die Schrift nur führen kann, und daß es eine christliche Freiheit gibt, die auch frei gegenüber der Schrift ist (s. seine Schrift de doctrina christiana). Namentlich durch Junilius hat die mehr methodische antiochenische Exegese auf das Abendland eingewirkt, ohne der Methodenlosigkeit und den tendenziösen Ausflüchten der

Exegeten abhelfen zu können. Faktisch hat die Schrift im Leben der Kirche im Abendland doch eine andere Stellung erhalten als im Morgenland (früher war es hier anders; s. z. B. Cyrill v. Jerus.); sie steht mehr im Vordergrund. Das ist vor allem aus dem Einfluß Augustins und aus der Tatsache zu erklären, daß die Kirchendogmatik im Abendland nie so vordringlich gewesen ist wie im Morgenland. — Wie der Umfang der Schrift nie sicher festgestellt worden ist, so auch nicht ihre Eigenschaften. Das Prädikat der Irrtumslosigkeit mußte sich doch leise Einschränkungen gefallen lassen, und zu einer klaren Vorstellung von der Suffizienz der Schrift gelangte man vollends nicht. Ueber das Verhältnis der beiden Testamente blieben dieselben Unklarheiten wie früher (das A. T. ein christliches Buch wie das N. T. — das A. T. durchweg Urkunde der Weissagung — das A. T. als das Buch, das die Glaubenswahrheit in gewissen, nicht mehr gültigen Schranken und unter bestimmten Belastungen enthält und pädagogisch zu Christus geführt hat und führt).

§ 31. Die Tradition.

Der Schrift gelang es nicht — am wenigsten im Morgenland —, sich von den Bedingungen zu befreien, aus denen sie hervorgegangen ist, und völlig selbständige Autorität zu werden. Die Kirche (ihre Lehren und Einrichtungen) war an und für sich Erkenntnisquelle und verbürgende Autorität der Wahrheit. Alles in ihr ist im Grunde a p o s t o l i s c h, weil sie die apostolische Schöpfung ist. Hieraus ergibt sich, warum eine Inventarisierung der Tradition nicht erfolgen konnte. Sie blieb de facto immer elastisch: was die apostolische Kirche notwendig hat, ist apostolisch, also alt. Allein zunächst verzichtete man noch nicht auf Unterscheidungen und Beweise.

Tradition war vor allem der G l a u b e der Kirche. Die Symbole galten als apostolisch; doch hat nur die römische Kirche ihr Symbol für apostolisch im strengsten Sinn (Abfassung durch die Apostel) ausgegeben. Aber der I n h a l t des Nicänums und Chalcedonense galt als apostolisch, ja als die apostolische Hinterlassenschaft κατεξοχήν und als die Quintessenz der Heiligen Schrift. Doch blieb das Verhältnis von Schrift und Symbol amphibolisch. Im Morgenland wurde das sog. Constantinopolitanum seit der Mitte des 5. Jahrhunderts das Hauptsymbol; im Abendland blieb das nach dem Nicänum zu erklärende apostolische Symbol lange an der Spitze.

Aber auch die Ordnungen der Verfassung und des Kultus stellte man unter den Schutz der apostolischen Tradition, indem man zum Beweise auf ihre allgemeine Verbreitung und auch auf Apostellegenden verwies. Daneben begann man im 4. Jahrhundert — nicht ohne Einfluß von Clemens und Origenes her — den Begriff einer apostolischen *παράδοσις ἄγραφος* einzuführen, in deren gänzlich unbestimmten Inhalt man sogar auch dogmatische Lehren — jedoch höchst selten die trinitarischen und christologischen Stichworte — einschloß, deren Verständnis nicht jedermanns Sache sei (so besonders die Kappadozier). Allein dieser gnostische Traditionsbegriff (Geheimtradition), obgleich er sich mehr und mehr einbürgerte, wurde doch als gefährlich empfunden; man machte nur in der höchsten Not in dogmatischen Fragen von ihm Gebrauch (z. B. die Kappadozier bei der Lehre vom Heiligen Geist) und bezog ihn sonst auf die Mysterien und ihre rituelle Ausführung.

Da es feststand, daß der Kirche selbst vermöge ihrer Verbindung mit dem Heiligen Geist die entscheidende Autorität eingestiftet sei (Augustin: „*Ego evangelio non crederem, nisi me catholicae ecclesiae commoveret auctoritas*“), so mußten sich die Fragen erheben: 1) durch wen und wann spricht die Kirche, 2) wie sind die Neuerungen in der Kirche speziell auf dem Gebiete der Lehre, zu deuten, wenn doch die Autorität der Kirche ganz und gar in ihrer Apostolizität, d. h. in ihrer Stabilität wurzelt? Beide Fragen sind aber nie scharf gestellt und daher auch nur höchst schwankend beantwortet worden. Fest stand, daß die Repräsentation der Kirche in dem Episkopat liege, wenn auch die strenge cyprianische Theorie längst nicht Allgemeingut geworden war und die Vorstellung nie auftauchte, der einzelne Bischof sei unfehlbar. Aber schon den Provinzialsynoden legte man eine gewisse Inspiration bei (längst war man bei den heidnischen Griechen gewohnt, von *ἱερὰ σύνοδος* in den Städten zu sprechen, und der römische Senat hieß „der heilige Senat“). Konstantin hat zuerst eine ökumenische Synode berufen und ihre Entscheidung für irrtumslos erklärt. Es bürgerte sich der Gedanke der unfehlbaren Autorität des nicänischen Konzils im 4. Jahrhundert ein und wurde später auf die folgenden Konzilien übertragen — so jedoch, daß eine Synode (die 2.) erst nachträglich zu einer ökumenischen gestempelt worden ist und der Unterschied zwischen diesen und den Provinzialsynoden noch lange fließend blieb (war die Synode von Arles eine ökumenische?). Durch Justinian wurden die vier Konzilien auf eine unerreichbare Höhe gestellt (= den vier Evv.), und nach dem 7. Konzil stellte sich im Orient der Satz fest, daß die Erkenntnisquellen der christlichen Wahrheit die Schrift und die Bestimmungen der 7 ökumenischen Synoden seien. Bis heute hält man dort theoretisch diesen Standpunkt streng fest.

Allein diese scheinbar einfache und folgerichtige Entwicklung löste keineswegs alle Schwierigkeiten, weil Konzilien nicht immer zur Hand waren und doch auch andere Autoritäten noch berücksichtigt werden mußten. Wie hat man sich zu verhalten, wenn die Kirche noch nicht gesprochen hat? Kommt den Besitzern der großen apostolischen Bischofsstühle oder den Bischöfen der Hauptstädte nicht eine besondere Autorität zu? Ad. 1) Die Kirche spricht auch durch einstimmige, alte Zeugnisse. Die Instanz der „Väter" ist wichtig, ja entscheidend. Was Allgemeinheit und Altertum für sich hat, ist wahr. Dabei wurde der Begriff des „Altertums" immer elastischer. Ursprünglich waren die „Alten" die Apostelschüler, dann rechnete man auch die 3. und 4. Generation (bis zum Ende des 2. Jahrhunderts) zu den Alten; dann waren Origenes und seine Schüler die „alten" Exegeten; schließlich galt die ganze vorkonstantinische Epoche (die Epoche der Apostel und Märtyrer) als klassisches Altertum. Da man aber doch nur wenige Schriften aus dieser alten Zeit wirklich brauchen konnte, so berief man sich auf Ignatius, Athanasius und die Väter des 4. Jahrhunderts als auf die „Alten" und zugleich auf zahlreiche Fälschungen unter dem Namen der Väter des 2. und 3. Jahrhunderts. Auf den späteren Konzilien zählte man immer mehr bloß die Stimmen der „Alten" und legte weitschichtige Chrestomathien an, um die neuen Formeln und Stichworte zu belegen. So entschied man mehr und mehr nach Autoritäten, die man sich freilich häufig erst schuf. Das Konzil war mithin nur unfehlbar, weil und sofern es nichts anderes lehrte als die „Väter“. Die Unfehlbarkeit ist also im Grunde keine direkte. Ad 2) An das besondere Ansehen der Apostelstühle — auch der orientalischen — hat sich noch Augustin bei der Frage nach dem Umfang der Heiligen Schrift erinnert. Im Orient aber ging dieses Ansehen in dem der Stühle der Hauptstädte unter, und deshalb rückte Konstantinopel in den Vordergrund, stark befehdet vom römischen Bischof. Dieser allein vermochte sein altes Ansehen im Abendland nicht nur zu bewahren, sondern zu erhöhen (einziger Apostelstuhl im Abendland, Petrus und Paulus, Untergang des weströmischen Reichs, der Stuhl wird das Zentrum für die Reste des Römertums im Abendland) und dasselbe auch — dank den günstigen Umständen der politischen und kirchlichen Geschichte — im Morgenland, freilich unter großen Schwankungen, zu befestigen. An dem römischen Bischof haftete stets ein einzigartiges Ansehen, ohne daß es näher definiert werden konnte. Es ist im Orient erst zurückgetreten, als Orient und Okzident überhaupt nichts Gemeinsames mehr besaßen. Bevor es aber erlosch, hatte der römische Bischof im Bunde mit dem oströmischen Kaiser es erreicht, daß im Morgenland die Ansätze zu einer Primatsstellung irgendeines Bischofs (besonders des alexandrinischen) unterdrückt wurden, zu welcher Unterdrückung die christologischen Streitigkeiten beitrugen. Die großen Patriarchenstühle im Orient, durch die Schismen geschwächt, z. T. um ihre reelle Bedeutung gebracht, standen nun in thesi einander gleich. Ihre Inhaber stellen in ihrem Zusammenwirken auch eine Art von dogmatischer Autorität dar, die aber weder an sich noch in ihrem Verhältnis zu den ökumenischen Synoden klar definiert ist. Sie bilden eben nur ein Stück Altertum.

Es ergibt sich aus dem Erörterten, daß den Konzilien die Fähigkeit, neue Offenbarungen der Kirche zu übermitteln, nicht zukommt, vielmehr sind sie lediglich durch die Bewahrung des apostolischen Erbes legitimiert. Deshalb hat die Rezeption neuer Formeln (des *ὁμοούσιος*, der wesenseinen Trinität, der zwei Naturen usw.) so große Schwierigkeiten gemacht. Als endlich die nicänische Lehre sich durchsetzte, geschah es, weil das Nicänum selbst ein Stück Altertum geworden war, und alle späteren neuen Formulierungen suchte man nun, übel genug, aus dem Nicänum abzuleiten, indem man, wie schon einst Irenäus und Tertullian getan hatten, zugleich mit dem Text auch eine bestimmte Explikation desselben als vorgeschrieben ausgab. Selbst die Fähigkeit der Konzilien, die Lehren authentisch zu explizieren, ist im Orient nicht rund ausgesprochen worden; daher ist auch dort den älteren Vätern die Entschuldigung nur selten gespendet worden, zu ihrer Zeit sei das Dogma noch nicht expliziert und scharf formuliert gewesen (man entschuldigte sie vielmehr durch die ihnen mangelnde *ἀκριβεία*). Dagegen hat ein Abendländer (Vincentius v. Lerinum) in seinem Commonitorium (Mitte des 5. Jahrhunderts), nachdem er die Kriterien der wahren Tradition (was überall, immer und von allen geglaubt sei) geltend gemacht und vor den Häresien sonst orthodoxer Väter gewarnt, einen „organischen" Fortschritt der Lehre zugestanden (vom Unbestimmteren zum Bestimmteren) und die Konzilien als Träger dieses Fortschritts bezeichnet *(„excitata haereticorum novitatibus")*. Augustin hat ausdrücklich gelehrt, daß, solange unzweideutige Entscheidungen in einer Frage noch nicht gegeben seien, das Band der Einheit unter den dissentierenden Bischöfen aufrecht zu erhalten sei. Nach dieser Regel hat der römische Bischof stets gehandelt, sich selbst aber die Entscheidungen und den Zeitpunkt für sie vorbehalten.

Der Begriff der Tradition ist also, sobald man ihn von der Gewohnheit unterscheiden will, ganz unklar. Das hierarchische Element spielt in ihm der Theorie nach nicht die erste Rolle. Die apostolische Sukzession hat selbst im Abendland für den Traditionsbeweis in thesi keine so große Bedeutung gehabt. Seit der Zeit der Konzilien erschöpft sich auf diesen das Ansehen der Bischöfe als Träger der Tradition. Doch ist das vielleicht schon zu viel gesagt. Alles war eben, theoretisch angesehen, unklar. Sofern sich aber die griechische Kirche seit Joh. Damascenus nicht verändert hat, hat der Grieche in der Gegenwart ein ganz bestimmtes Bewußtsein von dem Fundament der Religion. Es ist neben der Heiligen Schrift die Kirche selbst, aber nicht als fortschreitend lebendige und gesetzgebende Macht, sondern in ihren unverrückbaren, tausendjährigen „apostolischen" Lehren und

Ordnungen. Nach der Tradition ist auch die Schrift zu erklären. Die Tradition ist aber im Grunde noch immer eine doppelte — die öffentliche der Konzilien und Väter, und die geheime, die die Mysterien, ihr Ritual und seine Erklärung bestätigt[1].

§ 32. Die Kirche.

Als Verbürgerin der Glaubenswahrheit — die aber im Grunde alle Philosophie einschließt[2] — und Verwalterin der Mysterien kam die Kirche vor allem in Betracht[3]. Man reflektierte ferner über sie im Orient, wenn man an das A. T. und die falsche Judenkirche, an die Häresie und die Organisation der Christenheit, sowie an die Anmaßungen des römischen Bischofs dachte (Christus ist allein das Haupt der Kirche). Weiter stellte man im katechetischen Unterricht die Kirche als die Gemeinschaft des wahren Glaubens und der Tugend dar, außerhalb welcher es nicht leicht einen weisen und frommen Mann geben könne, und wiederholte die biblischen Aussagen über sie, daß sie die eine und heilige, vom Heiligen Geist geleitete sei, die katholische im Gegensatz zu den zahlreichen gottlosen Vereinigungen der Häretiker. Selbstverständlich identifizierte man dabei die empirische Kirche mit der Kirche des Glaubens und der Tugend, ohne sich doch auf nähere Erwägungen über corpus verum et permixtum einzulassen und ohne die Konsequenzen sämtlich zu ziehen, welche jene Identifizierung verlangte. Trotz alledem war die Kirche im Grunde kein dogmatischer

---

[1] Einsam steht in der orientalischen DG. der monophysitische Tritheist Stephanus Gobarus (6. Jahrh.) mit einem, nur von Photius (Biblioth. 232) berücksichtigten Werk (Titel unbekannt), in welchem er die Unsicherheit der Tradition durch Nebeneinanderstellung von sich widersprechenden Aussprüchen der Väter dargelegt hat — der morgenländische Vorläufer Abaelards („Sic et Non").

[2] S. Anastasius Sin., Viae dux (Migne, Patrol. Gr. T. 89 p. 67 sq.): *Ὀρθοδοξία ἐστὶν ἀψευδὴς περὶ θεοῦ καὶ κτίσεως ὑπόληψις ἢ ἔννοια περὶ πάντων ἀληθής, ἢ δόξα τῶν ὄντων καθάπερ εἰσίν.*

[3] So definiert auch ein neuerer Grieche (Damalas, *Ἡ ὀρθόδοξος πίστις* 1877, S. 3): *Ἡ δὲ πίστις αὕτη εἰς τὴν μίαν ἁγίαν καθολικὴν καὶ ἀποστολικὴν ἐκκλησίαν ἐστὶ πεποίθησις, ὅτι αὕτη ἐστὶν ὁ φορεὺς τῆς θείας χάριτος τῆς ἐνδεικνυμένης εἰς δύο τινά, πρῶτον ὅτι αὕτη ἐστὶν ὁ ἀλάνθαστος διδάσκαλος τῆς χριστιανικῆς ἀληθείας καὶ δεύτερον ὁ γνήσιος τῶν μυστηρίων οἰκονόμος.*

Begriff, der in das Gefüge der Heilslehren selbst gehörte, oder sie wurde es nur, wenn man an sie als die Mysterienanstalt dachte, von der sich übrigens der Mönch emanzipieren durfte. Durch die Verengung, in der die Griechen die Aufgaben der Kirche anschauten, und durch die natürliche Theologie ist die Nichtbeachtung zu erklären. Die Kirche ist das Menschengeschlecht als die Summe aller der einzelnen, die das Heil annehmen. Die Heilslehre erschöpft sich in den Begriffen; Gott, die Menschheit, Christus, die Mysterien, die einzelnen. Die Betrachtung der Kirche als der Mutter der Gläubigen, als einer göttlichen Schöpfung, als des Leibes Christi wurde dogmatisch nicht ausgebeutet. Auch die mystische Erlösungslehre und die Lehre von der Eucharistie hat der Kirche nicht zu einem sicheren Platz in der Dogmatik verholfen (sie fehlt z. B. bei Joh. Damascenus). Ihre Organisation, so wesentlich sie ist, ist dogmatisch nicht über die Stufe der Bischöfe und der Bischofssynode ausgebildet worden und wurde selten dogmatisch behandelt. Die Kirche ist nicht die Hinterlassenschaft der Apostel, sondern Christi; daher tritt ihre Bedeutung als Kultusanstalt in den Vordergrund.

Das alles gilt von der morgenländischen Kirche. Im Abendland war schon vor Cyprian und dann durch ihn und den donatistischen Streit der Grund zu neuen und reichen Auffassungen von der Kirche gelegt. Sie selbst aber war am Ende der alten Zeit in drei große Teile gespalten, das Abendland, die byzantinische Kirche, den heterodoxen koptischen und semitischen Orient, der selbst vielfach zerklüftet war. Jeder Teil hielt sich für die eine katholische Kirche und rühmte seine besonderen Palladien.

A. Die Voraussetzungen der Erlösungslehre oder die natürliche Theologie.

Quellen: Die kosmologischen und ethischen Ausführungen der Väter des 4. und 5. Jahrhunderts, besonders ihre Erklärungen des Sechstagewerks. In den Monographien über die Theologie der einzelnen großen Kirchenväter findet man stets auch hier einschlagende Abschnitte,

Die natürliche Theologie ist bei allen Vätern wesentlich dieselbe; aber sie zeigt Nuancen (s. § 29, 2), je nachdem der Platonismus oder Aristotelismus vorwaltet, und nach dem Maße, in welchem der Bibelbuchstabe eingewirkt hat. Der Unterschied der alexandrinischen und der antiochenischen Schule machte sich auch hier geltend.

Viertes Kapitel.

Die Voraussetzungen und Auffassungen von Gott dem Schöpfer als dem Spender des Heils.

[Mit Berücksichtigung des Abendlandes.]

§ 33.

FDiekamp, Die Gotteslehre des h. Gregor v. Nyssa, 1896. — JSchulte, Theodoret als Apologet, 1904.

Die Grundzüge der Gotteslehre, wie sie die Apologeten und die antignostischen Väter festgestellt, blieben stabil, wurden namentlich gegen den Manichäismus ausgeführt und durch die Ausbildung der Trinitätslehre kaum berührt, da der Vater als *ῥίζα τῆς θεότητος* hier allein in Betracht kam. Doch drängten sich mit dem wachsenden Biblizismus und der mönchischen Barbarei anthropomorphische Vorstellungen immer mehr in die Theologie ein. — In der Frage nach der Erkennbarkeit Gottes stritten sich Aristoteliker (Eunomius, Diodor von Tarsus; besonders seit dem Anfang des 6. Jahrhunderts) und Platoniker, während man im Grunde doch einig war. Daß man Gott nur aus der Offenbarung, genauer durch Christus, erkennen könne, sagte man wohl, gab aber diesem Satze in der Regel keine weitere Folge, sondern stieg von der Welt zu Gott auf (bzw. von Gott zur Welt herab), die alten Beweise fortführend und durch den ontologischen Beweis ergänzend (Augustin). Neuplatonische Theologen nahmen ein unmittelbares, intuitives Gott-Innewerden auf der höchsten Stufe an, haben aber doch gerade die scholastische Form der Gotteserkenntnis ausgebildet (der Areopagite: Negation, Eminenz, Kausalität).

Die höchste Aussage über das Wesen Gottes war noch immer, daß er Nicht-Welt sei, die pneumatische, unsterbliche, apathische Substanz (das *Ὄν*), der allein das Sein zukommt (Aristoteliker dachten an Ursache und Zwecksetzung, ohne das platonische Schema durchgreifend zu korrigieren). Seine Güte ist die Vollkommenheit, Neidlosigkeit und der

Schöpfungswille (Ansätze zu einer besseren Auffassung bei Augustin: Gott als die Liebe, die den Menschen von der Eigensucht und dem inneren Zerfall befreit). Demgemäß wurden die Eigenschaften Gottes behandelt, nämlich als Ausdruck der Kausalität und Macht, wobei vom Heilszweck abgesehen wurde (Origenes' Auffassung wurde temperiert resp. korrigiert). Neben der naturalistischen Auffassung von Gott als dem Ὄν steht die moralistische von Gott als dem Vergelter und Richter; auch auf sie hatte der Erlösungsgedanke kaum merkbaren Einfluß (weniger als bei Origenes), da „Lohn“ und Strafe gleichwertig behandelt wurden. Doch hat Augustin den Unwert einer Gotteslehre erkannt, die Gott für den Menschen nur an den Anfang und das Ende stellt und den Menschen Gott gegenüber verselbständigt, statt Gott als die Kraft des Guten und die Quelle des persönlichen seligen Lebens zu erkennen.

Die Kosmologie der Väter läßt sich also zusammenfassen: Gott selbst, der die Weltidee von Ewigkeit in sich getragen hat, hat durch den Logos, der alle Ideen umfaßt, in freier Selbstbestimmung diese Welt, die einen Anfang gehabt hat und ein Ende haben wird, nach dem Vorbild einer von ihm hervorgebrachten oberen Welt in sechs Tagen aus dem Nichts geschaffen und ihr in dem Menschen eine Spitze gegeben — um seine Güte zu beweisen und Kreaturen an seiner Seligkeit teilnehmen zu lassen. In dieser These wurden die Häresien des Origenes abgelehnt (namentlich auch sein Pessimismus). Doch gelang es nicht, überall den Wortlaut von Gen. 1—3 zu rechtfertigen, und in der Vorstellung von einer oberen Welt (*κόσμος νοερός*), deren geringes, aber der Verklärung fähiges Abbild die irdische sei, blieb ein bedeutungsvolles Stück der neuplatonisch-origenistischen Lehre konserviert, das dann von den platonisierenden Mystikern seit dem Areopagiten reichlich angebaut worden ist. Aber die pantheistischen Häresien wurden nicht deutlich empfunden, wenn nur irgendwie der Wortlaut von Gen 1—3 konserviert schien. Die Theodizee — des Manichäismus und Fatalismus wegen noch immer nötig — suchte durch empirische Erwägungen sich zu halten, zeigt aber, da auch sie natürliche Theologie sein sollte, in einer oft befremdenden Kasuistik und in Unsicherheiten die antike Wurzel. (Man vgl. z. B. die pseudojustinischen Quästionen, die wahrscheinlich dem Diodor von Tarsus, jedenfalls einem Antiochener seiner Zeit gebühren, s. Texte und Untersuchungen Bd. 21 H. 4, 1901). Man verwies auf die Notwendigkeit und Zweckmäßigkeit der kreatürlichen Freiheit, die das Böse und das Übel zur Folge haben müsse, auf die Unschädlichkeit des Übels für die Seele, auf die Unwirklichkeit des Bösen und auf die Zweckmäßigkeit der Übel als Läuterungsmittel.

In bezug auf die himmlischen Geister stellten sich folgende Punkte fest: daß sie von Gott geschaffen seien, daß sie frei seien und der stofflichen Leiblichkeit entbehrten, daß sie eine Krisis durchgemacht, in der ein Teil gefallen sei, daß Gott die guten als Werkzeuge seiner Weltregierung brauche, daß die Wirklichkeit des Bösen in der Welt auf die bösen Geister zurückzuführen sei, die Gott gewähren lasse, die seit ihrem Fall inkorrigibel seien, deren fast schrankenlose Macht über die Welt nur das Kreuz brechen könne und die der Verdammnis entgegengehen (gegen Origenes). Immer stärker warf sich aber seit dem 4. Jahrhundert der polytheistische Trieb auf Engel und Dämonen, und schon um 400 lebte die Frömmigkeit der Mönche und Laien fast mehr bei ihnen als bei Gott. Während die Synode von Laodicea um 360 den Engelkult für Abgötterei erklärt hat, bürgerte sich doch die Verehrung der Engel immer mehr ein (Schutzengel, Glaube an ihre Interzession) und wurde auf dem 7. Konzil 787 kirchlich fixiert (προσκύνησις). Viel trug dazu bei, daß die „wissenschaftliche" Theologie in der Form der neuplatonischen Mystik seit ca. 500 dem Ansehen der Engel dadurch Vorschub leistete, daß sie sie in ihr System als wichtige Faktoren aufnahm (doch s. schon die alexandrinischen Theologen): die Engel in abgestuften Ordnungen sind einerseits die Entfaltung des Himmlischen, andererseits die Vermittler desselben an die Menschen. Der irdischen Hierarchie mit ihren Abstufungen, Kompetenzen und Weihen entspricht eine himmlische, abgestufte Hierarchie mit himmlischen Opfern, Interzessionen usw.; im Kultus schließen sich beide zusammen (s. den Areopagiten und seine Erklärer). So entstand — freilich lange vorbereitet — eine neue kirchliche Theosophie, die letztlich ein verschämter Ausdruck war für die Eskamotierung des Schöpfungs- und Erlösungsgedankens und für die heimliche Einschleppung jenes phantastischen Pantheismus, den die Barocktheosophie der untergehenden Antike gebildet hatte; alles, was ist, strömt in vielfachen Ausstrahlungen aus Gott aus und muß, weil es entfernt und isoliert ist, geläutert und zu Gott zurückgeführt werden. Dies geschieht in notwendigen Prozessen, die den Schein freier Handlungen haben und so geschildert werden, daß allen Bedürfnissen, auch den barbarischen, Rechnung getragen wird und alle Autoritäten und Formeln respektiert werden. Aber der lebendige Gott, außer dem die Seele nichts besitzt, drohte dabei zu verschwinden. Neben dieser theosophischen Kosmologie stand seit dem Niedergang der großen Schulen von Antiochien und Alexandrien ein realistischer Biblizismus.

Fünftes Kapitel.

Die Voraussetzungen und Auffassungen vom Menschen als dem Subjekt des Heilsempfangs.

§ 34.

FHilt, Des h. Gregor von Nyssa Lehre vom Menschen, 1890.

Als gemeinsame Überzeugung der orthodoxen Väter läßt sich etwa folgendes feststellen: Der nach dem Ebenbilde Gottes geschaffene Mensch ist ein freies, sich selbst bestimmendes Wesen. Er ist mit Vernunft begabt worden, um sich für das Gute zu entscheiden und unsterbliches Leben zu genießen. Diese Bestimmung hat er, indem er sich der Sünde, verführt aber freiwillig, hingegeben hat und noch immer hingibt, verfehlt, ohne jedoch die Möglichkeit und Kraft eines tugendhaften Lebens und die Fähigkeit zur Unsterblichkeit eingebüßt zu haben. Durch die christliche Offenbarung, die der verdunkelten Vernunft durch volle Gotteserkenntnis zu Hilfe kommt, ist jene Möglichkeit gekräftigt und die Unsterblichkeit wiederhergestellt und angeboten worden. Über Gut und Böse unterscheidet also die Erkenntnis. Der Wille ist, genau genommen, nichts Moralisches. — Im einzelnen gab es sehr verschiedene Ansichten: 1) was war ursprünglich Besitz des Menschen und was Bestimmung? 2) wie weit reicht die Natur und wo fängt die Gnadengabe an? 3) wie weit reichen die Folgen der Sünde? 4) konstituiert die leere Freiheit das Wesen des

Menschen oder entspricht es seiner Natur, gut zu sein? 5) in welche Bestandteile zerfällt das menschliche Wesen? 6) worin besteht das göttliche Ebenbild? usw. Die verschiedenen Antworten sind sämtlich Kompromisse 1) zwischen der religionswissenschaftlichsn Theorie (Lehre des Origenes) und Gen 1—3, 2) zwischen der moralistischen Betrachtung und der Rücksicht auf die Erlösung durch Christus, 3) zwischen dem Dualismus und der Betrachtung des Leibes als eines notwendigen und guten Organs der Seele.

1. Die Idee der angeborenen Freiheit ist die Zentralidee; in ihr ist die Vernunft mitgesetzt. Sie konstituiert das göttliche Ebenbild, das somit Selbständigkeit gegenüber Gott bedeutet. Ob zur Natur des Menschen nur das Kreatürlich-Sinnliche oder auch die Vernunftbegabung oder gar die Unsterblichkeit gehört, blieb kontrovers. Doch war die Kontroverse ziemlich gleichgültig, da die herrliche Natur des Menschen doch stets als Gnadengabe und die Gnadengabe (bei den meisten) als Natur galt. Das Wesen des Menschen wurde als trichotomisch, von anderen als dichotomisch vorgestellt. Die griechisch-origenistische Auffassung von dem Leibe als Kerker wurde schließlich offiziell abgelehnt — der Mensch ist vielmehr eben als geistleiblicher ein Mikrokosmos (Gregor v. Nyssa), und der Leib ist auch etwas Gottgewolltes —, allein sie hat nie aufgehört, nachzuwirken, weil die positive Sittlichkeit stets hinter der negativen (der Askese) zurückstehen mußte, resp. in der Auffassung von den opera supererogatoria eine asketische Spitze erhielt. Die späteren neuplatonischen Mysteriosophen haben zwar die Idee von der Verklärung des Leibes zu verwerten verstanden aber in Wahrheit wurde von ihnen das Leibliche doch als ein Aufzuhebendes gedacht, wenn auch an dem Wortlaut der Formel „Auferstehung des Fleisches" nicht mehr gerüttelt werden durfte.

Was die Entstehung der einzelnen Seelen betrifft (die Seele ist kein Teil Gottes; allein im Grunde faßten sie doch viele Theosophen so auf), so wurde die präexistentianische Ansicht des Origenes (die im 4. Jahrhundert viele orthodoxe Theologen teilten) 553 ausdrücklich verdammt; aber die traducianische konnte sich doch nicht durchsetzen; vielmehr wurde die kreatianische (fortgehende Schöpfung der einzelnen Seelen) herrschend.

Das Ebenbild Gottes anlangend, so bewegte man sich in der Antinomie, daß Gutheit und Reinheit nur Produkt der menschlichen Freiheit sein könne, daß aber das anerschaffene Ebenbild doch nicht in der possibilitas utriusque, sondern in einer (guten) Bestimmtheit der Vernunft und Freiheit liegen müsse und teilweise verloren gegangen sei. Demgemäß waren auch die Auffassungen vom Urstand so amphibolisch wie bei Irenäus. Einerseits soll die begriffsmäßige Vollkommenheit des Menschen im Anfang verwirklicht gewesen und dann durch Christus wiederhergestellt worden sein; andererseits soll der Urstand ein Kinderzustand gewesen sein, aus dem der Mensch sich erst zur Vollkommenheit zu entwickeln hatte, und den er daher im Grunde nie verlieren, sondern nur verbessern konnte (so besonders energisch die Antiochener). Noch die Kappadozier haben über den Urstand wesentlich ähnlich gelehrt wie Origenes; allein man wurde in der Folgezeit genötigt, sich streng an die Genesis zu binden, und die spekulativen Auffassungen wurden ebenso beschnitten, wie die rationalistischen der Antiochener. Die Zweifel über den Urstand hatten auch Unsicherheiten über die Auffassung der Askese zur Folge, die in der griechischen Kirche nie gelöst worden sind: die einen sahen in der Askese den natürlichen und bestimmungsmäßigen Zustand des Menschen; die andern (namentlich die Antiochener) faßten sie als etwas Überirdisches und Übermenschliches.

2. Anerkannt wurde, daß das Menschengeschlecht von seinem Ursprunge, d. h. von Adam her (ausdrückliche Ablehnung der Lehre des Origenes vom vorzeitlichen Fall im 6. Jahrhundert), sich vom Guten abgewendet habe. Ursache: nicht eine anerschaffene sündige Potenz, nicht die Materie, nicht die Gottheit, nicht Vererbung der Sünde Adams — Adam ist für die meisten der Typus, nicht der Stammvater der Sünder —, sondern Mißbrauch der Freiheit auf Grund dämonischer Verführung, Überlieferung böser Sitten. Daneben ruhte allerdings bei den meisten der Gedanke, nicht überwunden, im Hintergrund, daß der Reiz zur Abkehr von Gott aus der sinnlichen Natur und der kreatürlichen Gebrechlichkeit des Menschen mit einer gewissen Notwendigkeit hervorgehe, also aus der Zusammensetzung des Menschen und der Todeshaftigkeit — sei sie nun natürlich (die Antiochener)

oder durch Verfehlung erworben oder ererbt — folge. Man findet daher bei denselben Vätern die widersprechenden Aussagen, daß das Gute dem Menschen natürlich sei, und daß ihm die Sünde natürlich sei. Die Genesis und Rm 5 zwangen die Griechen immer mehr, dem Fall Adams wider ihre empirisch-rationalistische Theorie eine weltgeschichtliche Bedeutung zu geben. Aber die augustinische Lehre von der Erbsünde haben sie Jahrhunderte lang nicht angenommen, ja geradezu für Manichäismus erklärt. Da sie nun gehindert waren, die origenistische Lehre aufrecht zu erhalten, und die Bibel den Rationalismus der antiochenischen Theologen verbot, so blieben sie in lauter Unsicherheiten stecken. Die meisten leiteten die allgemeine Sterblichkeit (Erbtod), die Verdunkelung der Erkenntnis (daher den Polytheismus) und eine gewisse Schwäche der Freiheit von Adams Fall ab, letztere zum fast völligen Verlust steigernd, wenn sie an das Werk Christi dachten, aber kaum erwähnend, wenn sie gegen die Manichäer schrieben. Aber da sie sich nie entschlossen, an die Stelle der moralistischen Betrachtung der Sünde die religiöse zu setzen, da ihnen das Philosophumenon, das Böse sei das Nichtseiende, nie ganz aus dem Gedächtnis kam, da sie die Folgen der Sünde stets stärker empfanden als die Sünde selbst — zu welcher Betrachtung sie auch ihre Auffassung vom Werke Christi anleitete —, so haben sie der Schwere der Sünde, d. h. der Schuld theoretisch niemals einen vollen Ausdruck zu geben vermocht: die Sünde ist böse Einzeltat, ist Zufall und wiederum Verhängnis, ist Folge der Todeshaftigkeit; aber sie ist nicht die furchtbare Macht, die die Gemeinschaft mit Gott aufhebt.

Der Einfluß der in der Lehre von Gott und vom Menschen hervortretenden natürlichen Theologie (des Rationalismus und der ihm stammverwandten Mystik) auf die eigentliche Dogmatik war fundamental: 1) der Mensch wird durch die Erlösung zu der Bestimmung geführt, die er auch kraft seiner Freiheit erreichen kann (Gefahr, die Erlösung lediglich als Unterstützungsmittel zu fassen), 2) der Mensch, als Ebenbild Gottes ein auch Gott gegenüber selbständiges Wesen, kann zu diesem keine anderen Beziehungen haben als zu dem Schöpfer und Richter; nicht Gott selbst ist sein Leben, sondern das Gesetz Gottes ist seine Richtschnur (Gefahr, das

Evangelium und das Heil als Wissen und als Gesetz zu fassen, die Strafe als das höchste Unglück und die Reue als die Ursache der Vergebung), 3) auch die Lehren von Gott dem Erlöser müssen nach dem rationalistischen Schema behandelt werden (Vernünftigkeit der Trinitätslehre, der Lehre von der Fleischesauferstehung usw.), 4) im letzten Grunde kann der Mensch aus der Geschichte nichts empfangen; in die Geschichte gehört aber auch der *λόγος ἔνσαρκος*; also wurde die Anschauung nicht ganz verdrängt, daß es einen Standpunkt gibt, für den der geschichtliche Christus, da er nur unterstützender Lehrer ist, eigentlich nichts bedeutet: der Mensch, der durch Gnosis und Askese zum sittlichen Heros geworden ist, steht frei neben Gott; er liebt Gott und Gott liebt ihn; in ihm wird ein Christus geboren. Gerade die lebendigste Frömmigkeit der griechischen Väter und der energischste Versuch, sich in der Religion heimisch zu machen, sind am wenigsten davor sicher gewesen, den geschichtlichen Christus zu verlieren. Aber es war nur eine Gefahr, die drohte. Die Gottheit ist herabgestiegen, Gott ist in dem geschichtlichen Jesus Mensch geworden: der Glaube an diese ungeheure Tatsache — „das Neueste alles Neuen, ja das allein Neue unter der Sonne“ (Damascenus) — sowie das Rätsel und der Schrecken des Todes begrenzten allen Rationalismus: der Mensch muß erlöst werden und ist erlöst.

B. Die Lehre von der Erlösung in der Person des Gottmenschen in ihrer geschichtlichen Entwicklung.

Sechstes Kapitel.

Die Lehre von der Notwendigkeit und Wirklichkeit der Erlösung durch die Menschwerdung des Sohnes Gottes.

[Mit Berücksichtigung des Abendlandes.]

§ 35.

Athanasius, *Περὶ ἐνανθρωπήσεως τοῦ λογου* (die Echtheit wird mit Unrecht neuerdings wieder bestritten). Gregor v. Nyssa, *Λόγος κατηχητικὸς ὁ μέγας*. S. die Literatur z. 2. Kap. Kattenbusch I S. 297 ff.

Die Menschwerdung Gottes allein balancierte das ganze System der natürlichen Theologie. Weil man an ihre Wirklichkeit glaubte, behauptete man auch ihre Notwendigkeit.

Man bezog sie auf den Tod, die Dämonenherrschaft, die Sünde und den Irrtum, und man hat in diesem Zusammenhang nicht selten Aufstellungen über die Heillosigkeit des Menschen gemacht, die an Augustin erinnern. Allein wenn man eine straffe Theorie gab, hielt nur der Gesichtspunkt der Aufhebung der Vergänglichkeit und des Todes Stich; denn die Freiheitslehre schloß eine Sündentilgung aus und legte andererseits die Auffassung nahe, daß herzliche Reue vor Gott von Sünden befreie (so z. B. Athanasius, de incarn. 7). Athanasius hat nach Irenäus zuerst eine straffe Theorie der Menschwerdung gegeben (l. c). Es begründet sie einerseits aus der Güte Gottes, resp. seiner Selbstbehauptung und Ehre, andererseits aus der F o l g e der Sünde, der Vergänglichkeit. Diese vermag nur der Logos zu beseitigen, der auch ursprünglich alles aus dem Nichts geschaffen hat. Die Mittel anlangend, so rekurriert Athanasius auf alle biblischen Gedanken (Opfertod, Schuldtilgung usw.); allein besonders deutlich führt er den Gedanken aus, daß in dem Akt der Menschwerdung selbst die Wendung vom Todesverhängnis zur Vergottung (*αὐτὸς ἐνηνθρώπησεν, ἵνα ἡμεῖς θεοποιηθῶμεν*) und *ἀφθαρσία* liege, sofern die physische Verbindung des Menschenwesens mit dem Göttlichen (das Wohnen Gottes im Fleische) die Menschheit in die Sphäre der Seligkeit und der *ἀφθαρσία* erhebt (c. 9: *λαμβάνει σῶμα, ἵνα τοῦτο τοῦ ἐπὶ πάντων λόγου μεταλαβὸν ἀντὶ πάντων ἱκανὸν γένηται τῷ θανάτῳ, καὶ διὰ τὸν ἐνοικήσαντα λόγον ἄφθαρτον διαμείνῃ, καὶ λοιπὸν ἐπὶ πάντων ἡ φθορὰ παύσηται τῇ τῆς ἀναστάσεως χάριτι*) — doch kann dies herrliche Ziel erst erreicht werden, wenn der Gottmensch den Tod in der Menschheit durch seinen Tod überwunden, d. h. den Kampf mit dem Tode aufgenommen und in seinem Sterben, das kein dauerndes sein konnte, alles Sterben aufgehoben hat. Die Folge der auf den Kreuzestod abzielenden Menschwerdung ist also primär die Verwandlung ins Unvergängliche (Wiedererneuerung des göttlichen Ebenbildes), sekundär aber auch die Wiederherstellung der Erkenntnis Gottes, sofern die i r d i s c h e Erscheinung der Gottheit (in Christus) dem blödesten Auge die Gottheit erkennbar macht und damit den Polytheismus austilgt. Indem Athanasius diesen doppelten Erfolg behauptet, vermochte er auch den partikulären Erfolg der Menschwerdung zu erklären: er kommt eben nur denen zugut, die Gott erkennen und nach dieser Erkenntnis ihr Leben einrichten. Die Vergottung des menschlichen Wesens (Anteil an Gott durch Sohnschaft, nicht pantheistisch gedacht, sondern als unendliche Steigerung des Lebens) war dem Athanasius die Hauptsache, nicht aber die Erkenntnis. Deshalb lag ihm alles an der genauen Bestimmung der Fragen, wie das Göttliche, welches Mensch geworden, beschaffen gewesen, und in welche Verbindung es mit der Menschheit getreten sei. Dagegen legten die Arianer und später die Antiochener auf die Erkenntnis das Hauptgewicht; sie beharrten beim rationalistischen Schema. Eben deshalb hatten sie überhaupt nicht ein entscheidendes Interesse an jenen beiden Fragen, und wenn sie es hatten, beantworteten sie dieselben in einem anderen Sinn. Man sieht, wie die großen dogmatischen Kämpfe hier ihre Wurzel haben: wesenhafter Anteil an Gott oder Erkenntnis Gottes, die die Freiheit unterstützt: Christus die Gottheit oder die Weltvernunft (und der göttliche Lehrer) — Christus der untrennbare Gottmensch oder der inspirierte Mensch und das Doppelwesen. Athanasius hatte die höchste griechische Frömmigkeit für sich, seine Gegner die verständigeren Formeln und z. T. den Bibelbuchstaben.

So klar wie Athanasius hat kein griechischer Vater mehr die Frage, warum Gott Mensch geworden, beantwortet. Am nächsten kommt ihm der Platoniker Gregor v. Nyssa (Große Katechese), wie überhaupt die ganze Lehrauffassung nur auf dem Boden des Platonismus möglich ist. Gregor hat die Ausführungen an einigen Punkten verstärkt und sich vielfach an die Gedanken des Methodius angeschlossen. Er zeigt gegenüber Juden und Heiden, daß die Menschwerdung die beste Form der Erlösung gewesen ist; er faßt den ganzen Sündenzustand als Tod, gibt diesem Begriff also einen weiteren Spielraum (alle Abkehr von Gott zum nichtseienden Sinnlichen ist Tod), er hat die Vollendung der Menschwerdung erst in der Auferstehung Christi angeschaut (origenistischer Einschlag: die Erlösung hat die Loslösung vom Leibe zur Voraussetzung); er hat zwar gelehrt, daß Christus einen einzelnen Menschen angenommen hat, aber dieser Einzelmensch ist als zweiter Adam die ἀπαρχή und damit prinzipieller Inbegriff der menschlichen Natur, so daß nach dieser Anschauung alles Menschliche mit der Gottheit zusammengewachsen ist; er hat das Ganze streng als einen physisch-pharmakologischen Prozeß gedacht: die Menschheit wird wie ein Teig vom Sauerteig der Gottheit durchdrungen (Gegengewicht ist die Forderung spontaner Gesetzeserfüllung); er hat die Sakramente in die engste Beziehung zur Menschwerdung gebracht. Er hat aber endlich dieser realistischen und allem Rationalismus scheinbar feindlichen Vorstellung eine pantheistische Wendung gegeben, die ihr das Eigenartige benimmt und mit einer rationalistischen Auffassung wohl verträglich ist: Christi Menschwerdung ist eine Aktion von kosmischer Bedeutung; sie erstreckt sich als Rekonziliation und Restitution über die gesamte Welt von den höchsten Engeln ab bis herunter zu den tiefsten Tiefen. Damit löst sie sich, wie bei Origenes, in einen notwendigen kosmischen Prozeß auf; sie wird zu einem Spezialfall der allgemeinen Allgegenwart des Göttlichen in der Schöpfung. Es ist im Kosmos die Entfremdung von Gott ebenso angelegt wie die Zurückführung zu ihm. Gregor hat diesen pantheistischen Gedanken, den er selbst freilich niemals rein und in Ablösung von dem Historischen gedacht hat, überleiten helfen in die Folgezeit. Die pantheistische Erlösungslehre tritt in der Folgezeit in doppelter Form auf (pantheistische Monophysiten, der Areopagite und seine Schüler usw.): entweder erscheint das Werk des geschichtlichen Christus als Spezialfall, resp. als Symbol der allgemeinen, reinigenden und heiligenden Wirksamkeit, die der Logos im Verein mit den abgestuften Ordnungen der übersinnlichen Kreaturen und zugleich wiederum für sie, durch heilige Medien fortgesetzt vollzieht — oder es wird bei dem Gedanken der Menschwerdung sofort an die Vereinigung jeder einzelnen Seele mit dem Logos gedacht, bei der sich das wiederholt, was an Christus geschehen ist. Eine dritte Form ist noch die Ansicht, daß die Menschheit Christi eine himmlische gewesen sei, resp. daß der Logos die Menschheit stets in sich getragen habe. Selbst unverhüllter Pantheismus — die ganze Natur ist an sich wesenseins mit der Gottheit — hat nicht gefehlt (Stefan Bar Sudaili).

Doch das alles lagerte nur im Hintergrund; dagegen verbreitete sich der Gedanke, daß Christus den Allgemeinbegriff der Menschheit an sich genommen habe, im Morgen- und Abendland und verdrängte die Vorstellung von einer moralischen Einheit der Gottheit mit einem einzelnen Menschen, aus der sich freilich die Gewißheit unserer physischen Vergottung nicht ableiten ließ. Die, welche diese moralische Einheit lehrten (Antiochener), faßten in der Regel zugleich die Erlösung nicht als Wiederherstellung, deren Notwendigkeit sie eben nicht empfanden, sondern als Heraufführung einer neuen Katastase, als den Abschluß der göttlichen Pädagogie. Dagegen haben die dem Athanasius und Gregor folgenden Theologen die Menschwerdung stets als notwendige Restitution gefaßt, sie also auf Sünde und Tod bezogen. Sie hielten demnach, soweit sie nicht vom Pantheismus verführt wurden, daran fest, daß die Menschwerdung eine geschichtliche Tat unergründlichen göttlichen Erbarmens sei, durch die die Menschheit zu göttlichem Leben wiederhergestellt worden ist.

Anhang. Die Tatsachen der Geschichte Jesu hat man in das so aufgefaßte Erlösungswerk einzustellen versucht, was bei der Auferstehung wohl glückte, aber sonst im Grunde an keinem einzigen Punkte. Speziell der Kreuzestod blieb ein Mysterium, obgleich man die paulinischen Gesichtspunkte fortwährend wiederholte; denn mit der Menschwerdung war eigentlich alles schon gegeben (freilich hat sich Athanasius hingebend bemüht, den Kreuzestod als den eigentlichen Zweck der Menschwerdung und als die Heilstatsache zu verstehen), und der Tod konnte höchstens der Abschluß der Ensarkose sein (Fruktifizierung des Opfergedankens nach dem Schema der griechischen Mysterien ist übrigens seit Origenes nicht selten). Dennoch läßt sich nicht verkennen, daß man den Tod als ein seliges Geheimnis, vor dem man sich beugte, empfand (kräftige religiöse Aussagen über den Wert des Kreuzestodes finden sich auch bei den Griechen zu allen Zeiten, und es fragt sich doch, ob die dogmatische Zurückhaltung der Griechen hier minderwertig ist gegenüber dem dreisten Rechnen und Markten der Abendländer in bezug auf das „Verdienst" Christi. Diese haben schon seit Tertullian und Cyprian das Todesleiden als eine Leistung betrachtet, deren Wert man in juristischen Formeln zu bestimmen habe; sie haben den Tod als satisfactio und placatio dei angeschaut und das bei der Betrachtung der Bußleistungen gewonnene rechtliche Schema auf ihn angewendet (Aufhebung des Schuld- und Strafleidens durch das Sühnemittel resp. durch das Verdienst des Todes Christi, das den zürnenden Gott besänftigt. Berechnung des Wertes des Todes Christi für Gott: Ambrosius, Augustin, die großen Päpste). Dabei sind sie seit Ambrosius folgerecht zu der Annahme vorgeschritten, daß die Sühne (das Verdienst) von Christus als Mensch geleistet sei, da die Menschheit die Schuldnerin ist und Leistungen überhaupt nur an dem Menschen geschätzt werden können, der freilich seinen Wert durch die Gottheit erhält. Damit entfernte sich das Abendland vom Morgenland: hier ist der Gott, der die Menschheit in die Einheit seines Wesens aufgenommen hat, durch diese seine Doppelkonstitution der Erlöser; dort ist der Gottmensch, dessen Todesleistung göttlichen Wert hat, der Versöhner. Aber freilich eine straffe Theorie besaß auch das Abendland noch nicht. Akzeptierte es doch auch die gnostisch-morgenländischen Vorstellungen, das Lösegeld sei dem Teufel gezahlt worden, der dabei betrogen worden sei.

Siebentes Kapitel.

Die Lehre von der Homousie des Sohnes Gottes mit Gott selbst.

Hauptquellen: Die Kirchenhistoriker des 4. und 5. Jahrhunderts (auch Philostorgius, hrsg. von JBidez 1913) und die Werkeder Väter des 4. Jahrhunderts; FGeppert, Die Quellen des Sokrates 1898. – PBatiffol Sozomenos et Sabinos (Byz. Ztschr. Bd. 7 1898). — Von Athanasius' Werken kommen besonders in Betracht: de decretis synodis Nicaenae — de sententia Dionysii — orationes IV c. Arianos — epp. IV ad Serap. — de synodis Arimini et Seleuciae — ep. ad Afros. — Tillemont, Mémoires pour servir à l'histoire ecclésiastique, 1732. — FWalch, Entwurf einer vollständigen Historie der Ketzereien, 1764. — FChBaur, Die christliche Lehre von der Dreieinigkeit und Menschwerdung Gottes, 3 Bde., 1842 f. — JDorner, Entwicklungsgeschichte der Lehre von der Person Christi², 1853. — HSchultz, Die Lehre von der Gottheit Christi, 1881. — CJHefele, Konziliengeschichte², Bd. 2 ff., 1875 ff. — AHarnack, Lucian d. M. in RE.³ — HAchelis, Meletius in RE.³. — HMGwatkin, Studies of Arianism, 2. Aufl., 1900. — Snellman, Der Anfang des arianischen Streits, 1904. — Möhler, Athanasius, 1827. — HJMVoigt, Die Lehre des Athanasius, 1861. — GKrüger, Die Bedeutung des Athanasius in den Jahrbüchern für protestantische Theologie, 1890. — PBöhringer, Athanasius und Arius,

1874. — ESchwartz, Zur Geschichte des Athanasius (Nachr. d. K. Gesellsch. d. W. zu Göttingen, 1904/5, Stück I — VI). — GKrüger, Alexander von Alexandrien in ZwTh., 1888, S. 434 ff. — GLöschke, Das Syntagma des Gelasius, 1906, im Rheinischen Museum Bd. 59, S. 451 ff. (dess. Ausgabe des Gelasius, 1918). — WKölling, Geschichte der arianischen Häresie, 2 Bde., 1884 f. [hochkirchlich verkehrt, aber amüsant]. ThZahn, Marcell, 1867. — FLoofs, Die Trinitätslehre Marcells, 1902 (SBBA, 1902, S. 765 ff.). — ALichtenstein, Eusebius von Nikomedien, 1903. — FNager, Die Trinitätslehre des Basilius, 1912. — HLietzmann, Apollinaris von Laodicea I, 1904. — MRade, Damasus von Rom, 1882. — JWittig, Papst Damasus I., 1902; vgl. vor allem die freilich ungenügenden Biographien der Kappadozier. — JLeipoldt, Didymus der Blinde (Texte u. Unters. Bd. 29, 1905). — KHoll, Amphilochius von Ikonium in seinem Verhältnis zu den großen Kappadociern, 1904. — JGummerus, Die homöusianische Partei, 1900. — PBattifol, Histoire acephala (Byz. Ztschr. Bd. 10, 1901). — AHahn, Bibliothek der Symbole[3], 1897. — CPCaspari, Quellen zur Geschichte des Taufsymbols, 4 Bde., 1866 ff., FLoofs, Artikel „Arianismus", „Athanasius", „Christologie" und Verwandtes in RE.[3]; Ders., Eustathius von Sebaste und die Chronologie der Basilius-Briefe, 1898. — AHarnack, Artikel „Konstantinopeler Symbol" in RE.[3]; ausführliche Untersuchung über dasselbe von FKattenbusch in seiner Symbolik Bd. I S. 252 ff. und in der Monographie über das apostolische Symbol (I, 1894; II, 1900, bes. II S. 995). — OSeeck, Untersuchung zur Geschichte des Nicänischen Konzils, ZKG. Bd. 17 S. 1 ff. (dazu AHeikel in seiner Ausgabe des Euseb., Vita Const., und Snellman a. a. O.). — OBraun, De sancta synodo Nicaena, 1898.

Ist das Göttliche, das auf Erden erschienen ist und die Menschen mit Gott wiedervereinigt hat, identisch mit dem höchsten Göttlichen, das Himmel und Erden regiert, oder ist es ein Halbgöttliches? Das war die entscheidende Frage im arianischen Streit.

§ 36. Vom Anfang des Streites bis zur Synode von Nicäa.

Zu Antiochien 268 war die Logoslehre durchgesetzt, das *ὁμοούσιος* aber verworfen worden. Allein das Erbe Pauls von Samosata ging nicht unter. Lucian, der gelehrteste Exeget seiner Zeit, nahm es auf und gründete in Antiochien eine gesuchte, einflußreiche exegetisch-theologische Schule, die lange Zeit außerhalb der Kirche stand, dann ihren Frieden mit ihr schloß und der Mutterschoß des Arianismus geworden ist. Lucian ist vom Adoptianismus (Paul von Samosata) ausgegangen; der hohe Wert den er auf die Entwickelung Christi (*προκοπή*) legte, beweist dies. Aber er hat sich dazu bequemt, den hypostatischen Logos an die Stelle des erwählten Menschen zu setzen, jedoch als *λόγος-κτίσμα*, als geschaffenes, der Entwicklung fähiges und bedürftiges Wesen, das von dem ewigen, unpersönlichen Logos Gottes scharf zu unterscheiden ist. Das Subjekt in Christus ist also ein himmliches, präexistentes Wesen (nicht mehr Mensch, wie bei Paul, wohl aber eine Art gnostischer „Sophia") — in diesem Zugeständnis schloß Lucian seinen Frieden mit dem Dogma und den Origenisten —, aber menschliche Eigenschaften (resp. Unvollkommenheiten, die durch Kampf und Leiden überwunden werden mußten) wurden von demselben ausgesagt, die Menschwerdung wurde zu bloßer Fleischesannahme, und mit den Mitteln der aristotelischen Dialektik und der biblischen Exegese wurde nun ein Lehrbegriff entworfen, in dem der unerzeugte Erzeuger (das „Ungewordene") in scharfen Gegensatz zu allem Gewordenen (dessen Wesen Fortschreiten vom Unvollkommenen zum Vollkommnen ist), also auch zum Logos-Christus, gestellt wurde. Die Theologie wurde zu einer „Technologie", d. h. zu einer in Syllogismen bearbeiteten, auf den heiligen Kodex gegründeten Lehre von dem Ungezeugten und dem Gezeugten (wobei die Unähnlichkeit notgedrungen schärfer hervortreten mußte als die Ähnlichkeit, was den Schülern aber nicht zum Anstoß gereichte), ohne durchschlagendes Interesse an dem Erlösungsgedanken, aber nicht ohne moralische und intellektuelle Energie, verbreitet von engbefreundeten, auf ihre Dialektik und ihre exegetische Kunst eingebildeten Schülern (*Συλλουκιανισταί* nannten sie sich gegenseitig aus Verehrung für ihren Meister).

Zu ihnen gehörte auch Arius, der, durch eine ostentative Frömmigkeit hervorleuchtend, in gereiftem Alter Diakon und Presbyter (an der Baukalis-Kirche) in Alexandrien geworden war (seine Konflikte mit dem Bischof Petrus, seine zeitweilige Parteinahme für Meletius und sein schwankendes Verhältnis zur alexandrinischen Bischofspartei sind in ihren Motiven dunkel[1]; „Arius weist von Anfang an eine Rührigkeit auf,

[1] Die kirchlichen Wirren in Ägypten (Meletianische Bewegung) zur Zeit und unmittelbar nach der großen Verfolgung sind dogmengeschichtlich ohne Interesse, kirchengeschichtlich aber sehr wichtig. Die Pfarrer der einzelnen alexandrinischen Kirchen standen am Anfang des 4. Jahrhunderts dem Bischof selbständiger gegenüber als anderswo. Der Vor-

die ihn zu energischem Auftreten getrieben hat"; Inkonsequenzen fehlten nicht). In Alexandrien war zurzeit eine Richtung im Episkopat vertreten, die gegen die μαθήματα τῆς Ἑλληνικῆς φιλοσοφίας mißtrauisch war und den Gedanken der Verschiedenheit von Vater und Logos zurückstellte (s. o. § 27). Obgleich Arius — er war ein beliebter Prediger, geschickter Dialektiker und hörte sich gerne reden — ein paar Jahre mit seinem Bischof Alexander zusammengestanden und auch mit ihm christologische Irrtümer bekämpft hatte, kam er doch um das Jahr 318 (320) mit ihm auseinander[1], und der Bischof sah sich, da private und öffentliche Vorstellungen und Dispute nicht fruchteten, genötigt, auf einer alexandrinischen Synode den Arius seiner Christologie wegen zu verdammen und abzusetzen. Allein er hatte in ein Wespennest gegriffen. Die Lucianisten, vor allem der einflußreiche Eusebius von Nikomedien, traten für Arius, der persönlich im Ausland für sich agitierte, entschieden ein und die Mehrzahl der gebildeten orientalischen Bischöfe war ihm sympathisch gesinnt (auch Eusebius von Cäsarea). Briefe wurden von beiden Seiten geschrieben, um Sukkurs zu erhalten; auch Synoden fanden statt. Eine große ägyptische hielt Alexander (320? 322/4?) ab; sie stellte sich auf die Seite des Bischofs. Trotzdem kehrte Arius, der auch in Nikomedien gewesen war und dort einen Hauptstützpunkt für seine Sache gefunden hatte, unter Protest nach Alexandrien zurück, wo ihm sehr viele Kleriker und Gemeindemitglieder treu geblieben waren, namentlich die Frauen. Die Kontroverse wurde nun erst recht lebhaft; denn ein förmliches Schisma war ausgebrochen. Als Konstantin 323 auch Herrscher des Orients geworden war, hatte sie alle Küstenprovinzen des Ostens ergriffen („Thalia" des Arius in Resten erhalten, durch die das Volk für die Streitfrage interessiert werden sollte; Spott der Juden und Heiden, die übrigens in den Arianern die

steher einer alexandrischen Parochie leitete seine Gemeinde fast so selbständig wie ein Bischof. Daher die Konflikte mit dem Bischof, in denen dieser aber schließlich siegte.

[1] Arius' Auslegung und Verwertung von Prov 8, 22 ff. — diese Stelle ist der locus classicus der Arianer geblieben — gab den Anlaß. Es scheint, daß der Presbyter Kolluthus gegen Arius bei Alexander gehetzt und dieser widerwillig die Sache aufgenommen hat (s. Snellman S. 49 ff.).

„Liberalen" sehen mußten). Der Kaiser suchte zuerst (unter dem Einfluß Eusebius' von Nikomedien?) durch ein vom Hofbischof Hosius von Kordova überbrachtes Schreiben beide Parteien zu versöhnen (der Streit sei müßiges, unziemliches Gezänk). Allein der Brief fruchtete nichts, und wahrscheinlich hat sich Hosius, der die tertullianisch-novatianische Trinitätslehre vertrat, schon damals mit Alexander verständigt (alexandrinische Synode); das Schisma wollte auch er beseitigen, aber nicht in dem Sinne des kaiserlichen Briefs. Durch Hosius ist die Umstimmung des Kaisers eingeleitet und die nicänische Entscheidung im abendländischen Sinn vorbereitet worden. Auf seinen Rat hat Konstantin ein Konzil nach Nicäa berufen[1].

Alexanders Lehre, wahrscheinlich von Melito beeinflußt (s. seine beiden Briefe bei Theodoret, h. e. I, 4 und Sokrates, h. e. I, 6 und seinen Sermo de anima et corpore deque passione domini, vgl. auch die ep. Arii ad Euseb.) war der Sache nach wesentlich identisch mit der späteren des Athanasius; aber sie war in den Formeln unklar. Speziell das *ὁμοούσιος* hat gewiß nicht schon er zum Stichwort erhoben, da es im Morgenland noch verpönt war. Hosius hat es als Übersetzung des abendländischen „unius substantiae" und in einem dem Modalismus sich nähernden Sinn wieder aufgebracht[2]. Alexanders Formeln waren: *ἀεὶ θεός, ἀεὶ υἱός, ἅμα πατήρ, ἅμα υἱός, συνυπάρχει ὁ υἱὸς ἀγεννήτως τῷ θεῷ, ἀειγενής, ἀγενητογενής, οὔτ' ἐπινοίᾳ οὔτ' ἀτόμῳ τινὶ προάγει ὁ θεὸς τοῦ υἱοῦ, ἀεὶ θεός, ἀεὶ υἱός, ἐξ αὐτοῦ τοῦ θεοῦ ὁ υἱός*. Alexander behauptete die anfangslose, ewige Koexistenz von Vater und Sohn (Einfluß auch des Irenäus); er schloß den Sohn in das Wesen des

---

[1] Daß kurz vorher eine große Synode in Antiochien abgehalten worden sei, die das Bekenntnis des Alexander von Alexandrien sich zu eigen machte, das Nicänum antizipierte und den Eusebius von Cäsarea exkommunizierte, entnehmen ESchwartz (Nachr. d. Gesellsch. d. Wissensch. z. Göttingen, 1905, 1908), ESeeberg (Die Synode von Antiochien, 1913) u. a. einer syrischen Quelle, deren Echtheit sie zu erweisen versuchen; s. dagegen AHarnack, SBBA 1908, S. 477 ff., 1909, S. 401 ff. Auch Duhesne konnte sich von der Echtheit dieser Quelle nicht überzeugen.

[2] Anders ESchwartz, der nicht auf das Abendland rekurrieren zu müssen meint; aber diese Meinung ist unhaltbar (s ELoofs' Abhandl. über die Synode v. Sardika S. 37).

Vaters als einen notwendigen Bestandteil ein; er widerlegte die Sätze, der Sohn sei nicht ewig, sei aus dem Nichtseienden geschaffen, sei nicht *φύσει* Gott, sei wandelbar, habe eine sittliche Entwicklung durchgemacht, sei nur Adoptivsohn. Er ist sich bewußt, für den allgemeinen Glauben der Kirche, die Gottheit Christi, zu streiten und lehnt vor allem die Dialektik über Gezeugt und Ungezeugt ab. Er führt für seine Ansicht den Schriftbeweis (Joh 1 1—3 1 18 10 30 14 8 9 28, Mt 3 17 11 17, I Joh 5 1, Col 1 15 16, Rm 8 32, Hbr 1 2 f., Prov 8 30, Ps 2 7 110 3 35 10, Jes 53 8). Er gebraucht mit Vorliebe den von Origenes bevorzugten Ausdruck: der Sohn ist die vollkommene Abstrahlung; aber selbst dieser Ausdruck reicht ihm nicht aus: *ἐν αὐτῷ χαρακτηρίζεται ὁ πατήρ*. Er nähert sich dem Sabellianismus, will ihn aber kräftig ablehnen und behauptet, der Vater sei doch größer als der Sohn, obschon der Sohn zu seinem Wesen gehöre. Das Hervorgehen eines solchen Sohnes will er als Geheimnis verehrt wissen: um den Glauben handelt es sich, nicht um Spekulation. Doch braucht er vielfach unklare, verworrene und widersprechende Formeln, unter denen selbst *πατρικὴ θεογονία* nicht fehlt und die zu ihren Ungunsten abstechen von den formell klaren Sätzen des Arius, der es leicht hatte, von Alexanders Lehre nachzuweisen, sie sei weder gegen den Dualismus (zwei *ἀγένητα*), noch gegen den gnostischen Emanatismus (*προβολή, ἀπόρροια*), noch gegen den Sabellianismus (*υἱοπάτωρ*), noch gegen die Vorstellung einer Körperlichkeit Gottes gedeckt, habe Chamäleonsgestalt und sei biblisch unhaltbar.

Arius lehrte folgendes (s. seine und seiner Freunde Briefe, die Fragmente der „Thalia“, die Charakteristik bei Alexander und Athanasius, die Schriften der späteren Arianer):

1. Gott, der Einzige, neben dem es keinen anderen gibt, ist allein ungezeugt, anfangslos, ewig; er ist unaussprechlich und unerfaßbar, ferner aller Dinge Ursache und Schöpfer. In diesen Merkmalen liegt sein Wesen (der unerzeugte Erzeuger). Seine Tätigkeit ist S c h a f f e n („Zeugen“ ist nur ein Synonymum). Alles, was ist, ist geschaffen — nicht aus dem Wesen Gottes (sonst wäre er nicht einfach und geistig), sondern aus seinem freien Willen. Gott ist demgemäß nicht immer Vater gewesen, sonst wäre das Geschaffene ewig; auch

kann dem Geschaffenen nie das Wesen Gottes mitgeteilt werden, denn dieses ist eben ungeschaffen.

2. Diesem Gott wohnen als unabtrennbare Kräfte (nicht Personen) Weisheit und Logos inne; außerdem gibt es viele geschaffene Kräfte.

3. Vor der Weltzeit als Werkzeug zur Schöpfung der übrigen Kreaturen (*ἵνα ὁ θεὸς ἡμᾶς δι' αὐτοῦ δημιουργήσῃ*) hat Gott aus freiem Willen (*θελήματι τοῦ πατρός*) ein selbständiges Wesen (*οὐσία, ὑπόστασις*) geschaffen, das von der Schrift Weisheit, Sohn, Ebenbild, Wort genannt wird; es ist, wie alle Kreaturen, aus dem Nichts geschaffen (*λόγος ἐξ οὐκ ὄντων γέγονε*) und hat einen Anfang gehabt. Es gab also eine Zeit, wo dieser Sohn nicht war (*ἦν ποτε ὅτε οὐκ ἦν, καὶ οὐκ ἦν πρὶν γένηται*). „Sohn" heißt er nur uneigentlich; auch die übrigen Kreaturen werden von der Schrift so genannt.

4. Also ist dieser „Sohn" seinem Wesen nach eine selbständige, von dem „Vater" völlig verschiedene Größe; weder hat er ein Wesen mit dem Vater, noch die gleiche Naturbeschaffenheit (sonst gäbe es zwei Götter). Er hat vielmehr einen freien Willen und ist der Veränderung fähig (*ὁ λόγος ἀνόμοιος κατὰ πάντα τῆς τοῦ πατρὸς οὐσίας — ξένος τοῦ υἱοῦ κατ' οὐσίαν ὁ πατήρ, ὅτι ἄναρχος — λόγος τρεπτὸς φύσει*). Er hat sich aber dauernd für das Gute bestimmt. Somit ist er vermöge seines Willens unveränderlich geworden.

5. Also ist der „Sohn" nicht wahrhaftiger Gott, und er hat göttliche Eigenschaften nur als erworbene und nur teilweise. Weil er nicht ewig, ist auch seine Erkenntnis nicht vollkommen (*οὔτε ὁρᾶν οὔτε γινώσκειν τελείως δύναται ὁ λόγος τὸν πατέρα*). Ihm gebührt daher nicht die gleiche Ehre wie dem Vater.

6. Doch unterscheidet er sich von allen Kreaturen: er ist das *κτίσμα τέλειον* (d. h. so vollkommen, wie ein Geschöpf sein kann), durch ihn ist alles geschaffen; er steht in einem besonderen Gnadenverhältnisse zu Gott, der ihm in Voraussicht seiner Bewährung schon in der Präexistenz Herrlichkeit gegeben hat. Durch Gottes Mitteilung und eigenes Fortschreiten ist er zum Gott geworden, so daß man ihn „eingeborener Gott" nennen kann (*μετοχῇ καὶ αὐτὸς ἐθεοποιήθη — λέγεται θεός*).

7. Dieser Sohn hat einen Menschenleib (*σῶμα ἄψυχον*) wahrhaftig angenommen. Die Affekte, die der geschichtliche Christus zeigt, lehren, daß der Logos, dem sie zukommen (denn eine menschliche Seele hat Christus nicht gehabt), ein leidensfähiges, nicht absolut vollkommenes (sondern die absolute Vollkommenheit erringendes) Wesen ist.

8. Neben und unter dem Sohn steht der Heilige Geist; denn der Christ glaubt an drei getrennte und verschiedene *οὐσίαι* (gebraucht wird auch gleichbedeutend *ὑποστάσεις*); der Heilige Geist ist durch den Sohn geschaffen.

9. Schriftbeweis für diese Lehren waren: Dt 6_{4} 32_{39}; Prov 8_{22}, Ps 45_{8}, Mt 12_{28}, Mc 13_{32}, Mt 26_{41} 28_{18}, Lc 2_{52} 18, 19, Joh 11 34 14_{28} 17_{3}, Act 2_{36}, I Cor 1_{24} 15_{28}, Col 1_{15} Phil 2_{6} f., Hbr 1_{4} 3_{2}, Joh 12_{27} 13_{21}, Mt 26_{39} 27_{46} usw. Dialektisch vertrat diesen Lehrbegriff vor allem der Sophist Asterius. Bei dem strengen Arianismus überwog die Tradition von Paul und Lucian her, bei dem abgemilderten (Eusebius v. Cäsarea) die Subordinationslehre des Origenes.

Athanasius' Lehre (über ihre Entwicklung s. Loofs in RE.[3] Bd. 2 S. 202 ff.) ist in der dogmatisch-wissenschaftlichen Ausprägung nicht bedeutend, groß in der siegreichen Beharrlichkeit des Glaubens. Sie umfaßt eigentlich nur einen Satz: Gott selbst ist in die Menschheit eingegangen. Sie wurzelt ganz und gar im Erlösungsgedanken. Judentum und Heidentum haben die Menschheit nicht in die Gemeinschaft mit Gott zurückgebracht: nur Gott konnte uns vergöttlichen, d. h. zu seinen Söhnen adoptieren und unvergänglich machen. Wer leugnet, daß Christus voller Gott ist, ist noch Jude oder Heide. Athanasius hat im Grunde keine Logoslehre mehr; er ist Christologe. Überall denkt er nur an den Christus, der Gott ist. Um eine Formel war es ihm nicht zu tun; das *ὁμοούσιος* wird trotz der nicänischen Entscheidung erst in der Mitte des Jahrhunderts zu seinem Stichwort; vorher braucht er unbefangen zur Darstellung seines eindeutigen Grundgedankens die später verpönten Ausdrücke *ὅμοιος*, *ὅμοιος κατὰ πάντα*, *ὅμοιος κατ' οὐσίαν* u. a. Seine Richtlinien sind folgende:

1. Ist Christus Gott — und das muß er als Erlöser sein —, so hat er als solcher nichts Kreatürliches an sich

und gehört in keinem Sinn zu dem Geschaffenen. Athanasius scheidet ebenso bestimmt wie Arius zwischen Geschaffenem und Unerschaffenem, aber er stellt den Sohn als zu Gott gehörig der Welt gegenüber.

2. Da das Göttliche in Christus nichts Geschaffenes ist, so kann es auch nicht aus der Welt und Weltschöpfung postuliert werden, dazu: Gott bedarf zur Weltschöpfung keiner Vermittlung. Also ist die Idee des Göttlichen, das die Menschen erlöst hat, von der Weltidee zu trennen: die alte Logoslehre ist beseitigt (selbst das Wort „*λόγος*“, welches im Symbol des Eusebius stand, ist im Nicänum gestrichen). Natur und Offenbarung gelten nicht mehr als identisch. Der Logos-Sohn ist Heils-, nicht Weltprinzip.

3. Da aber die Gottheit eine Einheit (*μονάς*) ist, der Sohn nicht zur Welt gehört, so muß er in eben diese Einheit des ungezeugten Prinzips gehören, das der Vater ist.

3. Eben der Vatername besagt, daß in der Gottheit ein Zweites vorhanden ist. Gott ist immer Vater gewesen: wer ihn so nennt, nennt den Sohn mit; denn der Vater ist der Vater des Sohnes, nur uneigentlich der Vater der Welt, denn diese ist geschaffen, ungeschaffen aber ist die in der Einheit ruhende göttliche Trias.

5. Mithin ist der Sohn *γέννημα τοῦ πατρός*, gezeugt (nicht geschaffen) aus dem Wesen Gottes (*ἐξ οὐσίας τοῦ πατρός*), wie das Licht aus der Sonne (*ἦν ὁ λόγος ἀεί, ὑπάρχων ἀϊδίως παρὰ τῷ πατρὶ ὡς ἀπαύγασμα φωτός — οὐκ ἦν ὅτε οὐκ ἦν*), mit innerer Notwendigkeit (*φύσει*, nicht *θελήματι*). Er ist das aus dem Wesen hervorgehende Ebenbild. „Gezeugt werden“ heißt nichts anderes als vollkommen an der ganzen Natur des Vaters von Natur teilhaben (*πάντα τὰ πατρὸς τοῦ υἱοῦ*), ohne daß der Vater etwas dabei erleidet.

6. Somit sind die arianischen Behauptungen falsch; der Sohn ist vielmehr a) gleichewig mit dem Vater, b) aus dem Wesen des Vaters, c) in allen Stücken seiner Natur nach gleichbeschaffen mit dem Vater, und er ist dies alles, weil er ein und dasselbe Wesen mit dem Vater gemein hat (*ὁμοούσιος — ταὐτούσιος*) und mit ihm eine strenge Einheit bildet — Wesen, das heißt aber in bezug auf Gott nichts anderes als das „Sein“. Nicht so ist es, daß der Vater ein Wesen für sich selbst ist und der Sohn ein

anderes für sich, und daß diese beiden gleichbeschaffen sind — das würde die Einheit der Gottheit aufheben, sondern der Vater ist die Gottheit; aber diese Gottheit birgt in sich als selbständiges und selbsttätiges Erzeugnis eine Hervorbringung, welche von Ewigkeit her und nicht kraft einer Mitteilung dieselbe göttliche Natur auch besitzt — den echten Sohn, das aus dem Wesen hervorgehende Ebenbild (*δύο μὲν πατέρα καὶ υἱόν, μονάδα δὲ θεότητος ἀδιαίρετον*). Vater und Sohn sind ein einziges Wesen, welches die Unterscheidung von *ἀρχή* und *γέννημα*, also von Prinzip und Abgeleitetem, und in diesem Sinne eine Subordination (der Vater ist *αἴτιον*, der Sohn *αἰτιατόν*, in diesem Sinne steht er logisch, nicht nach Wesen und Würde unter dem Vater) in sich schließt, die aber mit der Subordination des Geschaffenen nichts zu tun hat — das ist der Sinn des *ὁμοούσιος* bei Athanasius (er spricht nicht von drei Hypostasen, sondern von einer Hypostase und hat für die Personen der Trinität überhaupt keine generelle Bezeichnung).

7. Alle Kreatürlichkeiten, die die Schrift von Jesus Christus aussagt, beziehen sich lediglich auf seine menschliche Natur. Auch die Erhöhung bezieht sich auf diese, resp. auf unsere Erhöhung; denn die Verbindung des Gott-Logos mit der Menschennatur war von Anfang an eine wesenhafte und vollkommene (Maria als *θεοτόκος* schon bei Alexander von Alex.): der Leib wurde sein Leib. Auf den menschgewordenen Logos ist auch Prov 8_{22} f. zu beziehen.

Beide Doktrinen sind formell darin gleichartig, daß in ihnen Religion und Theologie aufs innigste verschmolzen sind und der Monarchianismus abgelehnt ist. Der Arianismus aber ist eine Verbindung des Adoptianismus mit der origenistisch-neuplatonischen Lehre vom subordinierten Logos, der das geistige Prinzip der Welt ist, durchgeführt mit den Mitteln der aristotelischen Dialektik; die orthodoxe Lehre ist eine Verbindung des fast modalistisch gefärbten Glaubenssatzes, daß Jesus Christus Gott von Art sei, mit der origenistischen Lehre von dem göttlichen Zweiten als dem vollkommenen Ebenbild des Vaters. Dort liegt der Hauptakzent auf dem Kosmologischen und Rational-Moralischen (absteigende Trinität, Erleuchtung und Stärkung der Freiheit), hier auf dem Erlösungsgedanken, aber in physischer Vorstellung. Dort sind die Formeln scheinbar plan und widerspruchsfrei; aber genau betrachtet ist die Begriffsmythologie so schlimm wie möglich; ferner, nur als Kosmologen sind die Arianer Monotheisten, als Theologen und in der Religion sind sie Polytheisten, endlich liegen im Hintergrund der arianischen Doktrin tiefe Widersprüche: ein Sohn, der kein Sohn ist, ein Logos, der kein Logos ist, ein Monotheismus, der den Polytheismus nicht ausschließt, zwei oder drei Usien, die zu verehren sind, während sich doch nur eine von den Kreaturen wirklich unterscheidet, ein undefinierbares Wesen, das erst Gott wird, indem es Mensch wird, und das doch weder Gott noch Mensch ist. Dabei kein energisches religiöses Interesse, aber auch kein sachlich-philosophisches, vielmehr alles hohl und formalistisch, ja eine knabenhafte Begeisterung für das Spiel mit Hülsen und Schalen und eine kindische Selbstgefälligkeit beim Betriebe inhaltsloser Syllogismen. Die Gegner hatten ganz recht: diese Doktrin führte ins Heidentum zurück. Nur dort kommt ihr ein relativer Wert zu, wo sie, Ungebildeten und barbarischen Völkern gegenüber, ihr philosophisches Gewand abstreifen mußte und sich deshalb wesentlich als Adoptianismus, als die Verehrung Christi neben der Gottes gab, begründet durch biblische Sprüche (Germanischer Adoptianismus). Die orthodoxe Lehre dagegen hat ihren bleibenden Wert an der Aufrechterhaltung des Glaubens, daß in Christus Gott selbst den Menschen erlöst und in seine Gemeinschaft geführt hat. Aber da der Gott in Christus als alter ego des Vaters aufgefaßt und die Erlösung mystisch-physisch gedacht wurde, ergaben sich 1) Formeln, deren kontradiktorischer Widerspruch auf der Hand liegt (eins = zwei, resp. drei) und Vorstellungen, die nicht gedacht, sondern nur in Worten behauptet werden können. Damit trat an die Stelle der Gotteserkenntnis, die Christus verheißen, das Mysterium und sollte als der tiefste entscheidende Inhalt der Religion anerkannt werden. Neben das Wunder als Charakteristikum der Religion trat nun das Begriffswunder als Charakteristikum der wahren Theologie; 2) ließ sich die Behauptung, daß die Person in Christus der mit Gott wesenseine Logos sei, nur halten, wenn man alle evangelischen Berichte über ihn umdeutete und seine Geschichte doketisch verstand. Also die Einführung des vollkommenen Widerspruchs und das Preisgeben des geschichtlichen Christus in den wertvollsten Zügen ist die Folge der orthodoxen Lehre, sofern sie die Gottheit in Christus als eine physische Konstitution faßt. Aber der Kerngedanke der ältesten Überlieferung, daß Jesus Christus als der Sohn Gottes die Menschen zu Gott zurückgeführt und ihnen göttliches Leben geschenkt hat, blieb doch aufrecht erhalten. Diese Glaubensüberzeugung ist von Athanasius wider eine Doktrin gerettet worden, die das innere Wesen der Religion überhaupt nicht verstand, die in der Religion wesentlich nur Belehrung und Kräftigung der Moral suchte und zuletzt an einer hohlen Dialektik ihr Genüge fand.

Leicht gewahrt man, daß sowohl bei Arius als bei Athanasius die Widersprüche und Schwächen aus der Rezeption des Origenismus, d. h. der wissenschaftlichen, physisch und kosmisch orientierten Theologie, fließen. Ohne sie, d. h. die Lehre vom präexistenten hypostatischen Logos, wäre der Arianismus Adoptianismus oder reiner Rationalismus, und Athanasius wäre genötigt gewesen, entweder sich dem Modalismus zuzuwenden oder den Gedanken an die göttliche „Natur“ Christi aufzugeben und die Kraft und Liebe Gottes in ihm anzuschauen

Auf der Synode zu Nicäa (325) siegte schließlich, dank der ungeschickten Taktik der Arianer und Eusebianer (origenistische Mittelpartei), der Entschiedenheit der Orthodoxen und der Entschlossenheit des Kaisers das Homousios (Hosius, vielleicht auch Marcell von Ancyra standen als Verteidiger im Vordergrund; die Inhaber der vier großen Stühle standen auf ihrer Seite). In das von dem Kirchenhistoriker Eusebius vorgelegte Bekenntnis wurden die Stichworte *γεννηθέντα οὐ ποιηθέντα, ἐκ τῆς οὐσίας τοῦ πατρός, ὁμοούσιον τῷ πατρί* eingeschoben, die arianischen Formeln ausdrücklich verdammt (*τοὺς δὲ λέγοντας· ἦν ποτε ὅτε οὐκ ἦν, καὶ πρὶν γεννηθῆναι οὐκ ἦν, καὶ ὅτι ἐξ οὐκ ὄντων ἐγένετο ἢ ἐξ ἑτέρας ὑποστάσεως ἢ οὐσίας φάσκοντας εἶναι ἢ κτιστὸν ἢ τρεπτὸν ἢ ἀλλοίωτον τὸν υἱὸν τοῦ θεοῦ, ἀναθεματίζει ἡ καθολικὴ ἐκκλησία*), und dieses Bekenntnis wurde zum Kirchengesetz erhoben. Die nicänische Formel (welche den Monotheismus — so streng man ihn überhaupt noch zu fassen vermochte — und die volle Gottheit des Sohnes zugleich wahrte und mit der alten, von Origenes befestigten Praxis brach, religiös Gegensätzliches in einem Atem vom Sohn auszusagen) hatte im Morgenland keine Tradition für sich; denn selbst Alexander von Alex. hatte noch von *τρεῖς ὑποστάσεις* im Sinne von Usien gesprochen. Die Bischöfe (300? 318?) fügten sich fast sämtlich; Arius und einige Genossen wurden exkommuniziert („Porphyrianer"), ihre Anhänger verfolgt. Athanasius hat als Diakon, vielleicht nicht ohne bedeutenden Anteil, die Synode mitgemacht, die den Motiven des Modalismus gerecht geworden ist und in diesem Sinn einen Sieg des Abendlandes bedeutete.

§ 37. Bis zum Tode des Konstantius.

Der Sieg war zu schnell errungen. Weder formell noch sachlich war er genügend vorbereitet; daher begann der Kampf erst recht. Man sah in dem Homousios eine unbiblische neue Formel, die Zweigötterei oder den Einzug des Sabellianismus, dazu den Tod der hellen Wissenschaft. Deutlich prägten sich jetzt unter den Gegnern, die sich sämtlich als konservativ vorkamen, zwei Parteien aus, die Arianer und die Origenisten (Eusebianer), denen die Indifferenten folgten. Aber sie waren im Kampfe gegen die Orthodoxie einig (Hauptstreiter gegen diese war Eusebius von Nikomedien). Konstantin sah bald ein, daß er mit der antinicänischen Koalition paktieren müsse, die seit 328 eine antiathanasianische wurde, denn der junge Bischof war der entschiedenste Nicäner. Persönliche Streitigkeiten mischten sich ein in einer Zeit, in der der Ehrgeiz und die Kraft der Kirchenmänner endlich auf die höchste Befriedigung rechnen konnte und in der das kirchliche Aegypten seine Selbständigkeit behaupten und entscheidenden Einfluß auf die Reichskirche gewinnen wollte, um sich zu behaupten. Im J. 335 wurde Athanasius — ebenso energisch als Kirchenfürst wie als dogmatischer Lehrer[1] — zu Tyrus für abgesetzt erklärt und 336 vom Kaiser nach Trier verbannt. Die feierliche Einführung des Arius in die Kirche wurde durch den plötzlichen Tod desselben vereitelt. 337 starb Konstantin, es faktisch billigend, daß unter der Hülle des Nicänums feindliche Doktrinen verkündet wurden.

Seine Söhne teilten das Reich. Athanasius kehrte (337) zurück. Allein Konstantius, der Herr des Ostens, sah richtig ein, daß er mit der Orthodoxie nicht regieren könne, und er fühlte sich nicht, wie sein Vater, ans Nicänum gebunden. Der orthodoxe Bischof der Hauptstadt wurde abgesetzt; Eusebius von Nicomedien rückte an seine Stelle. In Cäsarea folgte dem Eusebius ein Arianer, Akacius; Athanasius wurde abgesetzt, kam aber seiner Verbannung durch Flucht nach Rom zuvor (339), Aegypten in wildem Aufruhr zurücklassend. Die Eusebianer waren jetzt Herren der Situation; aber das Abendland war gut nicänisch und der Hort der orientalischen Orthodoxen. Mit ihm durften es die Eusebianer nicht verderben; sie mußten also das Nicänum geräuschlos beiseite zu schieben suchen, indem sie angeblich nur das Homousios durch bessere biblische Parallelformeln ersetzten und die Durchführung der Absetzung des Athanasius verlangten. Sehr zustatten kam es den Orientalen dabei, daß ein entschiedener Nicäner und Freund des Athanasius, Marcell von Ancyra, die gemeinsame Lehrgrundlage, die philosophisch-

[1] In ihm nur den herrschsüchtigen Kirchenfürsten zu sehen und die Selbständigkeit seines religiösen und dogmatischen Motivs in Zweifel zu ziehen, bedeutet keinen Fortschritt in der Erkenntnis des gewaltigen Mannes.

origenistische Logoslehre, nicht anerkannte, sondern den unpersönlichen Logos homousius (Vater, Logos und Geist = die göttliche Monas, in der der Vater allein Person ist) für die Gotteskraft erklärte, die erst bei der Menschwerdung als „καινὸς ἄνθρωπος“ göttliche Person und „Sohn“ geworden sei, um, wenn sie ihr Werk einst vollbracht, wieder in den Vater aufzugehen (die Orientalen sahen in dieser Lehre „Sabellianismus“)[1]. Julius von Rom und Athanasius erklärten den Marcell (gegen ihn schrieb der Kirchenhistoriker Eusebius) trotz dieser nur ökonomischen Trinitätslehre[2] für orthodox, bewiesen damit, daß es ihnen um den richtigen Erlösungsglauben allein zu tun war, und lehnten die von den Orientalen zu Antiochien (341) aufgestellten Formeln ab, obgleich diese sich von dem Arianismus jetzt förmlich lossagten und eine Lehre aufstellten, die nicänisch verstanden werden konnte.

Politische Gründe zwangen Konstantius, seinem orthodoxen Bruder Konstans, dem Herrn des Abendlandes, gefällig zu sein. Das große Konzil von Sardika 343 (342?) sollte die Glaubenseinheit im Reich wiederherstellen. Allein die Abendländer wiesen die Präliminarforderung der Morgenländer, die Absetzung des Athanasius und Marcell anzuerkennen, ab und sprachen nach dem Exodus der Morgenländer (nach Philippopolis) die Absetzung ihrer Häupter aus, sich schroff auf den Boden des Nicänums stellend[3]. Die

---

[1] Nach Marcell beziehen sich alle biblisch-christologischen Aussagen, mit Ausnahme der Bezeichnung „Logos“, auf den Menschgewordenen (nicht auf den Präexistenten). Für den λόγος ἄσαρκος gibt es nach Marcell nur ein Wort, nämlich Logos. Damit ging er hinter die Theologie der Apologeten und des Tertullian zurück — eine kühne Neuerung, die alle bisherigen hermeneutischen Regeln der Schrifterklärung umwarf. Daß Marcell, der auf die Linie des Johannes, des Ignatius, des Melito und des Irenäus gehört, ein noch konsequenterer Soteriologe war als Athanasius und ausschließlich in Jesus Christus den σωτήρ sah, ist klar.

[2] Auch die Trinitätslehre der Apologeten und Tertullians ist nur ökonomisch, aber der Unterschied von Marcell besteht darin, daß die Monas bereits zum Zweck der Schöpfung den Logos als Hypostase aus sich heraussetzt, während Marcell den Logos erst zum Zweck der Erlösung — also nur in Jesus Christus — persönlich werden läßt.

[3] Die Echtheit der Kanones von Sardika hat JFriedrich (Münchener Akad. Sitzungsber., 1901, H. 3) bestritten; vgl. gegen ihn XFunk, Historische Jahrbücher 1902, S. 497 ff., 1905, S. 1 ff. — Das zu Sardika propo-

Gegner wiederholten die 4. antiochenische Formel. Konstantius selbst scheint ihnen eine Zeitlang nicht getraut zu haben: jedenfalls fürchtete er, seinen Bruder zu reizen, der nach der Suprematie trachtete. Die Orientalen wiederholten in einer langen Formel noch einmal ihre Rechtgläubigkeit (Antiochien 344) und das Minimum ihrer Forderungen. Das Abendland verwarf zwar auf den Mailänder Synoden (345, 347) die Doktrin des Photin von Sirmium (verurteilt im Morgenland schon 344), der aus der Lehre seines Meisters Marcell einen streng adoptianischen Lehrbegriff entwickelt hatte (der Logos wird nie Person, also ist Jesus der vom Logosgeist durchwaltete Sohn der Maria), blieb aber sonst fest, während im Orient politische Bischöfe bereits auf Frieden mit Athanasius sannen. Dieser wurde von dem durch die Perser hart bedrängten Konstantius notgedrungen restituiert und mit Jubel in Alexandrien begrüßt (346). Es schien um 348, als habe die Orthodoxie gesiegt; nur Marcell und das Wort ὁμοούσιος schienen noch Anstoß zu geben.

Allein der Tod des Konstans (350) und die Besiegung des abendländischen Usurpators Magnentius (353) durch Konstantius änderten alles. Hatte Konstantius sich in den letzten Jahren vor ein paar Bischöfen, seinen Untertanen, beugen müssen, die seinen Bruder beherrscht hatten, so war er jetzt als Alleinherrscher entschlossen, die Kirche zu regieren und die Demütigungen heimzuzahlen. Schon 351 (2. sirmische Synode) waren die orientalischen Bischöfe zur Aktion zurückgekehrt. Auf den Synoden zu Arles (353) und Mailand (355) wurde der abendländische Episkopat gebeugt. Man verlangte von ihm zunächst nichts anderes als die Kirchengemeinschaft mit den Orientalen und die Verurteilung des Athanasius und Marcellus; aber das bedeutete die Schwenkung in der Glaubensfrage, und die Bischöfe ließen sie sich

nierte langatmige Symbol zeigt die Orthodoxie in einer Haltung, die es sehr verständlich macht, daß man den Marcell nicht antasten wollte. Das Abendland hat immer nur für die Einwesentlichkeit bzw. für das „Ewig in Gott", niemals aber für die ewige Zeugung (auch nicht für das „Ewig neben Gott" und für die abstrakten Spekulationen über eine immanente Trinität; anders erst Augustin) Interesse und Verständnis gehabt. Den energischen Hinweis auf diese Tatsache verdanken wir Loofs.

aufnötigen (wenige Ausnahmen: Paulin von Trier, Lucifer von Cagliari, Eusebius von Vercelli; auch Hosius, Liberius, Hilarius mußten ins Exil). Seiner Absetzung kam Athanasius durch Flucht in die Wüste zuvor (356). Die Einheit schien hergestellt, aber als Staatskirchentum, gegen das einige orthodoxe abendländische Bischöfe (namentlich Lucifer, s. über ihn GKrüger, 1886) grimmig losfuhren, sich nun erst erinnernd, daß Kaiser und Staat sich nicht in die Religion mischen dürfen. Die nicänische Orthodoxie existierte offiziell nicht mehr.

Die Einheit unter den Siegern war nur scheinbar; denn es zeigte sich, daß sie über die Negation nicht hinausging. Der strenge aggressive Arianismus trat in Aëtius und Eunomius wieder hervor und wollte die anomöische Lehre durchsetzen (*ἀνόμοιος καὶ κατὰ πάντα καὶ κατ' οὐσίαν*)[1]. Ihm gegenüber schloß sich seit der Synode von Ancyra 358 der rechte Flügel der Origenisten scharf ab (das „unveränderliche Ebenbild", *ὅμοιος κατὰ πάντα καὶ κατὰ τὴν οὐσίαν*). Er empfand jetzt die Verantwortung, die christliche Lehre vor Aushöhlung zu bewahren, die Gottheit Christi zu schützen und dabei den höchsten Aussagen des N. T. und des Erlösungsbewußtseins gerecht zu werden. Diese Homöusianer (Georgius von Laodicea, Eustathius von Sebaste, Eusebius von Emesa, Basilius von Ancyra; *ὁμοιούσιος* bzw. *ὅμοιος κατὰ πάντα*) hatten aus der Bibel (Phil 2) und von den Orthodoxen gelernt, daß der Sohn mit dem Vater dem Wesen nach völlig gleichbeschaffen sein müsse (Haupturkunde: der Synodalbrief von Ancyra bei Epiphan. haer. 73, 2 ff.) und daß man dem Origenes nur in der orthodoxen Richtung seiner Logoslehre folgen dürfe. (Die Logoslehre wird eine Lehre vom Sohn [wie bei Athanasius], und der Sohn wird von der Weltidee losgelöst). Sie wollten aber als wissenschaftliche Männer die wirkliche numerische Verschiedenheit und damit auch die absteigende Trinität der drei göttlichen Wesen, welche die „Wissenschaft" verlangte, irgendwie noch retten. Sie verstanden auf Grund der Heiligen Schrift und im Zusammen-

[1] Arius war selbst Anomöer gewesen, die nachmaligen Anomöer unterscheiden sich von ihm nur dadurch, daß sie Kompromisse ablehnen, zu denen der Meister stoßweise geneigt gewesen ist.

hang mit der Christologie — das christologische Problem fängt an, in das trinitarische einzugreifen, weil die Soteriologie die Kosmologie verdrängt — ihre Lehre so auszubilden, daß sie selbst auf nicänische Abendländer, die sich freilich noch immer in der wissenschaftlichen Theologie nicht zurecht zu finden wußten und mit ihren Studien erst begannen (Hilarius), tiefen Eindruck machten[1]. Die dritte Partei war die der Politiker, die der Formel Beifall schenkten, welche am meisten Aussicht hatte, den Streit zu beschwichtigen (Ursacius und Valens: *ὅμοιος κατὰ τὰς γραφάς*). Die Zeit von 357—361 ist die Zeit, in der der Kaiser, das Nicänum offen fallen lassend, nach einer christologischen Reichsformel suchte und mit aller Energie gewillt war, diese auf Synoden durchzusetzen. Hier konnte sich schließlich nur das „*ὅμοιος κατὰ τὰς γραφάς*" bieten; denn mit dieser alles- und nichtssagenden Formel konnte der Arianer, der Semiarianer, ja selbst der Orthodoxe sich befreunden, da sie keiner Lehre direkt widersprach. Die sirmischen Synoden leisteten noch nicht, was sie leisten sollten, und zeigten vorübergehend selbst ein Schwanken zum strengen Arianismus. Zu Ancyra rafften sich (358) die Homöusianer kräftig auf. Zwei große gleichzeitige Synoden in Ost und West (zu Seleucia und Rimini) sollten die 4. sirmische Formel, ein dogmatisch-politisches Meisterwerk des Kaisers, proklamieren. Als die eine eine homöusianische, die andere eine orthodoxe Haltung einnahm, wurden sie terrorisiert, hingehalten und ihnen schließlich gegen das Zugeständnis der Ausstoßung des strengen Arianismus das homöisch-kaiserliche Bekenntnis aufgenötigt und abgepreßt (Synoden zu Nice und Konstantinopel 360). Dann wurden doch alle Homöusianer aus den

---

[1] Mit Recht sagt GUMMERUS (S. 82), daß diese Mittelpartei in der Synodalurkunde von Ancyra zum erstenmal eine wirkliche, von einem klar erfaßten Grundgedanken beherrschte „Theologie" vorgelegt hat. Athanasius war mehr Katechet als Theologe: die homöusianischen Theologen haben die wissenschaftliche Rechtfertigung des *ὁμοούσιος* begründet. Man darf sie nicht Semiarianer nennen, sondern muß diesen Namen für die Eusebianer der Anfangszeit vorbehalten. Diese waren Kosmologen, aber die Homöusianer waren Soteriologen wie Athanasius und hatten bereits bei den ersten und obersten Aussagen über den Sohn die Erlösung im Auge.

einflußreichen Stellen verbannt, so daß sich trotz der Ausstoßung des Aëtius faktisch ein durch Gesinnungslosigkeit gemildeter Arianismus in der Kirche als Reichsreligion etablierte.

§ 38. Bis zu den Konzilien von Konstantinopel. 381. 383.

Im Jahre 361 starb Konstantius. Julian folgte; damit traten statt der künstlichen Einheit die wirklichen Parteien wieder in ihre Rechte. Die Homöusianer waren aber nicht mehr „Mittelpartei“, nicht mehr die „Konservativen“ im alten Sinn; denn sie hatten im Gegensatz zum Arianismus ihren Lehrbegriff vertieft und befestigt (zum Konservativen gehörte damals das Elastische, wie es Origenes vertreten hatte). „Konservativ“ und konziliant gegen den Arianismus waren nur die arianisierenden Homöer, die aber nichts mehr zu bedeuten hatten, seit kein Kaiser sie mehr unterstützte. Hier ist der Umschwung des Orients — zunächst freilich nur in den Köpfen der hervorragendsten Theologen — gegeben. Die Homöusianer, zugleich durch kirchlichen Sinn, Askese und höchste Wissenschaft ausgezeichnete Schüler des Origenes, kapitulierten mit dem Homousios — eine Vereinigung, die der Abendländer Hilarius eifrig betrieben hat.

Julian gestattete den verbannten Bischöfen, daher auch dem Athanasius, die Rückkehr. Die Synode von Alexandrien (362) bezeichnet die Wende, sofern Athanasius hier zugestanden hat, daß das *ὁμοούσιος* theologisch-wissenschaftlich auch anders verstanden werden dürfe, als er es verstand. Das Nicänum sollte sozusagen sans phrase gelten, d. h. Athanasius verzichtete ausdrücklich auf die schlechthinige Gültigkeit der Formel „ein Wesen“ (im Sinne einer Hypostase), gab also eine solche Interpretation des *ὁμοούσιος* frei, nach der es als wesens gleich (statt wesens eins) gefaßt werden durfte (daß die Zeugung aus dem Wesen und die Anerkennung der Gleichbeschaffenheit die Hauptsache seien und daher fast das Richtige enthalten, hat er stets zugestanden; aber weil *ὁμοιούσιος* leicht mißverstanden werden konnte und um des Nicänums willen, beharrte er bei ὁμοούσιος)[1]. Demgemäß durfte auch von drei Hypostasen (neben einer θεότης und einer οὐσία) geredet werden. Allein diese Konzession — es entstand nun aus den Homöusianern die Partei der Jung-Nicäner — und die große Milde gegen solche, die einst die 4. sirmische Formel unterschrieben hatten, erregte das Mißfallen einiger hervorragender Abendländer (Lucifer von Cagliari) und Glaubensmärtyrer. Im Abendland fühlte man, daß die alte Lehre (die substantielle Einheit der Gottheit ist der Fels und Ausgangspunkt und die Pluralität ist das Mysterium) verschoben sei (die Dreiheit göttlicher Hypostasen ist der Fels und die Einheit ist das Mysterium), und Athanasius selbst hat an den neuen wissenschaftlichen Freunden in Kleinasien, Kappadozien und Antiochien doch keine volle Freude gewinnen können; denn nun war die Wissenschaft des Origenes, die die numerische Pluralität der Hypostasen verlangte, innerhalb der Orthodoxie geduldet (die durch das Nicänum vollzogene grundsätzliche Einschränkung der Geltung des Origenes wurde also durch die Synode von 362 sehr gemildert). Die großen Theologen Apollinaris von Laodicea und die drei Kappadozier sind von Origenes und von dem Ὁμοιούσιος ausgegangen; aber sie haben das Ὁμοούσιος nun anerkannt und mit und neben demselben ihre philosophischen Spekulationen betreiben können; denn man durfte nun sagen, daß es drei Hypostasen sind, und war doch orthodox. Durch die Schöpfung einer festen Terminologie gelang es ihnen zugleich, scheinbar klare Formeln zu erzeugen. Οὐσία erhielt nun den Mittelsinn zwischen dem Abstraktum „Wesen", „Wesensinhalt" und dem Konkretum „Einzelwesen", so jedoch, daß es sehr stark nach jenem gravitierte; ὑπόστασις erhielt den Mittelsinn zwischen Persönlichkeit und Eigenschaft (Akzidenz resp. Modalität), so jedoch, daß der Personbegriff der stärkere war. Πρόσωπον wurde vermieden, da es sabellianisch klang, aber nicht verworfen (das Abendland bleibt bei seiner alten Bezeichnung „persona", ein Ausdruck, der nicht ganz das bedeutet, was wir heute Person nennen). Die Einheit der

[1] Die Anerkennung der Jung-Nicäner durch Athanasius war übrigens auch ein großer kirchenpolitischer Akt. Der Stuhl von Alexandrien wurde durch ihn nahezu ein papstlicher und danach trachtete Athanasius auch.

Gottheit, an die die Kappadozier dachten, war nicht dieselbe, welche Athanasius und die Abendländer meinten. *Μία οὐσία ἐν τρισὶν ὑποστάσεσιν* wurde die Formel. Um die wirkliche Unterschiedenheit der Personen innerhalb der Einheit der Gottheit zum Ausdruck zu bringen, legte ihnen Gregor von Nyssa *τρόποι ὑπάρξεως* bei (*ἰδιότητες χαρακτηρίζουσαι, ἐξαίρετα ἰδιώματα*), und zwar dem Vater die *ἀγεννησία* (nicht als Wesen, sondern als Seinsweise [*σχέσις*] des Vaters), dem Sohne die *γεννησία* — selbst die älteren Homöusianer waren hier zurückhaltender gewesen als Gregor — und dem Geist die *ἐκπόρευσις*. Die origenistisch-neuplatonische Trinitätsspekulation wurde rehabilitiert. Der Logosbegriff rückte wieder in den Vordergrund (neben dem Sohnesbegriff). Die Einheit der Gottheit wurde wieder aus der Monarchie des Vaters, nicht aus dem *ὁμοούσιος* bewiesen. So schloß die „Wissenschaft" ihren Bund mit dem Nicänum[1]. Hatten am Anfang die Wissenschaftlichen — auch unter den Heiden — dem Arius recht gegeben, so wurden jetzt Männer, denen selbst ein Libanius die Palme reichte, die Vertreter des Nicänums. Sie standen auf dem Boden der wissenschaftlichen Weltanschauung, waren mit Plato, Origenes und Libanius im Bunde und widerlegten unter dem Beifall der Philosophen den Eunomius. Es war zugleich ein Sieg des Neuplatonismus über die aristotelische Dialektik. So hat die Orthodoxie im Bunde mit der Wissenschaft von ca. 370—394 einen schönen Frühling gehabt, dem aber vernichtende Stürme oder vielmehr der Meltau des Traditionalismus gefolgt ist. Man träumte den Traum eines ewigen Bundes zwischen Glauben und Wissenschaft. Freilich — ungestört war er nicht. Die altgläubigen Orthodoxen im Abendland und in Antiochien blieben mißtrauisch, ja ablehnend (gegenüber den *τρεῖς ὑποστάσεις*). In Antiochien entstand sogar ein böses und langes Schisma zwischen der alten und der neuen wissenschaftlichen Orthodoxie (Schisma des Paulinus und Meletius). Diese hielt

---

[1] In der trinitarischen Theologie gab es unter den Neu-Orthodoxen eine Fülle von Nuancen, die man erst zu studieren begonnen hat und deren genaue Feststellung auch für literarhistorische Fragen wichtig ist. KHoll (Amphilochius, 1904) hat für die Kappadozier und Amphilochius sehr feine Untersuchungen geliefert; ähnliche in bezug auf Didymus, Apollinaris (doch s. u.), Diodor u. a. müssen folgen.

jene für sabellianisch, während sie selbst den Verdacht, es homöusianisch zu meinen, schwer abschütteln konnte.

Aber nicht nur die Wissenschaft hat den Sieg des Homousios vorbereitet, sondern auch der Gang der Weltereignisse. In Valens erhielt der Orient einen kräftigen arianischen Kaiser, in Basilius die asiatische Orthodoxie einen klugen und energischen Politiker. Orthodoxe und Homöusianer mußten in die Verbannung wandern; nur durch eine Politik der Sammlung hatte man Aussicht, die kaiserliche Politik durchkreuzen zu können. Die „Sammlung" erheischte Einigung der Orthodoxie und der Mittelpartei und Kooperation mit dem Abendland, d. h. mit Rom. Beides ließ sich aber schwer vereinigen. Seit 370 war Basilius von Cäsarea in kräftiger Aktion (Ernst i. ZKG., 16. Bd., S. 626 ff.). Allein Damasus von Rom wollte den schroffen alten Standpunkt gegenüber den Jung-Nicänern nicht verlassen, und mehrere Synoden, Briefe und Gesandtschaften — die Kontroverse über Apollinaris von Laodicea wirkte komplizierend ein und das meletianische Schisma in Antiochien — versuchten vergeblich (in den siebziger Jahren), ihm die Orthodoxie der neuorthodoxen Orientalen glaubhaft zu machen. Die beiden kirchlichen Despoten von Rom und Alexandrien (hier der Bischof Petrus; Athanasius war im Jahre 373 gestorben) wollten die relative Selbständigkeit der mit der Wissenschaft verbündeten asiatischen Bischöfe auf der gemeinsamen Glaubensgrundlage nicht gestatten. Allein auf der Synode zu Antiochien (379) konnten diese ihre Zahl und Macht zu einer imponierenden Darstellung bringen. Das war bereits eine Folge der welthistorischen Ereignisse, daß im Jahre 375 auf den toleranten Valentinian im Abendland der jugendliche, ganz der Kirche und der Orthodoxie (Damasus, Ambrosius) ergebene Gratian gefolgt, daß dieser seit 378 Alleinherrscher geworden (Valens † bei Adrianopel gegen die Goten), und daß im Jahre 379 der orthodoxe Spanier Theodosius zum Mitregenten und Kaiser des Orients erhoben war. Dieser war entschlossen, die Kirche zu regieren wie Konstantius und sie nicht dem römischen und alexandrinischen Bischof zu überlassen. Zwar in der trinitarischen Formel folgte er ihnen zunächst und gab — gleich nach seiner Taufe in Thessalonich — das berühmte Edikt (380), welches aller Häresie ein

Ende machen sollte und die „religio“ der beiden Bischöfe für die des Apostels Petrus erklärte[1]. Allein die Antiochien erkannte er, wie es scheint, von Anfang an den Meletius, den Jung-Nicäner, als Bischof an und ließ jene demonstrative asiatische Bischofsversammlung in Antiochien (379) zu, welche die Synode von 381 vorbereitet hat. Den Kampf mit dem Arianismus nahm er mit starker Hand auf, entzog ihm in Konstantinopel alle Kirchen und verbot den Ketzern überhaupt den Kultus in den Städten. Sehr bald wurde es dabei dem großen Politiker völlig deutlich, daß er im Orient nur mit der orientalischen Orthodoxie regieren könne, daß er daher auch den strengen Maßstab des Abendlandes in bezug auf die trinitarische Formel und ihr Verständnis nicht anlegen dürfe und halbe Freunde vollends gewinnen müsse. Er berief daher 381 ein orientalisches Konzil in die Hauptstadt und ernannte als Vorsitzenden den Meletius, d. h. den Führer der neuorthodoxen Partei in Antiochien. Damit stieß er freilich die Abendländer, denen die Felle übrigens schon weggeschwommen waren, und die Aegypter vor den Kopf, sicherte sich aber die Kappadozier und Kleinasiaten. Der Gegensatz kam auf der Synode so stark zum Ausdruck (Intrigen der Aegypter), daß der Bruch nahe war (der neue Vorsitzende, Gregor von Nazianz, mußte resignieren). Allein schließlich proklamierte die Synode (150 Bischöfe) das Nicänum sans phrase, die volle Homousie der drei Personen, und stieß auch die Macedonianer (s. unten § 39) aus. Faktisch siegte die Wesensgemeinschaft im Sinne der Wesensgleichheit, nicht der Wesenseinheit; die Kleinasiaten, nicht die mit Rom verbündeten Aegypter behielten die Oberhand. Das Symbol, das seit ca. 450 im Orient, seit ca. 530 im Okzident als das dieser Synode gegolten, das

[1] „*Cunctos populos . . . in tali volumus religione versari, quam divinum Petrum apostolum tradidisse Romanis religio usque ad nunc ab ipso insinuata declarat quamque pontificem Damasum sequi claret et Petrum Alexandriae episcopum virum apostolicae sanctitatis, hoc est, ut secundum apostolicam disciplinam evangelicamque doctrinam patris et filii et spiritus sancti unam deitatem sub pari maiestate et sub pia trinitate credamus. Hanc legem sequentes Christianorum catholicorum nomen iubemus amplecti, reliquos vero dementes vesanosque iudicantes haeretici dogmatis infamiam sustinere, divina primum vindicta, post etiam motus nostri, quem ex caelesti arbitrio sumpserimus, ultione plectendos.*“

höchste Ansehen in der Kirche erlangt und das Nicänum verdrängt hat, ist nicht das Symbol dieser Synode, die übrigens auch nur durch ein quid pro quo nachträglich zu einer okumenischen gestempelt worden ist. Das sog. Constantinopolitanum ist vielmehr älter; es ist das Taufsymbol von Jerusalem, wahrscheinlich bald nach 362 von Cyrill (nach KUNZE [Das nic.-konst. Symbol, 1898] von Nectarius) redigiert, als er seinen Uebergang vom Ὁμοιούσιος zum Ὁμοούσιος vollzog. Es fehlt in ihm das „ἐκ τῆς οὐσίας τοῦ πατρός", und es enthält eine Formel vom Heiligen Geist, die nicht die orthodoxe Lehre ausspricht, sondern die Streitfrage umgeht (τὸ κύριον, τὸ ζωοποιόν, ἐκ τοῦ πατρὸς ἐκπορευόμενον, τὸ σὺν πατρὶ καὶ υἱῷ συνπροσκυνούμενον καὶ συνδοξαζόμενον, τὸ λαλῆσαν διὰ τῶν προφητῶν). Wie es in die Akten der Synode (durch Cyrill? Nectarius? Epiphanius?) gekommen und dann zu dem Symbol des Konzils geworden ist, ist ganz dunkel [1]. Allein die kirchliche Legendenbildung hat hier eine wunderbare Gerechtigkeit geübt, sofern sie der Synode neuorthodoxer Bischöfe ein Symbol angehängt hat, in dem die antiarianischen Anathematismen und ein nicänisches Stichwort fehlen. Man war ja wirklich im Orient unter der Hülle des Ὁμοούσιος bei einer Art von Homöusianismus verblieben, der in allen Kirchen bis heute orthodox ist (s. JFBETHUNE-BEKER, The meaning of Homousios in the CP. Creed, i. d. Texts and Studies VII, 1, 1901).

Das Abendland war mit dem Verlauf der Synode höchst unzufrieden, da sie u. a. die Orthodoxie von Männern anerkannt hatte, die in Rom sehr verdächtig waren und durch ihre Selbständigkeit den Einfluß des Papsts beschränkten. Man machte Vorstellungen, man drohte mit dem Schisma. Allein der Orient wollte sich nicht weiter mehr unter die dogmatische Herrschaft Roms beugen, und Theodosius, die beiden Reichshälften getrennt haltend, blieb fest und klug; er vermied es, auf das allgemeine Konzil einzugehen, das Gratian berufen wollte. Man kam sich im Jahre 382 näher, indem sowohl zu Rom als zu Konstantinopel gleichzeitig eine Synode tagte und diese sich in Personenfragen — darauf hatte sich

[1] Der Versuch von WSCHMIDT (Neue kirchl. Ztschr. 1899 S. 935 ff.) die traditionelle Vorstellung vom Ursprung des Symbols wesentlich zu retten, ist nicht geglückt.

die Kontroverse zugespitzt, da das antiochenische Schisma fortdauerte — konzilianter zeigten. Zur Versöhnung aber trug vor allem bei, daß der geistige Lenker des Abendlandes, Ambrosius, bei der Wissenschaft der Kappadozier in die Schule gegangen und von ihr mächtig erfaßt war.

Im Jahre 381 war vielleicht $^{9}/_{10}$ des christlichen Orients arianisch gewesen. Theodosius suchte die arianisch Gesinnten zu schrecken, dann aber auch zu gewinnen (Synode von 383 zu Konstantinopel; selbst Eunomius war eingeladen). Doch bald gab er die sanfte Methode auf, und Ambrosius sekundierte ihm im Abendlande. Man darf annehmen, daß die meisten arianischen und halbarianischen griechischen Bischöfe sich gefügt haben; nur die äußerste Linke blieb fest (Eunomius). Schneller als der Hellenismus ist der Arianismus bei den Griechen erloschen. Freilich — die orthodoxen Laien, stets konservativ, haben die orthodoxe Formel, solange sie noch nicht durch das Alter geheiligt war, mehr als ein notwendiges Uebel und als ein unerklärliches Geheimnis betrachtet, denn als einen Ausdruck ihres Glaubens. Der Sieg der Orthodoxie war ein Sieg der Priester und Theologen über den freilich tief stehenden Glauben des Volkes; aber er hat diesen Glauben nicht geklärt, wohl aber gegen den Polytheismus, soweit das möglich war, geschützt.

§ 39. Die Lehre vom Heiligen Geist und von der Trinität.

[Mit Berücksichtigung des Abendlandes].

ENoesgen, Geschichte der Lehre vom heiligen Geiste, 1899. — Th Schermann, Die Gottheit des heiligen Geistes nach den griechischen Vorstellungen des 4. Jahrhunderts (Straßb. Studien Bd. 4, 1901).

1. Von alters her glaubte man neben Vater und Sohn an den Heiligen Geist; aber was er sei und welche Bedeutung er habe, wurde nach der Ablehnung des Montanismus und dem Zurücktreten der Kombination „spiritus-ecclesia“ vollends unklar. Die wissenschaftliche Theologie der Apologeten wußte überhaupt nichts mit ihm anzufangen, und noch im 3. Jahrhundert hielten ihn die meisten für eine Kraft (vgl. z. B. Hippolyt). Indessen haben schon Irenäus und Tertullian versucht, ihn als eine göttliche Größe innerhalb der Gottheit zu würdigen. Tertullian hat ihn als „Gott“ und als „Person“

in seine absteigende, aber wesenseine Trinität aufgenommen („filio subiectus"). Nun fand auch die neuplatonische Spekulation, die Wissenschaft, drei göttliche Hypostasen für nötig. Demgemäß und an die Bibel sich anschließend, hat Origenes den Geist in seine Theologie aufgenommen als das dritte beharrliche Wesen, freilich auch als ein dem Sohne untergeordnetes Geschöpf, welches den kleinsten Kreis, den Kreis des Geheiligten, beherrscht. Die der Logoslehre völlig analoge Behandlung der Geistlehre bei Tertullian und Origenes zeigt, daß ein spezifisch christliches Interesse bei diesem Lehrpunkt (als Teil der Gotteslehre) überhaupt nicht bestand (anders, wenn man an die Kirche, die Charismen usw. dachte). Daß auch Sabellius auf den Geist achten mußte, ist nur ein Beweis, daß die Ansprüche der allgemein-wissenschaftlichen Dreiheitslehre und der biblischen Formeln nicht mehr überhört werden durften.

Allein in den Gemeinden und bei der Mehrzahl der Bischöfe wurden diese gelehrten Fortschritte noch im Anfang des 4. Jahrhunderts nicht beachtet; selbst das Nicänum spricht den Glauben an den Heiligen Geist ohne Zusatz und Verdeutlichung aus. Athanasius hat in den ersten Dezennien nie an ihn gedacht. Wer ihn für göttlich in vollem Sinne hielt, hielt ihn in der Regel für eine Kraft; wer ihn persönlich nahm — so wohl die meisten am Anfang des 4. Jahrhunderts —, hielt ihn dem Vater gegenüber für etwas Untergeordnetes: eigentlich war er nur ein Wort, und das ist er innerhalb der Trinität auch nachmals geblieben.

Die Arianer haben die weitere Lehrbildung sollizitiert, da sie die Unterordnung des Sohnes durch das Conzessum der Inferiorität des Geistes trefflich belegen konnten. Aber eben dadurch wurden die Orthodoxen nachdenklich. Athanasius hat seit ca. 358 dem Geist seine Aufmerksamkeit geschenkt und keinen Augenblick über die Formel geschwankt: da er angebetet werden muß, so ist er θεὸς ὁμοούσιος wie der Sohn, gehört in keinem Sinn zur Welt (epp. ad. Serap.). Auf der Synode zu Alexandrien wurde diese Lehre vom Geist unter den Schutz des Nicänums gestellt: wer sie leugnet, ist ein heuchlerischer Arianer (freilich blieben die Versuche, die Wirksamkeit des Geistes von der des Sohnes zu unterscheiden, leere Worte). Aber so sicher das Abendland auf diese Formulierung einging — im Morgenland sahen nicht nur die Arianer in ihr eine offenkundige Neuerung, sondern auch die meisten Homöusianer; selbst solche, die in der Sohneslehre das Homousios akzeptierten, weigerten sich, es für den Heiligen Geist anzuerkennen, und nahmen unter Macedonius, Bischof von Konstantinopel, eine feste Haltung gegen die Neuerung ein. Noch mehr — sogar die Kappadozier, obgleich sie für die Formel eintraten, gestanden das Fehlen jeder greifbaren Tradition ein, mahnten zur größten Vorsicht und hielten es für nötig, die Formel zunächst als Geheimlehre zurückzuhalten, sich in ihrer Ratlosigkeit darauf berufend, daß sie ja auch nur durch die Annahme einer *παράδοσις ἄγραφος* in der Kirche gestützt werde (s. o. § 31). In der Verlegenheit, dem Geiste eine eigentümliche Seinsweise im Verhältnis zum Vater zu geben, geriet man darauf, nach Johannes ihm die e w i g e *ἔκπεμψις* und *ἐκπόρευσις* beizulegen. Aber seit 362 war man vom Abendland aus unermüdlich tätig, den orientalischen halbgewonnenen Brüdern auch den Heiligen Geist als *θεὸς ὁμοούσιος* aufzuerlegen, und mit den Kappadoziern im Bunde gelang es. Zwar wurden noch im Jahre 381 die Macedonianer (Pneumatomachen) zur Synode geladen, aber nur, um dort ihre Verurteilung zu hören und ausgewiesen zu werden. Die Anathematismen des Damasus verstärkten das Ergebnis. Man durfte fortan nicht mehr lehren, daß der Geist dem Sohn untergeordnet sei; ja, da der Vater den Griechen die Wurzel der Gottheit blieb, so schien die Homousie des Geistes nur gesichert, wenn er auf den Vater a l l e i n zurückgeführt und dabei vom Sohne v ö l l i g abgesehen wurde.

2. Die Kappadozier und vor ihnen ihr großer Lehrer Apollinaris haben die orthodoxe Trinitätslehre festgestellt (s. o. § 38): e i n e göttliche Wesenheit in d r e i Subjekten, deren in der Wesenheit enthaltene Gleichbeschaffenheit in den Eigenschaften und Tätigkeiten, deren Unterschied in dem charakteristischen Merkmal ihrer Seinsweise sich ausprägt; aber der Vater allein ist *αἴτιον*, die beiden anderen *αἰτιατά*, doch nicht wie die Welt es ist (schon Tertullian hat die Formeln Natur [= Substanz] und Person, aber ihm ist die Trinität noch durchaus Offenbarungstrinität gewesen, nicht immanente). Durch die Trinität unterscheidet sich — so sagte

man jetzt — das Christentum von dem heidnischen Polytheismus und dem jüdischen „starren“ Monotheismus.

In die Feststellung der Trinitätslehre hat im Orient bereits seit dem Auftreten der Homöusianer die Rücksicht auf die Christologie eingewirkt (auch dort Natur und Person; *ὁμοίωμα* stammte von dort, sowie die Geltendmachung der Analogie der Begriffe „Menschheit“ und „Adam“ in ihrem Verhältnis zu den einzelnen Menschen). Ein subordinatianisches und ein feines aristotelisches Element blieb in der Trinitätslehre der orientalischen Orthodoxen, und sie wurde durch die späteren christologischen Kämpfe in Mitleidenschaft gezogen (allerdings nicht stark; denn sie war schon zu starr geworden). Einige apollinaristische Monophysiten bearbeiteten seit 530 die Begriffe Natur und Person in der Christologie aristotelisch und kamen so auch in der Trinitätslehre zum Tritheismus oder zum Modalismus (*φύσις* = *ὑπόστασις*; Askusnages, Johannes Philoponus, Petrus von Kallinico; gegen sie Leontius von Byzanz und Joh. Damascenus). Der letztere gab gegenüber dem Tritheismus dem Trinitätsdogma eine der abendländischen Auffassung näher kommende Wendung (die *γεννησία* wird der *ἀγεννησία* formell gleichgesetzt, das *ἐν ἀλλήλοις* der drei Personen wird stark betont, dabei die *περιχώρησις*, jedoch nicht *συναλοιφή* und *σύμφυρσις*; der Unterschied sei nur für die *ἐπινοία* vorhanden); allein diese Fassung blieb ohne Wirkung, da sie am entscheidendsten Punkt den feinen Subordinatianismus bestehen ließ; auch Johannes lehrte, daß der Geist a l l e i n v o m V a t e r ausgehe (resp. d u r c h den Sohn). Der Vater bleibt also die *ἀρχή* der Gottheit. Es ist mithin noch immer ein anderes geistiges Bild, das sich das Morgenland und das sich das Abendland von der Trinität gemacht hat: dort blieb der Vater die Wurzel der zwei nebeneinander stehenden *αἰτιατά*; die volle Reziprozität aller drei Personen schien den Orientalen die Monarchie und speziell die Ableitung des Geistes vom Sohn die Homousie zu gefährden. Hier setzte Photius (867), nach einem dogmatischen Streitpunkt suchend, ein, warf den Abendländern, die die immanente processio des Geistes von Vater u n d S o h n lehrten, Neuerung vor, ja manichäischen Dualismus und verstärkte diesen Vorwurf durch den fast noch härteren einer Fälschung des heiligen

Symbols von Konstantinopel durch den Zusatz „filioque". Dies Wort war dort wirklich eine Neuerung, die in Spanien aufgekommen war. Ein nie geschlichteter Streit entsprang, in dem den Griechen auch das „διὰ τοῦ υἱοῦ" verdächtig wurde. Die Abendländer aber mußten an ihrer Lehre festhalten, weil sie nach ihrem geistigen Bild von der Trinität nur in der vollen Einheit, daher auch nur in der vollen Reziprozität der Personen den wahren Glauben ausgeprägt fanden. Die Griechen verstanden das nicht, weil sie im geheimen doch stets kosmologisch interessiert blieben, wie denn die Trinitätslehre in unaufhörlicher wissenschaftlicher Bearbeitung das Vehikel geblieben ist, das die Philosophie des Altertums den slavischen und germanischen Völkern überliefert hat: sie enthält den christlichen Gedanken der Offenbarung Gottes in Jesus und das Testament der antiken Philosophie in eigentümlichster Vermischung.

Im Abendland war die Trinitätslehre in der Regel nicht als Gegenstand der Spekulation bearbeitet worden. Die Einheit war das sichere (daher der Abscheu, eine Mehrheit von „Hypostasen" anzuerkennen), und die Unterscheidung von Wesen und Person wurde mehr im Sinne einer (durch die Jurisprudenz bzw. rationale Distinktion) geläufigen formellen Distinktion verstanden. Augustin hat diese Trinitätsvorstellung mit den Mitteln der Wissenschaft, aber auch von seinem religiösen Bewußtsein geleitet, das nur einen Gott kannte, in seinem großen Werk de trinitate zum Ausdruck bringen wollen[1]. Die Folge war die völlige Austilgung jedes Rests von Subordinatianismus, die Verwandelung der Personen in Relationen (der alte abendländische Modalismus, nur verhüllt), aber damit zugleich ein solches Heer von kontradiktorischen und sich widersprechenden Formeln, daß es dem im Unbegreiflichen schwelgenden und dann wieder skeptischen Autor selbst gruselig geworden ist (die drei zusammen sind gleich eins; das absolut Einfache muß als Dreifaches verstanden werden; *sunt semper invicem, neuter solus;* auch die ökonomischen Funktionen sind nie getrennt zu denken — daher: *dictum est „tres personae", non ut illud diceretur, sed ne taceretur*). Dieses Eingeständ-

[1] Ueber Augustins Verhältnis zu den trinitarischen Feststellungen des Orients s. HReuter, ZKG. V S. 375ff., VI S. 155ff.

nis und die Analogien, die Augustin für die Trinität braucht — sie sind fast sämtlich modalistisch —, zeigen, daß er selbst nie auf die Trinität gekommen wäre, wenn er nicht an die Ueberlieferung gebunden gewesen wäre. Sein großes Werk, in dem natürlich auch der Ausgang des Geistes von Vater und Sohn betont ist — denn an jedem Akt sind alle drei beteiligt —, ist die hohe Schule für die technisch-logische Ausbildung des Verstandes und die Fundgrube der Scholastik im Mittelalter geworden. Durch Augustin hat sich zuerst die spanische Kirche, dann auch andere, bestimmen lassen, das „filioque" zu proklamieren. In Spanien drang das „filioque" im 6. Jahrhundert in das Nicänum (Synode zu Toledo, 589), und im Frankenreich findet man es ebenfalls im 8. Jahrhundert.

Die paradoxen Formeln der augustinischen Trinitätslehre, die jeden Zusammenhang mit der Offenbarungsgeschichte und der Vernunft verleugnen, aber an dem Bestreben, den vollen Monotheismus und die volle Gottheit Christi aufrecht zu erhalten, ihren Sinn haben, verbreiteten sich im Abendland und wurden im sog. Symb. Athanasianum, das wahrscheinlich nicht lange nach Augustin, jedenfalls nicht später (redaktionelle Aenderungen vorbehalten) als im 6. Jahrhundert entstanden ist, zusammengefaßt und mit der Rezeption desselben (8.—9. Jahrhundert) als heilige Kirchenlehre verkündet[1]. „Wer selig werden will, muß sie glauben", d. h. sich ihnen unterwerfen. In dem zum Symbol erhobenen Athanasianum liegt die Umbildung der Trinitätslehre als eines innerlich anzueignenden Glaubensgedankens zu einer kirchlichen Rechtsordnung vor, an deren Beobachtung die Seligkeit hängt. Bei Athanasius war das *ὁμοούσιος* der entscheidende Glaubensgedanke, bei den Kappadoziern der erkenntnismäßig zu durchdringende theologische Lehrsatz, bei den späteren Griechen die geheiligte Reliquie, bei den späteren Abendländern die geoffenbarte kirchliche Lehrordnung, die Gehorsam verlangt.

---

[1] Ueber das Athanasianum s. EKöllner, Symbolik I S. 53ff. und die englischen Arbeiten von FFoulkes (1871), CASwainson (1875), Ommaney (1875, 1897), JRLumby (1887), AEBurn (1896), vor allem FLoofs in RE.[3] (1897) und Symbolik I S. 50ff. und FKattenbusch in ThLZ. (1897) Col. 138ff., 538ff. HBrewer, Das sog. athan. Glaubensbek. ein Werk des h. Ambrosius, 1909.

Achtes Kapitel.

Die Lehre von der vollkommenen Gleichbeschaffenheit des menschgewordenen Sohnes Gottes mit der Menschheit.

§ 40.

Quellen: Die Schriften und Fragmente des Apollinaris (ein Teil derselben, aber auch Fremdes, zusammengestellt und besprochen von JDräseke, Apoll. v. Laodicea i. d. Text. u. Unters. VII, 3, 4, s. auch desselben Gesamm. patrist. Abhandl., 1889). (EWeigl, Unters. z. Christol. des H. Athanas., 1914). GKrüger in RE.³. — Hauptwerk: HLietzmann, Apollinaris von Laodicea, Texte und Untersuchungen, Bd. 1, 1904. — Die Schriften des Athanasius, der Kappadozier, der Antiochener, des Damasus und Ambrosius. Literarische Fälschungen verkappter Apollinaristen, s. PCaspari, Alte und Neue Quellen, 1879.

Die Frage nach der Gottheit Christi war nur die Voraussetzung für die Frage nach der Verbindung des Göttlichen und Menschlichen in Christus. In dieses Problem mündete alle Dogmatik. Schon Irenäus, dann Athanasius, vor allem aber die homöusianische Theologie hat die Gottheit des Erlösers in Rücksicht auf die Erlösung, d. h. auf die Verbindung des Göttlichen und des Menschlichen, festgestellt.

Aber die Frage nach der Verbindung setzte nicht nur eine präzise Vorstellung von der Gottheit, sondern auch von der Menschheit des Erlösers voraus. Zwar war im gnostischen Kampf die Realität der *σάρξ* Christi sichergestellt (Tertullian, de carne Chr.); allein ein feiner Doketismus hatte sich trotzdem erhalten, nicht nur bei den Alexandrinern, sondern bei fast allen Lehrern. Kaum einer dachte an ein volles menschliches Selbstbewußtsein, und kein einziger legte der menschlichen Natur Christi alle die Schranken bei, die unsere Natur umgeben. Zwar hat Origenes — und nicht zuerst — Christus eine menschliche Seele und einen freien Willen zugewiesen; allein er brauchte eine Verbindung zwischen dem Gott-Logos und der Materie, und gerade er hat in seiner Christologie — soweit er den Jesus und Christus nicht spaltete — gezeigt, daß der handgreiflichste Doketismus wirksam bleibt, wenn man die *σάρξ*, weil etwas Materielles, als qualitätslos und jeglicher Eigenschaft fähig faßt.

Bei den origenistischen Theologen und im christlichen Volke herrschten am Anfang des 4. Jahrhunderts über die

Menschwerdung und Menschheit Christi die allerverschiedensten Vorstellungen. Nur wenige dachten an eine menschliche Seele, und viele faßten das Fleisch Christi als ein himmlisches oder als eine Verwandelung des Logos oder als ein Gewand. Grob doketische Vorstellungen wurden durch neuplatonisch-spekulative (die Endlichkeit ein Moment an der sich entfaltenden Gottheit) gemildert. An zwei nebeneinander stehende, getrennt bleibende Naturen dachten im Orient nur wenige, obgleich sich die Formel „δύο φύσεις" (bzw. verwandte Formeln) von der Zeit des Melito ab belegen läßt. Eine konsequent ausgeführte Zwei-Naturenlehre wäre als gnostisch-doketisch empfunden worden[1]. Eine ewige gottmenschliche Natur; eine gewordene gottmenschliche Natur, eine ins Menschliche zeitweilig verwandelte göttliche Natur, eine im Menschlichen wohnende resp. eine mit der Hülle des Menschlichen bekleidete göttliche Natur — das waren die herrschenden Vorstellungen, und ebenso verworren waren die Antworten auf Einzelfragen (ist das Fleisch von Maria geboren, oder der Logos mit dem Fleisch? ist Christus ein Mensch geworden oder hat er Menschennatur an sich genommen? wieviel kann dieser Natur fehlen, um noch als menschliche zu gelten? usw.) und die biblischen Erwägungen (wer leidet? wer hungert? wer stirbt? wer bekennt seine Unwissenheit? der Gott oder der Mensch oder der Gottmensch? oder sind nicht im Grunde alle diese πάθη nur Schein, resp. ökonomisch, d. h. auf Grund eines Entschlusses im Zusammenhang mit dem Erlösungswerk ad hoc aufgenommen?). Auch Athanasius — er spielte übrigens weder die Formel von einer, noch von zwei Natur aus — lehrte trotz alles Sträubens einen feinen Doketismus; denn seine Fassung der Gottheit Christi nötigte ihn zu Umdeutungen des geschichtlichen Christus und seiner Geschichte. Das Subjekt in seinem Erlöser ist der Gott, der zwar Mensch geworden ist, sich aber in Wahrheit der Menschennatur, ihren Schranken und Leiden,

[1] Nachmals wurde umgekehrt der konsequente Monophysitismus als doketisch empfunden. Hier wie dort war man dabei im Rechte; denn die Konsequenzen der Zwei-Naturenlehre führen zur Spaltung zwischen Jesus und Christus (Basilides), und die des Monophysitismus führen zu der Lehre, daß die menschliche Natur Christi anders beschaffen gewesen sei als die unsrige (Valentin).

immer nur akkommodiert. Machte Athanasius aber mit der Menschheit Ernst, so zerfiel ihm die Geschichte des Erlösers in das, was der Gott, und in das, was der Mensch getan hat. Im Abendland wurde in concreto ebenfalls ein mehr oder weniger feiner Doketismus gelehrt. Aber daneben stand von Tertullian und Novatian her auf Grund des Symbols die rationale bzw. juristische Formel: zwei Substanzen, eine Person. Diese Formel, gleichsam ein Schutz- und Grenzbegriff, wurde nicht weiter durchdacht; sie sollte aber dereinst das rettende Wort in den Kämpfen des Orients werden.

Die Einheit der übernatürlichen Persönlichkeit Christi war hier der allgemeine Ausgangspunkt. Wie man dabei die Menschheit unterzubringen habe, war das Problem, das zuerst Apollinaris von Laodicea (2. Hälfte des 4. Jahrhunderts) in seiner Schärfe und Schwere durchschaut hat. Den Anstoß hatten die Arianer gegeben, indem sie die Menschheit Christi lediglich als *σάρξ* faßten. um die volle Einheit der Erlöserpersönlichkeit auszudrücken und zugleich das beschränkte Wissen und die Leidensfähigkeit Christi ihrem halbgöttlichen Logos selbst beilegen zu können. Sie warfen dabei den Orthodoxen vor, ihre Lehre führe zu zwei Gottessöhnen oder zwei Naturen (das galt noch als identisch). Apollinaris, der große Gegner der Arianer und Semiarianer[1], erkannte nun, daß dieser Vorwurf berechtigt sei; hatte doch der älteste Anti-Arianer, Eustathius von Antiochien, den *θεὸς-λόγος* und den „Menschen" im Erlöser so scharf unterschieden, daß er letzteren „den Tempel" nannte und die Konsequenzen dieser Unterscheidung zog, die es verboten, das auf den Menschen Jesus zu beziehen, was vom Gott-Logos galt (so schon Irenäus auf der einen Linie seiner Christologie). Dagegen stellte Apollinaris seiner Theologie die Aufgabe, 1. eine ebenso strenge Einheit der Person des Gottmenschen Christus zum Ausdruck zu bringen wie der Arianismus in seinem lediglich mit der *σάρξ* bekleideten Logos, 2. die wirkliche Menschheit Christi damit zu vereinigen. Hier ist das Problem gefunden, das die Kirche in

[1] Er war ihnen ein Dorn im Auge und ist im Jahre 346 als Freund des Athanasius von Georgius von Laodicea exkommuniziert worden; aber dieser wurde im Jahre 369 selbst Bischof der Anti-Arianer in Laodicea.

den folgenden Jahrhunderten beschäftigt hat, und zwar hat es Apollinaris als das christliche Hauptproblem, als den Kern aller Glaubensaussagen, in seiner Tragweite überschaut und demgemäß mit Aufbietung eines hohen Scharfsinns und einer allmählich fast alle Terminologien der Zukunft vorwegnehmenden Dialektik behandelt. An den Orthodoxen tadelt er, daß sie, um den Einwürfen der Arianer zu entgehen, trotz ihrer besseren Absicht in Christus stets unterschieden, was der Mensch und was der Gott getan habe; damit sei die Zweiheit aufgerichtet (in Christus sei nach dieser Auffassung *εἷς υἱὸς φύσει* und *εἷς υἱὸς θέσει*) und der Trost der Erlösung dahin; denn Christus müsse so Mensch geworden sein, daß alles, was von der Menschheit gilt, auch von der Gottheit gilt und umgekehrt (freilich hat Athanasius nie den Ausdruck *δύο φύσεις* gebraucht wie Origenes, dachte wohl auch anfangs nicht wesentlich anders als Apollinaris; aber wider seinen Willen mußte er in der Anwendung auf die Geschichte Jesu die Einheit des *λόγος σαρκωθείς* spalten). Demgemäß ergab sich ihm die Erkenntnis, daß *δύο τέλεια ἓν γενέσθαι οὐ δύναται*. Er selbst, den Einheitsgedanken als Steuer festhaltend, sich aber als Aristoteliker nicht wie Athanasius mit dem Geheimnis des Glaubens begnügend, stellte nun die Lehre auf, der Gott-Logos „habe als Seele in dem von Maria geborenen Leibe als seinem Kleide Wohnung genommen, derart, daß in der ‚einen Natur des fleischgewordenen Logos, der Logos das wollende und handelnde Subjekt, der menschliche Leib das leidende Werkzeug ist. Durch Austausch der Eigenschaften (diese Konzeption war vor allem wichtig) nimmt die Gottheit Menschliches, der Leib Göttliches an: „so wird die Einheit der Natur zugleich mit der in Vergottung bestehenden Erlösung der Menschheit bewirkt". Dies war die älteste Form der Lehre des Apollinaris (formell ist sie der des Arius nahe verwandt); er ersetzte sie später (jedenfalls vor 374) — um sie gegen die erhobenen Einwürfe zu verteidigen — durch eine kompliziertere Theorie. Nach dieser hat der Gott-Logos menschliches Fleisch und menschliche Seele an sich genommen, die die Menschennatur als Natur konstituieren, nicht aber einen menschlichen Logos (*νοῦς*), d. h. — so würden wir jetzt sagen — nicht das, was am Menschen die (Einzel-)Person konstituiert, daher auch keinen freien Willen. Mit der so gearteten Menschennatur habe auch der Logos zu einer vollen Einheit verschmelzen können, weil niemals zwei Subjekte vorhanden waren (der Logos vertritt vom ersten Moment an die ψυχὴ λογική in Jesus Christus; er ist seine ψυχὴ λογική); denn die Klippen, welche Apollinaris als verderblich erkannt hatte, waren 1. die Meinung von zwei Söhnen, d. h. die Zerspaltung von Mensch und Gott, Jesus und Christus („zwei Naturen sind zwei Söhne"), 2. die Vorstellung, daß Jesus nur ein ἄνθρωπος ἔνθεος gewesen sei (wie der Adoptianismus lehrte) und somit der Erlöser ein freies, wandelbares und des Fortschritts bedürftiges Wesen gehabt habe, 3. die Vorstellung einer Verwandlung der Gottheit in Fleisch (was man damals auch „Sabellianismus" nannte). Man müsse das Subjekt aus der Menschennatur in Christus entfernen, sonst käme man zu einem Zwitterwesen (Bockhirsch, Minotaurus); dagegen seine Auffassung stelle die μία φύσις τοῦ λόγου σεσαρκωμένη klar (daher auch Maria als θεοτόκος, das Fleisch Christi als göttlich und nunmehr „ἄκτιστος"). Diese begründet Apollinaris soteriologisch (was der Mensch getan hat, muß Gott getan und erlitten haben; sonst hat es keine Heilskraft: ἀνθρώπου θάνατος οὐ καταργεῖ τὸν θάνατον; die Gottheit ist durch Christus der νοῦς der ganzen Menschheit geworden; die Menschennatur ist durch Christus die σάρξ der Gottheit geworden[1], biblisch — er war ein sehr tüchtiger Exeget — und spekulativ (die Menschennatur ist stets das Bewegte, das Göttliche der Beweger; dieses Verhältnis kommt im λόγος σαρκωθείς zu seiner vollkommenen Ausgestaltung und Erscheinung; Christus ist der himmlische Adam, der

[1] Von Schülern des Apollinaris konnte man schon bei Lebzeiten des Lehrers nicht nur die These hören, der Erlöser habe keine menschliche Seele gehabt, sondern auch die Behauptungen, der Leib Christi sei himmlischen Ursprungs und sei nicht dem unsrigen, sondern der Gottheit wesensgleich. Diese Lehren haben die Auseinandersetzungen beschleunigt und die Kirchen zu frühzeitiger Ablehnung genötigt. Sie haben vor allem den Athanasius gezwungen, sich von Apollinaris zu scheiden, s. seine ep. ad Epictetum (bei Epiphan. h. 77, 3 ff.). Es half dem Apollinaris nichts, daß er die Ausschreitungen seiner Anhänger scharf mißbilligte. Konnte er sich auch einige Jahre noch halten, nachdem Schüler von ihm schon als abgetan galten, so vermochte er auf die Dauer doch nicht, seine Orthodoxie zu retten.

also die Annahme der Menschennatur potentiell an sich hat; in verborgener Weise war er stets νοῦς ἔνσαρκος; sein Fleisch ist, weil er auf die Menschwerdung angelegt ist, seiner Gottheit ὁμοούσιος; die Menschwerdung ist daher nichts Zufälliges und unterscheidet sich von aller bloßen Inspiration; der Logos ist stets der Mittler — μεσότης — zwischen Gottheit und Menschheit; doch weiß man nicht, wie weit Apollinaris hier gegangen ist).

Sollte das Geheimnis zwei = eins (s. die Parallele zu dem Geheimnis drei = eins) überhaupt beschrieben werden, so ist die Lehre des Apollinaris, gemessen an den Voraussetzungen und Zielen der griechischen Auffassung von Christentum, in religiöser Hinsicht vollkommen. Darum hat er auch überzeugte Schüler gefunden, und im Grunde sind alle Monophysiten, ja selbst die frommen griechischen Orthodoxen, Apollinaristen; die Annahme einer menschlichen Einzelpersönlichkeit (mit allen ihren Schranken) in Christus hebt seine Erlösermacht (nach der physischen Erlösungslehre) ebenso auf, wie die Meinung von zwei unvermischten Naturen die Menschwerdung um ihren Effekt bringt. Daher hat Apollinaris den menschlichen νοῦς gestrichen, wie alle griechischen Gläubigen vor ihm und nach ihm — er aber offen und energisch.

Aber die Forderung eines wirklichen und als vollständig geltenden Menschenwesens, einmal ausgesprochen, ließs ich nicht mehr überhören: konnte man doch sagen, nach Apollinaris werde nicht die ganze Menschennatur gerettet, weil sie nicht ganz angenommen sei; auch schien die Gotteslehre ins Schwanken zu geraten, wenn Gott gelitten haben solle. Daher bekannte man sich — die Kontroverse hat um 352 ihren Anfang genommen — im Jahre 362 auf der Synode zu Alexandrien (in Worten und ohne theologische Vermittelung) zu dem Heiland, der einen Leib mit Seele, Sinnesempfindung und Verstand gehabt habe[1]), und Basilius — er wurde selbst zeitweise als Apollinarist verdächtigt — trat notgedrungen gegen Apollinaris auf, der seit ca. 375 mehr und mehr als förmlicher Ketzer angesehen

[1] Damals scheint also die spätere Fassung der apollinaristischen Lehre noch nicht zur Frage gestanden zu haben.

wurde (ebenso wie sein Schüler Vitalian, der Winkelbischof in Antiochien)[1]. Vor allem aber das Abendland verdammte ihn (zu Rom 377, Damasus im Bunde mit Petrus von Alex.)[2], und die große Synode von Konstantinopel (381) tat dasselbe. Die volle Homousie Christi mit der Menschheit wurde zum Glaubenssatz erhoben. Gewiß hatten die evangelischen Berichte dabei ihren Anteil; aber was die Kappadozier dem Apollinaris entgegenzusetzen wußten, waren nur klägliche, widerspruchsvolle Formeln: es sind zwei Naturen, aber doch nur eine (selbst die *κρᾶσις* und *μίξις* haben sie noch nicht ausgemerzt); es sind nicht zwei Söhne, aber anders handelt in Christus die Gottheit, anders die Menschheit; Christus hatte menschliche Freiheit, handelte aber in göttlicher Notwendigkeit. Im Grunde dachten die Kappadozier wie Apollinaris, aber sie mußten Rücksicht nehmen auf den „vollkommenen Menschen". Hier zeigte sich eine wirkliche Notlage der Dogmatik: sie hatte die volle Menschheit so nötig, wie die volle physische Einheit der beiden Naturen, die doch die Menschheit vom ersten Moment an zu verschlingen drohte, um nur das Fleisch oder höchstens noch die *ψυχὴ σαρκική* übrig zu lassen. Die Souveränität des Glaubens hatte dem Apollinaris die Lehre diktiert; er hat dem athanasianischen *Ὁμοούσιος* die entsprechende Christologie hinzugefügt; er hat wie Athanasius für seinen Glauben kein Opfer gescheut, ja ein noch größeres Opfer gebracht als dieser. Die Gegner aber taten der Kirche der Zukunft doch einen großen Dienst, indem sie die v o l l e Menschheit

---

[1] Auf die Verflechtung der apollinaristischen Kontroverse mit dem antiochenischen Stadtschisma und den syrischen Wirren sei nur hingedeutet.

[2] Im Jahre 375 war es Vitalian noch geglückt, Damasus durch persönliche Vorstellungen von seiner Orthodoxie zu überzeugen; allein gleich darauf ließ sich der Papst anders belehren — in der Tat war er überrumpelt worden — und forderte jetzt die Anerkennung der vollen Menschheit. Basilius hat sich noch im Sommer 376 relativ freundlich zu Apollinaris gestellt; im Jahre 377 erfolgte (das Kirchenpolitische gab den Ausschlag; denn die Apollinaristen [*οἱ συνουσιασταί*] agitierten jetzt heftiger gegen die Jung-Nicäner) der Umschwung. Gregor von Nyssa ist im Jahre 380, Gregor von Nazianz erst 382 in die Aktion gegen Apollinaris getreten. Die Bewegung hat sich trotz der Entscheidung vom Jahre 381 im Orient ausgebreitet; über nicht unwichtige Spaltungen in der Partei s. LIETZMANN S. 40 ff.

(menschliches Subjekt) aufrechterhielten, weil nur so der Kontakt mit der wirklichen Geschichte bewahrt blieb. Freilich mußten sie nun den Widerspruch (zwei selbständige Wesenheiten und doch nur ein Christus) zu vereinigen suchen. In welcher Formel das zu geschehen hatte, wußte noch niemand.

Neuntes Kapitel.

Fortsetzung. Die Lehre von der personalen Einigung der göttlichen und menschlichen Natur in dem menschgewordenen Sohne Gottes.

Quellen: Die Schriften des Cyrill von Alexandrien und der Antiochener (Diodor [s. AHarnack in d. Texten u. Unters. Bd. 21, 1901], Theodor v. Mopsveste ed. Swete, 2 Bde., 1880 ff., Theodoret), die Konzilsakten (ed. Mansi, Conciliorum collectio amplissima T. IV ff.). — FLoofs, Die Überlieferung und Anordnung der Fragmente des Nestorius, 1904; ders., Nestoriana, die Fragmente des Nestorius hrsgeg. 1905. — SFBethune-Baker, Nestorius and his teaching, 1908. — LFendt, Christologie des Nestorius, 1912. — FNau, Le livre d'Heraclide de Damas, 1910. — ARehrmann, Die Christologie des h. Cyrillus, 1902. — CJHefele, Konziliengeschichte [2] Bd. II u. III. — WKraatz, Kopt. Akten d. ephes Synode (Texte u. Unters. Bd. 26, 3, 1904). — Die Literatur zum Monophysitismus ist vollständig von GKrüger in RE. [3] zusammengestellt, vgl. auch a. a. O. die Literatur über die antiochenische Schule und dazu PdeBarjeau, L'école exégétique d'Antioche, 1898.

§ 41. Der nestorianische Streit.

Wie kann der vollkommene Gott und der vollkommene Mensch eine Einheit bilden? Die eifrigsten Gegner des Apollinaris sind seine Landsleute und z. T. philosophischen Gesinnungsgenossen, die Antiochener, gewesen. Sie zogen aus der Formel: „vollkommener Gott und vollkommener Mensch“ bzw. aus der altkirchlichen Überlieferung (der Bestand und die Tätigkeit des Erlösers müßten κατὰ πνεῦμα und κατὰ σάρκα in Betracht gezogen werden) die Konsequenz, daß zwei verschiedene und immer verschieden bleibende Naturen in Christus anzunehmen seien. Diodor von Tarsus und vor allem Theodor von Mopsuestia, ausgezeichnet durch nüchterne Philosophie, treffliche Exegese und strenge Askese, waren überzeugte Nicäner; aber sie erkannten zugleich richtig, daß vollkommene Menschheit ohne Freiheit und

Wandelbarkeit ein Unding sei (daher forderten sie die Aussage „τέλειος ἄνθρωπος“, nicht nur eine abstrakte Menschennatur), mithin seien Gottheit und Menschheit Gegensätze, die schlechterdings nicht verschmolzen werden können (leidensunfähig, leidensfähig). Darnach gestalteten sie die Christologie, die bei ihnen also nicht kosmisch-soteriologisch, wohl aber durch das evangelische Bild Christi bestimmt gewesen ist. Christus besteht aus zwei getrennten Naturen (keine ἕνωσις φυσική); der Gott-Logos hat einen Einzelmenschen (τέλειον ἄνθρωπον, τέλειον ἀνθρώπου πρόσωπον) an sich genommen bzw. sich verbunden (συνῆψεν ἑαυτῷ), d. h. er hat ihm eingewohnt; diese Einwohnung ist keine substantielle, auch keine bloß inspirierende, sondern κατὰ χάριν gewesen, d. h. Gott hat sich mit dem Menschen Jesus in besonderer Weise, aber nach Analogie seiner Vereinigung mit frommen Seelen (κατ' εὐδοκίαν), verbunden und sich mit ihm verknüpft (συνάφεια). Der Logos wohnte in Christus wie in einem Tempel; die menschliche Natur blieb substantiell, was sie ist; aber sie hat sich allmählich bis zur vollkommenen Bewährung und Beharrung entwickelt. Die Union (συντελεῖν εἰς ἓν πρόσωπον) ist also keine φυσική, sondern eine beziehungsweise (ἕνωσις σχετική), und sie ist am Anfang nur relativ vollkommen gewesen (fortschreitende ἐνοίκησις — „particulatim ad perfectionem perducens“); sie ist an sich eine moralische [1]; aber durch die Bewährung und Erhöhung stellte sich am Ende und für immer ein anzubetendes Subjekt dar (χωρίζω τὰς φύσεις, ἑνῶ τὴν προσκύνησιν). Theodor hat zwar die chalcedonensische Formel: „zwei Naturen, eine Person“; aber bei ihm ist die Einheit der Person die der Verbindung und ferner die der Namen, der Ehre und Anbetung; in keinem Sinne eine substantielle (Christus bleibt in sich ἄλλος καὶ ἄλλος). Er hat also ganz deutlich zwei Personen, weil zwei Naturen (Natur = Person) und dazu ein durch die Verbindung und für die Anbetung einheitliches πρόσωπον [2]. Von einer Menschwerdung darf man daher im

[1] Swete II, 311: ὁ τεχθεὶς ἐκ τῆς παρθένου . . . οὐ διεκρίθη τοῦ λόγου, ταὐτότητι γνώμης αὐτῷ συνημμένος, καθ' ἣν εὐδοκήσας ἥνωσεν αὐτὸν ἑαυτῷ (ganz wie bei Paul von Samos).

[2] Swete II, 299: ὅταν τὰς φύσεις διακρίνωμεν, τελείαν τὴν φύσιν τοῦ θεοῦ λόγον φαμέν, καὶ τέλειον τὸ πρόσωπον· οὐδὲ γὰρ ἀπρόσωπον ἔστιν φύσιν

Grunde nicht reden, sondern nur von einer Annahme des Menschen seitens des Logos. Die Funktionen Jesu Christi sind streng auf Gottheit und Menschheit zu verteilen. Maria *θεοτόκος* zu nennen, wie man sich schon seit einem Jahrhundert gewöhnt hatte, ist strenggenommen absurd, erträglich höchstens auf Grund einer Interpretation (*θεοτόκος κατὰ σχέσιν τῆς γνώμης*!).

Diese Lehre unterscheidet sich von der des Samosateners nur durch die sichere Behauptung der Persönlichkeit des Gott-Logos in Christus[1]. In Wahrheit ist Jesus — invito Theodoro — doch ein *ἄνθρωπος ἔνθεος* (das „*ὁ λόγος σὰρξ ἐγένετο*" schien verleugnet). Daß sich die Antiochener mit diesem begnügten, war eine Folge ihres Biblizismus und Rationalismus. So anerkennenswert ihre geistige Fassung der Probleme ist, so waren sie von der Auffassung der Erlösung als Wiedergeburt und Sündenvergebung doch noch weiter entfernt, als die Vertreter der realistischen Erlösungsvorstellung. Sie wußten von einem Vollender der Menschheit, der sie durch Erkenntnis und Askese in eine neue Katastase führt, nicht von einem Restitutor und Transformator. Aber sie haben, indem sie die Menschlichkeiten Christi nicht doketisch verflüchtigten oder aus Akkommodation erklärten, das Bild des geschichtlichen Christus der Kirche in einer Zeit vorgehalten, in der diese sich in ihren Glaubensformeln immer weiter von ihm entfernen mußte. Freilich kräftig konnte ein Bild nicht wirken, in dem man die Züge der leeren Freiheit und Leidensfähigkeit, sowie der Weisheit und Askese mit besonderem Eifer hervorhob.

Ihre Gegner, die Alexandriner, fußten auf der alten Ueberlieferung, die den Antiochenern Verlegenheit bereitete, daß Jesus Christus die göttliche Physis als sein eigentliches

εἰπεῖν· τελείαν δὲ καὶ τὴν τοῦ ἀνθρώπου φύσιν καὶ τὸ πρόσωπον ὁμοίως· ὅταν μέντοι ἐπὶ τὴν συνάφειαν ἀπίδωμεν [und — nach anderen Stellen — *ἐπὶ τὴν προσκύνησιν*], *ἓν πρόσωπον τότε φαμέν*. Theodor und seine Anhänger erkennen also drei Prosopen in dem Erlöser an, zwei natürliche und ein gewordenes (relatives) Daß auch Nestorius so gelehrt und aus der göttlichen und der menschlichen Person durch eine Geistesgemeinschaft derselben ein neues einheitliches Prosopon in dem Erlöser hat hervorgehen lassen, haben die neuen Fragmente (bei BETHUNE-BAKER gelehrt.

[1] Nach LOOFS besteht nur ein „unleugbarer samosatenischer Schein".

subjectum besessen habe, und daß er doch wirklich Mensch geworden sei[1]. Ihre Ausführungen ermangelten bis 431 und noch weiter nicht der religiösen, wohl aber der begrifflichen Klarheit. Das konnte nicht anders sein; denn sie mußten einen kontradiktorischen Gegensatz zu umklammern versuchen (besaßen aber noch nicht die HEGELsche Philosophie). Cyrill von Alexandrien, in mancher Hinsicht wenig achtungswert, hat das Glück gehabt, im Zusammenhang seiner Kirchenpolitik für den Grundgedanken der Frömmigkeit, wie Athanasius, streiten zu können und die Ueberlieferung für sich zu haben. Diese Frömmigkeit verlangte eigentlich nur eine starke und sichere Aussprache des Geheimnisses, nicht mehr (*σιωπῇ προσκυνείσθω τὸ ἄρρητον*). Die thetische Darstellung des Glaubens hat Cyrill nie viele Worte gekostet; aber er ist sofort in Gefahr gewesen, die Grenzen seines Glaubensgedankens zu überschreiten, wenn er das Geheimnis klar machen wollte, und seine Terminologie war unsicher. Sein Glaube ging nicht vom geschichtlichen Christus aus, aber auch nicht von dem kosmischen Logos, sondern von dem Gott, der Mensch geworden und der in dem Gottmenschen die Person ist. Der Gott-Logos hat die ganze Menschennatur sich einverleibt und ist doch derselbe geblieben. Nicht sich hat er verwandelt, sondern die Menschheit hat er in die Einheit seines Wesens aufgenommen, ohne etwas an sie zu verlieren (also auch *ἀσυγχύτως καὶ ἀτρέπτως* — hier liegt eine begriffliche Klärung vor; früher hatte man, selbst im Abendland, unvorsichtigerweise von „Mischung" gesprochen [Tertullian], und noch die Kappadozier brauchten *σύγχυσις, κρᾶσις*). Der Gott-Logos ist nachher derselbe wie vorher, das eine Subjekt. Was der Leib erduldet, hat Er erduldet. Daher brauchte Cyrill folgende Stichworte mit Vorliebe: *εἷς καὶ ὁ αὐτός*, nämlich

[1] Für die alexandrinische Konstruktion der Erlöserpersönlichkeit ist der Gott-Logos stets das einzig konstitutive und einzig handelnde Subjekt. Diesem A tritt kein B (Menschennatur, Mensch) gleichartig zur Seite, sondern das A nimmt das B an und nimmt es in sich auf. Daher mußte die Frage entstehen, ob A durch die Annahme von B irgendeine Modifikation erlitten habe. Die Modifikation liegt ganz auf seiten des B, welches, sofern es in die Einheit von A aufgenommen ist, an der Natur des A teilnimmt.

der Gott-Logos, ὁ λόγος μετὰ τῆς ἰδίας σαρκός, ἰδίαν ποιεῖν τὴν σάρκα οἰκονομικῶς, μεμένηκεν ὅπερ ἦν, ἐκ δύο φύσεων εἷς (das eigentliche Schlagwort!), συνέλευσις δύο φύσεων καθ' ἕνωσιν ἀδιάσπαστον ἀσυγχύτως καὶ ἀτρέπτως. Daher: ἕνωσις φυσική (καθ' ὑπόστασιν) und μία φύσις τοῦ θεοῦ λόγου σεσαρκωμένη (σεσαρκωμένου wäre noch monophysitischer). Den Unterschied von φύσις und ὑπόστασις hat Cyrill kaum gestreift. Doch sagte er meines Wissens nie: ἐκ δύο ὑποστάσεων oder ἕνωσις κατὰ φύσιν, und an die Stelle der unpräzisen und bedenklichen Vorstellung einer Mischung tritt, noch tastend, die Vorstellung eines Austausches der Eigenschaften. Für die göttliche Natur fielen ihm φύσις und ὑπόστασις zusammen, für die menschliche nicht. Obgleich er alle Bestandteile des Menschenwesens Christus zuspricht, verwirft er doch die Ansicht, Christus sei ein individueller, allen Leiden durch seine Natur unterworfener Mensch gewesen. Christus ist der Logos, der die unpersönliche Menschennatur wie ein Kleid angenommen hat, ein Ozean, der den Milchtropfen der menschlichen Natur in sich aufgenommen hat — nur so kann er der Erlöser sein, und nur so bleibt der Gott-Logos auch nach der Menschwerdung unverändert derselbe. Vor der Menschwerdung bzw. im Moment ihres Vollzugs gab es nach Cyrill zwei Naturen, nach derselben nur eine, nämlich die gottmenschliche, die θεωρίᾳ μόνῃ in sich unterschieden ist (οὐχ ὡς τῆς τῶν φύσεων διαφορᾶς ἀνῃρημένης διὰ τὴν ἕνωσιν — aber kann das mehr sein als eine bloße Behauptung?). Die Einheit hat nicht die Leidensfähigkeit der Gottheit zur Folge; aber der Logos leidet an seinem Fleische, leidet also. Er ist doch θεὸς σταυρωθείς, und die Maria ist θεοτόκος. Darum kann auch die σάρξ Christi im Abendmahl göttliches Leben wirken; denn sie ist erfüllt mit der Gottheit. — Die Absicht, sich innerhalb des Monophysitismus vor extremen (d. h. konsequenten) Folgerungen zu schützen, hat Cyrill nicht stets festzuhalten bzw. durchzuführen vermocht. Die Auffassung ist im Grunde purer Monophysitismus; aber sie will es nicht sein, und indem sie die Menschheit Christi als unverflüchtigt, unvermischt und unverwandelt behauptet, sucht sie sich gegen die konsequente monophysitische Formel zu schützen. Cyrill ist wirklich orthodox, d. h. er hat das gelehrt, was in der

Konsequenz der orthodoxen Christuslehre lag. Aber der Widerspruch — die Naturen sollen beide unverkürzt und unvermischt vorhanden sein einschließlich eines menschlichen Logos, und doch soll es nur eine gottmenschliche Natur sein und die menschliche ist subjektlos — ist offenkundig. Offenkundig ist auch, daß sich das Bild des wirklichen Christus bei dieser Ansicht nicht halten läßt: doketische Erklärungen müssen notwendig zugelasssn werden (resp. die Akkomodation: Christus hat gehungert und gedürstet, gezittert und gezagt, weil er so wollte). Aber diese Lehre ist relativ doch wertvoller als die Formel des Abendlandes (des Chalcedonense), weil der Glaube sich an ihr deutlich klar machen kann, daß Christus die ganze Menschennatur angenommen, wesenhaft mit sich vereinigt und so ins Göttliche erhoben hat.

Der Streit brach in Konstantinopel durch den naivselbstbewußten, polternden und kurzsichtigen, aber ehrlichen und nicht unedlen Bischof Nestorius[1] (428) aus, der von dem Alexandriner als Antiochener gehaßt und um seinen Stuhl beneidet, in unvorsichtiger Weise den Haß durch polemische Predigten und Angriffe auf die cyrillisch Gesinnten schürte und speziell das Wort *θεοτόκος* und ähnliche als böse Mißgriffe (Mythen), welche die christliche Verkündigung vor den Heiden kompromittieren, verwarf[2]. Die „Fäulnis des Arius und Apollinaris" suchte er jetzt auszutilgen; als Christologe stand er übrigens selbst keineswegs auf der äußersten Linken der Orthodoxie wie Theodor. Er brachte die Hauptstadt in Aufregung — weniger durch seine Lehre als durch

---

[1] Von ihm gilt in besonderer Weise, wie Loofs (Überlief. S. 160) richtig geurteilt hat, das Wort des Kirchenhistorikers Evagrius (I, 4): *Οὐδεὶς τῶν αἱρέσεις παρὰ Χριστιανοῖς ἐξευρηκότων πρωτοτύπως βλασφημεῖν ἠθέλησεν ἢ ἀτιμάσαι τὸ θεῖον βουλόμενος ἐξωλίσθησεν, ἀλλὰ μᾶλλον ὑπολαμβάνων κρεῖσσον τοῦ φθάσαντος λέγειν, εἰ τόδε πρεσβεύσειε.* Durch neue Quellen und Forschungen hat das Bild des Nestorius, von jedem Standpunkt aus gesehen, gewonnen. Für Cyrills Ruhm wäre es besser, wir wüßten weniger von ihm.

[2] „*Qui deum simpliciter dicit de Maria natum, primo omnium nobilitatem gentilibus prostituit dogmatis atque, exponens in medium, vituperandum id ridendumque proponit*" (Loofs, Nestoriana S. 337). — „*θεοδόχον*" *dico, non θεοτόκον*" (S. 276). — „*Habet matrem deus? ἀνέγκλητος Ἕλλην μητέρας θεοῖς ἐπεισάγων*" (S. 252).

sein ganzes Gehaben; die Mönche und die kaiserlichen Damen waren gegen ihn, und nun mischte sich Cyrill ein. Die Formeln, welche beide brauchten, lauteten nicht sehr verschieden — war doch Nestorius jetzt bereit, unter Kautelen das θεοτόκος sich gefallen zu lassen[1]; aber hinter den Formeln lag ein tiefer dogmatischer und kirchenpolitischer Gegensatz. Cyrill (Offene Briefe an Nestorius) kämpfte um die eine gottmenschliche Natur und um den Primat im Orient. Er wußte den römischen Bischof Cölestin für sich zu gewinnen, dem damals noch der Bischof von Konstantinopel der gefährlichere Rivale schien als der von Alexandrien. Cölestin, auch persönlich gegen Nestorius verstimmt, verleugnete seine eigene christologische Ansicht, die der des Nestorius sehr nahe stand, trat den Anathematismen des Cyrill bei und verlangte von Nestorius den Widerruf. Dieser betrieb die Berufung eines allgemeinen Konzils beim Kaiser, der ihm günstig war. Aber Cyrill wußte das allgemeine Konzil zu Ephesus (431) so zu dirigieren, daß es von vornherein zu einer Spaltung kam. Nachmals sind die Beschlüsse der ägyptisch-römischen Partei (des cyrillischen Konziliabulums) als die Beschlüsse des Konzils anerkannt worden, während ursprünglich der Kaiser weder diese noch die Beschlüsse der nestorianischen Partei anerkannte. Cyrill ließ kein neues Symbol aufstellen, sondern den Nestorius absetzen und seine eigene Lehre für nicänisch-orthodox erklären. Umgekehrt hat das von den antiochenisch Gesinnten abgehaltene Konzil den Cyrill abgesetzt. Der Kaiser bestätigte zunächst beide Absetzungen, und in bezug auf Nestorius hatte es dabei sein Bewenden. Er ist in der Verbannung gestorben. Aber dem bei Hofe mächtigen Cyrill gelang es sich zu halten, und im Jahre 433 schloß er sogar (s. seine ep. ad orientales), um seinen Einfluß nicht zu verlieren, eine Union mit den Antiochenern, deren zweideutiges Bekenntnis dem Wortlaut nach der antiochenischen

[1] S. Loofs, Nestoriana S. 167 (181, 184 f., 191 f., 272 f., 301 f., 309, 312): *„si quis hoc nomen theotocon propter natam humanitatem coniunctam deo verbo, non propter parentem, proponet, dicimus quidem hoc vocabulum in ea quae peperit non esse conveniens — oportet enim veram matrem de eadem esse substantia, qua ex se natum — ferri tamen potest . . . quod solum nominetur de virgine hoc verbum propter inseparabile templum dei verbi ex ipsa, non quia ipsa mater sit dei verbi: nemo enim antiquiorem se parit“.*

Theologie näher stand[1]. Aber Cyrill blieb eben deshalb Herr der Situation (die Antiochener ließen den politisch ganz ungeschickten Nestorius schmählich fallen, weil sie in der Sache gesiegt zu haben glaubten; die Strengen unter ihnen wanderten in den Osten aus) und verstand es, die alexandrinische Lehre und Kirchenherrschaft immer mehr zu befestigen.

Die spätere Geschichte der nestorianischen Kirche ist nicht unrühmlich; sie hat noch Jahrhunderte hindurch die Wissenschaften gepflegt und sie den Arabern und Persern überliefert; s. JLabourt, Le Christianisme dans l'empire Perse (224—632), 1904.

§ 42. Der eutychianische Streit.

Die Konzilsakten s. bei Mansi T. VI, VII und die kritische Ausgabe von EdSchwartz (erst z. T. erschienen). — FHaase, Der Patriarch Dioskur, 1908. — Die Monographien über Leo I. und die Geschichte des Papsttums im 5. Jahrh.

Cyrill starb im Jahre 444, und es gab in seiner eigenen Partei Leute, die ihm die aus Herrschsucht geschlossene Union von 433 nie vergessen hatten. Sein Nachfolger wurde Dioskur, ihm als Politiker nicht ebenbürtig, aber doch nicht ungleich. Dioskur suchte das Unternehmen seiner Vorgänger auf dem alexandrinischen Stuhl, Ägypten zur Domäne zu machen, die Kirche des Orients als Papst zu beherrschen und Kaiser und Staat sich faktisch zu unterwerfen, zu vollenden. Schon Theophilus und Cyrill hatten sich dabei auf die Mönche und die Massen gestützt, aber auch auf den römischen Bischof, der das gleiche Interesse hatte, den Bischof von Konstantinopel niederzudrücken. Sie hatten ferner die Verbindung mit der griechischen Wissenschaft gelockert

[1] Die Formel, die das Chalcedonense mit vorbereitet hat, lautet: *Ὁμολογοῦμεν τὸν κύριον ἡμῶν . . . θεὸν τέλειον καὶ ἄνθρωπον τέλειον ἐκ ψυχῆς λογικῆς καὶ σώματος . . . ὁμοούσιον τῷ πατρὶ τὸν αὐτὸν κατὰ τὴν θεότητα καὶ ὁμοούσιον ἡμῖν κατὰ τὴν ἀνθρωπότητα· δύο γάρ φύσεων ἕνωσις γέγονε. διὸ ἕνα Χριστόν, ἕνα υἱόν, ἕνα κύριον ὁμολογοῦμεν. κατὰ ταύτην τὴν τῆς ἀσυγχύτου ἑνώσεως ἔννοιαν ὁμολογοῦμεν τὴν ἁγίαν παρθένον θεοτόκον, διὰ τὸ τὸν θεὸν λόγον σαρκωθῆναι καὶ ἐνανθρωπῆσαι καὶ ἐξ αὐτῆς τῆς συλλήψεως ἑνῶσαι ἑαυτῷ τὸν ἐξ αὐτῆς ληφθέντα ναόν. τὰς δὲ εὐαγγελικὰς . . . περὶ τοῦ κυρίου φωνὰς ἴσμεν τοὺς θεολόγους ἄνδρας τὰς μὲν κοινοποιοῦντας ὡς ἐφ᾽ ἑνὸς προσώπου, τὰς δὲ διαιροῦντας ὡς ἐπὶ δύο φύσεων.*

(Kampf gegen den Origenismus), um der Großmacht des Zeitalters, der frommen Barbarei, keinen Anstoß zu geben. Dioskur schien unter dem schwächlichen Kaiser Theodosius II. sein Ziel wirklich zu erreichen (Konzil von Ephesus 449): allein dem größten Siege folgte die Katastrophe. Sie ist herbeigeführt worden durch die kraftvolle Kaiserin Pulcheria und ihren Gemahl Marcian, die sich auf die byzantinische Staatsidee, die Kirche zu beherrschen, wieder besannen, und durch Leo I., der im entscheidenden Moment die traditionelle Politik des römischen Stuhls, Alexandrien gegen Konstantinopel zu stützen, aufgab, mit dem Kaiser und dem Bischof der Hauptstadt gemeinsame Sache machte und Dioskur stürzte. Allein in dem Moment des Falls mußte der Gegensatz der ad hoc verbündeten Mächte (Kaiser und Papst) wieder hervortreten. Beide wollten den Sieg für sich ausnützen. Der Kaiser war nicht gewillt, dem zu Hilfe gerufenen Papst die Kirche des Orients auszuliefern, wenn er auch die dogmatische Formel desselben als einzige Auskunft der orientalischen Kirche diktierte, und der Papst konnte es nicht dulden, daß der Patriarch der Hauptstadt die übrigen Patriarchen des Orients verdrängte, als Kreatur des Kaisers die Kirche nach den Winken desselben regierte, und daß der Stuhl Konstantinopels dem des heiligen Petrus gleichgesetzt wurde. Infolge des chalcedonensischen Konzils triumphierte zwar momentan der Staat über die Kirche; aber indem er ihr seine dogmatische Formel gab, die mehr als die Hälfte der Gläubigen gegen sich hatte, zersplitterte er das Reich, legte den Grund für den Abfall großer Provinzen im Süden, Osten und Nordosten, stärkte den heftigsten Gegner, den Bischof von Rom, in einem Moment, wo durch den Untergang des weströmischen Reichs dieser sich an die Spitze des Abendlandes gestellt sah, und bereitete so den Zustand vor, der die byzantinische Herrschaft auf die Küstenprovinzen des östlichen Mittelmeers beschränkte.

Dies sind die allgemeinen Verhältnisse, unter denen sich der eutychianische Streit abgespielt hat, und es ist damit gesagt, welche Bedeutung die Politik in ihm gehabt hat.

Durch die Union von 433 war die christologische Frage bereits versumpft. Je nach der Auslegung der Formel konnte man jeden als Häretiker fassen oder als orthodox anerkennen.

Faktisch machte trotz der energischen Gegenwirkung des wackeren und bestgehaßten Theodoret die alexandrinische Doktrin, die ja wirklich dem Glauben der Orientalen entsprach, immer größere Fortschritte, und Dioskur gebärdete sich wie ein Oberbischof über Palästina und Syrien. Der Kaiser lieferte ihm die Kirche geradezu aus. Dioskur verfolgte die antiochenisch Gesinnten, suchte die Formel „zwei Naturen“ auszutilgen und ließ selbst bedenklich apollinaristisch-doketisch lautende Bekenntnisse gewähren. Allein als der alte Archimandrit Eutyches in Konstantinopel seine cyrillische Christologie in Sätzen ausdrückte, wie: „mein Gott ist nicht gleichen Wesens mit uns; er hat kein σῶμα ἀνθρώπου, sondern ein σῶμα ἀνθρώπινον“, nahmen persönliche Gegner (Domnus von Antiochien, dann Eusebius von Doryläum) daran Anlaß, ihn bei dem Patriarchen Flavian zu denunzieren, der, selbst kein entschiedener Christologe, den Anlaß gern benutzte, um den vom Hofe bevorzugten Geistlichen los zu werden. Auf einer Synode zu Konstantinopel (448) wurde Eutyches als Valentinianer und Apollinarist verurteilt, obgleich er nach Zögern die Formel: „Aus zwei Naturen ein Christus“ zugestand und sich auf die Positionen Cyrills zurückzog. Von beiden Seiten wurden nun der Hof, die Hauptstadt, der römische Bischof in Bewegung gesetzt. Dioskur sah ein, daß der Moment der Machtfrage gekommen sei, aber Leo I. nicht minder. Während jener die Berufung des Konzils beim Kaiser durchsetzte und für dasselbe mit unerhörter Machtvollkommenheit als wahrer Papst ausgerüstet wurde, sah dieser jetzt — trotz der Entscheidung seines Vorgängers Cölestin für Cyrill — in Eutyches den schlimmsten Ketzer, in Flavian den teuren, angefochtenen Freund, suchte das Konzil durch zahlreiche Briefe an die Einflußreichen zu hintertreiben und schrieb an Flavian (Sommer 449) die berühmte Epistel, in der er in der Christologie die tertullianisch-novatianisch-augustinische Fassung auseinandersetzte[1]. In

[1] Man kann auch noch die Namen des Ambrosius und Pelagius hier hinzufügen; denn es handelt sich einfach um eine Konzeption, die, einmal erfaßt, Gemeingut der abendländischen Kirche gewesen ist. Niemals hat das Abendland etwas von „una natura divinitatis et carnis“ gewußt. Dagegen hat es sogar an der Formel von „zwei Söhnen“ im Erlöser keinen

diesem Brief ist die Zwei-Naturenlehre streng ausgeführt (*„salva proprietate utriusque naturae et substantiae et in unam coëunte personam, suscepta est a maiestate humilitas, a virtute infirmitas . . . agit utraque forma cum alterius communione, quod proprium est, verbo scil. operante quod verbi est et carne exsequente quod carnis est . . . propter hanc unitatem personae in utraque natura intellegendam et filius hominis legitur descendisse de coelo . . . et rursus filius dei crucifixus dicitur“*) und die alte abendländische formalistische Auskunft dargelegt, man müsse an e i n e Person glauben, die zwei geschiedene Naturen (Substanzen) zu ihrer Verfügung habe — eine Auskunft, die allerdings weder monophysitisch noch nestorianisch ist, da sie zwischen der Person und zwei Naturen scharf scheidet, also eigentlich drei Größen einführt, indessen jedenfalls dem Nestorianismus näher steht, dem entscheidenden Interesse des orientalischen Glaubens nicht gerecht wird und jedes k o n k r e t e Denken ausschließt, mithin weder die Frömmigkeit noch den Verstand befriedigte. Daneben kennt Leo nur die Häresien des Doketismus und Samosatenismus. Leo hat zwar das Interesse u n s e r e r Erlösung in dem Schreiben bekannt; aber er hat eine Darlegung gegeben, die Cyrill beanstandet hätte.

Im August 449 trat das große Konzil zu Ephesus unter Dioskurs Leitung zusammen. Rom wurde erst als nicht vorhanden betrachtet, dann in seinen übrigens unsicher operierenden Legaten gedemütigt und in seiner Stellung herabgedrückt. Dioskur ließ beschließen, daß es bei den Synoden zu Nicäa und Ephesus (431) sein Bewenden haben müsse (die Union von 433 entfiel somit), die den alten Glauben: „Nach der Menschwerdung gibt es e i n e fleischgewordene Natur“, enthielten; kein Symbol wurde aufgestellt; Eutyches wurde restituiert und auf Grund des Nicänums (!) wurden die Häupter der Antiochener, aber auch Flavian, Eusebius von Doryläum, Theodoret, Domnus von Antiochien abgesetzt, kurz die Kirche von dem „Nestorianismus“ gründlich gereinigt. Das alles geschah fast mit Einstimmigkeit. Zwei Jahre später wurde diese von vielen Bischöfen, die teil-

Anstoß genommen. Aber das begriffliche Durchdenken des Problems, wie es die Antiochener übten, das die „una persona“ verflüchtigte, konnte dem Abendland nicht eben sympathisch sein.

genommen hatten, als erzwungen dargestellt („latrocinium Ephesinum“ sagt Leo). Gewiß hat Dioskur mit seinen fanatischen Mönchen die Synode terrorisiert; allein viel stärkeren Druck hat man nachmals in Chalcedon nötig gehabt. Dioskur hat wirklich den Glauben des Orients zum Beschluß erhoben, und der unvergleichliche Sieg, den er feierte, hatte, wenn nicht fremde Mächte (der Staat, Rom) eingriffen, in der Kirche die Gewähr der Dauer. Allein Dioskur rief den Papst und die byzantinische Staatsidee gegen sich auf und hat nicht mit der weitverbreiteten Abneigung gegen den rechten Flügel seines Heeres, den verkappt apollinaristischen, gerechnet. Er hat den Eutyches rehabilitiert, ohne die bedenklichen Sätze, die er und seine Anhänger im Munde führten, ausdrücklich zu verurteilen.

Am 28. Juli 450 folgten Pulcheria und Marcian dem Theodosius; bis dahin hatte sich Leo vergeblich bemüht, dem Konzil Opposition zu machen. Jetzt hatte Marcian, der entschlossen war, die Tyrannis des alexandrinischen Bischofs zu brechen, den Papst nötig, Leo wünschte eine Verurteilung des Dioskur und die Annahme seines Lehrbriefes ohne Konzil; allein der Kaiser mußte auf ein solches dringen, um in aller Form eine Neuordnung herbeizuführen. Sie konnte nur gelingen, wenn auch eine neue dogmatische Formel geschaffen wurde, die die Aegypter ins Unrecht setzte und den Antiochenern doch nicht recht gab. Die Politik riet zu der durch das Unionssymbol von 433 einigermaßen vorbereiteten, für den Orient jedoch immer noch neuen Formel des Abendlandes (Leos) als der einzigen Auskunft. Das Konzil kam, 451 zu Chalcedon wirklich zustande; den päpstlichen Legaten wurde der Ehrenvorsitz eingeräumt; Leo hatte sie instruiert, der Würde Roms nichts zu vergeben. Die größere Hälfte der 5—600 Bischöfe war wie Cyrill und Dioskur gesinnt, allem Nestorianismus höchst abgeneigt, dem Theodoret feindlich; aber der Kaiser beherrschte die Versammlung. Es stand fest, daß Dioskur abgesetzt und eine dogmatische Formel im Sinne Leos angenommen werden müsse, da der Beschluß von 449 als „abgepreßt“ annulliert worden war. Ebenso fest stand aber, daß man das Andenken und die Lehre Cyrills nicht preisgeben durfte. Daher wurde Dioskur nach einem höchst schmachvollen Prozeß nicht als Häretiker, sondern wegen Ungehorsams und Unregelmäßigkeiten abgesetzt[1]. Die Mehrzahl der Bischöfe verleugnete vor dem Angesicht der kaiserlichen Kommissare ihre Vergangenheit und gab den Dioskur und den Beschluß von 449 auf; aber nur durch trügerische Vorspiegelungen und Drohungen ließen sich die Bischöfe zur Anerkennung des Lehrbriefs Leos, den jeder Orientale nestorianisch verstehen mußte, und zur Genehmigung der Lehre, daß auch nach der Menschwerdung zwei Naturen in Christus vorhanden seien, bewegen. Noch in der letzten Stunde suchte man — freilich vergeblich — eine bloß begriffliche Unterscheidung der Naturen zum Dogma zu erheben. Auf der 5. Sitzung wurden die Bestimmungen von 325, 381, 431 (das cyrillische Konziliabulum gilt von da als 3. ökumenische Synode) bestätigt, die Suffizienz derselben anerkannt, aber bemerkt, daß um der Irrlehrer willen, welche einerseits das *θεοτόκος* verwerfen, andererseits eine *σύγχυσις* und *κρᾶσις* der Naturen einführen wollen, „unvernünftig nur eine Natur des Fleisches und der Gottheit erdichtend und die göttliche Natur für leidensfähig haltend", es nötig sei, sowohl die Briefe Cyrills an Nestorius und die Orientalen als auch den Brief Leos — also eine concordia discors — anzunehmen. Die Deklaration lautete: *τοὺς δύο μὲν πρὸ τῆς ἑνώσεως φύσεις τοῦ κυρίου μυθεύοντας, μίαν δὲ μετὰ τὴν ἕνωσιν ἀναπλάττοντας ἀναθεματίζει* (das war das Opfer des Glaubensgedankens). *Ἑπόμενοι τοίνυν τοῖς ἁγίοις πατράσιν ἕνα καὶ τὸν αὐτὸν ὁμολογεῖν υἱὸν τὸν κύριον ἡμῶν Ἰ. Χρ. συμφώνως ἅπαντες ἐκδιδάσκομεν, τέλειον τὸν αὐτὸν ἐν θεότητι καὶ τέλειον τὸν αὐτὸν ἐν ἀνθρωπότητι, θεὸν ἀληθῶς καὶ ἄνθρωπον ἀληθῶς τὸν αὐτόν*, dann heißt es: *ἕνα καὶ τὸν αὐτὸν Χριστὸν . . . ἐν δύο φύσεσιν* (*ἐκ δύο φύσεων* ist eine spätere, aber alte, dem Monophysitismus günstige Korrektur) *ἀσυγχύτως, ἀτρέπτως, ἀδιαιρέτως, ἀχωρίστως γνωρίζομεν, οὐδαμοῦ τῆς τῶν φύσεων διαφορᾶς ἀνῃρημένης διὰ τὴν ἕνωσιν, σωζομένης δὲ μᾶλλον τῆς ἰδιότητος ἑκατέρας φύσεως, καὶ εἰς ἓν πρόσωπον καὶ μίαν ὑπόστασιν συντρεχούσης, οὐκ εἰς δύο πρόσωπα μεριζόμενον ἢ διαιρούμενον, ἀλλὰ ἕνα καὶ τὸν αὐτὸν υἱὸν καὶ μονογενῆ, θεὸν λόγον.*

[1] Die Verwerfung Dioskurs ist eine Art geschichtlicher Sühne für die Verwerfung des Nestorius; aber sie ist unvollkommen, da Cyrills Ansehen sich behauptete.

Die Kraft des Glaubensgeheimnisses war durch diese Unterscheidung von Natur und Person zunächst gelähmt, ein begriffliches Mysterium aufgerichtet, die Klarheit der antiochenischen Auffassung von der Menschheit Jesu doch nicht erreicht. Die Formel ist negativ und kühl; die Frommen sahen ihren Trost, die ἕνωσις φυσική (die μία φύσις), und ehrwürdige Formeln dahinsinken. Wie soll das unserer Natur zugute kommen, was sich nur in der Person Christi ereignet hat? Der verhaßte „Moralismus" und „der Verrat des Geheimnisses" schienen die Folge zu sein. Der Gewinn, die volle Menschheit Jesu nun als unumstößlichen Glaubensartikel gesichert zu haben, für die Zukunft unschätzbar, war damals zu teuer erkauft und wurde auch nicht empfunden. Auch war der Friede nicht hergestellt. Kaiser und Papst entzweiten sich über den 28. Kanon (Gleichstellung Konstantinopels mit Rom), wenn sie es auch nicht zum Bruch kommen ließen, und — was viel mehr bedeutete — die Kirche des Morgenlandes geriet fast in Auflösung.

§ 43. Die monophysitischen Streitigkeiten und das 5. Konzil.

Mansi T. VII—IX. — GKrüger, Monophysitische Streitigkeiten, 1884. — FLoofs, Leontius von Byzanz, in den Texten und Untersuchungen III, 1. 2, 1887. — FDiekamp, Die origenist. Streitigkeiten im 6. Jahrh., 1899. — MPeisker, Severus v. Antioch., 1903.

Das Jahrhundert zwischen dem 4. und 5. Konzil bietet die kompliziertesten und wirrsten Verhältnisse; auch wechselte die dogmatische Situation in ihm beständig, so daß ein kurzer Ueberblick unmöglich ist. Daher können hier nur einige Hauptpunkte betrachtet werden.

1. Die Gegner des Chalcedonense, die Monophysiten, waren an geistiger Kraft und Regsamkeit den Orthodoxen überlegen. In Aegypten, Teilen von Syrien und in Armenien behielten sie die Oberhand, und es gelang den Kaisern weder durch Drohungen, noch durch Konzessionen, sie auf die Dauer zu gewinnen; vielmehr entfremdeten sich jene Provinzen immer mehr dem Reiche und der Hauptstadt und verknüpften das monophysitische Bekenntnis mit der Nationalität, die Bildung selbständiger, griechenfeindlicher Nationalkirchen vorbereitend. In der Hauptsache auf der

Doktrin Cyrills beharrend und die weitergehenden apollinaristisch-eutychianischen Formeln verwerfend, zeigten die Monophysiten in inneren geistigen Bewegungen, daß zunächst allein in ihrer Mitte das dogmatische Erbe der Kirche lebendig war. Der neu erwachte Aristotelismus, der als Scholastik den Platonismus ablöste, fand bei ihnen gelehrte Vertreter, die freilich (Johannes Philoponus) in ihren Spekulationen dem Tritheismus sehr nahe kamen. In der christologischen Frage gab es zwei Hauptrichtungen (GIESELER, Comment., qua Monoph. opin. illustr., 2 Part., 1835 f.; BUDGE, The Discourses of Philoxenus, 2 Bde., 1894). Die einen (der bedeutende Severus von Antiochien, Severianer, „Agnoëten", „Phartholatren") opponierten im Grunde nur gegen das Chalcedonense als eine formelle Neuerung, gingen auf eine begriffliche Unterscheidung der beiden Naturen in Christus ein (doch keine doppelte Energie), ja waren eifrig darauf bedacht, die Naturen unvermischt zu erhalten und die Kreatürlichkeit und Verweslichkeit (in thesi, vor der Auferstehung) des Leibes Christi (ὁμοούσιον ἡμῖν), sowie die Schranken der Erkenntnis der Seele Christi zu betonen, so daß sie hin und her selbst Orthodoxen Anstoß gaben[1]. Sie wären zu gewinnen gewesen, wenn man die chalcedonensische Formel resp. den Lehrbrief Leos geopfert hätte. Die anderen (minder zahlreichen) Monophysiten[2] dagegen (Julian von Halikarnaß, „Aktisteten", „Aphthartodoketen") zogen, die Verwandlung der einen Natur in die andere allerdings ablehnend, mit (und über) Cyrill die Konsequenzen der ἕνωσις φυσική (aus zwei Naturen [nicht in zwei Naturen] ein Christus; die Naturen handeln nicht für sich; denn sie sind nur in thesi

[1] Der linke Flügel der Rechten ist ja oft mehr links als der rechte Flügel der Linken oder der Mitte.

[2] Der Sprachgebrauch ist nicht ganz klar (infolge des Chalcedonense und der Konkordanz, die dasselbe in bezug auf Cyrill und den Lehrbrief Leos wider den Tatbestand konstatiert hat). Man nennt einerseits alle orthodoxen Christen, die das Chalcedonense verwerfen, Monophysiten, andererseits benennt man mit diesem Namen nur solche, die in den Konsequenzen der Lehre über Cyrill hinausgehen und bezeichnet also Cyrill selbst nicht als Monophysit. Nach der zweiten Definition ist ein Teil der Monophysiten in Wahrheit gar nicht monophysitisch (die Severianer; auch die armenische Kirche nicht, die das Schwankende der cyrillischen und vorcyrillischen Aussagen beibehalten hat).

[θεωρίᾳ μόνῃ] unterschieden); vom Moment der assumptio an sei auch der Leib als unvergänglich, ja sogar als unerschaffen zu betrachten, alle Idiome der Gottheit seien auf die menschliche Natur übergegangen; demgemäß seien alle Affekte und Beschränktheiten, die man am evangelischen Bilde Christi gewahre, von Christus frei κατὰ χάριν übernommen, nicht aber notwendige Folgen seines Wesens. Diese einzig vom Erlösungsgedanken bestimmte Auffassung entspricht der alten Tradition (Irenäus, Athanasius, Gregor von Nyssa usw.). Endlich gab es auch solche Monophysiten — doch gewiss nicht zahlreich —, die zu einer pantheistischen Spekulation fortschritten („Adiaphoriten"): die Kreatur ist in geheimnisvoller Weise überhaupt wesenseins mit Gott; die ἕνωσις φυσική in Christus ist nur der Ausdruck für die allgemeine Wesenseinheit der Natur und der Gottheit (Stephan bar Sudaili; die Mystiker; Einwirkung auf das Abendland: Scotus Erigena). Seit dem 5. Konzil, noch mehr seit dem Einbruch des Islam, verkümmerten die monophysitischen Kirchen in der Isolierung und Entfernung vom Griechentum allmählich; der wilde nationale und kultische Fanatismus und die öde Phantasie der Mönche haben sie der Barbarei nahe geführt. Doch war das ein langsamer Prozeß; noch im eigentlichen Mittelalter gab es hervorragende Lehrer.

2. Da die Mittel der Gewalt nicht fruchteten, suchten einige Kaiser, um die Reichseinheit aufrecht zu erhalten, zeitweise das Chalcedonense zu unterdrücken (Enzyklica des Basilikus 476) oder zu umgehen (Henotikon des Zeno 482). Allein Folge dieser Politik war stets, daß man nur einen Teil der Monophysiten gewann und sich mit Rom und dem Abendland überwarf. So entstand des Henotikons wegen ein 35 jähriges Schisma mit Rom (484—510), das nur dazu diente, den Papst noch selbständiger zu machen. Die Kaiser wollten sich eben nicht entschließen, entweder Rom oder den Orient preiszugeben, und verloren schließlich beides. Im Jahre 519 wurde das Chalcedonense im Bunde mit Rom durch Kaiser Justin, geleitet von seinem Neffen Justinian, voll wiederhergestellt. Allein der theopaschitische Streit (Erweiterung des Trishagion durch den Zusatz: ὁ σταυρωθεὶς δι' ἡμᾶς, resp. Gültigkeit der Formel: „einer aus der

der Trinität ist gekreuzigt": beides ist nicht identisch; denn jenes war eine kultische Neuerung und konnte sabellianisch verstanden werden, dieses ist gut orthodox) seit 518 zeigte, daß man im Abendland jede cyrillische Erklärung dese Chalcedonense mißtrauisch betrachtete, während die Frommen und Traditionalisten im Orient sich das Chalcedonense nur in cyrillischer Auslegung gefallen lassen wollten, dabei noch immer auf Versöhnung mit den Monophysiten hoffend.

3. Während im 5. Jahrhundert die chalcedonensische Orthodoxie im Orient überhaupt keinen dogmatischen Vertreter von Ansehen besessen hat — der stärkste Beweis, daß sie dem Geiste des Orients fremd war —, stellten sich solche seit dem Anfang des 6. Jahrhunderts ein. Nicht nur war die Formel durch die Zeit ehrwürdiger geworden, sondern vor allem lieferte das Studium des Aristoteles Waffen zu ihrer Verteidigung. Die Scholastik gestattete es, die chalcedonensische Unterscheidung von Natur und Person beizubehalten, ja sie willkommen zu heißen, und der Formel doch eine streng cyrillische Auslegung zu geben. Das ist durch den skythischen, wissenschaftlich gerichteten (am Ende seines Lebens ist er sogar für Origenes eingetreten), aber allem Antiochenischen abholden Mönch Leontius von Byzanz (ca. 485 bis 543), den bedeutendsten Dogmatiker des 6. Jahrhunderts, den Vorläufer des Joh. Damascenus, den Lehrer Justinians, geschehen. Er hat die Kirche durch philosophisch-begriffliche Darlegung über das Chalcedonense beruhigt und das Dogma der scholastischen Technik überantwortet. Er ist der Vater der christologischen Neu-Orthodoxie geworden, wie die Kappadozier die Väter der trinitarischen Neu-Orthodoxie gewesen sind. Durch seine Lehre von der Enhypostasie der menschlichen Natur hat er in der Form eines feinen Apollinarismus (die menschliche Natur entbehrt nicht der Hypostase, d. h. des Subjekts, aber sie hat ihre Hypostase an dem Logos) dem Erlösungsgedanken vollkommen Rechnung getragen (Leontius behauptet zwar zwei Energien, aber andererseits hält er das *μία φύσις λόγου σεσαρκωμένη* aufrecht und verschmilzt die Energien durch die Annahme einer *ἀντίδοσις* und *κοινωνία τῶν ὀνομάτων* — die Idiomenkommunikation, eigentlich schon für Apollinaris die Hauptsache, wurde der rettende Gedanke).

4. Von hier aus ist Justinians, des kaiserlichen Dogmatikers, Religionspolitik zu verstehen. Wie er durch beispielloses Glück das ganze Reich sich unterwarf, so wollte er auch das Reichsrecht und die Reichsdogmatik endgültig fixieren. Folgende Gesichtspunkte leiteten ihn: a) strenges Festhalten am Wortlaut des Chalcedonense als einer Kapitalentscheidung, denen von Nicäa, Konstantinopel und Ephesus ebenbürtig, b) streng cyrillische Auslegung des Symbols (der Kaiser war geneigt, bis zum Aphthartodoketismus zu gehen), um die Monophysiten zu gewinnen und der eigenen Neigung zu folgen. Mittel dafür waren a) zahlreiche kaiserliche Religionsedikte im Sinne der Christologie des Leontius, b) öffentliche Religionsgespräche, c) die Durchführung der theopaschitischen Formel, d) Unterdrückung jeder freieren, selbständigeren Theologie, daher des Origenismus einerseits, der bei monophysitischen Mönchen, namentlich in Palästina, zahlreiche Anhänger hatte, und der antiochenischen Theologie andererseits (543), die sich ebenfalls noch zahlreicher Verehrer erfreute (wie der Kaiser die Schule von Athen geschlossen hat, so wollte er auch alle christlichen wissenschaftlichen Schulen schließen; nur die Scholastik sollte nachbleiben), e) gewaltsame Einbürgerung der Neu-Orthodoxie im Abendland. Erschwert wurde die Durchführung dieser Pläne 1. durch die geheime, den Monophysiten noch geneigtere Nebenregierung der bedeutenden Kaiserin Theodora, 2. durch den Widerstand des Abendlandes, das nicht in die Verwerfung der Antiochener, d. h. der „drei Kapitel" (Person und Schriften Theodors, anticyrillische Schriften Theodorets, Brief des Ibas an Maris) willigen wollte. Mit Recht erkannte das Abendland (Facundus von Hermiane) in der nachträglichen Verdammung der Antiochener einen Versuch, die Zwei-Naturenlehre, wie sie Leo gemeint hatte, abzutun und dafür einen feinen Monophysitismus einzusetzen. Allein der Kaiser fand in Rom einen charakterlosen Papst (Vigilius), der sich mit Schmach bedeckte und seine Stellung im Abendland aufs Spiel setzte, dem Kaiser willfahrend (große Schismen im Abendland; dem römischen Stuhl drohte die Isolierung). Dieser setzte die Verdammung des Origenes und der „drei Kapitel" durch; er restituierte den dogmatischen Gedanken der beiden ephesinischen Konzilien von 431 und 449, ohne das Chalcedonense

anzutasten, und er ließ sich das alles von gehorsamen Bischöfen auf dem 5. Konzil zu Konstantinopel 553 bestätigen. Allein trotzdem daß nun (mit Cyrill) von einer gottmenschlichen Natur gesprochen werden sollte (neben der Zwei-Naturenlehre) und somit der Geist der orientalischen Dogmatik zum Siege gekommen, die abendländische Christologie also unterlegen war, ließen sich die Monophysiten nicht gewinnen; denn das Chalcedonense war zu verhaßt, und die Gegensätze waren längst nationale geworden. Auch viele Kirchen des Abendlandes wollten in wohlbegründetem Mißtrauen das 5. Konzil nicht anerkennen; erst nach einem halben Jahrhundert ist durch Roms Bemühungen der Widerspruch verstummt.

§ 44. Die monenergistischen und monotheletischen Streitigkeiten, das 6. Konzil und Joh. Damascenus.

S. Mansi T. X u. XI. Owsepian, Entstehungsgeschichte des Monotheletismus, 1897. — GKrüger, Monotheletismus in RE.[3] — HStraubinger, Die Christologie des h. Maximus Confessor, 1906. — JBilz, Die Trinitätslehre des h. Johannes v. Damaskus, 1909.

Mit den Bestimmungen des 4. und 5. Konzils hätte sich sowohl die Lehre von einem als von zwei Willen in Christus vertragen. Faktisch hat vor dem 6. Jahrhundert kaum einer von zwei Willen in Christus gesprochen (etwas besser sind „zwei Energien“ bezeugt); denn auch die Antiochener führten, wie einst Paul von Samosata, aus, daß sich der menschliche Wille ganz mit dem göttlichen Willen erfüllt habe (Willenseinheit, nicht Willenseinzigkeit). Aber die Theologie des Leontius tendierte allerdings auf die Zwei-Willenlehre. Doch wäre es zu einer Kontroverse schwerlich gekommen — das Dogma war schon seit 553 einer bloß beschreibenden und zergliedernden theologischen Wissenschaft (Scholastik) und dem Kultus (Mystik) ausgeliefert —, wenn sich nicht die Politik der Frage bemächtigt hätte.

Der hauptstädtische Patriarch Sergius, ein Syrer vielleicht monophysitischer Herkunft, riet dem gewaltigen Kaiser Heraklius (610—41), die Wiedereroberungen im Süden und Osten dadurch zu festigen, daß man den Monophysiten mit der in Ägypten schon bekannten Formel entgegenkomme, der aus zwei Naturen bestehende Gottmensch habe alles *μιᾷ θεανδρικῇ ἐνεργείᾳ* (mit einer gottmenschlichen Energie) gewirkt (ein „apostolisches" Zeugnis für diese Lehre fand man bei Dionysius Pseudo-Areopagita). Wirklich wurde 633 mit vielen Monophysiten in Ägypten und Armenien (auch mit einigen in Syrien) auf dieser Grundlage eine Union geschlossen, nachdem Sergius bereits 14 Jahre dort und hier für die Formel gewirkt hatte. Allein es erhob sich Widerstand (Sophronius, nachmals Bischof von Jerusalem, bezeichnete die Formel als apollinaristisch), und Sergius im Bunde mit Honorius von Rom suchte nun allen dadurch gerecht zu werden, daß er die Losung ausgab, es sei eitles Gerede, von einer oder von zwei Energien zu sprechen, man müsse über die Energien schweigen (daß Christus nur ein *θέλημα* habe, galt noch als selbstverständlich). So lautete auch ein kaiserlicher Erlaß, die Ekthesis (638), die, die Energienfrage für ein falsch gestelltes Problem erklärend, den Streit erst recht auflodern ließ, indem sie den Monotheletismus rund behauptete. Nicht nur im Abendland besann man sich jetzt auf die Konsequenzen des Lehrbriefs Leos, sondern auch im Orient waren die tüchtigsten Theologen (Maximus Confessor) durch die aristotelische Scholastik mit der chalcedonensischen Formel so vertraut, daß man den Willen auf die Seite der Naturen schob (nicht der Person) und daher die Zweiheit forderte. Jetzt wurde auf einer römischen Synode 641 (Papst Johann IV.) der Monotheletismus verdammt. Die die Ekthesis verwerfenden Orientalen flüchteten nach Karthago und Rom und bereiteten im Bunde mit dem Papst eine förmliche Revolution vor. Zwar scheiterte diese (es handelte sich um die Freiheit der Kirche gegenüber dem Staat; das Bestreben setzte sich im Bilderstreit fort); aber der Kaiser sah sich doch genötigt, die theologisch ausgeführte Ekthesis preiszugeben, sie durch den formalistischen Typos ersetzend, der bei schweren Strafen den Streit um ein oder zwei Willen verbot. Allein Rom ließ sich auch darauf nicht ein. Auf der Lateransynode 649 (Martin I.), der viele Orientalen beiwohnten, setzte sich die Verschwörung gegen den Kaiser, der der Kirche Vorschriften zu machen sich erdreistete, fort. In strenger Fassung wurde die Zwei-Willenlehre formuliert, seltsamerweise aber das Recht des richtig verstandenen Satzes: *μία φύσις τοῦ θεοῦ λόγου σεσαρκωμένη* eingeräumt. Eine Reihe konstantinopolitanischer Patriarchen der letzten Zeit wurde verdammt. Martin machte Miene, wie ein zweiter Dioskur, die Kirchen des Orients zu beherrschen und aufzuwiegeln; aber es gelang dem Kaiser Konstans, dem Landesherrn des Papstes, sich desselben zu bemächtigen (653). Entehrt und beschimpft ist er im Chersones gestorben. Auch Maximus Confessor mußte leiden. Konstans fand bald in Rom gefügigere Päpste und blieb bis zu seiner Ermordung (668) Herr der Situation, den Typos zur Geltung bringend und der verständigen Auskunft Vorschub leistend, daß die zwei natürlichen Willen gemäß der hypostatischen Einigung zu e i n e m hypostatischen Willen werden.

Der nun folgende Umschwung in Konstantiopel ist nicht vollkommen durchsichtig. Vielleicht weil man auf die Monophysiten keine Rücksicht mehr zu nehmen brauchte, vielleicht weil die „Wissenschaft" der Zwei-Willenlehre günstig war, wahrscheinlich weil man die unsicheren abendländischen Besitzungen durch dogmatisches Entgegenkommen fester an die Hauptstadt knüpfen und dem hauptstädtischen Patriarchen in dem römischen Bischof ein Gegengewicht geben wollte[1], lenkte Kaiser Konstantin Pogonatus ein und suchte den kraftvollen Papst Agathon zu neuen Verhandlungen zu bestimmen. Dieser sandte jetzt, wie einst Leo I., eine Deputation und einen Lehrbrief, der die Irrtumslosigkeit des römischen Stuhls und den Dyotheletismus verkündete. Auf dem 6. Konzil zu Konstantinopel (680) wurde dieser nach verschiedenen Vermittelungsvorschlägen und unter Widerspruch, der aber endlich wich, durchgesetzt, d. h. die formellen Konsequenzen des Dekrets von 451 wurden gezogen (zwei natürliche *θελήματα* und zwei natürliche Energien *ἀδιαιρέτως*, *ἀτρέπτως*, *ἀμερίστως*, *ἀσυγχύτως* in dem e i n e n Christus; nicht als entgegengesetzt seien sie zu denken, sondern der menschliche Wille folgt und widersteht und widerspricht nicht, ist vielmehr dem göttlichen und allmächtigen Willen unterworfen; der menschliche Wille ist nicht aufgehoben, aber es findet andererseits eine Kommuni-

[1] Dem Bischof von Konstantinopel wäre die Fortdauer des Schismas gewiß ganz willkommen gewesen.

kation statt: es ist der Wille des Gott-Logos, so wie die menschliche Natur, ohne aufgehoben zu sein, doch die Natur des Gott-Logos geworden ist). Zugleich wurden viele konstantinopolitanische Patriarchen und der Papt Honorius verdammt. So hatte Rom wieder seine Formel diktiert, das 5. Konzil durch das 6. balanciert und sich selbst dem Orient insinuiert. Doch war die Lage eine andere als im Jahre 451; die Zwei-Naturenlehre war jetzt wirklich so weit Eigentum auch der byzantinischen Kirche geworden, daß die Zwei-Willenlehre, einmal ausgesprochen, nicht wohl abgelehnt werden konnte, und ihr bedeutendster Verteidiger, Maximus Confessor, war ein Orientale. Das Einvernehmen zwischen Rom und Konstantinopel war übrigens von kurzer Dauer. Schon 692 schloß sich auf dem Trullanum der Orient in kultischen Dingen — und diese waren bereits die entscheidenderen — schroff gegen das Abendland ab.

Die Formeln der byzantinischen Dogmatik (451, 680) sind abendländisch; aber der Geist, der sich 431 und 553 einen Ausdruck gegeben hatte (Cyrill), behielt in der Deutung der Formeln die Oberhand, und das Kultussystem und die kultische Mystik ist stets monophysitisch bestimmt geblieben. Das zeigte sich im Bilderstreit einerseits, in der christologischen Dogmatik des in der Mitte des 8. Jahrhunderts wirkenden Joh. Damascenus (*Πηγὴ γνώσεως*: Th. 1 *κεφάλαια φιλοσοφικά*, Th. 2 *περὶ αἱρέσεων*, Th. 3 *ἔκδοσις ἀκριβὴς τῆς ὀρθοδόξου πίστεως*, s. die Ausgabe von Lequien, dazu Langen, Johannes von Damascus, 1879) andererseits. Hier ist trotz der dyophysitischen und dyotheletischen Formel und der scharfen Unterscheidung von Natur und Person ein feiner Apollinarismus oder Monophysitismus insofern bewahrt, als gelehrt wird, der Gott-Logos habe die menschliche Natur (nicht einen Menschen) so angenommen, daß diese erst durch den Gott-Logos individualisiert worden sei. Das ist das schon von Leontius erkannte Zwischending, das keine eigene Hypostase hat, aber auch nicht ohne sie ist, sondern in der Hypostase des Logos seine Selbständigkeit besitzt. Außerdem wurde der Unterschied der Naturen durch die Lehre von der *περιχώρησις* und der Idiomenkommunikation ausgeglichen (s. auch hier Leontius). Die *μετάδοσις* (*οἰκείωσις, ἀντίδοσις*) der Eigenarten der beiden Naturen will der Damascener so vollkommen fassen, daß er von einer *εἰς ἄλληλα τῶν μέρων περιχώρησις* redet. Das Fleisch ist wirklich indirekt Gott geworden, und das vergottete Fleisch durchdringt die Gottheit.

C. Der vorläufige Genuß der Erlösung.

Zehntes Kapitel.

Die Mysterien.

§ 45. Mystik und Mysterien.

Literatur: S. die im ersten Kap. dieses Teils genannten Werke und die Untersuchungen über Pseudo-Dionysius Areopagita, den griechischen Kultus und die Sakramente (KATTENBUSCH, Symbolik I). — KSCHWARZLOSE, Der Bilderstreit, 1890. — KHOLL, Der Anteil der Styliten am Aufkommen der Bilderverehrung (Festschrift für Kleinert), 1907. — CTHOMAS, Theodor v. Studion, 1892. — EvDOBSCHÜTZ, Christusbilder, in den Texten und Untersuchungen Bd. 18, 1899. — ABAUMSTARK, Die Messe im Morgen land, 1906.

Bereits im 6. Jahrhundert ist die dogmatische Entwicklung der griechischen Kirche wesentlich abgeschlossen gewesen, und auch schon vorher hat jeder Fortschritt mit Abneigung und Mißtrauen zu kämpfen gehabt. Die Ursache hierfür liegt in dem Traditionalismus, genauer aber in dem immer mehr die Oberhand gewinnenden Ritualismus. (Daneben aber hat sich auch im Morgenland der religiöse, vom Mönchtum entwickelte Individualismus theologischen Problemen zugewandt, die in den Formeln der Trinitätslehre und Christologie nicht enthalten waren; vgl. KHOLL, Enthusiasmus und Bußgewalt beim griechischen Mönchtum, 1897.)

Auch der Ritualismus hat eine zarte religiöse, ja christliche Wurzel. Er entstand aus dem Bestreben, einen schon in der Gegenwart vorhandenen Heilsbesitz nachzuweisen und in Kraft zu setzen, der aus derselben Quelle stammt, aus welcher die zukünftige Erlösung fließt — aus der gottmenschlichen Person Christi —, und daher dieselbe Art hat wie diese. Ursprünglich dachte man bei dem gegenwärtigen Heilsbesitz mehr an geistige Güter, an die Erkenntnis, an die Kräftigung der Freiheit zu guten Werken usw. Allein da man die zukünftige Erlösung als geheimnisvolle Vergottung vorstellte, war es nur konsequent, daß man auch die Erkenntnis als geheimnisvolle, durch heilige Weihen mitzuteilende betrachtete, und daß man, gemäß der Vorstellung einer zukünftigen physischen Vereinigung mit der Gottheit, auch in der Gegenwart die Anbahnung und den Vorschmack dieser Vergottung zu empfinden bestrebt war.

Diese uralte Tendenz leitete bei roheren Gemütern direkt zur Ethnisierung des Christentums hinüber oder ist vielmehr häufig ein Symptom derselben. Die *μάθησις* wird zur *μυσταγωγία*; diese aber, ursprünglich eine unheimliche Verbindung von Spirituellem und Sinnlichem, wird immer mehr zur Magie und zum Zauberwerk. In diesem ist das Ritual die Hauptsache; nichts aber ist empfindlicher als eine Zeremonie; sie verträgt nicht die geringste Veränderung. Sofern nun die Glaubensformeln immer mehr ihre Bedeutung als *μάθησις* einbüßten und dafür in immer höherem Grade Bestandteile des Rituals wurden, zugleich Sinn und Zweck desselben, die Vergottung, ausdrückend, vertrugen sie keine Veränderung mehr. Wo das Dogma nur als Reliquie des Altertums oder in ritueller Behandlung wertvoll erscheint, da hat die Dogmengeschichte ein Ende. An ihre Stelle tritt die mystagogische Theologie, und in der Tat hat diese, neben der Scholastik und mit ihr eng verbündet, bereits im 6. Jahrhundert die Dogmengeschichte abgelöst. Die mystagogische Theologie aber hat (abgesehen von der Fähigkeit, zum religiösen Grundphänomen zurückzuführen) eine doppelte Seite. Einerseits führt sie, indem sie sich im Irdischen eine neue Welt schafft und Dinge, Personen und Zeiten als geheimnisvolle Symbole und Vehikel nimmt, zur Zauberreligion über, resp. auf die tiefsten Religionsstufen zurück; denn für die Masse und schließlich für die Theologen selbst entweicht der Geist, und das Phlegma, der geheiligte Stoff, bleibt nach. Wie die neuplatonische Philosophie zur religiösen Barbarei ausgeartet ist, so ist auch das griechische Christentum unter dem Einfluß der absterbenden Antike, die ihm ihre höchsten Ideale und ihre Idole vermacht hat, Bilderdienst geworden. Andererseits aber bewahrt die mystagogische Theologie für die „Wissenden" ihren uralten, pantheistischen Kern, den Grundgedanken, daß Gott und die Natur im Tiefsten eins sind, daß die Natur die

Entfaltung der Gottheit ist. Auch die christlichen mystagogischen Theologen haben diesen Gedanken, mehr oder weniger klar durchdacht, beibehalten. Durch Spekulation und Askese kann man sich von allen Medien, Trägern und Vehikeln emanzipieren. Die Mysteriosophie ersetzt die Mysterien; diese wie alles Konkrete und Geschichtliche werden für den Wissenden wirklich zu reinen Symbolen, und speziell die geschichtliche Erlösung durch Christus wird verflüchtigt.

Es ist nicht auffallend, daß zwei so verschiedene, im Ritualismus freilich ausgeglichene, Gestaltungen wie der Pantheismus und der Fetischismus das Endprodukt der Entwicklung sind; denn sie steckten beide schon im Anfang der Bewegung und sie sind blutsverwandt, da sie an der Vorstellung von der substantiellen Einheit Gottes und der Natur ihre Wurzeln haben. Die Geschichte der Entwicklung der Mysterien und der Mysterientheologie gehört streng genommen nicht hierher; daher sollen nur einige Andeutungen folgen:

Am Anfang des 4. Jahrhunderts besaß die Kirche bereits eine große Reihe von „Mysterien“, deren Zahl und Grenzen aber keineswegs sicher bestimmt waren. Unter ihnen waren die Taufe nebst der mit ihr verbundenen Salbung und das Abendmahl die höchstgeschätzten; aus ihnen hat sich auch ein Teil der übrigen Mysterien entwickelt. Symbolische Handlungen, ursprünglich bestimmt, jene Mysterien zu begleiten, wurden selbständig. So ist die Firmelung entstanden, die schon Cyprian als ein besonderes „sacramentum“ gezählt, Augustin als sacramentum chrismatis bezeichnet, der Areopagite *μυστήριον τελετῆς μύρου* genannt hat. Man sprach auch von einem Mysterium des Kreuzeszeichens, der Reliquie, des Exorzismus, der Ehe usw., und der Areopagite zählt sechs Mysterien: *φωτίσματος, συνάξεως εἴτ᾽ οὖν κοινωνίας, τελετῆς μύρου, ἱερατικῶν τελειώσεων, μοναχικῆς τελειώσεως* und *μυστήρια ἐπὶ τῶν ἱερῶς κεκοιμημένων*. Die Zählung war sehr willkürlich; Mysterium war jedes Sinnliche, bei dem etwas Heiliges gedacht oder genossen werden sollte. Sie entsprachen den himmlischen Mysterien, die in der Trinität und der Menschwerdung zusammengefaßt sind. Wie jede Offenbarungstatsache ein Mysterium ist, sofern das Göttliche durch sie in das Sinnliche getreten ist, so ist umgekehrt jedes sinnliche Mittel, auch das Wort oder die Handlung, ein Mysterium, sobald das Sinnliche Symbol oder Vehikel — diese sind nie streng unterschieden worden — des Göttlichen ist. Die Wirkungen der Mysterien werden mit den höchsten Ausdrücken gefeiert als die Vereinigung mit der Gottheit; aber da sie die verlorene Gottesgemeinschaft nicht wiederherstellen können (nur Christus und die Freiheit vermögen das), so vermag die strenge Dogmatik nur wenig über sie auszusagen. Die wahre Wirkung ist eine rein gefühlsmäßige, resp. wird in der Phantasie erlebt: man sah, hörte, roch und fühlte das Himmlische aber ein angefochtenes Gewissen konnte man mit den Mysterien nicht trösten, wenn man sie nicht auflöste und ganz ins Geistige umsetzte.

Auf Grund der Mysterien entwickelte sich, indem der rohe Instinkt der Massen voraneilte, die Mysteriosophie. Ihre Wurzeln sind so alt wie die Heidenkirche, und es lassen sich zwei konvergierende Entwicklungen unterscheiden, die antiochenische und die alexandrinische. Jene (Ignatius, die apostolischen Konstitutionen, Chrysostomus) knüpft an den Kultus und Priester an, diese an den wahren Gnostiker resp. an den Mönch. Jene sieht in dem Gottesdienst und im Priester (Bischof) die wahre Hinterlassenschaft des gottmenschlichen Lebens Christi und bindet den völlig passiv gedachten Laien an das kultisch-hierarchische System, durch das man zur Unsterblichkeit geweiht wird; diese will selbständige Virtuosen der Religion bilden. Die alexandrinische Mysteriosophie ist ursprünglich heterodox; aber sie hat kein einziges Schema der positiven Religion außer acht gelassen, vielmehr alle neben der stufenweise fortschreitenden Erkenntnis verwertet (Opfer, Blut, Versöhnung, Entsühnung, Reinigung, Vollendung, Heilsmittel, Heilsmittler), freilich alle als Durchgangspunkte betrachtet, um durch Spekulation und Askese einen Standpunkt zu gewinnen, für den jedes Vehikel und Sakrament, alles Heilige, was in sinnlicher Hülle auftritt, profan wird, weil die Seele im Allerheiligsten lebt und in jedem ein Christus geboren werden soll.

Die beiden Mysteriosophien, die hierarchische und die gnostische, konvergieren in der Mystik des großen Unbekannten Dionysius Areopagita (Vorstufen bieten Methodius,

Gregor von Nyssa, Makarius), der einerseits den Kultus und das Priestertum als die irdische Parallele der himmlischen Hierarchie (der abgestuften Geisterwelt als der sich entfaltenden Gottheit) gefaßt, andererseits den Individualismus der neuplatonischen Mystik aufgenommen hat[1]. Durch Maximus Confessor wurde diese Kombination die Macht, die die Kirche beherrschte, sie zu monachisieren und ihr den mönchischen Widerstand gegen den Staat — die einzige Form, in der die griechische Kirche Selbständigkeit zu behaupten vermag — einzuimpfen versuchte.

Der eigentümliche Charakter der Mysteriosophie als der Spekulation über die Versinnlichung des Göttlichen und über die Vergottung des Sinnlichen konnte bei keinem Mysterium stärker ausgeprägt werden als beim Abendmahl (GE Steitz, Abendmahlslehre d. griech. Kirche i. JDTh. Bd. IX—XIII). Dieses, schon längst als der Boden erkannt, auf dem der sublimste Spiritualismus der massivsten Sinnlichkeit die Hand reichen konnte, wurde so ausgebildet, daß an ihm die christologische Formel, das Grunddogma, lebendig und faßbar erschien. Ohne der Spekulation über das Abendmahl eine streng lehrhafte Ausbildung zu geben, wurde es namentlich seit Cyrill von Alexandrien allgemein so behandelt, daß es als das Mysterium galt, welches unmittelbar auf der Inkarnation ruht und das Geheimnis der *θέωσις* fortsetzt. Alle übrigen Mysterien, sofern auch sie die Ineinsbildung von Himmlischem und Irdischem enthalten, bestehen eigentlich nur zu Recht auf Grund des Abendmahls. Nur hier ist eine förmliche Transmutation des Sinnlichen in den göttlichen Leib Christi gegeben; denn diese

---

[1] Über Dionysius, der im letzten Drittel des 5. Jahrhunderts oder in den beiden ersten Dezennien des 6. Jahrhunderts geschrieben hat, und seine seit dem 6. Jahrhnndert höchst einflußreichen, weil als „apostolisch" geschätzten Schriften [*Περὶ οὐρανίας ἱεραρχίας — Περὶ ἐκκλησιαστικῆς ἱεραρχίας — Περὶ θείων ὀνομάτων — Περὶ μυστικῆς θεολογίας* — 10 Briefe] s. Moeller in RE.², Hipler, Dionysius der Areopagite, 1861, GESteitz in JDTh. XI S. 197 ff., ALFrothingham, Stephen Bar Sudaili, 1886, JDräseke, Gesammelte patristische Abhandlungen, 1889, S. 25 ff., AJahn, Dionysiaca, 1889, vor allem aber, weil das Richtige bringend, JStiglmayr in dem Historischen Jahrbuch, 1895, S. 253 ff,, 721 ff. und ZfKTh., 1898, S. 246 ff., sowie HKoch in ThQuSchr., S. 353 ff. und Philologus, N. F., Bd. VIII S. 438 ff.

Vorstellung nahm immer mehr überhand, tilgte den Symbolismus aus und setzte sich endlich völlig durch. Die Verwandelung des geheiligten Brotes in den Leib Christi ist gewissermaßen die Fortsetzung des Prozesses der Inkarnation. Dabei wurden in bezug auf das Abendmahl — höchst charakteristisch — durchweg monophysitische Formeln gebraucht, und allmählich setzte sich sogar die Vorstellung durch, daß der Leib, in den sich das Brot transformiere, per assumptionem der von der Jungfrau geborene Leib Christi selbst sei, woran früher kaum einer gedacht hatte, indem die Älteren auch unter *σάϱξ Χϱιστοῦ* etwas Pneumatisches verstanden. Wie aber das Abendmahl als Sakrament aufs engste mit dem Inkarnationsdogma und der christologischen Formel verbunden wurde (daher die Empfindlichkeit dieser Formel), so wurde es als Opfer mit dem Kreuzestode verknüpft (Wiederholung des Kreuzesopfers; jedoch ist die Vorstellung in der griechischen Kirche nicht so sicher wie im Abendland ausgeprägt worden). So vergegenwärtigte es die wichtigsten geschichtlichen Tatsachen, aber nicht als Erinnerung, sondern als Fortsetzung, wodurch jene Tatsachen um ihre einzigartige Bedeutung bzw. auch um ihren Sinn zu kommen drohten. Zugleich wandelte der Hunger nach „Realitäten" die heilige Handlung in eine Mahlzeit, in der man die Gottheit mit den Zähnen zerbiß (so schon Chrysostomus; Abschluß der Abendmahlslehre bei Joh. Damascenus).

In der Geschichte der Buße im Morgenland haben sich ähnliche Entwicklungen abgespielt, wie im Abendland. Doch spielte dort das Mönchtum stärker hinein als hier, während das hierarchische Element stets mehr zurücktrat (s. KHOLL, a. a. O. u. JHÖRMANN, Unters. z. griech. Laienbeicht. Ein Beitrag zur allg. Bußgeschichte, 1913).

§ 46. Verehrung der Engel, Heiligen, Bilder usw.

Die ganze Entwicklung des griechischen Christentums zum Bilderdienst, zur Superstition und einem schlecht verhüllten Polytheismus läßt sich aber auch als Sieg der in der Kirche stets vorhandenen Religion zweiter Ordnung (apokryphe Religion) über die geistige Religion auffassen.

Jene wurde legitimiert und mit der doctrina publica verschmolzen, wenn auch die Theologen gewisse Kautelen anbrachten. Wie die heidnischen Tempel in christliche Kirchen umgeweiht wurden, so wurde das alte Heidentum als Engel-, Heiligen-, Bilder-, Reliquien-, Amulettendienst und Festordnung konserviert (s. besonders die Arbeiten von HUSENER und seiner Schule). Die Religion, deren Stärke einst der Abscheu vor den Idolen gewesen ist, ist schließlich den Idolen verfallen und in dem Maße sittlich stumpf geworden. Freilich lagen die Anknüpfungspunkte in der doctrina publica selbst; denn 1. diese war mit den Mitteln der griechischen Philosophie gebaut; die Philosophie aber hing durch tausend Fäden mit der Mythologie und Superstition zusammen, 2. sie sanktionierte das A. T., ursprünglich freilich eine geistige Deutung desselben vorschreibend; allein der Buchstabe des A. T., der z. T. eine untergeordnete Religionsstufe ausprägte, wurde immer mächtiger und kam den inferioren Tendenzen der Kirche entgegen, die er dann zu legitimieren schien, 3. die als Mysterien vorgestellten Handlungen der Taufe und des Abendmahls öffneten dem Einströmen des Mysterienwesens überhaupt Tor und Tür, 4. der altüberlieferte, durch die doctrina publica geschützte Engel- und Dämonenglaube wurde immer mächtiger, wurde in massiver Form von den Mönchen, in spiritueller von den neuplatonischen Theologen gepflegt und drohte immer mehr die wahre Sphäre der Frömmigkeit zu werden, hinter der der unerfaßliche Gott und der durch die Kirchenlehre ebenso unerfaßliche Christus im Dunklen ruhten, 5. die alte Vorstellung, daß es „Heilige" gebe (Apostel, Propheten, geistliche Lehrer, Blutzeugen), war schon sehr frühe so ausgebildet worden, daß diese Heiligen fürbittend und satisfaktorisch für die Menschen eintreten; sie nahmen nun mehr und mehr die Stelle der entthronten Götter ein, sich an die Engelmächte anreihend. Unter ihnen trat Maria in den Vordergrund, und der Gang der Entwicklung des Dogmas ist ihr — nur ihr — speziell zugut gekommen. Ein Weib, eine Mutter, erschien nun in der Nähe der Gottheit, und damit war endlich die Möglichkeit gegeben, das dem ursprünglichen Christentum Fremdeste doch zur Anerkennung zu bringen — das Heilige, das Göttliche in weiblicher Gestalt — Maria wurde die Mutter Gottes, die

Gottesgebärerin[1], 6. von den ältesten Zeiten her war den Christen der Tod als Geburtsstunde des wahren Lebens heilig gewesen; demgemäß erhielt allmählich alles, was mit dem Tode christlicher Heroen zusammenhing, eine dingliche Heiligkeit. Das antike Idol- und Amulettwesen bürgerte sich ein, aber in der häßlichsten Form als Reliquienwesen und Knochenverehrung; an dem Kontraste der unscheinbaren, abschreckenden Gestalt und dem religiösen Wert machten sich die

[1] Über den Engeldienst, sofern die Engel die Heilsgüter an die Menschen vermitteln, s. den Areopagiten; über die Verbreitung des Engeldienstes (besonders die Idee der Schutzengel) schon im 4. Jahrhundert s. Didymus, de trinit. II, 7. — Der Heiligendienst (Kirchen einem bestimmten Heiligen geweiht) war schon um 300 sehr ausgebildet und große Bischöfe, wie die Kappadozier und Damasus, leisteten ihm Vorschub; allein es fehlten noch im 4. Jahrhundert Gegenwirkungen nicht (auch nicht in bezug auf den Engeldienst; s. die Synode von Laodicea). Namentlich hat der gallische Priester Vigilantius (um 406) ihn bekämpft, sowie auch die Reliquienverehrung, während sich Jovinian vergeblich gegen die Überschätzung der Virginität auflehnte. Allein die angesehensten Lehrer (Hieronymus) erklärten sich gegen Vigilantius und arbeiteten eine „Heiligentheologie“ aus, die λατρεία Gott reservierend, aber τιμὴ σχετική (προσκύνησις) den Heiligen zugestehend (ELucius, Anfänge des Heiligenkults, 1904. — FPfister, Der Reliquienkult im Altertum, 1909. — Mv Wulf, Heilige und Heiligenverehrung, 1910; die Arbeiten von Delehaye [vor allem: Origines du culte des Martyrs]; GAnrich, Hagios Nikolaos, 2 Bde., 1913 f.). Das Reliquienwesen, ebenfalls im 4. Jahrhundert schon in Blüte, stieg doch erst im monophysitischen Zeitalter zur vollen Höhe. Schließlich mußte jede Kirche ihre Reliquien haben, und der 7. Kanon des 7. Konzils bestätigte das und sanktionierte den kirchlichen Gebrauch der Reliquien feierlich. — Die Hauptrolle in dieser Religion zweiter Ordnung spielt aber die Maria; sie allein ist zu einer dogmatischen Größe, θεοτόκος ein Stichwort wie ὁμοούσιος, geworden: „der Name Gottesgebärerin stellt das ganze Geheimnis der Menschwerdung dar“ (Joh. Damascenus in den Marienhomilien). Gen 3 15 wurde auf sie bezogen und eine aktive Teilnahme der Maria an dem Erlösungswerk gelehrt (namentlich seit Cyrill von Alexandrien, doch s. schon Irenäus und Athanasius, Ambrosius, Hieronymus). Maria, die Jungfrau in partu und post partum (dagegen Helvidius um 400), erhielt seit dem Ausgang des 4. Jahrhunderts ihre besonderen Kirchen und eine heilige Geschichte von der Empfängnis bis zur Himmelfahrt, eine Dublette zur Geschichte Christi (Marienlegenden und -feste); sie galt als unumgängliche Fürsprecherin. Doch ist sie bei den Griechen nicht „Himmelskönigin“ und „Schmerzensmutter“ geworden wie bei den Lateinern (KBenrath, Zur Geschichte der Marienverehrung i. d. Stud. u. Krit., 1886, S. 7 ff.; WGass, Symbolik der griech. Kirche S. 183). Eine umfassende kritische Geschichte der Marienverehrung und -spekulation fehlt noch; sie ist ein dringendes Bedürfnis.

Christen die Erhabenheit ihres Glaubens klar, und je unästhetischer eine Reliquie erschien, um so höheren Wert mußte sie für diejenigen haben, die in der Entkörperung und der Austilgung aller sinnlichen Reize die Gewähr des Heiligen erkannten, 7. endlich öffnete die Kirche dem schrankenlosen Begehren, in einer Wunderwelt zu leben, das Heilige mit allen fünf Sinnen zu genießen und Zauberwinke von der Gottheit zu erhalten, freie Bahn. Auch die gebildetsten Kirchenväter der späteren Zeit wissen zwischen Wirklichem und Unwirklichem nicht mehr zu unterscheiden, leben in einer Welt der Magie und lockern dadurch, ohne es zu wollen, den Bund des Religiösen mit dem Sittlichen (von der Askese abgesehen), ihn um so enger mit dem Sinnlichen schließend. Prozeduren aus der grauen Vorzeit der Religion, wenig modifiziert, tauchten wieder auf — Orakelfragen aller Art, Gottesurteile, Prodigien usw. Die Synoden, ursprünglich diesem Treiben feindlich, gingen schließlich darauf ein.

Am deutlichsten ist die neugewonnene Eigenart der griechischen Kirche zum Ausdruck gekommen in der Bilderverehrung und dem Bilderstreit. Nachdem sich langsam die Bilderverehrung in der morgenländischen Kirche eingeschlichen hatte (das 4. Jahrhundert war noch sehr zurückhaltend), erhielt sie eine mächtige Kräftigung und eine in der Antike unerhörte Begründung durch das Inkarnationsdogma und die diesem entsprechende Behandlung der Eucharistie (seit dem 5. Jahrhundert). Christus ist *εἰκών* Gottes und doch ein lebendiges Wesen, ja *πνεῦμα ζωοποιόν*; Christus hat durch die Menschwerdung das Göttliche sinnlich faßbar gemacht: die konsekrierten Elemente sind *εἰκόνες* Christi und doch zugleich Christi Leib selbst. Diese Gedanken führten für die Anschauung eine neue Welt herauf. Alles Sinnliche, das die Kirche berührt, wird nicht nur Symbol, sondern auch Vehikel des Heiligen: so empfanden die Mönche und Laien, und so lehrten die Theologen. Unter den sinnlichen Dingen zeigt aber die Vereinigung von Heiligem und Stofflichem am deutlichsten das Bild. Bilder Christi, der Maria und der Heiligen wurden schon seit dem 5. (4.) Jahrhundert nach antiker Weise verehrt; man war naiv genug, zu meinen, jetzt vor dem Heidentum gesichert zu sein, und man übertrug die dogmatische Vorstellung von dem vergotteten Stoff in besonderer Weise auf die Bilder, in denen man — auch die aristotelische Scholastik wurde zu Hilfe gerufen — die Vermählung des irdischen Stoffs mit der himmlischen (heiligen) Form leibhaftig sehen konnte (dazu der superstitiöse, aus der Antike stammende Glaube an nicht mit Händen gemalte Bilder). Das Mönchtum nährte den Bilderdienst und machte Geschäfte mit ihm; Scholastiker und Mystiker bildeten ihn dogmatisch aus.

Das Mönchtum förderte aber auch das Selbständigkeitsstreben der Kirche gegenüber der justinianischen Staatsordnung, die die Kirche fesselte. Im 7. Jahrhundert flüchtete sich der kirchlich-mönchische Widerstand gegen Byzanz hinter den Dyotheletismus, wie er sich im 5. und 6. hinter den Monophysitismus geflüchtet hatte; er wurde immer mächtiger und suchte die Kirchenfreiheit zu gewinnen, die das Abendland z. T. bereits genoß. Kraftvolle, aber barbarische Kaiser suchten diesem Streben ein Ende zu machen (Rücksicht auf den Islam ist schwerlich anzunehmen; aber die barbarische Herkunft jener Kaiser ist vielleicht nicht unwichtig), an die Stelle der Priester und Mönche das Heer zu setzen und die Selbständigkeit der Kirche dadurch zu brechen, daß sie sie an ihrer Eigenart trafen, dem Bilderdienst. So entstand der furchtbare Bilderstreit, der mit Unterbrechungen mehr als ein Jahrhundert gedauert hat. Die Kaiser kämpften in ihm um den staatlichen Absolutismus und waren nur mit einer einzigen Macht im Bunde, dem Militär; denn die übrigen Bundesgenossen, nämlich die religiöse Aufklärung und die älteste Tradition der Kirche, die gegen die Bilder sprach, waren ohne Kraft. Die Mönche und Bischöfe hatten auf ihrer Seite die damalige Bildung, Kunst und Wissenschaft (Joh. Damascenus, der Bildertheologe, s. seine drei Reden *πρὸς τοὺς διαβάλλοντας τὰς ἁγίας εἰκόνας*, Theodorus Studita, der philosophisch geschulte, bedeutende und erfolgreiche Verteidiger der Bilder), den römischen Bischof, ferner die Frömmigkeit und die lebendige Tradition; sie stritten für das Zentraldogma, das sie im Bilderdienst ausgeprägt sahen, und für die Kirchenfreiheit. Die letztere konnten sie nicht durchsetzen. Der Ausgang war vielmehr der, daß die Kirche zwar ihre Eigenart behielt, aber ihre Selbständigkeit gegenüber dem Staat definitiv einbüßte. Das 7. Konzil zu Nicäa

(787), welches das bilderfeindliche Konzil vom Jahre 754 aufhob, sanktionierte die Bilderverehrung (*ἀσπασμὸν καὶ τιμητικὴν προσκύνησιν ἀπονέμειν, οὐ μὴν τὴν κατὰ πίστιν ἡμῶν ἀληθινὴν λατρείαν, ἣ πρέπει μόνῃ τῇ θείᾳ φύσει . . . ἡ τῆς εἰκόνος τιμὴ ἐπὶ τὸ πρωτότυπον διαβαίνει*). Eine in den Hauptpunkten folgerechte Entwicklung liegt hier abgeschlossen vor (Fest der Orthodoxie 843, s. de Boor, Byz. Zeitschr. IV, Bd. S. 449). Das Göttliche und Heilige, wie es sich durch die Menschwerdung in das Sinnliche herabgelassen, hat sich in der Kirche ein System von sinnlich-übersinnlichen Dingen geschaffen, die dem Genuß sich darbieten. Dem mit dem Inkarnationsgedanken verbundenen neuplatonischen Gedanken des sich in einer Vielheit abgestufter Ideen (Urbilder) bis zum Irdischen hin entfaltenden Einen entspricht die Bildertheosophie. Dem Theodorus Studita war das Bild fast wichtiger als das korrekte dogmatische Stichwort; denn in dem authentischen Bild habe man den wirklichen Christus und die wirklichen Heiligen — nur die Materie ist verschieden. —

Blickt man auf die Frömmigkeit, wie sie heute in der morgenländischen Kirche, namentlich in der russischen, lebt, so trägt sie die Züge des Pessimismus, einer quietistischen Gottergebenheit, tiefen Mitleids, das, sinnlich erregt, sofort zu opferfreudiger Hilfe bereit ist, und eines starken Zuges zum Jenseits. Auf dieser Grundlage aber entwickeln sich Einzelne dort nicht nur zu einer ungemeinen Fähigkeit psychologischer Beurteilung und Aussage, sondern auch zu einer Feinheit religiöser, sittlicher und sozialer Empfindung, welche die abendländischen Christen beschämt (Dostojewski, Tolstoi, Gorki u. a.). Überall ist dabei deutlich, daß die spröde christlich-kirchliche Überlieferung hieran einen großen Anteil (positiv und negativ) hat und daher eine Art von Rechtfertigung empfängt; aber wie sich dieser Anteil gegenüber der slawischen Naturanlage und der slavischen Kulturgeschichte (samt ihrem westlichen Einschlag) abgrenzt, darüber gibt es noch keine ausreichende Untersuchung.

Elftes Kapitel.

Schluß. Skizze der Entstehungsgeschichte des orthodoxen Systems.

§ 47.

1. Ein christliches System auf der Grundlage der vier Prinzipien Gott, Welt, Freiheit und Heilige Schrift unter Anlehnung an die doctrina publica, den gesamten Ertrag der *Ἑλληνικὴ παιδεία* verarbeitend, hat Origenes gegeben; allein es war in vielen Details heterodox, weil von neuplatonischem Geiste beherrscht, und als Wissenschaft vom Glauben sollte es den Glauben selbst überbieten.

2. Die Kirche vermochte sich bei diesem System nicht zu beruhigen. Sie verlangte 1) die Identität der Aussagen des Glaubens und der Glaubenswissenschaft (namentlich seit Methodius), 2) eine solche Beschränkung des Gebrauchs der *Ἑλληνικὴ παιδεία*, daß die realistischen Sätze der regula fidei und der Bibel dabei intakt blieben (die Gegner des Origenes: Epiphanius, Apollinaris, die Mönche, Theophilus von Alexandrien, Hieronymus), 3) die Einführung des Gedankens der realen und geschichtlichen Erlösung durch den Gottmenschen als des zentralen (Athanasius und seine Anhänger). Diese Forderungen, konsequent durchgeführt, sprengten aber das origenistische System, das im Grunde ein philosophisches war. Sprengen aber wollte und konnte es von den gebildeten Christen zunächst niemand; denn man beurteilte es als die Wissenschaft, von der man sich nicht trennen wollte und die der christliche Glaube zu seiner Verteidigung bedurfte.

3. Infolge hiervon herrschte bis zum Ende des 4. Jahrhunderts in der orientalischen Kirche, in die seit Konstantin die alte Welt einzog, Unklarheit und eine gewisse Freiheit. Allerdings war durch Arius und Athanasius der Erlösungsgedanke zum kritischen Problem geworden und setzte sich dann wesentlich in der Fassung durch, die der christliche Glaube damals verlangte; aber alles Peripherische war ganz unsicher: eine völlig spiritualistisch-philosophische Auslegung der Bibel stand neben einer grob realistischen, ein massiver Anthropomorphismus neben einem christlich gefärbten Neuplatonismus, die umgedeutete Glaubensregel neben

ihrem Buchstaben. Dazwischen gab es unzählige Nuancen; Steuermann und Steuer fehlten, und die Religion zweiter Ordnung, das kaum verhüllte Heidentum, drängte sich mit elementarer Gewalt nicht nur in die Kirche, sondern auch in die Kirchenlehre ein. Wohl haben die Kappadozier (Gregor von Nyssa) die Wissenschaft des Origenes inmitten der Angriffe von rechts und links aufrecht erhalten und der Überzeugung gelebt, daß es möglich sei, den kirchlichen Glauben und die freie Wissenschaft zu versöhnen. Kirchlich gesinnte Laien, wie Sokrates, gaben ihnen recht, und zugleich drang die griechische Theologie in das Abendland und wurde dort ein wichtiges Ferment. Allein daneben wuchs, namentlich seit dem Sturz des Arianismus, eine mit der Barbarei verbrüderte Mönchs- und Gemeindeorthodoxie auf, die der selbständigen kirchlichen Wissenschaft höchst feindlich war; allerdings verfügte diese über keine Mittel, um den heterodoxen Hellenismus sicher abzuwehren. Gab es doch sogar Bischöfe (Synesius), die die kirchlichen Hauptdogmen entweder umdeuteten oder in Abrede stellten.

4. Unter solchen Umständen spitzte sich die Situation zu einem Kampf gegen Origenes zu. Sein Name bedeutete ein Prinzip, die bewußte Anwendung der Ἑλληνικὴ παιδεία in der kirchlichen Wissenschaft. In Palästina war es der leidenschaftliche, gelehrte und bornierte Epiphanius, der die Kreise der mönchischen Verehrer des Origenes und den Bischof Johannes von Jerusalem störte (Ende des 4. Jahrhunderts). In Ägypten sah sich der Bischof Theophilus, um seinen Einfluß zu erhalten, genötigt, den Origenes den Mönchen preiszugeben und zu verdammen. Das ist eine der folgenschwersten Tatsachen in der Geschichte der Theologie. Nicht minder folgenschwer aber war es, daß der größte Theologe des Abendlandes, der im Orient lebende Hieronymus, einst ein Verehrer des Origenes, mit Theophilus gemeinsame Sache machte, um sein kirchliches Ansehen zu bewahren, und den Origenes zum Häretiker stempelte. In dem Streit, in den er deshalb mit seinem alten Freunde Rufin geriet, nahm der römische Bischof Partei. Origenes wurde auch zu Rom (399) verdammt, Rufin zensuriert. Allein zu einer allgemeinen kirchlichen Aktion gegen Origenes kam es noch nicht. Die Kontroverse verschwand in dem Kampfe des Theophilus

gegen Chrysostomus. Noch im 5. und 6. Jahrhundert hatte Origenes unter Mönchen und Laien im Orient, namentlich in Palästina, zahlreiche Verehrer; seine Heterodoxien wurden von ihnen teils vertuscht, teils gebilligt.

5. Der große Kampf um das christologische Dogma im 5. Jahrhundert brachte zunächst alle übrigen Kämpfe zum Schweigen. Aber der Gegensatz zwischen den Alexandrinern und Antiochenern war auch ein allgemein wissenschaftlicher. Jene stellten sich auf die Tradition und die Spekulation (über den realistisch gefaßten Erlösungsgedanken), auf dem linken Flügel noch immer Anhänger zählend, die der origenistisch-neuplatonischen Philosophie geneigt waren und die ertragen wurden, wenn sie ihre Heterodoxien hinter der Kultusmystik verbargen; diese waren nüchterne Exegeten und praktisch-biblische Kirchenmänner mit einem kritischen Zug und verwandten die Philosophie des Aristoteles, die spiritualisierende Methode des Origenes ablehnend, im einzelnen von ihm lernend. Das heterodoxe Element lag bei den Alexandrinern, soweit sie sich nicht völlig dem Traditionalismus in die Arme geworfen hatten, noch immer in der Richtung auf den Pantheismus (Umdeutung der regula), bei den Antiochenern in der rationalen Fassung des Zentraldogmas. Genötigt, auf der Wacht gegen die alten Ketzereien zu stehen, die sich sämtlich in den Osten gezogen hatten, blieben die Antiochener die „antignostischen" Theologen und taten sich viel darauf zu gut, daß sie die Kämpfe des Herrn führten. Der letzte unter ihnen (doch lebten sie außerhalb des Reiches in Edessa und Nisibis fort und arbeiteten im Sinne ihrer Meister weiter), Theodoret, hat seinem Kompendium der häretischen Fabeln ein 5. Buch: „*θείων δογμάτων ἐπιτομή*" angehängt, das als der erste systematische Versuch nach Origenes und Theognost bezeichnet werden muß und augenscheinlich auf Johannes Damascenus von erheblichem Einfluß gewesen ist. Diese „Epitome" hat eine große Bedeutung. Sie verbindet das trinitarische und christologische Dogma mit dem ganzen Kreis der an das Symbol angeknüpften Lehren. Sie zeigt eine ebenso ausgeprägt biblische, wie kirchliche und verständige Haltung. Sie hält überall die rechte „Mitte" inne. Sie ist fast vollständig und berücksichtigt namentlich auch die realistische Eschatologie wieder.

Sie hat keine der anstößigen Lehren des Origenes aufgenommen, und doch ist Origenes nicht als Ketzer behandelt. Ein System ist diese Epitome nicht; aber die immer gleiche Nüchternheit und Klarheit in der Behandlung des einzelnen und die sorgfältige biblische Begründung verleihen dem Ganzen ein einheitliches Gepräge. Genügen konnte es freilich noch nicht, erstlich schon um der Person seines Urhebers willen, sodann weil alles Mystische und Neuplatonische diesem Lehrinbegriff fehlt.

6. Nach dem Chalcedonense stockte in der orthodoxen Kirche zunächst alle Wissenschaft: es gab in ihr zeitweilig weder „Antiochener" noch „Alexandriner" mehr, die freie theologische Arbeit erlosch fast völlig. Allein das Jahrhundert bis zum 5. Konzil zeigt zwei merkwürdige Erscheinungen. Erstlich gewann eine Mysteriosophie in der Kirche immer mehr Boden, die nicht die Dogmen bearbeitete, sondern mit dem einen Fuß auf dem Boden der Religion zweiter Ordnung stand (Superstition, Kultus), mit dem anderen auf dem Neuplatonismus (der Pseudoareopagite); zweitens wuchs eine Scholastik auf, die sich das Dogma als Gegebenes voraussetzte und durch begriffliche Distinktionen aneignete (Leontius von Byzanz). Im Geiste beider Richtungen hat Justinian seine Religionspolitik getrieben. Auf sie sich stützend, hat er, der die Schule von Athen geschlossen hat, auch die alten kirchlichen Schulen, die origenistische und antiochenische, geschlossen. Das 5. Konzil sanktionierte die Verdammung des Origenes (in 15 Anathematismen wurden seine heterodoxen Sätze verworfen; s. FDiekamp, Die origenistischen Streitigkeiten im 6. Jahrh., 1899) und die Verdammung der drei „Kapitel" (der Antiochener). Fortab gab es eine auf die Prinzipien zurückgehende theologische Wissenschaft nicht mehr. Es gab nur noch Kultusmystik (freilich mit einem verborgenen heterodoxen Zuge) und Scholastik, beide z. T. in engster Verbindung (Maximus Confessor). Damit war der Zustand erreicht, den die „Konservativen" zu allen Zeiten herbeigesehnt hatten; allein man war durch die Verdammung des Origenes und der Antiochener nun wehrlos gegen den massiven Biblizismus und den superstitiösen Realismus, und das war ein Ergebnis, das man ursprünglich nicht gewollt hatte. In dem Bilderdienst einer-

seits und der ängstlich-buchstäbelnden Auslegung von Gen 1—3 andererseits offenbart sich der Untergang der freieren theologischen Wissenschaft.

7. Für die *μάθησις* galten vor allem die Kappadozier (dazu Athanasius und Cyrill) als maßgebend, für die *μυσταγωγία* der Areopagite und Maximus, für die *φιλοσοφία* Aristoteles, für die *ὁμιλία* Chrysostomus[1]. Der Mann aber, der das alles zusammengefaßt hat, der die scholastisch-dialektische Methode, die Leontius auf das Inkarnationsdogma angewendet hatte, auf den ganzen Umkreis der „göttlichen Dogmen", wie Theodoret denselben festgestellt übertragen hat, war Johannes Damascenus (*Ἔκθεσις ἀκριβὴς τῆς ὀρθοδόξου πίστεως* [*Πηγὴ γνώσεως*]). Durch ihn gewann die griechische Kirche das orthodoxe System; aber nicht nur die griechische Kirche. Die Bedeutung des Werks des Johannes ist für das Abendland kaum geringer. Es ist ein Fundament der mittelalterlichen Theologie geworden. Vor allem ist Johannes Scholastiker gewesen. Jede Schwierigkeit ist ihm nur die Aufforderung, künstlich die Begriffe zu spalten und einen neuen Begriff zu finden, dem nichts in der Welt entspricht, als eben jene Schwierigkeit, die durch den neuen Begriff gehoben werden soll. Auch schon die Grundfrage der Wissenschaft des Mittelalters ist von ihm gestellt, die Frage nach dem Nominalismus und Realismus; er löst sie durch einen modifizierten Aristotelismus. Alle Lehren sind ihm bereits fest gegeben; er entnimmt sie der H. Schrift, den Konzilsbeschlüssen und den Werken der anerkannten Väter. Für die Aufgabe der Wissenschaft hält er, sie zu bearbeiten. Dabei sind die beiden Hauptdogmen eingestellt in den Kreis der Lehren des alten, antignostisch interpretierten Symbols. Von der allegorischen Erklärung der Heiligen Schrift ist ein sehr bescheidener Gebrauch gemacht. Der Buchstabe der Schrift herrscht im großen und ganzen, jedenfalls viel durch-

---

[1] Ein großer Teil der theologischen Arbeit der älteren Byzantiner stellt sich seit dem Ausgang des 5. Jahrhunderts in den exegetischen und dogmatischen weitschichtigen Catenen dar. Die Arbeit an diesen Fundgruben, die z. T. auch für die älteste Literatur sehr wichtig sind, hat in der Neuzeit begonnen (Elster, Loofs, Faulhaber, Sickenberger, Lietzmann usw.). Abschließend hat KHoll die sog. Sacra Parallela bearbeitet, s. Texte und Untersuchungen Bd. 16 und Bd. 20 (1897, 1899).

greifender als bei den Kappadoziern. Infolgedessen ist auch die natürliche Theologie stark verdeckt; sehr realistische Schrifterzählungen, die gläubig hingenommen sind, umranken dieselbe. Was aber das Empfindlichste ist — der straffe Zusammenhang, der bei Athanasius, Apollinaris und Cyrill die Trinität und Inkarnation, überhaupt das Dogma, mit dem Gedanken des Heilsguts verbindet, ist gelockert. Johannes hat eine Unzahl von Dogmen, die geglaubt werden müssen; aber sie stehen nicht mehr deutlich unter einem einheitlichen Zweckgedanken. Der Zweck, dem das Dogma einst als Mittel diente, ist geblieben; aber das Mittel ist ein anderes geworden: es ist der Kultus, es sind die Mysterien, in die auch das 4. Buch seiner Dogmatik ausmündet. Infolge dessen entbehrt das System der inneren lebensvollen Einheit. Es ist im Grunde nicht Darlegung des Glaubens, sondern Darlegung seiner Voraussetzungen, und es hat seine Einheit an der Form der Behandlung, an dem hohen Altertum der Lehren und an der Heiligen Schrift. Die Dogmen sind das heilige Erbe des klassischen Altertums der Kirche geworden; aber sie sind gleichsam in den Boden gesunken. Der Bilderdienst, die Mystik und die Scholastik beherrschen die Kirche. Die Schilderung ihrer weiteren Entwicklung, die nicht mehr Entwicklung des Dogmas gewesen ist, so reich und mannigfaltig sich die theologische Arbeit auch dargestellt hat — in vielen Stücken eine Parallele zur Geschichte der Frömmigkeit und Theologie des Abendlandes —, fällt nicht mehr in den Rahmen der Dogmengeschichte. Im Unterschied vom Abendland sind im Morgenland Frömmigkeit und Theologie nicht stark genug gewesen, um neue dogmatische Bestimmungen hervorzutreiben und alte zu beseitigen oder zu korrigieren.

Zweites Buch.

Die Erweiterung und Umprägung des Dogmas zu einer Lehre von der Sünde, der Gnade und den Gnadenmitteln auf dem Grunde der Kirche.

Erstes Kapitel.

Geschichtliche Orientierung.

§ 48.

FChBaur, Vorlesungen über die christliche Dogmengeschichte, 2. Bd., 1866. — JBach, Die Dogmengeschichte des Mittelalters, 2 Bde., 1873 f. — JSchwane, Dogmengeschichte der mittelalterlichen Zeit, 1882. — RSeeberg, Lehrbuch der Dogmengeschichte, 2. Aufl., Bd. 2 und 3, 1910/13. — CMirbt, Quellen z. Gesch. des Pabstums³, 1911.

1. Die Dogmengeschichte des Abendlandes in dem Jahrtausend der Völkerwanderung und der Reformation hat sich aus folgenden Elementen entwickelt: 1) aus der Eigenart des abendländischen Christentums, wie es durch Tertullian und Cyprian einerseits, durch Popularphilosophen wie Lactantius andererseits repräsentiert ist, 2) aus der durch die Theologen des 4. Jahrhunderts importierten griechischen Theologie, 3) aus dem Augustinismus, d. h. aus dem Christentum und der Theologie Augustins, 4) — in sekundärer Weise — aus den neuen Bedürfnissen der romanisch-germanischen Völker. Die entscheidende Autorität wurde in steigendem Maße der römische Bischof — Rom und seine „lex". Die Dogmengeschichte des Mittelalters ist die Dogmengeschichte der römischen Kirche, obgleich die Theologie nicht in Italien, sondern erst in Nordafrika, dann in Frankreich heimisch war.

2. Die Durchführung des geistigen Monotheismus, die Entdeckung des Individualismus und die Beschreibung der inneren Prozesse des christlichen Lebens (Sünde und Gnade) bezeichnen die Bedeutung Augustins als des Schülers der Neuplatoniker und des Paulus. Da er aber auch für das alte Dogma eingetreten ist und zugleich der Kirche als dem Reiche Gottes auf Erden neue Aufgaben und Ziele gestellt hat, so hat sein reicher Geist alle die Spannungen in sich getragen, deren lebendige Kräfte die Dogmengeschichte des Abendlandes bestimmt haben. Selbst der Moralismus und die sakra-

mentale Superstition, die nachmals den Augustinismus nahezu aufgesogen haben, sind von Augustin in den Ansatz seiner Religionslehre eingestellt worden. Als neues Element ist im späteren Mittelalter der Aristotelismus hinzugetreten (wie im Orient schon im 6. Jahrhundert), der jenen Moralismus verstärkt, aber andererseits der neuplatonischen Mystik in heilsamer Weise Grenzen gezogen hat.

3. Augustins Frömmigkeit lebte nicht im alten Dogma; aber er respektierte es als Autorität und verwandte es als Baumaterial für seine Religionslehre. Demgemäß wurde es im Abendland einerseits Kirchen- und Rechtsordnung und erfuhr andererseits tiefgreifende Umbildungen innerhalb der Theologie. Die Folge hiervon war, daß man sich im Mittelalter trotz aller Veränderungen — die Religion war Recht, Sakrament und Leben in der Buße geworden — der Illusion hingab, lediglich beim Dogma des 5. Jahrhunderts zu verharren, indem das Neue entweder nicht als solches erkannt oder als bloße Verwaltungsordnung auf die selbst freilich noch kontroverse Autorität des römischen Bischofs zurückgeführt wurde. Diesem Zustande hat erst die Reformation, resp. das Tridentinum, ein Ende gemacht. Lediglich vom 16. Jahrhundert aus läßt sich daher eine Dogmengeschichte des Mittelalters aus der Geschichte der Theologie dieses Zeitalters ausscheiden und beschreiben.

4. Zu beachten ist vornehmlich 1) die Geschichte der Frömmigkeit (Augustin, Bernhard, Franziskus, sog. Vorreformatoren) in ihrer Bedeutung für eine Neubildung des Dogmas, 2) die Sakramentslehre, 3) die wissenschaftliche Theologie (Augustin und Aristoteles, fides und ratio) in ihrem Einfluß auf die öffentliche Lehrbildung. Hinter diesen Entwicklungen lag im späteren Mittelalter die Frage der persönlichen Glaubensgewißheit und des persönlichen Christenstandes, die durch die tatsächliche Gewalt der sichtbaren Kirche niedergehalten wurde. Die Kirchengewalt ist der stille Koeffizient aller geistigen und theologischen Bewegung gewesen, bis sie in dem Kampf um das Recht des Papstes deutlich hervortrat.

5. Einteilung: 1) das abendländische Christentum und die abendländische Theologie vor Augustin, 2) Augustin,

3) der vorläufige Ausgleich des voraugustinischen und augustinischen Christentums bis Gregor I., 4) die karolingische Renaissance, 5) die cluniacenisch-bernhardinische Epoche, 6) die Epoche der Bettelorden, der Scholastik und der Vorreformatoren.

Zweites Kapitel.

Das abendländische Christentum und die abendländischen Theologen vor Augustin.

§ 49.

S. die Literatur § 22. — PBatiffol, La paix Const., 1914. — TFörster, Ambrosius, 1884. — SMDeutsch, Des Ambrosius Lehre von der Sünde, 1876. — ENiederhuber, Die Lehre des heiligen Ambrosius vom Reiche Gottes auf Erden, 1904. — ThSchermann, Die griechischen Quellen des Ambrosius etc., 1902. — JHReinkens Hilarius, 1864. — GGeiger, Marius Viktorinus, ein neuplatonischer Philosoph, 1888 f. — RSchmid, Marius Viktorinus und seine Beziehungen zu Augustin, 1895. — THahn, Tyconius-Studien, 1900. — OZöckler, Hieronymus, 1865. — GGrützmacher, Hieronymus, 3 Bde., 1901 ff. — DVölter, Donatismus, 1882. — ABigelmair, Zeno von Verona, 1904. — AHarnack, Geschichte der Lehre von der Seligkeit allein durch den Glauben in der alten Kirche, in ZThK. I S. 82 ff. — AHarnack, Der pseudoaugustinische Traktat ad Novatianum, in der Festschrift f. A. v. Oettingen, 1897. — Haller, Jovinian (Texte und Untersuchungen, Bd. 17, 1897). — GBoissier, La fin du paganisme, 2 Bde, 1891. — GRauschen, Eucharistie und Bußsakrament in den ersten sechs Jahrh., 1908.

1. Das abendländische Christentum ist im Unterschied vom morgenländischen durch zwei Persönlichkeiten bestimmt worden — Tertullian und Augustin —, dazu durch den Kirchenfürsten Cyprian und die im Dienen und Herrschen zielbewußte Politik der römischen Gemeinde und ihrer Bischöfe.

2. Tertullians Christentum war durch den alten, enthusiastischen, als unmittelbares Lebensprinzip gedachten Glauben und durch die antignostische Glaubensregel gegensätzlich beherrscht. Gemäß seiner juristischen Bildung suchte er überall in der Religion Rechtssätze und -formeln zu gewinnen und faßte das Verhältnis zwischen Gott und Mensch als ein privatrechtliches. Ferner zeigte seine Theologie ein syllogistisch-dialektisches Gepräge, sie philosophiert nicht, sondern sie raisonniert, zwischen den Argumenten ex auctoritate und e ratione abwechselnd.

Andererseits frappiert Tertullian häufig durch seine psychologische Beobachtung, und zwar durch eine empirische Psychologie neben einer stoisch beeinflußten Auffassung von der Notwendigkeit der göttlichen Inspiration und Mitteilung des Guten („*bonum qui possidet — scil. deus —, dispensat*", de pat. 1). Endlich zeigen seine Schriften eine praktisch-evangelische, durch die Furcht vor Gott als dem Richter bestimmte Haltung, ein Drängen auf Wille und Tat, das den spekulativen Griechen nicht ebenso eigen ist. In allen diesen Stücken und in ihrer Mischung ist sein Christentum typisch für das Abendland geworden. Auch hat er einen beträchtlichen Teil der lateinischen dogmatischen Formeln geschaffen und — was ebensoviel bedeutet — eine Reihe von dogmatischen Fragestellungen der Kirche geschenkt (*una substantia, tres personae; duae substantiae, una persona; duplex status; satisfactio; meritum; opera; vitium originis; tradux peccati;* eigentümlicher, in der Folgezeit fortwirkender Gebrauch von *lex, sacramentum, natura* und *gratia* etc.).

3. In mancher Hinsicht abgestumpft und moralisch verflacht („*de opere et eleemosynis*"), aber in klerikaler Bearbeitung („*de unitate ecclesiae*") wurde das tertullianische Christentum von Cyprian, der großen Autorität der lateinischen Christenheit [1], im Abendland eingebürgert; daneben hielt sich jene ciceronianische Theologie mit apokalyptischer Zugabe, welche Minucius und Lactantius vertraten. Die Religion war, wie die Bibel, „das Gesetz"; aber nachdem die Kirche notgedrungen die Vergebung aller Sünden zugestanden hatte (novatianische Krisis), war die Religion auch das kirchliche Bußinstitut mit seinen verdienstlichen Buß-

[1] Daß man seine Traktate und Briefe wie die Bibel zur Erbauung zwei Jahrhunderte hindurch gelesen und ihnen eine fast kanonische Autorität beigelegt hat, ist einerseits ein Beweis dafür, wie dürftig die christlich-lateinische Literatur vor Augustin war, andererseits ein Gradmesser für die Eigenart des abendländischen Christentums. — Daß sich mitten in ganz moralistischen Ausführungen Cyprians frappierende religiöse Lichtblicke finden, ist sehr zu beachten; s. z. B. oben § 20 und ad Donat. 4 („*dei est omne quod possumus, inde vivimus, inde pollemus, . . . in mentes nostras dominus influxit, in animi oblectantis hospitio iusta operatione teneatur*"). Leider kann man aber an mehreren dieser Stellen nicht verkennen, daß das Religiöse das Rhetorische ist.

werken. Vor Augustin hat jedoch kein Theologe „lex" und „venia", „meritum" und „gratia", wirklich auszugleichen vermocht. In Rom und Karthago arbeitete man an der Befestigung des Kirchenwesens, an der Ausarbeitung einer erfüllbaren kirchlichen Sittenregel und an der Erziehung der Gemeinde durch den Gottesdienst und die Bußordnungen. Das Massenchristentum schuf den Klerus und die Sakramente, der Klerus heiligte den Laien die halbschlächtige Religion. Die Formeln waren fast durchweg tertullianische, doch wurde sein Geist abgestumpft oder verdrängt.

4. Abendland und Morgenland waren im Zeitalter Konstantins bereits getrennt, aber der arianische Kampf brachte sie wieder zusammen. Das Abendland stützte die morgenländische Orthodoxie und erhielt von ihr zwei große Geschenke, die wissenschaftliche (origenistische) Theologie und das Mönchtum. Im Grunde war es ein einziges Geschenk; denn das Mönchtum (das Ideal gottinniger Virginität) ist die praktische Anwendung jener „Wissenschaft". So stellt sich die abendländische Theologie der zweiten Hälfte des 4. Jahrhunderts in zwei Linien dar, die beide in Augustin konvergieren: die Linie der Griechenschüler (Hilarius, Victorinus Rhetor, Rufin, Hieronymus) und die Linie der genuinen Lateiner (Optatus, Pacian, Prudentius, Zeno und der Donatist Tyconius[1]). Auf beiden Linien ist aber Ambrosius als der theologisch bedeutendste Vorläufer des Augustin zu nennen.

5. Die Griechenschüler haben die wissenschaftliche (pneumatische) Exegese des Philo, Origenes, Gregor von Nyssa und die spekulativ orthodoxe Theologie der Kappadozier in das Abendland verpflanzt. Mit der ersteren beschwichtigten sie die Zweifel an dem A. T. und begegneten den Anläufen des Manichäismus, durch die letztere haben sie, besonders Ambrosius, die Spannung beseitigt, welche bis über das Jahr 381 hinaus zwischen der Orthodoxie des Morgenlandes und des Abendlandes bestand. In vier aufeinander folgenden Schenkungen ist die griechische Wissenschaft und Spekulation in die Theologie des Abendlandes gekommen

[1] Auf die starke Abhängigkeit Augustins von diesem hat HAHN aufmerksam gemacht.

1) durch Ambrosius, Marius Victorin. Augustin und Hieronymus, 2) durch Boethius im 6. Jahrhundert (hier Aristotelisches), 3) durch den regen Verkehr zwischen Griechen und Rom im 7. Jahrhundert (er kam besonders der englischen Kirche zugut und später durch sie der fränkischen), 4) durch den Areopagiten im 9. Jahrhundert. Bei Victorin (um 385 in Rom, Kommentar zu den paulinischen Briefen) findet sich bereits jene Kombination von Neuplatonismus und Paulinismus, die die Grundlage der augustinischen Theologie bildet; bei Ambrosius leuchtet schon die Verbindung von Spekulation und religiösem Individualismus, die den großen Afrikaner charakterisiert.

6. Das eigentliche Problem der lateinischen Kirche war die Anwendung des christlichen Gesetzes und die kirchliche Behandlung der Sünder. Im Orient legte man den Wirkungen des Kultus als Gesamtinstitution und der stillen Selbsterziehung durch Askese und Gebet ein größeres Gewicht bei; im Okzident hatte man mehr die Empfindung, in religiösen Rechtsverhältnissen zu stehen, in denen man der Kirche verantwortlich sei; aber man erwartete auch von ihr sakramentale und prekatorische Hilfleistung in individueller Anwendung sowie Erziehung. Das Gefühl für die Sünde als öffentliche Schuld war kräftiger ausgebildet. Das wirkte auf den Kirchenbegriff zurück. In bezug auf die Ausbildung des letzteren ist Optatus (de schismate Donatistarum) der Vorläufer Augustins gewesen, in bezug auf die strengere Fassung der Sünde und manche andere wichtige Konzeptionen Ambrosius.

Der donatistische Streit des 4. und anfangenden 5. Jahrhunderts, in dem sich die montanistische und novatianische Kontroverse in eigentümlicher Begrenzung fortsetzt, wurzelt in persönlichen Zänkereien; aber bald erhielt er eine prinzipielle Bedeutung. Die donatistische Partei (im Laufe der Entwicklung wurde sie zur afrikanischen Nationalpartei, nahm gegenüber dem sie bedrückenden Staate eine freikirchliche Haltung ein und bildete sogar einen revolutionären Enthusiasmus aus) leugnete die Gültigkeit einer von einem Traditor gespendeten Ordination und deshalb auch die Gültigkeit der Sakramente, die ein von einem Traditor geweihter Bischof vollzog (daher die Forderung der Wiedertaufe). Es war der letzte Rest der alten Forderung, daß in der Kirche nicht nur die Institutionen, sondern vor allem die Personen heilig sein müssen, und die Donatisten konnten sich für ihre These auf den gefeierten Cyprian berufen. Wenigstens ein Minimum von persönlicher Würdigkeit der Kleriker sollte noch notwendig sein, damit die Kirche die wahre bleibe. Demgegenüber haben die Katholiken die Konsequenzen des „objektiven" Kirchenbegriffs gezogen. Vor allem hat Optatus — aber vgl. auch den Verfasser der Quaest. ex Vet. et Novo Testamento, der mit Ambrosiaster identisch ist und seinen Quästionen einen Traktat „ad Novatianum" eingelegt hat — ausgeführt, daß die Wahrheit und Heiligkeit der Kirche auf den Sakramenten beruht, und daß somit die persönliche Qualität des Spenders gleichgültig ist („*Ecclesia una est, cuius sanctitas de sacramentis colligitur, non de superbia personarum ponderatur*"); er hat ferner gezeigt, daß die Kirche gegenüber der Winkelkirche der Donatisten die Bürgschaft ihrer Wahrheit an ihrer Katholizität habe. Auch auf eine „evangelische" Spur geriet man, sofern man neben und mit dem Sakrament den Glauben im Gegensatz zur persönlichen Heiligkeit betonte. So ist schon vor Augustin der Grund zur römisch-katholischen Lehre von der Kirche und den Sakramenten durch Optatus u. a. gelegt worden. Den Glauben aber hat besonders Ambrosius im Zusammenhang mit einer tieferen Auffassung von der Sünde betont. Von Tertullian her war im Abendland die Auffassung der Sünde als vitium originis und als Sünde wider Gott bekannt. In beiden Richtungen hat Ambrosius die Betrachtung gefördert und demgemäß auch die Bedeutung der paulinischen Gedanken von der gratia, iustificatio und remissio peccatorum besser als die Orientalen gewürdigt („*Illud mihi prodest, quod non iustificamur ex operibus legis . . . gloriabor in Christo; non gloriabor, quia iustus sum, sed gloriabor, quia redemptus sum*"). Es war von epochemachender Bedeutung, daß man im Abendland eben in der Zeit, in der man den Kirchenbegriff veräußerlichte und eine Sakramentslehre schuf, auf die paulinischen Gedanken von Sünde und Gnade, Gesetz und Evangelium aufmerksam wurde. Ambrosius selbst freilich ist durch vulgär katholische Anschauungen über Gesetz, Tugend und Verdienst doch stark bestimmt gewesen.

Der lebendigere Gottesbegriff, das starke Gefühl der Verantwortung gegenüber dem Richter, das durch keine Naturspekulation gehemmte oder aufgelöste Bewußtsein von Gott als der sittlichen Macht, die Vorstellung von Christus als dem Menschen, dessen Leistung für uns vor Gott einen unendlichen Wert besitzt, die placatio (satisfactio) dei durch das Verdienst seines Todes, die Kirche als pädagogische Anstalt, sicher ruhend auf den Heilsmitteln (den Sakramenten), die Heilige Schrift als lex dei, das Symbolum als der sichere Inbegriff der Lehre, die Auffassung des christlichen Lebens unter den Gesichtspunkten der Schuld. der Sühnungen und des Verdienstes, wenn auch mehr kirchlich als religiös gedacht: in diesen Stücken stellen sich die Eigentümlichkeiten des abendländischen Christentums vor Augustin dar. Er hat sie bejaht und doch umgebildet. Vor allem harrte die soteriologische Frage einer Lösung. Neben manichäischen, origenistisch-neuplatonischen und stoisch-rationalistischen Auffassungen vom Bösen und von der Erlösung flackerten hier und dort im Abendlande um das Jahr 400 auch paulinische, die in der Regel sittliche Laxheit deckten, aber in einigen Vertretern doch Ausdruck einer evangelischen Ueberzeugung waren, die die Zeit nicht verstand und die deshalb für die katholische Kirche tödlich werden mußte (Jovinian; gegen ihn Hieronymus). Ueberschlägt man dazu, daß um 400 das Heidentum noch immer eine bedeutende Macht war, so begreift man, welch eine Aufgabe Augustins wartete! Er hätte sie nicht für die gesamte abendländische Kirche lösen können, wenn diese nicht damals noch eine relativ einheitliche gewesen wäre. Noch bestand das weströmische Reich, und es scheint fast, als sei ihm eine kümmerliche Existenz nur verlängert worden, um die weltgeschichtliche Wirksamkeit Augustins zu ermöglichen[1].

---

[1] Das Abendland hat eine einheitliche Kirchensprache behalten, das Morgenland nicht: diese eine Tatsache ist von fundamentaler Bedeutung für den Abstand zwischen West und Ost geworden. Sie ist eine Folge der Inferiorität der abendländischen Barbaren sowie der politischen Entwicklung dort und hier, aber sie hat dann selbst die weitere Entwicklung bestimmt.

Drittes Kapitel.

Die weltgeschichtliche Stellung Augustins als Reformator der christlichen Frömmigkeit.

§ 50.

EBINDEMANN, Der heilige Augustin, 3 Bde., 1844—69. — ADORNER, Augustinus, 1873. — PBÖHRINGER, Augustinus², 1877 ff. — HREUTER, Augustinische Studien, 1887. — AHARNACK, Augustin's Konfessionen, 1888; DERS., Die Retractationen Augustins in SBBA., 21. Dez. 1905 — CHBIGG, The Christian Platonists of Alexandria, 1886. — FLOOFS, Artikel „Augustin" in RE.³. — THIMME, A.'s Entwicklung, 1908. — PALFARIC, L'évolution intell. de St. Aug. I. Du Manich. au Néoplat., 1918 (ders. hat eine vollst. Übersicht ü. d. Manichäische Literatur gegeben in: Les écritures Manichéennes, 1918). — OSCHEEL, Die Anschauung Augustin's über Christi Person und sein Werk, 1901, s. auch DERS., in den Studien und Kritiken, 1904. — JGOTTSCHICK, Augustin's Anschauungen von den Erlöserwirkungen Christi, in der Zeitschrift für Theologie und Kirche, 1901, S. 97 ff. Zu beiden FKATTENBUSCH, ThLZ, 1903 No. 7. — JMAUSBACH, Die Ethik des h. Augustin, 2 Bde., 1909. — JNORREGAARD, Aug's Religiose Gennembrud, Kopenh., 1920. — PBATIFFOL, Le Catholicisme de St. Aug., 1920.

Man kann versuchen, den Augustinismus aus den Prämissen des abendländischen Christentums (s. das vorige Kapitel[1]) oder aus dem Bildungsgang Augustins (der heidnische Vater, die christlich-fromme Mutter, Ciceros Hortensius, der Manichäismus, der Aristotelismus, der Neuplatonismus mit seiner Mystik und Skepsis, der Eindruck des Ambrosius und des Mönchtums) zu konstruieren, aber beide Wege werden nicht völlig zum Ziel führen. Augustin hat in der Religion die Religion entdeckt; er hat sein Herz als das schlimmste, den lebendigen Gott als das höchste Gut erkannt; er besaß eine hinreißende Fähigkeit, innere Beobachtungen auszusprechen: hierin besteht seine Eigenart und Größe. In der Liebe Gottes und bezwungenem Sündenschmerz hat er das Hochgefühl gefunden, das über die Welt erhebt und den Menschen zu einem anderen macht, während die

[1] Zu nennen wären als Theologen, von denen er gelernt hat, Tertullian, Cyprian, Victorin, Ambrosius, Tyconius, Optatus, der pseudoaugustinische Verfasser der Quaestiones in A. et N. T. und Neuplatoniker. Eine literar-historische und theologische Untersuchung des Verhältnisses des Augustin zu den Alexandrinern steht noch aus.

Theologen vor ihm geträumt hatten, der Mensch müsse ein Anderes werden, um selig sein zu können, oder sich mit Tugendstreben begnügten. Er trennte die Natur und die Gnade, band aber die Religion und die Sittlichkeit zusammen und gab der Idee des Guten einen neuen Inhalt. Er zerstörte das Wahnbild der antiken populären Psychologie und Moral: er gab dem Intellektualismus und Optimismus des Altertums den Abschied; aber er ließ jenen wiederaufleben in dem frommen Denken des Mannes, der in dem lebendigen Gott das wahre Sein gefunden hat, und indem er den christlichen Pessimismus vollendete, überbot er ihn zugleich durch die Gewißheit und Macht der Gnade. Vor allem aber: er hielt jeder Seele ihre Herrlichkeit und ihre Verantwortlichkeit vor, Gott und die Seele, die Seele und ihr Gott. Er führte die Religion aus der Gemeinde- und Kultusform in die Herzen als Gabe und Aufgabe hinein. Liebe, ungefärbte Demut und Kraft zur Ueberwindung der Welt — das sind die Elemente der Religion und ihre Seligkeit; sie quellen aus dem Besitz des lebendigen Gottes. „Wohl den Menschen, die Dich für ihre Stärke halten, die von Herzen Dir nachwandeln.“ Dies Wort hat Augustin der Christenheit seiner Zeit und allen Zeiten gepredigt.

1. Die voraugustinische Frömmigkeit war ein Schwanken zwischen Furcht und Hoffnung. Sie lebte nicht im Glauben. Wissen und Tun des Guten macht selig, lehrte sie, nachdem man in der Taufe die Vergebung der vergangenen Sünden empfangen hat; aber man empfand die Seligkeit nicht. Weder die Taufe noch die Askese befreiten von der Furcht; man fühlte sich nicht stark genug, auf die eigene Tugend zu vertrauen, und man fühlte sich nicht schuldig und gläubig genug, um sich der Gnade Gottes in Christus zu getrösten. Furcht und Hoffnung blieben nach; es waren ungeheure Kräfte. Sie haben die Welt erschüttert und die Kirche gebaut; aber ein seliges Leben vermochten sie dem einzelnen nicht zu schaffen. Augustin drang von den Sünden zur Sünde und Schuld, von der Taufe zu der Gnade vor. Die Ausschließlichkeit und Festigkeit, mit der er den schuldigen Menschen und den lebendigen Gott aufeinander bezog, ist das Neue, das ihn vor allen seinen Vorgängern auszeichnet. „An Dir allein habe ich gesündigt“

— „Du Herr hast uns auf Dich hin geschaffen, und unser Herz ist unruhig, bis es Ruhe findet in Dir“ — *„da quod iubes, et iube quod vis“* — *„eo, quod quisque novit, non fruitur, nisi et id diligit, neque quisquam in eo, quod percipit, permanet nisi dilectione“*. Das ist der gewaltige Akkord, den er aus der Heiligen Schrift, aus den tiefsten Betrachtungen des menschlichen Wesens und aus der neuplatonischen Spekulation über die ersten und letzten Dinge herausgehört hat. An dem Geiste, der Gottes ledig ist, ist alles eitel Sünde; nur daß er ist, ist noch gut an ihm. Die Sünde ist die Sphäre und die Form des inneren Lebens jedes natürlichen Menschen. Ferner, alle Sünde ist Sünde an Gott; denn der geschaffene Geist hat nur ein dauerndes Verhältnis, nämlich zu Gott. Die Sünde ist das Selbst-sein-wollen (superbia); darum ist ihre Form die Begierde und Unruhe. In der Unruhe offenbart sich die niemals gestillte Lust und die Furcht. Diese ist das Böse, jene ist als Streben nach Gütern (Seligkeit) gut, aber als Streben nach vergänglichen Gütern böse. Wir müssen streben glücklich zu sein *(„infelices esse nolumus sed nec velle possumus“)* — dieses Streben ist das uns von Gott geschenkte, unverlierbare Leben —, aber es gibt nur ein Gut, eine Seligkeit und eine Ruhe: *„Mihi adhaerere deo bonum est.“* Nur im Elemente Gottes lebt und ruht die Seele. Aber der Gott, der uns erschaffen hat, hat uns erlöst. Durch Gnade und Liebe, die in Christus offenbar geworden, ruft er uns aus der Zerstreuung zu sich zurück, macht *„ex nolentibus volentes“* und gibt uns so ein unbegreiflich neues Wesen, das in Glaube und Liebe besteht. Diese stammen von Gott; sie sind das Mittel, durch das der lebendige Gott sich uns zu eigen gibt. Der Glaube aber ist Glaube an Gott im Sinne der „gratia gratis data“, und die Liebe ist die Lust an Gott, vereinigt mit der Demut, die auf alles Eigene verzichtet. Als ein immerwährendes Geschenk und als ein heiliges Geheimnis betrachtet die Seele diese Güter, in denen sie alles erlangt, was Gott verlangt; denn ein mit Glaube und Liebe ausgerüstetes Herz hat die Gerechtigkeit, die vor Gott gilt, und besitzt den Frieden, der über die Unruhe und Furcht erhebt. Es kann zwar keinen Moment vergessen, daß es noch in Welt und Sünde verstrickt ist, aber es denkt mit der Sünde stets die Gnade zusammen. Durch Glaube, Demut und Liebe überwundenes Sündenelend — das ist die christliche Frömmigkeit. In der Fülle der Glaubensgedanken, die sich hier ergeben, ruht die Seele aus und strebt doch unhaltsam vorwärts.

In dieser Weise zu empfinden und zu denken hat sich die Religion tiefer erschlossen, und der augustinische Typus der Frömmigkeit ist im Abendland bis zur Reformation, ja bis heute noch maßgebend; aber ein quietistisches, fast möchte man sagen narkotisches Element ist in ihm verborgen, das wir in dem Evangelium nicht finden.

2. In dem vorstehenden ist Augustins Frömmigkeit nur einseitig bestimmt. Er war auch in seiner Frömmigkeit katholischer Christ, ja erst er hat jenes Ineinander von freiester eigenster Hingabe an das Göttliche und stetiger gehorsamer Unterordnung unter die Kirche als Gnadenmittelanstalt geschaffen, das den abendländischen Katholizismus charakterisiert. Im einzelnen sind folgende Momente besonders hervorzuheben, in denen er das „Katholische“ bejaht, resp. noch gesteigert hat: 1) Erst er hat die Autorität der Kirche in eine religiöse Größe verwandelt und der praktischen Religion eine Lehre von der Kirche geschenkt. Zwei Erwägungen leiteten ihn dabei, der Skeptizismus und die Erkenntnis des Wertes der kirchlichen Gemeinschaft als einer geschichtlichen Macht. In ersterer Hinsicht war er überzeugt, daß das isolierte Individuum schlechterdings nicht zur vollen und sicheren Erkenntnis der Wahrheit überhaupt und der Wahrheit der geoffenbarten Lehre gelangen könne — sie bietet zu viele Anstöße —; wie er sich daher selbst der Autorität der Kirche in die Arme geworfen hat, so lehrte er generell, daß die Kirche für die Wahrheit des Glaubens einstehe, wo das Individuum sie nicht zu erkennen vermag, und daß demgemäß die Glaubensakte zugleich Akte des Gehorsams sind. In letzterer Hinsicht hatte er, indem er mit dem Moralismus brach, erkannt, daß die gratia geschichtlich wirke und die Kirche zu ihrem Organismus gemacht habe. Die Einsicht in die Stellung der Kirche im untergehenden römischen Reich verstärkte diese Erkenntnis. Aber nicht nur als Skeptiker und Historiker hat Augustin die Bedeutung der Kirche eingesehen, sondern auch kraft seiner starken Frömmigkeit.

Diese bedurfte einer äußeren Autorität, wie sie zu allen Zeiten noch jeder lebendige religiöse Glaube bedurft hat. Augustin fand sie in dem Zeugnis der Kirche. 2) Obgleich er in den Konfessionen unzweideutig bekannt hat: Religion ist der Besitz des lebendigen Gottes, so hat er doch in den Ausführungen seiner Theologie den lebendigen Gott mit der „gratia", diese mit den Sakramenten vertauscht und so das Lebendigste und Freieste in ein gleichsam dingliches Gut eingepreßt, das der Kirche übergeben sei. Hiermit hat er, durch eben brennende Kämpfe verleitet (der donatistische Streit), den Zeitvorstellungen den schwersten Tribut bezahlt und die mittelalterliche Sakramentskirche begründet. Wo er aber über die Sakramente hinaus auf Gott selbst zurückgeht, da ist er in der Folgezeit stets in Gefahr geraten, auch die Bedeutung Christi zu neutralisieren (vgl. den „Gnostiker" des Clemens und Origenes) und sich in den Abgrund des Gedankens der Alleinwirksamkeit Gottes zu verlieren (Prädestinationslehre). 3) Hat er sich zwar mit aller Energie zur gratia gratis data und deshalb zur Souveränität des Glaubens bekannt, aber dann doch das alte Schema damit verbunden, daß das schließliche Geschick der einzelnen von „Verdiensten" und nur von ihnen abhängig sei. Demgemäß hat er in den aus der fides caritate formata entspringenden merita, die freilich dei munera sind, das Ziel aller christlichen Entwicklung erblickt und es damit der Folgezeit nicht nur bequem gemacht, unter der Hülle seiner Worte ihr altes Schema beizubehalten, sondern selbst auch das Wesen des Glaubens (d. h. der aus der Gewißheit der Sündenvergebung entspringenden stetigen Zuversicht auf Gott) als das höchste Geschenk Gottes verkannt. Seine Lehre von der eingeflößten Liebe aber war nicht ganz sicher mit dem geschichtlichen Christus verbunden. 4) Obgleich Augustin von der Freude der Seligkeit, die der Christ schon jetzt im Glauben und in der Liebe besitzt, zu zeugen verstanden hat, hat er doch dem gegenwärtigen Leben ein deutliches Ziel nicht zu setzen vermocht; er teilte im allgemeinen die überlieferte katholische, auf das Jenseits gerichtete Stimmung, und der Quietismus seiner Frömmigkeit gab dem christlichen Handeln keine neuen Impulse. Daß es durch das Werk „de civitate dei" solche erhalten hat, ist im Grunde von Augustin nicht beabsichtigt worden.

Augustins Theologie ist aus dieser Art seiner Frömmigkeit zu verstehen. Seine religiösen Theorien sind z. T. nichts anderes als theoretisch gedeutete Stimmungen und Erfahrungen. Aber in ihnen sammelten sich zugleich die mannigfaltigen religiösen Erfahrungen und sittlichen Reflexionen der alten Welt: die Psalmen und Paulus, Plato und die Neuplatoniker, die Moralisten, Tertullian und Ambrosius — man findet alles in Augustin wieder.

Augustins Bekehrung in Mailand, die er in den Konfessionen von seinem später gewonnenen Standpunkt aus geschildert hat, war der Durchbruch zur Loslösung von den Fesseln des Fleisches und von dem weltlichen Treiben (Eitelkeit, Ehrgeiz, Stolz) zur sicheren Anerkennung des neuplatonisch-theistischen Idealismus und zur autoritativ abgenötigten Unterwerfung unter die katholische Kirche. Kein spezifisch christlich-kirchliches Glaubensproblem beschäftigte ihn noch; aber, ihm selbst halb unbewußt, wirkte damals, wie von Jugend auf, das Bild Christi in seiner Seele, und die Psalmen sowie die paulinischen Briefe modulierten zwar seine neuplatonischen Spekulationen nur wenig, gaben aber bereits seinem inneren Menschen christliche Nahrung. Als Presbyter (391—395) lebte er sich mehr und mehr in das vulgär Katholische ein, und innerhalb desselben begannen ihm bereits diejenigen Schemata wertvoll zu werden, die er dann als Bischof einer neuen selbständigen Durcharbeitung unterwarf und in denen er den vulgären Katholizismus überwand. Gegen Ende seines Lebens wurde seine Lehre spröder, biblischer, autoritativer und mehr eschatologisch (der Gegensatz von Diesseits und Jenseits wurde ihm wichtiger als der Gegensatz von Materie und Geist, Schein und Sein), ohne ihren Grundcharakter zu verleugnen; s. meine Abhandlung über die „Retractationes" Aug's i. d. Sitzber. d. Preuß. Akad. 1905 Dez.

Viertes Kapitel.

Die weltgeschichtliche Stellung Augustins als Lehrer der Kirche.

Die alte Kirche hat ihre Theologie von den Mittelpunkten der Gotteslehre und Christologie einerseits und der Freiheitslehre (Tugendlehre) andererseits entworfen; Augustin rückte die beiden Punkte zusammen. Das Gute wurde ihm der Angelpunkt für die Betrachtung der Güter. Das sittlich Gute und das Heilsgut sollen sich decken (ipsa virtus et praemium virtutis). Er hat die Dogmatik vom Himmel heruntergeholt; aber freilich die alte Auffassung nicht abgetan, sondern sie mit der neuen verschmolzen. In seinen Auslegungen des Symbols zeigt sich diese Verbindung am deutlichsten. Schon durch seine vorkatholische Entwicklung und Bekehrung, dann durch seinen Kampf mit dem Donatismus und Pelagianismus stellte sich ihm das Christentum in neuer Gestalt dar; aber da er das Symbol für den Inbegriff der Lehre hielt, so mußte seine Lehrfassung kompliziert werden — eine Verbindung der altkatholischen Theologie und des altkirchlichen Schemas mit dem neuen Gedanken der Gnadenlehre, eingepreßt in den Rahmen des Symbols. Diese Stilmischung, die die abendländische Kirche bis heute bewahrt hat, hatte Widersprüche zur Folge und machte das alte Dogma bis zu einem gewissen Grad eindruckslos.

Im einzelnen sind besonders folgende Spannungen in Augustins Theologie nachzuweisen. 1) Die Spannung zwischen Symbol und Schrift. Sowohl die, welche die Schrift über das Symbol setzen, als die, welche die entgegengesetzte Ordnung vorschreiben, können sich auf ihn berufen. Augustin hat den Biblizismus verstärkt, aber zugleich auch die Haltung jener Kirchenmänner, die mit Tertullian die Biblizisten niederschlagen. 2) Die Spannung zwischen dem Schrift- und dem Heilsprinzip. Augustin lehrte einerseits, daß es lediglich auf die S a c h e n (d. h. das Heil) in der Schrift ankomme, ja er ist manchmal bis zu jenem Spiritualismus vorgeschritten, der die Schrift überfliegt; andererseits konnte er sich von dem Gedanken nicht befreien, daß jedes Schriftwort absolute Offenbarung sei. 3) Die Spannung zwischen den Vorstellungen vom Wesen der Religion; sie soll einerseits Glaube, Liebe, Hoffnung sein, andererseits doch Erkenntnis und überirdisches unsterblisches Leben; sie soll den Zweck haben, durch Gnade und wiederum durch den amor intellectualis zu beseligen. Glaube im Sinne des Paulus und akosmistische Mystik streiten um den Prinzipat. 4) Die Spannung zwischen der Lehre von der prädestinatianischen Gnade und einer Gnadenlehre, die wesentlich Ekklesiastik und Sakramentslehre ist. 5) Spannungen innerhalb der Hauptgedankenreihen. So streitet in der Gnadenlehre der Gedanke der gratia per (propter) Christum nicht selten mit der Vorstellung einer unabhängig von Christus aus dem Grundwesen Gottes als des summum bonum und summum esse fließenden gratia. So ist in der Ekklesiastik das hierarchisch-sakramentale

Grundelement mit einer von den Apologeten stammenden liberalen, universalistischen Betrachtung nicht ausgeglichen.

Man kann drei Niveaus der Theologie Augustins unterscheiden, das prädestinatianische, das soteriologische und das Niveau der Autorität und der Sakramente der Kirche; aber man würde ihm nicht gerecht werden, wollte man diese Höhenlagen einzeln beschreiben; denn in seiner Gesamtauffassung waren sie verbunden. Eben weil sein reicher Geist all diese Spannungen umfaßte und als Erlebnisse charaktervoll darstellte, ist er der Kirchenvater des Abendlandes geworden. Er ist der Vater der römischen Kirche und der Reformation, der Biblizisten und der Mystiker, ja selbst die Renaissance und die moderne empirische Philosophie (Psychologie) sind ihm verpflichtet. Neue Dogmen im strengen Sinn hat er nicht eingeführt. Einer sehr viel späteren Zeit blieb es überlassen, aus der von ihm vollzogenen Umbildung des alten dogmatischen Stoffs, der Verurteilung des Pelagianismus und der neuen Sakramentslehre fest umschriebene Dogmen zu bilden.

Die Abgrenzung des dogmengeschichtlich wichtigen und des theologischen Stoffs in bezug auf Augustin ist besonders schwierig, weil vieles erst in sehr viel späterer Zeit dogmengeschichtlich bedeutend geworden ist. Auf solche Momente hat z. B. Gottschick in seinen Untersuchungen, das Werk Christi betreffend, besonders geachtet. Bei dem analytischen Verfahren (Scheel) in bezug auf seine Schriften erhält man wiederum ein anderes Bild. Im folgenden ist nach Zusammenschau und möglichste Vereinfachung getrachtet.

§ 51. Augustins Lehre von den ersten und letzten Dingen.

HSiebeck in der Zeitschrift für Philosophie und philosophische Kritik, 1888, S. 161 ff. — Gangauf, Metaphysische Psychologie des heiligen Augustin, 1852. — JStorz, Die Philosophie des heiligen Augustin, 1882. — KScipio, Des Aurelius Augustinus Metaphysik, 1886. — WKahl, Primat des Willens bei Augustin, 1886. — OZänker, Der Primat des Willens vor dem Intell. bei Aug., 1907. — Kühner, Augustins Anschauung von der Erlösungsbedeutung Christi, 1890 und die § 50 genannten Untersuchungen von OScheel und JGottschick.

Die Furcht des Herrn ist der Weisheit Anfang: mit dem Gebetsleben verband Augustin eine Innenschau, die ihn, den Schüler der Neuplatoniker und des Paulus, zu einer neuen Psychologie und Theologie führte. Er ist der „alter Aristoteles“ geworden, indem er das Innenleben zum Ausgangspunkt des Denkens über die Welt machte. Die naiv-objektive und damit die antik-klassische Stimmung hat erst er verabschiedet, damit aber auch die Reste der polytheistischen Betrachtung. Er ist der erste monotheistische Theologe (im strengen Sinn des Worts) unter den Kirchenvätern, indem er die neuplatonische Philosophie über sich selbst emporgehoben hat. Nicht unbewandert auf den Gebieten der objektiven Welterkenntnis, wollte er doch nur zwei Dinge erkennen, Gott und die Seele; denn sein Skeptizismus hatte die Welt der Erscheinung als eine für sich bestehende Welt aufgelöst, aber in der Flucht der Erscheinungen waren ihm nach schmerzlichem Ringen und erhebenden Spekulationen die Tatsachen des inneren Lebens als Tatsachen stehen geblieben. Mag es auch kein Uebel und keinen Gott geben, so gibt es doch unzweifelhaft die Furcht vor dem Uebel und den Drang nach Wirklichkeit und Wahrheit, nach Ruhe und Seligkeit. Von hier aus, d. h. durch die psychologische Analyse, kann man die Seele und Gott finden, zu einem wirklich Seienden gelangen und der Täuschung eines horizontalen Weltbildes ein vertikales entgegenstellen. So kann der Skeptiker zur Erkenntnis der Wahrheit gelangen, nach der das Mark der Seele seufzt.

Die Grundform des Seelenlebens ist das Streben nach Lust (cupido, amor) als Selbstbehauptung in der Form des Strebens nach Gütern. Alle Triebe sind nur Entfaltungen dieser Grundform (als Affiziertsein und als Aktivität), und sie gelten ebenso für das Gebiet des geistigen, wie für das des sinnlichen Lebens. Der Wille liegt in diesen Trieben; aber er ist doch eine über der sinnlichen Natur stehende Kraft (Augustin ist Indeterminist). In concreto ist er freilich an die sinnlichen Triebe gebunden, d. h. unfrei. Die theoretische Wahlfreiheit wird zur wirklichen Freiheit nur dann, wenn die cupiditas (amor) boni das beherrschende Motiv für den Willen geworden ist, d. h. nur der gute Wille ist frei. Sittliche Gutheit und Willensfreiheit fallen zusammen. Der wahrhaft freie Wille hat seine Freiheit an dem Motiv des Guten (beata necessitas boni). Diese Gebundenheit ist Freiheit, weil sie den Willen der Herrschaft der niederen Triebe entzieht und die Bestimmung und Anlage des Menschen, sich mit wahrhaftem Sein und Leben zu erfüllen, verwirklicht. In der Bindung an das Gute verwirklicht sich somit der höhere appetitus, der wahrhafte Selbsterhaltungstrieb des Menschen, während sich der Mensch stückweise selbst zum Zerfall bringt, wenn er den niederen Trieben folgt. Für diese Gedankereihe nahm Augustin strenge Allgemeingültigkeit in Anspruch; denn er wußte, daß jeder über sich selbst nachdenkende Mensch sie bejahen muß. Mit ihr verband Augustin die Ergebnisse der neuplatonischen kosmologischen Spekulation: aber die schlichte Größe des lebendigen Gottesbegriffs wirkte mit Kraft in diese hinein und zwang die künstlich gewonnenen Elemente der Gotteslehre immer wieder in das einfachste Bekenntnis zusammen: „der Herr Himmels und der Erde ist die Liebe; er ist das Heil der Seele; vor wem sollte ihr grauen?"

Auf dem Wege der neuplatonischen Spekulation (durch Nachweis des Nichtseins der Erscheinungen und durch fortschreitende Eliminierung der niederen Sphären des Sinnlichen und Begrifflichen) gelangte Augustin zum Begriff des einzigen, unveränderlichen beharrlichen Seins (incorporea veritas, spiritualis substantia, lux incommutabilis). Zugleich entspricht der Einfachheit des höchsten Begehrungsobjektes der Seele nur dieses summum esse. Dieses summum esse ist im Grunde allein das Seiende; denn alles andere Sein hat das Nichtsein an sich, kann auch nicht sein und geht wirklich zugrunde. Aber es kann andererseits auch als die Entfaltung der einzigen Substanz aufgefaßt werden, als ihr ausgestrahltes Kunstwerk, und in dieser Betrachtung kehrt in ästhetischer Form die metaphysisch aufgelöste Erscheinung und das Interesse an ihr zurück (der Schöpfungsgedanke erscheint bedroht, behauptet sich aber doch). Allein dieses Naturgefühl ist nur noch eine Grundierung der augustinischen Empfindung. Er gibt sich ihm nicht hin, vielmehr geht er sofort zu der Beobachtung über, daß die Seele nach diesem höchsten Sein strebt und es in allen niedrigen Gütern mit unverwüstlicher edler Konkupiszenz sucht, daß sie aber sich doch scheut, es zu ergreifen. Hier stellte sich ihm eine furchtbare Paradoxie dar, die er als „monstrum" bezeichnet, daß der Wille das faktisch nicht will, was er will oder doch zu wollen scheint. Mit dem ganzen Gewicht der Verantwortung empfand Augustin diesen Zustand, die ihm durch keine, auch ihm sonst geläufige ästhetische Betrachtung (der Kosmos mit Licht und Schatten als das „pulchrum", als das Gleichnis der Lebensfülle des All-Einen) gemildert wurde. Von hier aus wandelte sich ihm die Metaphysik in Ethik. In dem Gefühl der Verantwortung erschien Gott (das summum esse) als das summum bonum und das den Willen bestimmende selbstsüchtige Eigenleben als das Böse. Jenes summum bonum ist nicht nur der beharrende Ruhepunkt für den unruhigen Denker oder der berauschende Lebensgenuß für den lebenssüchtigen Sterblichen, sondern Ausdruck für das Sein-Sollende, für das, was das beherrschende Grundmotiv des Willens werden soll, was dem Willen seine Freiheit und damit erst seine Kraft über der Sphäre des Naturhaften verleihen, was die unverwüstliche Neigung des Menschen zum Guten von der misera necessitas peccandi befreien soll — Ausdruck des Guten. So fielen ihm vom Begriff des Guten alle Eintragungen des Intellekts und alle eudämonistischen Hüllen ab. Auch für diese Gedankenreihe nahm er Allgemeingültigkeit in Anspruch.

Aber nun folgte noch eine Erfahrung, und sie spottete jeder Analyse. Jenes Gute stand ihm nicht nur als das Sein-Sollende gegenüber, sondern er fühlte sich von ihm als Liebe ergriffen und aus dem Jammer des monströsen Widerspruchs des Daseins herausgehoben. Damit erhielt der Gottesbegriff einen ganz neuen Inhalt: das Gute, welches das vermag, ist das Allmächtige, ist Person, ist Liebe. Das summum esse ist das als allmächtige Liebe auf den Willen wirkende heilige Gute in Person. Die Metaphysik und Ethik wandeln sich in Religion. Das Böse ist nicht nur privatio substantiae, auch nicht bloß privatio boni, sondern Gottlosigkeit (privatio dei); der ontologische Defekt des kreatürlichen Seins und der moralische Defekt des Guten ist Defekt des Liebesverhältnisses zu Gott; Gott haben aber ist alles, ist Sein, Gutsein, freier Wille und Friede. Ein Strom von Gottesgedanken entfesselte sich von hier aus in Augustin. Es ist für Gott ebenso wesentlich, daß er sich in Liebe mitteilende gratia, als daß er causa causatrix non causata ist; der Mensch aber lebt von der Gnade der Liebe. Daß er — in einem monströsen Dasein befangen, das auf einen schweren Sündenfall zurückweist — nur von Gnade leben kann, das kann noch deutlich gemacht werden; aber daß die Gnade der Liebe wirklich ist, ist eine überschwengliche Tatsache. Nicht in der Selbständigkeit Gott gegenüber kommt der Mensch zur Freiheit, sondern in der Abhängigkeit von ihm; nur, was dem Menschen von Gott geschenkt wird, macht ihn selig und gut — die Liebe.

In den Einzelausführungen Augustins über Gott und die Seele schwingen die Töne der neuplatonischen Metaphysik, der Ethik und der tiefsten christlichen Erfahrung ineinander; die Sprüche des Psalmisten und des Paulus weiß er dabei so zu benutzen, daß sie wie Edelsteine in dem Geschmeide seiner Sprache glänzen und mit einem neuen Lichte leuchten. Gott ist die einzige „res", die genossen werden darf *(frui = alicui rei amore inhaerere propter se ipsam)*, die anderen dürfen nur gebraucht werden Das klingt neuplatonisch, aber es wird christlich aufgelöst in dem Gedanken: *fide, spe et caritate colendum deum.* Gott ist Person, der man über alle Dinge trauen und die man lieben soll. Die fides quae per dilectionem operatur wird zum souveränen Ausdruck der Religion. Der ästhetisch begründete Optimismus, die feine Emanationslehre, der Gedanke der Alleinwirksamkeit Gottes (Prädestinationslehre), die Vorstellung von dem Bösen als dem „Nichts", welches das Gute begrenzt, verschwinden zwar nicht ganz, aber sie verbinden sich in eigentümlicher Weise mit der Vorstellung Gottes als des Schöpfers der Menschheit, die durch eigene Schuld zu einer massa perditionis geworden ist, und Gottes als des Erlösers und des ordinator peccatorum. Auch das Trachten nach einem absoluten Wissen und die Auffassung der christlichen Religion nach dem Schema der Apologeten (rationalistisch) ist bei Augustin nie verschwunden, und die Liebe Gottes, die er fühlte, war ihm nur sicher unter der Autorität der äußeren Offenbarung, der er sich gehorsam unterwarf; aber in seiner religiösen Denkweise, in der das Verständnis für die Bedeutung der Geschichte allerdings nicht so ausgebildet war, wie die Fähigkeit zu psychologischer Beobachtung, regierte doch der christliche Geist.

Denn Christus war der stille Richtpunkt seiner Seele von Jugend auf. Auch die scheinbar rein philosophischen Aus führungen sind vielfach durch den Gedanken an ihn beeinflußt. Alle Ansätze, das eiserne Sehema der Unveränderlichkeit Gottes zu durchbrechen und Gott, die Welt und das Ich zu unterscheiden, sind aus dem Eindruck der Geschichte, d. h. Christi, zu erklären. So trat ihm, dem Religionsphilosophen, Christus immer deutlicher als der Weg, die Kraft und die Autorität entgegen. Wie oft hat er von der Offenbarung im allgemeinen gesprochen und meinte nur ihn; wie oft hat er von Christus gesprochen, wo die Früheren von Offenbarung im allgemeinen redeten! Die spekulative Vorstellung von der Idee des Guten und seiner Wirksamkeit als Liebe wurde ihm erst gewiß durch die Anschauung Christi und durch die autoritative Verkündigung der Kirche von ihm. Die Anschauung Christi war ein neues Element, das erst er (nach Ansätzen bei Paulus, Johannes und Ignatius) eingeführt hat. Wie seine Trinitätslehre, obgleich er die alten Formeln aufnahm, eine neue Gestalt erhielt durch die im Glauben erlebte Überzeugung von der Einheit Gottes, so hat auch seine Christologie bei allem Anschluß an die Überlieferung (strenge Bekämpfung des Apollinaris; Aufrechterhaltung des soteriologischen Schemas der Griechen und des Zwei-Naturenschemas der Abendländer, manche tiefe Berührungen mit den Alexandrinern)[1] durch die Verkündigung des Ambrosius und eigene Erfahrung einen neuen Inhalt empfangen. 1) war ihm an Christus wichtig das Bild der Hoheit in der Demut, die tatsächliche Bewährung des Satzes „*omne bonum in humilitate perficitur*“; auch die Inkarnation konnte er unter diesen Gesichtspunkt stellen); hier hat er die mittelalterlichen Töne der Christologie anzuschlagen begonnen, 2) legte er Nachdruck auf die Möglichkeit, die nun gewonnen sei, daß der im Staube liegende Mensch Gott erfassen könne, da er uns in unserer Niedrigkeit nahe gekommen ist (der Grieche wartet auf eine Erhebung, um Gott in Christus erfassen zu können), 3) konstruierte er, obgleich er als katholischer Christ natürlich in dem deus-verbum das Prinzip der Christologie

---

[1] Auch wie Irenäus und Cyrill kann Augustin von Christus sprechen: Der Gott-Logos ist das Personen bildende Element in dem Erlöser gewesen, und die Menschheit erscheint als ein assumiertes Akzidens (s. OScheel).

sah[1]) und das Doppelschema „*forma dei, forma servi*“ ebenso sicher und befriedigt anwandte wie die anderen, doch auch gelegentlich die Christuspersönlichkeit von der menschlichen Seele des Erlösers her und sah in ihrer Ausstattung das große Beispiel der gratia praeveniens, die den Menschen Jesus zu dem gemacht hat, was er geworden ist, 4) wurde ihm der Begriff „mediator“ wichtig und faßte er den Menschen Jesus als den Mittler, als das Opfer und den Priester, durch den wir mit der Gottheit versöhnt und erlöst sind, dessen Tod, wie die Kirche ihn verkündigte, das sichere Fundament der Erlösung ist. In diesen Beziehungen hat Augustin bisher selten angeschlagene Gedanken in das alte Dogma hineingebaut, sie freilich nur unsicher oder künstlich mit ihm verbindend. Eine neue christologische Formel hat er nicht geschaffen, wohl aber die alte Richtlinie des Abendlands (wenn es an den homo Jesus dachte) auf den Adoptianismus hin in Kraft erhalten. Wertvoll und unveräußerlich war ihm alles, was das altkirchliche Schema über die Person und das Werk Christi enthielt, und er bewegte sich in diesen Dogmen und legte sie in Predigt, Unterricht und theologischer Wissenschaft zugrunde. Aber Christus war ihm zugleich der Fels seines persönlichen Glaubens geworden, weil er wußte, daß der Eindruck dieser Person seinen Stolz gebrochen und ihm die Kraft gegeben hatte, an die Liebe Gottes zu glauben und sich von ihr finden zu lassen. Die gratia Gottes, die sich in den Sakramenten darstellt und von ihnen übertragen wird, und das unmittelbare Bewußtsein der göttlichen Liebe vermag freilich auch der virtuoseste Denker nicht wirklich zu identifizieren.

Die Seele wird durch die fides quae per dilectionem operatur zur vita beata geführt. Diese ist der selige Friede in der Anschauung Gottes. Also bleibt das Erkennen doch das Ziel der Menschen. Nicht der Wille führt schließlich den Primat, sondern der Intellekt. Augustin hat die vulgär katholische Stimmung festgehalten, die den Menschen im Jenseits auf feierndes Erkennen verweist; dem entspricht im Diesseits die Askese und die Kontemplation (da-

[1] Natürlich finden sich daher auch bei ihm an vielen Stellen Ausführungen, in denen die assumptio naturae humanae so hervortritt, daß an einen „homo“ nicht gedacht zu werden braucht.

her Augustins Eintreten für das Mönchtum gegen Jovinian.) Auch das Reich Gottes, sofern es irdisch, ist vergänglich. Die Seele muß aus der Welt des Scheins, des Gleichnisses und des notgedrungenen Handelns befreit werden. Aber in Unterströmungen hat Augustin doch mächtig auf die gültigen eschatologischen Gedanken eingewirkt: 1) nicht die Tugend ist das höchste Gut, sondern die Abhängigkeit von Gott (in der Vorstellung von der entscheidenden Bedeutung der merita ist dieser Gesichtspunkt freilich wieder aufgegeben), 2) das geistlich asketische Leben soll ein geistiges sein; die magisch-physischen Elemente der griechischen Mystik treten ganz zurück (keine Kultusmystik), 3) in dem Gedanken „*mihi adhaerere deo bonum est*" ist der Intellektualismus durchbrochen; der Wille hat die ihm gebührende Stelle erhalten, 4) die Liebe bleibt auch in der Ewigkeit dieselbe, die wir schon in der Zeit haben können; also sind Jenseits und Diesseits doch innig verbunden, 5) bleibt die Liebe auch im Jenseits, so erscheint der Intellektualismus wiederum modifiziert, 6) nicht die irdische Welt, wohl aber die irdische Kirche hat eine höhere Bedeutung; sie ist gleichsam das Heilige vor dem Allerheiligsten, und es ist Pflicht, sie zu bauen. Nicht eine Religion zweiter Ordnung steht vor der Religion, sondern die Ekklesiastik, der Dienst an der Kirche als sittlich-wirkende, die Gesellschaft ausbildende Macht, als Organismus der sakramentalen Liebeskräfte, des Guten und der Gerechtigkeit, in dem Christus wirkt, 7) höher als alles Mönchtum steht fides, spes und caritas: also ist das Schema einer passiven Kontemplation durchbrochen. Allerdings ist es Augustin möglich gewesen, in allen diesen Richtungen die neuen Zweckgedanken mit den alten, wenn auch unter Widersprüchen, zu verbinden; ja im Alter trat für ihn das Jenseits mit dem Diesseits in eine stärkere Spannung.

Scheel sucht in seinem großen Werk über die augustinische Christologie zu zeigen, (1) daß man die Perioden der Entwicklung Augustins unterscheiden müsse, (2) daß seine neuplatonische Denkweise nicht stark genug (auch in bezug auf die letzte Periode) betont werden könne, (3) daß die vulgäre altkatholische Christologie und Soteriologie mit abendländischem Einschlag der Boden gewesen ist, auf dem er sich, wie die anderen, bewegt hat, (4) daß man demgemäß das „Besondere" bei ihm teils mißverstanden, teils überschätzt hat. Ad (1)—(3) kann man nur zustimmen und Scheel folgen; für die Dogmengeschichte aber kommt natürlich die Entwicklung des Mannes nur nebensächlich in Betracht.

Was den vierten Punkt betrifft, so scheint mir SCHEEL der Eigenart und Größe Augustins nicht gerecht geworden zu sein. Gewiß kann man Augustin ebenso leicht als vulgären Theologen vorstellen, wie man Luthers Theologie als Spielart der Scholastik zu erledigen vermag; man kann beiden alles Originale und Schöpferische absprechen. Aber Augustin hat die Konfessionen geschrieben, und jede folgende Schrift läßt noch immer den Verfasser der Konfessionen durchblicken! Wer diese Tatsache nicht auf jeder Seite im Auge behält, auf der er Augustin behandelt und zergliedert, kann ihm unmöglich gerecht werden. — GOTTSCHICKS Ausführungen über die Unterwerfung neuplatonischer Gedanken unter die paulinischen bei Augustin, über die hohe Bedeutung der remissio peccatorum vor und neben der gratia infusa im Zusammenhang mit dem stark ausgebildeten Schuldgefühl und über die Vorstellung der objektiven Erlösung bei Augustin, die bereits die Richtung auf Anselm nimmt, haben das Verständnis des Theologen Augustin gefördert. Doch ist die „remissio peccatorum" in ihrem selbständigen Werte für Augustin von GOTTSCHICK meines Erachtens überspannt.

Man hat gesagt: „Auf neuplatonischen Voraussetzungen, nicht auf einem religiösen Verständnis der geschichtlichen Offenbarung, ruht letztlich bei Augustin die Wertung des „adhaerere deo". Aber die Stellen aus den Psalmen und dem N. T., die er hier immer wieder herbeizieht, sind doch nicht nur eine Austapezierung des philosophischen Gedankens. Stein und Stahl trafen hier zusammen, und die zündenden Funken hat der Stahl seines auf biblischer Überlieferung sich gründenden Gebetslebens geschlagen.

§ 52. Der donatistische Kampf. Das Werk de civitate dei. Die Lehre von der Kirche und den Gnadenmitteln.

HREUTER a. a. O. — JHREINKENS, Geschichtsphilosophie des heiligen Augustin, 1886. — GINZEL, Augustin's Lehre von der Kirche in ThQuSchr., 1849. — JKÖSTLIN, Die katholische Auffassung von der Kirche in der Deutschen Zeitschrift für christliche Wissenschaft, 1856, No. 14. — HSCHMIDT, Augustin's Lehre von der Kirche in JDTh., 1861. — RSEEBERG, Begriff der christlichen Kirche, I. Th., 1885. — RIBBECK, Donatus und Augustin, 1858. — HSCHOLZ, Glaube und Unglaube in der Weltgeschichte (Komm. z. Augustin's De civitate dei), 1911. — ETROELTSCH, Augustin, Die christliche Antike u. d. MA., 1916.

Im Kampfe mit dem Manichäismus und Donatismus hat Augustin, dem Optatus folgend, seine Lehre von der Kirche gebildet auf dem Boden der Auffassung Cyprians, aber die donatistischen Elemente Cyprians ausscheidend und die hierarchischen ermäßigend. Indem er die Kirche als Autorität und als unzerstörbare Heilanstalt beschrieb, glaubte er lediglich einen gottgewirkten Tatbestand zu beschreiben; indem er sie als communio sanctorum darstellte, folgte er seiner eigenen religiösen Erkenntnis. Dort trat er dem kritischen „Subjektivismus“ der Manichäer und dem Puritanismus der Donatisten entgegen, die die Wahrheit der Kirche von der Reinheit der Priester abhängig machen wollte, hier wandte er seine Heilslehre auf die Begriffsbestimmung der Kirche an. Komplizierte Betrachtungen waren die Folge. Nicht nur erscheint die Kirche bald als das Ziel der Religion, bald als Weg zum Ziel, sondern auch der Begriff selbst wird zum Komplex verschiedener Begriffe. Letztlich stellt ihn die Prädestinationslehre geradezu in Frage.

I, 1. Das wichtigste Merkmal der Kirche ist die Einheit (in Glaube, Hoffnung, Liebe einerseits, in der Katholizität andererseits), die derselbe Geist wirkt, der die Trinität zusammenhält; sie ist inmitten der Zerspaltung der Menschheit ein Beweis der Göttlichkeit der Kirche. Da Einheit nur aus der Liebe fließt, so ruht die Kirche auf dem Walten des göttlichen Liebesgeistes; die Gemeinsamkeit des Glaubens allein reicht noch nicht aus. Aus dieser Betrachtung folgt: „*caritas christiana nisi in unitate ecclesiae non potest custodiri, etsi baptismum et fidem teneatis*“, d. h. Einheit ist nur dort, wo Liebe ist und Liebe ist nur dort, wo Einheit ist. Die folgenschwere Anwendung dieses Satzes lautet: nicht nur gehören die Häretiker nicht zur Kirche (denn sie negieren die Einheit des Glaubens), sondern auch die Schismatiker stehen außerhalb; denn eben ihre Trennung von der Einheit beweist, daß sie der Liebe, d. h. des Wirkens des Heiligen Geistes ermangeln. Also ist nur die eine große Kirche die Kirche, und außer ihr können wohl Glaube, heroische Taten, ja Heilsmittel vorhanden sein, aber kein Heil.

2. Das zweite Merkmal der Kirche ist die Heiligkeit. Die Kirche ist heilig als Stätte der Wirksamkeit Christi und des Heiligen Geistes und als Besitzerin der Mittel, welche die einzelnen heilig machen. Daß ihr das nicht bei allen gelingt, kann ihrer Heiligkeit nichts rauben; selbst ein numerisches Übergewicht der mali et hypocritae gefährdet sie nicht, denn sonst würde schon ein unheiliges Glied ihr Recht in Frage stellen. Die Zucht und Exkommunikation übt die Kirche nicht sowohl, um ihre Heiligkeit zu erhalten, sondern um zu erziehen. Sie selbst ist vor der Verflechtung

mit dem Unheiligen bereits dadurch sichergestellt, daß sie es nie billigt, und sie erweist ihre Heiligkeit, indem in ihrer Mitte, und nur in ihr, wirklich Heilige erzeugt werden und sie über all die Sitten hebt und heiligt. Im strengen Sinn gehören nur die boni et spirituales zu ihr („corpus verum"), aber im weiteren auch die Unheiligen, sofern sie noch geistlich werden können und unter dem Einfluß der Sakramente stehen „*vasa in contumeliam in domo dei*"; sie sind nicht das Haus Gottes, sondern „in domo"; sie sind nicht „in communione sanctorum", sondern „sacramentorum"). So ist die Kirche auch ein „corpus permixtum" (s. Origenes), und letztlich gehören selbst Häretiker und Schismatiker zu ihr, sofern sie Heiligungsmittel sich angeeignet haben und unter der Zucht der Kirche stehen. Aber die Heiligkeit der Kirche schließt als Ziel die reine communio sanctorum (communio fidelium) ein, und alle religiösen Prädikate der Kirche gelten dieser Gemeinschaft.

3. Das dritte Merkmal der Kirche ist die Katholizität (Allgemeinheit der räumlichen Verbreitung). Sie liefert den stärksten äußeren Beweis für die Wahrheit der Kirche; denn sie ist eine sinnenfällige Tatsache und ein Wunder zugleich, dem die Donatisten nichts an die Seite zu setzen haben. Die große Kirche in Karthago erweist sich durch die Verbindung mit Rom, mit den alten orientalischen Kirchen, mit den Kirchen des Weltkreises als die wahre (dagegen mit Recht der Donatist: „*Quantum ad totius mundi pertinet partes, modica pars est in compensatione totius mundi, in qua fides Christiana nominatur*").

4. Das vierte Merkmal ist die Apostolizität, die sich zeigt 1) in dem Besitz der apostolischen Schriften und Lehre, 2) in der Fähigkeit der Kirche, ihre Existenz an dem Faden der bischöflichen Sukzessionen (diesen Punkt hatte Cyprian stärker betont) bis auf die Apostelgemeinden zurückzuführen. Unter diesen ist die römische die wichtigste um ihres ersten Bischofs, Petrus, willen. Dieser ist Repräsentant der Apostel, der Kirche, der schwachen Christen und des Lehramts der Bischöfe. Die alte Theorie, daß man mit der sedes apostolica und cathedra Petri in Gemeinschaft stehen müsse, hat Augustin festgehalten; aber über die Infallibilität des römischen Stuhls hat er sich ebenso unsicher und wider-

spruchsvoll ausgedrückt wie über die der Konzilien und des Episkopats (natürlich stand ihm ein Konzil über dem römischen Bischof).

5. Die Irrtumslosigkeit der Kirche stand Augustin fest; aber alle Begründungen derselben hat er nur als relativ sichere zu reproduzieren vermocht. Ebenso war er von der Unumgänglichkeit der Kirche überzeugt; aber er verfügte über Gedanken (von der Prädestinationslehre und von der Unveränderlichkeit des uranfänglichen Wirkens Gottes her), die sie aufhoben.

6. Die Kirche ist das Reich Gottes auf Erden. In der Regel freilich denkt Augustin bei diesem Begriff nicht an die Kirche, sondern an den gesamten Erfolg des Wirkens Gottes in der Welt im Gegensatz zum Wirken des Teufels. Wenn er aber Kirche und Reich Gottes identifiziert, meint er unter jener die communio fidelium (corpus verum). Da es aber nur eine Kirche gibt, konnte er nicht umhin, gegebenenfalls auch das corpus permixtum als Reich Gottes zu betrachten, und da er unter Aufhebung aller apokalyptischen Vorstellungen das 1000jährige Reich schon jetzt in der Kirche im Gegensatz zum untergehenden sündigen Weltstaat verwirklicht sah, wurde er fast unfreiwillig zu der Konsequenz getrieben, daß die sichtbare Kirche mit ihren richtenden Priestern und ihren Ordnungen das Reich Gottes sei (de civit. dei XX, 9—13). So durchläuft der Gedanke des Reichs Gottes bei ihm alle Stadien von einem dem Kirchenbegriff gegenüber neutralen geschichtstheologischen Gedanken (das Reich Gottes ist im Himmel und baut sich von Abel an auf Erden für den Himmel) bis zur Priesterkirche, hat aber sein Zentrum an der ecclesia als himmlischer „communio sanctorum in terris peregrinans". Parallel mit dieser Vorstellung geht die andere von der societas der Gottlosen und Verworfenen (einschließlich der Dämonen), die letztlich übergeht in den Gedanken des Weltreiches (des Staates) als des „magnum latrocinium". Dieser aus der Sünde entsprungenen, zu ewigem Kampf verurteilten Gemeinschaft tritt der Gottesstaat als die im Grunde einzig berechtigte Verbindung der Menschen gegenüber. Aber die letzten Spitzen dieser auf eine förmliche Theokratie der Kirche und auf Verurteilung des Staates hinauslaufenden Betrachtung hat Augustin weder

ausgefeilt noch besonders betont. Er dachte fast durchweg an die geistigen Mächte und den geistigen Kampf; erst die Päpste des Mittelalters haben die theokratischen Konsequenzen gezogen. Der Betrachtung des Staats hat er auch die Wendung gegeben, daß, da die pax terrena ein Gut sei (wenn auch ein partikulares), eine Gemeinschaft, die diese schützt (der Staat), gut sei. Da aber die pax terrena nur durch die Gerechtigkeit zustande kommen kann und diese unzweifelhaft allein im Besitz der Kirche ist, weil sie als auf der caritas ruhend von Gott stammt, so kann der Staat nur durch Unterordnung unter den Gottesstaat ein relatives Recht erlangen. Daß sich auch diese Betrachtung, in der der irdische Staat eine gewisse Selbständigkeit (weil einen besonderen Zweck) erhalten hat, leicht dem theokratischen Schema einfügen läßt, liegt auf der Hand. Augustin selbst hat nur wenige Konsequenzen gezogen, aber doch die, daß der Staat der Kirche durch Zwangsmaßregeln gegen den Götzendienst, die Häretiker und Schismatiker zu dienen hat („coge intrare"), und daß die Kirche überhaupt auf sein Strafrecht Einfluß üben muß.

Die Streitfrage, ob Augustin der christlichen Antike als ihr Abschluß angehört oder der Begründer des MAlichen Christen- und Kirchentums ist, ist nicht disjunktiv zu stellen: Seine Größe, wie die aller epochemachenden Persönlichkeiten auf dem Gebiete des Geisteslebens, besteht eben darin, daß er, weil Vollender der alten, so auch Anfänger der neuen Entwicklung ist. Und auch darin bestätigt er nur die Eigenart der epochemachenden Geister, daß er zahlreiche Gedanken ausgestreut hat, ohne selbst zu ahnen, daß sie triebkräftige Keime eines neuen Werdens enthielten.

Übrigens besteht heute die Neigung, die Selbständigkeit und Neuheit der abendländischen mittelalterlichen Entwicklung im Geistesleben und in der christlichen Religion gegenüber der Antike zu überschätzen (am stärksten bei Spengler), während sich doch das „Neue" zu einem großen Teil daraus erklärt, daß im Abendland „die Antike neben der Kirche wirklich untergegangen war (anders im Morgenland) und demgemäß die Kirche hier einen freien Spielraum erhielt, ihre Ideen, Kräfte und Überlieferungen auszugestalten. Die neben und in der Kirche fortbestehende profane antike Bildung der Byzantiner wurde ihrer Kirche und ihnen selbst zur Lähmung und zum Verhängnis, während die Kirche im Abendland gezwungen war, aufs neue zu erwerben, um zu besitzen und mit dem Neuland auch ihr altes Land aufs neue unter den Pflug zu nehmen. Das Gut aber, welches Kelten und Germanen hier „aus den Tiefen ihrer intellektuellen Anlage, ihres Gemüts und ihrer Überlieferungen" beigesteuert haben, besteht für das ganze MA. zum größten

Teil nur in der Phantasie ihrer romantischen Bewunderer, die Augustin und das Erbe der untergehenden Antike — ihre Schätze und ihre trübseligen Altersprodukte — einfach nicht kennen.

II, 1. Der donatistische Kampf nötigte auch zu einer genaueren Beschäftigung mit den Sakramenten (s. Optatus; im allgemeinen LHAHN, L. v. d. Sakramenten, 1864; daß Aug. die Privatbuße eingeführt habe, ist nicht zu erweisen; s. die Kontroverse zwischen ADAM und POSCHMANN und ADAMS Versuch, seine These zu halten: „die geheime Kirchenbuße“ nach Aug. 1921). Zunächst war es der größte Fortschritt, daß Augustin das Wort als Gnadenmittel erkannt hat. Die Formel „Wort und Sakrament“ stammt von ihm, ja er wertet das Wort so hoch, daß er das Sakrament auch „verbum visibile“ nennt, mit dem Satz: *„crede et manducasti“* allem Mysterienwerk entgegentritt und dem Begriff „Sakrament“ einen so weiten Umfang gibt, daß jedes sinnliche Zeichen, mit dem ein heilbringendes Wort verbunden ist, so heißen kann *(„accedit verbum ad elementum et fit sacramentum“)*. Eine besondere Sakramentslehre ist von hier aus nicht zu gewinnen, ja Augustin geht im Spiritualismus nicht selten so weit, daß das sinnliche Zeichen und das hörbare Wort nur als signa und Bilder eines nebenher gehenden Unsichtbaren (der Sündenvergebung, des Liebesgeistes) zu gelten haben.

2. Allein andererseits sind die Sakramente — Augustin denkt in dieser Betrachtung in der Regel nur an Taufe und Abendmahl — doch etwas Höheres. Sie sind von Gott eingesetzte Zeichen eines heiligen Gegenstandes, mit dem sie schon kraft der Schöpfungsordnung eine gewisse Verwandtschaft haben, und unter ihnen wird dem Gebrauchenden Gnade wirklich mitgeteilt (Gewißheit der misericordia Christi im Sakrament, aber andererseits actus medicinalis). Diese Mitteilung haftet am Vollzug (Objektivität der Sakramente); aber nur wo der Liebesgeist (die wahre Kirche) ist, ist sie heilkräftig. Dadurch ergab sich der doppelte Widerspruch, daß die Sakramente überall wirken und doch nur in der Kirche, unabhängig sind von Menschen und doch in ihrer Heilswirksamkeit an die Kirche gebunden sind. Augustin löste diesen Widerspruch durch die Unterscheidung des Charakters, den die Sakramente verleihen (gleichsam eine

Abstempelung), und der wirklichen Gnadenmitteilung. Die Sakramente „sancta per se ipsa“ können der Kirche entwendet werden und behalten ihren Effekt, aber nur in der Kirche gereichen sie zum Heil (*„non considerandum, quis det sed quid det*“, aber andererseits: „habere“ ist noch nicht „utiliter habere“).

3. Doch nur an der Taufe (Charakter: das unverlierbare Verhältnis zu Christus und seiner Kirche) und Ordination (Charakter: die unverlierbare Fähigkeit zu opfern und die Sakramente zu verwalten) ließ sich diese Betrachtung durchführen, nicht aber am Abendmahl; denn hier ist die res sacramenti die unsichtbare Inkorporation in den Leib Christi (über die Elemente lehrte Augustin symbolisch) und das Abendmahlsopfer das sacrificium caritatis; also ist mit dem Wesen des Abendmahls (sacramentum unitatis) die katholische Kirche schon immer mitgesetzt, und es kann keinen „Charakter“ geben, der unabhängig von dieser Kirche wäre. Augustin ist über diese Schwierigkeit hinweggeglitten. Seine allgemeine Sakramentslehre ist von der Taufe her gewonnen, und er unterschied bei ihr so künstlich, um 1) die Donatisten ins Unrecht zu setzen, 2) das Merkmal der Heiligkeit der Kirche zu behaupten, 3) dem Glauben ein Festes zu geben, worauf er sich — unabhängig von Menschen — verlassen könne. Nachmals ist die Unterscheidung wesentlich im hierarchischen Sinn ausgebeutet worden. Aber Augustins Betonung des „Wortes“ — eine dogmatische Großtat! — und sein Spiritualismus haben gleichzeitig Anstöße in anderer Richtung (auf die Vorreformatoren und Luther hin) gegeben.

Augustins Vorstellungen von der Kirche sind widerspruchsvoll. Die wahre Kirche soll auch sichtbar sein, und doch gehören zur sichtbaren Kirche auch die Bösen und Heuchler, ja selbst die Häretiker. Die externa societas sacramentorum, die communio fidelium et sanctorum und schließlich auch der numerus praedestinatorum sollen e i n e und dieselbe Kirche sein! Das „in ecclesia esse“ hat in Wahrheit einen dreifachen Sinn. „In ecclesia“ sind nur die Prädestinierten, einschließlich der noch unbekehrten; „in ecclesia“ sind die Gläubigen, einschließlich derer, die wieder abfallen; „in ecclesia“ sind alle, welche an den Sakramenten teilhaben!

Die Kirche ist eigentlich im Himmel und doch sichtbar als civitas auf Erden! Sie ist uranfänglich und doch erst von Christus gestiftet! Sie ruht auf der Prädestination, nein auf Glaube, Liebe, Hoffnung, nein auf den Sakramenten! Aber indem man diese verschiedenen Höhenlagen, die zu Widersprüchen werden, wenn es doch nur eine Kirche geben soll, beachtet, darf man nicht vergessen, daß Augustin als demütiger Christ in dem Gedanken lebte, daß die Kirche die communio fidelium et sanctorum ist, daß Glaube, Hoffnung und Liebe sie begründen, und daß sie „*in terris stat per remissionem peccatorum in caritate*". Der prädestinatianische Kirchenbegriff (in Wahrheit die Auflösung der Kirche) gehört dem Theologen und Theosophen an, der empiristische dem katholischen Polemiker. Auch ist nicht zu übersehen, daß erst Augustin die Sakramente aus der magischen Anschauung, in der sie eine moralistische Denkweise kompensieren sollten, herauszuführen begonnen und dem Glauben zu- und untergeordnet hat. Erst er hat die Sakramentslehre reformabel gemacht.

§ 53. Der pelagianische Kampf. Die Lehre von der Gnade und Sünde.

JVoss, Historiae de controversiis quas Pelagius eiusque reliquiae moverunt, libri VII, 1618 (edit. 2, 1655). — HReuter, a. a. O. — JJacobi, Lehre des Pelagius, 1842. — FWörter, Der Pelagianismus, 1866. — FKlasen, Die innere Entwicklung des Pelagianismus, 1882. — HZimmer, Pelagius in Irland, 1901. — ASouter, The Comment. of Pelag. on the Epp. of Paulus, 1907; ders., Pelagius's Expos. of 13 Epp. of St. Paul T. I, 1922. — Bruckner, Julian von Eklanum (Texte und Untersuchungen Bd. 15. H. 3, 1897); ders., Quellen d. Gesch. des Pelag. Streits, 1906. — FLoofs' einschlagende Artikel in der RE³, bes. „Pelagius". — JWiggers, Augustinismus und Pelagianismus, 2 Bde., 1831f. — AWDieckhoff, Augustin's Lehre von der Gnade (Meckl. ThZtschr. I, 1860). — EChLuthardt, Lehre vom freien Willen, 1863. — CJHefele, Konzilien-Geschichte Bd. II².

Augustin hatte seine Gnaden- und Sündenlehre noch nicht gewonnen, als er sich katholisch taufen ließ (s. seine antimanichäischen Schriften), wohl aber bevor er in den pelagianischen Kampf eintrat. Auch Pelagius hat seine Lehre nicht erst im Streit gebildet, sondern besaß sie schon, als er an dem augustinischen Wort: „*da quod iubes et iube quod vis*“ Anstoß nahm. Die beiden großen Denkweisen — ob die Gnade auf die gottgeschenkte Natur zu reduzieren sei oder ob sie die Natur befreit — traten sich gewappnet gegenüber. Mit wunderbarer Schnelligkeit hat sich das durch Ambrosius vorbereitete Abendland dem Augustinismus unterworfen. Dem religiösen Charakter und Virtuosen Augustin trat in Pelagius ein ernster, sittenstrenger Mönch, in Cälestius ein eigensinniger Eunuch, in Julian ein lebhaftes Weltkind, zugleich ein entschlossener Aufklärer und ein unerbittlicher Dialektiker, gegenüber.

Der Pelagianismus ist der unter dem Einfluß des griechischen Mönchtums konsequent entwickelte christliche Rationalismus, die stoisch und aristotelisch begründete abendländische Popularphilosophie (Lactantius), die den Versuch macht, sich die überlieferte Erlösungslehre unterzuordnen. Einfluß der antiochenischen Theologie ist nachweisbar. Quellen sind die Schriften und Briefe des Cälestius, Pelagius und Julian (größtenteils bei Augustin und Hieronymus), die Werke des Augustin, Hieronymus, Orosius, Marius Mercator, die Papstbriefe und Synodalbeschlüsse. Pelagius selbst war vorsichtiger, minder aggressiv und minder wahrhaftig als Cälestius und Julian. Erst der letztere hat die Doktrin als Doktrin vollendet, aber auch ins Weltförmige umgebogen (ohne ihn, sagt Augustin, „*Pelagiani dogmatis machina sine architecto necessario remansisset*“). Formell sind Augustinismus und Pelagianismus darin verwandt und der bisherigen Denkweise entgegengesetzt, daß 1) beiden der Trieb nach Einheit der religiös-sittlichen Erkenntnis zugrunde liegt, 2) beide das dramatisch-eschatologische Element aus der Überlieferung zurückschieben, 3) beide nicht kultisch-mystisch interessiert sind, sondern das Problem in der Sphäre des Geistes halten und 4) beide auf den Traditionsbeweis nicht den höchsten Nachdruck legen (Augustin hat offen eingestanden, daß der Beweis aus den öffentlichen Schriften der Väter schwer zu führen ist). Pelagius war ernstlich besorgt zu zeigen, daß es sich im ganzen Streit nicht um das Dogma handle, sondern um eine praktische Frage; Augustin führte den Kampf in dem Bewußtsein, daß das Wesen und die Kraft der christlichen Religion mit seiner Gnadenlehre stehe und falle; Cälestius war besonders interessiert, die Erbsündenlehre zu stürzen; Julian war sich bewußt, die Sache der Vernunft und Freiheit wider ein „dummes und gottloses Dogma“ zu führen, durch das die Kirche in Barbarei versenkt und die gebildete Minorität an die Massen, die den Aristoteles nicht verstehen, ausgeliefert werde.

I. Der Brite (Ire?) Pelagius, bereits dem Greisenalter nahe, trat in Rom etwa um 400 auf (ob er früher im Orient gewesen und dort Mönch geworden ist? griechisch sprach er) und verkündigte Jahre hindurch daselbst den Weltchristen das Mönchtum und die Fähigkeit jedes Menschen, sich zur Tugend selbständig aufzuraffen, theologische Polemik vermeidend, jedoch den Quietismus der augustinischen Konfessionen, das „da quod iubes“, bekämpfend. Sein römischer Freund Cälestius sekundierte ihm; niemand hat sie in Rom angefochten. Beide gingen nach Nordafrika, das Pelagius jedoch bald wieder verließ. Cälestius bewarb sich um ein Presbyteramt in Karthago. Allein er wurde sehr bald (411) vom Mailänder Diakon Paulinus auf einer Synode zu Karthago verklagt, weil er die Sterblichkeit für etwas Natürliches (bei Adam und bei allen Menschen) erachte, die universalen Folgen der Sünde Adams leugne, die völlige Unschuld der Neugeborenen lehre, die Frucht der Auferstehung Christi nicht als allen notwendig gelten lasse, den Unterschied von Gesetz und Evangelium verkenne, von sündlosen Menschen vor der Ankunft Christi spreche und die Sündlosigkeit und die Erfüllung der Gebote Christi überhaupt für etwas Leichtes halte, wenn man nur ernstlich den guten Willen habe (s. die 6 verurteilten Sätze bei Marius Mercator). Trotz seiner Behauptung, er lasse die Kindertaufe gelten (aber nicht als Sündenvergebung), sei also orthodox, wurde er abgewiesen (exkommuniziert?). Er ging nach Ephesus und Konstantinopel. Pelagius war in Palästina und suchte Frieden mit Augustin und Hieronymus zu halten. Der scharfe Freund mit seiner Polemik gegen den tradux peccati und die Kindertaufe in remissionem peccatorum war ihm unbequem; wertvoller waren die neuen Freunde im Orient, besonders Johannes von Jerusalem. Dieser und andere erklärten ihn für unschuldig (auf den Synoden zu Jerusalem und Diospolis 415, s. HFrankfurth, Aug. u. d. Synode zu Diospolis, 1904), als ihn der Augustinschüler Orosius und Hieronymus der Verkennung der göttlichen Gnade beschuldigten. Mit einer Mentalreservation lehnte Pelagius die inkriminierten Sätze des Cälestius ab, die somit auch im Orient gerichtet blieben. Pelagius hat auf der Synode den Pelagianismus selbst verurteilt, aber nicht aufrichtig, sondern um dem Streit auszuweichen. Auch in seiner Schriftstellerei wurde er nun vorsichtiger, lenkte aber nicht ein. Die nordafrikanische Kirche (Synoden von Karthago und Mileve 416) sowie Augustin, der langsam, vorsichtig und mit Hochachtung vor dem asketischen Pelagius in den Streit eingetreten war, wandten sich nach Rom an Innocenz I. um Verurteilung der beiden Häretiker[1]. Der Papst, froh von Nordafrika angesprochen zu sein, willfahrte (417), hielt sich jedoch eine Rückzugslinie offen. Sein Nachfolger Zosimus, durch ein kluges Glaubensbekenntnis des Pelagius bestimmt, und schon vorher von Cälestius, der auch vorsichtiger geworden war, gewonnen, rehabilitierte sie zwar beide und blieb gegen die Vorstellungen der Nordafrikaner zunächst reserviert; aber eine Generalsynode zu Karthago (418) — wichtige antipelagianische Kanones — und ein kaiserliches Edikt (418), welches die beiden Ketzer[2] samt Anhang aus Rom verwies[3], machte auch auf den Papst Eindruck, der in einer epistula tractoria (nicht erhalten) der Verurteilung beitrat und sie wohl auch den italienischen Bischöfen nahe legte. Im Jahre 419 erschien ein zweites kaiserliches Edikt, das von allen Bischöfen unter Androhung der Absetzung und Verbannung die Verurteilung des Pelagius und Cälestius mit Namensunterschrift verlangte. Allein diese Zumutungen stärkten die Gegenpartei. Achtzehn Bischöfe weigerten sich. Ihr Führer war Julian von Eklanum. Dieser iuvenis confidentissimus (des Griechischen kundig, geübter Dialektiker) ergriff jetzt seine scharfe Feder. Er schrieb kühne Briefe an Zosimus und Rufus von Thessalonich, die Augustin beantwortete (420).

---

[1] Seit dem Jahre 415 erst bezeichnete Augustin den Pelagius als Ketzer (über die Gründe des Umschwungs s. Loofs, RE[3] Bd. 15 S. 762f.); seit 416/17 ließ er alle Rücksichten gegen ihn fahren.

[2] Aber Pelagius war schwerlich in Rom anwesend; seine Spuren verlieren sich seit 418 im Orient.

[3] Man sieht, welchen Wert Honorius darauf gelegt hat, die Bischöfe seiner afrikanischen Provinzen zu befriedigen!

Damit begann eine zehnjährige literarische Fehde zwischen beiden (Fragmente der julianischen Schriften in Aug. de nuptiis et concupisc., libri sex c. Jul. u. opus imperf. c. Jul.). In dieser ist Augustin oftmals von Julian in die Enge getrieben worden; aber der Streit kam post festum: Augustin war schon Sieger. Julian schrieb wie einer, der nichts mehr zu verlieren hat. Er entwickelte darum den Rationalismus und Moralismus aus der königlichen Vernunft mit hohem Freisinn und mit Ablehnung aller Möncherei, aber ohne Verständnis für die Bedürfnisse und das Recht der Religion. Mit seinen Genossen mußte er in den Orient fliehen und fand bei Theodor von Mopsvestia Schutz (andere Pelagianer in Konstantinopel). Das ephesinische Konzil, d. h. Cyrill, erwies dem römischen Bischof den Gefallen, die Pelagianer zu verdammen (431), die Nestorius geduldet hatte. Ein Verständnis für den Streit hatte man im Orient nicht, ja war in bezug auf die Willensfreiheit im Grunde pelagianisch gesinnt; aber auch im Okzident war man nur darin einig, daß jede Taufe in remissionem peccatorum sei, daß es von Adams Fall her einen tradux peccati gäbe, der die Adamskinder dem Tode und der Verdammung überliefere, und daß die Gnade Gottes als Kraft zum Guten jedem Menschen zur Seligkeit von Anfang an nötig sei.

Über den Versuch Julians, unter Sixtus III. sich in Italien zu rehabilitieren und sein Bistum wieder zu erlangen (im Jahre 439) und über den damit verwandten Versuch römischer verkappter Pelagianer, auf literarischem Wege („Liber Praedestinatus“) gegen den Augustinismus zu wirken, s. HvSchubert in den Texten und Untersuchungen Bd. 24 H. 3, 1903 und dazu den Vorbehalt bei Loofs a. a. O. S. 774.

II. Pelagius (s. seinen libellus fidei ad Innocentium, seinen Brief an die Demetrias, seinen von Ambrosiaster u. a. abhängigen, aber doch selbständigen Kommentar zu den paulinischen Briefen [unter den Werken des Hieronymus], geschrieben vor 410; anderes ist verloren oder nur in Fragmenten in den Gegenschriften des Augustin erhalten) wollte von neuen Dogmen und einem System nicht wissen; Julians stoisches System mit aristotelischer Dialektik, christlicher Etikette und dem Zug zum Naturalismus gehört der Geschichte der Theologie an. Doch ist es wichtig, die Grundzüge der pelagianischen Lehre zu kennen; denn in feiner Form ist sie immer wieder aufgetreten. Der mönchische

Zug ist ihr schon bei Pelagius nicht wesentlich, sondern dem Ziele der spontanen Charakterbildung im Guten und der antiken Idee des Maßhaltens untergeordnet. Eben deshalb darf man Pelagius und Julian zusammenfassen. Der mutige Glaube an die Fähigheit zum Guten, der ethische Intellektualismus und das Bedürfnis nach Klarheit im Denken über religiös-sittliche Fragen verbinden sie.

Weil es Gerechtigkeit (Tugend) gibt, gibt es einen Gott. Gott ist der gute Schöpfer und gerechte Leiter. Alles ist gut, was er geschaffen hat, also auch die Kreatur, das Gesetz, der freie Wille. Ist die Natur gut, so kann sie auch nicht konvertibel sein; dann kann es aber auch keine peccata naturalia geben, sondern nur peccata per accidens. Die menschliche Natur kann nur akzidentell modifiziert werden. Die wichtigste und beste Ausstattung dieser Natur ist der freie Wille (*„motus animi cogente nullo“*); in ihm ist die Vernunft mitgesetzt. Beide bewirken es, daß der Mensch nicht unter der conditio necessitatis steht und keiner Hilfe bedarf. Das ist die herrliche gratia prima des Schöpfergottes, daß wir beides (Gutes und Böses) vermögen und nach freier Entschließung tun können. Die possibilitas boni ist von Gott, die voluntas und actio ist unsere Sache. Das Böse ist eine momentane falsche Selbstbestimmung ohne Folge für die Natur, entspringend aus der Sinnlichkeit. Nach Pelagius ist diese selbst — über ein bestimmtes Maß hinaus — schlecht, aber zu überwinden, nach Julian ist sie an sich nicht schlecht, sondern nur „in excessu“. Wäre es anders, so müßte die Taufe die Konkupiszenz vernichten, auch wäre der Schöpfergott nicht gut, wenn die Konkupiszenz schlecht wäre. Der Mensch kann jeder Sünde Widerstand leisten, also muß er es; es hat auch sündlose Menschen gegeben. Nach Pelagius kommt jeder in die Hölle, der wider besseres Können handelt. Der Versuch, diese Lehren mit der Schrift und der kirchlichen Überlieferung auszugleichen, war schwierig. Zugestanden wird, daß der mit Wahlfreiheit ausgerüstete Adam gefallen ist; aber seine Sünde hatte nicht den natürlichen Tod zur Folge, der eben natürlich ist, sondern den geistlichen, Wie sich von ihm her nicht der Tod vererbt hat, so noch weniger die Sünde; denn die Annahme eines tradux peccati (Erbsünde) führt zur absurden Annahme der Seelenzeugung und zum Manichäismus (böse Natur), zerstört die göttliche Gerechtigkeit, läßt die Ehe als unheilig, mithin als unerlaubt erscheinen und hebt jede Möglichkeit einer Erlösung auf (denn wie kann eine befreiende Botschaft oder ein Gesetz auf eine Natur einwirken?). Sünde bleibt stets Sache des Willens, und jeder wird nur für seine Sünde gestraft. Alle Menschen stehen im Stande Adams vor dem Fall *(„liberum arbitrium et post peccata tam plenum est quam fuit ante peccata“)*; nur eine sündige Gewohnheit hält sie nieder, deren nezessierende Macht — wer sich nicht aufrafft, muß es so treiben — anzuerkennen ist. Deshalb ist auch die Gnade als adiutorium anzuerkennen. Je nach dem Grade der Akkommodation haben die Pelagianer die Gnade für schlechthin notwendig, für erleichternd, für überflüssig erklärt. Im Grunde hielten sie sie nur für eine bequeme Krücke der Christen; denn der Satz „*homo libero arbitrio emancipatus est a deo*“ schließt prinzipiell die Gnade aus. Auch gibt es im Grunde neben der guten Naturausstattung nur e i n e Gnade, das aufklärende, abschreckende und Belohnung vorhaltende Gesetz; aber man kann auch unterscheiden 1. die Schöpfungsgnade (die Ausstattung), 2. das Gesetz (illuminatio et doctrina), 3. die gratia per Christum, und zwar a) die Frucht seines in der Taufe als Sündenvergebung uns zugewandten Werkes[1], b) sein Vorbild. Hieran durften die Pelagianer nicht rütteln; aber sie leugneten die gratia praeveniens, sahen in der Kindertaufe keine Taufe in remissionem peccatorum und erkannten die absolute Notwendigkeit der

[1] Pelagius hat in seinem Kommentar zu den paulinischen Briefen über fides, iustificatio, gratia non merentibus gratis data so gesprochen, daß Loofs (RE.[3] Bd. 15 S. 753) sagen durfte, vor Luther habe die sola-fides-Lehre keinen so energischen Vertreter gehabt als Pelagius, und zwar ist ihm die fides „fides promissorum dei“. Aber der Streit mit Augustin nahm gleich anfangs eine Wendung, kraft welcher die Streitfrage jenem Gebiete entrückt wurde. Daß das möglich war, ist ein Beweis, daß sich Pelagius doch der Tragweite seiner sola-fides-Lehre nicht bewußt gewesen ist. Er beschränkte sie starr auf die Taufe (ganz altkirchlich); für die folgenden und stetigen Lebensbewegungen der Christen lehnte er sie ab. Hier setzte Augustin ein, und die Streitfrage, die Kindertaufe betreffend, rückte die sola-fides-Lehre dazu noch vollends in den Hintergrund. „Das Interesse des Pelagius lag nicht da, wo seine Gedanken den paulinischen am nächsten stehen“, und der Greis hat sich nicht vertieft, sondern ist ärmer geworden.

Vergebung nicht an. Die ungetauft sterbenden Kinder werden auch selig, gelangen aber nicht in das regnum caelorum. Der Satz der Pelagianer, daß die christliche Gnade nur secundum merita, die das Werk des Menschen sind, verliehen werde, hebt die Gnade ebenso auf wie der andere, daß sie wesentlich so wirke wie das Gesetz. Indem sie den Augustinismus bald als Neuerung, bald als Manichäismus, bald als inneren Widerspruch beurteilten, brachten sie selbst die größten Widersprüche (dialektisch verdeckt) vor, waren Neuerer, sofern sie zwar die altkirchliche Freiheitslehre, nicht aber den Gegenpol, die mystische Erlösungslehre, festhielten, und zedierten die Religion einer Moral, die die Religion kaum mehr bedurfte. Indessen ist festzuhalten, daß Pelagius ein tieferes Christentum besaß als das, welches er im Streit zur Geltung brachte, und daß er christlicher war als die Pelagianer, namentlich als Julian. Aber das tiefere Christentum war ihm mindestens nicht immer gegenwärtig, wie der Brief an Demetrias beweist.

III. Augustin (im Jahre 412 de peccatorum meritis et remissione l. III; de spiritu et littera — im Jahre 414 de perfectione iustitiae — im Jahre 415 de natura et gratia — im Jahre 417 de gestis Pelagii — im Jahre 418 de gratia Christi et peccato originali l. II — im Jahre 419 de nuptiis et concupiscentia l. II — im Jahre 420 contra duas epp. Pelagianorum — im Jahre 421 contra Julianum l. VI, später noch das opus imperfectum gegen Julian. Seine letzten Schriften sind de gratia et libero arbitrio; de correptione et gratia [an die Mönche zu Hadrumet] und de praedestinatione sanctorum sowie de dono perseverantiae [gegen mönchische Gegner in Südgallien]) ging nicht vom liberum arbitrium aus, sondern von Gott und von der Seele, die sich ihm gegenüber schuldig fühlt, aber seine Gnade erfahren hat. Indem er die Natur, die Weltgeschichte und die Geschichte des einzelnen von hier aus erklären und eine rationale Darstellung geben wollte, geriet er in viele Widersprüche und kam zu leicht widerlegbaren Annahmen. Aber es gibt Sätze, die von außen betrachtet ganz unwahr sind, von innen betrachtet aber wahr. So ist auch Augustins Gnaden- und Sündenlehre zu beurteilen. Als Ausdruck psychologisch-religiöser Erfahrung ist sie wahr; aber projiziert in die Geschichte wirkt sie falsch. Dazu ist sie auch in sich nicht eindeutig; denn sie ist sowohl vom Gedanken „Gott in Christus schafft den Glauben“ als von dem anderen „Gott, die einzige Kausalität“ beherrscht, die nur scheinbar in der Definition der Gnade als gratis data zur Kongruenz gebracht sind. Außerdem sind manichäische Reste kaum zu verkennen; der Bibelbuchstabe, in der Regel der mißverstandene, wirkte dazu noch trübend ein, und die religiöse Betrachtung wird von einer moralistischen (merita) begleitet, die schließlich fast den Ausschlag gibt.

Die Menschheit ist erfahrungsgemäß eine massa peccati, d. h. Gottes leer; aber der Gottmensch Christus — nur er — hat durch seinen Tod die Kräfte, die entleerte Menschheit wieder mit göttlichem Leben zu füllen, gebracht: das ist die gratia gratis data, Anfang, Mitte und Ende unseres Heils. Ihr Ziel ist, daß aus der massa perditionis ein certus numerus electorum gerettet wird. Gerettet wird er, weil Gott ihn prädestiniert hat (Augustin lehrt infralapsarisch), erwählt, beruft, rechtfertigt, heiligt und erhält, kraft seines ewigen Ratschusses. Dies geschieht in der Kirche durch die Gnade, die 1. praeveniens ist, d. h. den Menschen aus dem Sündenstand herausreißt und den guten Willen durch remissio peccatorum [hohe Bedeutung derselben!] schafft (= vocatio, aber diese und alle ferneren Akte der Gnade, mit Ausnahme des letzten, vollziehen sich auch an solchen, die schließlich nicht gerettet werden, weil sie keine Erwählten sind), 2. cooperans — diese entfaltet sich in einer Reihe von Stufen bis zur völligen und faktischen Regeneration des Menschen, die ihm, dem mit Liebe erfüllten, es ermöglicht, sich merita zu erwerben. Aus der vocatio folgt die fides; sie ist eine wachsende, indem sie sich auf den Stufen des Fürwahrhaltens, des Gehorsams, der fiducia und der Liebe entwickelt. Parallel damit geht das effektive (sichtbare) Handeln der Gnade in der Kirche, welches mit der remissio peccatorum beginnt, d. h. mit der Taufe, die den reatus der Erbsünde wegnimmt und die vorhergegangenen Sünden tilgt. Sie vollendet sich in der iustificatio, welche nicht ein Urteil über den Sünder ist, sondern die Vollendung des Prozesses, kraft welches er aus einem Unfrommen faktisch ein Gerechter geworden ist. Dies geschieht durch die Einflößung des Liebesgeistes in das

Herz des Gläubigen (und durch das Abendmahl), wodurch er, in die Einheit der Gemeinschaft mit Christus (Kirche) aufgenommen, als sanctus und spiritualis eine neue Stimmung und Lust empfängt *(„mihi adhaerere deo bonum est")* und nun die Fähigkeit zu guten Werken hat *(„fides impetrat, quod lex imperat")*. Die Rechtfertigung ruht auf der fides und ist sub specie aeternitatis ein abgeschlossener Akt, empirisch betrachtet ein im Diesseits nie vollendeter Prozeß. In der Bewährung der Liebe und Abkehr von der Welt (Askese) beweist sich das Erfülltsein mit Glaube, Hoffnung, und Liebe. Jene Bewährung zeigt sich in guten Werken, die nun einen Wert vor Gott haben (merita), obschon sie, als aus der Gnade geboren, seine Geschenke sind. Nicht jedem werden die vollkommenen Werke gegeben (consilia evangelica); aber jeder Gerechtfertigte hat Werke des Glaubens, der Hoffnung und Liebe; 3. das höchste und letzte Geschenk der gratia, die in den Erwählten irresistibilis ist, ist die perseverantia. Die vocati (et sanctificati?), die sie nicht haben, gehen verloren. Warum sie nur einige erhalten, da sie doch nicht secundum merita verliehen wird, ist Gottes Geheimnis. Gewiß aber ist — trotz der Prädestination und der souveränen Gnade —, daß beim Endgericht nicht das „adhaerere deo", sondern der sittliche Habitus das Entscheidende ist. Nur wer merita aufweisen kann (aber sie sind dei munera), wird gerettet. Die souveräne Bedeutung der Sündenvergebung und des Glaubens ist schließlich doch verkannt. Augustins Satz ist: „Wo Liebe ist, da ist auch eine dem Maße der Liebe entsprechende Seligkeit."

Von hier aus hat Augustin seine Lehre von der Sünde, dem Sündenfall und dem Urstand entworfen. Die Sünde ist privatio boni (Mangel des Seins und des Gutseins), Zukehr des Menschen zu sich selbt (Hochmut) und Konkupiszenz (Sinnlichkeit): *„misera necessitas non posse non peccandi"*, obgleich die formale Freiheit besteht — Herrschaft des Teufels (daher ist Erlösung von außen nötig). Augustin will als Hauptbegriff der Sünde den „amor sui" bez. den Hochmut, festhalten, aber faktisch ordnet er ihm die Konkupiszenz (Gegensatz: „amor infusus") über. Diese offenbart sich vor allem in der Geschlechtslust. Da diese sich spontan (vom Willen unabhängig) regt, beweist sie, daß die Natur verderbt ist (natura vitiata). Daher pflanzt sie Sünde fort: der mit Lust vollzogene Zeugungsakt bezeugt, daß die Menschheit eine massa peccati geworden. Da Augustin Bedenken trug, über die Entstehung der Seele traduzianisch zu lehren, so wird — wider den ursprünglichen Ansatz — der Leib zum Träger der Sünde, der die Seele infiziert. Der tradux peccati durchzieht als vitium originis die Menschheit. Diese Erbsünde ist Sünde, Sündenstrafe und Schuld; sie zerstört das wahre Leben und überliefert den Menschen dem non posse non mori (auch die ungetauft sterbenden Kinder — jedoch „mitissima poena"), nachdem sie alle Taten desselben befleckt hat („splendida vitia"; der Terminus kommt nicht wörtlich, aber dem Sinne nach bei Augustin vor). So bezeugt es die Schrift, die Praxis der Kirche (Kindertaufe) und das Gewissen des Sünders. Von Adam her herrscht diese Erbsünde als natura vitiata. Sein Fall war furchtbar, ein Komplex aller schweren Sünden (Hochmut, Konkupiszenz, Ungehorsam usw.); er war um so furchtbarer, als Adam nicht nur gut geschaffen war, sondern als adiutorium die göttliche Gnade besaß (denn ein spontanes Gutsein ohne diese gibt es nicht). Diese Gnade verscherzte er, und so groß war der Verlust, daß das ganze Menschengeschlecht „in ihm" verdarb (nicht nur weil alle jener Adam waren, sondern auch weil von ihm das böse Kontagium sich verbreitete), und selbst die Taufe die Erbsünde (Geschlechtslust) nicht auszutilgen, sondern nur ihren reatus wegzuräumen vermag. Augustins Vorstellung vom Urstand (posse non peccare und adiutorium) steht in dem klaffendsten Widerspruch zu seiner Gnadenlehre; denn die gratia als adiutorium im Urstand ist der Gnade der Erlösung insofern ganz unähnlich, als sie den Willen frei läßt und nichts wirklich schafft, sondern nur B e d i n g u n g für die freie Entscheidung zum Guten ist, also nicht irresistibilis. Dieses „adiutorium" ist in Wahrheit pelagianisch gedacht (die Lehre vom Urstand und von den Maßstäben des Endgerichts läßt sich mit der Gnadenlehre nicht vereinigen), und die natura vitiata (als Geschlechtslust erkennbar) läßt keinen Raum für eine heilige Ehe und mutet fast manichäisch an. Aber alle schweren Anstöße können die Größe der Erkenntnis nicht verdunkeln, daß Gott Wollen und Vollbringen wirkt, daß wir nichts haben, was wir nicht empfangen haben, und daß Gott-Anhangen gut und unser Gut ist.

§ 54. Augustins Erklärung des Symbols. Die neue Religionslehre.

Um zu erkennen, wie Augustin die überlieferte Religionslehre (das Dogma) umgebildet hat, und welche seiner Gedanken in den kirchlichen Besitz übergegangen sind muß man seine Erklärungen des Symbols, besonders sein Enchiridion, studieren[1]. Zunächst sind die vulgär katholischen Züge seiner Lehre hier offenbar. An dem alten Symbol wird die Dreieinigkeits- und Zwei-Naturen-Lehre dargelegt; die Bedeutung der katholischen Kirche ist streng gewahrt. Die Taufe ist als das wichtigste Mysterium in den Vordergrund gestellt und vom Tode Christi abgeleitet, in dem die Herrschaft des Teufels, nachdem er sein Recht bekommen hat, gebrochen ist. Der Glaube erscheint oftmals als etwas Vorläufiges; das ewige Leben wird nur den Verdiensten zuteil, diese bestehen in Liebeswerken, letztlich aber in der Askese. Doch brauchen nicht alle diese zu leisten; man muß zwischen mandata und consilia unterscheiden. Von den Almosen wird breit gehandelt; sie konstituieren die Buße. Innerhalb der Kirche ist für alle Sünden Vergebung da unter Voraussetzung der satisfactio congrua. Es gibt eine Sündenskala von den Verbrechen bis zu den ganz leichten Sünden des Tages; so gibt es auch eine Skala der bösen und guten Menschen; auch die besten (sancti, perfecti) sind von leichten Sünden nicht frei. Es gibt eine Stufenleiter der Seligkeit (nach den merita). Den abgeschiedenen guten, aber nicht vollendeten Seelen nützen Meßopfer, Almosen und Gebete; sie sind in einem sie läuternden Straffeuer. Die vulgären superstitiösen Anschauungen sind von Augustin vielfach noch gesteigert worden, so in bezug auf das Fegfeuer, die zeitweilige Linderung der Strafe der Verdammten, die Engel, die der diesseitigen Kirche Hilfe leisten, die Kompletierung der infolge des Engelfalls geschmälerten himmlischen Kirche durch die erlösten Menschen, die Jungfräulichkeit der Maria in partu und ihre einzigartige Reinheit und Empfänglichkeit, die leisen Anfänge der Berechnung

[1] Ueber sein systematisches Hauptwerk de trinitate s. o. § 39; durch dieses Werk hauptsächlich hat Augustin als Religionsphilosoph das ganze Mittelalter hindurch gewirkt und hat die Konkurrenz des Aristoteles ausgehalten.

des Wertes des Opfertodes Christi, endlich — die Auffassung vom Heil als visio et fruitio dei, die immer wieder durchschlägt, und die Fesselung der geistlichen Kräfte an geheimnisvoll wirkende Sakramente.

Aber andererseits — die Religionslehre im Enchiridion ist neu. An das alte Symbol ist hier ein Stoff herangebracht, der nur ganz lose mit ihm verbunden werden kann und zugleich die ursprünglichen Elemente modifiziert. In allen drei Artikeln ist die Behandlung der Sünde, Sündenvergebung und Vollendung in der Liebe die Hauptsache (Enchir. §§ 10 f., 25 f., 41 f., 64—83). Alles wird doch auch als innerlicher Prozeß vorgestellt, dem der kurz behandelte alte dogmatische Stoff untergeordnet erscheint. Deshalb ist der 3. Artikel am ausführlichsten behandelt. Schon im Aufriß zeigt sich das Neue: auf Glaube, Hoffnung und Liebe kommt alles an, so innerlich ist die Religion (3—8). Im 1. Artikel ist keine Kosmologie gegeben, ja ausdrücklich wird die Physik als Inhalt der Dogmatik abgelehnt (9, 16 f.). Daher fehlt auch jede Logoslehre. Die Dreieinigkeit, als Dogma überliefert, wird in eine Einheit zusammengezogen: sie ist der Schöpfer. Im Grunde ist sie eine Person (die Personen sind Momente in Gott und haben keine kosmologische Bedeutung mehr). Alles in der Religion bezieht sich auf Gott als die einzige Quelle alles Guten und auf die Sünde; diese wird vom Irrtum unterschieden. Damit ist mit dem alten Intellektualismus gebrochen. Wo immer an die Sünde gedacht wird, wird an die gratia gratis data, die prädestinatianische Gnade, gedacht, die den gebundenen Willen erst frei macht. Mit dem Hinweis auf die misericordia praeveniens und subsequens schließt die Auslegung des 1. Artikels. Wie anders hätten die Worte dieses Artikels gelautet, wenn Augustin ihn hätte frei entwerfen können! — Im 2. Artikel ist das, was das Symbol wirklich enthält, ganz kurz berührt (die Wiederkunft Christi ohne Chiliasmus). Dagegen tritt folgendes in den Vordergrund: die Einheit der Christuspersönlichkeit als des homo, mit dessen Seele sich das Wort verbunden hat, die prädestinatianische Gnade, die diesen homo in die Einheit der Person mit dem Gott-Logos gebracht hat, obgleich er keine Verdienste besaß, die feste Verknüpfung des Todes Christi mit der Erlösung vom Teufel, der Versöhnung und der Taufe einerseits, aber die Betrachtung der Erscheinung und der Geschichte Christi als der Hoheit in der Demut und als des Vorbildes der vita christiana andrerseits. Die altkirchliche Auffassung und Lehre bleibt die Grundlage, aber sie ist durchleuchtet, ergänzt und einer nachzuempfindenden Christologie dienstbar gemacht. — Im 3. Artikel ist die Unbefangenheit und Sicherheit, mit der eine immer währende Sündenvergebung in der Kirche gelehrt wird, die Hauptsache und das Neue. Bei den Massen hat die steigende Laxheit das unerschöpfliche Bußsakrament herbeigerufen; allein bei Augustin war die neue Erkenntnis durch eine Vertiefung des Sündenbewußtseins und eine Versenkung in die Gnade Gottes, wie Paulus sie gelehrt, verursacht. Freilich, die Frage der persönlichen Heilsgewißheit hat ihm noch nicht die Seele getroffen — er steht zwischen der alten Kirche und Luther —; die Frage: wie werde ich meiner Sünden ledig und mit Gottes Kraft war, erfüllt seine Grundfrage. Im Anschluß an das vulgär Katholische schaute er auf gute Werke aus; aber er faßte sie als Produkt der Gnade und des Willens, der unter der Gnade steht; er warnte dabei vor jedem äußeren Tun. Den Kultus und selbst die Almosen schiebt er zurück; er weiß, daß es auf eine innere Umbildung, ein reines Herz und einen neuen Geist ankommt. Zugleich ist er gewiß, daß auch nach der Taufe immerfort der Weg der Sündenvergebung dem Bußfertigen offen steht, und daß der die Sünde wider den Heiligen Geist begeht, der an diese nicht glaubt. Das ist eine völlig neue Deutung des evangelischen Spruchs. Sehr ausführlich ist der Schluß des Symbols (resurrectio carnis) erklärt. Aber die Hauptsache ist hier nach kurzer Erörterung des eigentümlichen Themas — die neue Prädestinationslehre als die Kraft seiner Theologie, ferner die als Lehre ebenfalls wesentlich neue Betrachtung (sie steht an der Stelle des Origenes von der Apokatastasis) von einer jenseitigen Läuterung der Seelen, zu der die Gebete und Opfer der Ueberlebenden beitragen können.

Die Frömmigkeit: Glaube und Liebe statt Furcht und Hoffnung; die Religionslehre: etwas Höheres als alles, was Lehre heißt, ein neues Leben in der Kraft der Liebe; die Lehre von der Schrift: die Sachen (das Evangelium Glaube, Liebe, Hoffnung — Gott); die Trinität: der eine lebendige Gott; die Christologie: der eine Mittler, der Mensch Jesus, mit dessen Seele sich der Gott-Logos verbunden, ohne daß sie es verdiente; die Erlösung: der Tod zum Besten der Feinde und die Demut in der Hoheit; die Gnade: die neuschöpferische stetige Kraft der Liebe; die Sakramente: das Wort neben den Zeichen; die Seligkeit: die beata necessitas des Guten; das Gute: die Abhängigkeit von Gott; die Geschichte: Gott wirkt alles nach seinem Wohlgefallen. Damit vergleiche man die grieschische Dogmatik — man kann sie bei Augustin selbst vergleichen; denn er hat neben den neuen Konzeptionen, die aus seiner Frömmigkeit strömten, alle ihre Züge bewahrt! Aber eben weil er das getan hat, wurde das alte Dogma nun um so starrer; denn es wurde in den Hintergrund gerückt (nicht abgetan); es wurde kirchliche Rechtsordnung. Die neuen Lehren blieben flüssig, erhielten also nicht die Ausgestaltung und den Wert von Dogmen. Durch Augustin wurde die Kirchenlehre nach Umfang und Bedeutung unsicherer, ohne an Dignität und Autorität etwas einzubüßen. Es wurde jedoch ungewiß, was eigentlich zur Kirchenlehre gehöre, da die sichere Formulierung des Neuen fehlte. Was vom Augustinismus (Antipelagianismus) war Dogma und was Theologie? Um das alte Dogma, welches sich in erstarrender Gültigkeit behauptete, bildete sich ein großer unsicherer Kreis von Lehren, in dem die wichtigsten Glaubensgedanken lebten, und der doch von niemandem überschaut und festgefügt werden konnte. Das ist der Zustand des Dogmas im Mittelalter. Neben der Erstarrung beginnt doch bereits der Prozeß der inneren Auflösung.

Fünftes Kapitel.

Geschichte des Dogmas im Abendland bis zum Beginn des Mittelalters (430—604).

FLoofs in der RE[3]: Semipelagianismus. — JWiggers s. § 53 und ZhTh. 1854 f. — AHoch, Lehre des Johannes Cassianus von Natur und Gnade, 1895. — AKoch, Der heilige Faustus von Riez, 1895. — FArnold, Cäsarius von Arelate und die gallische Kirche seiner Zeit, 1894. — GLau, Gregor der Große, 1845. — Wolfsgruber, Gregor der Große, 1890. — PBöhringer, Biographien Leo's I. und Gregor's I., 1879. — H v Schubert, Gesch. d. christl. Kirche im Frühmittelalter, 1917 f. (für die §§ 55—60 neben Haucks KGesch. Deutschlands besonders wichtig).

Das weströmische Reich brach zusammen. Die katholische Kirche trat in das Erbe des Reichs, der römische Bischof in das des Kaisers ein (Leo I. und seine Nachfolger im 5. Jahrhundert). Aber kaum an die Spitze gestellt, erlebte das Papsttum im Zeitalter Justinians einen tiefen Fall, aus dem es erst Gregor I. befreit hat. Im 5. und 6. Jahrhundert vermochte die römische Kirche die barbarischen Nationen noch nicht zu erziehen; denn sie waren arianisch und Rom war nicht frei, sondern seit dem 6. Jahrhundert an den Orient gekettet. Nur die Franken wurden katholisch, blieben aber zunächst romfrei. Dennoch hat sich gerade in diesem Zeitraume der Anspruch des römischen Bischofs, daß alles, was von Petrus gelte (besonders Mt 16_{17} f.), auch von ihm gelte, durchgesetzt. Die dogmatischen Aktionen beschränkten sich auf die Rezeption und Abmilderung des Augustinismus im Sinne der fortschreitenden Verklitterung desselben mit dem vulgär Katholischen. Das alte römische Symbol anlangend, so erhielt es in dieser Zeit in Gallien seine heutige Gestalt, in der besonders der neue, aber schon im 4. Jahrh. nachweisbare Ausdruck „communio sanctorum“ (der ursprüngliche Sinn im Abendland ist unsicher, vielleicht gegen Vigilantius für die Heiligenverehrung, s. Faustus von Reji, vielleicht = communio sacramentorum, vielleicht = communio fidelium et sanctorum) wichtig ist.

§ 55. Der Kampf des Semipelagianismus und Augustinismus.

Die dankbare Hochschätzung Augustins, die Verwerfung des Pelagianismus und die Anerkennung der allgemeinen, durch Adam begründeten erblichen Sündhaftigkeit sowie der Notwendigkeit der Gnade (Kindertaufe in remissionem peccatorium und als unda genitalis; innerlich wirkende Gnade auf jeder Stufe notwendig) bedeuteten noch nicht die Anerkennung der absoluten Heillosigkeit des natürlichen Menschen, der Prädestination und der gratia irresistibilis. Die Werkgerechtigkeit, der doch Augusin selbst einen verborgenen Raum gelassen, und ein richtiger Instinkt der kirchlichen Selbsterhaltung reagierten wider diese Lehren. Schon bei Augustins Lebzeiten riefen sie bei den Mönchen zu Hadrumet Unruhe und Zweifel hervor (Augustin, de gratia et lib. arbitrio und de correptione et gratia). Ein oder zwei Jahre später (428/9) berichteten ihm seine ergebenen Freunde, daß man in dem südlichen Gallien (Mönche zu Massilia und sonst) der Lehre von der Prädestination und der völligen Unfähigkeit des Willens entgegentrete, weil sie die christliche Predigt lähme. Augustin hat durch die Schriften de praedest. sanct. und de dono perseverantiae die Freunde gestärkt, die Gegner eher aufgestachelt. Die „servi dei" in Südgallien schritten nach dem Tode Augustins kühner hervor, aber doch nicht ganz offen; denn Augustin besaß eine große Autorität. Das Kommonitorium des Vincentius (434), welches den streng-kirchlichen traditionellen Standpunkt formuliert (s. o. § 31), richtet sich mindestens indirekt gegen die Lehre Augustins; Johannes Cassianus, der Vater der südgallischen Mönche, brachte in seinen „collationes" den Semipelagianismus, d. h. den antipelagianischen Vulgärkatholizismus, zum Ausdruck, obgleich er viel von Augustin gelernt hat[1]. Die Richtpunkte des Semipelagianismus[2] sind die wirkliche Universalität der Gnade, die souveräne Verantwortlichkeit des Menschen und die Bedeutung der guten Werke (Synergismus). Demgemäß wird generell die gratia praeveniens nur als äußere Gnade zugestanden: Gott schafft die Bedingungen, Gelegenheit und Möglichkeit unseres Heils zuvor; die innere (heiligmachende) Gnade aber konkurriert mit dem freien Willen („sola" gratia gilt also nicht), der somit ein koordinierter Faktor ist (jene innere Gnade wird nicht so stark betont wie die äußere). Daher kann sowohl dieser als jene vorangehen (biblische Beispiele: Zachäus, Paulus), und eine gratia irresistibilis ist ebenso ausgeschlossen, wie eine von göttlicher Präszienz (der freien Handlungen) unabhängige Prädestination. Diese involviert ein „ingens sacrilegium" (nämlich den Fatalismus), wenn auch vorbehalten bleiben muß, daß Gottes Wege unbegreiflich sind

---

[1] Der Standpunkt des Hieronymus, sofern er in diesen Fragen überhaupt einen hatte, hat sich mit dem des Cassianus gedeckt.

[2] Es liegt nahe (Loofs, Leitfaden[3] S. 241), vielmehr von Semiaugustinismus zu sprechen; allein da die augustinische Gnadenlehre Abzüge nicht zuläßt, ohne zusammenzubrechen, tut man gut, das Wort Semiaugustinismus zu vermeiden. Semipelagianismus ist freilich irreführend.

(ähnlich Hilarius von Arles und schroffer, aber zugleich verlogen, der unbekannte Verf. des „Praedestinatus“, dessen Ursprung HvSchubert, Texte u. Unters. Bd. 24 H. 3, erhellt hat) — die semipelagianischen Vorstellungen sind als allgemeine Lehre unbedenklicher als die Augustins, als Ausdruck der christlichen Selbstbeurteilung irreführend. Die Verteidiger Augustins, Prosper und der unbekannte Verf. der libri II de vocatione gentium (milderer Augustinismus), brachten es zu keiner durchschlagenden Wirkung, obgleich der Papst Cölestin ihre Gegner als vorwitzige Leute tadelte. In den letzten Jahrzehnten des 5. Jahrhunderts erhielt der Semipelagianismus an dem angesehensten Lehrer Südgalliens, Faustus von Reji, einem liebenswürdigen und milden Abt und Bischof, einen ausgezeichneten Vertreter, der sich ebenso gegen den Pelagius „pestifer“ wie gegen den schweren Irrtum der Prädestination wandte (in der Schrift de gratia dei et humanae mentis libero arbitrio) und den streng augustinischen Presbyter Lucidus zum Widerruf bewegte, nachdem auf der Synode zu Arles (475) die Prädestinationslehre verurteilt worden war (aber die Erbsündenlehre setzte sich durch). Faustus ist in seiner Lehre noch „mönchicher“ als Cassian und minder von Augustin bestimmt. Implicite hat er schon die Lehre vom meritum de congruo et condigno vorgetragen. In der fides als Kenntnis und in den Anstrengungen des Willens sich zu bessern liegt ein von der gratia prima getragenes meritum, ihm wird die erlösende Gnade zuteil, und sie wirkt nun mit dem Willen zusammen, so daß vollkommene merita entstehen.

Wie einst Pelagianismus und Nestorianismus, die innerlich verbunden sind, in ein gemeinsames Geschick gezogen wurden, so ist auch der Semipelagianismus im 6. Jahrhundert in die christologische Kontroverse verwickelt worden und hat in ihr sein vorläufiges Ende gefunden. Die theopaschitisch lehrenden skythischen Mönche in Konstantinopel (s. oben § 43), die in der Christologie den göttlichen Faktor besonders betonten, klagten abendländische Theologen (Faustus) als Feinde der richtigen Christologie und als Gegner der Gnade an, sich auf den Boden Augustins stellend. Der Papst gab eine ausweichende Entscheidung, aber bei den aus Nordafrika nach Sardinien verbannten Bischöfen fanden die Mönche Bundesgenossen. Fulgentius von Ruspe schrieb um 520 gegen die Autorität des Faustus mehrere bedeutende Schriften, in denen der volle Augustinismus vertreten ist (Partikularität der Gnade, praedestinatio ad poenam). Diese und die Lektüre der Predigten Augustins wirkten auch in Südgallien. Die Zeit verstand nur noch das Dilemma, entweder ist Augustin ein Ketzer oder ein heiliger Lehrer. Der große gallische Prediger, der sich ganz an Augustin gebildet hatte, Cäsarius von Arles († 542), beseitigte den südgallischen Widerspruch, der auf der Synode zu Valence laut wurde, wurde vom Papst unterstützt und brachte auf der kleinen Synode zu Oranges (529) die 25 „Kapitel" zum Siege, die der Papst aus den Schriften Augustins und Prospers gezogen und als die Lehre der alten Väter den Südgalliern übersandt hatte. Wenige in Südgallien unterstützten Cäsarius (Avitus von Vienne † 523); aber die meisten Bischöfe waren wohl nicht mehr imstande, der Streitfrage zu folgen. Die Billigung des Papstes Bonifaz II. verstärkte das Ansehen der Beschlüsse von Oranges, die vom Tridentinum eingehend berücksichtigt worden sind. Die Kapitel sind augustinisch; aber es fehlt die Prädestination (die praedestinatio ad malum wird detestiert und mit dem Anathem belegt), und der innerliche Gnadenprozeß, auf den für Augustin doch der Hauptnachdruck fiel, ist nicht gebührend gewürdigt. Die gratia praeveniens ist unzweideutig gelehrt, weil die mönchische Anschauung von der Unreinheit der Ehe der strikten Fassung der Erbsünde und damit der Gnadenlehre zugute kam. Aber sonst ist die Lehre in Wahrheit ein Augustinismus ohne Augustin oder konnte doch leicht so verstanden werden, d. h. die vulgärkatholischen Anschauungen von der äußerlichen Gnade und von den Werken konnten und sollten sich neben ihr behaupten.

§ 56. Gregor der Große (590—604).

RSeeberg, Dogmengesch. III² S. 34 ff. HDudden, Greg. the Gr., 1905.

Rom hat den Formeln des Augustinismus schließlich zum Siege verholfen, trotzdem sich seine Bischöfe im 6. Jahrhundert weit von ihm entfernten — in der Theorie ließ man Augustin gelten, in der Praxis paßte man sich den nächsten Bedürfnissen an. Der durch seine Persönlichkeit (ein kluger, energischer Mönch, ein gewandter Politiker und ein liebenswürdiger und imponierender Seelsorger), durch zahllose Briefe, durch Schriften (Regula pastoralis, Dialogi, Expos. in Job seu Moralia, Homil. in Ezech.) und liturgische Reformen einflußreichste Papst, Gregor I., hat unter der Hülle augustinischer Worte den vulgär-katholischen Typus, aber durch superstitiöse Elemente verstärkt, wieder zum Ausdruck gebracht und die alte, abendländische Auffassung der Religion als einer Rechtsordnung ans Licht gestellt. Das Mirakel wurde das Kennzeichen der Religion. Diese lebt unter Engeln, Teufeln, Sakramenten, Opfern, Bußordnungen, Sündenstrafen, Furcht und Hoffnung, aber nicht in dem sicheren Vertrauen auf Gott in Christus und in der Liebe. Hat Gregor für seine Person sich auch noch in augustinischen Gedanken mit einigem Verständnis und innerem Anteil bewegt und zeigt er in seiner Weise Gerechtigkeit, Milde und Freiheit, so bezeugt eben das buntschockige Gemenge seiner Theologie, daß sich selbst der Beste damals der religiösen Barbarei nicht zu entziehen vermochte, in die die Antike sich auflöste. Gregor wurde in der Folgezeit mehr gelesen und höher gepriesen als Augustin. Er hat fast ein halbes Jahrtausend die Dogmengeschichte im Abendland ohne Rivalen beherrscht und beherrscht im Grunde den Katholizismus noch eben. Neues hat er freilich nicht geschaffen; aber durch die Art, wie er die verschiedenen Lehren und Kirchengebräuche akzentuiert und die Religion zweiter Ordnung in die Theologie übergeführt hat, hat er den vulgären Typus des romanischen Katholizismus geschaffen. Vornehmlich ist folgendes zu nennen: 1) Er reproduziert die wertvollsten Gedankenreihen Augustins über die innerliche Wirkung und Aneignung der Gnade z. T. sogar selbständig, auch dem Worte (verbum fidei) eine große Bedeutung beilegend, aber er hat allen Stufen des augustinischen ordo salutis eine semipelagianische Wendung gegeben, da er das liberum arbitrium als einen der Gnade koordinierten Faktor auffaßt (*„nosmet ipsos liberare dicimur, quia liberanti nos domino consentimus“*); 2) er hat die Bedeutung des Todes Christi vielleicht lebhafter als Augustin empfunden, aber unter den verschiedenen Gesichtspunkten, unter die er ihn stellt, wiegen die apokryphen vor: durch Christi Tod ist der Teufel überwunden, nachdem er geprellt worden; im Abendmahl wiederholt sich das Opfer Christi tatsächlich[1] (hier ist Gregors Lehre besonders maßgebend geworden) und damit rückt ein eingebildetes Opfer, welches durch Vermittelung des Priesters stets zur Hand ist, an die Stelle des geschichtlichen; aber auch sonst erscheint der geschichtliche Christus verdrängt, sofern es auf eine Kombination des Ertrags des geschichtlichen Opfertodes mit der kasuellen Interzession des im Himmel Thronenden ankommt, diese aber erst ad hoc durch Bemühungen besorgt werden muß; 3) mit dieser Auffassung von der Interzession Christi hat Gregor die bisher unsicheren Gedanken über die Interzession der Heiligen und die Dienste der Engel verbunden und auf die Höhe der „Theologie“ erhoben. Die heidnische Superstition, die Halbgötter und Götterreihen brauchte und zu den heiligen Körpern der Märtyrer ihre Zuflucht nahm, hat er legitimiert, die Verdienste Christi und der Heiligen zusammenknüpfend, die Erzengel, Engel und Schutzengel klassifizierend und empfehlend, die schlimme Praxis durch die „Lehre“ verfestigend; 4) Hierarch mehr in der Praxis als in der Lehre hat er doch die Gleichung von Kirche und civitas dei streng gezogen, denn er lebte in einer Zeit, wo nichts anderes Wertvolles vorhanden war als die Kirche. Er feierte sie als die congregatio sanctorum, aber in Wahrheit war ihm diese eine erziehende, das Schlimmste abwehrende Glaubensanstalt; denn an ein höheres Ideal durften sich die Menschen damals nicht heranwagen. Der römische Bischof war ihm der Herr nur der sündigen Bischöfe (die Laien spielen überhaupt keine Rolle mehr), aber Sünder waren sie alle („*si qua culpa in episcopis invenitur, nescio quis Petri successori subiectus non sit; cum vero culpa non exigit, omnes secundum rationem humilitatis aequales sunt*“); 5) Gregor weiß noch, was innerliche Gnadengaben und Tugenden sind, aber das ausgerottete römische Heidentum hat doch andererseits in so vollkommener Weise auch ihm sein Inventar und seine religiöse Denkart überliefert, daß er alle religiösen Pflichten und Tugenden in statutarische, festumschriebene Zeremonien einkapselt, die z. T. adoptierte altrömische Bräuche waren;

[1] „*Quoties ei hostiam suae passionis offerimus, toties nobis ad absolutionem nostram passionem illius reparamus*“ (in ev. hom. 37, 7).

auch hier hat er freilich nicht viel Neues geschaffen, sondern die römische „religio“ samt dem Abhub der Mysterien, die längst Bürgerrecht in der Kirche erlangt hatten, zu kirchlichen Heilsordnungen ersten Ranges erhoben; 6) Gregor hat ein Gefühl für wahre Demut, aber die Wendung, welche diese Tugend zur mönchischen „humilitas“, Selbstwegwerfung und zum geistlichen Selbstbetrug genommen hatte, hat er verstärkt; mit dem einfachen Sinn für Wahrheit erlosch auch der Sinn für Wahrhaftigkeit — es wurde Nacht; denn auch die Welt des Innenlebens, die Augustin erhellt hatte, verdunkelte sich wieder; 7) am folgenschwersten sind Gregors Ausführungen über die Buße geworden; in ihnen lebte seine Theologie, und man könnte sie vollständig von hier konstruieren. Der unerforschliche Gott ist der Vergelter und läßt keine Sünde ungestraft; in der Taufe hat er die Erbschuld nachgelassen, aber es gilt nun, durch Buße und gute Werke an der unterstützenden Hand der Gnade sich die Seligkeit zu schaffen. Unter den drei Stücken der Buße (conversio mentis, confessio oris, vindicta peccati) tritt faktisch die abzuleistende Sündenstrafe als das wichtigste hervor. Erst bei Gregor ist die verhängnisvolle Umsetzung vollendet, daß die „satisfactiones“, die ursprünglich als sichere Bezeugung wahrer Reue galten, eine Art von satisfaktorischen Sündenstrafen sind, denen man sich unterzieht, um die ewige Strafe zu vermeiden. Das Verdienst Christi und die Macht der Kirche scheinen eben darin zu bestehen, daß ewige Strafen in zeitliche umgesetzt werden; diese zeitlichen aber werden wiederum durch die Interzession Christi und der Heiligen, durch Seelenmessen, Reliquien, Amulette usw. verkleinert, verkürzt oder verhindert. Was stets in der Religionsgeschichte sich gezeigt hat, daß, wo die Religion ihr Ziel von der Legalität nimmt, sie unmoralisch wird, das zeigte sich auch hier. Im Obersatz herrscht die strenge Idee der Vergeltung, im Untersatz treiben alle möglichen Hilfsmittel, z. T. nicht einmal mit christlicher Etikette, ihr Wesen, und im Schlußsatz regiert die Kasuistik und die Angst. Längst kam bei dieser Betrachtung mit dem Diesseits und der Zeit nicht mehr aus und durfte doch noch nicht in die Ewigkeit übergreifen — denn wer wäre dann für selig zu erachten? —; aber erst Gregor hat das von den alexandrinischen Theologen

(s. o. § 24) entzündete Fegfeuer in die Theologie sicher eingeführt, damit der Kirche eine ungeheure Provinz erobert, die Hölle weitergerückt und so der Unsicherheit einen neuen Trost, aber keine Ruhe verschafft. Wieder regieren nun Hoffnung und Furcht in der Kirche! — Dieser große Papst hat schlechterdings nichts Neues gebracht, aber wenn man in der Geschichte nach einem klassischen Beispiel sucht, um ihren stillen umbildenden Gang zu belegen, bis dann Einer kommt, der die zahllosen kleinen Modifikationsreihen summiert — so soll man auf Gregor verweisen.

Sechstes Kapitel.

Geschichte des Dogmas in der Zeit der karolingischen Renaissance.

HFvSchubert, s. 5. Kap. — JBach, Dogmengeschichte des Mittelalters, 2 Bde., 1873 f. — HReuter, Geschichte der religiösen Aufklärung im Mittelalter, 2 Bde., 1875 f. — AHauck, Kirchengeschichte Deutschlands, 6 Bde., 1887 f. — AEhrhard, Das MA. und seine kirchliche Entwicklung, 1907. — JSchwane, Dogmengeschichte des mittleren Zeitalters, 1882. — CJHefele, Konziliengeschichte III², IV². — JASpecht, Geschichte des Unterrichtswesens in Deutschland bis zur Mitte des 13. Jahrhunderts, 1885. — EHatch, Grundlegung der Kirchenverfassung Westeuropas im frühen Mittelalter, übersetzt von AHarnack, 1888. — FWiegand, Die Stellung des apost. Symbols im kirchl. Leben des Mittelalters, 1899. — WOhr, Der karolingische Gottesstaat, 1902. — WSchulz, Der Einfluß Augustins in d. Theol. u. Christol. des 8. u. 9. Jahrh., 1913. — KWerner, Alcuin und sein Jahrhundert, 1876. — FOverbeck, Vorgesch. u. Jugend der MAlichen Scholastik. 1917. — RSeeberg, Dogmengesch. III² S. 44 ff.

Chlodwigs Uebertritt zum Christentum und Gregors Missionsunternehmen bei den Angelsachsen begründen die Geschichte der römisch-katholischen Kirche bei den Germanen. Im 7. und 8. Jahrhundert erlischt der Arianismus; im 8. muß Rom den Schwerpunkt seiner Politik in die romanisch-germanischen Reiche verlegen. Das neubekehrte England und Deutschland wurden sofort römisch; Pippin und Karl der Große kamen dem Papst entgegen. Zunächst gewann der neue Weltstaat der Franken mehr als der Papst; aber bald zeigte es sich, daß dieser aus der Verbindung den höchsten Vorteil zog, nicht weil die Idee des christlichen Kaisers an sich weniger bedeutete als die des Nachfolgers Petri, sondern weil jene die Grundlage eines wirklichen Weltreiches erforderte, das doch nur vorübergehend geschaffen werden konnte.

Das geistige Leben und die Theologie hat bis z. Z. Karls des Großen keine fortschreitende Geschichte; die karolingische Epoche ist ein großer und in mancher Hinsicht verfehlter Versuch einer Renaissance der Antike, somit auch der Vätertheologie. Was von Theologie bis gegen das Jahr 800 vorhanden ist, ist Kompendium und Exzerpt (Isidor von Sevilla, Beda, später Rabanus), gewissermaßen Institution, wie die ganze Religion. Durch Beda und Alcuin wird Augustin wieder erweckt. Es war schon ein gewaltiger Fortschritt, daß man ihn wirklich wieder zu verstehen begann, z. T. besser als Gregor (Alcuin, Agobard u. a.) —; aber als selbständiger Denker kann doch nur Scotus Erigena (Monographie von TChristlieb, 1860; GBuchwald, Der Logosbegriff des Sc. E., 1884) angesehen werden, dessen am Areopagiten und Augustin gebildeter mystischer Pantheismus *(„de divisione naturae")* jedoch völlig wirkungslos blieb. Das Bildungsstreben des 9. Jahrhunderts war ein sehr respektables (s. die uns erhaltenen Handschriften). Es bemächtigte sich von England aus (Theodor von Tarsus, Beda, Alcuin, die Schule von Tours) des Kontinents und erhielt durch die in Italien nie ganz erloschene Bildung Unterstützung (relativ bedeutender Theologe nach Alcuin ist Walafrid Strabo, s. seinen Liber de exordiis et incrementis quarundam in observ. eccles. rerum, AKnöpfler, 1899, vor allem aber seine „Glossae"). Aber in den großen Erschütterungen seit der zweiten Hälfte des 9. Jahrhunderts schien alles wieder zu versinken. Die dogmatischen Kontroversen des Zeitalters entspringen teils aus bisher verdeckten und nun wieder bestimmt gezogenen Konsequenzen des Augustinismus, teils aus dem Verhältnis zum Orient. Eine besondere Beachtung verdient die Fortbildung der Praxis und Theorie der Messe und Buße.

§ 57. Der adoptianische Streit.

AHauck a. a. O. II. — PGams, Kirchengeschichte Spaniens II. — RSeeberg, Dogmengesch. III² S. 53ff. — WSchulz, Der Einfluß Augustins i. d. Theol. u. Christologie des 8. u. 9. Jahrh., 1913.

Im Abendland (Rom) war nach schweren Kämpfen die Christologie des 5. Konzils zum Siege gekommen, und trotz des 6. Konzils verdrängte die mystische, verkappt monophysitische Anschauung die streng chalcedonensische, da die superstitiösen Vorstellungen vom Abendmahl jene begünstigten. Spanien wurde von dieser Entwicklung weniger beeinflußt. In der mozarabischen Liturgie stand die augustinische Formel von der passio filii adoptivi (s. o. § 51). Elipandus, der herrschsüchtige, von nationalem Stolz erfüllte Bischof von Toledo, machte um 780 die alte, aus Augustin zu belegende Lehre geltend, daß Christus seiner menschlichen Natur nach filius dei adoptivus sei, die Erlösten also im vollen Sinne Brüder des Menschen Jesus (er ging also hinter die Entscheidung des 5. Konzils zurück). Wahrscheinlich wollte er eine von Rom unterschiedene Formel als Ausdruck der Orthodoxie, die nur in Spanien zu finden sei. Mit innerer Ueberzeugung und hoher Wertschätzung der menschlichen Person Jesu hat sie der Bischof Felix von Urgel vertreten, der im Reiche Karls saß (Lektüre antiochenischer Schriften ist wahrscheinlich, Nachwirken des westgotischen Arianismus unwahrscheinlich). Nachdem in Spanien Beatus und Eterius die Gegenlehre verfochten hatten, griffen die fränkischen Theologen, vor allem Alcuin, ein, die von dem Geiste der orientalischen Theologie berührt waren. Monophysiten und Nestorianer standen sich unter neuen Kappen gegenüber; Karl aber war der Anlaß willkommen, sich als den Hüter der Orthodoxie und Herrn der Kirche zu erweisen. Der Adoptianismus wurde auf den Synoden zu Regensburg 792, Frankfurt 794, Aachen 799, aber auch in Rom verdammt, dem Felix wiederholt der Widerruf abgepreßt, das fränkische Spanien durch Theologie und sanfte Gewalt (Leidrad) zur Einheit des mystischen Glaubens zurückgerufen. Die Lehre des Joh. Damascenus, die die Menschennatur in Christus unpersönlich faßte und sie als die angenommene Natur des Logos mit ihm in völlige Einheit setzte, siegte auch im

Abendland. Alcuin drückt sich so mystisch und überschwenglich aus wie Cyrill, an einigen Stellen sogar unvorsichtiger. Doch haben sich trotz der realistischen Abendmahlslehre, die den geschichtlichen Christus verdrängte und einen feinen Monophysitismus forderte, augustinisch-adoptianische Gedanken bei den späteren Theologen des Mittelalters erhalten.

§ 58. Der Prädestinationsstreit.

JWiggers i. d. ZhTh., 1859. — JWeizsäcker i. JDTh., 1859. — Monographie über Hinkmar von HSchrörs, 1884. — Borrasch, Der Mönch Gottschalk, 1868. — Freystedt i. d. ZwTh. 36. Bd. S 315 ff. Neue Folge 1. Bd. S. 447 ff. u. i. d. ZKG., 18. Bd. S. 1 ff. — RSeeberg, Dogmengesch. III² S. 60 ff.

Das herrschende Kirchensystem war semipelagianisch; aber im 9. Jahrhundert wurde Augustin wieder eifrig studiert. Daß in der Krisis, welche dadurch entstand, der Augustinismus trotz aller gut augustinischen Redensarten doch nicht wiederhergestellt wurde, ist ein Beweis für die Macht der Kirchenpraxis. Der Mönch Gottschalk von Orbais machte die Prädestinationslehre mit der Kraft Augustins geltend, zugleich als die eigentliche Haupt- und Stammlehre, in ihr den Schlüssel auch für die Rätsel seines eigenen Lebens findend. Er verkündigte — übrigens wie Isidor vor ihm, der freilich, wie so viele damals, nicht wußte, was er tat — die praedestinatio gemina (ad vitam et ad mortem) mit voller Klarheit über ihre Konsequenzen, meinte aber doch, daß Gott nur das Gute bestimmt, das Böse bloß vorhergewußt habe. Nicht was er sagte, sondern wie er es der Kirche vorhielt, erweckte ihm Feinde. Er wurde zu Mainz (848) von Rabanus, zu Chiersey (849) von Hinkmar verurteilt und als „miserabilis monachus" in Haft genommen, aus der er nie befreit worden ist, weil er jeden Widerruf verweigerte. Aber auf seine Seite (sachlich, nicht persönlich) traten die bedeutendsten Theologen, nicht sowohl, um mit dem Augustinismus Ernst zu machen, als um Hinkmar Schwierigkeiten zu bereiten und die augustinischen „Worte" als Traditionalisten zu schützen. Dazu kommt, daß die Prädestinationslehre eine Seite hat, nach der sie allen damals verständlich war — die Willkür Gottes. Namentlich aus dem Reiche Lothars kam der Widerspruch gegen die Raban-Hinkmarsche (von Scotus Erigena unterstützte) These, die Prädestination sei aus der Präszienz abzuleiten und auf die Heiligen zu beschränken. Hinkmar suchte sich gegen die Schar der Alcuinschüler (Prudentius von Troyes, Ratramnus, Lupus von Ferrières, Servatus Lupus, Remigius von Lyon, die provençalischen Bischöfe) auf der Synode von Chiersey 853 dadurch zu decken, daß er in den „Kapiteln“ dem Augustinismus große Konzessionen machte, aber doch seine Lehre von einer Prädestination, dem universalen Heilswillen Gottes usw. beibehielt. Es kommt in diesen objektiv und subjektiv unwahrhaftigen „Kapiteln“ das, um was es sich handelte, gar nicht mehr deutlich zum Ausdruck — es handelte sich um die Verdienstlichkeit der Werke und die Ueberordnung des regimentären und sakramentalen Handelns der Kirche über die innerlichen Prozesse. Die, welche mit dem Munde den ganzen Augustinismus bekannten, meinten damals den halben, und die, welche, wie Hinkmar, einiges unterschlugen, wollten ihn in Wahrheit gar nicht. Im Erzbistum Sens und im südlichen Frankreich befriedigten die Beschlüsse von Chiersey nicht. Zu Valence 855 wurde die gemina praedestinatio proklamiert und überhaupt der Augustinismus verkündigt. Auf den großen Synoden der drei Reiche zu Savonières (859) und Toucy (860) wurde dann nicht sowohl eine Einigung erzielt, als vielmehr die Kontroverse durch Uebereinkunft paralysiert. In Wahrheit siegte der Hinkmarsche Lehrbegriff, d. h. der Gregors I. Die Lehren von dem Universalismus des Heilswillens Gottes, von der prompten und sicheren Wirksamkeit der Sakramente und von der Konkurrenz des freien Willens blieben bestehen; die Prädestinationslehre erschien wieder als ein dekoratives Element der Theologie. Nur in dieser Gestalt war sie mit dem empirischen Kirchentum vereinbar.

§ 59. Der Streit über das filioque und über die Bilder.

CJHefele, Konziliengeschichte III². — APichler, Geschichte der kirchlichen Trennung zwischen dem Orient und Occident, 2 Bde., 1864f. — WNorden, Das Papsttum und Byzanz, 1903.

Die augustinisch-spanische Formel „filioque“ (s. oben § 39) war im Frankenreich rezipiert (s. die Synode von

Gentilly 767) und wurde von den Theologen Karls (libri Carolini; Alcuin, de process. s. s.) verteidigt. Zu Aachen 809 beschloß die fränkische Kirche, daß das filioque in das Symbol gehöre. Dieser Beschluß war durch eine schwere Unbill provoziert, welche abendländische Pilger in Jerusalem zu erleiden hatten. Der Papst billigte zwar die spanisch-fränkische Lehre, verweigerte aber die Aufnahme des Stichworts ins Symbol. Erst im 10. Jahrhundert scheint es Rom dort rezipiert zu haben. — Hat Karl die sich öffnende Kluft zwischen Orient und Okzident durch das „filioque" erweitert und den Papst dabei nur zum halben Bundesgenossen gehabt, so entfernte er sich von der Orthodoxie des Orients noch mehr durch seine Ablehnung der Bilderverehrung, die doch auch der Papst guthieß. Die Tradition der fränkischen Kirche und ein augustinisches Element (bei Karl vielleicht auch ein aufklärerisches) bestimmten die Haltung der Abendländer. Zu Frankfurt 794 wurden die Bestimmungen des 7. Konzils abgelehnt, jedoch auch die Beschlüsse der Synode von 754 verworfen. Das Selbstbewußtsein der fränkischen Kirche nahm die sechs ersten Konzilien als Ausdruck des kirchlichen Altertums hin, wollte sich aber auf modernen Konzilien nichts von Byzanz vorschreiben lassen. Die „libri Carolini" — das Manifest theologischen Könnens (natürlich eines noch beschränkten: das arglos aufgenommene Symbol ist der libellus fidei des Pelagius an Innocenz I.!), fränkisch-kirchlicher Selbständigkeit und einer gewissen Aufklärung (abgedruckt bei Migne, Patrol. Lat. Bd. 98) — halten den altkirchlichen Standpunkt fest: man will die Bilder nicht verehren, auch nicht stürmen, sondern fromm gebrauchen. Diese Haltung haben noch Ludwig (Synode zu Paris 825) und Hinkmar eingenommen; andere fränkische Theologen, wie Agobard und Claudius, schritten aber energischer gegen die Bilder und verwandte Superstitionen ein. Die Päpste bewahrten kluges Schweigen, und allmählich kam im Abendland von Rom aus auch die 7. bilderfreundliche Synode zur Anerkennung.

§ 60. Die Fortbildung der Praxis und Theorie der Messe (des Abendmahlsdogmas) und der Buße.

Morinus, Comment. hist. de disciplina in administr. sacr. poenit., Paris 1651. — JBach a. a. O. — LJRückert in Hilgenfelds Ztschr., 1858. — HReuter a. a. O. I. — Choisy, Paschase, 1888. — JErnst, Die Lehre des heiligen P. Radbert von der Eucharistie, 1896. — ANaegle, Ratramnus, 1903. — Schnitzer, Berengar von Tours (1890) S. 127ff. — Köhler, Rabanus' Streit mit Paschasius i. d. ZwTh., 1879, S. 116ff. — Geschichte der Abendmahlslehre von AWDieckhoff, AEbrand, AKahnis. — GGoetz, Die Abendmahlfrage in ihrer geschichtlichen Entwickelung, 1904. — GESteitz, Das römische Bußsakrament, 1854. — HWasserschleben, Die Bußordnungen der abendländischen Kirche, 1851; ders., Die irische Kanonsammlung², 1885. — HJSchmitz, Die Bußbücher der Kirche, 1883. — FPijper, Gesch. der Boete en Biecht, 2 Bde., 1891f. — PSchmoll, Die Bußlehre der Frühscholastik, 1909. — KMüller, Der Umschwung in der Lehre von der Buße während des 12. Jahrhunderts, i. d. Abh. f. Weizsäcker, 1892, Z. 287ff. — HBrunner, Deutsche Rechtsgeschichte I. II, 1887f. — AKirsch, Z. Gesch. d. kathol. Beichte, 1902. — ThBrieger, Indulgenzen, RE.³, Bd. 9. — Die neuere Literatur über die Anfänge der Ablässe ist sehr groß (s. bes. die Untersuchungen von CPaulus 1906f. und AGottlob, 1907). — Koeniger, Der Ursprung des Ablasses, 1907. — RSeeberg, Dogmengesch. III², S. 68ff. 81ff.

Die Vorstellung des Bildes und Symbols wurde in steigendem Maße vom Abendmahl ferngehalten; man lebte in einer Welt der Mirakel und der Sakramente, um so größer mußte die Neigung werden, den Inhalt des höchsten Sakraments ausschweifend zu schildern, um es aus der Masse des Heiligen hervorzuheben; die Christologie, die den geschichtlichen Christus hinter der Einheit der „Naturen“ verschwinden ließ, forderte ein immer gegenwärtiges christologisches Mysterium, das empfunden und genossen werden kann; die Messe galt als das Hauptstück und Kompendium der Religion, als die Gegenwart Gottes; die Vorstellung von Gottes Eigenschaften konzentrierte sich (von iratus et placatus abgesehen) mehr und mehr in der einen, daß er die allmächtige, wunderwirkende Willkür ist — alle diese Momente wirkten zusammen, um das Ergebnis herbeizuführen: im Abendmahl ist der geschichtliche Leib Jesu Christi gegenwärtig; denn die Elemente werden in ihn verwandelt (die Begriffe „übergehen“, „verwandelt werden“ usw. waren längst im Gebrauch, drücken aber an sich und ursprünglich nicht eine Transsubstantiation aus, sondern den Übergang in einen anderen Sinn und Wert; aber das Volk verstand die Sache anders). Die Gleichung zwischen dem sakramentalen und dem wirklichen (geschichtlichen) Leibe Christi konnte um so leichter vollzogen werden, als man ja diesen selbst von dem Moment der Menschwerdung ab als einen von der Gottheit assumierten, pneumatischen (mysteriösen) betrachtete und ganz doketische Ansichten über ihn hegte, wie z. B. die gleichzeitige Kontroverse über die Geburt Jesu aus Maria clauso utero beweist[1]. Die neue Lehre vom Abendmahl wäre ohne Schwierigkeit im karolingischen Zeitalter formuliert worden, weil sie faktisch bereits vorhanden war, hätte nicht das damals wiederaufgelebte Studium des Sakramentsbegriffs Augustins und seiner spiritualistischen Abendmalslehre hemmend eingewirkt. Paschasius Radbertus, Abt zu Corbie, der die erste Monographie über das Abendmahl *(de corpore et sanguine domini, 831)* geschrieben hat, war einerseits Augustiner und reproduzierte mit wirklichem Verständnis und innerem Anteil die augustinische Lehre, daß die Handlung dem Glauben gehöre und eine geistliche Speisung darstelle; aber andererseits führte er sie in die realistische volkstümliche Lehre über, daß durch ein Allmachtswunder in jeder Messe die Elemente innerlich, aber wirklich in den von Maria geborenen Leib, umgewandelt und nun Gott als Opfer dargebracht werden. Äußerlich tritt in der Regel keine Veränderung ein, damit der Leib Christi nicht mit den Zähnen zerbissen werde. Gott schafft dieses Wunder, das Paschasius als Schöpfungswunder faßt; der Priester läßt nur die Aufforderung an Gott ergehen. Aber wenn auch die heilige Speise nun wirklich der wahrhaftige Leib Christi selbst ist (der sinnenfällige Schein der Elemente ist das Symbol), so bleibt es doch dabei, daß nur die Gläubigen die geistliche Speisung zur Unsterblichkeit erhalten, nicht aber die Ungläubigen. Paschasius hat weder die hierarischen noch die „objektiven" Konsequenzen der Wandelungslehre

---

[1] Diese Kontroverse ist für den Tiefstand der religiösen Interessen charakteristisch. Die virginitas in partu stand allgemein fest; es handelte sich also darum, durch welche Mittel sie erhalten geblieben sei, d. h. ob Jesus zwar auf natürliche Weise, aber mit Hilfe eines Mirakels geboren sei (Ratramnus) oder auf eine ganz übernatürliche Weise (Paschasius Radbertus).

sämtlich gezogen, sondern hat versucht, das Mirakel dem Glauben zuzuordnen: noch immer ist im Abendmahl beides, Symbol und Realität. Er ist auch nicht in erster Linie Theologe der Messe und des Volkes gewesen, sondern wollte Theologe im Sinn Augustins und der griechischen Mystiker sein — allerdings mit dem fatalen Zusatz, daß die eigentümlich komplexe Art des Mirakels ein Glaubensverdienst dem schaffe, der es gläubig anerkennt. Dennoch kam ihm ein unerwarteter Widerspruch. Rabanus sprach sich gegen diese Lehrfassung in einem Brief an Egil aus (keine absolute Identität des sakramentalen Leibes mit dem historischen, verklärten; virtus carnis und caro sind zu unterscheiden, ebenso virtus sacramenti und sacramentum), und Ratramnus, Mönch zu Corbie, fand in seiner Schrift an Karl den Kahlen *(de corpore et sanguine domini)*, daß Paschasius dem „spirituale" Augustins nicht gerecht geworden sei. Aber seine eigenen Ausführungen leiden an der altkirchlichen Unklarheit. Augenscheinlich will er, wie in dem Streit über den uterus clausus der Maria, als guter Augustiner das plumpe Allmachtswunder contra naturam beseitigen und auf das „*spiritualiter geri*" im Interesse des Glaubens allen Nachdruck legen; aber da auch er an dem Vorhandensein des corpus domini nach der Konsekration nicht zweifelt, so muß er zwischen dem wirklichen Leib und dem Leib unterscheiden. Der geborene, gekreuzigte Leib ist nicht im Sakrament — das ist altkirchlich gedacht —, aber in dem Sakrament ist die Kraft des Leibes Christi (die Kraft des Logos) als einer invisibilis substantia und insofern der pneumatische, nur dem Sinne der Gläubigen zugängliche Leib selbst. In einigen Ausführungen kam Ratramnus übrigens dem Paschasius noch mehr entgegen; doch ist die deutlichste Vorstellung die des „*creari in mysterio*"; aber eben diese Vorstellung war den abergläubischen Zeitgenossen nicht mehr deutlich; sie wollten mehr als eine Glaubensrealität und eine Seelenspeise. Paschasius hatte das entscheidende Wort gesprochen. Die Schauer jeder Messe schienen es zu bestätigen und wurden selbst durch die Kraft der sicher formulierten Lehre erhöht. Menschwerdung und Kreuzesopfer wiederholen sich in jeder Messe. Was reicht dann an diese heran? Man brauchte den alten Wortlaut der Meßgebete nicht zu ändern, die, wenn sie von dem Opfer handelten, das Lobopfer betonten und die geistliche Gabe meinten; denn wer merkte auf die Worte? Die Messe als Opferhandlung, in der der Gottmensch in unerschöpflicher Wiederholung Gott dargebracht wurde, hatte aber ihre Spitze schon lange nicht mehr am Genuß, sondern an dem sündentilgenden und Übel wegschaffenden Vollzug. Sie war in das große Entsühnungsinstitut aufgenommen, und man häufte die Messen ohne Kommunion (Seelenmessen), um Gott zu besänftigen. Das uralte Element der Kommemoration der Feiernden hatte sich besonders seit den Tagen Gregors I. selbständig gemacht und die Kommunion gleichsam in eine sekundäre Feier verwandelt. Die erste Feier, die Messe, gehörte den Laien nur insofern, als sie eine besonders wirksame Form der Fürbitte der Kirche zur Erleichterung der Sünden strafen darstellte. Dies war die allein deutliche Wirkung der Handlung — ein winziger, auch durch Summationen durchschlagend nicht zu steigernder Effekt eines ungeheuren Mysteriums!

Die Messe war dem Bußinstitut untergeordnet: in diesem spielte sich das religiöse Leben ab. Die Strafe regierte die Welt und die Gewissen. Der Gottesbegriff der allmächtigen Willkür, der Vergeltung und der Nachlassung, eine christliche Modifizierung des altrömischen, war der herrschende. Er hatte die Vorstellung zur Folge, daß es auf Verdienste ankomme und auf Satisfaktionen, um die durch die Sünde herbeigeführten, sich immer wiederholenden Kontraktbrüche zu kompensieren (poenitere = poenam tenere). So hatte schon Gregor I. gelehrt; aber diese Anschauung floß bei den germanischen Völkern mit ihren nationalen Rechtsvorstellungen und -bestimmungen zusammen. Da nun die abendländische Kirche nicht wie die morgenländische die Rechts- und Sittenpflege dem Staat allein überließ, vielmehr selbst erziehend und strafend eintrat, so entwickelte sich parallel dem Rechtsinstitut des Staats das Bußinstitut der Kirche (die öffentliche Buße trat dabei zurück und hörte — besonders notorische Fälle ausgenommen — ganz auf). Die detaillierte Ausbildung dieses Instituts („geheime Buße“, s. o. § 45) war eine Folge der Übertragung der Bußdisziplin in den Klöstern auf die Welt-Geistlichkeit und die Laien und ist von der iroschottischen resp. angelsächsischen Kirche ausgegangen. Aber in der Angst vor den Sündenstrafen, der Hölle und dem Fegfeuer sind die Laien freiwillig der Praxis entgegengekommen und haben den Einfluß der Kirche auf den gesamten Bereich auch des privaten Lebens selbst herbeigeführt, indem sie die tägliche häusliche und private Buße, zu der sie als Christen verpflichtet waren, unter priesterliche Kontrolle und priesterliche Mittel stellten, da man doch nicht wissen könne, ob man sich nicht solcher schweren Sünden schuldig gemacht habe, deren Tilgung nur durch ein Bußverfahren möglich sei. Eine gewisse Vertiefung des Sündenbegriffs war hier die Voraussetzung: man suchte die Kirche auf, nicht nur der groben Sünden wegen, sondern auch um der „Sündenwurzeln" und der verborgenen Verfehlungen willen (Völlerei, geschlechtliche Lust, Habsucht, Zorn, Verstimmung, Angst und Widerwille des Herzens, Aufgeblasenheit, Stolz), die man nun auch für Todsünden hielt; allein jene Vertiefung wurde aufgewogen durch die abstumpfende Bereitschaft, sich stets als Sünder zu bekennen, und durch die Vorstellung, daß Fürbitten und Satisfaktionen innerhalb eines geordneten kirchlichen Verfahrens an sich die Kraft haben, die verdienten Strafen aufzuheben, zumal bei ausgiebiger und durch den Priester regulierter confessio der Sünden („c o n f e s s i o et poenitentia"; die Aufeinanderfolge confessio, deprekatorische [nicht assertorische] absolutio, poenitentia im Sinne von reuigen und heilungbringenden satisfactiones wird wichtig). In Wahrheit dachte man viel mehr an die Strafe und ihre Beseitigung als an die Beseitigung der Sünde. Im karolingischen Zeitalter wurde die hierarchische Seite des geheimen Bußinstituts noch wenig entwickelt und auch die dogmatische Theorie blieb noch zurück; aber die Satisfaktionen erfuhren eine neue Ausbildung im Zusammenhang mit der durch die freiwillige Beichte übernommenen Bußübung: 1. Zu den alten, mehr oder minder willkürlichen Bestimmungen in bezug auf Auswahl und Dauer der kompensierenden Strafen (Gebete, Almosen, lamentationes, zeitweiliger Ausschluß) treten in steigendem Maße Bestimmungen aus dem alttestamentlichen Gesetz und den germanischen Rechtsordnungen. Jene hatten die Folge, daß die Ausmessung der Kompensationsstrafen selbst in das Licht einer göttlichen Ordnung rückte, 2. die Kompensationsmittel galten als Dinge, an denen Gott eine Freude habe, die also an sich, wenn keine Verfehlung vorliegt, Verdienste begründen; als das wirksamste mußte der Opfertod Christi gelten; also war die Wiederholung dieses Todes (pretii copiositas mysterii passionis) das wirksamste und bequemste Mittel (Seelenmessen); daneben mußte man sich der Heiligen versichern, denn ihre Interzessionen müssen wirksam sein, da Gott von ihnen nichts verlangen kann, sie ihm also wertvolle Geschenke zu bringen vermögen, 3. da die Bußleistungen einen dinglichen Wert vor Gott haben, so können sie vertauscht resp. bei reuiger Gesinnung verringert werden; hier besonders tritt die Kirche ein, indem sie solche Vertauschungen gütig anordnet; so entstand — die Anfänge dieser Praxis stammen schon aus der vorgermanischen Zeit der Kirche [„Almosen rettet vom Tode"] — ein ganzes System von Nachlassungen, Vertauschungen, Ablösungen und Geldredemptionen, zu dessen Aufbau das germanische Recht mitgewirkt hat (Entstehung der Ablässe ihrem innern Wesen nach schon hier; die erleichternden Nachlassungen sind uralt), 4. außer Vertauschung ist aber auch Stellvertretung möglich; hier hat das germanische Recht noch stärker eingewirkt; doch hat die Vorstellung an der Auffassung Christi und der Heiligen als Stellvertreter auch eine kirchliche Wurzel, 5. die ganze Auffassung hatte die Folge, daß man durch die Ableistung der Buße nicht sowohl Gott den Vater wiederzugewinnen, als vielmehr Gott dem Richter zu entfliehen begehrte! Diese Praxis hat den Augustinismus vollends umgebogen; sie hat die Christologie schon zur Zeit Gregors I. beeinflußt, und sie hat dann in der klassischen Zeit des Mittelalters auf alle aus dem Altertum stammenden Dogmen entscheidend eingewirkt und neue geschaffen.

Siebentes Kapitel.

Geschichte des Dogmas im Zeitalter Clugnys, Anselms und Bernhards bis zum Ende des 12. Jahrhunderts.

Karl Müllers K.-Geschichte. — HReuter, a. a. O. — HvEicken, Geschichte und System der mittelalterlichen Weltanschauung, 1887. — AHauck, Kirchengeschichte Deutschlands 3. u. 4. T. — ETroeltsch, Die Soziallehren der christlichen Kirchen und Gruppen, 1912.

Durch das Bußinstitut wurde die Kirche die entscheidende Macht des Lebens in der abendländischen Kirche. Ein Aufschwung der Kirche mußte daher der gesamten abendländischen Christenheit direkt zugut kommen. Dieser Aufschwung ist seit der Mitte des 10. Jahrhunderts eingetreten und hat bis zum 13. Jahrhundert fortgewirkt, in dem die Herrschaft der Kirche und das System der mittelalterlich kirchlichen Weltanschauung vollendet ist. Seit dem Ende des 13. Jahrhunderts entwickelt sich das innere kirchliche Leben nicht mehr ausschließlich unter der Führung der Hierarchie. Betrachtet man das Christentum als Lehre, so erscheint das Mittelalter fast wie ein Anhang zur Geschichte der alten Kirche; betrachtet man es aber als Leben, so ist das alte Christentum erst in der mittelalterlich-abendländischen Kirche zu voller Ausgestaltung gekommen. Im Altertum standen der Kirche die Motive, Maßstäbe und Vorstellungen des antiken Lebens als Schranken gegenüber. Sie hat diese Schranken, wie die griechische Kirche zeigt, nie zu überwinden vermocht: das Mönchtum steht neben der Kirche, die Weltkirche ist die alte Welt mit christlicher Etikette. Aber die abendländische Kirche des Mittelalters hat die ihr eigentümlichen Maßstäbe der mönchischen Askese und der Beherrschung des Diesseits durch das Jenseits viel sicherer durchzusetzen vermocht, weil sie nicht eine alte Kultur neben sich hatte. Allmählich ist sie so erstarkt, daß sie schließlich auch den alten Feind, die aristotelische Wissenschaft, in ihren Dienst zu nehmen und sowohl für ihre „natürliche Theologie“ als auch im Dienst der geoffenbarten (um unbequeme Konsequenzen der Mystik abzuwehren) zu einem Machtmittel umzuschaffen vermocht hat. Sie hat sich alle Elemente des Lebens und Wissens unterworfen. Die innere Kraft ihres Wirkens war der feste Glaube an das jenseitige Leben und die augustinisch-asketische Frömmigkeit, die in immer wiederholten Reaktionen und Neubildungen des Mönchtums hervorbrach, die äußere war der römische Papst, der als Nachfolger Petri das Recht Christi und der römischen Cäsaren bezw. Karls des Großen zugleich geltend machte.

§ 61. Der Aufschwung der Frömmigkeit.

AHarnack, Das Mönchthum (Reden und Aufsätze, Bd. 1, 1903). — KLamprecht, Das deutsche Geistesleben unter den Ottonen i. d. Ztschr. f. Geschichtsw. VII, 1 S. 1 ff. — Sackur, Die Cluniacenser, 2 Bde. 1892/94. — ANeander, Der h. Bernhard (hrsg. v. Deutsch, 1889). — HHüffer, Der heilige Bernhard I, 1886. — ASteiger, Der h. Bernhard, 1907 f. — ARitschl i. d. Stud. u. Krit. 1879, S. 317 f. — Deutsche Geschichte von KWNitzsch, WGiesebrecht, KLamprecht usw. — RSeeberg, Dogmengesch. III² S. 118 ff.

Von Quedlinburg (Mathilde), den lothringischen Klöstern und Clugny (KMüller, Kirchengeschichte I S. 384 ff., 396 ff., 403 ff.) ist der neue Aufschwung der Frömmigkeit ausgegangen; die gregorianischen Päpste, die neuen Kongregationen und Bernhard haben ihn durchgesetzt; die Laien kamen ihm z. T. lebhafter entgegen als die Weltkleriker, an die er größere Anforderungen stellte; in dem Kreuzzugs-Enthusiasmus und den unzähligen Klosterstiftungen stellte er sich am deutlichsten dar. Strenge Zucht in den Klöstern, Regulierung der Weltgeistlichkeit (Annäherung ihres Lebens an das mönchische), Herrschaft der mönchisch regulierten Kirche über die Laienwelt, die Fürsten und Nationen, Unterwerfung des irdischen Lebens unter die Hoffnung und den Gewinn des jenseitigen — das waren die Ziele. Auf dieser Grundlage allein schien es möglich, ein wahrhaft christliches Leben zu erzeugen. Das ganze Diesseits soll dem Jenseits dienen: höchste Anspannung der Weltherrschaft der Kirche, um die vollkommenste Ueberwindung der Welt, d. h. Weltflucht, zu gewinnen. Freiheit von der Welt schien nur unter der Bedingung der Weltherrschaft möglich. Auch solche Mönche haben sich von dieser Dialektik blenden lassen, die den Widerspruch zwischen dem Zweck und dem Mittel wohl fühlten und den direkten Weg, Weltflucht durch Weltflucht zu verbreiten, für ihre Person vorzogen. Aber die Kirche war ja auch der Gottesstaat, nicht nur die individuelle Beseligung! Darum entflammten auch sie die Gemüter zum Kampf gegen simonistische Fürsten und weltsüchtige Kleriker. Um den Schmerzenszug der Weltverneinung vollkommen auszuprägen, dazu waren Germanen und Romanen noch zu jugendlich. Der gewaltige Charakterzug der Welteroberung verband sich mit ihm und schuf jene merkwürdige Stimmung, in welcher blitzartig Kraftgefühl und Demut, Genußsucht und Verzicht, Grausamkeit und Sentimentalität wechselten. Man wollte nichts von dieser Welt, sondern nur den Himmel, und man wollte doch diese schöne Erde besitzen.

Der religiöse Individualismus wurde zunächst noch nicht entzündet (doch s. die Ketzereien, die im 11. Jahrhundert Eingang fanden, teils importiert aus dem Osten — Bogomilen — teils vielleicht auch schon spontan entstanden); wohl aber brachte man aus dem heiligen Lande, in das man Kreuzzugsablässe mitnahm, Anschauungen zurück. Das Christusbild wurde wiedergewonnen und die Frömmigkeit wurde durch die lebendigste Vorstellung von dem leidenden und sterbenden Erlöser belebt: man muß ihm auf allen Stufen des Leidenwegs folgen! Damit trat an die Stelle des ausgeschiedenen „Adoptianismus" doch wieder der Mensch Jesus in den Vordergrund, und die negative Askese erhielt eine positive Form und ein neues sicheres Ziel. Die Töne der Christusmystik, welche Augustin nur unsicher angeschlagen hatte, wurden zu einer hinreißenden Melodie. Neben den sakramentalen Christus trat — die Vermittlung bildete auch hier die Buße bzw. die Bußleistung — das Bild des geschichtlichen, die Hoheit in der Demut, die Unschuld in dem Leiden, das Leben in dem Tode. Es ist unermeßlich, welche Wirkungen diese an dem „Ecce homo" neugestimmte und in ihrem Schuldgefühl vertiefte Frömmigkeit gehabt und wie mannigfaltig sie sich entwickelt hat. Zu kräftiger und ergreifender Darstellung hat sie zuerst der heilige Bernhard gebracht, der, obgleich ein Kirchenfürst wie Cyprian, Athanasius und Cyrill, doch das religiöse Genie des 12. Jahrhunderts und darum auch der Führer der Epoche gewesen ist — Augustinus redivivus. Soweit Bernhard ein System der Kontemplation darbietet und den Stufengang der Betrachtung (caritas und humilitas) bis zum Exzeß schildert, so weit hat er Augustin nacherlebt. Auch seine Sprache ist von der der Konfessionen bestimmt. Aber in der passionierten Christusliebe ist er über Augustin hinausgeschritten. „Die Ehrfurcht vor dem, was unter uns ist", vor dem Leiden und der Demut (Devotion), ist ihm aufgegangen, wie vielleicht keinem abendländischen Christen zuvor.

Er verehrte Kreuz, Schmach und Tod als die Gestalt des Göttlichen, das auf Erden erscheint. Das Studium des Hohenliedes und die Kreuzzugsbegeisterung führten ihn vor das Bild des gekreuzigten Heilandes als des Bräutigams der Seele. In dieses Bild versenkte er sich; in ihm leuchtete ihm die Wahrheit und glühte ihm die Liebe leibhaftig [1]. Die Sinnlichkeit der Anschauung der Wunden Christi verschmolz sich ihm mit der geistlichen Erhebung, die aber stets auf der Grundlage der kirchlichen Bußordnung ruhen und dem Glauben dienen sollte. Bernhard hat die augustinischen Exerzitien des Aufstiegs zu Gott mit der Betrachtung des gekreuzigten Erlösers verbunden und die Subjektivität der Christusmystik und -lyrik entfesselt. Diese Betrachtung hat ihn in seinen Sermonen über das Hohelied zu einer Selbstbeurteilung geführt, die an einigen Stellen die Höhe paulinischen und lutherischen Heilsglaubens gewinnt (*„non modo iustus sed et beatus, cui non imputabit deus peccatum“*). Daß das Hochgefühl des Erlebens Gottes kein stetiges sein könne, hat er schmerzlich gefühlt, wie jeder Mystiker; aber er hat die Anweisung sich und anderen gegeben, die Erfahrungen des gesteigerten Gottes-Empfindens für das Leben der Seele in den Tagen der Nüchternheit fruchtbar zu machen. Die letzte Konzeption, welche Geschichtliches nicht mehr nötig hat, findet sich gelegentlich auch bei ihm. Aehnlich wie Origenes verkündigte auch er, daß man von dem Christus im Fleisch zu dem Christus *κατὰ πνεῦμα* aufsteigen müsse, daß das Geschichtliche eine Stufe sei. Aller Mystik ist in der Folgezeit dieser Zug geblieben. Ferner hat sie von Bernhard, den man wie einen Propheten und Apostel verehrte, die Christuskontemplation gelernt; aber sie hat sich zugleich, über ihn hinausgehend, wieder zu einem pantheistischen Erleben führen lassen. Das „excedere et cum Christo esse“ heißt ihr, daß die Seele in den Armen des Bräutigams aufhört, ein eigenes Selbst zu sein. Wo aber die Seele in die Gottheit untergeht, da löst sich die Gottheit in das All-Eine auf. Indessen bei Bernhard selbst läßt diese religiöse Erregung auch auf ihrem Höhepunkte den Zusammenhang mit der Demut,

[1] *„Dilectus meus, inquit sponsa, candidus et rubicundus; in hoc nobis candet veritas et rubet caritas“.*

die der Kreatur gebührt, und mit dem Ethischen nicht vermissen. Glaube, Liebe und Hoffnung bleiben auch für die Erlebnisse des Perfectus die eigentlichen Güter.

Unermeßlich ist die Bedeutung der neuen Christusanschauung für die Christologie gewesen. Man behielt das Schema der beiden Naturen freilich bei; aber in Wahrheit gab es neben Christus, dem Richter, und dem sakramentalen Christus einen dritten, den Menschen Jesus, dessen Gesinnung, Leiden und Taten göttliches Leben darstellen und fortpflanzen. Er ist Kraft und Vorbild — daher Nachfolge Christi durch Nachahmung —; auch sein Todesopfer ist das Opfer des Menschen, in dem Gott war. So kam hier die augustinische, schon von Ambrosius angebahnte Vorstellung zu ihrer Vollendung. In der zweiten Hälfte des 12. Jahrhunderts ist diese neue Frömmigkeit (Liebe, Leiden, Demut) eine gewaltige Kraft in der Kirche. Aber wie Bernhard den Kontrast zwischen der Welt des christlich-frommen Gefühls und der hierarchischen Politik der weltherrschenden Kirche in sich selber darstellte, so haben auch die meisten Gläubigen in naiver Anhänglichkeit an die Kirche die Ideale der weltlichen Macht und der Demut für vereinbar gehalten. Noch ist der große Bettler von Assisi nicht aufgetreten, dessen Erscheinung eine Krisis in dem Gewoge von Weltflucht und Weltherrschaft hervorrufen sollte; aber am Ende des 12. Jahrhunderts umschwebten bereits zornige Flüche von „Häretikern" die Kirche, die in ihrer weltlichen Herrschaft und in der Veräußerlichung ihrer Gnadenspendungen die Züge der alten Babel erkannten, und Bernhard selbst hat die Päpste gewarnt.

§ 62. Zur Geschichte des kirchlichen Rechts.

FrMaassen, Geschichte der Quellen und Literatur des kanonischen Rechts I, 1870. — JFvSchulte, Geschichte der Quellen des Kirchenrechts I und II, 1875. — PHinschius, Katholisches Kirchenrecht. — HSDenifle, Universitäten des Mittelalters, 1885. — GKaufmann, Geschichte der deutschen Universitäten I, 1888. — CMirbt, Die Publizistik im Zeitalter Gregor's VII., 1894; ders., Quellen z. Gesch. des Papsttums,[3] 1911. — Carlyle, A hist. of mediaeval political theory, 2 Bde., 1903 f.

Was je einmal von Päpsten beansprucht worden, erscheint in der großen Fälschung Pseudoisidors (s. ESECKEL in RE.[3]) zusammengefaßt und als uraltes päpstliches Recht dargestellt: die Unabhängigkeit der Kirche und ihrer Organe von den Laien und die päpstliche Herrschaft über die Bischöfe und die Nationalkirchen. Auf dieser pseudoisidorischen Grundlage bauten die Päpste der Folgezeit. Nicht um Theologie war es ihnen zu tun, sondern, als Römer, um die Ausbildung des Rechts, das sie als ein göttliches für sich in Anspruch nahmen. In dem Streit zwischen Kaiser und Papst handelte es sich vor allem darum, wer der wirkliche Rektor des Gottesstaats sein sollte und wem die Bischöfe zu unterstehen haben. Das reformierte Papsttum entwickelte sich unter den Impulsen Clugnys und Gregors VII. zur autokratischen Macht in der Kirche und bildete demgemäß durch zahllose Dekretalen seine Gesetzgebung aus, nachdem es sich in Rom selbst von den letzten Resten älterer Verfassungszustände befreit hatte. Verbündet mit den Besten des Zeitalters haben die Päpste des 12. Jahrhunderts, nachdem sie die Investitur erlangt, ein neues Kirchenrecht zu entwerfen begonnen. Die Dekretalen traten neben die alten Kanones, ja neben die Beschlüsse der alten Konzilien. Doch blieb strenggenommen ihr Ansehen noch schwankend.

Niemals hätte das Papsttum, indem es sich als jurisdiktionelle Oberinstanz entwickelte, in der Kirche, die doch Glaubens- und Kultusgemeinschaft ist, die monarchische Leitung in bezug auf Glaube und Sitte erlangen können, wäre nicht in unserer Periode die Verquickung von Dogma und Recht perfekt geworden. Die Form des Dogmatischen trat in Rom selbst hinter der des Rechts (lex dei) vollständig zurück, und die romanisch-germanischen Völker waren zunächst wehrlos; denn als römische Rechtsordnung war die Kirche einst zu ihnen gekommen. Die großen Päpste waren Mönche und Juristen. Die juristisch-wissenschaftliche Behandlung aller Funktionen der Kirche wurde die höchste Aufgabe. Das Studium des Rechts übte einen ungeheuren Einfluß auf die denkende Betrachtung der Kirche in der ganzen Breite ihrer Existenz aus. Was sich früher aus zwingenden Verhältnissen heraus entwickelt hatte, die Kirche als Rechtsinstitut, wurde nun durch den Gedanken befestigt und ausgebaut. Der Geist der Jurisprudenz, der sich über den Glauben der Kirche lagerte, begann sich auch die überlieferten Dogmen unterzuordnen. Hier hat die Scholastik eine starke Wurzel; aber man darf nicht vergessen, daß von Tertullian her die abendländischen Dogmen für eine juristische Behandlung zubereitet waren, aus der sie z. T. sogar entstanden sind. Auf auctoritas und ratio gründet sich die Dialektik der Juristen. Es gehört mit zu den großen Kontrasten des Mittelalters — bernhardinische Frömmigkeit und römisch-juristisches Denken! Auf diesem Wege sollte die Kirche zur Gerichtsstube und zeitweilig auch zum Kaufhaus und zur Räuberhöhle werden. Aber in unserer Epoche stand sie noch am Anfang dieser Entwicklung.

Vor Uebergriffen der absoluten Staatsgewalt im großen und kleinen vermochte sich die Kirche in der mittelalterlichen Frühzeit oft nur durch Fälschungen (durch Fiktionen alter heiliger Besitztitel) zu schützen, und auch um Kultur, Bildung und geistliches Leben vor der rohen Faust zu bewahren und sie zu fördern, gab es häufig kein anderes Mittel. Wäre nicht der Episkopat in Westeuropa einfach ein Staats- oder Hofamt geworden, wenn die Kirche in bezug auf die Begründung seiner geistlichen Natur nicht mit Fälschungen nachgeholfen hätte, da eine rein geistlich-sachliche Darlegung nicht respektiert worden wäre? Und bald lernte auch die Gegenpartei die Kunst der Fälschungen; schon bald nach der Mitte des 11. Jahrhunderts lügen und fälschen die antipäpstlichen Parteien in der Publizistik und in Urkunden mehr als die päpstliche. Daß diese in unsrer Periode bei aller Machtpolitik ernsthaft die Hebung des geistlichen und moralischen Charakters der Weltgeistlichkeit (und durch sie der Gesamtkirche) im Auge hatte, kann nicht verkannt werden. Kaiserliche Politiker wie Heinrich III. waren, nachdem einmal der Kampf der beiden Gewalten ausgebrochen war, überhaupt nicht mehr möglich: die Kaiser waren auf die Unterstützung der „Laxen“ angewiesen. Nicht möglich aber war auch eine Trennung von Kirche und Staat, wie sie Kardinal Humbert vorschwebte; denn dann hätte die Kirche sehr bald den Staat als Teufelsstaat bekämpfen müssen, und er wäre es vielleicht auch geworden. Daß die Nationalkirchen bei dieser Lage der Dinge schließlich mehr oder weniger geopfert werden mußten (das völlige Opfer mußte nur das römische Reich deutscher Nation bringen), war das folgenschwerste Ergebnis des Kampfes.

§ 63. Der Umschwung der Wissenschaft.

Geschichte der Philosophie von FUeberweg, JEErdmann, OWillmann, Haureau, AStöckl, AEnders; die Arbeiten von CBäumker in der „Kultur der Gegenwart“ (1909) u. sonst. — Geschichte der Logik von CPrantel, Bd. II—IV. — HReuter, a. a. O. — OBaltzer, Beiträge zur Geschichte des christologischen Dogmas im 11. und 12. Jahrhundert, 1898. — HSDenifle a. a. O. und im Archiv für Literatur-

und Kirchengeschichte des Mittelalters III. Bd. S. 634 ff. — GKAUFMANN a. a. O. — AMIGNON, Les origines de la scolastique et Hugues de St. Victor, 1895. — JHLÖWE, Kampf zwischen dem Nominalismus und Realismus, 1876. — MGRABMANN, Gesch. der scholast. Methode, 2 Bde., 1909 f. — GROBERT, Les écoles . . . pendant la I. moitié du XII. siècle, 1909. — FRHASSE, Anselm, 1852 f. — SMDEUTSCH, P. Abälard, 1883. — AHAUSRATH, Abälard, 1893. — FNITSCH, Abälard in d. RE[3]. — GIETL, Die Sentenzen Rolands, 1891. — OBALTZER, Die Sentenzen des Petrus Lombardus, 1902. — JKILGENSTEIN, Die Gotteslehre des Hugo von St. Victor, 1898. — ALIEBNER, Hugo v. St. Victor, 1832. — RSEEBERG, Dogmengesch. III[2] S. 135 ff. und RE[3], Bd. 11, S. 630 ff., Bd. 17 S. 707 ff.

Scholastik ist die Wissenschaft des Mittelalters. In ihr zeigt sich eine Kraftprobe des Denktriebes und eine Energie, alles Wirkliche und Wertvolle dem Gedanken unterzuordnen, wie vielleicht kein anderes Zeitalter eine solche bietet. Aber Scholastik ist allerdings Denken „aus der Mitte heraus“; denn wenn die Scholastiker auch überall auf die letzten Gründe zurückgingen, so sind diese nicht aus der Erfahrung und der wirklichen Geschichte gewonnen, obgleich die Erfahrung in steigendem Maße im Laufe der Entwicklung der mittelalterlichen Wissenschaft berücksichtigt wurde. Auctoritas und ratio (dialektisch-deduktive Methode) beherrschen die Scholastik, die sich von der alten Theologie dahin unterscheidet, daß die Autorität des Dogmas und der Kirchenpraxis eine fester gefügte und ihr Inhalt ein höchst ausgebreiteter ist, und daß man in der zugehörigen Philosophie (der antiken) nicht mehr lebte, sondern sie von außen hinzubrachte. Ihre Grundvoraussetzung hat sie — wenigstens bis zur Zeit ihrer Auflösung — an der These, daß alle Dinge aus der Theologie zu verstehen, alle Dinge deshalb auch auf die Theologie zurückzuführen sind. Diese These setzt voraus, daß der Denker sich selbst in der vollen Abhängigkeit von Gott empfindet. Die Frömmigkeit ist also die Voraussetzung der mittelalterlichen Wissenschaft. Im Wesen der augustinisch-mittelalterlichen Frömmigkeit selbst liegt aber die zur Wissenschaft führende Kontemplation begründet; denn Frömmigkeit ist die aus der stetigen Reflexion über die Beziehung der Seele auf Gott erzeugte, sich steigernde Erkenntnis. Also ist die Scholastik, sofern sie alle Dinge von Gott ableitet und in ihm wiederzusammenfaßt, bewußtgewordene und exponierte Frömmigkeit. Eben deshalb ist sie in der Wurzel von der Mystik nicht verschieden; der Unterschied liegt nur darin, daß in der Scholastik die Erkenntnis der Welt in ihrer Beziehung zu Gott ein selbständigeres, objektives Interesse gewinnt und die theologischen Lehren bewiesen werden sollen, während in der Mystik die reflexive Abzweckung des Erkenntnisprozesses (zur Erhöhung der eigenen Frömmigkeit) stärker hervortritt. Auch wird in jener von der rationalen Dialektik in der Regel mehr Gebrauch gemacht, in dieser von der Intuition und den inneren Erlebnissen. Aber unbedenklich kann z. B. die Theologie des Thomas ihrem Ausgangspunkt und Ziele nach auch als Mystik bezeichnet werden, und umgekehrt gab es Theologen, die man herkömmlich Mystiker nennt, die aber in der Stärke des Triebes, die Welt zu erkennen und die Kirchenlehre ordnend zu verstehen, den sog. Scholastikern nichts nachgaben. Nicht nur der Zweck ist derselbe (Mystik ist die Praxis der Scholastik), sondern auch die Mittel (das autoritative Dogma der Kirche, die geistliche Erfahrung, die überlieferte Philosophie) sind dieselben und nur in verschiedener Stärke verteilt. Die Spannungen, welche sich anfangs in der mittelalterlichen Wissenschaft einstellten, sind deshalb auch beseitigt worden, nachdem man die Kunst gelernt hatte, die dialektische Methode dem überlieferten Dogma und dem Frömmigkeitsstreben überall unterzuordnen.

Das Mittelalter hat von der alten Kirche die Heilige Schrift, das wesentlich fertige Dogma, die Theologie, die zu diesem Dogma geführt hat (Johannes Damascenus, schon früher dem Abendland bekannt, ist auf Geheiß Eugens III. ins Lateinische übersetzt worden, s. Lombard I, 19, 9), und einen Schatz klassischer, mit der Theologie lose zusammenhängender Literatur und philosophisch-methodischer Lehren erhalten. In diesen Beigaben zum Dogma waren auch Elemente überliefert, die dem Dogma feindlich waren oder es doch bedrohten (der Neuplatonismus, Ciceronianismus und Aristotelismus). Vor allem aber war mit ihnen, aber auch schon mit dem Dogma selbst, als große geistige Macht der Gedanke und der Inhalt der natürlichen Theologie (und der natürlichen Moral) überliefert. Man konnte sie nicht missen, wenn man die Philosophie, die Weltkirche und das

Weltleben (neben dem mönchischen) nicht ganz abdanken wollte, und man durfte es anderseits nicht zulassen, daß sie sich die geoffenbarte Theologie unterwarf, vielmehr mußte diese die Herrscherin bleiben.

In der Theologie des Joh. Damascenus war der Versuch gemacht, vieles Widerstrebende wissenschaftlich auszugleichen; aber dem Abendland konnte die Arbeit der Vermittlung nicht erspart werden, eben weil die Kulturaufgaben der abendländischen Kirche auf allen Linien viel mehr verlangte, als was die morgenländische geleistet hatte. Im karolingischen Zeitalter waren die Kräfte des Abendlandes noch zu schwach, um mit den Kapitalien selbständig zu arbeiten, die es ererbt hatte. Einige Theologen lebten sich in Augustin ein — schon dieses Unternehmen hatte, wie wir gesehen haben, partielle Krisen zur Folge —, andere steckten sich in das fremde Gewand der klassischen Autoren; in den Schulen lernte man an den Schriften des Boethius und Isidor die Anfänge der dialektischen Methode und einen schüchternen Gebrauch der ratio. Selbständig war, von Scotus Erigena abgesehen, kein Theologe. Wenn sie selbstbewußter werden, lehnen sie die Erkenntnis der Natur, des Teufels Buhlerin, und die Antike zunächst ab. Als formales Bildungsmittel konnten sie sie freilich nicht entbehren, und in steigendem Maße imponierte die Dialektik (als „ratio“ gepriesen), d. h. jene Methode, welche die Begriffe zergliedert und zuerst Widersprüche aufdeckt, um sie dann zu lösen. Aus dem karolingischen Zeitalter läuft eine Kette wissenschaftlicher Überlieferung in gelehrten Schulen bis ins 11. Jahrhundert. Aber noch nicht Gerbert von Rheims (Papst Sylvester) brachte es zu epochemachender Wirkung, sondern erst die theologischen Dialektiker seit der Mitte des 11. Jahrhunderts. Die philosophisch-theologische Hauptfrage der Zukunft ist schon damals erwogen worden, ob die Gattungsbegriffe über oder in den Dingen existieren, oder ob sie nur Abstraktionen sind (Boethius in Porphyr.; Realismus und Nominalismus). Der kirchliche Instinkt der Selbsterhaltung wandte sich zunächst dem Realismus zu, den die Mystik forderte. Als Roscellin infolge seines verfrühten Nominalismus zum Tritheismus gekommen war, wurde mit diesem auch jene Denkweise als häretisch zu Soissons abgewiesen (1092). Mit großem Mißtrauen wurden die Dialektiker im 11. Jahrhundert, zumal wenn sie sich dem Nominalismus näherten, betrachtet (Anselm: „*Dialectici, immo dialecticae haeretici, qui nonnisi flatum vocis putant esse universales substantias*“). In der Tat griffen sie häufig nicht nur den rohen Aberglauben und die barbarische Denkweise in der Religion an, sondern gefährdeten auch die Orthodoxie oder das, was man für Orthodoxie hielt. Aber „Aufklärer“ waren sie nicht. Sieht man näher zu, so stehen auch die kühnsten auf dem Boden der Kirche oder sind doch mit hundert Fäden an ihn geknüpft. Freilich alle Wissenschaft, auch die gebundenste, wird stets ein Element in sich schließen, durch das sie den Glauben, der Ruhe begehrt, beleidigt; sie wird eine Frische, Freudigkeit und akademische Freiheit zur Schau tragen, die der Devotion als Keckheit erscheint; ja sie wird, auch wenn sie im Ausgangspunkt und im Ziele sich mit der Kirche eins weiß, niemals einen negativen Zug verleugnen können, weil sie mit Recht immer finden wird, daß die Prinzipien der Kirche in den konkreten Ausprägungen des Lebens deterioriert und durch Aberglauben und Wünsche entstellt sind. So war es auch damals; aber wie der Aufschwung der Wissenschaft eine Folge des Aufschwungs der Kirche gewesen ist, so hat auch die Kirche schließlich ihr eigenes Leben in der Theologie wiedererkannt.

In der Erhebung der Wissenschaft war ein Dreifaches gegeben: 1. die Vertiefung in die neuplatonisch-augustinischen Prinzipien aller Theologie, 2. die erhöhte Virtuosität in der dialektischen Zergliederungskunst und der rationellen Beweisführung, damit auch die Zuversicht zur Vernunft und natürlichen Theologie, 3. eine sich steigernde Beschäftigung mit den Kirchenvätern und den alten Philosophen. Die Gefahr jener Vertiefung war ein akosmistischer mystischer Pantheismus, und je naiver man dem Realismus huldigte, um so größer war die Gefahr; die Gefahr der Dialektik war die Auflösung des Dogmas statt der Beweisführung; die Gefahr der natürlichen Theologie war die Neutralisierung der spezifischen Glaubenslehren oder ihre Zersetzung; die Gefahr des Umgangs mit den Alten war die Verflüchtigung des geschichtlichen Christentums in den Kosmopolitismus, in eine blasse allgemeine Religionsphilosophie auf dem Boden der durchschauten Geschichte. Eine eigentliche Philosophie neben der Theologie gab es bis zum Ende des 12. Jahrhunderts noch nicht; soweit etwas dem Ähnliches existierte, wurde es gefürchtet, und so geschah es, daß zunächst die sub 2 bemerkte Gefahr (Berengar und seine Freunde) am frühesten empfunden wurde. Die sub 1 markierte Gefahr wurde um so weniger bemerkt, als der angesehenste Theologe um 1100, Anselm, dessen Orthodoxie über jedem Zweifel stand, sich höchst unbefangen wie in den rationalen Beweisen so in den neuplatonisch-augustinischen Prinzipien bewegte. Vielleicht hätte er — ein Systematiker von besonderer Energie, ja der Begründer der mittelalterlichen Systematik trotz der noch bestehenden Dürftigkeit des philosophischen Stoffs — bereits die dialektische Wissenschaft, der er sich mit Virtuosität zu bedienen verstand, zu vollen Ehren gebracht und die Verträglichkeit der Mystik (meditatio) und Vernunft, des Autoritätsglaubens und der ratio, glaublich gemacht (*credo, ut intelligam* einerseits — *rationabili necessitate intelligere esse oportere omnia illa*[1]), *quae nobis fides catholica de Christo credere praecipit* andererseits), hätten nicht Schüler von ihm, wie Wilh. von Champeaux, bedenkliche Konsequenzen des platonischen Realismus gezogen (die eine ruhende Substanz, das Erscheinende als Schein), und wäre nicht in Abälard ein kühnes wissenschaftliches Talent aufgetreten, das die Kirchenmänner abschrecken mußte. Abälard fehlt der Zug des Aufklärers nicht ganz; aber er ist mehr kühn als konsequent gewesen, und sein „Rationalismus" sowie sein genialer Blick für das Vernünftige und Wirkliche hatten an der Anerkennung der Offenbarung ihre Schranke. Aber dem bloßen Autoritätsglauben ist er — wenn auch längst nicht überall — doch entgegengetreten; er wollte wissen, was er glaubte, und er wollte zeigen, wie unsicher und widerspruchsvoll die unkontrollierte Orthodoxie und die für unfehlbar ausgegebene Überlieferung sei („Sic et Non"). So hat er die Grundlagen des Glaubens in gleicher Weise

[1]) Vor allem der christliche Gottesbegriff selbst; Anselm ist ganz von der Denknotwendigkeit desselben überzeugt (ontologischer Beweis); so bleibt es bis Duns Scotus.

ins Auge gefaßt, wie die im Dogma sich darstellenden theologischen Spitzen. Seine Gegner, vor allem Bernhard, empfanden seine Trinitätslehre und die ganze Methode seiner Wissenschaft, die freilich bei ihm und den Schülern oftmals in formalistische Disputierkunst ausartete und mit unerträglichem Hochmut gepaart war, als fremd und häretisch; sie haben ihn deshalb verurteilt. Sie merkten gar nicht, daß die bedenklichsten Sätze des kühnen Erneuerers teils von den Kirchenvätern stammten, teils Konsequenzen jener mystischen Gotteslehre waren, die sie selber teilten (so seine Geschichtsbetrachtung, die das geschichtliche Christentum zugunsten der griechischen Philosophie zu neutralisieren scheint; vgl. Justin). Noch paradoxer ist es, daß gerade Abälard (indem er einerseits jene Konsequenzen zog, andererseits eine Art von Konzeptualismus an die Stelle des Realismus setzte) dem nüchternen Denken einen materiellen Einfluß auf die Betrachtung der Grundprinzipien vergönnte, die pantheistischen Folgerungen der damaligen Orthodoxie beseitigte und so den Grund zur klassischen Ausgestaltung der mittelalterlichen konservativen Theologie gelegt hat. Das kirchliche Dogma forderte den Realismus, aber war denkend nicht zu halten unter der vollen Herrschaft der mystischen neuplatonischen Theologie. Es bedurfte der Herabstimmung des platonischen Hochflugs, also der natürlichen Theologie bzw. des „Aristotelismus", wie man ihn damals verstand und wie er damals wirkte, nämlich als die Betrachtung der Dinge, nach der das Erscheinende und Kreatürliche nicht die transitorische Ausgestaltung des Göttlichen ist, sondern der übernatürliche Gott als Schöpfer im eigentlichen Sinn des Wortes die Kreatur hervorgerufen und mit Selbständigkeit begabt hat. Mit dieser Betrachtung hat Abälard wieder begonnen, und manches, was zu seiner Zeit Widerspruch hervorrief, ist nachmals orthodox geworden. Doch es lag an ihm selbst, an den Fehlern seines Charakters, an der Unklarheit seiner Positionen und an manchen Heterodoxien, daß er nicht durchschlug. Er diskreditierte bei Bernhard und den Mystikern die „Wissenschaft" so sehr, daß die nächste Generation der Theologen einen schweren Stand hatte. Es hätte nicht viel gefehlt, so wären die (wahrscheinlich 1151 verfaßten) Sentenzen des Petrus Lombardus, des Schülers Abälards, die mit einer gewissen wissenschaftlichen Freiheit die patristische Tradition, Meinung gegen Meinung, zusammenstellen[1], eine zweckmäßige Übersicht über die Lehre im Geiste der Kirche geben[2], aber theologische Entscheidungen im einzelnen häufig offen lassen[3], verurteilt worden (1164, 1179). Walter von St. Victor eiferte gegen ihn wie gegen Abälard, da auch der Lombarde neben der auctoritas der ratio folgt und sich der dialektischen Methode bedient. Aber die Aufgabe der Theologie, eine transparente Übersicht über das ganze Gebiet der Dogmatik zu liefern (Gotteslehre [Trinität, Prädestination usw.] — Schöpfung, Engel, Freiheit, Sünde — Christologie, Glaube, Hoffnung, Liebe, Tugendlehre — Sakramente, Eschatologie) und alles durchzudenken war, einmal gestellt, nicht mehr zu beseitigen, und in der Erledigung dieser Aufgabe kamen sich Abälardianer und Bernhardiner näher. Auch forderte der Verkehr mit Juden und Muhamedanern eine verständige Apologetik. Am meisten aber hat der bedeutende Lehrer, der alter Augustinus, der größte Dogmatiker des Abendlands zwischen Augustin und Thomas[4] „Hugo von St. Victor († 1141; „De sacramentis" — „die Sentenzen", deren Echtheit mindestens als indirekte anzuerkennen ist), der schon auf den Lombarden sehr stark eingewirkt hat[5], für die Vereinigung der Richtungen getan. Er hat auch in der Bearbeitung einzelner Dogmengruppen Vorbildliches für die Folgezeit geleitet und, indem er den Stoff in einer gewissen zusammenhängenden Vollständigkeit als Schüler

[1] Etwa 1500, zu einem großen Teil freilich aus zweiter Hand (besonders aus der glossa Strabonis und aus dem Decretum Gratiani) genommene Zitate, zwei Drittel aus Augustin, und von diesen zwei Siebentel aus de trinitate!

[2] Das Werk ist rein theologisch; eine Prinzipienlehre fehlt, darum auch die Philosophie.

[3] Nur der Geist des Buchs ist von Abälard abhängig; die besondere Aufgabe und wohl auch die Zeitlage verboten es, ihn auszuschreiben; abgeschwächt sind im einzelnen seine Gedanken nicht selten. Benutzt ist auch Joh. Damascenus, ja er liegt direkt oder indirekt der Disposition zugrunde (Seeberg).

[4] An Einfluß hat er den Anselm wohl noch übertroffen.

[5] Die Sentenzen des Lombarden haben die Summa der Sentenzen Hugos nachmals verdrängt, weil sie objektiver gehalten sind als jene.

Augustins durchdrungen hat (die Christologie am kürzesten), ist er bereits zu einer „Dogmatik“ gelangt, die zwar Reproduktion ist, aber doch auch eine selbständige Produktion darstellt. Dabei ist rationale Dialektik im Sinne Abälards nicht seine Sache, und doch versteht er die ratio virtuos anzuwenden, nachdem er das Prinzip der Glaubenserkenntnis wider Abälards rationalen Intellektualismus auf den Boden der durch eine Willensentscheidung bestimmten Frömmigkeit gestellt hatte. Freilich den frischen Blick Abälards in bezug auf die Widersprüche der Überlieferung besaß er nicht.

Die neue Frömmigkeit, auch mit den allerneusten Auflagen, Exerzitien und Erbauungsmitteln, konflagrierte am Ende des 12. Jahrhunderts doch allmählich, wenn auch nicht vollkommen, mit der dialektischen Wissenschaft. Dort wurde der naive Köhlerglaube, hier die Keckheit ausgeschaltet, mit der allerdings auch manche frische Erkenntnis verloren ging. Dies geschah unter den berauschenden Eindrücken der in Siegen strahlenden Kirche. Ihr Recht in Leben und Lehre wurde der würdigste Gegenstand der Erforschung und Darstellung. In diese Aufgabe verschmolz die andere, alle Dinge auf Gott zu beziehen und die Welterkenntnis als Theologie zu konstruieren. Doch erst im Laufe des 13. Jahrhunderts wird Patristik, Ekklesiastik, mystische Theologie und Aristotelismus in gewaltigen Systemen vereinigt und die griechische Dogmatik durch höhere Leistungen übertroffen. Die dogmatischen Werke des 12. Jahrhunderts tragen — vielleicht von Hugos Arbeiten abgesehen — noch einen aggregierenden Charakter. Das Denken, wenn es mehr sein wollte als Reproduktion und Meditation, wurde noch immer beargwöhnt.

Die Filiation der Wissenschaft bis zum Ende des 12. Jahrhunderts ist in Kürze diese: (a) Schule von Chartres (Fulbert, der Schüler Gerberts; Berengar; Hildebert von Tours); (b) Schule von Bec (Lanfranc, Anselm von Canterbury — erster kirchlicher Höhepunkt; wissenschaftlich ebenso zuversichtlich wie Berengar, aber ganz kirchlich und devot); (c) Schule von Laon (Anselm von Laon; Wilhelm von Champeaux, ungebrochener Realismus); (d) Schule Abälards (Abälard — wissenschaftlicher Höhepunkt: Konzeptualismus, Kritik, Herausstreben aus den Grenzen der positiven Religion); (e) Schule Bernhards (Bernhard — Kirchlichkeit, verschärftes Sündenbewußtsein, Mißtrauen gegen die Dialektik); (f) Systematiker mit mystischer, der bernhardinischen verwandter

Grundlage (Hugo von St. Viktor — zweiter kirchlicher Höhepunkt, summa sententiarium, de sacramentis —; Richard von St. Victor); (g) Ekklesiastische Abälardschüler (Robert Pullus; Petrus Lombardus, auch von Hugo stark abhängig — kein Höhepunkt, sondern eine Basis für die Dogmatik der Folgezeit —; Johann von Salisbury — der beste Schriftsteller des Zeitalters und vielleicht der klügste —; Petrus von Poitiers); (h) Letzter, mißglückter Versuch, die abälardische Wissenschaft ganz aus dem Tempel der Frömmigkeit und der Kirche auszuweisen: Walter von St. Victor.

§ 64. Arbeiten am Dogma.

Aus der Zahl der theologischen Zänkereien und der vereinzelten Verurteilungen hebt sich der Streit mit Berengar über das Abendmahl und die neue Fassung der Versöhnungslehre durch Anselm hervor. Nur sie bezeichnen einen Fortschritt in der Geschichte des Dogmas, das in unserer Periode sonst nicht bereichert worden ist.

A. Der Berengarsche Streit.

JBach a. a. O. I. — HReuter a. a. O. — HSudendorf, Berengarius, 1850. — LSchwabe, Studien zur Geschichte des 2. Abendmahlsstreits, 1887. — JSchnitzer, Berengar von Tours, 1890. — RSeeberg, Dogmengesch. III² S. 196 ff.

Der zweite Abendmahlsstreit hat neben dem theologischen auch ein philosophisches und kirchenpolitisches Interesse. Das letztere mag hier auf sich beruhen. Berengar, der Schüler Fulberts von Chartres, ist der erste Dialektiker, der voll Zuversicht zu seiner Kunst, die mit der Vernunft selbst identisch sei, sich gegen einen kirchlichen Aberglauben, der bereits nahezu ein Dogma war, wandte. Die Kritik an dem Abendmahlsdogma war aber bei der hervorragenden Stellung dieser Lehre eine Kritik an der herrschenden Kirchenlehre überhaupt. Nicht als negativer Aufklärer, sondern um die wahre Tradition der üblen Gewohnheit entgegenzusetzen, zugleich auch um sein Licht leuchten zu lassen, hat Berengar geschrieben (Zusammenfassung in der Schrift de sacra coena adv. Lanfrancum ca. 1073) und Schule gemacht. Er sah in der herrschenden Wandlungslehre Unvernunft und erneuerte die augustinische Abendmahlslehre (wie Ratramnus, dessen Buch übrigens für das des Scotus Erigena galt und als solches zu Vercelli 1050 verurteilt wurde), um die λογικὴ λατρεία wiederherzustellen und die barbarische Mysteriensucht zu bekämpfen. Mit einem Briefe an Lanfranc eröffnete Berengar den Streit und zeigte, daß die Annahme einer leibhaftigen Verwandlung absurd sei, daß also die Worte tropisch zu verstehen seien. Die rein symbolische Auffassung hat er nicht gelehrt, vielmehr signum und sacramentum, wie die Väter, in der heiligen Handlung anerkannt: ein Heiliges tritt durch die „conversio“ hinzu, aber ein unsichtbares Element, d. h. der ganze Christus; Brot und Wein werden nur beziehungsweise verändert; die conversio in sacramentum corporis et sanguinis Christi ist keine conversio in corpus et sanguinem Christi; das sacramentum kommt nicht „in os“, sondern „in cognitionem“, eine manducatio infidelium ist darnach unmöglich. Die Gegenlehre, die zur Annahme einer doppelten Leiblichkeit Christi führe, streite mit der Vernunft, in der das göttliche Ebenbild beschlossen liegt; wer der „ineptia“ des plumpen Realismus huldigt, wirft somit sein göttliches Teil weg. Berengars Lehre wurde in seiner Abwesenheit zu Rom und Vercelli (1050) verdammt; er selbst wurde 1059 zu Rom zum Widerruf gezwungen und ließ sich herbei, ein vom Kardinal Humbert aufgesetztes Bekenntnis zu unterschreiben, welches zeigte, daß Berengar die herrschende Lehre nicht übertrieben hatte; denn in dem Bekenntnis hieß es, daß die Elemente nach der Konsekration nicht nur Sakrament seien, sondern der wahre Leib Christi (*sensualiter, non solum sacramento*), der denn auch von den Zähnen der Gläubigen zerbissen werde (so freilich schon Chrysostomus). Berengar, in den folgenden Jahren von einflußreichen römischen Freunden (Hildebrand) geschützt, hielt längere Zeit hindurch an sich, aber dann begann er den literarischen Streit aufs neue. Nun erst wurden die Hauptschriften geschrieben (Lanfranc, De corp. et sang. domini adv. B., ca. 1069) Gregor VII. beeilte sich nicht mit dem Ketzermachen; aber um sein eigenes Ansehen nicht zu schädigen, hat er schließlich (Rom 1079) Berengar zum zweitenmal zur Unterwerfung gezwungen. Der Gelehrte war gebrochen, und seine Sache ging unter. Die Wandlungslehre des Paschasius ist von den Gegnern Berengars weiter ausgebildet worden (manducatio infidelium;

krasser Realismus); doch hat man in diessn Kreisen auch angefangen, die „Wissenschaft“ auf das Dogma im Interesse der Kirche anzuwenden. Die rohen Vorstellungen wurden zurückgeschoben; auf die Tatsache, daß der Leib Christi nach der Verklärung selbst ein spirituale und invisibile sei, wurde hingewiesen, der ganze Christus in der Handlung (in jeder Partikel) anerkannt (nicht blutige Stücke seines Leibes) und der Unterschied von signum und sacramentum geltend gemacht, um die manducatio infidelium und fidelium zu unterscheiden (bes. wichtig Guitmund von Aversa, De corp. et sang. Christi veritate in eucharistia). Auch die „wissenschaftlichen“ Betrachtungen über Substanz und Akzidentien wurden bereits angestellt, wodurch sich das rohe „sensualiter“ von selbst korrigierte, während einige freilich an eine Inkorruptibilität der Akzidentien der konvertierten Substanzen dachten; ferner sind schüchterne Anfänge der Spekulation über die Ubiquität der Substanz des Leibes Christi und über Impanation und Konsubstanzialität (also kein Verschwinden der ursprünglichen Substanzen) bereits zu treffen. Der Ausdruck „transsubstantiatio“ ist zuerst bei Stephan von Autun (Anfang des 12. Jahrhunderts), bald darauf bei dem Magister Roland (nachmals Alexander III.) nachweisbar; das letzte Argument blieb immer die allmächtige Willkür Gottes, und der Gedanke der vollkommenen Transsubstantiation der Elemente, die das Wesen des Brotes und Weins vernichtet, setzte sich durch. Als Dogma ist die Wandlungslehre auf dem Laterankonzil 1215 in dem neuen Glaubensbekenntnis ausgeprägt worden, das vor der professio fidei Trident. das einflußreichste Symbol nach den altkirchlichen geworden ist. Die Abendmahlslehre ist hier sofort an die Trinität und Christologie angeschlossen. Damit ist auch im Symbol zum Ausdruck gekommen, daß sie mit diesen Lehren eine Einheit bildet, und zwar in der Gestalt der Wandlungslehre *(„transsubstantiatis pane et vino“)* und mit streng hierarchischer Zuspitzung. Daran reiht sich die Erwähnung der Taufe und der Buße *(„per veram poenitentiam semper potest reparari“)*. Damit ist auch diese Entwicklung abgeschlossen und zugleich die zugehörige andere, daß ein jeder Christ vor dem *parochus* seine Sünden mindestens einmal im Jahr (zu Ostern) beichten muß (c. 21)[1]. Die Neuerung im Symbol (Kombination der Abendmahlslehre mit Trinität und Christologie) ist die eigenste und kühnste Tat des Mittelalters, die viel schwerer wiegt als das „filioque". Andererseits aber zeigt das neue Symbol noch immer sehr deutlich, daß nur das alte Dogma wahrhaft Dogma ist, nicht die augustinischen Sätze über Sünde, Erbsünde, Gnade usw. Das katholische Christentum wird außer den altkirchlichen Dogmen durch die Lehren von den drei Sakramenten (Taufe, Buße und Abendmahl) konstituiert. Das übrige ist Dogma zweiter Ordnung, resp. kein Dogma. Dieser Zustand ist für die Folgezeit (bis zur Reformation) von höchstem Werte.

§ 65. Fortsetzung.

B. Anselms Satisfaktionslehre und die Versöhnungslehren der Theologen des 12. Jahrhunderts.

Geschichte der Versöhnungslehre von JChBaur und ARitschl (Bd. I²). — FRHasse, a. a. O. — HCremer in den Studien und Kritiken 1880, S. 7ff., 1893, S. 316ff. — JGottschick, Studien zur Versöhnungslehre des Mittelalters (ZKG Bd. 22, 1901, S. 378.). — BFunke, Grundlagen und Voraussetzungen der Satisfaktionstheorie Anselms, 1903. — LHeinrichs, Die Genugtuungslehre des h. Anselm, 1909. — Leipoldt, Über satisfactio und meritum in den Studien und Kritiken 1904 H. 2. — RSeeberg, Dogmengesch. III² S. 207ff.

Anselm hat in seiner Schrift „Cur deus homo" die strenge Notwendigkeit (Vernünftigkeit) des Todes eines Gottmenschen zur Erlösung der von Adam her mit der Erbsünde (der Entehrung Gottes, d. h. dem Ungehorsam) belasteten Menschheit nachzuweisen gesucht (selbst bei Augustin finden sich

---

[1] „*Una vero est fidelium universalis ecclesia, extra quam nullus omnino salvatur, in qua idem ipse sacerdos et sacrificium Iesus Christus, cuius corpus et sanguis in sacramento altaris sub speciebus panis et vini veraciter continentur, transsubstantiatis pane in corpus et vino in sanguinem potestate divina, ut ad perficiendum mysterium unitatis accipiamus ipsi de suo, quod accepit ipse de nostro, et hoc utique sacramentum nemo potest conficere nisi sacerdos, qui rite fuerit ordinatus . . . . omnis utriusque sexus fidelis, postquam ad annos discretionis pervenerit, omnia sua solus peccata confiteatur fideliter saltem semel in anno proprio sacerdoti et iniunctam sibi poenitentiam studeat pro viribus adimplere, suscipiens reverenter ad minus in pascha eucharistiae sacramentum.*"

Zweifel an der Notwendigkeit) und dabei die Grundsätze der Bußpraxis (satisfactio congrua) zum Grundschema der Religion überhaupt erhoben (kein durchgreifender Einfluß des germanischen Rechts bei A.; die Voraussetzungen, nach denen man hier zu suchen hat, gehören schon der altkatholischen Kirche an). Hierin besteht seine epochemachende Bedeutung. Voraussetzung ist, daß die Sünde Schuld ist, und zwar Schuld an Gott, daß die Schuldtilgung die Hauptsache im Werke Christi ist, daß das Kreuz Christi die Erlösung ist, und daß darum Gottes Gnade eben nichts anderes ist als das Werk Christi (Augustin zeigt hier noch Unsicherheiten). In diesen Momenten (und dazu in der Einsicht, daß die Konkupiszenz nicht das Wesen der Sünde ausmacht) liegt die evangelische Wahrheit der Anselmschen Ausführungen. Aber sie leiden an schweren Mängeln; denn indem sie nur das „Objektive" ins Auge fassen, enthalten sie nicht den Nachweis der Wirklichkeit der Erlösung, sondern im Grunde nur den der Bedingungen für dieselbe (sie enthalten eigentlich keine Versöhnungslehre); ferner fußen sie auf einer widerspruchsvollen Anschauung von Gottes Ehre, bringen die göttlichen Eigenschaften in eine unerträgliche Spannung, lassen Gott nicht als den Herrn und die allmächtige Liebe erscheinen, sondern als einen mächtigen Privatmann, der trotz seines königlichen Rechts über die Kreatur doch als der Partner des Menschen angeschaut wird, verkennen die Unverbrüchlichkeit des heiligen Sittengesetzes und deshalb das Strafleiden und lassen schließlich den Menschen durch Christus vom zornigen Gett erlöst und Gott durch Menschenopfer (!) befriedigt werden, ohne es wirklich deutlich machen zu können. wie im Menschen selbst eine Umänderung seiner Gesinnung zustande kommt. Der große Augustiner und Dialektiker Anselm wußte eben nicht, was Glaube ist, und meinte darum eine Erlösungslehre in streng notwendigen Kategorien (zur Bekehrung von Juden und Heiden) geben zu können, ohne sich bei diesen Ausführungen um die Begründung der Religion im Herzen, d. h. um die Erweckung des Glaubens zu kümmern. Das heißt aber, die Religion ohne die Religion behandeln wollen; denn die Schöpfung des Glaubens ist die Religion. Die Zerspaltung des Problems in „objektive“ Erlösung und „subjektive“ Aneignung — durch den Augustinismus herbeigeführt, der am Alten klebte und zu Neuem strebte — wirkt auch hier, ja stärker als je früher; denn Anselm hat das Hauptproblem energisch angefaßt. Um so übler sind die bösen Folgen, die noch heute herrschen; denn ist das Problem in das „Objektive“ (dramatische Veranstaltung Gottes) und das „Subjektive“ zu zerteilen, so hat Gott auch im Christentum nur die allgemeine Möglichkeit der wahren Religion durch den Tod Christi begründet, sie selbst aber muß sich der einzelne, sei es allein oder mit hundert kleinen Helfern und Hilfsmitteln (die Kirche), schaffen. Wer diese Auffassung teilt, denkt katholisch, mag er sich auch einen lutherischen Christen nennen. *Anselm hat bei dem wichtigsten Problem, das an die Spitze gestellt zu haben sein Verdienst ist, den vulgär katholischen Gottesbegriff, und die vulgäre altkatholische Auffassung der Religion, wie sie in der Bußpraxis längst zum Ausdruck gekommen waren, erst zu voller Klarheit gebracht.* In diesem Sinne ist er ein Mitbegründer der katholischen Kirche, obgleich seine Theorie im einzelnen — zugunsten einer noch bequemeren Kirchenpraxis — vielfach verlassen worden ist.

Seiner Überzeugung, daß man erst auf Autorität hin durch einen Willensentschluß glauben müsse, dann aber imstande sei, den Glauben denknotwendig zu begründen, hat Anselm in verschiedenen Schriften Ausdruck gegeben („Monologium“, „Proslogium“ über den Gottesbegriff; ontologischer Beweis). Aber erst in der dialogisch geschriebenen Schrift „Cur deus homo“ hat er das Ganze der christlichen Religion, in einen Punkt zusammengefaßt, einheitlich und logisch behandelt. Nach einer sehr bemerkenswerten Einleitung, in der namentlich die alte Vorstellung von der Erlösung als Befriedigung der Rechtsansprüche des Teufels abgewiesen wird, stellt er den Obersatz auf, daß die vernünftige Kreatur auf Erden (sie ist als Ersatz der gefallenen Engelschar geschaffen worden) Gott die ihm gebührende *Ehre* durch die Sünde entzogen habe, sofern sie das, was diese Ehre zur Durchführung ihrer Zwecke fordert, nämlich die gehorsame Unterwürfigkeit, nicht mehr leiste. Da Gott seine Ehre nicht verlieren, bzw. seine Zwecke (Beseligung der praedestinati) nicht aufgeben kann, und da Straflosigkeit der Gerechtigkeit Gottes widerspräche und eine allgemeine Unordnung im Reiche Gottes herbeiführen würde, so ist nur Rückerstattung (satisfactio) oder Strafe möglich. Auch die letztere wäre an sich angemessen, aber da sie nur in der Vernichtung, somit in dem Untergang des köstlichsten Werkes Gottes (des zur Seligkeit bestimmten Teils der rationabilis creatura) bestehen könnte, läßt die Ehre Gottes sie nicht zu. Somit bleibt nur die satisfactio übrig, die sowohl Rückerstattung als Schmerzensgeld sein muß. Nun aber kann der Mensch diese nicht leisten; denn alles, was er Gott geben kann, ist ohnehin pflichtmäßig zu leisten, und außerdem ist die Schuld der Sünde unendlich groß, da schon der kleinste Ungehorsam eine unendliche Schuld zur Folge hat (*„nondum considerasti quanti ponderis sit peccatum“*). Wie soll also der Mensch *„totum quod deo abstulit“* wiederherstellen, *„ut sicut deus per illum perdidit, ita per illum recuperet?“* Das vermag nur der Gottmensch; denn nur Gott kann etwas *„de suo“* darbringen, *„quod maius est quam omne quod praeter deum est“*, und der Mensch muß es bringen. Also ist eine Persönlichkeit gefordert, die zwei Naturen hat und freiwillig ihr gottmenschliches Leben darbringen kann (Sündlosigkeit) und darbringt. Es muß sein Leben sein; denn nur dieses ist er nicht verpflichtet, Gott zu opfern; alles übrige ist auch er, der sündlose, zu geben verpflichtet. Aber in diesem Opfer (liberae voluntatis) ist volle Satisfaktion (*„nullatenus seipsum potest homo magis dare deo, quam cum se morti tradit ad honorem illius“*) enthalten, ja sein Wert ist ein unendlicher. Weil die kleinste Antastung dieses Lebens einen unendlich negativen Wert hat, so hat die freiwillige Hingabe einen unendlich positiven. Die acceptio mortis eines solchen Gottmenschen ist ein unendliches Gut für Gott (!), welches die Einbuße der Sünde weit übersteigt. Christus hat das alles geleistet; sein freiwilliger Tod kann nur *„in honorem dei“* erfolgt sein, denn ein anderer Zweck läßt sich nicht finden. Für uns hat nun dieser Tod eine dreifache Folge, daß 1. die bisherige lastende Sündenschuld durch Vergebung weggeräumt ist[1]), daß 2. wir uns an diesem freiwilligen Tode ein kräftiges Beispiel nehmen können, und daß 3) Gott, indem er die Beschaffung der satisfactio auch als ein meritum des Gottmenschen anerkennt, dasselbe einer merces für würdig halten muß und uns diesen Lohn zuwendet, da er Christo, der schon alles hat, nichts geben kann. Nur unter der Bedingung dieser Zuwendung vermögen wir Nachahmer Christi zu werden. Diese letzte Wendung ist ein erfreulicher Versuch Anselms, die Kraft der dramatischen Erlösungsveranstaltung in die Herzen überzuführen; aber er leidet an einer Unklarheit, die schon in der Bußpraxis herrschte. An sich sind satisfactio und meritum unvereinbar; denn eine und dieselbe Handlung, mag sie auch ganz freiwillig sein, kann entweder nur dieses oder jene sein (dieses, wenn zu einer überpflichtmäßigen Handlung kein Anlaß gegeben war; aber die Schuld der Menschen konnte nur durch eine überpflichtmäßige Handlung weggeräumt werden; war diese auch für Christus persönlich ein meritum, so war sie es doch in dem Momente nicht mehr, wo sie im Hinblick auf die Schuldtilgung schlechthin notwendig war). Aber aus der Bußpraxis war man gewohnt, in den überpflichtmäßigen Leistungen, auch wenn sie zur Kompensierung dienten, doch „Verdienste“ zu erkennen. So hat Anselm denn auch die satisfactio Christi unter den Gesichtspunkt des meritum gestellt, das fort und fort — auch nach Abschluß des eigentlichen Handels — Gott besänftigt und gütig stimmt. Anselm konnte das um so leichter, als er die Leistung Christi für größer hielt als das Gewicht der Sünde. An den Gedanken des meritum aber hat er, freilich mehr andeutungsweise, den subjektiven Effekt der Handlung angeschlossen; im Rahmen der Vorstellung von der satisfactio hat er keinen Punkt gefunden, von dem aus er zum „Subjektiven“ hätte übergehen können. Dennoch schloß er mit dem großen Bewußtsein, *„per unius quaestionis solutionem quicquid in*

[1]) *„Rationabilis necessitas ostendit, ex hominibus perficiendam esse supernam civitatem nec hoc posse fieri nisi per remissionem peccatorum, quam nullus homo habere potest nisi per hominem, qui idem ipse sit deus atque sua morte homines peccatores deo reconciliet“* (II, 15).

novo veterique testamento continetur" vernünftig erwiesen zu haben.

Anselms Satisfaktionstheorie ist in der Folgezeit nur unter Modifikationen aufgenommen worden. Abälard machte von ihr keinen Gebrauch, sondern ging, wo er die Erlösung durch Christus behandelt (Kommentar zum Römerbrief), auf das N. T. und die patristische Überlieferung (Augustin) zurück, den wichtigen Gedanken in den Vordergrund stellend, daß wir zu Gott zurückgeführt werden müssen (keine Umstimmung Gottes ist nötig, die bei Anselm doch vorliegt, obgleich die satisfactio des Gottmenschen von seinem ewigen Ratschluß in bezug auf die Beseligung eines Teils der vernünftigen Kreatur gefordert ist; denn vor derselben vermochte sich Gott seines Zornes nicht zu entäußern). Er lehnt den Gedanken, daß Gott durch Christi Tod versöhnt sei, als unwürdig ab, bezieht von vornherein die Erlösung von Sünde und Schuld — über die er übrigens sehr widerspruchsvoll gedacht hat — ausschließlich auf die Erwählten und lehrt, daß der Tod des Gottmenschen nur als Liebestat gefaßt werden dürfe, die die kalten Herzen zur Gottesliebe, der die Vergebung sicher folgt, entzündet. Somit ist in der durch den Tod Christi erweckten und sodann weiter noch durch seinen Geist eingegossenen Liebe die Gerechtigkeit geschenkt, auf die es ankommt (caritas = iustitia). Abälard gibt aber der Sache auch die Wendung, daß das Verdienst Christi als des Haupts der Gemeinde seinen Gliedern zugute komme; dieses Verdienst sei aber keine Summe bestimmter Leistungen, sondern die Christus einwohnende Fülle der Liebe gegen Gott. Christi Verdienst ist sein Liebesdienst, der sich in unablässiger Fürbitte (und in Geistesmitteilung, bzw. sakramentalen Akten) fortsetzt; die Versöhnung ist die persönliche Gemeinschaft mit Christus. Von Ansprüchen des Teufels an uns wollte Abälard auch nichts wissen, und mit dem Gedanken der Notwendigkeit eines blutigen Opfers für Gott lehnte er auch den Gedanken der logischen Notwendigkeit des Kreuzestodes ab. Das Recht der Vorstellung eines Strafleidens ist auch ihm wie Anselm verborgen geblieben. — Bernhards Gedanken über die Versöhnung bleiben hinter denen Abälards zurück (wenn er auch diesem gegenüber monierte, Christus sei nach seiner

Theorie nur ein „Lehrer", so bewegte er sich in Wahrheit selbst auf dieser Linie); er vermochte aber seine Christusliebe erbaulicher auszusprechen als dieser. In der Folgezeit wird die Vorstellung des Verdienstes Christi (nach Anselm) die entscheidende. Sofern man über die satisfactio nachdachte, wurden die strengen Kategorien Anselms an verschiedenen Punkten gelockert. War doch auch in der Bußdisziplin alle Notwendigkeit und alle „Quantität" letztlich unsicher! Übrigens hat sich der Lombarde, nach seiner privaten Theologie auch hier Abälardschüler, damit begnügt, alle möglichen Gesichtspunkte, unter die man den Tod Christi stellen kann, der Überlieferung gemäß auszuführen, selbst die Täuschung des Teufels, auch den Strafwert des Todes Christi, aber nicht die Satisfaktionslehre weil sie keine Tradition für sich hatte. Im Grunde aber war er Abälardianer (Verdienst, Erweckung der Gegenliebe). Erst nach ihm begann das Feilschen und Markten um den Wert der Sünde und den Wert des Verdienstes Christi (die gemeinkirchliche Anschauung von der Heilsbedeutung Christi hat für die erste Hälfte des 12. Jahrhunderts Gottschick a. a. O. S. 437f. kurz zusammengefaßt).

Die Marialogie hat in diesem Zeitalter bedeutende Fortschritte gemacht. Sie wurde ein Kapitel der Dogmatik im vollen Sinn des Wortes. Mag es mit ihrer Empfängnis wie immer stehen — mindestens im Mutterleib ist sie von der Erbsünde gereinigt worden und dann von allen aktuellen Sünden frei geblieben. Sie ist heiliger als alle Engel. Sie, die semper virgo und sponsa spiritus sancti (dei) ist die Weltherrscherin, Himmelskönigin und Throngenossin der Trinität, zu der sie durch eine Himmelfahrt erhoben ist und in deren Mitte sie nun auf Bildern erscheint. Das ganze Erlösungswerk wird nun nicht mehr exklusiv von Christus ausgesagt, sondern sekundär auch von ihr. Sie, die der Schlange den Kopf zertreten hat, ist reparatrix, mediatrix, restauratrix — theoretisch durch das Werk des Sohnes, aber doch verselbständigt, wie sie denn auch zur Durchführung des Heilswerks in der Gegenwart aufgefordert und angerufen wird (Seeberg, a. a. O. S. 253 ff.).

Die Buße hat nach Theorie und Praxis in diesem Zeitraum auf den Linien Fortschritte gemacht, die § 60 angedeutet worden sind (s. mein Lehrbuch III⁴ S. 414 ff.). Die Fortschritte sind besonders deutlich zu studieren an dem pseudoaugustinischen Traktat „de vera et falsa poenitentia" (saec. XI. init.), s. Gromer, Die Laienbeicht im MA., 1909; Schmoll, Die Bußlehre der Frühscholastik, 1909.

Achtes Kapitel.

Geschichte des Dogmas im Zeitalter der Bettelorden bis zum Anfang des 16. Jahrhunderts.

Karl Müllers K.Geschichte.

Die Bedingungen, unter denen das altkirchliche Dogma in diesem Zeitraum gestanden hat, machten es als Rechtsordnung immer stabiler — weshalb auch die Reformation vor ihm unwillkürlich haltgemacht hat. In den großen Prinzipienfragen und den Lehren von Sünde, Gnade, Buße, Justifikation, Sakramenten lebte die Arbeit der Theologen wirklich. In diesem Sinne sind sie alle Augustiner; aber nicht nur kam es hier nicht zu einstimmigen Lehren, sondern es schob sich auch immer mehr eine Betrachtung in den Vordergrund, die dem kirchlichen Empirismus sich anschmiegte, aber eine ernstere Frömmigkeit nicht befriedigte: Thomas wurde von den Nominalisten abgelöst, und die thomistischen Reaktionen bzw. die augustinischen drangen nicht durch.

§ 66. Zur Geschichte der Frömmigkeit.

KHase, Franz von Assisi, 1856. — KMüller, Anfänge des Minoritenordens, 1885. — HThode, Franz von Assisi und die Anfänge der Kunst der Renaissance in Italien, 2. Aufl. 1904. — PSabatier, Leben des heiligen Franz von Assisi, deutsch von ML., 1895. — AHegler, Franziskus von Assisi und die Gründung des Franziskaner-Ordens in Zeitschrift für Theologie und Kirche 6. Bd. S. 395ff. — KMüller, Die Waldenser, 1886. — WPreger, Geschichte der deutschen Mystik, Bd. 1—3, 1874, 1881, 1893. — Ferner die Arbeiten über die Joachimiten, Spiritualen, Brüder vom gemeinsamen Leben, Husiten und die „Ketzer" des Mittelalters; JDöllinger, Beiträge zur Sektengeschichte des Mittelalters, 2 Bde, 1890; die Arbeiten von HDenifle und HEhrle im Archiv für Literatur- und Kirchengeschichte des Mittelalters Bd. 1—4 und die Artikel der RE.[3] über die einzelnen Mystiker. — ChSommer, Deutsche Frömmigkeit im 13. Jahrh., 1901. — RSeeberg, Dogmengesch. III[2], S. 291ff.

Die bernhardinische Frömmigkeit der Versenkung in das Leiden Christi wurde durch den heiligen Franziskus zur Frömmigkeit der Nachfolge Christi ausgestaltet „in humilitate, caritate, obedientia". Humilitas — das ist die vollkommene Armut, und in der Art, wie Franziskus diese in seinem Leben zur Darstellung brachte und mit der überschwenglichsten Christusliebe verband, hat er ein unerschöpflich reiches, der verschiedensten individuellen Ausgestaltung fähiges, hohes Ideal der Christenheit vorgehalten, das mächtig durchschlug, weil erst in ihm die katholische Frömmigkeit ihren klassischen Ausdruck erhielt. Zugleich war Franziskus von einem wahrhaft apostolischen Missionstrieb und dem glühendsten Eifer, Herzen zu entzünden und der Christenheit in Liebe zu dienen, beseelt. Seine Predigt galt der einzelnen Seele, der Buße und der Herstellung des apostolischen Lebens. In weiteren Kreisen sollte sie als erschütternde Bußpredigt wirken, und in dieser Hinsicht verwies Franziskus die Gläubigen an die Kirche, deren treuester Sohn er war, obgleich ihre Bischöfe und Priester nicht dienten, sondern herrschten. Diesen Widerspruch hat er übersehen; aber andere, die ihm vorangegangen waren (Waldesier, Humiliaten), übersahen ihn nicht, beargwöhnten bei ihren Bestrebungen, das apostolische Leben aufzurichten, die herrschende Kirche und trennten sich von ihr. Die Bettelorden haben das Verdienst, einen großen Strom erweckten und bewegten christlichen Lebens im Bett der Kirche erhalten zu haben; nicht wenige Wasser desselben fluteten bereits daneben, nahmen eine kirchenfeindliche Richtung, wühlten die alten apokalyptischen Gedanken wieder auf und sahen in der Kirche die große Babel, das nahe Gericht bald Gott bald dem Kaiser vorbehaltend. Ein kleiner Teil der Fransziskaner hat mit ihnen gemeinsame Sache gemacht. Sie verbreiteten sich über Italien, Frankreich, Deutschland bis nach Böhmen und Brandenburg, hin und her verworrene häretische Gedanken hegend, in der Regel aber nur die Gewissen schärfend, religiöse Unruhe oder Selbständigkeit in der Form individueller asketischer Religiosität erweckend und die Autorität des Kirchentums lockernd oder bekämpfend. Ein Laienchristentum entwickelte sich in und neben der Kirche, in dem der Trieb nach religiöser Selbständigkeit groß wurde; aber da Askese schließlich immer ziellos ist und keine Seligkeit schaffen kann, so bedarf sie der Kirche, ihrer Autorität und ihrer Sakramente. Durch ein geheimes, aber sehr festes Band bleiben alle „Ketzer“, die das asketisch-evangelische Lebensideal auf ihre Fahne schreiben, mit der Kirche verbunden, deren Druck, Herrschaft und Weltsucht sie entfliehen wollen. Aus den Sekten, den biblizistischen und apokalyptischen, hat sich nichts Dauerndes, aus den waldesischen und husitischen nichts allgemein Bedeutendes entwickelt. Sie waren wirklich „ketzerisch“; denn sie gehörten der Kirche, der sie entfliehen wollten, doch an. Die zahlreichen frommen Bruderschaften, die sich entwickelten und im Rahmen der Kirche — wenn auch unter manchem Seufzen — blieben, zeigen, daß die große Kirche noch immer Elastizität genug besaß, um der „Armut“ und dem evangelischen Leben Raum zu lassen und die Bettelorden sich einzugliedern. Bald entmannte sie dieselben, und sie wurden ihre besten Stützen. Der individuellen Frömmigkeit der Laien, aufs festeste an den Beichtstuhl, die Sakramente, den Priester und den Papst gekettet, wurde in der Priesterkirche eine subalterne Existenz gestattet. So schlug sich die mittelalterliche Kirche mühsam durchs 14. und 15. Jahrhundert durch. Was die Minoriten der Hierarchie an Opfer darbringen mußten, dafür haben sie sich gleichsam entschädigt durch die unerhörte Energie, mit der sie bei den Laien den Zwecken der weltherrschenden Kirche dienten. Die universalgeschichtliche Bedeutung der durch die Waldesier und die Bettelorden begründeten frommen Bewegungen läßt sich nicht an neuen Lehren und Institutionen nachweisen, obgleich sie nicht ganz gefehlt haben, sondern sie liegt in der religiösen Erweckung und in der zum religiösen Individualismus führenden Unruhe, die sie erzeugt haben. Sofern sie den einzelnen zum Nachsinnen über die Heilswahrheiten gebracht haben, sind die Bettelorden und die „vorreformatorischen“ Bewegungen eine Vorstufe der Reformation geworden. Aber je mehr man die Religion in die Kreise des dritten Standes und der Laien überhaupt hineintrug, um so aufmerksamer wachte man über die Unversehrtheit des alten Dogmas, und die große Mehrzahl der Laien selbst wollte bei der Unsicherheit über das Maß der praktischen Aufgaben und über den rechten Zustand der empirischen Kirche im Dogma den festen Punkt verehren.

Im einzelnen kommt für die Zwecke der Dogmengeschichte bei dieser Verinnerlichung der Religion der Bund der Bettelorden mit der Mystik besonders in Betracht. Mystik ist die bewußte, reflektierende katholische Frömmigkeit, die eben durch Lektion, Reflexion und Kontemplation sich steigern will: der Katholizismus kennt nur sie oder die fides implicita. Das Muster stammt aus einer Kombination Augustins mit dem Areopagiten, belebt durch die bernhardinische Hingabe an Christus. Die Mystik hat viele Gestalten; aber sie ist national oder konfessionell wenig unterschieden. Wie sie geschichtlich einen Ausgangspunkt hat, der dem Pantheismus nahe steht, so hat sie auch, konsequent entwickelt, ein pantheistisches (akosmistisches) Ziel. In dem Maße, als sie sich mehr oder weniger an den geschichtlichen Christus und die Anweisungen der Kirche hält, tritt dieses Ziel minder stark oder stärker zutage; aber auch in den kirchlichsten Ausprägungen der Mystik fehlt jene Richtlinie nie ganz, die über den geschichtlichen Christus hinausweist: Gott und die Seele, die Seele und ihr Gott; Christus der Bruder; die Geburt Christi in jedem Gläubigen (der letztere Gedanke bald phantastisch, bald spirituell gedacht). Die Mystik hat gelehrt, daß die Religion Leben und Liebe sei, und sie hat von diesem hohen Gedanken aus das ganze Dogma bis in die Tiefen der Trinität hinein zu beleuchten, ja umzusetzen unternommen; sie hat individuelles religiöses Leben erzeugt, und die Bettelorden-Mystiker waren ihre größten Virtuosen. Aber weil sie den Fels der im Glauben gegebenen Zuversicht auf Gott nicht sicher erkannt hat, hat sie nur Anweisungen zu einem progressus infinitus (zu Gott) zu geben vermocht, das stetige Gefühl eines sicheren Besitzes jedoch nicht aufkommen lassen.

Die Anweisungen der Mystik bewegen sich in dem Rahmen, daß die von Gott entfernte Seele durch Reinigung, Erleuchtung und wesenhafte Vereinigung zu Gott zurückkehren muß; sie muß „entbildet", „gebildet" und „überbildet" werden. Mit der reichen und sicheren Anschauung des Erlebten haben die Mystiker geredet von der Einkehr in sich selber, von der Betrachtung der Außenwelt als eines Werkes Gottes, von der Armut und Demut, auf die sich die Seele stimmen muß. Auf allen Stufen haben viele Mystiker es verstanden, den ganzen kirchlichen Apparat der Heilsmittel (Sakramente, Sakramentalien) herbeizuziehen; denn, wie bei den Neuplatonikern, bildete auch bei den Mystikern die innerlichste geistige Frömmigkeit und der Kult der Idole unter Umständen keinen Gegensatz: das Sinnliche, auf dem der Schimmer einer heiligen Überlieferung liegt, ist das Zeichen und Pfand des Ewigen. Speziell das Bußsakrament spielte in der Regel bei der „Reinigung“ eine große Rolle. Bei der „Erleuchtung“ treten die bernhardinischen Kontemplationen stark hervor. Neben bedenklichen Anweisungen über die Nachahmung Christi finden sich auch evangelische Gedanken — die glaubensvolle Zuversicht auf Christus. Dabei wird hier jenes Sich-Versenken in die Liebe betont, aus dem sich eine hohe Steigerung des Innenlebens entwickelt hat, in der die Renaissance und Reformation vorbereitet erscheinen. Bei der „wesenhaften Vereinigung“ endlich erscheinen die metaphysischen Gedanken (Gott als das All-Eine, das Individuelle nichts; Gott die „abgründliche Substanz“, „die stille Stillheit“ usw.). Selbst der Normaldogmatiker Thomas hat hier pantheistische Spekulationen nicht verleugnet, die den Anstoß zur „ausbrüchigen“ Frömmigkeit gegeben haben. In neuerer Zeit ist von Denifle gezeigt worden, daß Meister Eckhart, der große, von der Kirche zensurierte Mystiker, ganz von Thomas abhängig gewesen ist. Aber so bedenklich diese Spekulationen gewesen sind — gemeint war doch auch die höchste geistige F r e i h e i t (s. z. B. die „deutsche Theologie“), die in der vollen Loslösung von der Welt in dem Gefühl des Überweltlichen errungen werden soll. In diesem Sinne haben namentlich die d e u t s c h e n M y s t i k e r von Eckhart ab gewirkt. Während die Romanen vor allem durch Bußpredigten zu e r s c h ü t t e r n suchten, haben jene die p o s i t i v e Aufgabe unternommen, die höchsten Ideen der damaligen Frömmigkeit in der Volkssprache in die Laienkreise zu tragen (Tauler, Seuse usw.) und die Gemüter durch Selbstzucht in der Welt der Liebe heimisch zu machen. Sie haben gelehrt (nach Thomas), daß die Seele schon hier auf Erden Gott so in sich aufnehmen könne, daß sie im vollsten Sinn die visio seines Wesens genießt und bereits im Himmel weilt. Allerdings aber schlägt der Gedanke der völligen Hingabe an die Gottheit in den anderen über, daß die Seele in sich selbst das Göttliche trägt und es als geistige Freiheit und Erhabenheit über alles Seiende und Denkbare zu entwickeln vermag. Die Anweisungen hierzu sind bald mehr intellektualistisch bestimmt, bald mehr quietistisch. Die thomistische Mystik besaß die augustinische Zuversicht, sich durch das Erkennen zu befreien und zu Gott aufzusteigen, die scotistische hatte diese Zuversicht nicht mehr und suchte durch Disziplinierung des Willens die höchste Stimmung zu erreichen: Willenseinheit mit Gott, Ergebung, Gelassenheit. Hierin konnte ein Fortschritt in der Erkenntnis der evangelischen Frömmigkeit gegeben sein, der für die Reformation bedeutungsvoll werden mußte; aber gerade die Nominalisten (Scotisten) hatten eine klare und sichere Erkenntnis des Inhalts des göttlichen Willens verloren. Die Frage nach der certitudo salutis erscheint hier angebahnt, wenn auch nicht gestellt, und sie muß unbeantwortet bleiben, solange der Gottesbegriff über die Linie des Willkürlichen nicht hinausgeführt wird.

Nicht zu unterschätzen ist die Bedeutung der Mystik, namentlich der deutschen, auch in der Richtung auf die positive Ausgestaltung der Askese als werktätiger Bruderliebe. Die alten mönchischen Anweisungen wurden belebt durch die energische Mahnung zum Dienst am Nächsten. Die einfache Beziehung des Menschen zum Menschen, geheiligt durch das christliche Gebot der Liebe und durch den Frieden Gottes, trat aus all den überlieferten Korporationen und Kasten des Mittelalters hervor und schickte sich an, sie zu sprengen. Auch hier ist der Anbruch einer neuen Zeit zu spüren; die Mönche wurden aktiver, weltlicher — verwilderten freilich häufig dabei —, und die Laien wurden lebendiger und tätiger. In den halb weltlichen, halb geistlichen freien Vereinigungen pulsierte das Leben der Frömmigkeit. Die alten Orden wurden z. T. nur künstlich am Leben erhalten und verloren ihr Ansehen. Bei den Angelsachsen und Tschechen, bisher von fremden Nationen unterdrückt und in Armut erhalten, hat sich die neue Frömmigkeit mit einem politisch-nationalen Programm verbunden (wiclifitische und hustische Bewegung). Dieses hat sehr energisch auf Deutschland hinüber gewirkt, aber zu nationalen Reformbewegungen ist es in dem geduldigen und zersplitterten Lande nicht gekommen. Alles Sozialrevolutionäre und Antihierarchische blieb vereinzelt, und selbst als sich die weltherrschende Kirche in Avignon prostituiert hatte und auf den Reformkonzilien der Schrei der romanischen Nationen nach Besserung und Sicherstellung vor der ungeistlichen und empörenden Finanzgewalt der Kurie laut geworden war, da hat das deutsche Volk noch immer mit wenigen Ausnahmen Geduld bewahrt. Eine ungeheure Umwälzung, immer wieder aufgehalten, bereitete sich im 15. Jahrhundert vor; aber sie schien lediglich den Institutionen, den politischen und den kirchlichen, zu drohen. Die Frömmigkeit tastete das alte Dogma, das durch den Nominalismus vollends zur heiligen Reliquie geworden war, selten an. Sie kehrte sich wohl gegen die aus der schlimmen Kirchenpraxis abstrahierten neuen Lehren; aber sie selbst wollte nichts anderes sein als die alte kirchliche Frömmigkeit und war auch im Grunde nichts anderes. Im 15. Jahrhundert hat sich in Deutschland die Mystik abgeklärt. Die „Nachfolge Christi" des Thomas a Kempis ist ihr reinster Ausdruck; aber Reformatorisches im strengen Sinn kündigt sich in dem Büchlein nicht an. Das Reformatorische liegt nur in seinem Individualismus und in der Kraft, mit der es sich an jede Seele richtet.

§ 67. Zur Geschichte des kirchlichen Rechts. Die Lehre von der Kirche.

In der Zeit von Gratian bis Innocenz III. gewann das päpstliche System die Herrschaft. Die ganze Dekretalengesetzgebung von 1159—1320 ruht auf dem Gesetzbuche Gratians, das sie überwucherte, und die scholastische Theologie ordnete sich jenem System unter. Zitate aus den Kirchenvätern sind zu einem großen Teil durch die Rechtsbücher vermittelt. Die Kirche, die doch in der Dogmatik noch immer die Gemeinde der Gläubigen (bzw. der Prädestinierten) sein soll, ist in Wahrheit die Hierarchie, der Papst der episcopus universalis. Auf kirchlichem Gebiet haben die deutschen Könige diese Entwicklung gewähren lassen und sind mit für sie verantwortlich.

Die leitenden Gedanken in bezug auf die Kirche, die jetzt erst endgültig festgestellt wurden, waren folgende: 1) Die hierarchische Organisation ist der Kirche wesentlich, und in allen Beziehungen ist das Christentum der Laien an die Vermittlung der Priester (rite ordinati) gebunden, die allein die kirchlichen Handlungen vollziehen können. 2) Die sakramentalen und jurisdiktionellen Gewalten der Priester sind unabhängig von ihrer persönlichen Würdigkeit. 3) Die Kirche ist eine, mit einer von Christus stammenden Verfassung ausgerüstete sichtbare Gemeinschaft (auch als solche corpus Christi); sie hat eine doppelte potestas, nämlich spiritualis et temporalis. Durch beide ist sie, die bis zum Weltuntergang bleiben soll, den vergänglichen Staaten überlegen und übergeordnet. Ihr müssen deshalb alle Staaten und alle einzelnen gehorsam sein (de necessitate salutis); ja auch über Ketzer und Heiden erstreckt sich die Gewalt der Kirche (Abschluß durch Bonifacius VIII.). 4. Der Kirche ist eine streng monarchische Verfassung in dem Stellvertreter Christi und Nachfolger Petri, dem Papste, gegeben. Was von der Hierarchie gilt, gilt in erster Linie von ihm, ja die übrigen Glieder der Hierarchie sind nur „in partem sollicitudinis" berufen. Er ist der episcopus universalis; ihm gehören daher die beiden Schwerter, und da der Christ die Heiligung nur in der Kirche erreichen kann, die Kirche aber die Hierarchie, die Hierarchie der Papst ist, so muß de necessitate salutis alle Welt dem Papste untertan sein (Bulle „Unam sanctam": *„subesse Romano pontifici omni humanae creaturae declaramus, dicimus et pronuntiamus omnino esse de necessitate salutis*"). In einer Kette von Fälschungen, die namentlich innerhalb der wiedererweckten Polemik gegen die Griechen (13. Jahrhundert) entstanden sind, sind diese Grundsätze in das kirchliche Altertum hinaufdatiert worden; aber sie sind doch erst streng formuliert worden (Thomas Aquinas), nachdem sie in der Praxis längst eingebürgert waren. Das neue Recht folgte der neuen Gewohnheit, die durch die Bettelorden verstärkt wurde; denn diese zerrütteten durch die besonderen Rechte, die sie erhielten, die aristokratischen, provinzialen und lokalen Gewalten vollends und brachten den Sieg der päpstlichen Autokratie zum Abschluß. Die Lehre von der päpstlichen Unfehlbarkeit war das notwendige Ergebnis dieser Entwicklung. Auch sie ist von Thomas formuliert, aber noch nicht durchgesetzt worden; denn in diesem letzten Punkte reagierte das geschichtliche und das provinzialkirchliche Bewußtsein (die Universität Paris; der Vorwurf gegen Johann XXII. als Häretiker). Um 1300 ist die ausschweifende Erhebung des Papsttums in der Literatur auf dem Höhepunkt (Augustinus Triumphus, Alvarus Pelagius), aber seit ca. 1330 erlahmt sie, um erst nach ca. 120 Jahren wieder hervorzubrechen (Torquemada). In der Zwischenzeit wurde die neueste Entwicklung des Papsttums heftig, aber nicht glücklich bekämpft, erst in der ghibellinischen Literatur und der mit ihr zeitweise verbundenen minoristischen (Occam), bzw. in der französischen, dann vom Standpunkte der Suprematie der Konzilien (Konstanz, Basel: hätten sich die Beschlüsse dieser Konzilien durchgesetzt, so wäre es um das Papsttum geschehen gewesen; denn das Konzil proklamierte sich als die oberste gesetzgebende Gewalt in der Kirche, der auch der Papst unterworfen sei, legte sich auch die Kontrolle über die Administration der Kirche bei und schickte sich an, sich für permanent zu erklären). Nur vorübergehend war München der Sitz der Opposition und waren deutsche Schriftsteller an ihr beteilgt. Das eigentliche Land der Opposition war Frankreich, dann England (s. JHaller, Papsttum und Kirchenreform I, 1903), dann wiederum Frankreich, sein König, seine Bischöfe, ja die französische Nation. Diese allein behauptete die auf den Konzilien errungene Freiheit (pragmatische Sanktion von Bourges 1438); allein in dem Konkordat von 1516 gab sie auch hier der König preis, um sich nach dem Beispiel anderer Fürsten mit dem Papst in die Landeskirche zu teilen. Die alte Tyrannei war um 1500 fast überall wieder aufgerichtet. Das Laterankonzil am Anfang des 16. Jahrhunderts sprach den Wünschen der Völker Hohn, als hätte man nie zu Konstanz und Basel getagt.

Die neue Entwicklung des Kirchenbegriffs ist bis zur Mitte des 13. Jahrhunderts nicht durch die Theologie, sondern durch die Jurisprudenz zustande gekommen. Dies erklärt sich 1) aus dem mangelnden Interesse für die Theologie in

Rom, 2) aus der Tatsache, daß die Theologen, wenn sie über die Kirche nachsannen, noch immer die „unpraktischen“ Ausführungen Augustins über die Kirche als societas fidelium (numerus electorum) wiederholten, so daß die späteren „ketzerischen“ Meinungen über das Wesen der Kirche sich auch bei großen Scholastikern finden. Erst seit der Mitte des 13. Jahrhunderts kümmerte sich die Theologie um den hierarchisch papalen Kirchenbegriff der Juristen (Vorläufer, aber noch tastend: Hugo von St. Victor). Der Streit mit den Griechen, besonders seit dem Konzil von Lyon 1274, gab dazu den Anlaß. Die Bedeutung des Thomas liegt darin, daß er zuerst den papalen Kirchenbegriff innerhalb der Dogmatik streng entwickelt, ihn aber zugleich kunstvoll mit dem augustinischen verbunden hat. Thomas hält daran fest, daß die Kirche die Zahl der Erwählten sei; aber er zeigt, daß die Kirche als lehrgesetzliche Autorität und priesterliche Sakramentsanstalt das ausschließliche Organ ist, durch welches das Haupt der Kirche sich seine Glieder schafft. So vermag er das Neue mit dem Alten zu verknüpfen. Dennoch erhielt bis zur Reformation und über sie hinaus die ganze hierarchische und papale Theorie in der Dogmatik keine sichere Stelle (auch Konstanz und Basel wirkten nach trotz allen päpstlichen Bedrohungen); sie blieb römisches Dekretalenrecht, wurde in der Praxis geübt und herrschte faktisch in vielen Gemütern durch die Sakramentslehre. Hier war in der Tat alles das als sicherer Besitz bereits untergebracht, was man von einer Formulierung des Kirchenbegriffs im hierarchischen Interesse nur erwarten konnte.

Eben deshalb ist aller Widerspruch gegen den römischen Kirchenbegriff, der in der letzten Hälfte des Mittelalters so laut wurde, unwirksam geblieben, weil er ein Widerspruch aus der Mitte heraus war. Die Bedeutung des Glaubens für den Kirchenbegriff hat niemand klar erkannt, und die letzte Abzweckung des ganzen religiösen Systems auf die visio et fruitio dei hat niemand korrigiert. Der gemeinsame Boden der Vertreter des hierarchischen Kirchenbegriffs und ihrer Gegner war folgender: 1) die Kirche ist die Gemeinschaft derer, die zur Anschauung Gottes gelangen sollen, der Prädestinierten, 2) da niemand weiß, ob er zu dieser Gemeinschaft gehört, so muß er alle Heilsmittel fleißig gebrauchen, 3) diese Heilsmittel, die Sakramente, sind der empirischen Kirche gegeben und an die Priester gebunden, 4) sie haben den doppelten Zweck, erstlich auf das jenseitige Leben durch Inkorporation in den Leib Christi vorzubereiten, sodann, da sie Kräfte des Glaubens und der Liebe sind, hier auf Erden das „bene vivere" zu erzeugen, d. h. die Erfüllung des Gesetzes Christi zu bewirken, 5. da auf Erden die Erfüllung des Gesetzes Christi (in Armut, Demut und Gehorsam) die höchste Aufgabe ist, so ist das weltliche Leben, also auch der Staat, diesem Zweck untergeordnet, damit aber auch den Sakramenten und somit in irgendwelchem Sinne auch der Kirche. Auf diesem gemeinsamen Boden bewegten sich alle Streitigkeiten über die Kirche und ihre Reform. Die Römlinge zogen die weiteren Konsequenzen, daß die in der Sakramentsverwaltung und in der Befugnis der Kirche, das weltliche Leben sich unterzuordnen, gesetzte hierarchische Gliederung de necessitate salutis sei, ließen aber dann die sittliche Aufgabe, das Gesetz Christi wirklich zu erfüllen, hinter der mechanisch und hierarchisch ausgeübten Sakramentsverwaltung ganz zurücktreten, setzten damit den Begriff der Kirche als der Zahl der Prädestinierten (religiös) und der Gemeinschaft der nach dem Gesetz Christi Lebenden (sittlich) zu einer bloßen Floskel herab und suchten die Gewähr für die Legitimität der Kirche in der strengsten Fassung des objektiven, im Papste gipfelnden Systems, an einem Punkte freilich — dem der Reordinationen — den geschlossenen Bau selbst gefährdend. Die Gegner dagegen gerieten auf „ketzerische" Meinungen, indem sie entweder 1) die hierarchische Gliederung bestritten, da diese über das Bischofsamt hinaus in der Schrift und der alten Tradition keine Stütze habe, oder 2) die in dem Prädestinationsgedanken und in der Vorstellung von der Kirche als der Gemeinschaft der Christusnachahmer gesetzte religiöse und sittliche Idee übergreifen ließen über den Begriff der empirischen Kirche als der Sakramentsanstalt und rechtlichen Institution, und 3) deshalb die Priester, und damit die kirchlichen Autoritäten, an dem Gesetze Gottes (in donatistischer Weise) maßen, bevor sie ihnen das Recht einräumten, den Binde- und Löseschlüssel zu verwalten. Der Widerspruch aller sog. „vorreformatorischen" Sekten und Männer wurzelt in diesen Thesen. Man konnte aus ihnen die scheinbar radikalste Antithese gegen das herrschende Kirchentum entwickeln und hat sie entwickelt (Teufelskirche, Babel, Antichrist usw.); aber das darf darüber nicht täuschen, daß die Gegner auf gemeinsamem Boden standen. Man ordnete die sittlichen Merkmale der Kirche den rechtlichen und „objektiven" über — das war gewiß ein segensreicher Fortschritt —, aber die Grundbegriffe (Kirche als sakramentale Anstalt, Notwendigkeit des Priestertums, fruitio dei als Zweck, Nichtachtung des bürgerlichen Lebens) blieben dieselben, und unter dem Titel der societas fidelium wurde in Wahrheit nur ein gesetzlich-moralistischer Kirchenbegriff aufgerichtet: die Kirche als die Summe derer, welche nach dem Gesetz Christi das apostolische Leben in gewissem Maße durchführen. Der Glaube wurde nur als ein Merkmal unter dem Begriff des Gesetzes befaßt, und an die Stelle der Priestergebote trat die franziskanische Regel oder ein Biblizismus, dessen apokalyptischen und wilden Auswüchsen gegenüber man doch zum alten Dogma und zur Kirchentradition Zuflucht nehmen mußte. Weder die Gemeinschaft der Gläubigen noch eine „unsichtbare" Kirche, wie man fälschlich gemeint hat, schwebte den Reformern vor, sondern die alte Priester- und Sakramentskirche sollte veredelt werden durch Auflösung ihrer hierarchisch-monarchischen Verfassung, durch Aufhebung ihrer angemaßten politischen Befugnisse und durch strenge Sichtung ihrer Priester nach dem Maßstabe des Gesetzes Christi oder der Bibel. Unter diesen Bedingungen galt sie auch den Reformern als die sichtbare heilige Kirche, durch die Gott seine Prädestination verwirklicht. Man erkannte nicht, daß die Durchführung der donatistischen These eine Unmöglichkeit sei, und daß diese Reformkirche immer wieder zur hierarchischen werden müsse.

Die Waldesier bestritten weder den katholischen Kultus noch die Sakramente und die hierarchische Verfassung an sich, sahen es aber als eine Todsünde an, daß die katholischen Geistlichen die Rechte der Nachfolger der Apostel ausübten, ohne das apostolische Leben auf sich zu nehmen, und protestierten gegen die umfangreiche Regierungsgewalt des Papstes und der Bischöfe. Die Joachimiten und ein Teil der Minoriten haben mit dem gesetzlichen Element das apokalyptische verbunden. Auch hier handelte es sich gar nicht um die Sakramentsanstalt und das Priestertum, sondern auch nur um die Berechtigung der hierarchischen Gliederung, die göttliche Einsetzung des Papstes und um die kirchliche Regierungsgewalt, die der Kirche im Namen der franziskanischen Anschauung abgesprochen wurde. Die Zuweisung der ganzen Rechtssphäre an den Staat war bei vielen lediglich ein Ausdruck für die Verachtung dieser Sphäre. Die Pariser Professoren und ihr nationalliberaler Anhang haben die pseudoisidorische und gregorianische Entwicklung des Papsttums und der Verfassung an der Wurzel angegriffen, aber doch vor allem nur das päpstliche Finanzsystem lahm legen und die Schäden der Kirche durch einen Episkopalismus heilen wollen, der angesichts dessen, was die Kirche als römische Macht bereits war, als eine Utopie bezeichnet werden muß. Wiclif und Hus — dieser als kraftvoller Agitator im Sinne Wiclifs, aber ohne theologische Selbständigkeit und als Charakter nicht einwurfsfrei — zeigen die reifste Ausgestaltung der Reformbewegungen des Mittelalters: 1) haben sie nachgewiesen, daß die kultische und sakramentale Praxis überall durch Menschensatzungen beschwert und verfälscht sei (Ablaß, Ohrenbeichte, absolute Schlüsselgewalt der Priester, manducatio infidelium, Heiligen-, Bilder-, Reliquiendienst, Privatmessen, Sakramentalien, Wiclif auch gegen Transsubstantiation); sie haben Schlichtheit, Verständlichkeit (Landessprache) und Geistigkeit des Kultus verlangt; 2) haben sie eine Reform der Hierarchie und der verweltlichten Bettelorden gefordert; sie müssen alle, der Papst voran, zum apostolischen Dienen zurückkehren; der Papst sei nur oberster Diener Christi, nicht Statthalter; alle Herrschaft habe aufzuhören; 3) haben sie den augustinisch-prädestinatianischen Kirchenbegriff, wie Thomas, in den Vordergrund geschoben; aber während Thomas, indem er den empirischen mit ihm verband, alles Sittliche nur durch das Medium der Sakramente in den Ansatz bringt, haben sie, ohne den Sakramenten ihre Bedeutung zu nehmen, doch den Gedanken, daß die empirische Kirche das Reich sein müsse, in welchem das Gesetz Christi herrscht, zum zentralen erhoben. Das Gesetz Christi ist die wahre nota ecclesiae, lehrten sie; deshalb ist nach diesem Grundsatz auch das Recht des Priestertums und die Art der Sakramentsverwaltung zu bestimmen. Wiclif bestritt somit das selbständige Recht des Klerus, Repräsentation der Kirche und Verwalter der Gnadenmittel zu sein, und machte es von der Beobachtung der lex Christi abhängig. Der „Glaube" wurde auch von Wiclif und Hus übersprungen. Indem sie sich mit aller Kraft gegen die Hierarchie wendeten und gegen die objektiv-rechtliche Betrachtung des Kirchensystems, setzten sie dem rechtlichen Kirchenbegriff den gesetzlichen gegenüber. Die „fides caritate formata", d. h. die Gesetzesbeobachtung gibt allein der Kirche die Legitimität. Soviel sie zur Verinnerlichung der Anschauung von der Kirche geleistet — der hierarchische Kirchenbegriff hatte dem ihrigen gegenüber doch ein, freilich deterioriertes, Wahrheitsmoment: daß Gott seine Kirche auf Erden baut durch seine Gnade inmitten der Sünde, und daß Heiligkeit im religiösen Sinn kein Merkmal ist, das an einem gesetzlichen Maßstab erkannt werden kann (über den Kirchenbegriff des Thomas und der Vorreformatoren s. JGottschick i. ZKG. Bd. VIII; über den Kirchenbegriff Wiclifs s. RSeeberg, Dogmengesch. III² S. 528 ff.).

§ 68. Zur Geschichte der kirchlichen Wissenschaft.

Geschichten der Philosophie etc. s. § 63; die Arbeiten von CBäumker u. MGrabmann; EKrebs, Theol. u. Wiss. n. d. Lehre d. Hochscholastik 1912; Nachweise über die Zusammenhänge und den Fortschritt bei WDilthey u. ETroeltsch; Einzeluntersuchungen im Archiv für Lit.- u. Kirchengesch. des MA. (HDenifle u. FEhrle). — FChBaur, Vorlesungen über Dogmengeschichte, 2. Bd. — KWerner, Scholastik des späteren Mittelalters, 3 Bde., 1881 ff. — Die zahlreichen katholischen Arbeiten über Thomas. — RSeeberg, Die Theologie des Joh. Duns Scotus, 1900 (hier auch eine Untersuchung über seine franziskanischen Vorläufer und S. 573—687 eine Darlegung seiner geschichtlichen Stellung, zurückgreifend bis Augustin und vorblickend bis Luther, mit besonderer Berücksichtigung Heinrichs von Gent und Thomas' von Aquino). — ARitschl, Fides implicita, 1890. — GHoffmann, Die Lehre von der fides implicita, 1903. — KHeim, Das Gewißheitsproblem u. d. system. Theol. bis zu Schleiermacher, 1911. — RSeeberg, Dogmengesch. III² S. 308 ff., 568 ff. — JBurckhardt, Die Kultur der Renaissance⁴, 1885. — GVoigt,

Die Wiederbelebung des klass. Altertums[2], 2 Bde, 1880f. — HHERMELINK, Die relig. Reformbestrebungen des deutschen Humanismus, 1907. — Die Werke über Nikolaus von Kus, Erasmus, Reuchlin usw.

Der hohe Aufschwung der Wissenschaft seit dem Anfang des 13. Jahrhunderts ist bedingt 1) durch den großartigen Triumph der Kirche und des Papsttums seit Innocenz III (der Papst der unfehlbare Universalmonarch), 2) durch die Erhebung der Frömmigkeit seit dem heiligen Franziskus, 3) durch die Erweiterung und Bereicherung der allgemeinen Kultur und die Entdeckung des wahren Aristoteles (Kontakt mit dem Orient; Vermittlung der griechischen Philosophie durch Araber und Juden; der supranaturalistische Avicenna † 1037, der pantheistische Averrhoes † 1198; Maimonides' Einwirkung auf Thomas u. a.). Die beiden neuen Großmächte, die Bettelorden und Aristoteles, haben sich ihren Platz in der Wissenschaft erst erkämpfen müssen; dieser siegte, als man erkannt hatte, daß er gegen einen exzentrischen Realismus, der zum Pantheismus führte, die besten Dienste leistete. Der gemilderte Realismus entwickelte sich nun, der die Universalien „in re" erkannte, aber sie je nach Bedarf auch „ante" und „post rem" anzusetzen verstand.

Die neue Wissenschaft suchte, wie die ältere, alle Dinge durch Zurückführung auf Gott zu erklären; aber diese Zurückführung war gleichbedeutend mit der Unterwerfung aller Erkenntnisse unter die Autorität der Kirche. In gewissem Sinne wurde man im 13. Jahrhundert noch gebundener als früher; denn nicht nur das alte Dogma (articuli fidei), sondern dieses in der Darlegung des Lombarden, dazu das gesamte Gebiet des kirchlichen Handelns galten als absolute Autorität, und die Voraussetzung, daß jede Autorität in Einzelfragen soviel wiege wie die ratio, kam nun erst zum vollkommensten Ausdruck. Die Bettelordentheologen haben den gesamten Bestand des Kirchentums mit seinen neuesten Einrichtungen und Lehren „wissenschaftlich" gerechtfertigt, auf einer und derselben Fläche mit dem „credo" und dem „intelligo" operierend. Anselm hatte erstrebt, auf dem Boden der autoritativen Offenbarung ein rationales Gebäude aufzurichten; bei den Neueren war die Stilmischung in unbefangenster Weise Prinzip. Zwar wurde festgehalten, daß die Theologie eine spekulative Wissenschaft sei, die in der visio dei gipfele; aber so groß war das Zutrauen zu der Kirche, daß man den spekulativen Bau immerfort mit Sätzen der Autorität aufführte. Doch entwickelte sich erst jetzt durch Aristoteles die Einsicht zu voller Klarheit und durchschlagender Kraft, daß es eine natürliche und eine geoffenbarte Theologie gebe; aber man faßte zunächst beide in innigster Harmonie, die eine als Ergänzung und Vollendung der anderen, und man lebte der Zuversicht, daß nachträglich das Ganze doch auch vor dem Forum der Vernunft haltbar sei. Die Fülle des zu bewältigenden Stoffs war unübersehbar, sowohl nach seiten der Offenbarung (die ganze Bibel, die Lehre und Praxis der Kirche) als der Vernunft und der sich immer mehr erschließenden Welt- und Geschichtsordnungen, die es zu verstehen galt (Aristoteles). Demnach schritt man von den „Sentenzen" zum System („Summen") vor: was die Kirche im Leben errungen, die monarchische Herrschaft über die Welt, sollte sich auch in ihrer Theologie spiegeln. Die neue Dogmatik ist die dialektisch-systematische Bearbeitung des kirchlichen Dogmas und des kirchlichen Handelns zu dem Zweck, es zu einem alles im höchsten Sinn Wissenswürdige umspannenden, einheitlichen System zu entfalten, es zu beweisen, zur Gewißheit zu bringen[1] und so alle Kräfte des Verstandes und das gesamte Welterkennen der Kirche dienstbar zu machen. Mit diesem Zweck ist noch immer der andere subjektive verbunden, zu Gott aufzusteigen und ihn zu genießen. Aber die beiden Zwecke fallen nun zusammen: Erkenntnis der Kirchenlehre ist Gotteserkenntnis; denn die Kirche ist der gegenwärtige Christus. Dabei waren diese Scholastiker nicht Sklavenarbeiter der Kirche — im Gegenteil: bewußt suchten sie nur nach Erkenntnis für ihre Seele; aber sie atmeten nur in der Kirche. Der Bau, den sie aufführten, ist zusammengebrochen; aber auch ihre Arbeit war ein Fortschritt in der Geschichte der Wissenschaft.

Das Gesagte gilt von der vorscotistischen Scholastik, vor allem aber von Thomas. Seine „Summa" ist charak-

---

[1] Hier ist die erste größere Hälfte der Monographie Heims von besonderer Wichtigkeit, da sie durch originales systematisches Vermögen und durch Eindringen in die letzten Absichten der Scholastiker ausgezeichnet ist.

terisiert 1. durch die Überzeugung, daß Religion und Theologie wesentlich spekulativer (nicht praktischer) Art sind, daß sie also denkend angeeignet werden müssen, und daß schließlich kein Widerspruch entstehen kann zwischen Vernunft und Offenbarung, 2. durch strenges Festhalten an der augustinischen Lehre von Gott, der Prädestination, der Sünde und Gnade (nur auf den Gottesbegriff hat der aristotelische eingewirkt; die strenge Hervorhebung der Heiligen Schrift als der einzig sicheren Offenbarung hat Thomas auch von Augustin übernommen), 3. durch eine tief eindringende Kenntnis des Aristoteles und durch umfangreiche Anwendung seiner Philosophie, soweit es der Wortlaut des Augustinismus gestattet, 4. durch eine kühne Rechtfertigung der höchsten kirchlichen Ansprüche vermöge einer genialen Theorie vom Staat und einer wunderbar aufmerksamen Beobachtung der empirischen Tendenzen des päpstlichen Kirchen- und Staatssystems. Die weltgeschichtliche Bedeutung des Thomas liegt in der Verbindung des Augustin und Aristoteles. Als Schüler jenes ist er ein spekulativer Denker voll Zuversicht, und doch finden sich schon bei ihm Keime zur Zerstörung der absoluten Theologie. Für das Ganze suchte er noch den Eindruck des absolut Gültigen und Bewiesenen aufrechtzuerhalten; im einzelnen ist schon Arbiträres und Relatives hier und dort an die Stelle des Notwendigen getreten, wie er denn auch die articuli fidei nicht mehr, wie Anselm, rein rational deduziert[1].

[1] Der Aufriß der Summa entspricht dem Grundgedanken: von Gott durch Gott zu Gott. Der 1. Teil (119 Quaest.) handelt von Gott und dem Ausgang der Dinge aus Gott, der 2. Teil 1. Abt. (114 Quaest.) von der allgemeinen Moral, der 2. Teil 2. Abt. (189 Quaest.) von der speziellen Moral unter dem Gesichtspunkt der Rückkehr der vernünftigen Kreatur zu Gott, der 3. Teil, den Thomas nicht mehr vollenden konnte, von Christus, den Sakramenten und der Eschatologie. Das Verfahren in jeder einzelnen Quaestio ist ein kontradiktatorisches. Es kommen alle Gründe, die gegen die richtige Fassung der Lehre sprechen, zum Ausdruck („difficultates"). Im allgemeinen gilt der Grundsatz, daß das ganze System sich auf die Autorität der Offenbarung zu gründen habe; *„utitur tamen sacra doctrina etiam ratione humana, non quidem ad probandam fidem (quia per hoc tolleretur meritum fidei), sed ad manifestandum aliqua alia, quae traduntur in hac doctrina. Cum enim gratia non tollat naturam, sed perficiat, oportet quod naturalis ratio subserviat fidei"*.

Aber der Kirche war auch mit dem streng Notwendigen nicht in jeder Hinsicht gedient. Sie verlangt auch hier, daß à deux mains gespielt wird: sie will eine Theologie, welche die spekulative Notwendigkeit ihres Systems dartut, und sie will eine solche, welche die Unterwerfung als Forderung der Frömmigkeit und als Ergebnis alles Nachdenkens lehrt. Thomas' Theologie allein konnte nicht genügen. Hatte sie doch bei aller Kirchlichkeit den Grundgedanken nicht verleugnet, daß Gott und die Seele, Seele und Gott alles ist. Aus dieser augustinisch-areopagitischen Haltung wird sich immer jene „Aftermystik" entwickeln, in der das Subjekt seine eigenen Wege zu gehen trachtet. Wo innere Überzeugung ist, ist auch Selbständigkeit. Es kam der Kirche zugut, daß die Theologie bald eine andere Richtung nahm. Sie wurde skeptisch in bezug auf das „Allgemeine", auf jene „Idee", die „Substanz" sein soll. Unter dem fortgesetzten Studium des Aristoteles wurde die Kausalität der Hauptbegriff an Stelle der Immanenz. Der wissenschaftliche Sinn erstarkte; das Einzelne in seiner konkreten Ausprägung gewann das Interesse — Gott hat nicht eine Substanz geschaffen, sondern Dinge —; der Wille regiert die Welt, der Wille Gottes und der Wille des einzelnen, nicht eine unfaßliche Substanz oder ein konstruierter Universalintellekt. Der Determinismus ist ungenügend. Die Vernunft erkennt die Kausalitätenreihe und endet bei der Einsicht der Willkür und des bloß Kontingenten. Diesen ungeheuren Umschwung bezeichnet in seinen Anfängen Duns Scotus, der scharfsinnigste mittelalterliche Denker; aber erst seit Occam ist er vollendet.

Die Folge dieses Umschwungs aber war nicht der Protest gegen die Kirchenlehre mit ihren absoluten Sätzen oder der Versuch, sie auf ihre Grundlagen zu prüfen, sondern die Steigerung der Autorität der Kirche. Ihr schob man zu, was einst ratio und auctoritas im Bunde getragen hatten, nicht als Akt der Verzweiflung, sondern als selbstverständlichen Akt des Gehorsams. Protestiert hat erst der Sozinianismus, die Grundlagen der Lehre geprüft der Protestantismus — der nachtridentinische Katholizismus hat die eingeschlagene Richtung unter Kautelen weiter verfolgt: somit ist, indem der Nominalismus die Herrschaft antrat, der Boden für die spätere dreifaltige Entwicklung der Lehre gewonnen[1].

Der Nominalismus hat hohe Vorzüge: es ist ihm aufgegangen, daß die Religion etwas anderes ist als Erkenntnis und Philosophie, während Thomas sich schließlich doch in einer Unklarheit bewegte; er kennt die Bedeutung des Konkreten gegenüber den Hohlheiten der Abstraktionen (Grundlegung einer neuen Psychologie); er hat den Willen erkannt, auch in Gott dieses Moment hervorgehoben, die Persönlichkeit Gottes streng betont und somit der neuplatonischen Philosophie, die Gott und Welt vermischte, zunächst ein Ende bereitet; er hat die Positivität der historischen Religion sicherer erfaßt — aber er hat mit der Zuversicht zu einem absoluten Wissen auch die Zuversicht zur Majestät des Sittengesetzes eingebüßt, damit den Gottesbegriff entleert und der Willkür preisgegeben, und er hat in das „Positive", unter das er sich beugte, die Kirche mit samts ihrem ganzen Apparat eingerechnet — die Gebote des Re-

[1] Filiation der scholastischen Wissenschaft nach Eintritt des Aristoteles: Begründer der großen „Summen" als Kommentare zum Lombarden ist der Franziskaner Halesius [KHeim, Das Wesen der Gnade bei A. Halesius, 1907; Halesius — darin ein Tertullianus alter — hat teils vom Studium Aristoteles' her, teils selbständig viele neue Fragestellungen, Gesichtspunkte und Schemata aufgebracht, die dann sofort in den allgemeinen Besitz der abendländischen Theologie übergingen, und hat die dialektische Methode virtuos ausgebildet], Erweiterung, Erwärmung und Vertiefung durch seinen Schüler Bonaventura; universellste Ausführung durch den Dominikaner Albertus Magnus (auch Natur-Spekulation); schärfere theologische Konzentrierung und Verschmelzung des Augustin und Aristoteles, anfangende Unsicherheit in bezug auf strenge Notwendigkeiten, Theologie der Sakramente und der Ekklesiastik — der Dominikaner Thomas von Aquino; Kritiker des Thomas, scharfsinnigster Begriffsforscher und Forscher überhaupt, energischer Systematiker, der, selbst Realist, den Realismus wesentlich aufgelöst hat, Entdecker der individualisierten Schöpfung; Glauben und Wissen beginnen auseinander zu rücken — der Franziskaner Duns Scotus (Aristoteles steigt; Augustin fällt); Kampf der beiden Schulen; der Nominalismus entsteht aus dem Scotismus; er gewinnt die Oberhand durch Occam; aber ihm gegenüber steht die deutsche Mystik als Fortführung und Praxis des Thomismus. Doch gibt es auch scotistische Mystiker. Augustinisch-thomistische Reaktionen: Bradwardina, Wiclif, Hus usw. einerseits, streng kirchliche dominikanische Theologen andererseits.

ligiösen und Sittlichen sind arbiträr, aber die Gebote der Kirche sind absolut. Das souveräne Recht der Kasuistik, in der Bußdisziplin, aber auch in der Dialektik der Thomisten bereits vorbereitet, hat er in der Dogmatik aufgerichtet: alles in der Offenbarung beruht auf göttlicher Willkür; daher vermag der Verstand höchstens das „conveniens“ der Anordnungen nachzuweisen. Sofern er aber seine eigene Erkenntnis hat, gibt es eine doppelte Wahrheit, die religiöse und die natürliche; jener unterwirft man sich, und darin eben besteht das Verdienst des Glaubens (dieser Gedanke ist an sich alt, aber erst jetzt wurde er eine Macht). In steigendem Maße, selbst vor dem scheinbar Frivolen nicht zurückscheuend, hat der Nominalismus die Suffizienz der „fides implicita“ bekannt; auch hier freilich hatte er an päpstlichen Dekretalen Vorbilder. Hatte doch Innocenz IV. ausdrücklich gelehrt, für den Laien genüge es, an einen vergeltenden Gott zu glauben, im übrigen sich der Kirchenlehre zu unterwerfen. Widersinn und Autorität wurden jetzt der Stempel der religiösen Wahrheit. Indem man sich von der Last spekulativer Ungeheuerlichkeiten und täuschender „Denknotwendigkeiten“ befreite, nahm man die furchtbare Last eines Glaubens auf sich, dessen Inhalt man selbst für willkürlich und undurchsichtig erklärte, und den man nur noch wie eine Uniform zu tragen vermochte.

Eng verbunden mit dieser Entwicklung war die andere, die allmähliche Ausmerzung des Augustinismus und die Zurückführung des römischen, nun durch Aristoteles bestätigten Moralismus. Das Gewicht der Schuld und die Kraft der Gnade wurden relative Größen. Aus Aristoteles lernte man, daß der Mensch durch seine Freiheit unabhängig vor Gott stehe, und da man Augustins Lehre von den ersten und letzten Dingen abgetan hatte, so streifte man unter der Hülle seiner Worte auch seine Gnadenlehre ab. Alles in der Religion und Ethik wurde nur probabel, die Erlösung durch Christus selbst unter ganz unsichere Kategorien gestellt. Die Grundsätze einer weltbürgerlichen Religions- und Sittlichkeitsdiplomatie wurden auf die objektive Religion und die subjektive Religiosität angewandt. Die Heiligkeit Gottes erblaßte: er ist nicht ganz streng, nicht ganz heilig. Der Glaube braucht nicht volle Hingabe zu sein, die Buße nicht vollkommene Reue, die Liebe nicht vollkommene Liebe. Überall genügt ein „gewisses Maß" (Aristoteles), und was fehlt, wird durch die Sakramente und die Kirchlichkeit ergänzt; denn die Offenbarungsreligion ist geschenkt worden, um den Weg zum Himmel zu erleichtern, und die Kirche vermag allein anzugeben, welches „Maß" Gott genügt und welche zufälligen Verdienste ihn befriedigen. Das ist der „Aristotelismus" oder die „Vernunft" der nominalistischen Scholastiker, die Luther gehaßt hat. Die Jesuiten haben sie in der nachtridentinischen Zeit vollends in der Kirche eingebürgert — es wäre alles in Ordnung, wenn man zu den Forderungen der Religion formell dieselbe Stellung nehmen dürfte wie zu den Forderungen des Strafgesetzbuchs.

Beim Ausgang des Mittelalters, ja schon im 14. Jahrhundert, rief dieser die Religion entleerende Nominalismus große Reaktionen hervor, blieb aber doch auf vielen Universitäten herrschend. Nicht nur die Theologen des Dominikanerordens widersprachen ihm fort und fort — die Praxis folgte auch vielfach noch ernsteren und tieferen Grundsätzen —, sondern auch außerhalb des Ordens brach eine augustinische Reaktion hervor in Bradwardina, Wiclif, Hus, Wesel, Wessel usw. Sie machten gegen den Pelagianismus Front, wenn sie auch den Sakramenten, der fides implicita und der Kirchenautorität einen weiten Spielraum ließen. Einen gewaltigen Bundesgenossen gegen den Nominalismus, der sich durch seine hohle Formalistik und Dialektik im 15. Jahrhundert geradezu verächtlich machte, gewann die augustinische Reaktion an Plato, der damals wieder ans Licht gebracht wurde. Ein neuer Geist ging von ihm und der wieder entdeckten Antike aus: er suchte die Erkenntnis des Lebendigen und damit auch des Wirklichen und begehrte Ideale, die das Subjekt befreien und über die gemeine Welt erheben. In wilden Stürmen kündigte sich dieser neue Geist an und schien in extremen Erscheinungen anfangs die Christenheit mit dem Heidentum zu bedrohen; aber die, welche die Renaissance am leuchtendsten vertraten (Nicolaus von Kus, Erasmus u. a.), wollten nur das entgeistigte Kirchentum und seine nichtige Wissenschaft abtun, aber die Kirche und das Dogma im letzten Grund nicht gefährden. Die wiedergewonnene Zuversicht zu der erkennbaren Einheit aller Dinge und der kühne Schwung der Phantasie, begeistert durch die Antike und durch die neuen Welten, die man entdeckte, sie haben die neue Wissenschaft begründet. Nicht ist die nominalistische Wissenschaft durch Reinigung zur exakten geworden, sondern ein neuer Geist fuhr über die dürren Blätter der Scholastik und schöpfte Zuversicht und Kraft, auch der Natur ihre Geheimnisse abzugewinnen, aus den lebendigen, den ganzen Menschen erfassenden Spekulationen Platos und aus dem Umgang mit dem Lebendigen.

Aber die Theologie hat doch zunächst keinen Vorteil davon gehabt. Sie wurde einfach beiseite geschoben. Auch die christlichen Humanisten waren keine Theologen, sondern gelehrte Patristiker mit platonisch-franziskanischen Idealen, im besten Fall Augustiner. Zur Kirchenlehre hatte eigentlich niemand mehr außer einigen Dominikanern innere Zuversicht, aber durch den Sinn für das Originale, den die Renaissance erweckt hatte, wurde eine neue Theologie vorbereitet.

§ 69. Die Ausprägung der Dogmatik in der Scholastik.

RSeeberg, Dogmengesch. III² S. 308 ff. 356 ff. usw.

In der Scholastik des 13. Jahrhunderts erlangte die abendländische Kirche eine einheitliche, systematische Darstellung ihres Glaubens. Voraussetzungen waren 1. die Heilige Schrift und die Glaubenssätze der Konzilien, 2. der Augustinismus, 3. die Entwicklung des Kirchentums seit dem 9. Jahrhundert, 4. die aristotelische Philosophie. Der finis theologiae ist noch immer die individuelle Seligkeit im Jenseits; aber sofern die Sakramente, die diesem Zwecke dienen, als Liebeskräfte das Reich Christi auch auf Erden herstellen, war (schon seit Augustin) ein zweiter Zweckgedanke in die Theologie gekommen: sie ist nicht nur Seelenspeise, sondern auch Ekklesiastik. Die beiden Zweckgedanken sind aber im Katholizismus nie ausgeglichen worden. In ihnen sind die Gnade und das

Verdienst die beiden Zentren der Kurve der mittelalterlichen Auffassung vom Christentum.

Dogmen im strengen Sinn waren nur die alten articuli fidei; aber seitdem die Transsubstantiation als mit der Inkarnation gegeben angeschaut wurde, war im Grunde das ganze sakramentale System auf die Höhe der absoluten Glaubenslehre gehoben. Die Abgrenzung zwischen Dogma und theologischem Lehrsatz war im einzelnen ganz unsicher. Niemand konnte mehr angeben, wieviel, ja sogar häufig „was" die Kirche eigentlich lehre, und diese selbst hat sich stets gehütet, den Bereich des notwendigen Glaubens abzustecken, zumal als es verdienstlich wurde, möglichst viel zu glauben.

Die Aufgabe der Scholastik war, unter dem Gesichtspunkt der Dogmengeschichte betrachtet, eine dreifache: 1. die alten articuli fidei wissenschaftlich zu bearbeiten und sie in die um das Sakrament und das Verdienst gezogene Linie einzustellen, 2. die Sakramentslehre auszugestalten, 3. die Prinzipien des kirchlichen Handelns mit dem Augustinismus auszugleichen. Diesen Aufgaben hat sie in großartiger Weise genügt, ist aber dabei in eine Spannung mit jener Frömmigkeit geraten, die in steigendem Maße in der offiziellen Theologie (der nominalistischen) nicht mehr ihren eigenen Ausdruck wiederfand (augustinische Reaktionen) und sie deshalb beiseite schob.

A. Die Bearbeitung der überlieferten articuli fidei.

1. Der augustinisch-areopagitische Gottesbegriff hat anfangs die Theologie des Mittelalters beherrscht (Begriff des notwendigen Seins aus sich selbst; die alles determinierende Substanz; virtuelles Sein Gottes in der Welt; ontologischer Beweis Anselms); aber dann wurde die pantheistische Gefahr (Amalrich von Bena, David von Dinanto), die schon Abälard zu bezwingen gesucht hat, bemerkt. Thomas hat den augustinischen und den aristotelischen Gottesbegriff zu verbinden gesucht (JDelitzsch, Die Gotteslehre des Thomas, 1870). Gott ist absolute Substanz, selbstbewußtes Denken, actus purus; er ist von der Welt unterschieden (kosmologischer Beweis). Aber das lebhafteste Interesse hatte doch auch noch Thomas daran, die absolute Suffizienz

und Notwendigkeit in Gott zu betonen (in Gottes Selbstzweck ist die Welt eingeschlossen); denn nur das Notwendige kann sicher erkannt werden; von der sicheren Erkenntnis aber hängt die Seligkeit ab. Allein Duns bestritt den Begriff eines notwendigen Seins aus sich selbst, warf alle Gottesbeweise über den Haufen, leugnete auch, daß der göttliche Wille unter das Maß unserer ethischen „Denkgewohnheiten“ gestellt werden könne, und faßte Gott lediglich als freien Willen mit unergründlichen Motiven resp. ohne dieselben (Willkür), Occam stellte auch den Begriff des primum movens immobile in Abrede und erklärte den Monotheismus nur für probabilior als den Polytheismus. Der Gegensatz von Thomisten und Scotisten ist durch die verschiedene Vorstellung von der Stellung des Menschen zu Gott bestimmt. Jene sahen sie als Abhängigkeit an und erkannten in dem Guten das Wesen Gottes (Gott will etwas, weil es gut ist); diese trennten Gott und Kreatur, faßten die letztere als selbständig, aber als göttlichen Geboten verpflichtet, die aus der Willkür Gottes stammen (etwas ist gut, weil Gott es will). Dort Prädestination, hier Willkür. Die Theologie führte den Satz „pater in filio revelatus“ wohl im Munde, aber gab ihm nicht die gebührende Folge. Übrigens wurde der „persönliche“ Gott gegenüber der Gott-Substanz (Gott-„Ens“) erst im Nominalismus zu einer deutlichen wissenschaftlichen Vorstellung gebracht; mit ihm zusammen auch die „positive“ (Offenbarungs-) Theologie (mit starker Betonung der alleinigen Autorität der Schrift) auf Grund des behaupteten Bankerotts der spekulativen Theologie.

2. Die Ausbildung der Trinitätslehre gehörte, nachdem tritheistische (Roscellin) und modalistische (Abälard) Versuche abgewiesen waren, ganz der gelehrten Arbeit an. Der Thomismus mußte notwendig die Neigung zum Modalismus behalten (Verselbständigung der divina essentia und daher Quaternität wurde selbst dem Lombarden vorgeworfen), während die scotistische Schule die Personen scharf auseinanderhielt. In subtilen Untersuchungen wurde die Trinität ein Schulproblem. Die Behandlung bezeugte es, daß die Frömmigkeit des Abendlandes nicht in dieser überlieferten Lehre lebte.

3. Bei Thomas finden sich noch Reste der pantheistischen Denkweise (Schöpfung als Aktualisierung der göttlichen Ideen; alles was ist, besteht nur participatione dei; divina bonitas est finis rerum omnium, also kein selbständiger Weltzweck); aber doch hat schon er durch Einführung der aristotelischen Gedanken die Trennung von Gott und Kreatur wesentlich vollzogen und den reinen Schöpfungsgedanken herzustellen versucht. In dem Streit über den Anfang der Welt spiegelten sich die Gegensätze. In der scotistischen Schule ist der Selbstzweck Gottes und der Zweck der Kreaturen scharf geschieden worden. Das unermeßliche Heer von Fragen über die Weltleitung, die Theodizee usw., die die Scholastik wieder aufwarf, gehört der Geschichte der Theologie an. Thomas nahm an, daß Gott alle Dinge immediate leite und auch die corruptiones rerum „quasi per accidens“ bewirke (Origenes, Augustin); die Scotisten wollten nur von einer mittelbaren Leitung etwas wissen und bestritten die neuplatonische Lehre vom malum im Interesse Gottes und der Selbständigkeit des Menschen.

4. Mit einer „nota“ gegen den „Nihilianismus“ des Lombarden, der in Abrede stellte, daß Gott durch die Menschwerdung etwas geworden ist, ist die Zweinaturenlehre zu den großen Scholastikern gekommen. Die Fassung des Joh. Damascenus war die vorgeschriebene; aber die hypostatische Union wurde wie ein Schulproblem behandelt. Die Thomisten faßten das Menschliche als Passives und Akzidentelles und setzten im Grunde die monophysitische Anschauung fort; Duns suchte die Menschheit Christi zu retten, dem menschlichen Erkennen Christi gewisse Grenzen zu stecken und auch der menschlichen individuellen Natur Christi Existenz beizulegen. Aber auf diesem Gebiet blieb der Thomismus siegreich. Praktisch machte man freilich nur im Abendmahlsdogma von dem christologischen Dogma Gebrauch, welches die spätere Scholastik (Occam) als notwendig und vernünftig völlig auflöste (Gott hätte auch die natura asinina annehmen und so erretten können). Die Lehre vom Werke Christi wurzelte eben nicht in der Zweinaturenlehre, sondern in dem Gedanken des Verdienstes des sündlosen Menschen Jesus, dessen Leben göttlichen

Wert hat *(Christus passus est secundum carnem)*. Daneben wurde auch wieder der Gedanke der satisfactio (Halesius, Albertus) hervorgeholt. Thomas hat ihn bearbeitet, aber die Erlösung durch den Tod Christi nur für den schicklichsten Weg erklärt. Dieser Tod ist es, weil sich in ihm die Summe aller denkbaren Leiden darstellt; er führt uns die Liebe Gottes zu Gemüt, wird uns ein Beispiel, ruft uns von der Sünde ab und erweckt als Motiv die Gegenliebe. Neben diesem Subjektiven betont Thomas auch das Objektive: hätte uns Gott sola voluntate erlöst, so hätte er uns nicht so viel zuwenden können; der Tod hat uns nicht nur die Freiheit von der Schuld, sondern auch die gratia iustificans und die gloria beatitudinis erworben. Außerdem werden alle möglichen Gesichtspunkte beigebracht, unter denen der Tod Christi betrachtet werden kann. Als satisfactio ist er superabundans; denn für alle Satisfaktion gilt die Regel, daß der Beleidigte die in ihr geschenkte Gabe mehr liebt, als er die Beleidigung haßt (sacrificium acceptissimum). Dieser scheinbar richtige und würdige Glaube wurde verhängnisvoll; offenbar verkennt auch Thomas das Strafleiden und damit den vollen Ernst der Sünde. In der Lehre vom Verdienst soll die Wirklichkeit (nicht bloß die Möglichkeit) unserer Versöhnung durch den Tod Christi zum Ausdruck kommen. Mit Zurückschiebung der Zweinaturenlehre wird der Anselmsche Gedanke weiter ausgeführt, daß das durch das freiwillige Leiden gewonnene Verdienst vom Haupte auf die Glieder übergeht: „*caput et membra sunt quasi una persona mystica, et ideo satisfactio Christi ad omnes fideles pertinet, sicut ad sua membra.*“ Doch wird sofort der Begriff des Glaubens durch den der Liebe ersetzt: „*fides, per quam a peccato mundamur, non est fides informis, quae potest esse etiam cum peccato, sed est fides formata per caritatem.*“ Thomas hat zwischen der hypothetischen und der notwendigen, der objektiven (möglichen) und subjektiven (wirklichen), der rationalen und irrationalen Erlösung geschwankt. Duns zog die Konsequenz der Satisfaktionstheorie, indem er alles auf die „acceptatio“ Gottes zurückführte. Die arbiträre Schätzung des Empfängers gibt der Satisfaktion ihren Wert, wie auch sie allein die Größe der Beleidigung bestimmt. Der

Tod Christi gilt soviel, als Gott ihn gelten ließ; jedenfalls ist die Vorstellung von „Unendlichem“ abzuweisen; denn weder kann die Sünde endlicher Menschen, noch der Tod eines endlichen Menschen unendliches Gewicht haben; auch ist ein unendliches Verdienst ganz unnötig, da der souveräne Wille Gottes deklariert, was vor ihm gut und verdienstlich ist. Deshalb hätte uns auch ein purus homo erlösen können; denn es bedurfte ja nur des ersten Anstoßes; das übrige muß doch der selbständige Mensch leisten. Duns bemüht sich zwar noch zu zeigen, daß der Tod Christi „schicklich“ gewesen sei; aber dieser Nachweis hat keine rechte Bedeutung mehr: Christus ist gestorben, weil Gott es so gewollt hat und weil uns die Sakramente gegeben werden sollten, in denen der Effekt des Todes präsent und mitteilbar ist (der sakramentale Christus wird von den Priestern verwaltet; Christus, das wirksame Vorbild, wird durch die Bettelmönche und ihre Predigt vorgestellt; an dieser Tätigkeit der Kirche hat man nach Duns das „Werk“ Christi zu würdigen). Alles „Notwendige“ und „Unendliche“ ist weggeräumt. Die prädestinierende Willkür Gottes, das Sakrament und das menschliche verdienstliche Tun regieren das Leben und die Dogmatik. Duns hat in Wahrheit die altkirchliche Erlösungslehre bereits zersetzt und die Gottheit Christi, soweit sie nicht für die Sakramente notwendig war, aufgehoben (in den anderen Richtungen geht er vom Menschen Jesus aus). Nur die Kirchenautorität und die sakramentale Praxis halten sie in Geltung; fallen sie, so ist der Socianismus da. Unter Anerkennung jener Autorität sind nominalistische Theologen in ihrer Dialektik bis zum Frivolen und Blasphemischen vorgeschritten. Doch stellte sich im 15. Jahrhundert im Zusammenhang mit dem Augustinismus bei Gerson, Wessel, selbst bei Biel u. a. wieder eine ernstere Auffassung ein.

§ 70. Fortsetzung.

B. Die scholastische Sakramentslehre.

HLHahn, Lehre von den Sakramenten, 1864. — RSeeberg, Dogmengesch. III[2] S. 453 ff

Die Unsicherheiten und Freiheiten der Scholastik in der Lehre vom Werk Christi treten zurück gegenüber der

Sicherheit, mit der sie in den Sakramenten das Heilsgut als ein gegenwärtiges betrachtete. Der Glaube und die Theologie lebten in den Sakramenten. Die augustinische Lehre wurde hier materiell und formell ausgebildet, jedoch das „verbum“ noch mehr hinter das „sacramentum“ zurückgeschoben; denn da neben der Erweckung von Glaube und Liebe als Gnade doch die alte Definition galt: *„gratia nihil est aliud quam participata similitudo divinae naturae“*, so war im Grunde keine andere Form der Gnade denkbar als die magisch-sakramentale.

Die Sakramentslehre hat sich lange Zeit unter der Schwierigkeit entwickelt, daß die Zahl der Sakramenten nicht feststand (s. RSeeberg, Dogmengesch. III² S. 268 ff.). Neben Taufe und Abendmahl gab es eine unbestimmte Menge heiliger Handlungen („viele“ Sakramente: Bernhard); aber in der ersten Hälfte des 12. Jahrhunderts zählten doch schon manche sieben Sakramente (nach den sieben Gaben des H. Geistes!), und der einflußreiche Hugo v. St. Victor erörterte sieben Sakramente, freilich ohne auf die Zahl Gewicht zu legen. Er und Abälard hoben die Konfirmation und Oelung (auch die Buße) hervor, Robert Pullus Konfirmation, Buße und Ordination. Auch die Ehe ist als Sakrament damals bezeichnet worden, und zwar von Abälardschülern und in dem Werk de sacramentis Hugos. Aus einer Kombination ist, vielleicht im Kampf gegen die Katharer, die Siebenzahl entstanden (Sentenzenbuch Rolands), die der Lombarde als eine „Ansicht“ vorgetragen hat. Noch auf den Konzilien 1179 und 1215 hat sich die Zahl nicht durchgesetzt. Erst die großen Scholastiker haben sie zu Ehren gebracht, und erst zu Florenz 1439 erfolgte mit der Promulgation der scholastischen Sakramentslehre als gültige Kirchenlehre eine sichere kirchliche Erklärung (Eugen IV., Bulle Exultate deo). Jedoch ist eine völlige Gleichstellung der sieben Sakramente nicht beabsichtigt (die Taufe, die Buße und besonders das Abendmal bleiben bevorzugt, und die Ordination hat ihre besondere Stellung). Das „conveniens“ der Siebenzahl und der Organismus der Sakramente, wie er das ganze Leben der einzelnen und der Kirche umspannt, wurde ausführlich dargestellt. In der Tat ist die Schöpfung gerade dieser sieben Sakramente ein Meisterstück einer vielleicht unbewußten Politik (doch kein vollkommenes: die Ehe bietet als Sakrament unüberwindliche Schwierigkeiten; dem Mönchtum fehlt das Sakrament; der Mangel eines episkopalen Sakraments war auch — bis zum Jahre 1870 — empfindlich; die allgemeine Sakramentslehre läßt sich nur mit groben Vertuschungen und Gewaltsamkeiten bei allen Sakramenten durchführen).

Hugo hat die technische Bearbeitung der Lehre begonnen mit Beibehaltung der augustinischen Unterscheidung von sacramentum und res sacramenti und starker Betonung der physisch-geistlichen Gabe, die wirklich eingeschlossen ist. Ihm folgend hat der Lombarde (IV I B) definiert: „*Sacramentum proprie dicitur, quod ita signum est gratiae dei et invisibilis gratiae forma, ut imaginem ipsius gerat et causa existat. Non ergo significandi tantum gratia sacramenta instituta sunt, sed etiam sanctificandi (significandi gratia* sind die alttestamentlichen Einrichtungen getroffen)." Doch sagt er nicht, daß die Sakramente die Gnade enthalten (Hugo), sondern ursächlich bewirken; auch fordert er nur ein signum als Grundlage, nicht wie Hugo ein corporale elementum. Thomas mildert auch das „continent" Hugos ab, ja er geht noch weiter. Zwar wirkt Gott nicht anders als „adhibitis sacramentis" (Bernhard), aber doch nur „per aliquem modum" bewirken sie die Gnade. Gott selbst wirkt sie; die Sakramente sind causae instrumentales, sie tragen die Wirkung hinüber a primo movente. Sie sind also causa et signa; so sei das Wort: „*efficiunt quod figurant*" zu verstehen. Doch ist in den Sakramenten eine virtus ad inducendum sacramentalem effectum vorhanden. In der Folgezeit wurde das Verhältnis von Sakramenten und Gnade gelockert. Diese begleitet jene nur; denn lediglich die Willkür Gottes hat sie zusammengeschlossen (Duns) kraft eines „pactum cum ecclesia initum". So erscheint die nominalistische Auffassung minder magisch und hat die Sakramentslehre der „Vorreformatoren" und Zwinglis durch den Protest gegen das „continent" vorbereitet; aber nicht aus dem Interesse für das „Wort" und den Glauben ist diese Wendung entstanden, sondern, wie bemerkt, aus dem eigentümlichen Gottesbegriff. Die offizielle Lehre blieb bei Thomas stehen, resp. kehrte zu dem „*figurant, continent et conferunt*" (Florentiner Konzil) zurück. Dabei gilt, daß die Sakramente im Unterschied von den alttestamentlichen, bei denen der Glaube („opus operantis") nötig war, „ex opere operato" wirken (so schon der Lombarde), d. h. der Effekt fließt aus der Handluog als solcher. Der Versuch der Scotisten, alttestamentliche Sakramente den neutestamentlichen gleichzustellen, wurde abgelehnt.

Im einzelnen sind folgende Punkte der thomistischen Lehre noch besonders wichtig: 1) In genere sind die Sakramente überhaupt zum Heil notwendig, in specie gilt das im strengsten Sinn nur von der Taufe (sonst gilt die Regel: „*non defectus sed contemptus damnat*"). 2) In genere müssen die Sakramente einen dreifachen Effekt haben, einen signifikativen (sacramentum), einen präparatorischen (sacramentum et res) und einen heilsmäßigen (res sacramenti); in specie aber läßt sich der präparatorische Effekt, der Charakter, nur bei der Taufe, der Firmung und dem Ordo nachweisen. Durch sie wird der „character Christi" als Befähigung zur receptio et traditio cultus der Potenz der Seele indelebiliter und daher nicht wiederholbar eingepflanzt (gleichsam eine Abstempelung), 3) bei der genauen Erörterung der Frage „*quid sit sacramentum*" wird bestimmt, daß es nicht nur ein heiliges, sondern auch ein heiligmachendes Zeichen ist, und zwar ist die Ursache der Heiligung das Leiden Christi, die Form besteht in der mitgeteilten Gnade und den Tugenden, und der Zweck ist das ewige Leben. Das Sakrament muß stets eine res sensibilis a deo determinata sein (Materie des Sakraments) und es ist „sehr angemessen", daß auch „Worte" dabei sind, „*quibus verbo incarnato quodammodo conformantur*". Diese verba a deo determinata (Form des Sakraments) müssen genau beobachtet werden; auch ein unabsichtlicher lapsus linguae läßt das Sakrament nicht perfekt werden; selbstverständlich wird es aufgehoben, wenn einer das nicht zu tun beabsichtigt, was die Kirche tut, 4) die Notwendigkeit der Sakramente wird daraus erwiesen, daß sie „*quodammodo applicant passionem Christi hominibus*", sofern sie „*congrua gratiae praesentialiter demonstrandae*" sind, 5) bei dem Effekt (character und gratia) wird erörtert, daß im Sakrament zu der allgemeinen gratia virtutum et donorum noch hinzutritt „*quoddam divinum auxilium ad consequendum sacramenti finem*"; sowohl in verbis als in rebus sei eine instrumentalis virtus ad inducendam gratiam enthalten. Bei der Bestimmung des Verhältnisses der sakramentalen Gnade zur passio Christi tritt deutlich hervor, daß die katholische Sakramentslehre nichts anderes ist als eine Verdoppelung der Erlösung durch Christus. Da man die Gnade physisch faßte, diese physische Gnade aber nicht direkt an den Tod Christi anknüpfen, resp. von ihm ableiten konnte, so mußte Gott dem Erlöser außer dem instrumentum coniunctum (Jesus) noch ein weiteres instrumentum separatum (die Sakramente) zugeordnet werden. (Kann man dagegen solch ein Verständnis des Lebens und des Todes Christi gewinnen, daß dieses selbst als die Gnade und das Sakrament erscheint, so ist die Verdoppelung unnütz und schädlich), 6) bei der Bestimmung der causa sacramentorum wird durchgeführt, daß Gott der Urheber, der Priester aber als minister „causa instrumentalis" ist. Alles, was de necessitate sacramenti ist (also nicht die Priestergebete etc.), muß von Christus selbst eingesetzt sein (Appell an die Tradition, während noch Hugo und der Lombarde einige Sakramente von den Aposteln ableiteten; dies hat sich bei einigen bis zum 16. Jahrhundert erhalten; die Apostel können nicht institutores sacramenti im strengen Sinne gewesen sein; auch Christus als Mensch kam nur die potestas ministerii principalis seu excellentiae zu; er wirkt meritorie et efficienter und hätte diese außerordentliche potestas ministerii auch übertragen können, was er indes nicht getan hat); auch schlechte Priester können die Sakramente gültig verwalten; sie brauchen nur die intentio, nicht die fides; aber sie ziehen sich eine Todsünde zu. Selbst die Häretiker können das sacramentum überliefern, aber nicht die res sacramenti.

Die Lehren des Thomas lassen die Rücksicht auf den Glauben vermissen und gehen über die Frage nach den Bedingungen des heilsamen Empfangs schnell hinweg. Diese Frage wurde bei den Nominalisten neben der Frage nach dem Verhältnis von Gnade und Sakrament (s. oben) und nach dem minister bei jedem einzelnen Sakrament die wichtigste, und sie entschieden sie so, daß sie den Faktor des Verdienstes über den des Sakraments und der Gnade übergreifen ließen, zugleich aber die Bedingungen für das Verdienst laxer faßten und das opus operatum stärker betonten. Im Grunde lösten sie den Thomismus auf. Sie wollten auch hier die Lehre geistiger und ethischer fassen; in Wahrheit verfielen sie in eine böse Kasuistik und leisteten der Werkgerechtigkeit und der Sakramentsmagie zugleich Vorschub. Daß irgendeine Disposition zum heilsamen Empfang gehöre, nahmen alle an, aber worin sie bestehe und welchen Wert sie habe, war die Frage. Die einen sahen in ihr keine positive Bedingung der sakramentalen Gnade, sondern nur die conditio sine qua non, faßten sie also nicht als Würdigkeit und erklärten daher rund, die Sakramente wirken nur ex opere operato (die Disposition ist notwendig, aber hat keine kausative Bedeutung). Die anderen — sie waren nicht zahlreich — erklärten, die Sakramente können nur dann Gnade vermitteln, wenn innere Reue und Glaube vorhanden seien, diese aber würden als interiores motus von Gott gewirkt, so daß keine Rechtfertigung ex opere operante anzunehmen sei; die Sakramente deklarieren bloß die innere Gottestat (Anbahnung des reformatorischen Standpunkts). Die Dritten, welche die Oberhand gewannen, lehrten, daß die heilsame Gnade ein Produkt des Sakraments und des reuevollen Glaubens sei, so daß das Sakrament selbst nur über den toten Punkt erhebt, um dann sofort mit der inneren Disposition zu kooperieren. Hier erst wurde die Frage wichtig, wie denn die Disposition (Reue und Glaube) beschaffen sein müsse, um das Sakrament zur Wirkung kommen zu lassen. Zunächst wurde mit Augustin geantwortet, der Empfänger dürfte nicht „*obicem contrariae cogitationis opponere*“. Die älteren Theologen hatten hieraus gefolgert, daß ein bonus motus interior vorhanden sein müsse, freilich diesen auch schon als Verdienst gefaßt; denn ein Minimum von Verdienst (gegen Augustin) muß doch immer da sein, wenn Gnade erteilt werden soll. Duns und seine Schüler lehrten aber — eine gefährliche Korruption eines richtigen Gedankens —, daß darin eben die Herrlichkeit der neutestamentlichen Sakramente bestehe, daß sie nicht wie die früheren einen bonus motus als Vor aussetzung fordern, vielmehr nur das Fehlen eines motus contrarius malus (Verachtung des Sakraments, positiver

Unglaube). Ohne Sakrament kann Gnade nur wirksam sein, wo irgendwelche Würdigkeit vorhanden ist, die sakramentale Gnade aber wirkt auch dort, wo tabula rasa ist (als ob es eine solche gäbe!); dort ist ein meritum de congruo erforderlich, hier „*solum requiritur opus exterius cum amotione interioris impedimenti*". Ist aber dieses eingetreten, so wird die bloße gehorsame Unterstellung unter den Vollzug des Sakraments für den Empfänger zu einem meritum de congruo, und damit beginnt der Heilsprozeß, der, indem sich die sakramentalen Kollationen steigern, schließlich zu Ende geführt werden kann, ohne daß das Subjekt je die Grenze des meritum de congruo (d. h. eines gewissen Verdienstes, welches ohne wirklichen inneren Glauben und Liebe bestehen kann) überschreitet. Die sakramentale Gnade verwandelt ex opere operato die attritio zur contritio und ergänzt somit die mangelhaften Verdienste zu vollkommenen. Auf der Leiter der durch die Sakramente immerfort ergänzten halbschlächtigen inneren Regungen (selbst Furcht vor Strafe, Höllenangst, kraftlose Unzufriedenheit mit sich selbst zählen hier) kann die Seele nach der Meinung laxer und nicht zensurierter Lehrer zu Gott emporsteigen: „*attritio superveniente sacramento virtute clavium efficitur sufficiens.*" Hier ist die Sakramentslehre in einer schlimmen Form der pelagianischen Justifikationslehre (s. unten) zur Hilfe gestellt.

Die einzelnen Sakramente. 1. Die Taufe (Materie: Wasser, Form: die Einsetzungsworte). Sie bezieht sich auf die Erbsünde. Die Taufe tilgt die Schuld derselben und aller bisher begangenen Tatsünden, erläßt die Strafe (doch nicht irdische Strafübel) und ordnet die Konkupiszenz, d. h. es wird der Begriff einer unschuldigen Konkupiszenz zugelassen (keine religiöse Betrachtung) und behauptet, daß die Taufe den Menschen in den Stand setzt, die Konkupiszenz in Schranken zu halten. Die positive Wirkung der Taufe wird unter den Titel „regeneratio" gesetzt, ohne daß dieser Begriff von der Unklarheit befreit wird, die er bei den KVV. besaß. In thesi behauptete man, die positive Gnade der Taufe sei perfectissima und auch die Kinder erhielten sie (Sakrament der Rechtfertigung im vollen Sinn); aber faktisch konnte man sie doch nur als Initiationssakrament fassen und nur in diesem Sinne die Vollkommenheit der Kindertaufe

(Glaube der Kirche oder der Paten als vikarierend) festhalten: die Taufe begründet den Rechtfertigungsprozeß nur in habitu, nicht in actu. — Taufen kann im Notfall auch ein Diakon, ja ein Laie. Ausführliche Erörterung über die Sakramentalien bei der Taufe.

2. Die Firmung (Materie: das vom Bischof geweihte Chrisma, Form: consigno te etc.). Effekt dieses, wie die Taufe, nicht wiederholbaren Sakraments ist die Kraft (robur) zum Wachstum, die Stärke zum Kampf, im Rechtfertigungsprozeß die gratia gratum faciens. Nur der Bischof kann es erteilen; als Sakrament der bischöflichen Hierarchie hat es neben dem ordo seine Bedeutung erlangt; diese liegt im Grunde hier nur im „Charakter". Zweifel an dem Sakramente sind im Mittelalter nie erloschen (Wiclif). Von Thomas ab ist es sehr nahe an die Gewalt des Papstes herangerückt worden, da es sich auf den mystischen Leib Christi (die Kirche) in besonderer Weise bezieht (nicht auf den sakramentalen Leib), und somit die Jurisdiktionsgewalt in Betracht kommt.

3. Die Eucharistie (Materie: die Elemente, Form: die Einsetzungsworte). Die thomistische Lehre ist hier gegenüber den Versuchen der Nominalisten, die Transsubstantiationslehre zu lockern, zu vollem Sieg gekommen; aber auch der „häretische" Widerspruch gegen diese Lehre hat im Mittelalter nach dem Laterankonzil (s. oben § 64) nie aufgehört. Der Realismus ist die Voraussetzung der orthodoxen Theorie; ohne ihn fällt sie zusammen. Alles Hohe ist vom Abendmahl ausgesagt worden, aber schließlich ist doch das Bußsakrament dem Abendmahl (als Sakrament und als Opfer) weit überlegen: die Messen sind ein geringes Mittel, und die geistliche Speise tilgt keine Todsünden. Das berauschende theologische Problem war die Transsubstantiation selbst, und bei der Größe desselben übersah man die Geringfügigkeit der Wirkung. Thomas hat die Lehre von der Art der Gegenwart des Leibes Christi im Sakrament ausgebildet (keine Neuschöpfung, keine assumptio elementorum, so daß sie Leib und Blut werden, sondern reale Transsubstantiation, also keine Konsubstantialität); die Substanz der Elemente schwindet vollkommen, aber nicht per annihilationem, sondern per conversionem; die Existenz der übrigbleiben-

den substanzlosen Akzidenzien der Elemente wird durch direktes Gotteswirken ermöglicht; der Leib Christi tritt ein, und zwar totus in toto; in jeder Spezies (und wiederum in jeder Partikel und jedem Tropfen) ist der ganze Christus, und zwar per concomitantiam nach Leib und Seele sowie nach seiner Gottheit vom Moment der Rezitation der Einsetzungsworte an (also auch extra usum); die Gegenwart Christi in den Elementen ist keine dimensionale; aber wie sie zu denken ist, wurde ein Hauptproblem, bei welchem Thomas und die nominalistischen Nachfolger absurde und scharfsinnige Raumtheorien aufgeboten haben. Diese kamen dabei entweder der Ansicht von der Vernichtung der elementaren Substanz (Duns) oder der Konsubstantialität und Impanation sehr nahe (Occam; ihm folgend Luther); auf letztere gerieten sie weil ihre Metaphysik überhaupt nur die Vorstellung zuließ, daß Göttliches und Kreatürliches sich kraft göttlicher Anordnung *begleiten* (ähnlich Wesel und, anders motiviert, Luther). Die Folgen der Ausbildung der Transsubstantiationslehre waren 1) Aufhören der Kinderkommunion (dieses hat auch noch andere Ursachen), 2) Steigerung des Ansehens der Priester, 3) Kelchentziehung (zu Konstanz fixiert), 4) Adoration der erhobenen Hostie (Fronleichnamsfest 1264, 1311). Gegen die beiden letzten Folgerungen erhob sich im 14. und 15. Jahrhundert ein bedeutender Widerspruch. — In bezug auf die Vorstellung des Abendmahls als Opfer ist noch der Lombarde von dem altkirchlichen Motiv der recordatio bestimmt gewesen; allein die durch Gregor I. bestärkte Vorstellung von der Wiederholung des Opfertodes Christi drang immer mehr durch (Hugo, Albertus; Thomas rechtfertigt die Theorie eigentlich nur durch die Praxis der Kirche) und modifizierte auch den Meßkanon (Laterankonzil 1215). Der Priester galt als sacerdos corporis Christi. Die Angriffe Wiclifs u. a. auf diese ganz unbiblische Betrachtung verhallten; im 14. und 15. Jahrhundert kämpfte man eigentlich nur noch gegen den abusus.

4. Die *Buße* (große Kontroverse über die Materie, da keine res corporalis vorhanden) ist im Grunde das Hauptsakrament, weil sie allein die verlorene Taufgnade ersetzt. Die Theorie blieb der hierarchischen Praxis gegenüber, die in der pseudo-augustinischen Schrift de vera et falsa paeni-

tentia zum Ausdruck gekommen war, noch lange spröde: der Lombarde hat, seinem Lehrer Abälard folgend und die ältere Auffassung erneuernd, die wahrhaftige Reue der Christen an sich für sakramental gehalten und die priesterliche Absolution als eine bloß deklarative betrachtet (als kirchlichen Akt); denn Gott allein vergibt Sünden. Aber Hugo und das Laterankonzil von 1215 haben Thomas vorgearbeitet. Dieser hat die Materie des Sakraments in den sichtbaren Handlungen des Pänitenten, die Form in den Absolutionsworten des Priesters erkannt, diesen als autorisierten minister für den Spender in vollem Sinne erklärt und die Notwendigkeit der sakramentalen Buße (vor dem Priester) durch den auf die Hierarchie abzielenden Satz begründet: „*ex quo aliquis peccatum* (Todsünde) *incurrit, caritas, fides et misericordia non liberant hominem a peccato sine paenitentia*". Er hat aber hinzugefügt, daß die sakramentale Absolution nicht sofort mit der Schuld der Todsünde auch den reatus totius poenae wegnehme, sondern dieser erst schwinde „*completis omnibus paenitentiae actibus*". Die drei partes paenitentiae — vom Lombarden ausdrücklich als contritio cordis, confessio oris, satisfactio operis formuliert — galten ursprünglich nicht als gleichwertig. Die innere, vollkommene Reue galt als res und sacramentum und steht besonders beim Lombarden und Thomas allein im Vordergrund. Allein schon Alexander Halesius und Bonaventura meinten, daß Gott eben durch das Sakrament den Weg zum Heil erleichtert habe, und unterschieden contritio und attritio, die letztere für genügend erklärend, um das Sakrament zu empfangen. Trotz der stillschweigenden Ablehnung durch Thomas setzte sich diese Ansicht immer mehr durch: das Sakrament selbst vervollkommnet die halbe Reue durch die infusio gratiae. (Die Leiter zum Himmel kann also unter Umständen lediglich aus der halben Reue und dem Sakrament gebaut sein). Die Lehre von der attritio — die attritio ist nicht in jeder Definition, die sie erhalten hat, verwerflich, und die Lehre von ihr war wohl nicht so stark verbreitet, die Praxis nicht überall so schlecht, wie die Protestanten in bezug auf das 14. und 15. Jahrhundert angenommen haben — ist doch das Gift der Kirchenlehre und -praxis für weite Kreise geworden (Johann von Paltz, Petrus de Palude u. a.;

DIECKHOFF, Der Ablaßstreit, 1886; CSTUCKERT, Die katholische Lehre von der Reue, 1896; doch vgl. NPAULUS im Histor. Jahrb. 1895, S. 45 f.; HFINKE, Die kirchenpol. u. kirchl. Verhältnisse am Ende des MA.s, 1896, S. 122 ff.; JMAUSBACH, Historisches und Apologetisches z. scholast. Reuelehre, im „Katholik“, 1897, S. 48 ff.); das Tridentinum hat sie nur bedingt gebilligt[1]. Der Theologe der confessio oris ist trotz seiner Hochschätzung der contritio Thomas; er hat die Verpflichtung zu ihr, die theologische Konsequenz des 4. Laterankonzils ziehend, unter das ius divinum gestellt, den Umfang der neuen Anordnung zuerst genau angegeben und das alleinige Recht der Geistlichen, Beichte zu hören, aus dem ministerium super corpus Christi verum abgeleitet (im Notfall soll man vor einem Laien beichten; solche Beichte ist aber nach Thomas nicht mehr sakramental)[2]. Die Scotisten haben dies alles wesentlich akzeptiert. Das alleinige Recht des Priesters zu absolvieren ist auch erst von den Lehrern des 13. Jahrhunderts streng durchgeführt. Doch wirkt in dies Sakrament die Jurisdik-

[1] In der hier über die attritio gegebenen Ausführung ist meine frühere Darstellung auf Grund der Nachweise katholischer Forscher gemildert, aber weder kann ich ihnen in der Behauptung zustimmen, daß zu der attritio neben dem timor servilis stets „der feste Wille völliger Sinnesänderung und eine entschiedene Abkehr von der Sünde“ (wenn der letztere Ausdruck nicht etwa amphibolisch gemeint ist) gerechnet worden ist, noch daß sich in bezug auf die Forderung der contritio vom 7. bis zum 16. Jahrhundert nichts geändert hat. Predigten entscheiden nicht; denn von der Kanzel, von der aus nur im allgemeinen geredet wird, werden natürlich stets die höchsten Maßstäbe geltend gemacht. Uebrigens fügt FINKE (S. 136) seiner Behauptung: „Dem Volke ist stets dasselbe gelehrt worden; die beiden Elemente des timor und der caritas erscheinen stets vereint“, die Worte hinzu: „Ob diese contritio ganz unserem modernen (?) Begriff von vollkommener Reue entspricht oder nicht, ist dabei nebensächlich. Ebenso kommt es nicht darauf an, ob strengere oder laxere Lehrmeinungen auf den Lehrkanzeln vorgetragen wurden und in wie weit diese eine Aenderung des Contritions-Begriffs bezweckten; denn das wichtige Ergebnis für den Historiker ist: in das Volk sind diese Lehrmeinungen nicht gedrungen.“ Man sollte denken, auf jene Fragen kommt alles an, und in das Volk dringen Lehrmeinungen über Buße und Beichte doch nicht nur durch Predigten und Katechismen, sondern in viel höherem Grade durch die Praxis des Beichtstuhls und der Ablässe.

[2] Hier wird also mit der Laienbeichte, die übrigens in den letzten Jahrhundert vor Thomas eine undeutliche Geschichte hat, völlig aufgeräumt.

tionsgewalt hinein (Reservatfälle für den Papst). Nach den Scotisten bewegt der Priester in der Absolution Gott nur zur Erfüllung seines Vertrages, nach Thomas handelt er aus der überlieferten potestas ministerii selbständig. — Bei der Auferlegung der satisfactio wirkt der Priester als medicus peritus et iudex aequus. Die Praxis und Anschauung ist alt, die Mechanisierung und theologische Bearbeitung und Schätzung (neben der contritio als Teil der Buße) verhältnismäßig jung. Die Idee ist jetzt diese, daß die satisfactio als Bestandteil des Sakraments die notwendige Offenbarung der Reue in solchen Werken ist, die geeignet sind, dem beleidigten Gott eine gewisse Genugtuung zu gewähren, und dadurch die Veranlassung zur Abkürzung der zeitlichen Strafen werden, die durch das Sakrament (die absolutio) nicht getilgt sind. In der Taufe vergibt Gott ohne jede Genugtuung, aber von dem Getauften verlangt er eine gewisse Genugtuung, die dann, als Verdienst, dem, der sie leistet, zugute kommt. Auch vermag sie der Getaufte wirklich zu leisten, sie dient ferner zu seiner Besserung und schützt ihn vor Sünden. Wertvoll sind nur solche Leistungen, die im Stande der Gnade (in caritate, also nach der Absolution) geschehen; allein einen gewissen Wert haben auch die Werke (Gebet, Fasten, Almosen) derer, die nicht in caritate sind[1].

Aber die Scholastiker nahmen auch aus der Praxis die „Nachlässe" und die Vertauschung der Satisfaktionen bzw. die Stellvertretung der Personen auf. Dies führte zur Lehre von den Ablässen. (EBratke, Luthers 95 Thesen, 1884. — JSchneider-FBeringer, Die Ablässe, 9. Aufl. 1887. — ThBrieger, Das Wesen des Ablasses am Ausgang des Mittelalters, 1897; über die Leo X. (= Fugger) Ablässe s. ASchulte, 1904; die Arbeiten von NPaulus). Der Ablaß knüpft an die satisfactio an. In der strengen Theorie hat er mit dem reatus culpae et poenae aeternae nichts zu tun; in der Praxis wurde er doch nicht selten mit ihm in Verbindung gebracht; ja selbst die Theorie begann diese Linie zu beschreiten (das Tridentiner Konzil hat hier, freilich nur in sehr vorsichtiger Form, Mißbräuche

[1] Zur neuesten Kontroverse zwischen Altkatholiken und Katholiken in bezug auf die Geschichte und Theorie des Bußsakraments (speziell der Ohrenbeichte) s. AKirsch, Zur Geschichte der katholischen Beichte, 1902.

beklagt). Der Ablaß ruht auf dem Gedanken der Kommutation und hat den Zweck, die zeitlichen Sündenstrafen, vor allem die Fegfeuerstrafen, abzumildern resp. aufzuheben. Durch die Absolution wurde die Hölle geschlossen; aber die homines attriti glauben im Grunde weder an die Hölle noch an die Kraft der Gnade; denn nur ein contritus weiß etwas von diesen Dingen. Aber sie haben Angst vor empfindlichen Strafen nach dem Tode, und sie glauben an die Möglichkeit, durch allerlei „Tun" sie zu beseitigen, sind auch zu einigen Opfern in dieser Richtung bereit. So war für sie das Fegfeuer die Hölle, und so wurde für sie der Ablaß zum Sakrament. Auf diese Stimmungen ist die Kirche faktisch eingegangen: attritio, opera und indulgentia wurden in Wahrheit für weite Kreise die Stücke des Bußsakraments. Thomas suchte noch durchweg eine ernste Theorie mit der schlimmen Praxis, an der er nicht zu rütteln vermochte *(„ab omnibus conceditur indulgentias aliquid valere, quia impium esset dicere, quod ecclesia aliquid vane faceret")*, auszugleichen. Bei ihm ist der Ablaß noch nicht zur Persiflage auf das Christentum als Religion der Erlösung geworden, weil er ihn wirklich nur als untergeordneten Annex zum Sakrament faßt. Aber er hat doch den alten Gedanken aufgegeben, daß der Ablaß sich nur auf die vom Priester auferlegten Kirchenstrafen bezieht, und er hat die Theorie des Ablasses geliefert. Diese setzt sich aus zwei Gedanken zusammen: 1) auch die vergebene Sünde wirkt in ihren zeitlichen Folgen fort, kann nicht „inordinata" bleiben, und ihre zeitliche Strafe muß daher abgebüßt werden, 2) Christus hat durch sein Leiden Größeres geleistet als die Tilgung der ewigen Schuld und Strafe; innerhalb des Sakraments wirkt nur diese, nämlich in der Absolution; aber außerhalb desselben ist ein Ueberschuß vorhanden. Dieses überschüssige Verdienst (thesaurus operum supererogatoriorum Christi et Sanctorum) muß notwendig, da es Christus und den Heiligen nicht zu gute kommen kann, dem Leibe Christi, der Kirche, zugute kommen.

Eine andere Wirksamkeit kann es aber gar nicht mehr finden, als daß es die zeitlichen Sündenstrafen abkürzt oder tilgt. Zugewandt kann es nur den Absolvierten werden, die regelmäßig ein Minimum (eine kleine Leistung) dafür darzubringen haben; verwaltet wird es vom Haupt der Kirche, dem

Papst, der indes anderen eine partielle Verwaltung übertragen kann. Diese Theorie der überschüssigen Verdienste, die eine lange Vorgeschichte hat (Perser, Juden), wurde dann besonders verderblich, wenn man auf die Bedingung des reuemütigen Glaubens tatsächlich kein entscheidendes Gewicht legte oder wenn man mit Absichtlichkeit ein Dunkel darüber bestehen ließ, was denn eigentlich durch den Ablaß getilgt werde, oder wenn man die Frage bejahte, ob nicht der Ablaß auch Todsündern ad requirendam gratiam von Nutzen sei, ob man ihn daher nicht auch im voraus geben könne, damit man ihn bei eintretender Disposition brauche (scotistische Praxis). Zusammengefaßt ist die Ablaßtheorie in der Bulle „Ungenitus" Clemens' IV. vom Jahre 1349; hier — ebenso formelhaft auch in den Ablaß-Erteilungen der Folgezeit — steht auch, daß sich der Ablaß nur auf die „vere paenitentes et confessi" beziehe. Polemisiert hat gegen die Praxis und Theorie vor allem Wiclif; er nannte die Ablässe willkürlich und blasphemisch, die Befolgung des Gesetzes Christi lähmend, eine heillose Neuerung. Aber der Ablaß ist noch nicht aus den Angeln gehoben, wenn man das Unbiblische, die Anmaßung der Hierarchie und die sittliche Korruption nachweist; man muß zeigen, wie ein schlafendes Gewissen zu wecken und ein angefochtenes zu trösten ist. Das aber vermochten weder Wiclif noch die anderen energischen Bestreiter der Ablässe, Hus, Wesel u. a. Nur Wessel hat den Ablaß an der Wurzel angegriffen; denn nicht nur hat er gelehrt, daß allein den Frommen (nicht dem Papste und den Priestern) die Schlüssel gegeben seien, sondern auch eingeschärft, daß die Vergebung nicht auf Willkür gestellt ist (vielmehr auf wahre Buße), daß aber die zeitlichen Sündenstrafen zur Erziehung gereichen und daher nicht zu vertauschen sind. Er hat auch die satisfactio operum beanstandet: satisfactio kann überhaupt nicht statthaben, wo Gott seine Liebe eingegossen hat; sie würde das Werk Christi (die gratia gratis data) verkleinern. Dennoch herrschten die Ablässe, die auch zu Konstanz gebilligt waren, um 1500 mehr wie je; man wußte, daß sie „abusus quaestorum" seien, und brauchte sie doch.

5. Die letzte Ölung (Materie: benediziertes Öl, Form: ein deprekatorisches Gebetswort). Thomas behauptete

die Einsetzung durch Christus, Promulgation durch Jakobus (ep. 5, 14). Der Zweck dieses wiederholbaren Sakraments ist die remissio peccatorum, aber doch nur der läßlichen. Wie dieses Sakrament sich aus dem Bedürfnis der Sterbenden entwickelt hat, so ließ man es auch in der Praxis bestehen. Die Theorie hat sich nur wenig mit ihm beschäftigt. Was sollte sie auch neben dem Bußsakrament über dieses Sakrament sagen?

6. Die Priesterweihe (aus der Unmöglichkeit, eine sinnliche Materie neben der Form: „accipe potestatem etc." nachzuweisen — doch dachte man auch an die kultischen Gefäße oder an die Handauflegung und Sinnbilder — hat Thomas Kapital zu schlagen verstanden: „*hoc quod confertur in aliis sacramentis derivatur tantum a deo, non a ministro, qui sacramentum dispensat, sed illud quod in hoc sacramento traditur, scil. spiritualis potestas, derivatur etiam ab eo, qui sacramentum dat, sicut potestas imperfecta a perfecta. et ideo efficacia aliorum sacramentorum principaliter consistit in materia, quae virtutem divinam et significat et continet . . ., sed efficacia huius sacramenti principaliter residet penes eum, qui sacramentum dispensat*". Spender ist allein der Bischof. Kontroversen entstanden 1. über die sieben Weihen und ihr Verhältnis, 2. über das Verhältnis der Priester- und Bischofsweihe, 3. über die Gültigkeit von Weihen, die von schismatischen oder häretischen Bischöfen erteilt worden waren (Frage der Reordinationen; der Lombarde noch für die strengere Praxis, welche doch, obgleich Gregor VII. sie befolgt hat, die ganze Existenz des Priestertums gefährdet). Der Charakter ist in Wahrheit der Haupteffekt dieses Sakraments. Den Episkopat konnte man um der alten Überlieferung willen nicht mehr als besonderen ordo (neben dem Priestertum) zählen; aber man suchte ihm doch eine besondere von Christus geordnete höhere Stellung zu vindizieren (auf Grund der jurisdiktionellen Gewalt); Duns, die faktischen Verhältnisse berücksichtigend, ist geneigt, einen besonderen ordo der Bischöfe herauszuheben, was der Anerkennung eines besonderen Sakraments nahe kommt.

7. Die Ehe (Materie und Form der Konsensus der Nupturienten). Wie beim vorigen Sakrament fehlt auch bei

diesem jeder nachweisbare Heilseffekt; aber noch schwieriger war es hier, die allgemeine Sakramentslehre (angefangen von der Frage der Stiftung dieses Sakraments durch Christus) an irgendeinem Punkte durchzuführen. Die Behandlung der Ehe als Sakrament ist schon bei Thomas eine Kette von Verlegenheiten; im Grunde ist nur das Kirchenrecht hier beteiligt. Absolute Unauflöslichkeit einer gültig geschlossenen Ehe; peinliche Ausführungen über die Bedeutung der copula carnalis für das Sakrament: die priesterliche Einsegnung galt nur als „quoddam sacramentale" und ist nicht konstitutiv, also auch nicht notwendig.

In der Sakramentslehre ist Thomas der maßgebende Doktor geblieben; seine Lehren wurden durch Eugen IV. bestätigt; aber sofern dieselben sämtlich den Lehren von den V e r d i e n s t e n untergeordnet wurden, kam allmählich ein anderer Geist, der scotistische, auch in diesen Hauptteil der Dogmatik. Thomas selbst hat bereits die vulgär katholischen Elemente des Augustinismus steigern müssen, weil er der Praxis seiner Kirche in seiner Summa folgte. Die Späteren sind darin noch viel weiter gegangen. Die Zersetzung des Augustinismus in der Dogmatik ist wesentlich nicht von außen erfolgt; sie ist größtenteils das Ergebnis einer inneren Entwicklung. Die drei Elemente, die Augustin in und neben seiner Gnadenlehre hatte bestehen lassen, das V e r d i e n s t, die g r a t i a i n f u s a (caritas statt fides) und das h i e r a r c h i s c h - p r i e s t e r l i c h e Element, wirkten so lange fort, bis sie die augustinische Denkweise völlig umgebildet hatten.

§ 71. Fortsetzung.

C. Die Bearbeitung des Augustinismus in der Richtung auf die Lehre vom Verdienst.

RSeeberg, Dogmengesch. III² S. 402ff. 438ff. 586ff. 592ff.

Direkt hat kein kirchlicher Theologe verleugnet, daß die Gnade das Fundament der christlichen Religion ist, aber wie der Begriff „Gnade" selbst vieldeutig ist — Gott als die Liebe? Gott in Christo? eine geheimnisvolle Qualität? Liebe? übernatürliche Erkentnis? —, so konnte er auch verschiedenen Ansichten dienstbar gemacht werden. Der

Lombarde hat über Gnade, Prädestination, Rechtfertigung die augustinischen Sätze genau wiederholt, aber sich über den freien Willen nicht mehr augustinisch, sondern semipelagianisch geäußert, weil auch er an das Verdienst dachte. Ebenso läßt sich bei Anselm, Bernhard und vor allem bei Abälard ein Widerspruch zwischen der Gnadenlehre und der Freiheitslehre bemerken; denn alle sind von dem Gedanken beherrscht, den der Lombarde so formuliert hat: „*nullum meritum est in homine, quod non fit per liberum arbitrium.*“ Daher muß die ratio und das Willensvermögen zum Guten den Menschen nach dem Fall geblieben sein. Die religiöse Betrachtung Augustins wird durch die empirische abgelöst, und selbst von Bernhard die augustinische Unterscheidung von formaler und materialer Freiheit überhört. Beachtenswert ist der Ansatz des Lombarden, die heiligmachende Gnade mit dem heiligen Geist zu identifizieren. Doch blieb das ohne Folgen; man wollte nicht Gott selbst haben, sondern göttliche Kräfte, die zu menschlichen Tugenden werden können.

Von Gott zu Gott durch die Gnade ist der Grundgedanke des Thomas, und doch ist schließlich die habituelle Tugend das, worauf es auch ihm ankommt. Der Grundfehler liegt schon in der augustinischen Unterscheidung von gratia operans et cooperans. Nur diese schafft die Seligkeit, sie kooperiert aber mit dem Willen, und beide bewirken das Verdienst. Auf Verdienste aber kommt es an, weil der Theologe es sich schließlich nicht anders vorstellen kann, als daß vor Gott nur eine in einem Habitus sich darstellende Besserung etwas gilt. Dies ist aber nicht der Standpunkt der Religion; denn so wird der Glaube lediglich zum Initiationsakt und Gott erscheint nicht als die allmächtige Liebe und darum als der Fels des Heils, sondern als der Partner, Adjutor und Richter; er erscheint nicht als das persönliche Gut, welches allein als Vater die Seele zur Zuversicht zu führen vermag, sondern als der Geber dinglicher Güter, wenn auch sehr hoher (Mitteilung seiner Natur). Diese Theologen blickten, wenn sie an Gott dachten, nicht auf das Herz des allmächtigen Vaters, sondern auf ein unergründliches Wesen, das, wie es die Welt aus dem Nichts geschaffen hat, so auch überschwengliche Kräfte zur Erkenntnis, Besserung und wesenhaften Umformung hervorgehen läßt. Und wenn sie an sich selber denken, denken sie nicht an das Zentrum des menschlichen Ichs, den Geist, der so frei und hoch ist, daß er nur an einer göttlichen Person, nicht aber an den herrlichsten Gaben Halt gewinnt: Gott und die Gratia, lehrten sie, statt: Zuversicht zu Gott und daher persönliche Gemeinschaft mit Gott, der die Liebe ist. Im Ansatz liegen nun zwar bei ihnen Gott und die gratia (Macht der Liebe) sehr nahe, aber im Fortgang der Betrachtung wird die gratia immer mehr von Gott abgerückt, bis man sie ausschließlich an magisch wirkenden Sakramenten findet. Der disparate und doch konjugierte Doppelgedanke „natura divina, natura creaturae" und „bonum esse" im übernatürlichen und im natürlichen Sinn war der herrschende: Physis und Moral, aber nicht die gläubige Zuversicht. Daher durchdringt die Unterscheidung der zwei Gebiete „Übernatürlich und Natürlich" (im Sinne zweier Physeis) und der beiden Tugendgattungen, der übernatürlichen und der natürlichen, die ganze Religion und Denkweise. So ist's noch heute.

Thomas geht von Gesetz und Gnade als den äußeren Prinzipien des sittlichen Handelns aus. Jenes, auch als neues Gesetz, reicht nicht aus. Es wird daher die Notwendigkeit der Gnade, z. T. mit aristotelischen Mitteln, bewiesen. Zugleich tritt der Intellektualismus des Thomas stark hervor: Gnade ist die Mitteilung übernatürlicher Erkenntnis. Das lumen gratiae ist aber zugleich lumen superadditum, d. h. nicht zur Vollendung des Zwecks des Menschen notwendig, sondern über ihn hinausragend, also auch einen übernatürlichen Wert, d. h. ein Verdienst, begründend. Der Mensch im Zustand der Integrität besitzt nämlich die Fähigkeit, aus eigenen Kräften das bonum suae naturae proportionatum zu tun; der göttlichen Hilfe bedurfte er jedoch, um ein meritorisches bonum superexcedens zu gewinnen. Nach dem Falle aber bedurfte er zu beiden der Gnade; somit ist jetzt eine doppelte Gnade nötig. Damit ist schon die Unterscheidung der gratia operans et cooperans fixiert, und zugleich ist als Ziel des Menschen ein übernatürlicher Zustand ins Auge gefaßt, den man nur mit

Hilfe der zweiten Gnade, die Verdienste schafft, zu erreichen vermag. „*Vita aeterna est finis excedens proportionem naturae humanae*"; aber mit der Gnade kann und muß man das ewige Leben verdienen. Doch läßt Thomas als strenger Augustiner die Ansicht nicht zu, daß man sich auf die erste Gnade vorbereiten könne. Er erkennt für den Anfang nur die Gnade an, keine merita de congruo. Die Essenz der Gnade beschreibt er so, daß sie als Geschenk eine eigentümliche Qualität der Seele erzeugt, d. h. außer dem auxilium, durch das Gott die Seele überhaupt zum guten Handeln bewegt, gießt er eine übernatürliche Qualität in die Seele ein. Zu unterscheiden ist die Gnade erstens als Heilsgnade (gratum faciens) und als priesterliche Amtsgnade, zweitens als operans (praeveniens) und cooperans (subsequens); dort ist die Seele mota non movens, hier mota movens. Ursache der Gnade, die deifica ist, ist Gott selbst, der auch die Vorbereitung für sie im Menschen schafft, um die materia (die Seele) „disposita" zu machen. Ob aber Gott dieses übernatürliche Werk in einem treibt, das kann niemand wissen. Dieser Satz („*nullus potest scire, se habere gratiam, certitudinaliter*") und jene überflüssige Reflexion auf die materia disposita (von Aristoteles angeregt) wurden verhängnisvoll. Der Effekt der Gnade ist ein doppelter, erstlich die Rechtfertigung, zweitens die Verdienste, d. h. die wirkliche iustificatio findet durch die remissio peccatorum noch nicht statt, sondern nur um des Zieles willen kann man sagen, daß die Sündenvergebung bereits die Rechtfertigung ist. Die gratia infusa ist aber schon für die Sündenvergebung nötig, und deshalb wird ein motus liberi arbitrii schon hier verlangt. Somit besteht die gratia praeveniens in Wahrheit in einem undefinierbaren Akt; denn jeder Effekt setzt doch schon Mitwirkung voraus. Sieht man genauer zu, so herrscht bei Thomas eine große Verwirrung in bezug auf den Prozeß der Rechtfertigung, weil die Unterbringung des Moments der Sündenvergebung Schwierigkeiten macht; es soll im Anfang stehen und muß doch später gesetzt werden, weil die Eingießung der Gnade, die Hinbewegung zu Gott in Liebe und die Abkehr von der Sünde vorausgehen sollen. Nach dem „opus magnum et miraculosum", der justificatio impii, werden die Wirkungen erwogen, die in steigendem Maße dem bereits Gerechtfertigten durch die Gnade zuteil werden. Sie stehen sämtlich unter dem Titel des Verdienstes. Jeder Fortschritt ist so zu betrachten, daß, sofern die Gnade ihn wirkt, er ex condigno erworben ist, daß er aber, sofern der freie Wille des Gerechtfertigten beteiligt ist, ex congruo erfolgt. Die Meinung des Thomas ist also die, daß der natürliche Mensch nach dem Fall sich überhaupt kein Verdienst erwerben kann, der Gerechtfertigte aber ex congruo *(„congruum est, ut homini operanti secundum suam virtutem deus recompenset secundum excellentiam suae virtutis“);* dagegen gibt es für den Menschen *„propter maximam inaequalitatem proportionis“* in bezug auf das ewige Heil kein meritum de condigno. Dieses bleibt der Gnadenwirksamkeit vorbehalten. Das verdienstliche Prinzip ist immer die von Gott eingeflößte Liebe; diese verdient das augmentum gratiae ex condigno. Dagegen kann die Beharrlichkeit in der Gnade überhaupt nicht verdient werden: *„perseverantia vitae non cadit sub merito, quia dependet solum ex motione divina, quae est principium omnis meriti, sed deus gratis perseverantiae bonum largitur, cuicunque illud largitur.“* Damit ist an diesem Punkt der reine Augustinismus wiederhergestellt, den Thomas auch in der Prädestinationslehre ungebrochen rezipiert hat, während nicht nur die unermüdlich wiederholte Definition Gottes als primum movens, sondern die ganze spezielle Morallehre den Einfluß des Aristoteles zeigt. In ihr wird durchgeführt, daß die Tugend in der richtigen Ordnung der Strebungen und Triebe durch die Vernunft besteht und dann übernatürlich vollendet wird durch die Gnadengaben. Die Tugend gipfelt in der Erfüllung der consilia evangelica (Armut, Keuschheit, Gehorsam). Diese bilden den Abschluß der Lehre vom neuen Gesetz; allein andererseits kulminiert auch die Lehre von der Gnade in ihnen, so daß sie recht eigentlich den Höhepunkt der ganzen Betrachtung bilden. *„Praecepta important necessitatem, consilium in optione ponitur eius, cui datur.“* Durch die „Räte“ erreicht der Mensch „melius et expeditius“ das Ziel; denn die Gebote lassen noch eine gewisse Hinneigung zu den Gütern dieser Welt zu, die Räte geben sie völlig preis, so daß in ihrer Befolgung der kürzeste Weg zum ewigen Leben gegeben ist. Von dieser Unterscheidung der praecepta und consilia fällt noch einmal ein Licht auf den Urstand. Die ursprüngliche Ausstattuug des Menschen war an sich nicht ausreichend zur Erlangung der vita aeterna, diese war ein bonum superexcedens naturam; aber in der Beigabe der iustitia originalis besaß der Mensch ein übernatürliches Geschenk, welches ihm ermöglichte, das ewige Leben wirklich zu erwerben. Somit kann man sagen, daß nach Eintritt der Sünde (materialiter = defectus originalis iustitia) die praecepta der Wiederherstellung des natürlichen Wesens des Menschen entsprechen, die consilia dem donum superadditum der iustitia originalis.

Die Gnadenlehre des Thomas hat ein doppeltes Gesicht; sie blickt rückwärts auf Augustin, vorwärts auf die Zersetzung der Lehre im 14. Jahrhundert. Thomas wollte Augustiner sein, und seine Darlegung war bereits eine augustinische Reaktion gegenüber den Aufstellungen von Halesius, Bonaventura u. a.; aber er hat dem Gedanken des Verdienstes bereits viel mehr Spielraum gewährt als Augustin, hat die Gnadenlehre noch mehr als dieser von der Person Christi entfernt (sie ist vor der Christologie abgehandelt!) und hat den Glauben und die Sündenvergebung noch mehr zurücktreten lassen. Der Glaube ist entweder fides informis, also noch nicht Glaube, oder fides formata, also nicht mehr Glaube. Es kann in der Tat der Glaube als fiducia keine Stelle finden, wenn die Effekte der Gnade eine neue Natur und eine moralische Besserung sind. In dem amphibolischen, auf Augustin zurückgehenden Satz „*caritas meretur vitam aeternam*“ lag schon das Unheil der Folgezeit beschlossen.

Die Zersetzung ist auf allen Punkten der augustinischen Gnaden- und Sündenlehre nachzuweisen: 1. Halesius hatte bereits gelehrt, daß sich Adam im Paradies die gratia gratum faciens durch gute Werke ex congruo verdient habe. Die Scotisten sind ihm gefolgt, zugleich die iustitia originalis von jener Gnade unterscheidend und zur Vollkommenheit der menschlichen Natur selbst rechnend. War dieses auch ein Vorteil, so wurde er dadurch wett gemacht, daß das Verdienst ex congruo von Anfang an neben die „alleinwirksame Gnade“ gesetzt wurde. 2. Schon Thomas hatte in bezug auf die Erbsünde den Satz nicht mehr rund zugegeben: „*naturalia bona corrupta sunt*“, sofern er die Konkupiszenz, die an sich nicht böse ist, nur als languor et fomes definiert, die negative Seite der Sünde stärker als Augustin betont und (weil die ratio geblieben sei) eine fortdauernde inclinatio ad bonum angenommen hat. Duns hat die Frage nach der Konkupiszenz im Grunde von der Frage nach der Erbsünde getrennt, jene ist ihm nicht mehr das Formale an dieser, sondern lediglich das Materiale. So bleibt für die Erbsünde bloß die privatio des übernatürlichen Gutes, die wohl eine Störung der Natur des Menschen herbeigeführt hat, ohne daß indes etwas von den natürlichen Gütern wirklich verloren gegangen wäre. Auch die erste Sünde selbst wurde von Duns (gegen Augustin) sehr lax gefaßt: gegen das Gebot der Gottesliebe habe Adam nur indirekt verstoßen und das Gebot der Nächstenliebe nur insofern übertreten, als er durch Nachgiebigkeit das richtige Maß überschritt. Dazu handelte es sich überhaupt nicht um einen Verstoß wider die Sittenregel, sondern um die Nichtbefolgung eines der Prüfung wegen auferlegten Gebotes. Bei Occam ist vollends alles aufgelöst. Wie die Erlösung, so schien ihm auch die Anrechnung des Sündenfalles als Willkür Gottes, die uns durch die „Offenbarung“ bekannt geworden ist. Kleine Sünden waren auch schon im Urstand möglich (so schon Duns). Der Verzicht auf jedes ideelle, d. h. neuplatonische Weltverständnis führte die Nominalisten zur Zersetzung des Begriffes von Schuld und Sünde; sie machten auch hier tabula rasa und zogen sich auf die als Offenbarung erscheinende Kirchenpraxis zurück, weil sie für die Geschichte und die konkreten Verhältnisse noch blind waren. 3. Duns und seine Nachfolger hielten die Schuld der Erbsünde für endlich. 4. Duns sah das Kontagium der Erbsünde lediglich im Fleische und polemisierte gegen die thomistische Annahme einer vulneratio naturae; die religiöse Betrachtung der Sünde als Schuld, schon durch Augustin und Thomas bedroht, schwand völlig. 5. Das liberum arbitrium erhielt den weitesten Spielraum, da die Grundthese preisgegeben war, daß es nur in der Abhängigkeit von Gott Gutes gäbe. Der freie Wille ist bei Duns und den führenden Theologen nach ihm die zweite große Macht neben Gott, und was sie in der Sphäre der empirischen Psychologie richtig feststellten, dem gaben sie auch eine materiale und positiv religiöse Bedeutung. Es ist das ererbte Verhängnis der mittelalterlichen Dogmatik, daß bei der Verquickung von Welterkennen und Religion schließlich eine relativ richtigere Welterkenntnis dem Glauben gefährlicher wurde als eine falsche. Gegen den Pelagianismus, der sich immer ungescheuter des Augustinismus nur als „Kunstsprache" bediente, hat zuerst wieder Bradwardina kräftig Front gemacht, und seitdem ist die Reaktion nicht mehr erloschen, sondern hat sich langsam im 15. Jahrhundert bis zu Wesel, Wessel, Staupitz, Cajetan und Contarini gesteigert. 6. In der Lehre von der Rechtfertigung und der verdienstlichen Erwerbung des ewigen Lebens zeigte sich die Zersetzung am stärksten: a) die gratia praeveniens wurde zu einer Redensart, die gratia cooperans ist die allein verständliche Gnade; b) was bei Thomas meritum de congruo war, wurde zum meritum de condigno, merita de congruo aber wurden in solchen Regungen erkannt, die Thomas überhaupt nicht unter den Gesichtspunkt des Verdienstes getellt hatte; c) mit der Verdienstlichkeit der attritio wurde auch die fides informis, der bloße Glaubensgehorsam, höher geschätzt. An diesem Punkt wurde das Verderben am größten. Die bloße Unterwerfung unter den Kirchenglauben und die attritio drohten die dogmatischen Grundprinzipien für die Praxis zu werden. Nach Duns kann sich der natürliche sündige Mensch noch immer auf die Gnade präparieren; er kann den Anfang machen, Gott zu lieben. Also muß er es auch. In Wahrheit geht also das Verdienst der Gnade immer vorher, erst das meritum de congruo, dann nach Erlangung der ersten Gnade das meritum de condigno. Damit ist die erste und die zweite Gnade auf die Stufe bloßer Hilfsmittel herabgesetzt. Ja im Grunde erscheint der göttliche Faktor nur in der acceptatio. Diese nun — hier schlägt die Betrachtung um — läßt im strengen Sinn überhaupt keine Verdienste zu. Die nominalistische Doktrin ist nur insofern nicht einfacher Moralismus, als sie weniger ist, d. h. die Gotteslehre läßt einen strengen Moralismus überhaupt nicht zu. Dies ist am deutlichsten bei Occam, der überhaupt den paradoxen Anblick gewährt. daß sein stark ausgeprägter religiöser Sinn lediglich zur Willkür Gottes flüchtet. Die Zuversicht zu dieser, wie die Kirche ihren Inhalt definierte, befreite ihn allein vom Nihilismus. Der Glaube, um sich zu erhalten, fand gegenüber den eindringenden Fluten der Welterkenntnisse keine andere Rettung, als die Planke der Willkür des Gottes, den er suchte. Er versteht ihn nicht mehr, aber er unterwirft sich ihm. So blieben für die Nominalisten das Kirchendogma und die Kirchenpraxis aufrecht stehen, eben weil Religionsphilosophie und absolute Moral fortgeschwemmt waren. Nach Occam läßt sich die Notwendigkeit eines supranaturalen Habitus (also der Gnade überhaupt) zur Erlangung des ewigen Lebens durch Vernunftgründe nicht erweisen; kann doch auch ein Heide durch die Vernunft zur Gottesliebe kommen. Jene Notwendigkeit steht allein durch die Autorität der Kirchenlehre fest. Occam und seine Freunde waren noch keine Moralisten und Rationalisten; sie scheinen uns nur so. Erst die Sozinianer wurden es; denn erst sie haben die hypothetischen Sätze der Nominalisten über die natürliche Theologie zu kategorischen erhoben. Aber sie gewannen damit wieder eine kräftige Zuversicht zur Klarheit und Macht des Sittlichen, die die Nominalisten mitsamt der inneren Zuversicht zur Religion eingebüßt hatten. Wenn man im 15. Jahrhundert die Verwüstung der Theologie in der Religion beklagte, so meinte man die in die Praxis umgesetzten Sätze, daß die guten Werke die causae für den Empfang des ewigen Lebens seien, daß auch die nichtigsten Leistungen noch immer als Verdienste angesehen würden, und daß man die Unterwerfung unter die Ordnungen der Kirche für einen bonus motus hielt, der, durch die Sakramente kompletiert, die zum ewigen Leben nötige Würdigkeit verleihe.

Die laxe Auffassung von der Erbsünde zeigte sich in der Entwicklung des Mariendogmas. Noch Anselm, Bernhard, Bonaventura (der übrigens eine nichtjungfräuliche Geburt des Gottmenschen als im Bereich des theologisch Möglichen liegend anerkennt — in diesem Falle aber hätte der Glaube ein Verdienst weniger) und Thomas bezogen die Erbsünde auch auf Maria, wenn sie auch dann eine besondere Bewahrung derselben annahmen und Bonaventura von einem meritum de congruo der Maria in bezug auf ihre Auswahl als Gottesmutter sprach. Allein schon im Jahre 1140 wurde in Lyon ein Fest zu Ehren der unbefleckten Empfängnis Marias gefeiert, und Duns spekulierte, die unbefleckte Empfängnis sei trotz der Allgemeinheit der Erbsünde probabel (vermöge der rückwirkenden Kraft des Todes Christi). Der Streit zwischen Franziskanern und Dominikanern, der sich bald erhob, ist im Mittelalter nicht geschlichtet, von Sixtus IV. verboten worden. Die Dominikaner standen übrigens sonst in der ausschweifenden Verherrlichung der Jungfrau nicht zurück. Hatte doch Thomas gelehrt, ihr gebühre nicht nur „Dulia" wie den Heiligen, sondern „Hyperdulia". Die Vorstellungen von ihrem Anteil am Erlösungswerk (s. oben § 65 Schluß) steigerten sich immer mehr. Die Annahme der Scotisten, daß sie nicht nur passiv, sondern auch aktiv bei der Inkarnation mitgewirkt, war eine natürliche Folge der Verehrung, wie sie namentlich Bernhard gelehrt hat.

Die Heiligenverehrung — abgesehen von Maria — hing nur lose mit der Dogmatik zusammen, so stark sie das fromme Leben des Tages beherrschte und im praktischen Bußsystem (Schutz, Interzession und Verdienste der Heiligen, auch ins Fegefeuer hinüberwirkend) eine große Rolle spielte. Daß sie dennoch geradezu zur nota ecclesiae geworden war, zeigt die Tatsache, daß im Reformationszeitalter mit besonderer Erbitterung über die Heiligen, ihre Bilder, Altäre, Reliquien, Anrufungen usw. gekämpft worden ist, als gehörten sie zum wichtigsten Inhalt der Religion.

Drittes Buch.

Der dreifache Ausgang der Dogmengeschichte.

Erstes Kapitel.

Geschichtliche Orientierung.

§. 72.

KMüller, Kirchengeschichte II, 1; 1902; II, 2, 1916ff. (Die maßgebende Darstellung der Kirchengeschichte des 16. u. 17. Jahrhunderts in ihrem gesamten Umfang.)

Die Elemente, aus denen Augustin die abendländische Theologie geschaffen hat, haben sich im Mittelalter verstärkt und durch Hinzutritt des Aristoteles vermehrt, sind aber immer mehr auseinander getreten. Zwar hat Thomas die ungeheure Aufgabe zu lösen unternommen, im Rahmen eines Systems allen Ansprüchen zu genügen, die das im Dogma verkörperte kirchliche Altertum, die Heilige Schrift, die Idee der Kirche als des lebendigen gegenwärtigen Christus, die Rechtsordnung der römischen Kirche, die Gnadenlehre Augustins, die Wissenschaft des Aristoteles und die bernhardinisch-franziskanische Frömmigkeit stellten; aber dieser neue Augustinus hat eine befriedigende Einheit doch nicht zu schaffen verstanden. Sein Unternehmen, von treuen Schülern verteidigt und ausgebaut, wirkte auch differenzierend. Die Verstandeskritik des Nominalisten und die Mystik Eckharts gingen bei Thomas in die Schule; die Kurialisten lernten von ihm und die Reformer. Im 15. Jahrhundert erschien die theologische Lehre nahezu aufgelöst. Deutlich traten nun aber zwei Richtungen als die praktisch bedeutendsten hervor: der Kurialismus und die Opposition wider ihn.

Der Kurialismus lehrte, daß die Gewohnheiten der römischen Kirche göttliche Wahrheit seien. Er behandelte das Kirchenwesen und die Religion wie eine äußere Herrschaft, ja wie eine Hausmacht und suchte sie im Namen Gottes mit den Mitteln der Gewalt, der Bureaukratie und eines drückenden Steuersystems zu behaupten. Nach dem unglücklichen Verlauf der großen Konzilien war in weiten Kreisen eine Ermattung eingetreten.

Die zum Absolutismus strebenden Fürsten fanden ihre Rechnung, wenn sie mit der Kurie verhandelten, um gemeinsam mit ihr die Schafe zu scheren. Sie gaben der Kurie in rein kirchlichen Dingen die absolute Gewalt zurück, um in gemischten mit ihr zu teilen (die Bullen „Execrabilis“ Pius II. vom Jahre 1459 und „Pastor aeternus“ Leos X. vom Jahre 1516 proklamieren den Supremat des Papstes über den Konzilien). Die Meinung, daß päpstliche Entscheidungen so heilig seien wie die Konzilbeschlüsse, und daß das Recht der Auslegung überall nur der Kirche, d. h. Rom, gebühre, setzte sich immer mehr durch. Die Kurie hütete sich aber wohl, aus jenen Entscheidungen ein Rechtsbuch, einen geschlossenen dogmatischen Kanon, zu gestalten. Ihre Unfehlbarkeit und Souveränität stand nur fest, wenn sie stets freie Hand hatte und man ihren richterlichen Spruch von Fall zu Fall einholen mußte. Das alte Dogma galt wie früher; aber die Fragen, um die es sich im Leben handelte, lagen längst nicht mehr in seinem Rahmen. Sie wurden von der Theologie behandelt. Diese aber war in den 150 Jahren nach Thomas zur Erkenntnis der Irrationalität der geoffenbarten Lehre gekommen und hatte daher die Losung ausgegeben, man müsse sich der Autorität der Kirche blind unterwerfen. Diese Entwicklung kam dem Kurialismus zugute; hatte man doch in Rom längst gelehrt, daß die Unterwerfung unter die Autorität der Kirche (fides implicita) zur Seligkeit genüge, wenn man daneben nur an die göttliche Vergeltung glaube. In den humanistischen Kreisen an der Kurie nahm man es wohl auch mit letzterer nicht mehr genau; doch hat andererseits auch frommer Sinn in dem Irrationalen und Arbiträren das Göttliche verehrt. Daß diese ganze Haltung eine Weise war, das alte Dogma zu begraben, ist klar. Worauf es im Abendland von Anfang an angelegt war, das offenbarte sich jetzt in erschreckender Klarheit: das Dogma ist Institution, ist R e c h t s o r d n u n g. Die Kurie selbst respektierte es nur formell; materiell unterlag es, wie alle Rechtsordnung in der Hand des absoluten Herrn, ihrer P o l i t i k. Das „tolerari potest“ und das „probabile“ bezeugen noch eine schlimmere Verweltlichung des Dogmas und der Kirche als das „anathema sit“. Dennoch lag selbst in dem kurialistischen Kirchentum gegenüber den Richtungen, die die Kirche aus der Heiligkeit der Christen auferbauen wollten, eine Wahrheit. Gegen Husiten und Mystiker hat Rom das Recht der Überzeugung konserviert, daß die Kirche Christi die Wirksamkeit des Evangeliums unter sündigen Menschen ist.

Die Opposition gegen den Kurialismus war nur durch einen negativen Gedanken zusammengehalten, daß die Gewohnheiten der römischen Kirche zur Tyrannei geworden seien und das Zeugnis des kirchlichen Altertums gegen sich hätten. Hierin trafen politische, soziale, religiöse und wissenschaftliche Beweggründe zusammen. Man folgerte demgemäß, daß päpstliche Entscheidungen nicht die Bedeutung von Glaubenssätzen haben, daß Rom nicht allein befugt sei, die Schrift und die Väter auszulegen, daß das Konzil die Kirche an Haupt und Gliedern reformieren solle, und daß die Kirche gegenüber den dogmatischen, kultischen und kirchenrechtlichen Neuerungen Roms zu ihren „ursprünglichen" Grundsätzen und dem „ursprünglichen" Zustande zurückkehren müsse. Man glaubte die Entwicklung der letzten Jahrhunderte negieren zu können und stellte sich in thesi auf die Heilige Schrift und das kirchliche Altertum; aber in praxi war das reformatorische Ziel entweder ganz nebelhaft oder enthielt noch so viele Stücke aus der nachaugustinischen Entwicklung, daß die Opposition von vornherein gelähmt war. Man wußte nicht, ob man Gebräuche oder Mißbräuche zu reformieren habe, und man wußte nicht, was man mit dem Papste anfangen sollte, den man in einem Atem anerkannte und verwarf, segnete und schmähte (vgl. Luthers Haltung 1517—1520 in bezug auf den Papst). Aber diese widerspruchsvolle Opposition war doch eine Macht, nur nicht auf dem Gebiet der Lehre; denn diese war auch in den Kreisen der Antikurialisten tatsächlich diskreditiert. „Praktische Frömmigkeit" war die Losung der Humanisten wie Erasmus und der Augustiner wie Staupitz. Man war in weiten Kreisen der Theologie überdrüssig, die im sicheren Hafen der Autorität vernünftelte und das wahrhaft fromme Leben nur beschwerte. Wäre die kirchliche Lehre nur „Wissenschaft", so wäre es um sie geschehen gewesen; sie hätte abtreten und einer neuen Denkweise Platz machen müssen (s. den Socinianismus). Aber da das alte Dogma mehr war, blieb es — aber auch hier als Rechtsordnung. Von einigen Stürmern abgesehen, respektierten die oppositionellen Parteien das Dogma mit dem Instinkt der Selbsterhaltung. Sie fühlten es noch immer, wenn auch unklar, als Grundlage ihrer Existenz. Aber sie wollten keine Lehrstreitigkeiten: scholastische Streitigkeiten waren ihnen als Mönchsgezänk zuwider, und doch wollten sie sich von der Scholastik nicht befreien. Welch ein Widerspruch! Der letzte Grund lag in der ungeheuren Spannung, die zwischen dem alten Dogma und den christlichen Anschauungen, deren Ausgestaltung das damalige Leben war, bestand. Das Dogma war der Boden und Rechtstitel der Existenz der Kirche — aber welches altkirchliche Dogma hatte denn noch für die Frömmigkeit, wie sie damals lebte, einen unmittelbar verständlichen Sinn? Weder die Trinitäts- noch die Zweinaturenlehre. Man dachte nicht mehr wie die Griechen. Die Frömmigkeit, wie sie im 15. Jahrhundert sich ausgebildet, lebte in Augustin, Bernhard und Franziskus. Unter der Hülle eines alten Glaubens hatte sich während eines Jahrtausends eine neue Frömmigkeit und darum auch ein neuer Glaube gebildet. Man meinte hier und dort, durch Rückgang auf den reinen Augustinismus helfen zu können. Allein der gegenwärtige Zustand, die Spannung zwischen der dogmatischen Rechtsordnung in der Kirche und den unklaren Zielen der Frömmigkeit, war ja auf dem Boden des Augustinismus erwachsen. Die Fehler lagen keimhaft schon in seinen Ansätzen bzw. in dem vulgär Katholischen, das er respektiert hatte. Das sah natürlich keiner der Vorreformatoren ein; aber die Tatsache der Unmöglichkeit einer Reform mit den Mitteln Augustins spricht hinreichend vernehmlich. *Der zersetzte Augustinismus ist doch auch Augustinismus; wie soll man ihm also durch den genuinen auf die Dauer aufhelfen können?*

Dennoch ist die Kritik, welche der wiedererweckte Augustinismus an dem zersetzten ausgeübt hat, im 14. und 15. Jahrhundert eine segensreiche Macht gewesen, ohne deren vorbereitende Wirkung die Reformation und das

Tridentinum nicht denkbar wären. Den unsittlichen, irreligiösen, ja heidnischen Mechanismus des herrschenden Kirchentums hat er diskreditiert, ja noch mehr, er hat das Gefühl der Freiheit in der Religion und damit das Streben nach selbständiger Religion entfesselt. Er hat im Bunde mit all den Mächten gearbeitet, die im 15. Jahrhundert das Recht des Individuums und der Subjektivität geltend machten und das Mittelalter zu sprengen suchten. Er hat Unruhe geschaffen, eine Unruhe, die über sich selbst hinauswies — wie kann man ein freier und seliger Mensch zugleich sein? Aber niemand vermochte noch diese Frage sicher zu formulieren, weil man ihr volles Gewicht noch nicht empfand.

Beim Ausgang des 15. Jahrhunderts schienen verschiedene Ausgänge der Kritik möglich: ein voller Sieg des Kurialismus, ein Sieg des repristinierten Augustinismus, ein Auseinanderfallen der Kirche in verschiedene Gruppen von dem strengsten Kurialismus und der Zeremonialreligion bis zu einem rationalistischen und schwärmerischen, das alte Dogma auflösenden Bibelchristentum, endlich eine Neubildung des gesamten Religionswesens, d. h. eine evangelische Reformation, die das alte Dogma entwurzeln und aufheben wird, weil der neue Ausgangspunkt — der um Christus willen gnädige Gott und das aus dieser Gewißheit entsprungene Recht auf Freiheit — in der Theologie nur das bestehen lassen konnte, was zu ihm gehört.

In Wahrheit aber wurden die Ausgänge andere. Sie blieben sämtlich mit Widersprüchen behaftet: der tridentinische Katholizismus, der Socinianismus und die evangelische Reformation. In jenem setzte sich der Kurialismus durch, die monarchische Seligkeitsanstalt mit ihren Sakramenten und ihren „Verdiensten“; aber sie sah sich genötigt, mit dem Augustinismus zu paktieren und mit ihm bei der ihr aufgedrungenen Kodifikation der neuen Dogmen sehr ernsthaft zu rechnen. Im Socinianismus setzte sich ein heller Strahl des humanistischen Geistes der neuen Zeit durch (dem Dogma gegenüber beeinflußt durch die nominalistische Verstandeskritik); aber er blieb im Biblizismus hängen, und indem er das alte Dogma beseitigte, schuf er sich aus dem Gegensatz zum alten ein neues. In der evangelischen Reformation endlich wurde prinzipiell die unfehlbare Organisation der Kirche, die unfehlbare Lehrüberlieferung der Kirche und der unfehlbare Schriftenkodex abgetan und ein ganz neuer Boden gewonnen; allein Einsicht und Mut reichten nicht aus, um dem in specie überall Folge zu geben, was man in genere errungen hatte. Unter dem Titel, daß die Sache (das Evangelium) — nicht die Autorität — es verlange (man wußte es nicht anders), behielt man das alte Dogma als den wesentlichen Inhalt des Evangeliums bei und kehrte auch — unter dem Titel „Wort Gottes" — zum Biblizismus zurück. Gegenüber den neuen Lehren des hierarchischen, kultischen, pelagianischen und mönchischen Christentums sah man in dem alten Dogma nur den Ausdruck des Glaubens an den in Christus gnädigen Gott und übersah es, daß das Dogma zugleich noch etwas ganz anderes war, nämlich philosophische Gott-Welt-Erkenntnis und Glaubensgesetz. Was man aber unter neuem Titel zuließ, das machte sich, einmal zugelassen, mit seiner eigenen Logik wieder geltend. Man hob die wahre Theologie (in Christus einen gnädigen Gott haben und sich auf ihn verlassen) auf den Leuchter; aber indem man dies in den altkirchlichen Formen tat, bekam man auch das zugehörige Erkennen und das Glaubensgesetz mit in den Kauf, und die Lehrstreitigkeiten der Evangelischen erschienen wie eine Fortsetzung der scholastischen Schulstreitigkeiten, nur mit viel höherer Bedeutung; denn jetzt handelte es sich für die Streitenden um die Existenz der neuen Kirche. So entstand gleich anfangs — mindestens von dem Abendmahlsstreit und der Augsburgischen Konfession an, die damit begonnen hat, den neuen Wein in alte Schläuche zu gießen — in dem reformatorischen Lehrbegriff ein höchst kompliziertes, widerspruchsvolles Gebilde. Der Protestantismus hat sich kaum acht Jahre lang in Freiheit bewegt, dann trat er in die Periode seines Mittelalters ein und zögert noch immer, sie ganz hinter sich zu lassen. Nur in den Prinzipien Luthers, und auch nicht in allen, stellte sich der neue Geist dar; im übrigen enthielt der Protestantismus nichts Neues, und wer ihn heute, im 20. Jahrhundert, nicht als Aufgabe nimmt, sondern sich bei dem Niederschlage, wie er im Lauf des 16. Jahrhunderts sich ergeben hat, beruhigt, der täuscht sich über seine eigene Stellung: er ist nicht evangelisch-protestantisch, sondern gehört zu einer katholischen Spielart, wobei es ihm nach den Grundsätzen des heutigen Protestantismus frei steht, sich die biblizistische, dogmatische, mystische oder hierarchische zu wählen.

Demnach stellen sich in diesen drei Bildungen Ausgänge der Dogmengeschichte dar: der nachtridentinische Katholizismus vollendet schließlich doch die Neutralisierung des alten Dogmas zu einer arbiträren, von der Ueberlieferung freilich hart beschränkten päpstlichen Rechtsordnung; der Socinianismus zersetzt es verstandesmäßig und hebt es auf; die Reformation, indem sie es — widerspruchsvoll genug — zugleich abgetan und aufrecht erhalten hat, weist über dasselbe hinaus, rückwärts zum Evangelium, vorwärts auf eine neue Formulierung des evangelischen Bekenntnisses, befreit vom Dogma und versöhnt mit der Freiheit und mit der Wahrheit unzweifelhafter geschichtlicher Erkenntnisse. In diesem Sinne hat die Dogmengeschichte die Ausgänge des Dogmas im 16. Jahrhundert — entscheidende Wendepunkte und neue Bildungen, welche die auflösende Entwicklung inaugurieren — darzustellen. Bei der Reformation vermag sie nur das Christentum Luthers zu schildern, um die folgende Entwicklung verständlich zu machen. Diese selbst gehört entweder als ganze (bis heute) oder gar nicht in die Dogmengeschichte. Es ist aber korrekter, sie ganz auszuscheiden; denn das alte Dogma gab sich als unfehlbar. Diesen Anspruch hat die Reformation für ihre eigenen Aufstellungen zurückgewiesen. Man würde daher die Konfusion der Epigonen, die für den protestantischen Lehrbegriff noch immer nach einem Zwischenbegriff zwischen reformabel und unfehlbar suchen, verewigen, wollte man in den Formulierungen des Protestantismus im 16. Jahrhundert Dogmen erkennen und die Dogmengeschichte bis zur Konkordienformel und den Beschlüssen von Dortrecht führen. Wohl besitzen die Kirchen der Reformation Lehrordnungen, aber keine unfehlbaren Dogmen.

Zweites Kapitel.

Die Ausgänge des Dogmas im römischen Katholizismus.

§ 73. Die Kodifizierung der mittelalterlichen Lehren im Gegensatz zum Protestantismus (das Tridentinum).

Ausgabe der Dekrete 1564; seither oft. Stereotypausgabe von Tauchnitz. Große kritische Ausgabe der Görres-Gesellschaft: „Concilium Tridentinum, Nova Collectio" T. I ff. 1901 ff. Darstellungen von Sarpi (1619), Pallavicini (1656). Art: „Tridentinum" in der RE.—Chemnitz, Examen concilii Tridentini 1565f. R. Seeberg, Lehrbuch der D.G. Bd. 4, 2, 1920, S. 709 ff. FLoofs, Symbolik I, 1902.

In Rom wollte man nur fremde Lehren verdammen, nicht die eigenen kodifizieren; man wollte auch kein Konzil. Aber es wurde von den Fürsten der Kurie aufgenötigt. Als es zusammentrat, ergab es sich, daß der mittelalterliche Geist zwar aus der Reformation, dem Humanismus und Augustinimus Kräfte an sich gezogen hatte, daß er selbst aber die stärkere Macht geblieben war. Der Kurie gelang das Meisterstück, das Neue sich unterzuordnen, die Reformation zu verdammen, sich selbst zu behaupten und dabei doch die gröbsten Mißbräuche abzustellen. Im Gegensatz zum Luthertum hat sie zahlreiche mittelalterliche Lehren in Dogmen verwandeln müssen — die Dekrete von Trident sind der Schatten der Reformation. Was ursprünglich im Sinne der Kurie als ein Unglück erschien, die Nötigung der Formulierung und die abgezwungene Rücksicht auf den Augustinismus, erwies sich später als Vorteil: man hatte ein neues *Glaubensgesetz*, das man, wo es passend schien, mit buchstäblicher Strenge anwenden konnte, und es war andererseits *so doppelsinnig* und *elastisch*, daß es den arbiträren Entscheidungen der Kurie Spielraum ließ. Diese aber hat sich das Recht der Auslegung vorbehalten, und das Konzil hat es bewilligt, damit dem Papste im Grunde bereits die Unfehlbarkeit zugestehend. So ist die Kurie selbst unverändert, d. h. mit allen ihren Gewohnheiten, Praktiken, Anmaßungen und Sünden aus dem Fegfeuer des Konzils hervorgegangen; aber der innere Zustand der Gesamtkirche hob sich doch. Um ihrer inneren Zwiespältigkeit willen und weil sich die Kirchenlehre heute an nicht wenigen Punkten konsequenter entwickelt hat (erneute Ausscheidung des Augustinismus, Entscheidung über die zu Trident unentschiedene Frage, ob der Papst der Universalbischof und unfehlbar sei), sind die tridentinischen Dekrete — man möchte fast sagen: leider, keine deutlichen Quellen des Katholizismus mehr. Es ist eben schon in Trident das Dogma in eine Dogmenpolitik verwandelt und der Laie von Glaube und Dogma abgesperrt worden: alles Ueberlieferte ist dem Wortlaut nach sakrosankt, aber löst sich der Theologie in eine Reihe mehr oder minder probabler Meinungen auf, die im Kontroversfall vom Papst entschieden werden.

Einig war man in der Ablehnung der „Wiedertäufer" und Protestanten. Nach Wiederholung des Konstantinopolitanums hat man in der 4. Sitzung, um die „puritas evangelii" zu wahren, erklärt, daß die Apokryphen dem A. T. gleich stehen, die Vulgata für authentisch zu halten sei und die Kirche allein die Schrift auslegen dürfe. Neben diese aber stellte man die „*traditiones sine scripto, quae ab ipsius Christi ore ab apostolis acceptae aut ab ipsis apostolis, spiritu sancto dictante, quasi per manus traditae ad nos usque pervenerunt*" (an einer anderen Stelle lautet die Definition etwas anders). In der 5. und 6. Sitzung sind die Dekrete über Erbsünde und Rechtfertigung zustande gekommen. Hier hat man sich unter dem Eindruck des wiedererweckten Augustinismus und der Reformation nicht mit der nominalistischen Doktrin identifiziert und ist dem Thomismus sehr nahe gekommen, ja das Rechtfertigungsdekret ist, obgleich aus der Politik geboren, eine sehr respektable Leistung; der ein evangelischer Inhalt nicht fehlt. Allein 1) setzte man doch hier und dort Richtlinien ein, die zu einem scotistischen (semipelagianischen) Verständnis der Lehren führten, 2) war es ziemlich gleichgültig, was man im Obersatz über Sünde und Gnade lehrte, wenn im Untersatz doch die These galt, daß die Gewohnheiten der römischen Kirche das oberste Gesetz sind. Bei der Erbsünde bekannte man, daß Adam die Heiligkeit und Gerechtigkeit, in „qua constitutus fuerat", verloren habe, nach Leib und Seele „in deterius" kommutiert worden sei, und daß sich „propagatione" seine Sünde fortsetzte. Aber man lehrte auch, daß der freie Wille nicht ausgetilgt, sondern „viribus attenuatus" sei, und daß die Taufe zwar den reatus originalis peccati tilge, aber die concupiscentia (fomes) bleibe, die nicht für Sünde zu erachten sei (also ist die religiöse Betrachtung an diesem Punkt aufgegeben). Von der Rechtfertigung wurde erklärt, sie sei der Akt, durch den der Mensch aus einem Ungerechten zu einem Gerechten wird (durch die Taufe, resp. das Bußsakrament); sie besteht aber nicht bloß in der Sündenvergebung, sondern auch in der Heiligung und Erneuerung des inneren Menschen durch freiwillige Annahme der Gnade, obgleich der Mensch unfähig sei, sich per vim naturae oder per litteram legis Moysis aus der Sündenherrschaft zu befreien. Einerseits erscheint die Rechtfertigung als die translatio von einem Zustand in einen anderen, nämlich in den der Adoption, und der Glaube als die entscheidende Macht neben der Gnade *(„Christum proposuit deus propitiatorem per fidem in sanguine ipsius pro peccatis nostris“)*, andererseits erscheint sie als ein Heilungsprozeß durch eingeflößte Gnade *(„Christi sanctissimae passionis merito per spiritum sanctum caritas dei diffunditur in cordibus“)*, so daß der Mensch in der Rechtfertigung mit der Sündenvergebung Glaube, Liebe und Hoffnung zugleich eingeflößt erhält; ohne die beiden letzteren ist man weder mit Christus vollkommen verbunden noch der Glaube lebendig. Die letztere Betrachtung ist die durchschlagende, und demgemäß werden die Stadien des Rechtfertigungsprozesses (Einleitung usw.) breit dargelegt. Die gratia praeveniens erschöpft sich in der vocatio (nullis existentibus meritis); aber damit ist die Einleitung nicht erschöpft, vielmehr gehört zu ihr die illuminatio spiritus sancti, welche den Menschen zur Richtung auf die iustitia befähigt, und somit eine Disposition und freie Hinbewegung zu Gott. Indem nun erst die iustificatio erfolgt, ist der Gedanke der gratia gratis data verwundet. Nur in abstracto ist die Sündenvergebung etwas für sich Bestehendes und die Rechtfertigung selbst; in concreto ist diese ein stufenmäßiges Heiligwerden, das sich in der mortificatio membrorum carnis vollzieht und auf Grund der vermehrten Gnade in der Befolgung der Gebote Gottes und der Kirche äußert. Zu einer Gewißheit der erlangten Gnade kann man in diesem Leben nicht gelangen; aber ihren Verlust kann man durch die Buße stets wiederersetzen; auch braucht nicht immer der Prozeß ganz von neuem zu beginnen, sofern trotz des Verlustes der rechtfertigenden Gnade der Glaube geblieben sein kann. Das Ziel des Proxesses in diesem Leben sind die bona opera, welche Gott vermöge seiner Gnade als ihm angenehme und verdienstliche annimmt. Daher muß man sie einerseits als Geschenke Gottes, andererseits als wirkliche Mittel zur Seligkeit ansehen. Das wichtigste ist, daß (gegen die thomistisch-augustinische Ueberlieferung) die gratia prima nicht rechtfertigt, sondern nur disponiert. Also stammt die Rechtfertigung aus einer Kooperation. Alle augustinischen Redensarten können das nicht verhüllen. Von den 33 Anathematismen wenden sich 29 gegen den Protestantismus. Mit der Verdammung des Satzes: *„fidem iustificantem nihil aliud esse quam fiduciam divinae misericordiae peccata remittentis propter Christum, vel eam fiduciam solam esse, qua iustificamur"*, wurde implicite noch mehr verdammt, nämlich der damalige strenge Augustinismus; darin bestand die Kunst des Dekrets.

In der 7. Session und ff. formulierte man die Sakramentslehre und behauptete sich als Sakramentskirche (*„per sacramenta omnis vera iustitia vel incipit vel coepta augetur vel amissa reparatur"*); über das Wort und den Glauben schwieg man dabei. Statt einer Lehre von den Sakramenten in genere, die unüberwindliche Schwierigkeiten mit sich gebracht hätte, formulierte man 13 Anathematismen, welche den eigentlichen Protest wider den Protestantismus enthalten. Die Einsetzung aller sieben Sakramente durch Christus wird behauptet, ebenso die Unmöglichkeit, per solam fidem ohne Sakramente gerechtfertigt zu werden. Diese „continent gratiam", enthalten also eine geheimnisvolle Kraft, die sie ex opere operato denen mitteilen, *„qui obicem non ponunt"*. Auch in anderer Beziehung ist überall die thomistische Lehre (Charakter, Intention usw.) bewahrt, jedoch sind theologische Feinheiten beiseite gelassen, und die Wendung zu scotistischer Auffassung bleibt möglich. Am Schluß der Anathematismen wurde jede Abweichung von einmal bestehenden Gebräuchen der Kirche verdammt. Für die Ausführungen über die einzelnen Sakramente diente die Bulle Eugens IV. Exultate domino (1439) als Vorbild. Die Bestimmungen über die Taufe und die Konfirmation sind nur dadurch lehrreich, daß dort die verdammt werden, welche lehren, daß alle späteren Sünden *„sola recordatione et fide* *suscepti baptismi*" vergeben werden können, hier der Bischof allein zum minister sacramenti proklamiert wird. In bezug auf die Eucharistie wurden die thomistischen Theologumena nun zum Dogma. Kraft der Transsubstantiation ist der ganze Christus in jedem Teilstück jedes Elements gegenwärtig, und zwar schon vor dem Genuß, also ist die Hostie anzubeten *(„in eucharistia ipse sanctitatis auctor ante usum est")*. Alle Gebräuche werden hier als apostolisch bezeichnet. Der Effekt des Sakraments bleibt ein höchst geringer; ausdrücklich werden die verdammt, welche die Sündenvergebung für die hauptsächliche Frucht halten. Auch bei dem angefochtensten Punkte, der Messe, sanktionierte man das gesamte Herkommen, nur einige abergläubische Mißbräuche obenhin mißbilligend. Die Still- und Seelenmessen *(„sacrificium propitiatorium pro vivis et defunctis nondum ad plenum purgatis")* wurden ebenso gerechtfertigt, wie — trotz aller Fürstenbedenken — die Kelchentziehung und die lateinische Sprache. Die Canones stellen alles Reformatorische unter das Anathem und schließen somit die Kirche des Meßopfers wider die Kirche des Worts streng ab. — Die Lehre von der Buße ist viel ausführlicher behandelt wie die Eucharistie, um die nur die Theologen sich stritten. Bis zur materia und quasi materia ist bei der Buße die ganze scholastische Arbeit als Dogma rezipiert worden. Daher ist (s. oben § 70 sub 4) ein genaueres Eingehen nicht notwendig. Doch ist es bemerkenswert, daß die attritio sehr vorsichtig behandelt ist; immerhin gilt sie als contritio imperfecta. Um so kategorischer ist die confessio aller Todsünden vor dem Priester gefordert und der richterliche Charakter des Priesters behauptet. Die satisfactiones wurden, wie bei Thomas, als notwendig um der temporalis poena peccati willen ebenso beibehalten wie die Ablässe. Doch hat man sich über diese sehr zurückhaltend ausgesprochen. Die scholastische Theorie ist nicht berührt, der Mißbrauch zugestanden; doch ist in der Sache schlechterdings nichts nachgegeben (jeder ist zu verdammen, der die Ablässe nicht für heilsam erklärt). Ueber letzte Oelung, Ordo und Ehe ging man rasch hinweg, die septem ordines seien ab ipso initio ecclesiae vorhanden gewesen. Die alte Streitfrage über das Verhältnis der Bischöfe zu den Priestern wird nicht entschieden, doch komme jenen eine Superiorität zu. Ueber die Ehe redete man nur homiletisch und kirchengesetzlich, verdammte aber doch die, welche leugneten, daß sie eine gratia erteile. In den Fragen nach dem Fegfeuer, den Heiligen, Reliquien und Bildern sprach man voll Bedauern über die Mißbräuche, hielt aber die Ueberlieferung streng aufrecht, in vorsichtigen Worten den Geist der Zeit schonend. So hat sich die Kirche in der spezifischen Verweltlichung als Opfer-, Priester- und Sakramentskirche durch das Tridentinum abgeschlossen und nicht einmal die unbiblischen und von jeder älteren Tradition verlassenen Gebräuche preisgegeben, die das Volk mit Notwendigkeit zu einem Aberglauben verführen mußten, welchen die Kirche selbst nicht wollte (s. über die Praxis der Benediktionen, Sakramentalien und Ablässe Gihr, Das heilige Meßopfer, 1887; Schneider-Behringer, Die Ablässe[9], 1887). Die Dekrete haben die Kirche auf dem Boden des Mittelalters und der Scholastik festgebannt: Sakramente, Gehorsam, Verdienst.

§ 74. Die nachtridentinische Entwicklung als Vorbereitung des Vaticanums.

HDenzinger, Enchiridion symbolorum et definitionum[6], 1888. — CMirbt, Quellen zur Gesch. des Papsttums[2], 1901. — RSeebrg, Lehrbuch der DG., Bd. 4, 2, 1920, S. 834ff. — KWerner, Gesch. d. kathol. Theol. seit dem Trienter Konzil bis zur Gegenwart[2], 1889. — JTurmel, Hist. de la Théol. posit. du conc. de Trente au conc. du Vatican[2], 1906.

Die zu Trident nicht rund entschiedenen Fragen: Kurialismus oder Episcopalismus, Augustinismus oder nominalistischer (namentlich von den Jesuiten rezipierter) Pelagianismus, festes Sittengesetz oder Probabilismus, bewegten die folgenden drei Jahrhunderte. Die erste Frage zerfiel in zwei: Papst oder Konzil, päpstliche Entscheidungen oder Tradition. Das Vaticanum hat für den Kurialismus und damit auch für die von den Jesuiten prokurierte Doktrin entschieden.

1a. In Trident hatte es der Gegensatz zwischen Kurialisten und Episkopalisten in bezug auf den Artikel von des Papstes Gewalt überhaupt zu keinem Dekret kommen lassen; aber schon die professio fidei Tridentinae hat die römische Kirche und den Papst ins Credo eingeschmuggelt, und der sonst in vieler Hinsicht treffliche thomistische Katechismus

Romanus hat die päpstliche Autokratie als Glaubensartikel gelehrt (*„necessarium fuit hoc visibile caput ad unitatem ecclesiae constituendam et conservandam“*). Doch erhob sich ein kräftiger Widerspruch, namentlich in dem Frankreich Heinrichs IV. und Ludwigs XIV. Man kehrte dort (BOSSUET) zum Gallikanismus zurück (übrigens war auch das Tridentinum nicht unbedingt angenommen worden), teils im Interesse des Königs, teils in dem der Nation und ihrer Bischöfe (Residenz der Bischöfe divino iure). Über die Bedeutung des Primats, den man gelten ließ, konnte man freilich so wenig zur Klarheit und Einheit gelangen, wie im 15. Jahrhundert; aber fest stand, daß der König und die Bischöfe die französische Kirche regieren, daß der Papst in zeitlichen Dingen nichts zu sagen habe, und daß er auch in geistlichen an die Bestimmungen der Konzilien (Konstanz) gebunden sei, seine Beschlüsse mithin nur unter Zustimmung der Kirche irreformabel seien (Gallikanische Propositionen von 1682). Die Päpste verwarfen die Sätze, brachen aber nicht mit Frankreich. Am Ende seines Lebens gab sie der große König selbst preis, ohne sie formell zurückzuziehen. Sie waren im 18. Jahrhundert noch immer eine Macht, bis sie der Monarch, der sie zum Staatsgesetz erhoben hatte (1810), an die Kurie auslieferte — Napoleon I. Die Weise, in der er die durch die Revolution niedergeworfene Kirche und Kirchenordnungen mit Bewilligung des Papstes völlig zertrümmerte, um sie dann neu mit dem Papste zu bauen, war eine Auslieferung der französischen Kirche an den Papst. So meinte es der Kaiser nicht, aber so wurde es. Die Romantiker (DE MAISTRE, BONALD, CHATEAUBRIAND usw.) vollendeten mit der Restauration im Bunde das Werk. Der Gallikanismus wurde ausgerottet. Soweit Frankreich heute noch wirklich katholisch ist, scheint es ganz päpstlich zu sein; aber auch die offizielle Politik besorgte im Ausland bis vor kurzem die Geschäfte des Ultramontanismus und ist zur Fortsetzung bereit. In Deutschland hat FEBRONIUS (1763) mächtig an dem Kurialismus gerüttelt; aber indem die einen eine erzbischöfliche Nationalkirche (Emser Punktation 1786) wollten, die anderen Staatskirchen (Joseph II usw.), geschah faktisch nichts. Die alte Kirchenverfassung und die neuen Kirchenbaupläne gingen in dem Strudel der napoleonischen Epoche unter. In dem Wiener Frieden (Consalvi) tauchte eine neue Kirche auf, welche die Kurie autokratisch leitete, und in der sie mit Hilfe der Fürsten, der ultramontanen Romantiker, vertrauensseliger Liberaler und Metternichscher Diplomaten die Reste des Episkopalismus und des Nationalkirchentums unterdrückte (JFriedrich, Gesch. d. vat. Konzils, 3 Bde., 1877 ff.; Janus, Der Papst und das Konzil, 1869; 2. Aufl. u. d. T. IDöllinger, Das Papsttum, 1892; FNielsen, Gesch. d. Papstt. im 19. Jahrh., I², 1880; ders., Aus dem inneren Leben der kathol. K. im 19. Jahrh., I, 1882; CMirbt, Gesch. d. kath. Kirche v. d. Mitte des 18. Jahrh. bis z. Vatik. Konz., 1913).

1b. Schon die Professio fid. Trid. hatte der Tradition einen viel weiteren Umfang gegeben als das Tridentinum selbst (*„apostolicas et ecclesiasticas traditiones reliquasque eiusdem ecclesiae observationes et constitutiones firmissime admitto et amplector)* und sie vor die Schrift gestellt. Die Neueren, namentlich die Jesuiten, ordneten ihr diese immer mehr unter und bemühten sich deshalb, die Inspiration der Schrift so lax wie möglich zu fassen, so daß sogar das Vaticanum Widerspruch erhoben hat. Der moderne Katholizismus verlangt aber beides, auch die schriftliche Überlieferung als unantastbares Heiligtum aufrecht zu halten und zugleich auf ihre Insuffizienz und ihre Mängel behutsam den Finger zu legen. Wichtiger war die Entwicklung des Tradionsbegriffs. In thesi hielt man den Satz fest: es gibt keine neuen Offenbarungen in der Kirche; in Wahrheit verfocht man immer dreister das gnostische (Geheimüberlieferung) und das enthusiastische Traditionsprinzip, gegen welches doch einst das katholische aufgestellt war. Bellarmin war noch zaghaft; aber schon Cornelius Mussus, ein Mitglied des Tridentiner Konzils, hatte den Satz aufgestellt, daß er in Glaubenssachen einem Papste mehr glaube als tausend Augustin's und Hieronymus'. Die Jesuiten haben den selbst schon neuen Satz, daß alle Gewohnheiten der römischen Kirche Tradition seien, durch den allerneuesten ergänzt, daß jede Lehrentscheidung des Papstes es sei. Sie haben sich sogar hin und her abschätzig über Konzilien und Traditionsbeweise ausgesprochen, oder die beglaubigtsten Aktenstücke für Fälschungen erklärt, um die Geschichte durch das Dogma vom Papst zu überwinden. Die Kirche selbst ist die lebendige Tradition, die Kirche aber ist der Papst: also ist der Papst die Tradition (Pius IX.). In dieser Eigenschaft hat er sich bereits 1854 durch Proklamation der unbefleckten Empfängnis Marias betätigt, eine alte dogmatische Streitfrage aus eigener Machtvollkommenheit lösend. Was zu Trident propter angustias temporum noch nicht in Kraft gesetzt werden konnte, ein gemessen am katholischen Altertum häretisches Prinzip, herrscht heute (HHoltzmann, Kanon und Tradition, 1859; JDelitzsch, Lehrsystem d. römisch-kathol. Kirche I, 1875).

2. Im Catechismus Romanus (1566), den die Jesuiten darum angriffen, hat der Augustinismus sein letzes offizielles Denkmal erhalten. Fortab wurde daran gearbeitet, daß die Gnadenlehre ihr Gesetz durch die diplomatische Praxis des Beichtstuhls erhielt. Schon im Jahre 1567 bewirkte man es, daß Pius V. 79 Sätze des Löwener Professors Bajus verwarf, die allerdings den strengsten Augustinismus, jedoch mit Fremdem vermengt, enthielten, der Reformation übrigens nicht günstig waren. Ein langer und heftiger Streit zwischen Dominikanern und Jesuiten erhob sich. Jene beanstandeten die jesuitische Studienordnung, verdammten die kecksten Sätze der Jesuiten (Lessius und Hamel) und suchten die thomistische Lehre in bezug auf den Ernst der ersten Sünde, die Konkupiszenz und die gratia praeveniens festzuhalten. Diese legten besonderes Gewicht auf den freien Willen und die „Disposition“. Unter ihnen hat Molina das größte Aufsehen gemacht mit seinem Werk: „Liberi arbitrii cum gratiae donis, divina praescientia ... praedestinatione ... concordia“ (1588). Er versuchte, den Augustinismus einzuinterpretieren; faktisch gab er letzteren vollkommen preis. Um die stürmische Kontroverse zu schlichten, wandte man sich nach Rom. Dieses hatte kein Interesse für die Sache, sondern nur für das Opportune; handelte es sich doch nicht um Augustin und Pelagius, sondern um Dominikaner und Jesuiten. Die Politik gebot, es mit keiner Partei ganz zu verderben. Die „congregatio de auxiliis“, welche von 1597 bis 1607 tagte, während man gleichzeitig von jesuitischer Seite den Papst einschüchterte, wurde endlich aufgelöst, ohne eine Entscheidung zu geben („*fore ut sua Sanctitas declara*

tionem et determinationem, quae exspectabatur, opportune promulgaret"). Diese Ergebnislosigkeit war faktisch ein Sieg der Jesuiten.

Noch schlimmer verlief der jansenistische Streit. In dem katholischen Frankreich, das nach furchtbaren Kämpfen die Reformation ausgeschieden hatte, arbeitete sich langsam neben dem leichtsinnigen Hof- und Staatskatholizismus und dem laxen Jesuitismus ernste Frömmigkeit wieder empor. Das posthume Werk des Bischofs Jansen von Ypern „Augustinus" (1640) gab ihr einen geschichtlichen und theologischen Halt. Sie raffte sich auf, um die Kirche von der Kirche, den Glauben vom Gewohnheitschristentum, die Sittlichkeit von der raffinierten und laxen Moral zu befreien. Der Beichtstuhl der Jesuiten erschien ihr als der eigentliche Feind (Pascals Briefe: „*ecce patres, qui tollunt peccata mundi!*"). Der Orden Jesu vermochte sich gegenüber den furchtbaren Angriffen nur zu erhalten, indem er zur Offensive griff und den echten Augustinismus Jansens und seiner Freunde als Häresie („Jansenismus") verketzerte. Die Päpste ließen sich gewinnen. Urban VIII. („In eminenti"), vor allem aber Innocenz X. („Cum occasione") und Alexander VII. („Ad sancti b. Petri sedem") verboten, resp. verdammten das Buch Jansens. Innocenz bezeichnete außerdem fünf Sätze Jansens als verwerflich. Jetzt erhob sich ein heftiger Widerstand: die „Jansenisten" weigerten sich, die inkriminierten Sätze als die Jansens anzuerkennen und zu verdammen. Allein Alexander VII. verlangte es, und die Krone unterstützte ihn. Nach einem vorübergehenden Kompromiß (silentium obsequiosum 1668 Clemens IX.) erneuerte Clemens XI. 1705 die scharfen Bullen seiner Vorgänger. Port Royal wurde zerstört. Noch härter aber traf den Augustinismus die Konstitution „Unigenitus" Clemens XI. (1713), die beklagenswerteste Entscheidung der römischen Kirche vor dem Syllabus und dem Vaticanum und ein partieller Abfall vom Tridentinum. In dieser Konstitution wurden 101 Sätze aus der erbaulichen Erklärung des Paschasius Quesnel zum N. T., die die Jesuiten ausgezogen hatten, präskribiert. Unter ihnen waren nicht nur viele rein augustinische, sondern auch paulinische („*Nullae dantur gratiae nisi per fidem*" — „*fides est prima gratia et fons omnium aliarum*" — „*prima gratia, quam deus concedit peccatori, est peccatorum remissio*" — „*peccator non est liber nisi ad malum sine gratia liberatoris*" etc.). Wieder erhob sich ein Sturm in Frankreich. Akzeptanten der Bulle und Appellanten standen sich gegenüber. Aber, wie immer im Katholizismus — schließlich unterwarfen sich die einen mit beflecktem Gewissen, die anderen gingen in Ekstase und Schwärmerei unter. Nur in den Niederlanden hatte sich schon vorher infolge des jansenistischen Streits eine schismatische altkatholische Kirche gebildet. Die Bulle Unigenitus, von mehreren Päpsteu konfirmiert, ist der Sieg der antiaugustinischen (jesuitischen) Dogmatik über die augustinische, daher das letzte Wort der katholischen Dogmengeschichte (im Sinne der Glaubenslehre). Wie dann im 19. Jahrhundert die letzten Reste des Gallikanismus vernichtet worden sind, so auch die Reste des Jansenismus oder jener „Aftermystik", die sich mit Notwendigkeit aus dem Augustinismus und Quietismus entwickelt und allerdings eine Gefahr für die katholische Kirche bildet. Die Proklamation der unbefleckten Empfängnis Marias durch Pius IX. bezeichnet hier den Abschluß. Wie sie in formeller Beziehung (s. sub 1) die definitive Erhebung des Papsttums bezeichnet, so in materieller die Austilgung des Augustinismus. Den unverwüstlichen Trieb zur Innerlichkeit, Beschaulichkeit und christlichen Selbständigkeit hat dann der moderne (jesuitische) Katholizismus durch geheiligte sinnliche Mittel aller Art, durch Spielsachen und Wunder, sowie durch Bruderschaften, Exerzitien und Gebetsübungen beschäftigt und dabei am Seile der Kirche gehalten (FXLinsemann, Bajus, 1867; Schneemann, Entst. u. Entw. d. thomist.-molinist. Controverse, 2 Bde., 1879 f.; IDöllinger und HReusch, Gesch. d. Moralstreitigkeiten i. d. röm.-kath. Kirche seit dem 16. Jahrh., 2 Bde., 1889; Reuchlin, Jansen in RE.[3]).

3. Schon im Mittelalter hatte der juristisch-kasuistische Geist der römischen Kirche den Beichtstuhl, die Ethik und die Dogmatik aufs ungünstigste beeinflußt. Die nominalistische Theologie besaß eine ihrer starken Wurzeln in der juristischen Kasuistik (d. h. im P r o b a b i l i s m u s). Die Jesuiten — aber sie nicht allein — haben sie aufgenommen und in einer Weise kultiviert, die einige Male selbst die Päpste, ja ihre eigenen Ordensmitglieder in Schrecken gesetzt hat

(Döllinger und Reusch a. a. O.). „Wissenschaftlich" hat zuerst der Dominikaner Bartholomäus de Medina den „Probabilismus" 1577 dargelegt. Die Formel lautete: *„Si est opinio probabilis, licitum cst eam sequi, licet opposita sit probabilior"*. Selten hat ein Wort so gezündet. Es war die Befreiung der Moral von dem kategorischen Imperativ, der Religion von ihrem geschlossenen Ernste. Schon um 1600 wurde der Probabilismus als die herrschene Ansicht bezeichnet. Auf dem Gebiet des Glaubens stellt er sich 1) als Laxismus dar (in bezug auf die Spendung der Absolution), 2) als Attritionismus. Es bildete sich eine Reihe von Spielarten aus: laxester, echter, rigoristischer Probabilismus, Aequiprobabilismus, Probabiliorismus, laxer und strenger Tutioris mus. Die Unterschiede unter den sechs ersten besagen im Grunde wenig; der letztere — er ist allein sittlich — ist von Alexander VIII. 1600 ausdrücklich verworfen worden. Die ganze Methode ist die talmudistische; wahrscheinlich besteht auch vom Mittelalter her ein wirklicher Zusammenhang. Der Jansenismus, vor allem Pascal, erhob sich gegen diese Destruktion der Sittlichkeit (die damit nicht verteidigt werden kann, daß der Priester im Beichtstuhl als Richter fungiere und ein solcher in dubio pro reo zu entscheiden habe. Der Priester ist doch zugleich Seelsorger und vor allem — er urteilt nach der katholischen Lehre an Gottes Statt; was er also bindet und löst, bindet und löst Gott; somit ist Gottes heiliger Wille und sein Urteil dieser Kasuistik preisgegeben!). Pascal setzte es durch, daß der Probabilismus seit der Mitte des 17. Jahrhunderts etwas zurückgedrängt wurde. Mehrere Päpste verboten die laxesten moraltheologischen Bücher; Innocenz XI. verdammte 1679 65 Sätze der Probabilisten, unter denen sich wahre Bubenstücke befanden (s. Denzinger, Enchiridion p. 213 f., 217, 218 f.). Das Schlimmste schien abgewehrt, zumal da sich im Jesuitenorden selbst Thyrsus Gonzalez wider die Doktrin erhob (1687 wurde er General). Allein Jansenismus und Antiprobabilismus waren solidarisch. Als jener fiel, mußte auch dieser weichen. Auch hatten es die Päpste in bezug auf den Attritionismus nur zur Neutralität gebracht. Aus dieser Quelle brach im 18. Jahrhundert der Probabilismus von neuem hervor. Der Stifter des Redemptoristenordens, Alphons Liguori (selig 1816, heilig 1829, Lehrer der Kirche 1871), wurde durch seine Bücher der einflußreichste Lehrer der Kirche. Er ist im modernen Katholizismus an die Stelle Augustins getreten, der Aequiprobabilist an die Stelle des Verfassers der Konfessionen. Kein Pascal erhob sich mehr.

§ 75. Das Vaticanum.

JFRIEDRICH, Geschichte des vatikanischen Konzils, 3 Bde., 1877ff. Mehrere kurialistische Darstellungen, vor allem ThGANDERATH, Gesch. des Vatik. Konzils, 3 Bde., 1903ff.

Die Kirche, die den Episkopalismus und Augustinismus in sich gestürzt, den Probabilismus aufgerichtet und im Bunde mit der politischen Reaktion und der Romantik den Papst zum Herrn der Kirche erhoben und als die lebendige Tradition proklamiert hatte, war endlich reif für das Dogma von der Unfehlbarkeit des Papstes[1]. Die Bischöfe bekannten auf dem Vaticanum (1869/70), eine beträchtliche Minorität überhörend, daß der Primat ein wirklicher und direkter sei, daß der Papst die potestas ordinaria et immediata als plena et suprema über die ganze Kirche besitze, und daß diese Gewalt im vollen Sinne überall bischöflich sei. Von diesem Universalbischof bekannten sie am 18. Juli 1870: „*docemus et divinitus revelatum dogma esse definimus: Romanum Pontificem, quum ex cathedra loquitur id est quum omnium Christianorum pastoris et doctoris munere fungens pro suprema sua apostolica auctoritate doctrinam de fide vel moribus ab universa ecclesia tenendam definit, per assistentiam divinam, ipsi in b. Petro promissam, ea infallibilitate pollere qua divinus redemptor ecclesiam suam in definienda doctrina de fide vel moribus instructam esse voluit, ideoque eiusmodi Romani pontifices definitiones ex sese, non autem ex consensu ecclesiae, irreformabiles esse. Si quis autem huic nostrae definitioni contradicere, quod deus avertat, praesumpserit, anathema sit.*“ Die widersprechenden Bischöfe haben sich bald

[1] Dieser (Pius IX.) hat in der Enzyklika und dem Syllabus (1864) die Errungenschaften der weltlichen Kultur, die gewiß ihre Gebrechen und Schwächen haben, nicht sowohl korrigiert, als ihnen vielmehr sein Staats- und Gesellschaftsrecht und seine Kultur in der Form von Negationen entgegengestellt.

unterworfen. Die Zahl derer, die die Annahme des neuen Dogmas verweigerten, war und ist gering (JFvSCHULTE, Der Altkatholizismus, 1887). Die neue Lehre ist in der Tat der Schlußstein des Gebäudes. Anderes mag nachfolgen, z. B. die weltliche Herrschaft des Papstes und sein Recht, den Katholiken die Politik zu diktieren, als Glaubensartikel, ferner eine Josephologie neben dem Mariendogma usw.; aber die Hauptsache ist jetzt schon erreicht. Die römische Kirche hat sich als die autokratische Herrschaft des Pontifex Maximus nun völlig offenbart — das alte römische Reich, bezogen auf die Erinnerung an Jesus Christus, ausgestattet mit seinem Wort und mit Sakramenten, über eine nach Bedarf bald elastische, bald eiserne dogmatische Rechtsordnung verfügend, außer der Erde auch das Fegfeuer und den Himmel umspannend. Oder soll sich aus der Unfehlbarkeit des Papstes einst in fernen Zeiten der Umschlag entwickeln, den der Unfehlbare ja einfach vorschreiben kann? Aber der Reif der Gewohnheiten ist zu fest geworden, und der Papst, der ihn sprengen wollte, müßte die Autorität, aus der er handelt, am Schlusse selbst negieren. Doch kann er nicht einst das Papsttum beurteilen wie Paulus das Gesetz beurteilt hat, geschichtlich notwendig, gottgewollt, aber nun aufgehoben? Die Parallele, daß das Gesetz die Sünden gemehrt hat, aber doch ein Zuchtmeister gewesen ist, würde auch trefflich stimmen! *Ἐλπὶς παρ᾽ ἐλπίδα*! Pius X., durch frommen Sinn und kirchliche Weisheit seinen Vorgänger überragend, zog, durch keine weltlich politischen Erwägungen gehemmt, die Konsequenzen des Syllabus und Vaticanums mit sicherstem Blick (Vernichtung des „Modernismus“). Er hat auch die Herausgabe des neuen „Corpus iuris canonici“ veranlaßt (publiziert von seinem Nachfolger, Benedikt XV.), welches den Unsicherheiten des alten ein Ende macht, die Unifizierung des großen Kirchenkörpers in sich und in seinen Beziehungen nach außen zum Abschluß bringt und sachlich und formell ein Meisterwerk ist. S. USTUTZ, Der Geist des Codex iuris canonici (Pius X.), 1918. Aeußerlich angesehen kann die so gefestigte Kirche den Staaten und Völkern, je liberaler sie werden, um so ungefährlicher erscheinen, da sie direkte politische Eingriffe immer mehr vermeidet; aber in Wahrheit hat sie die Kluft zwischen sich und allem, was sie nicht selbst ist, vergrößert und vertieft, und es ist daher nicht abzusehen, in welcher Weise sich einmal die Spannung entladen wird.

Drittes Kapitel.

Die Ausgänge des Dogmas im Antitrinitarismus und Socinianismus.

§ 76. Geschichtliche Einleitung.

HWERBKAM, Geschichte der protestantischen Sekten, 1848. — MCARRIERE, Die philosophische Weltanschauung der Reformationszeit[2], 1887. — TRECHSEL, Die protestantischen Antitrinitarier, 2 Bde., 1839f. — KHEGLER, Seb. Franck, 1892 und ThLZ, 1898, No. 9. — Die Arbeiten von MWEBER und ETROELTSCH in bezug auf das Thema Kirche und Sekte bzw. die Sekten des 16. Jahrh.

Sozzini war ein Epigone wie Calvin. Der Socinianismus hat, kirchen- und dogmengeschichtlich betrachtet, den Humanismus und die großen mittelalterlichen antikirchlichen Bewegungen zu seiner Voraussetzung; aber auch die Reformation hat auf ihn eingewirkt. Aus jenen hat er sich entwickelt; sie hat er teils ernüchtert (das Schwärmerische), teils an die Bibel gekettet (den Humanismus) und zur Einheit zusammengefügt. Ein kritisch-humanistisches und ein scotistisch-pelagianisches Element ist in ihm verbunden; daneben gewahrt man auch noch ein anabaptistisches (pantheistische, schwärmerische, mystische, sozialistische Elemente fehlen). In ihm sind also die kritischen und rationalistischen Gedanken der kirchlichen Theologie des 14. und 15. Jahrhunderts zu freier Entfaltung gekommen; zugleich aber ist er auch den Impulsen der Reformation und der Neuzeit (Renaissance) gefolgt, ja diese mögen sogar die stärkeren in ihm gewesen sein. Das Charakteristische der antitrinitarischen und socinianischen Bewegungen des 16. Jahrhunderts liegt darin, daß sie diejenige Destruktion des Katholizismus darstellen, die man auf Grund des Ertrags der Scholastik und der Renaissance zu bewirken vermochte, ohne die Religion zu vertiefen und zu beleben. In diesem Sinne ist der Socinianismus auch ein Ausgang der Dogmengeschichte. Mittelalter und Neuzeit reichen sich in ihm — z. T. über die Reformation hinweg — die Hände.

Das scheinbar Unvereinbare, der Bund zwischen Scholastik und Renaissance, ist hier wirklich geworden. Eben deshalb fehlt auch ein prophetisches Element nicht. In diesen Bewegungen ist vieles in wunderbarer Sicherheit bereits vorweggenommen worden, was in den evangelischen Kirchen nach flüchtigen Ansätzen zunächst gänzlich unterdrückt erscheint, weil das Interesse für Religion in gebundener Form 150 Jahre lang hier alles absorbiert hat. Der Antitrinitarismus und Socinianismus sind „aufgeklärter" als der kirchliche Protestantismus, aber minder entwicklungsfähig und ärmer.

Nur eine flüchtige Übersicht soll hier gegeben werden. Allen antitrinitarischen und wiedertäuferischen Gruppen, obschon sie von Luther stark beeinflußt sind und ihre Predigt ohne ihn nicht zu denken ist, ist der mehr oder weniger entschlossene Bruch mit der Geschichte, der Verzicht auf die Kirche, wie sie bereits existiert, und die Überzeugung von dem Recht des Individuums gemeinsam. Von den verschiedensten Ausgangspunkten sind sie nicht selten zu den gleichen kritischen — vor allem zu der Ablehnung der Satisfaktionslehre — und positiven Ergebnissen gelangt, weil die Stimmung, die sie bewegte, die gleiche gewesen ist. Die erste Gruppe knüpfte an die pantheistische Mystik und die neue Bildung der Renaissance an: nicht Begriffe, sondern Tatsachen, nicht Formeln, sondern Leben, nicht Aristoteles, sondern Plato, nicht der Buchstabe, sondern der Geist. Das innere Licht wurde neben die Bibel gestellt, die freie Überzeugung über die Satzung. Die Kirchendogmen wurden entweder umgedeutet oder fallen gelassen. Von der Last der Vergangenheit befreit und vom Evangelium bestimmt, haben sich manche von ihnen in das Reich des freien Geistes aufgeschwungen, andere blieben im Phantastischen hängen. Hierher gehören Schwenkfeld, Paracelsus u. a., vor allem Sebastian Franck und Theobald Thamer; einer späteren Generation gehört V. Weigel an; auch Giordano Bruno, der freilich kaum innerhalb der Dogmengeschichte genannt werden darf, fußt auf dieser Bewegung. Eine zweite unübersehbare Gruppe hatte ihre Stärke an dem Gegensatz zum politischen und sakramentalen Katholizismus und spielte ihm gegenüber eine neue sozial-politische Welt- und Kirchenordnung, die Apokalyptik und den Chiliasmus, aus. In ihr setzt sich das enthusiastische Minoritentum, Waldesiertum usw. trotz des starken lutherischen Impulses fort. Ihr Kennzeichen wurde die Wiedertaufe. Mit den reformatorischen und mit mystischen Elementen mannigfach durchsetzt (H. Denck), hat dieses Täufertum — eine aus den religiösen Tiefen des katholisch erzogenen und durch die Sakramente geknechteten Volkes aufsteigende Laienbewegung — bis zur Katastrophe von Münster und über sie hinaus eine sehr bedeutende Rolle gespielt. In einer dritten, wesentlich romanischen (italienischen) Gruppe stellt sich die konsequente Ausbildung der nominalistischen Scholastik unter dem Einfluß des Humanismus dar; die Unterwürfigkeit unter die Kirche hat aufgehört, der Moralismus, humanistisch, z. T. auch evangelisch verklärt, ist nachgeblieben. Das alte Dogma und der Sakramentarismus ist verworfen; aber ein historisches Element ist hinzugetreten, die Rückkehr zu den Quellen, der philologische Sinn, der Respekt vor dem Klassischen in allem, was Altertum heißt. Das religiöse Motiv im tiefsten Sinn fehlt diesen Italienern: auch haben sie es nicht zu einer volkstümlichen Bewegung gebracht. Diese und die erste Gruppe stehen in vieler Hinsicht in einem strengen Gegensatz, sofern jene der spekulativen Mystik, diese dem verständigen Denken huldigen. Allein nicht nur schlangen die humanistischen Interessen ein gemeinsames Band um sie, sondern aus der spekulativen Mystik entwickelte sich im Zusammenhang mit der Erfahrung, auf die man Wert legte, auch ein reines Denken, und andererseits streiften die nüchternen italienischen Denker unter dem Einfluß der neuen Bildung die Unarten jener Begriffsmythologie ab, in der sich der ältere Nominalismus ergangen hatte. Am bedeutendsten ist dieser Zusammenschluß durch den Spanier Michael Servede repräsentiert. In der Theologie dieses Romanen ist, neben der klaren und gemütvollen Denkart des Deutschen S. Franck, das Beste von alledem vereinigt, was im 16. Jahrhundert zur Reife gekommen ist, wenn man von der evangelischen Reformation absieht.

In bezug auf alle diese Gruppen hat die Dogmengeschichte zwei Hauptpunkte ins Auge zu fassen, ihr Verhältnis 1) zu den formalen Autoritäten des Katholizismus, 2) zur

Lehre von der Trinität und von Christus. Was den ersten Punkt betrifft, so haben sie die Autorität der Kirche, der gegenwärtigen und der früheren, als Lehrerin und Richterin abgetan. Unklar aber blieb das Verhältnis zur Schrift. Man spielte sie gegen die Tradition aus und fußte mit unerhörter Gesetzlichkeit auf dem Buchstaben; andererseits drückte man ihre Autorität unter die der inneren Offenbarung herab, ja schob sie wohl auch ganz beiseite. Allein in der Regel blieb ihre einzigartige Geltung bestehen; der Socinianismus hat sich fest auf die Schrift gestellt. An ihr wagten also die Reformer des 16. Jahrhunderts — einige ausgezeichnete Männer ausgenommen, die wirklich verstanden hatten, was die Freiheit eines Christenmenschen ist — nicht ernsthaft zu rütteln. Der Widerspruch, in den sich der Protestantismus verwickelt hat, findet sich auch bei den meisten Reformern: eine umfangreiche Büchersammlung in Geltung zu setzen, aber das Verständnis derselben den Bemühungen der einzelnen zu überlassen. — Was den Antitrinitarismus betrifft, so hat sich derselbe in allen drei Gruppen entwickelt, aber in verschiedener Weise. In der ersten Gruppe ist er nicht aggressiv gewesen, sondern latitudinarisch (wie bei den älteren Mystikern, die ja auch in der Trinität nur „modi“ erkannten, die Menschwerdung in Christo als einen Spezialfall betrachteten und überhaupt in den Dogmen nur verhüllte Wahrheit sahen). In der zweiten, wiedertäuferischen Gruppe ist der Antitrinitarismus in der Regel ein verhältnismäßig untergeordnetes Element, weil die eigentlich theologischen Interessen hier überhaupt fehlen. Bei dem bedeutenden Reformer Denck ist er kaum zu finden, dagegen deutlicher bei Hätzer, noch stärker bei Campanus, D. Joris und Melchior Hoffmann, die sich übrigens sämtlich eine eigene Trinitätslehre zurecht gemacht haben. An der Wurzel, d. h. an der Gottheit Christi, ist die Trinitätslehre nur von Italienern (Pietro Manelfi), resp. innerhalb der dritten Gruppe angegriffen worden. Die Verbindung des Humanismus mit der nominalistisch-pelagianischen Überlieferung der Theologie hat in Italien den Antitrinitarismus im Sinne des Adoptianismus oder Arianismus als einen wirklichen Faktor der geschichtlichen Bewegung erzeugt. Die Beseitigung der Lehre von der Gottheit Christi und der Trinität galt hier als die wichtigste Reinigung und Entlastung der Religion. An ihre Stelle tritt der geschaffene Christus und der eine Gott; hierfür wird der Schriftbeweis gesucht und gefunden (vgl. die römischen Theodotianer des Altertums). Eine Schar von gelehrten und meistens sehr respektablen Antitrinitariern hat Italien in der Mitte des 16. Jahrhunderts über seine Grenzen gejagt, Camillo Renato, Blandrata, Gentilis, Occhino, die beiden Sozzini usw. In der Schweiz wurde der Kampf über das Recht des Antitrinitarismus in der evangelischen Kirche ausgekämpft. Calvin entschied gegen sie und verbrannte Servede. In Polen und Siebenbürgen fand die Lehre eine Freistatt. Dort entstanden antitrinitarische Gemeinden, ja in Siebenbürgen gelang es Blandrata, sein Bekenntnis zur förmlichen Anerkennung zu bringen. Innerhalb der Anarchie fand auch die Gewissensfreiheit eine Stätte. Der Unitarismus, wie ihn Blandrata lehrte, sah in Christus einen von Gott erwählten und zum Gott erhobenen Menschen. Bald trat eine Spaltung ein. Die Linke verwarf auch die wunderbare Geburt und die Anbetung Jesu (Nonadorantismus). Ihr Hauptvertreter war Franz Davidis. Um diese Richtung zu bekämpfen, ist Fausto Sozzini 1578 nach Siebenbürgen gekommen, und wirklich unterdrückte er sie. Dort und in Polen hat er aus den wiedertäuferischen, sozialistischen, chiliastischen, libertinistischen und nonadorantischen Gemeinden eine Kirche auf dem Grunde einer ausgeführten biblischen Dogmatik gebildet. Nach einer an dramatischen Episoden reichen Geschichte hat der polnische Unitarismus in Verbindung mit dem niederländischen Arminianismus schließlich in England und Amerika eine Stätte gefunden und ausgezeichnete Männer hervorgebracht. Allerdings hat er sich dort immer mehr mit evangelischem Geist erfüllt.

§ 77. Die socinianische Lehre.

OFock, Der Socinianismus, 1874.

Aus dem Rakauer Katechismus (1609) läßt sich das socinianische Christentum am besten erkennen. Die Religion ist das vollständige und richtige Wissen der heilsamen Lehre. Diese ist aus der heiligen Schrift als einer äußeren, statutarischen Offenbarung, vorzüglich aus dem N. T. zu gewinnen. Die christliche Religion ist Theologie des N.T., aber sie ist zugleich vernünftige Religion. Das Buch und die Vernunft sind die Säulen der socinianischen Lehre. Daher ist der Nachweis der certitudo sacrarum literarum eine Hauptaufgabe dieses supranaturalen Rationalismus. Er tritt an die Stelle des Traditionsbeweises. Die Geltung des N. T. (das A. T. wird nur noch fortgeführt) soll der Vernunft, nicht der Frömmigkeit demonstriert werden. Das N. T. ist aber suffizient, weil der Glaube, der in der Liebe tätig ist, „quantum satis" in ihm enthalten ist. Dieser Glaube aber ist der Glaube an Gottes Existenz und Vergeltung (vgl. den Nominalismus), die Liebe sind die Sittengebote. Die Schrift aber ist auch deutlich, wenn man sie mit Verstand betrachtet *(„itaque cum sacras litteras sufficere ad salutem dicimus, rectam rationem non tantum non excludimus, sed omnino includimus")*.

Den Heilsweg konnte der Mensch selbst nicht finden, weil er sterblich war (altkatholisches Element). Gottes Ebenbild in ihm bestand lediglich in der Herrschaft über die Tiere. Nicht der zeitliche Tod, sondern der ewige ist durch die Sünde in die Welt gekommen (Pelagius). Letztlich aber konnte der Mensch den Heilsweg deshalb nicht finden, weil er *„ex solo dei arbitrio ac consilio pependit"*, also durch eine äußere Offenbarung mitgeteilt werden mußte (vgl. den Nominalismus). Vom Fürchten, Lieben und Vertrauen ist nicht die Rede, sondern nur von der notitia dei und dem Gesetz des heiligen Lebens, welche offenbart werden mußten. Die notitia dei ist die Erkenntnis Gottes als des obersten Herrn aller Dinge, der *„pro arbitrio leges ponere et praemia ac poenas statuere potest"* (vgl. den Nominalismus). Am wichtigsten ist es, Gottes Einheit zu erkennen; aber *„nihil prohibet, quominus ille unus deus imperium potestatemque cum aliis communicare possit et communicaverit* (vgl. die alten Subordinatianer — bei Tertullian steht der Satz fast wörtlich — und die Arianer). Die Eigenschaften Gottes werden ohne Beziehung auf den Heilsglauben aus dem Begriff des „supremus dominus" und des „summe iustus" entwickelt (vgl. den Nominalismus). Sehr nützlich zum Heil, wenn auch nicht schlechthin notwendig, ist die Einsicht in die Verwerflichkeit der Trinitätslehre Ante legem et per legem erkannten die Menschen bereits die Schöpfung der Welt durch Gott, die Vorsehung Gottes de singulis rebus (!), die Vergeltung und den göttlichen Willen (im Dekalog).

Die notitia Christi zerlegt sich in die Erkenntnis seiner Person und seines Amtes. In ersterer Hinsicht handelt es sich um die Einsicht, daß Gott uns durch einen Menschen erlöst hat (vgl. die hypothetischen Sätze des Nominalismus). Christus ist ein sterblicher Mensch gewesen, der vom Vater geheiligt, mit göttlicher Weisheit und Macht ausgerüstet, auferweckt und schließlich zu gottgleicher Macht eingesetzt worden ist. Das ist der exegetische Befund im N. T. Gott hat ihn gesandt, um die Menschen in eine neue Katastase zu erheben, d. h. die Sterblichen zu unsterblichem Leben zu führen (altkirchlich; vgl. besonders die Antiochener). Das war ein freier Willensentschluß Gottes, und die Ausführung (wunderbare Geburt, Auferweckung) ist ebenso willkürlich. Christus hat uns als Prophet die vollkommene göttliche Gesetzgebung gebracht (Erklärung und Vertiefung des Dekalogs), die Verheißung des ewigen Lebens sicher ausgesprochen und das Beispiel eines vollkommen sittlichen Lebens durch seinen Tod bekräftigt, nachdem er einige sakramentale Anordnungen getroffen. Durch diese Predigt hat er einen starken Impuls zur Beobachtung des göttlichen Willens gegegeben und zugleich die allgemeine Absicht Gottes versichert, den Reuigen und der Besserung Beflissenen die Sünden zu vergeben (vgl. den Nominalismus). Sofern niemand das göttliche Gesetz vollkommen erfüllen kann, erfolgt die Rechtfertigung nicht durch Werke, sondern durch den Glauben. Dieser Glaube aber ist Vertrauen auf den Gesetzgeber, der ein herrliches Ziel, das ewige Leben, vorgesteckt und durch den Heiligen Geist die vorausgehende Gewißheit jenes Lebens erweckt hat, ferner Zuversicht zu Christus, der, mit göttlicher Macht bekleidet, denen, welche sich zu ihm halten, die Befreiung von der Sünde verbürgt. Im einzelnen ist bemerkenswert: 1) die virtuose, vielfach zutreffende Kritik der kirchlichen Christologie aus der Schrift und der Vernunft — Schwierigkeiten machten freilich die Schriftaussagen über die Präexistenz Christi —, 2) der Versuch, das Werk Christi in dem Schema der drei Ämter darzulegen, und die offenkundige Unfähigkeit, es über das prophetische Amt hinauszuführen. Im Rahmen des letzteren wird im Grunde alles abgehandelt: „*comprehendit tum praecepta, tum promissa dei perfecta, tum denique modum ac rationem, qui nos et praeceptis et promissionibus dei confirmare debeamus.*" Darüber hinaus aber kennt der Socinianismus nichts. Die „praecepta" sind der erläuterte Dekalog mit dem Zusatz des Vater-Unsers und die besonderen Gebote der zuversichtlichen stetigen Freude zu Gott im Gebet, Danksagung und Vertrauen zu Gottes Hilfe, Enthaltung von der Weltliebe sowie Selbstverleugnung und Geduld. Dazu kommen noch die besonderen zeremonialen Gebote, nämlich die Taufe und das Abendmahl. Jene ist Bekenntnis, Verpflichtung und Symbol; in verschämter Weise wird auch der Sündenvergebung um der Schrift willen gedacht und die Kindertaufe abgelehnt, aber geduldet (weil es sich um eine Zeremonie handelt). Das Abendmahl wird unter Ablehnung aller übrigen Betrachtungen als angeordnetes Erinnerungsmahl aufgefaßt. Die promissa dei sind die Verheißung des ewigen Lebens und des Heiligen Geistes. In Ausführung des letzteren Stückes hat der Socinianismus Tüchtiges geleistet, dagegen die Sündenvergebung sehr zweideutig behandelt. Im Gegensatz zum evangelischen Verständnis lehrt er: „*in vita aeterna simul comprehensa est peccatorum remissio.*" Dieses ewige Leben ist nur sehr oberflächlich beschrieben, und die katholische Grundstimmung des Socinianismus zeigt sich in dem Satze, daß der Heilige Geist nur nach Maßgabe des moralischen Fortschritts verliehen wird. Auf die Frage, wie Christus die Gebote und Verheißungen eindringlich versichert hat, wird geantwortet: 1) durch seine Sündlosigkeit, 2) durch seine Wunder, 3) durch seinen Tod. Der letztere wird als Liebesbeweis gefaßt und nun in ausführlichster Darlegung die Satisfaktionstheorie bekämpft. Hier liegt die Stärke des Socinianismus. Kann man sich auch manche Argumente nicht aneignen, weil sie aus dem scotistischen Gottesbegriff geflossen sind, so muß man doch sagen, daß hier die juristische Satisfaktionstheorie wirklich widerlegt ist. Der Gedanke des Verdienstes Christi wird beibehalten. Aber wie dürftig ist es, wenn der Katechismus, noch einmal zum Glauben zurückkehrend, erklärt: „*fides obedientiam nostram deo commendatiorem gratioremque facit et obedientiae defectus, modo ea sit vera ac seria, supplet, utque a deo iustificemur efficit.*" Das ist der volle Gegensatz zum evangelischen Glaubensgedanken. Was dann noch über Rechtfertigung bemerkt wird, ist wertlose Akkommodation an den Paulinismus. Akkomodationen sind überhaupt nicht selten. — Bei dem priesterlichen Amte Christi wird die fortdauernde Priesterschaft Christi betont, während die einmalige im Grunde abgelehnt ist. Ganz kurz wird die Herrschaft Christi über alle Wesen und Dinge beschrieben.

Am Schluß kehrt der Katechismus zur Kirche zurück und definiert sie noch einmal als Schule: „*coetus eorum hominum qui doctrinam salutarem tenent et profitentur.*" Pastoren (Doktoren) und Diakonen sind der Kirche nötig; aber von der Ordination wird geschwiegen und die bischöfliche Sukzession bekämpft. Die Ausführungen über sichtbare und unsichtbare Kirche sind unsicher und unklar.

Im Socinianismus stellt sich die Zersetzung des Dogmas auf katholischem Boden dar, wie im Romanismus die Vergesetzlichung. An die Stelle der Tradition ist die äußere Offenbarung in der Bibel getreten. Die Religion, soweit sie verständlich ist, ist in den Moralismus verschlungen. Doch sind glückliche Inkonsequenzen nachgeblieben, und der Socinianismus bietet, auch abgesehen von ihnen, erfreuliche Seiten: 1) hat er den Mut gewonnen, die Frage nach dem Wesen und Inhalt der Religion zu vereinfachen und die Lasten der kirchlichen Vergangenheit abzuwerfen, 2) hat er den engen Bund von Religion und Welterkennen, Christentum und Platonismus gesprengt, 3) hat er die Einsicht verbreiten helfen, daß der religiöse Ausdruck klar sein muß und verständlich, wenn er kräftig sein soll, 4) hat er das Studium der Heiligen Schrift vom Bann des alten Dogmas zu befreien versucht.

Viertes Kapitel.

Die Ausgänge des Dogmas im Protestantismus.

§ 78. Einleitung.

Der nachtridentinische Katholizismus und der Socinianismus sind in vieler Hinsicht moderne Erscheinungen, aber auf ihren religiösen Kern gesehen sind sie es nicht, vielmehr Konsequenzen des mittelalterlichen Christentums. Die Reformation, wie sie sich im Christentum Luthers darstellt, ist dagegen in vieler Hinsicht eine altkatholische, resp. auch eine mittelalterliche Erscheinung, dagegen auf ihren religiösen Kern beurteilt ist sie es nicht, vielmehr Wiederherstellung des paulinischen Christentums im Geist einer neuen Zeit. Von hier aus ergibt sich, daß die Reformation nicht lediglich nach den Resultaten, die sie in den ersten zwei Menschenaltern ihres Bestehens errungen hat, beurteilt werden kann; denn sie hat nicht als eine in sich widerspruchslose und eindeutige Erscheinung eingesetzt. Luthers Christentum war die Reformation; in der Peripherie seines Daseins aber war Luther eine altkatholisch-mittelalterliche Erscheinung. Die Zeit von 1519—1523, die schönsten Jahre der Reformation, in denen sie mit allem Lebendigen in Verbindung gestanden hat und eine neue Ordnung herbeizuführen schien, war nur eine Episode. Luther ist bald wieder zu seinen Schranken zurückgekehrt. Diese aber waren nicht etwa nur leichte Hüllen, so daß erst Melanchthon und die Epigonen die Verengerung verschuldet hätten, sondern Luther empfand sie mit als die Wurzeln seiner Kraft und hat sie in diesem Sinne geltend gemacht.

Luthers Größe besteht in der am Evangelium wieder entdeckten Erkenntnis Gottes. Der lebendige Glaube an den Gott, der propter Christum und in Christus der schuldigen und verzweifelnden Seele zuruft: „*salus tua ego sum*“, die gewisse Zuversicht, Gott sei das Wesen, auf das man sich verlassen kann — das war Luthers Botschaft an die Christenheit. Er hat das religiöse Verständnis des Evangeliums wieder hergestellt, das souveräne Recht der Religion in der Religion, die souveräne Geltung der geschichtlichen Person

Jesu Christi im Christentum. Indem er das tat, schritt er über die Kirche des Mittelalters und der altkatholischen Zeit hinweg bis zum N. T., ja bis zum Evangelium selbst. Aber derselbe Mann, der das Evangelium von Jesu Christo aus dem Kirchentum und dem Moralismus befreit hat, hat doch die Geltung desselben in den Formen der altkatholischen Theologie verstärkt, ja diesen Formen nach jahrhundertelanger Quieszierung erst wieder Sinn und Bedeutung für den Glauben verliehen. Er ist der Restaurator des alten Dogmas geworden und hat es dem Glauben wiedergeschenkt. Ihm hat man es zuzuschreiben, daß diese Formeln bis heute im Protestantismus eine lebendige Macht für den Glauben sind. Man wird dem „ganzen Luther" nur gerecht, wenn man diese seine zwiespältige Stellung zur altkatholischen Theologie bestehen läßt und zu erklären sucht. Luther hat die Zeitgenossen aus den Bahnen des humanistischen, franziskanischen und politischen Christentums geworfen und sie gezwungen, sich für das ihnen Fremdeste zu interessieren — für das Evangelium und die alte Theologie. Er hat das Evangelium neu verkündigt und zugleich das „Quicunque vult salvus esse" des Athanasianums mit Plerophorie vertreten können.

Um diese seine Haltung zu verstehen, darf man auf folgendes verweisen: 1) die Mißstände, die es zu bekämpfen galt, flossen vornehmlich aus der mittelalterlichen Theologie, und Luthers geschichtlicher Horizont schloß ungefähr bei der Zeit des Ursprungs der Papstkirche ab; was dahinter lag, verschwamm ihm an vielen Punkten in der goldenen Linie des N. T., 2) Luther kämpfte niemals gegen unrichtige Theorien und Lehren als solche, sondern nur gegen solche Theorien und Lehren, welche offenbar die puritas evangelii verdarben (den Pelagianismus in allen seinen Gestalten); in ihm lebte nicht der unwiderstehliche Drang des Denkers, der nach theoretischer Klarheit strebt, vielmehr hatte er einen instinktiven Widerwillen und ein eingeborenes Mißtrauen gegen jeden Geist, der, lediglich von der Erkenntnis geleitet, Irrtümer kühn berichtigte; auch hatte er keineswegs alle Bildungsmittel und kritischen Elemente seiner Zeit in sich aufgenommen — „sublimement borné, gauchement savant, terriblement naïf“, hat ein Menschenkenner diesen Heros genannt, 3) das alte Dogma selbst kam der neuen Auffassung des Evangeliums, die er verkündigte, entgegen: er wollte den rechten Glauben und nichts als ihn; das alte Dogma aber hatte, im Unterschiede vom mittelalterlichen, das Christentum nicht als ein Gefüge von Glaube und Werken (letztere gehören nicht ins Dogma), Gnade und Verdienst beschrieben, vielmehr als Gottestat durch Jesum Christum zur Sündenvergebung und zum ewigen Leben. Nur diesen Inhalt sah Luther in dem alten Dogma; alles übrige an ihm übersah er. Deshalb faßte er seinen Beruf als den des Reformators: es galt nur auf den Leuchter zu stellen, was die Kirche schon besaß, aber mitten im Besitz verloren hatte; es galt durch Wiederherstellung des alten Dogmas das Evangelium von der freien Gnade Gottes in Christo wiederherzustellen.

Hatte er nicht wirklich recht? Fällt seine neue Erkenntnis des Evangeliums nicht wirklich mit dem alten Dogma einfach zusammen? Man behauptet es noch heute, freilich mehr oder weniger verlegen und mit der Einschränkung, Luther habe ein Wichtiges hinzugefügt, die richtige Lehre von der Rechtfertigung. Aber hat er nicht die unfehlbare Kirchentradition, das unfehlbare Kirchenamt, im Prinzip sogar den unfehlbaren Schriftenkanon abgetan? Und doch soll sich sein Verständnis des Evangeliums mit dem alten Dogma decken? Worin bestand jenes Verständnis? wie weit ging seine Kritik an der Ueberlieferung? was hat er beibehalten? war seine Stellung eine widerspruchlose oder ist vielmehr der heutige Zustand der Protestantismus, voll Widersprüchen und Verwirrung, auf ihn zurückzuführen?

§ 79. Das Christentum Luthers.

Möller-Kawerau, Kirchengeschichte, III. Bd., 1894. — Luther's Theologie von JKöstlin², (1883), ThHarnack (1862, 1886), SLommatzsch (1879). — HHering, Die Mystik Luther's, 1879. — RSeeberg, Lehrbuch der Dg, Bd. 4,1 („Die Lehre Luthers“), 1917. — KHoll, Ges. Aufsätze z. Kirchengesch., Bd. I („Luther“), 1921 (Die eindringendsten Unters. über das Christentum u. Lehre). — OScheel, M. Luther², 2 Bde, 1917. — Katholische Biographien von Janssen, Denifle u. Grisar. — WHerrmann, Der Verkehr des Christen mit Gott⁵, 1908. — ARitschl, Rechtfertigung und Versöhnung Bd. I² und III². — FKattenbusch, Luther's Stellung zu den ökumenischen Symbolen, 1883. — JGottschick, Luther's Anschauungen vom christlichen Gottesdienst, 1887. — Thieme, Die sittliche Triebkraft des Glaubens. Eine Untersuchung zu Luther's Theologie 1895. — WWalther, Ethik L.'s, 1910. — ThBrieger, Das Wesen des Ablasses am Ausgange des Mittelalters, 1897; ders., Reformationsgesch. 1913. — Die Lutherbiographien von Köstlin-Kawerau, Kolde, Hausrath, Denifle und Grisar. — WDilthey, Archiv für Geschichte der Philosophie Bd. 6—7 (eine Reihe von Aufsätzen zur inneren Geschichte des 16. und 17. Jahrhunderts), ders., Die Glaubenslehre der Reformatoren (Preuß. Jahrb. Bd. 75, 1894, H. 1). — WGlawe, Die Hellenisierung des Christentums i. d. Gesch. d. Theologie von Luther bis auf die Gegenwart, 1913. — Die von ETroeltsch in mehreren umfangreichen Untersuchungen und Darstellungen aufs neue angeregte Kontroverse über die Stellung Luthers und seiner Reformation in Hinsicht auf Mittelalter und Neuzeit. Hierzu Holl, a. a. O.

Im Kloster glaubte Luther nur mit sich und seiner Sünde zu kämpfen; aber in Wahrheit rang er auch mit der Religion seiner Kirche. In dem System von Sakramenten und Leistungen, dem er sich unterwarf, fand er die Gewißheit des Friedens nicht, die er suchte. Eben das, was ihm Trost gewähren sollte, offenbarte sich ihm als der Schrecken. In solcher Not ging es ihm langsam und allmählich an dem verschütteten kirchlichen Bekenntnisse („ich glaube die Vergebung der Sünden") und an der Heiligen Schrift auf, was die Wahrheit und die Kraft des Evangeliums und des Glaubens sei inmitten von Sünde und Tod. Auch Augustins Glaubensauffassung von den ersten und letzten Dingen ist ihm dabei ein Leitstern gewesen. Aber wie viel sicherer ergriff er das Wesen der Sache in ihrer heiligen Paradoxie! Was er hier lernte, was er mit aller Kraft seiner Seele als das Einzige ergriff, das war die Offenbarung des gnädigen Gottes im Evangelium, d. h. in Christus. Dieselbe Erfahrung, die Paulus gemacht, erlebte Luther, und wiewohl sie nicht so stürmisch und plötzlich eintrat wie bei jenem, so hat doch auch er an dieser Erfahrung gelernt, daß der Gerechte seines Glaubens lebt, und daß Gott es ist, der den Glauben gibt: „da es Gott wohlgefiel, daß er seinen Sohn offenbarte in mir".

Das, was er erlebt hatte, lernte er aussprechen, und da ergab sich, gemessen an dem Vielerlei dessen, was die Kirche als „Religion" bot, vor allem eine ungeheure Reduktion.

Aus einem weitschichtigen System von Gnade, Leistungen, Büßungen und Tröstungen führte er die Religion heraus und stellte sie in schlichter Größe wieder her. Die christliche Religion ist der lebendige Glaube an den lebendigen Gott, der sich in Jesus Christus offenbart, sein Herz aufgetan, seinen Sohn gesandt hat und propter Christum gnädig ist — nichts anderes. Objektiv ist sie Jesus Christus, der Menschgewordene, Gekreuzigte und Auferstandene, subjektiv ist sie der Glaube; ihr Inhalt aber ist der gnädige Gott und deshalb die Sündenvergebung, welche Kindschaft uad Seligkeit einschließt. In diesem Ring ist für Luther die ganze Religion beschlossen. Der lebendige Gott — nicht die philosophische oder mystische Abstraktion — der offenbare, der gewisse, der jedem Christen erreichbare gnädige Gott. Unwandelbares Vertrauen des Herzens auf ihn, der sich in Christus zu unserem Vater gegeben hat, persönliche Glaubenszuversicht, denn Christus steht durch sein Werk für uns ein — das wurde ihm die ganze Summe der Religion. Ueber alles Sorgen und Grämen, über alle Künste der Askese, über alle Vorschriften der Theologie hinweg wagte er es, auf Christus hin Gott selbst zu ergreifen, und in dieser Tat seines Glaubens, die er als Gottes Werk wußte, gewann sein ganzes Wesen Selbständigkeit und Festigkeit, ja eine Selbstgewißheit und Freudigkeit, wie sie niemals ein mittelalterlicher Mensch besessen hat. Aus der Einsicht: „Mit unserer Macht ist nichts getan“ zog er die höchste innere Freiheit. Glauben — das hieß ihm nun nicht mehr das gehorsame Fürwahrhalten kirchlicher Lehren oder geschichtlicher Fakta, kein Meinen und kein Tun, kein actus initiationis, auf den Größeres folgt, sondern die Gewißheit der Sündenvergebung in uns aus aller Höllennot und darum die persönliche und stetige Hingabe an Gott als den Vater Jesu Christi, die den ganzen Menschen umschafft und erneuert. Glauben, der zerschlagenen und an sich selbst verzweifelnden Seele geschenkt, ist eine gewisse Zuversicht, die da fröhlich und lustig macht gegen alle Kreaturen, die, wie ein guter Baum, gewißlich gute Früchte bringt, und die immer bereit ist, jedermann zu dienen und allerlei zu leiden. Das Leben eines Christen ist trotz aller Uebel Sünde und Schuld geborgen in Gott, weil jene bedeckt sind und täglich vergeben werden. Weil diese Gewißheit, die ein tägliches Sterben und Auferstehen bedeutete, Luther belebte, hat er auch die Freiheit eines Christenmenschen erlebt. Diese Freiheit war ihm nicht eine leere Emanzipation oder eine mystische Entäußerung, sondern Freiheit von der Schuld und Herrschaft über die Welt in der Gewißheit, daß, wenn Gott für uns ist, niemand wider uns sein kann. Er hat dadurch das Recht des Individuums zunächst für sich selber und in der Religion erkämpft; die Freiheit des Gewissens hat er erlebt. Aber das freie Gewissen war ihm das innerlich gebundene, und das Recht des Individuums verstand er auch als die heilige Pflicht, es mutig auf Gott zu wagen und dem Nächsten ein Christus zu sein, d. h. ihm selbstlos in Liebe zu dienen.

Damit ist bereits gesagt, was ihm die Kirche war — die Gemeinschaft der Gläubigen, die der Heilige Geist durch das Wort Gottes berufen hat, erleuchtet und heiligt, die fort und fort durchs Evangelium im rechten Glauben erbaut werden, auf die herrliche Zukunft der Kinder Gottes warten und unterdes einander in Liebe dienen, ein jeder an seiner Stelle. Dieses Bekenntnis von der Kirche schloß eine gewaltige Reduktion ein. Es ruht ganz und gar auf folgenden einfachen Grundgedanken: 1) daß der Heilige Geist durch das Wort Gottes die Kirche begründet, 2) daß dieses Wort die Predigt von der Offenbarung Gottes in Christo ist, sofern sie Glauben schafft, 3) daß die Kirche deshalb keinen anderen Spielraum hat als den des Glaubens, daß sie aber innerhalb desselben die Mutter ist, in deren Schoß man zum Glauben kommt, 4) daß, weil die Religion nur Glauben ist, nicht besondere Leistungen, auch nicht ein besonderes Gebiet, sei es nun der öffentliche Kultus oder eine ausgewählte Lebensführung, die Sphäre sein kann, in der die Kirche und die einzelnen ihren Glauben bewähren, sondern daß der Christ in den natürlichen Ordnungen des Lebens seinen Glauben in dienender Nächstenliebe zu beweisen hat.

Mit diesen vier Sätzen trat Luther der alten Kirche gegenüber. Durch den ersten hat er das Wort Gottes nach dem reinen Verstand als das Fundament der Kirche aufgerichtet, in der augustinischen Formel „verbum et sacramentum" allen Nachdruck auf das „verbum" legend. Durch den zweiten hat er im Gegensatz zu allen Theologen,

Asketen und Sektierern des Mittelalters und der alten Kirche das Evangelium im Evangelium wiederhergestellt und die „consolationes in Christo propositae“, die der Glaube ergreift, zur einzigen Norm erhoben (in der augustinischen Formel „fides et caritas“ hat er also allen Nachdruck auf die „fides“ gelegt). Durch den dritten hat er Begriff und Umfang der Kirche stark reduziert, aber die Kirche in den Glauben zurückgeführt (in der augustinischen Formel, die Kirche sei societas fidelium, aber auch politische Anstalt, hat er nur die erste Hälfte bestehen lassen). Durch den vierten endlich hat er den natürlichen Ordnungen in Ehe, Familie, Beruf und Staat ihr selbständiges Recht zurückgegeben; er hat sie von der Bevormundung der Kirche emanzipiert, aber sie dem Geiste des Glaubens und der Liebe unterworfen. Damit hat er die mittelalterliche und altkirchliche Weltauffassung und Lebensordnung durchbrochen und das Ideal religiöser Vollkommenheit so umgestimmt, wie kein Christ seit dem apostolischen Zeitalter. An die Stelle der Kombination von mönchischer Weltflucht und kirchlicher Weltherrschaft setzte er dem Christen die große Aufgabe, seinen Glauben in den Ordnungen des natürlichen Lebens zu bewähren, in ihnen dem Nächsten selbstlos in Liebe zu dienen und sie zu heiligen. Das Recht der natürlichen Lebensordnung war für Luther keineswegs ein selbständiges Ideal — er war eschatologisch gestimmt und wartete auf den Tag, da die Welt vergehen wird mit ihrer Lust, ihrem Leid, ihren Teufeleien und ihren Ordnungen —, aber weil er den Glauben so groß und so souverän faßte, duldete er an und in der Religion nichts Fremdes. Darum begannen sich durch seine gewaltige Predigt alle die in sich verschlungenen Gebilde des Mittelalters zu lösen. Er wollte die Welt nichts anderes lehren, als was es bedeute, einen Gott zu haben; aber indem er das wichtigste Gebiet in seiner Eigentümlichkeit erkannte, kamen alle anderen, die Wissenschaft, die Familie. der Staat, die Liebespflege, der bürgerliche Beruf, allmählich zu ihrem Rechte. Indem er das, was bisher unter dem Schutt raffinierter und komplizierter Ideale am wenigsten geachtet worden war — die demütige und sichere Zuversicht auf Gottes väterliche Vorsehung und die Treue im Beruf in der Gewißheit der Sündenvergebung — zur Hauptsache machte, führte er eine neue Zeit in der Weltgeschichte herauf.

Wer hier seinen Standort nimmt, wird sich schwerlich überzeugen lassen, daß Luther zu dem alten „gesunden" Dogma nur ein paar Lehren ergänzend hinzugefügt hat.

Luthers Theologie — es steht hier ähnlich wie bei Augustin — muß in engem Zusammenhang mit seiner (oben entwickelten) religiösen Grundanschauung behandelt werden. Tut man das nicht (s. Denifle, Luther und Luthertum, 1. Bd., 1904), so erhält man einen Theologen, der jeden Dogmenhistoriker zur Verzweiflung bringen muß: Er hat den Nominalismus ungründlich und den Thomismus schlecht gekannt; er hat die überlieferte Theologie in der Regel falsch dargestellt und ganz tendenziös beurteilt; er hat sich in ein extremes und in seinen Konsequenzen nicht durchdachtes Theologumenon verrannt, und er hat alle seine toten und lebenden Gegner, die viel umsichtigere und pietätsvollere Denker waren, mit höchster Ungerechtigkeit und in einer ganz unwissenschaftlichen Sprache behandelt. Einen solchen Mann nennt man Reformator, und — noch schlimmer — es hat ihm glücken können, Millionen von der heiligen Kirche loszureißen!

Luther ist in der theologischen Terminologie von einer großartigen Unbefangenheit gewesen und hat die Lehrformen sehr frei benutzt. Die überkommenen altkirchlichen Schemata hat er in der Regel so behandelt, daß er in jedem von ihnen, richtig verstanden, die ganze Lehre ausgedrückt fand. Dies läßt sich an der Gotteslehre (Gott außer Christus und in Christus), der Lehre von der Vorsehung (der 1. Artikel ist, richtig verstanden, das ganze Christentum), der Christologie („Christus ist nicht darumb Christus genennet, daß er zwei Naturen hat, sondern er trägt diese herrlichen und tröstlichen Namen von dem Ampt und Werk, so er auf sich genommen hat; Christus ist der Spiegel des väterlichen Herzens Gottes", dabei soll die Zweinaturenlehre natürlich doch in Kraft bleiben), der Lehre von der Sünde (Sünde ist „keinen Gott haben«), der Prädestination und dem unfreien Willen (das religiöse Erlebnis setzt sich nicht aus historischen und sakramentalen Akten, die Gott wirkt, und aus subjektiven Akten, die irgendwie Sache des Menschen sind, zusammen, sondern Gott wirkt allein Wollen und Vollbringen), dem Gesetz und Evangelium (Unterschied von Möglichkeit und Wirklichkeit der Erlösung), der Buße (sie ist die Demut des Glaubens, daher das ganze Leben eine fortgesetzte Buße), der Rechtfertigung erweisen. In allen diesen Lehrstücken hat Luther das Ganze dargestellt — die freie Gnade Gottes in Christo —, mit Vorliebe aber sich in dem paulinischen Schema von Rechtfertigung „*propter Christum per fidem*" heimisch gemacht. Die spitzen Formeln über die iustitia imputativa und die schulmäßige Trennung von Rechtfertigung und Heiligung (Glaube und Liebe) stammen nicht von ihm, auch nicht von dem Melanchthon der früheren Zeit; doch haben sie beide den Anstoß zu ihnen gegeben. Ueberall war es ihm um die Heilsgewißheit des Glaubens zu tun. „Wo Vergebung der Sünden ist, da ist auch Leben und Seligkeit". In dieser Ueberzeugung gewann er die religiöse Selbständigheit und Freiheit gegenüber allem, was nicht von Gott ist; denn nur Selbständigkeit und Freiheit ist Leben. Die Gewißheit der Sündenvergebung in Christus wurde ihm die Summe der Religion. Auf sie hat er darum die Religion zurückgeführt. Aber die positive Seite der Sündenvergebung war ihm die Kindschaft, durch die der Christ ein selbständiges Wesen wird gegenüber der Welt, keines Dinges bedarf und weder unter der Knechtschaft von Geboten, noch in der Abhängigkeit von Menschen steht — ein Priester vor Gott und ein König über der Welt.

§ 80. Die Kritik Luthers an der herrschenden kirchlichen Ueberlieferung und am Dogma.

Ueberall ist Luther bei seiner Kritik vom Zentrum in die Peripherie gegangen, vom Glauben zur Institution, und hat nicht Lehren als solche getroffen, sondern Lehren, welche die rechte Praxis verdunkelten oder verdarben.

1. Er hat die herrschende Heilslehre als verderblich abgetan (Apol. IV init.: *„adversarii, quum neque quid remissio peccatorum, neque quid fides, neque quid gratia neque quid iustitia sit, intelligant, misere contaminant locum de iustificatione et obscurant gloriam et beneficia Christi et eripiunt piis conscientiis propositas in Christo consolationes“*), und zwar zeigte er seinen Gegnern, daß ihre Gotteslehre (sophistische Philosophie und Vernünfteln), Christologie (sie spekulieren über die zwei Naturen und kennen die beneficia Christi nicht), ihre Lehre von der Wahrheit, Gerechtigkeit und Gnade Gottes (sie treffen nicht das „Tröstliche“ und deshalb irren sie mit blinder Vernunft), von der Sünde und dem freien Willen (sie sind Pelagianer), von der Rechtfertigung und dem Glauben (sie wissen nicht, was es heißt, propter Christum einen gnädigen Gott haben, verlassen sich auf Verdienste) und von den guten Werken falsch und seelenverführerisch ist. Mit diesem Nachweise traf Luther nicht nur die Scholastiker, sondern auch die Kirchenväter, ja selbst Augustin, also die ganze altkatholische Kirchenlehre.

2. Luther griff die altkatholischen (nicht nur mittelalterlichen) Ideale der Vollkommenheit und der Seligkeit an. Indem er die Vorstellung einer doppelten Sittlichkeit bis in ihre Wurzeln tilgte, setzte er an Stelle der mönchischen Vollkommenheit der „Räte“ den sich der Sündenvergebung tröstenden Glauben, an Stelle des Begriffes

von Seligkeit als eines Genusses der geheiligten Sinne und der geheiligten Erkenntnis den Trost eines befriedeten Gewissens und die Gotteskindschaft.

3. Luther zertrümmerte die katholische Sakramentslehre, nicht nur die sieben Sakramente. Durch die drei Sätze: 1) die Sakramente dienen der Sündenvergebung und nichts anderem, 2) sacramenta non implentur dum fiunt, sed dum creduntur, 3) sie sind eine eigentümliche Form des seligmachenden Wortes Gottes (der promissio dei) und haben deshalb ihre Kraft an dem geschichtlichen Christus — verwandelte er die sakramentalen Elemente in Sakramentalien und erkannte in ihnen nur ein wirkliches Sakrament an, nämlich das sündenvergebende Wort Gottes. Er wandte sich hier gegen Augustin nicht minder wie gegen die Scholastiker, und indem er den Christus praedicatus, die Sündenvergebung und den Glauben zur strengsten Einheit zusammenschloß, schloß er alles übrige aus, das mystische Schwelgen, das dingliche Gut, das opus operatum, das Feilschen um die Effekte und die Dispositionen. Nicht als „Instrumente“ der Gnade, die das zukünftige Leben geheimnisvoll im Menschen vorbereiten und durch eingegossene Liebe gute Werke ermöglichen, faßte er die Sakramente, sondern als verbum visibile, in welchem Gott selbst mit uns handelt und sich in Christus uns zu eigen gibt. Gott schafft durch das Wort im Sakrament den Glauben und Glaubenstrost, weil er Sündenvergebung schafft. An der Taufe und dem Abendmahl führte das Luther durch. Am schwersten aber hat er die katholische Kirche durch seine Kritik des Bußsakraments getroffen; denn 1) hat er, ohne confessio und satisfactio — richtig verstanden — ganz abzutun, die souveräne Geltung der herzlichen Reue wiederhergestellt, 2) hat er diese Reue im Gegensatz zur attritio, die ihm ein teuflisches Werk war, im strengsten Sinn gefaßt als Haß gegen die Sünde, entspringend aus der Einsicht in die Größe des Guts, welches man verscherzt: „an Dir allein habe ich gesündigt“, 3) hat er Stetigkeit der gläubigen Bußgesinnung gefordert und damit die vor dem Priester abgelegte Buße für einen Spezialfall erklärt, 4) hat er die Notwendigkeit der priesterlichen Mitwirkung abgetan, 5) hat er die ausschließliche Verbindung von contritio und

absolutio gelehrt, die beide beschlossen sind in der fides, 6) hat er allen Unfug, der sich an das Sakrament angeschlossen, die Berechnungen über zeitliche und ewige Vorteile, Fegfeuer, Heiligenverdienste, verdienstliche Satisfaktionen und Ablässe abgetan, indem er alles auf die ewige Schuld reduzierte. So hat er den Baum der katholischen Kirche gefällt, indem er aus seinen Wurzeln einem neuen Triebe Licht und Luft gab.

4. Luther hat das ganze hierarchische und priesterliche Kirchensystem umgestürzt, der Kirche jede Jurisdiktionsgewalt über die Anwendung der Schlüssel (d. h. des Worts) hinaus abgesprochen, die bischöfliche Sukzession für eine Fiktion erklärt und jedem besonderen Priestertum neben dem allgemeinen das Recht aufgekündigt. Indem er nur ein Amt der Verkündigung des Evangeliums bestehen ließ, hat er die katholische Kirche nicht nur der Päpste, sondern auch des Irenäus aufgelöst.

5. Luther hat die überlieferte Kultusordnung nach Form. Zweck, Inhalt und Bedeutung abgetan. Er wollte von einem spezifischen Gottesdienst, besonderen Priestern und besonderen Opfern nichts mehr wissen. Die Opferidee hat er überhaupt, im Hinblick auf das einmalige Opfer Christi, zurückgeschoben. Der Gottesdienst ist nichts anderes als die Einheit der Gottesverehrung der einzelnen nach Zeit und Raum. Wer ihm einen besonderen Wert beilegt, um auf Gott einzuwirken, der sündigt. Um Erbauung des Glaubens durch Verkündigung des göttlichen Worts und gemeinsames Lobopfer des Gebets handelt es sich allein. Der wahre Gottesdienst ist das christliche Leben im Vertrauen auf Gott, Buße und Glauben, Demut und Treue im Beruf. Diesem Gottesdienst soll der öffentliche dienen. Auch hier hat er nicht nur die Kirche des Mittelalters, sondern auch die alte, zerschlagen.

6. Luther hat die formalen äußeren Autoritäten des Katholizismus vernichtet; den Unterschied von Sache und Autorität hat er aufgehoben. Weil ihm der gepredigte Christus (Gott in Christus, Wort Gottes) die Sache und die Autorität war, so warf er die formalen Autoritäten über den Haufen. Selbst vor dem Bibelbuchstaben machte er nicht halt. Eben in der Zeit, in

welcher er die absolute Autorität der Tradition, der Päpste und der Konzilien bekämpfte, setzte er das, was Christum treibet, selbst dem Schriftbuchstaben entgegen und scheute sich — wenigstens in seiner besten Zeit — nicht, von Irrtümern biblischer Schriftsteller in Glaubenssachen frischweg zu reden.

7. Luther hat seinen Gegnern die dogmatische Terminologie nur konzediert, soweit er sie nicht einfach abgetan hat. Er hatte das lebendigste Gefühl dafür, daß diese ganze Terminologie mindestens irreführend sei. Es läßt sich das nachweisen an seinen Ausstellungen 1) betreffs des Vielerlei der Begriffe iustificatio, sanctificatio, vivificatio, regeneratio etc., 2) in bezug auf die Begriffe satisfactio, 3) ecclesia, 4) sacramenta, 5) homousion, 6) trinitas und unitas. Die Terminologien der Scholastiker hat er in der Regel für falsch, viele der altkatholischen Theologen für unnütz und kalt erklärt. Am wichtigsten aber war, daß er in der Gotteslehre und Christologie zwischen dem Christus „für uns“ und „für sich“ unterschied, damit scharf bezeichnend, was wirklich Glaubenslehre ist und was Sache der spekulierenden Vernunft oder im besten Fall unergründliches Geheimnis des Glaubens.

Luther hat das alte dogmatische Christentum abgetan und eine neue evangelische Auffassung an die Stelle gesetzt. Die Reformation ist wirklich ein Ausgang der Dogmengeschichte: das lehrt diese Uebersicht klar und deutlich. Was Augustin begonnen, aber nicht zu bewirken vermocht hat, hat Luther durchgeführt: er hat den evangelischen Glauben an Stelle des Dogmas aufgerichtet, indem er den Dualismus von dogmatischem Christentum und praktisch-christlicher Selbstbeurteilung und Lebensführung aufgehoben und den christlichen Glauben aus der Umarmung der antiken Philosophie, des Welterkennens, der heidnischen Zeremonien, der klugen Moral und der weltbeherrschenden Politik befreit hat. Der Glaubenslehre, aber der reinen, hat er ihr souveränes Recht in der Kirche wieder zurückgegeben — zum Schrecken aller Humanisten, Kirchenmänner, Franziskaner und Aufklärer. Die wahre Theologie soll die entscheidende Macht in der Kirche sein.

Aber welch eine Aufgabe! Erschien es doch fast wie ein Widerspruch: die Bedeutung des Glaubens als Inhalt der Offenbarung in den Mittelpunkt zu rücken gegenüber allem Vernünfteln und Tun und so das zurückgedrängte theoretische Element hervorzuholen, und doch andererseits nicht jenen Glauben einfach hinzunehmen, den die Vergangenheit gebildet hatte, ihn vielmehr in der Gestalt zu zeigen, in der er Leben ist und Leben schafft, Praxis ist, aber Praxis der Religion. Aus der Größe dieses Problems erklärt sich auch der Rückstand jener Elemente in Luthers Theologie, der sie verwirrt hat und der das Urteil, die Reformation sei der Ausgang der Dogmengeschichte, wohl erschüttern kann.

§ 81. Die von Luther neben und in seinem Christentum festgehaltenen katholischen Elemente.

Wie viel oder wie wenig Luther hier festgehalten hat — es gehört wohl zum „ganzen Luther", aber nicht zum „ganzen Christentum" Luthers. Wie vermochte Luther katholische Elemente festzuhalten, und welche hat er konserviert? Von diesen beiden Fragen, die es zu beantworten gilt, ist die erste bereits oben (§ 78) z. T. beantwortet worden; es bedarf hier nur einer Ergänzung.

Allem zuvor ist hier darauf hinzuweisen, daß Luther die beiden großen überlieferten Voraussetzungen der Orientierung über Gott, Welt, Geschichte und Religion — das vorkopernikanische Weltbild und das mit der Lehre vom Sündenfall und der Erbsünde gegebene Geschichtsbild — sowie die aus letzterem fließende pessimistisch-eschatologische Stimmung (dazu auch den Glauben an die Notwendigkeit und Wirklichkeit einer durch äußere Eingriffe Gottes in Wundern sich vollziehenden Heilsgeschichte) als selbstverständlich angenommen hat. So war und blieb er als Denker ein mittelalterlicher Mensch. Im einzelnen aber kommt noch folgendes in erster Linie in Betracht:

1) Luther trat für den Glauben ein im Gegensatz zu jeglichem Werk, für die doctrina evangelii im Gegensatz zu gerecht machenden Leistungen und Prozessen. Daher stand er in Gefahr, jegliche überlieferte Ausprägung des

Glaubens sich anzueignen oder doch gelten zu lassen, wenn sie nur frei erschien von Gesetz und Leistung. Dieser Gefahr ist er verfallen. Demgemäß trübte sich auch sein Kirchenbegriff. Er wurde so zweideutig wie der Begriff der doctrina evangelii (Gemeinschaft des Glaubens, Gemeinschaft der reinen Lehre) — 2) Luther glaubte in der Regel nur gegen Irrlehren und Mißbräuche der mittelalterlichen Kirche zu kämpfen, und da er allen Schaden vom Papst ableitete, so hatte er ein zu günstiges Vorurteil für die vorpäpstliche alte Kirche. — 3) Luther kannte die altkatholische Kirche wenig und legte ihren Entscheidungen in unklarer Weise doch eine gewisse Autorität bei. — 4) Luther rechnete sich und sein Unternehmen stets in die eine katholische Kirche ein, behauptete, daß diese Kirche ihm den Rechtstitel zu seiner Reformation gebe, und hatte deshalb ein lebhaftes Interesse, die Kontinuität des Glaubens in ihr nachzuweisen. Dieser Nachweis schien am sichersten an den alten Glaubensformeln geliefert werden zu können. — 5) Luther war kein Systematiker, sondern schaltete wie ein Kind im Hause der Kirche; nach der Helligkeit eines geordneten Lehrgebäudes hatte er keine Sehnsucht; aber so wurde seine Kraft auch seine Schwäche. — 6) Luther hat in jedem Schema der überlieferten Lehre sein ganzes Christentum zum Ausdruck zu bringen vermocht und sich deshalb bei den alten Formeln beruhigt. — 7) Luther ist in concreto — nicht der Absicht nach — ein mittelalterlicher Exeget gewesen; er fand daher viele überlieferte Lehren in der Schrift, obgleich sie nicht darin standen. In bezug auf die Geschichte hatte er wohl intuitive richtige Erkenntnisse, aber keine methodisch gewonnenen. — 8) Seine Einsicht in das Wesen des Wortes Gottes hat den Biblizismus doch nicht ganz ausgetilgt, vielmehr kehrte derselbe nach 1523 immer stärker zurück. Das „es steht geschrieben" blieb ihm eine Macht. — 9) Auch in bezug auf die Sakramente blieb ihm eine kräftige superstitio nach als „Gnadenmittel" (statt als die eine Gnade), und das hat die schwersten Folgen für seine Lehrbildung gehabt. — 10) Reste nominalistischer Scholastik hat er nicht auszutilgen vermocht, und sie wirkten auf die Ausprägung der Gottes-, Prädestinations- und Sakramentslehre ein. — 11) Nachdem er in den Kampf mit den Schwärmern geraten war, hat er ein Mißtrauen gegen die Vernunft gewonnen, das über das Mißtrauen wider dieselbe als Stütze der Selbstgerechtigkeit weit hinausging. Er hat sich wirklich in kühnem Trotz wider die Vernunft verhärtet und ist an wichtigen Punkten der bedenklichen katholischen Stimmung verfallen, die in der Paradoxie und dem Absurden die göttliche Weisheit erkennt, der man sich zu unterwerfen hat. Speziell die hochmütige Verwerfung der „Schwärmer", die an nicht wenigen Punkten richtigere Einsichten besaßen, und die Abneigung, mit der weltlichen Bildung fortzuschreiten, haben der Reformation die schwersten Wunden geschlagen.

Die Folge dieser Haltung ist gewesen, daß, sofern Luther seinen Anhängern eine Dogmatik hinterlassen hat, diese sich als ein höchst verwirrtes, ungenügendes Gebilde darstellt: nicht als ein Neubau, sondern als eine Modifikation des Ueberlieferten. Somit ist klar, daß Luther hier kein Endgültiges gesetzt, sondern nur einen der Reform nach seinen eigenen Prinzipien bedürftigen Anfang gemacht hat. Die Folgen waren:

1. Die Verwirrung von Evangelium und doctrina evangelii. Luther hat freilich nie aufgehört, die articuli fidei als mannigfaltige Zeugnisse dessen zu betrachten, worauf es im Christenglauben allein ankommt; aber daneben hat er ihnen doch auch einen selbständigen Wert gegeben. Demgemäß wurde der den Glauben belastende Intellektualismus der Scholastik nicht ausgerottet, vielmehr wurde er unter dem Titel der reinen Lehre bald eine furchtbare Macht und die Kirche demgemäß Theologen- und Pastorenkirche (vgl. die Geschichte des Beichtstuhls im Luthertum). Die Folge war, daß sich als Gegengewicht gegen die veräußerlichte Lehre (besonders von der Rechtfertigung) die katholische Mystik wieder einschlich und das evangelische Lebensideal sich verdunkelte (s. Ritschel, Gesch. des Pietismus, 3 Bde.). So ist der Zukunft statt einer klaren und eindeutigen Anweisung in bezug auf Glaube, Lehre und Kirche vielmehr ein Problem gestellt worden, nämlich die „Lehre" in echt lutherischem Sinn hochzuhalten, sie aber von allem zu befreien, was nicht anders angeeignet werden kann als durch das Mittel

geistiger Unterwerfung, und die Kirche als Gemeinschaft des Glaubens auszuprägen, ohne ihr den Charakter einer theologischen Schule zu geben.

2. Die Verwirrung von evangelischem Glauben und altem Dogma. Indem Luther seinen neuen Heilsglauben in den Formen des alten Dogmas aussprach, vermochte er es nicht zu hindern, daß dieses sein altes Recht und seine alten Ziele behauptete, ja er selbst hat — namentlich von der Abendmahlslehre her — in dem ursprünglichen Schema der Christologie weiter gedacht. Indem er aber den neuen Wein in die alten Schläuche goß, entstand eine Spekulation über die Ubiquität des Leibes Christi, die sich auf den höchsten Höhen scholastischen Widersinns bewegte. Die traurige Folge war, daß das Luthertum gleichsam als nota ecclesiae die ausgeführteste scholastische Doktrin in bezug auf das naturhafte Wesen Christi erhielt, die je eine Kirche erhalten hat. Dies Ergebnis ist nicht auffallend; denn wie kann man ohne Widersinn den Glaubensgedanken, der Mensch Jesus Christus ist die Offenbarung Gottes selbst, sofern Gott in ihm uns sein väterliches Herz zu erkennen gegeben und aufgetan hat, in das Schema der Zweinaturenlehre spannen? Eben weil erst Luther wirklich Ernst gemacht hat mit dem Glauben an den Gottmenschen (Einheit von Gott und Mensch in Christus), mußte die *μετάβασις* zur Spekulation über die „Naturen" die kläglichsten Folgen haben. Dasselbe kann man auch an der Rezeption der augustinischen Lehre vom Urstand und der Erbsünde nachweisen (WBraun, Die Bedeutung der Conkupiscenz in Luthers Leben und Lehre, 1908). Auch hier konnte Luther die Paradoxien und das Absurde nur steigern, indem er in diesen Formen (vor allem auch in dem Schema der Konkupiszenz) seine evangelische Ueberzeugung, daß alle Sünde Gottlosigkeit und Schuld ist, auszudrücken versuchte. Ueberall zeigt es sich, daß der evangelische Glaube, projiziert in jene dogmatischen Vernunftschemata, die die Griechen, Augustin und die Scholastiker geschaffen haben, zu bizarren Formeln führt, ja jene Schemata nun erst vollends unvernünftig werden. Also hat die Reformation der Folgezeit die Aufgabe gesetzt, jene Gott-Welt-Philosophie abzutun und unter Verzicht auf eine absolute Welt- und

Geschichtserkenntnis an die Stelle jener Philosophie den einfachen Ausdruck des Glaubens, die richtige Selbstbeurteilung im Lichte des Evangeliums und die wahrhafte Deutung der Geschichte zu setzen.

3. Verwirrung zwischen Wort Gottes und Heiliger Schrift (O Scheel, Luthers Stellung zur heil. Schrift, 1902). Luther hat, wie bereits bemerkt, das Schwanken zwischen einer qualitativen und buchstäblichen Schätzung der Heiligen Schrift nie überwunden, und der Streit um das Abendmahl verfestigte ihn in letzterer. Er hat die Knechtschaft des Buchstabens doch nicht gebrochen. So geschah es, daß seine Kirche zur strengsten Inspirationslehre kam, während sie andererseits doch nie ganz vergaß, daß der Inhalt des Evangeliums nicht alles das ist, was zwischen den Deckeln des Bibelbuchs steht, sondern die Verkündigung der freien Gnade Gottes in Christo. Auch hier ist also der Kirche der Reformation die Aufgabe geblieben, mit dem Christentum Luthers wider den „ganzen" Luther Ernst zu machen.

4. Die Verwirrung zwischen Gnade und Gnadenmitteln (Sakramenten). Die feste und ausschließliche Betrachtung, in die Luther Gott, Christus, Heiligen Geist, Wort Gottes, Glaube, Sündenvergebung und Rechtfertigung (Gnade) gesetzt hat, ist sein höchstes Verdienst, vor allem die Erkenntnis von dem untrennbaren Zusammenhang des Geistes und des Worts. Aber durch eine scheinbar leichte Verschiebung ist er doch zu sehr bedenklichen Sätzen gekommen, indem er das, was vom Wort (Christus, die Predigt des Evangeliums) gilt, auf den Begriff *„vocale verbum et sacramenta"* schlechthin übertrug. Mit Recht stritt er dafür, daß Gott (Christus) im Wort handle und daß nicht ein Nebeneinander von Wort und Geist, Zeichen und Sache anzunehmen sei. Allein nicht nur durch die Ausscheidung bestimmter Handlungen als „Gnadenmittel" trat er in die verlassenen engen Kreise des Mittelalters zurück — der Christ lebt, wie er selbst am besten wußte, nicht von Gnadenmitteln, er lebt durch den persönlichen Zusammenschluß mit Gott, den er in Christus ergreift —, sondern in noch höherem Maße durch das Unternehmen, A. die Kindertaufe als Gnadenmittel im strengen

Sinn zu rechtfertigen, B. die Buße doch auch als das Gnadenmittel der Initiation zu fassen, C. die reale Gegenwart des Leibes Christi im Abendmahl als das wesentlichste Stück dieses Sakramentes zu behaupten.

Ad A. stehen Sündenvergebung (Gnade) und Glaube in einem untrennbaren Zusammenhang, so ist die Kindertaufe kein Sakrament im strengen Sinn (*„absente fide baptismus nudum et inefficax signum tantummodo permanet“*, sagt Luther selbst im großen Katechismus). Um diesem Schluß zu entgehen, hat Luther Ausflüchte gebraucht, die einen Rückfall in den Katholizismus bedeuten (fides implicita, stellvertretender Glaube). Die schlimmste war, daß er den Anlaß gab — um die Kindertaufe als vollendetes Sakrament fassen zu können —, Wiedergeburt und Rechtfertigung zu spalten (objektiv und subjektiv). Freilich wurde so die Kindertaufe zum Sakrament der Rechtfertigung (nicht der Wiedergeburt); die bedenklichsten Konfusionen traten ein, und das herrlichste Kleinod des evangelischen Christentums, die Rechtfertigung, wurde veräußerlicht und drohte ein dogmatischer locus neben anderen zu werden und seine praktische Bedeutung zu verlieren.

Ad B. Glaube und wahre Buße sind nach Luther eins (RALIPLIUS, Luthers Lehre von der Buße, 1892, WHERRMANN in ZThK I S. 28ff.), so jedoch, daß der Glaube das Prius ist: sofern der Christ stetig im Glauben leben soll, soll er stetig in der Buße leben; einzelne Bußakte haben keinen Wert und ohne rechten Glauben gibt es überhaupt keine rechte Buße. So hat Luther vom Standpunkt des gläubigen Christen aus gepredigt. Die Gefahr, daß diese Lehre zur sittlichen Laxheit führt, ist ebenso deutlich wie das andere, daß man mit ihr keinen Türken, Juden und groben Sünder bekehren kann. Erst Melanchthon, dann Luther selbst, hat dies gefühlt. Aber statt zwischen pädagogischen Missionsgrundsätzen nnd dem Glaubensausdruck zu unterscheiden, haben sie — indem zugleich das katholische Bußsakrament bei ihnen nachwirkte — jene in diesen übergeführt, demgemäß eine vor dem Glauben eintretende Buße gefordert, die sich von der attritio nicht mehr sicher unterschied, und nun das Bußsakrament (ohne obligatorische Ohrenbeichte und Satisfaktionen) als Akt der forensischen Rechtfertigung eintreten lassen. Zwar hat Luther daneben stets seine alte richtige Anschauung festgehalten; aber die einmal zugelassene Auffassung entwickelte sich mit erschreckender Schnelligkeit weiter und schuf eine Praxis, die schlimmer, weil laxer, war als der römische Beichtstuhl (s. die Reaktion des Pietismus). In ihr veräußerlichte sich der Begriff des Glaubens bis zum bloßen Kirchengehen; ziemlich unverhüllt trat wieder die alte Annahme der Wirksamkeit der Gnadenmittel ex opere operato hervor, und die Rechtfertigung des Sünders schrumpfte zusammen zu einem äußerlichen forensischen Akt, einem die Gewissen einschläfernden Begnadigungsurteil Gottes, das unfehlbar eintritt, wenn der Pfarrherr den Sünder in foro absolviert. Um dem Leichtsinn zu steuern, hatte man der katholischen Auffassung die Hintertür geöffnet, und der Leichtsinn wurde nun erst groß! Der Gedanke aber, daß die Rechtfertigung die Sphäre und die Erbauung des Christenmenschen ist, verdunkelte sich; sie galt nur noch als die iustificatio impii. Also mußte sich der pius nach neuen Erbauungsmitteln umsehen, war doch seine Rechtfertigung nur ein (sich wiederholender) „objektiver“ Initiationsakt.

Ad C. Unzählige Male hat Luther bekannt, daß man im Wort und Sakrament nur nach der Versicherung der Sündenvergebung suchen dürfe, und mit „grimmiger Verachtung“ alles abgewiesen, was man sonst ans Sakrament gehängt hatte. Er hat diese Ueberzeugung auch nie aufgegeben, die die Frage nach dem Leibe Christi im Abendmahl (als eine theologische) überhaupt nicht aufkommen läßt. Aber als er sah, daß erst Karlstadt, dann Zwingli u. a. Zeichen und Sache auseinanderfallen ließen und die Gewißheit der Sündenvergebung im Sakrament gefährdeten, suchte er, zugleich von mittelalterlicher Ueberlieferung bestimmt, diese dadurch sicherzustellen, daß er auf die Realpräsenz im Sakrament zurückgriff und diese mit steigender Heftigkeit und vollendetem Starrsinn so verteidigte, als handle es sich um Sein oder Nichtsein der Sündenvergebung selbst (FGraebke, Die Konstruktion der Abendmahlslehre Luthers, 1908). Nur dann kann man Luthers Haltung in dem Streite verstehen, wenn man dieses quid pro quo erkennt und wenn man ferner würdigt, daß Luther instinktiv nach einem Mittel suchte, um Geister los zu werden, die sich an ihn herandrängten und denen er in richtiger Selbstschätzung — im Interesse seiner evangelischen Erkenntnis und seiner Haltung als Reformator — die Hand nicht zu bieten vermochte. Aber die Dinge haben ihre eigene Logik. Indem er an dem einen Punkte, der Realpräsenz, im Namen des Glaubens für etwas eintrat, was der Natur und Eigenart seines Glaubens nicht entsprach, erwachten alle mittelalterlichen Interessen in ihm, die bereits überwunden schienen. Hier erwachte der Biblizismus („est“ „est“), hier der scholastische Doktrinarismus an Stelle der fides sola, hier ein perverses Interesse für sophistische Spekulationen, hier eine ungehörige Schätzung des Sakraments neben und über dem Wort, hier eine Hinneigung zum opus operatum, und über das alles eine engherzige und lieblose Gesinnung! Was die Fassung der Lehre selbst betrifft, so konnte es nicht ausbleiben, daß sie paradoxer wurde als die katholische. Die Transsubstantiation sollte nicht gelten, sondern jene von Occam und anderen Nominalisten hypothetisch ausgesprochene Meinung, daß in einem und demselben Raum (mit, neben, unter) die sinnlichen Elemente und der wahrhaftige Leib Christi beschlossen seien. Derselbe Mann, der sonst die Scholastiker verspottet, erklärte nun: „Die Sophisten reden hiervon recht“, beschenkte seine Kirche mit einer Christologie, die an scholastischem Widersinn die thomistische weit hinter sich ließ (Ubiquität des Leibes Christi), eliminierte den Glauben so sehr aus dem Sakrament, daß er die Lehre von der manducatio infidelium zum articulus stantis et cadentis ecclesiae erhob („der Leib Christi wird mit den Zähnen zerbissen“), und trumpfte mit der Unvernunft der Lehre als dem Siegel ihrer göttlichen Wahrheit.

Durch die Fassung, die Luther der Abendmahlslehre gegeben, hat er es mit verschuldet, daß die spätere lutherische Kirche in ihrer Christologie, in ihrer Sakramentslehre, in ihrem Doktrinarismus und in ihrem falschen Maßstabe, mit dem sie abweichende Lehren maß und für Ketzereien erklärte, eine kümmerliche Dublette zur katholischen Kirche zu werden drohte; denn Katholizismus ist nicht der Papst und nicht die Heiligenverehrung oder die Messe — das sind Folgen —, sondern die falsche Lehre vom Sakrament, von der Buße, vom Glauben und den Glaubensautoritäten.

Anhang.

Zwingli und Calvin.

1. Zwingli — erst unter dem Einfluß des Erasmus usw. Humanist und Reformer, dann unter dem Einfluß der bedeutendsten Kirchenväter aufgeklärter biblischer Theologe, endlich unter Luthers meßbarem, aber von Zwingli selbst verkanntem Einfluß wirklicher Reformator — hat den liberalen Geist des frommen Humanismus und eine streng theistisch-prädestinatianische Religionsphilosophie mit den christologischen Glaubensgedanken Luthers verbunden, aber ganz selbständig und frei feste Zuversicht zu Gottes gnädiger Providenz und Alleinwirksamkeit gewonnen. Aus dieser Zuversicht hat er innere Geschlossenheit und Freudigkeit zum Lebenswerk, fröhlichen Mut zum Kampf gegen die römische Kirche und Kraft zum Neubau des Staats und der Kirche Zürichs geschöpft. Da die mit dem Humanismus verbundene Providenztheologie und die theologia Christi et crucis samt der Rechtfertigung unausgeglichen bei ihm nebeneinander stehen, kann man ihn sowohl zu der Gruppe rechnen, die § 76 geschildert ist, als auch Luther zuordnen, und er selbst vermochte sich in theologicis bald wie jene, bald wie dieser zu äußern. Er konnte die Marburger Artikel unterschreiben (d. h. Luthers Sünden- und Gnadenlehre in schärfster Fassung; doch hat hier auch die Politik einen starken Anteil gehabt) und gleich darauf die „fidei ratio“ und „fidei expositio“ als seine Bekenntnisse entwerfen. Aber in seinem kirchlich-reformatorischen Wirken stand er Luther näher als den Reformern, gegen deren wiedertäuferischen Flügel er sich selbst abgegrenzt hat, und der Ertrag seiner Arbeit in Zürich und der Schweiz fordert es, ihm den Ehrennamen eines evangelischen Reformators nach und neben Luther nicht vorzuenthalten. Die humanistisch-freisinnigen und die außerchristlich-theistischen [Gott nicht nur in Christus] Elemente seiner Theologie mußten ihn zu Luther in einen Gegensatz

bringen, der durch die allmählich von Zwingli gewonnene Einsicht in die Rückständigkeit des Sakramentarismus noch verschärft worden ist. In letzterem Sinn ist Zwingli ein noch radikalerer Gegner des Katholizismus gewesen als Luther, aber in seinem Freisinn und Theismus ist er dem aufgeklärten Katholizismus verwandter als jener. Das Zurückbleiben Luthers Zwingli gegenüber „im Freisinn“ ist überhaupt kein totales; vielmehr ist Luther in anderer Hinsicht der Fortgeschrittenere, sofern er die Religion und die Kirche sicherer gegen die philosophische Spekulation und gegen den Staat usw. abgegrenzt hat.

2. Calvin hat eine besondere und selbständige Stellung in der Reformationsgeschichte durch die Art seines reformatorischen Wirkens und den erstaunlichen Umfang desselben gewonnen; aber auf die Lehre in ihren ursprünglichen Grundzügen gesehen ist er ein Mann zweiter Generation, ein Epigone Luthers und ein Lutheraner wie Bucer. Die Differenzen in der Theologie zwischen Luther und ihm konnten nur im Zeitalter der zweiten Generation als kirchentrennende beurteilt werden und so den Abstand verschärfen, der in der reformatorischen Praxis beider Männer freilich schon groß genug war. Indessen darf doch nicht verkannt werden, daß Calvin auf dem Boden der von Luther und Melanchthon (z. T. auch von Zwingli) übernommenen Theologie einen Biblizismus, eine Gesetzlichkeit und eine Akzentuierung der Heiligung vorgeschrieben hat, die nicht nur Luthers Gedanken, sondern auch die von Luther ans Licht gestellte religiöse Freiheit gefährdeten. Der schärfste Gegner des römischen Katholizismus unter den Reformatoren ist im letzten Grunde doch nicht ein so tiefer prinzipieller Gegner gewesen wie Luther. Die Dogmengeschichte, wie ihre Aufgabe in diesem Werk gefaßt ist, muß an Calvin vorübergehen; doch erinnert sie sich dessen, daß Calvin mit dem Eingang des Athanasianums nicht einverstanden gewesen ist und daß er in bezug auf den Sakramentarismus die Vorbehalte der oberländischen Theologen geteilt hat.

Die Gestalt, welche die Reformationskirchen im 16. Jahrhundert erhielten, war keine einheitliche und keine definitive: das zeigt die Geschichte des Protestantismus bis auf diesen Tag. Luther hat das Evangelium auf den Leuchter gestellt und ihm das Dogma prinzipiell unterworfen. Diese Tatsache bleibt bestehen, so groß auch die Widersprüche in der Theologie des Reformators und so hart seine Schranken waren. Es gilt das festzuhalten und fortzusetzen, was er begonnen hat.

Register.

Die Religion in Geschichte und Gegenwart 3. Auflage Studienausgabe

Die RGG^3, die große Enzyklopädie der Theologie, der Religionswissenschaft, der Geschichte und der Philosophie, mit ausführlichen Excursen in die Philologien und die Sozialwissenschaften, gibt es als besonders preisgünstige Studienausgabe. Die RGG^3 Studienausgabe bietet den ungekürzten, vollständigen Text der 3. Auflage der Originalausgabe. Der Text ist nicht verkleinert. Bild- und Kartenmaterial entsprechen der Originalausgabe.

1986. UTB – Große Reihe. 7 Bände in Schuber mit insgesamt 6400 Seiten, 72 Tafeln auf Kunstdruckpapier, zweifarbigen Karten und vielen Abbildungen im Text. Fadengeheftete Broschur.